최신 **성격심리학**

서장원

서울대학교 건축학과를 졸업하고 동 대학교 심리학과 대학원에서 임상·상담심리학 전공으로 석사 학위 및 박사 학위를 취득하였다. 서울아산병원 정신건강의학과에서 임상심리 레지던트 수련과정을 수료하였으며, 한국심리학회 공인 임상심리전문가이자 보건복지부 공인 정신건강임상심리사(1급)이다. 현재 전북대학교 심리학과 교수로 재직하고 있다. 저서 및 역서로는 『심리학 연구방법의 기초』, 『인터넷 중독』, 『심리학 개론』(공저), 『고령자 심리학』(공저), 『긍정 임상심리학 핸드북』(공역) 등이 있다.

최신 성격심리학

2025년 12월 24일 초판 1쇄 찍음
2026년 1월 9일 초판 1쇄 펴냄

지은이 서장원
책임편집 박훈
편집 김천희·엄귀영·정지현·김찬호
디자인 김진운
마케팅 유명원
펴낸이 윤철호
펴낸곳 ㈜사회평론아카데미
등록번호 2013-000247(2013년 8월 23일)
전화 02-326-1545
팩스 02-326-1626
주소 03993 서울특별시 마포구 월드컵북로6길 56
이메일 academy@sapyoung.com
홈페이지 www.sapyoung.com

ISBN 979-11-6707-215-3 93180

최신 **성격심리학**

서장원 지음

사회평론아카데미

서문

과학으로서의 심리학이 태동한 지 어느덧 150년이 지났다. 그동안 인간의 심리를 이해하기 위한 과학적 연구가 활발히 진행되었으며, 이전에는 알지 못했던 중요한 현상과 원리를 새롭게 발견할 수 있게 되었다. 이러한 성과는 인간의 삶을 크게 변화시켰고, 현대 심리학의 비약적인 발전을 이끌었다. 특히 모든 사람에게 적용할 수 있는 보편적 원리를 탐색하는 연구나 심리적 특징을 세분화하여 분석하는 연구, 물리적으로 측정 가능한 분석 단위를 지향하는 신경과학적 연구가 활발히 진행되고 있다.

심리학의 하위 분야인 성격심리학은 과학으로서의 심리학이 등장하기 이전부터 연구자들의 관심을 받아 왔다. 특히 임상 영역에서는 환자를 평가하고 치료하는 과정에서 성격이 매우 중요한 요소로 고려되었기 때문에, 관련 지식과 임상 경험을 토대로 성격을 분석하고 이론화하려는 노력이 지속되어 왔다. 그러나 성격심리학은 전통적으로 모든 인간에게 적용되는 보편적 원리보다는 특정 개인에게 적용 가능한 원리를 파악하는 데 중점을 두었다. 또한 인간의 마음과 성격을 부분으로 나누기보다 전체적으로 이해하려는 경향이 강했으며, 연구에 사용되는 분석 단위 역시 추상적 구성개념 수준에 머무는 경우가 많았다. 이러한 특성은 현대 심리학의 주된 흐름과 상반되어, 한때 심리학의 중심이었던 성격심리학은 점차 주변부로 밀려나게 되었다.

그렇게 잊힐 것 같던 성격심리학이 최근 다시 주목받고 있다. 그 이유는 다양하지만 크게 세 가지로 요약할 수 있다. 첫째, 심리적 특성의 개인차가 예상보다 훨씬 크다는 점이 밝혀졌다. 즉, 보편적 원리를 발견한다 해도 그것이 모든 사람에게 동일하게 적용되기는 어렵게 된 것이다. 둘째, 세분화된 연구 성과를 통합하려는 움직임이 강화되고 있다. 인간의 심리는 여러 요소로 나눌 수 있지만, 결국 하나의 통합된 시스템으로 이해되어야 한다. 이러한 통합적 관점을 담기 위한 학문적 틀로 성격심리학이 재조명되고 있다. 셋째, 성격심리학 연구에서 신경과학적 방법을 적극적으로 도입하고 있다. 본래 추상적

개념을 주요 분석 단위로 삼던 성격심리학이 이제는 유전자, 신경세포, 신체 시스템 수준에서 성격을 탐구하는 방향으로 확장되고 있는 것이다.

지난 10여 년간 대학과 대학원에서 성격심리학을 강의할 수 있었던 것은 개인적으로 큰 행운이었다. 강의를 준비하면서 성격심리학의 발전에 기여한 수많은 연구와 연구자들을 접할 수 있었고, 다양한 관점에서 인간을 이해하는 폭넓은 시야를 얻게 되었다. 아무리 오래된 개념이나 이론일지라도 그 안에는 여전히 중요한 진실이 담겨 있으며, 그러한 진실은 시대를 초월해 진지한 연구자들에 의해 반복적으로 발견된다는 사실 또한 깨닫게 되었다. 이러한 점에서 성격심리학의 모든 이론과 지식은 구성된 시기와 관계없이 꼼꼼히 검토하고 이해할 가치가 있다. 다행스럽게도 국내에 발간된 성격심리학 교재들은 기존 이론들을 충실히 소개하고 있어, 학생들이 다양한 이론들을 체계적으로 공부하는 데 큰 도움이 되었다고 생각한다. 다만 주요 교재들이 출간된 이후 적지 않은 시간이 흐르면서 최근 연구 경향이 충분히 반영되지 못한 점은 아쉬움으로 남았다. 본 교재는 이러한 문제의식에서 기획되었다.

본 교재의 특징을 요약하면 다음과 같다. 첫째, 최신 연구 성과를 소개하되 향후 주목받을 가능성이 높은 이론과 모형을 선별하였다. 특히 현대 성격심리학의 핵심을 이루는 특질 이론의 최근 연구 성과와 새로운 모형을 구체적으로 다루었으며, 기존 개념으로는 포착되지 않던 서사적 성격 요소를 반영한 개념과 이론도 함께 제시하였다. 둘째, 다양한 연구와 이론들을 연결하고 통합할 수 있는 관점을 제공하였다. 이론의 역사적 맥락을 소개하고, 각 이론 간 유사점과 차이점을 구체적으로 분석하였으며, 여러 이론을 통합할 수 있는 틀과 모형을 제시하였다. 아울러 특정 주제에 대한 개관연구 및 메타연구 결과를 소개함으로써 상대적으로 견고한 지식을 구별할 수 있도록 하였다. 셋째, 기존 교재에서 상대적으로 다루어지지 않았던 역사적 인물과 기관을 소개함으로써 이론의 개발 및 발전 과정을 입체적으로 조망할 수 있게 하였다. 넷째, 기존의 성격심리학 개념과 이론을 활용하여 개인의 성격을 분석하는 구체적인 방법을 소개하였다. 강의를 진행하면서 늘 아쉬웠던 점 중 하나는 학생들이 성격을 분석할 때 활용할 통합적 분석틀과 실용적 방법론이 부족하다는 점이었다. 이에 본 교재에서는 이론적 성과를 실제 분석에 적용할 수 있는 절차와 방법을 상세하게 제시하였다.

본 교재는 국내 대학의 한 학기 수업 일정에 맞추어 14장으로 구성되었다. 1장과 2장은 성격심리학의 기초로서 기본 개념과 특징, 역사, 평가 및 연구 방법을 다룬다. 3장부터 9장까지는 성격심리학의 주요 이론인 특질 이론과 생물학적 이론, 정신분석 계열 이론, 분석심리학과 개인심리학, 동기 이론, 사회학습 이론 및 인지 이론의 주요 내용을 체계적으로 소개한다. 10장과 11장에는 성격과 밀접히 연관된 정서와 자기 및 정체성 관련 이론을 담았다. 성격심리학의 응용은 12장부터 14장에 걸쳐 소개된다. 12장에서는 일과 대인관계에서 성격의 역할을, 13장에서는 성격이 건강과 웰빙에 미치는 영향을 다루며, 마지막 14장에서는 본 교재에서 소개한 다양한 이론을 통합적으로 활용하여 개인의 성격을 분석하는 구체적인 방법론을 제시한다.

중요한 내용만을 선별하여 명료하게 집필하려 노력했으나 부족한 부분이 많음을 인정할 수밖에 없다. 미흡한 부분은 독자 여러분의 소중한 피드백을 신중히 반영하여 꾸준히 보완해 나가겠다. 아무쪼록 이 책이 자신과 타인의 성격을 더 깊이 이해하고 존중하려는 학생들에게 작지만 의미 있는 도움이 되길 바란다.

끝으로 이 책이 세상에 나오기까지 도움을 주신 분들께 깊이 감사드린다. 사회평론아카데미 윤철호 대표님, 기획 단계에서 아낌없는 조언을 해 주신 유명원 부장님, 편집을 맡아 세심하게 살펴 주신 박훈 선생님께 특별히 감사드린다.

2025년 12월

저자 서장원

차례

chapter

01

성격심리학의 기초

◀ Mary Cassatt(1844-1926) 어머니와 아이(1889)

인간은 매우 취약한 상태로 태어나 다른 사람의 도움을 받으며 살아간다. 그러다 어느 정도 성장하면 다른 사람을 돌보기도 한다. 불행히도 다른 사람으로부터 해를 입거나, 다른 사람에게 해를 입힐 수도 있다. 타인과의 상호작용을 피할 수 없는 인간이 안전하고 행복하게 살아가기 위해 꼭 해결해야 하는 중요한 과제는 무엇일까? 이 과제를 해결하는 과정에서 습득된 지식은 어떤 형태를 이루고 있을까?

학습 목표

- 성격과 성격심리학의 정의를 이해한다.
- 성격심리학의 역사와 주요 이론을 제시할 수 있다.
- 성격심리학의 주요 연구 주제에 대해 설명할 수 있다.
- 현대 성격심리학 연구의 주요 과제를 설명할 수 있다.

인간은 마음을 읽는 동물이다. 인류학자 Hrdy(2009)는 포유류인 인간이 자녀 양육 과정에서 드러내는 독특한 습성에 대해 체계적으로 소개한 바 있다. 그녀에 따르면, 인간은 자신의 자녀를 타인과 함께 양육하는 습성이 있다. 배우자나 직계가족뿐만 아니라 혈연으로 이어지지 않은 사람도 양육 과정에 참여할 수 있다. 그러한 상황에서 아이의 엄마가 해결해야 할 중요한 과제는 자신의 아이를 맡길 타인이 과연 믿을 만한 존재인지를 판단하는 것이다. 즉, 타인의 표정과 행동을 보고 그의 동기와 의도를 파악해서 아이에게 해를 끼칠 가능성이 있는지 따져 보아야 한다. Hrdy는 이것이 인간의 '마음 읽기'가 시작된 배경이라고 보았다.

우리의 삶을 돌아보면 자녀를 누군가에게 맡기는 것 외에도 타인의 마음을 읽어야 할 이유가 많음을 알 수 있다. 사회의 구성원으로 살아가는 한 다른 사람으로부터 도움을 받거나 해를 입을 가능성은 늘 존재하기 때문이다. 타인의 마음을 정확히 읽어 낼수록 원하는 것을 얻고 원치 않는 것을 피할 가능성이 높아지므로, 마음 읽기 기술은 곧 생존과 번성의 중요한 열쇠이기도

하다. 이를 대변하듯 마음 읽기에 대한 관심과 지식은 인류의 역사와 함께 꾸준히 이어져 왔다. 우리가 현재 가지고 있는 성격에 대한 지식은 마음 읽기와 관련된 오랜 경험이 누적된 결과라 할 수 있다.

학술적으로 정리된 지식과 별개로, 모든 인간은 나름대로의 성격 이론을 구성하면서 살아간다. 인간은 어떤 존재이고, 어떤 이유 때문에 특정한 행동을 하는지 등의 내용을 담은 이론을 일평생 구성하고 다듬으면서 살아가는 것이다. 부모로부터 원하는 것을 효과적으로 얻어 내는 일이나 자신에게 도움이 되는 친구를 선별해서 사귀는 일, 화목한 가정을 꾸리기 위해 적절한 배우자를 선택하는 일, 중요한 사업을 함께할 동료를 찾는 일 등의 성패는 상당 부분 우리가 가지고 있는 성격 이론에 달려 있다.

이토록 중요한 가치를 갖는 지식이라면 가능한 한 현실을 정확히 반영하도록 구성하는 것이 바람직하다. 오랜 시간 동안 많은 학자들이 이 목적을 달성하기 위해 나름의 방법을 동원해 성격을 연구했다. 그러한 노력은 모두 인간의 성격을 이해하는 데 기여했지만, 각기 사용한 방법이 달라 합의된 의견을 도출하는 데에는 한계가 있었다. 성격심리학은 그러한 한계를 극복하기 위해 과학적인 방법을 이용하여 성격을 연구하는 심리학의 한 분야이다.

이번 장에서는 학문으로서의 성격심리학을 개략적으로 소개하려 한다. 먼저 심리학자들이 제안하는 성격의 정의를 살펴보고, 성격심리학의 역사와 주요 논쟁, 연구 주제, 주요 이론을 알아본 뒤, 최근 동향과 과제에 대해 들여다볼 것이다.

1 성격이란 무엇인가

과학으로서의 심리학에서 어떤 현상을 연구할 때 가장 중요한 첫 번째 작업은 그 현상을 정의하는 것이다. 여기에서는 성격심리학자들이 인간의 성격을 정의하기 위해 노력한 성과를 간략히 살펴보고, 그 내용을 토대로 성격의 주요 특징을 파악해 보기로 하겠다.

1) 성격의 심리학적 정의

우리는 **성격**(personality)이 정확히 무엇을 의미하는지 아직 알지 못한다. 많은 심리학자가 나름의 관점에서 성격을 정의했지만, 현재까지 모든 연구자가 받아들일 수 있을 만한 하나의 정의가 수립되지는 못했다(Feist, Feist, & Roberts, 2013; Mischel, Shoda, & Ayduk, 2007). 그만큼 성격은 정확히 정의하기 어려운 복합적이고 다면적인 개념이라 할 수 있다.

성격에 대한 합의된 정의(definition)는 없지만, 대표적인 성격심리학자들의 정의를 통해 성격의 핵심 특징을 파악하는 것은 가능하다. 사실 수많은 성격심리학자가 제안한 성격의 정의에는 중첩되는 부분이 많다. 여기에서는 대표적인 몇 가지 정의를 살펴보기로 하겠다.

널리 받아들여지는 정의 중 하나는 성격심리학의 아버지라 불리는 Allport(1937)의 정의다. 그는 성격을 '환경에 대한 적응을 결정하는 개인 내부의 심리신체적 체계의 역동적 조직'으로 정의했다. 그의 정의에 따르면, 성격은 개인의 내부에 존재하는 일종의 체계(system)로 심리적 요소나 신체적 요소로 구성되어 있으며, 각 요소는 역동적으로 작동한다. 또한 개인의 성격은 환경에 대한 적응에 중요한 영향을 미친다.

성격심리학 영역에서 중요하게 언급되는 또 다른 학자인 Mischel(1976)은 성격이 '사고와 감정을 포함하는 독특한 행동 패턴이며, 삶을 구성하는 상황에 대한 개인의 적응을 특징짓는다'고 제안했다. 즉, 반복되는 고유한 사고·감정·행동 특성이 성격을 의미한다고 보았으며, 성격이 개인의 적응에 영향을 미친다는 점에서는 Allport의 정의와 동일하다.

현대 성격심리학계에서 큰 영향력을 가지고 있는 성격심리학자 Pervin과 Cervone(2010)은 성격이 '개인의 지속적이고 독특한 사고·감정·행동 패턴에 기여하는 심리적 특성'이라고 제안했다. Mischel은 개인의 특징적인 사고·감정·행동 패턴을 성격이라고 본 반면, Pervin과 Cervone은 그러한 패턴에 영향을 미치는 심리적 특성을 성격이라고 본 것이다.

Funder(2010)의 정의는 앞서 소개한 두 정의를 포괄한다. 그는 '개인의 특징적인 사고·감정·행동 패턴과 그러한 패턴의 이면에 있는 심리적 기제(숨겨져 있든, 그렇지 않든)'를 성격이라고 정의했다. 즉, 개인의 고유한 사고·

감정·행동 패턴과 그러한 패턴에 영향을 미치는 심리적 특성을 아울러 성격이라고 제안했다.

2) 성격의 주요 특징

앞서 소개된 성격의 정의를 정리해 보면 성격심리학자들이 중요하게 고려하는 성격의 특징을 파악할 수 있다.

첫째, 성격은 **내적 체계**(internal system)이면서 겉으로 드러나기도 한다. 성격은 인간의 내부에 존재하는 일종의 체계로 특정한 구조와 내용을 가지고 있다. 성격의 구조와 내용은 직접 관찰할 수 없으나, 성격의 작용으로 인해 드러나는 행동을 통해 유추할 수 있다. 성격의 범위를 우리가 확인할 수 있는 사고·감정·행동 패턴에 국한할 것인지, 그 이면의 내적 체계까지 포함하도록 할 것인지에 대해서는 논의가 계속되고 있지만(Bergner, 2020), 대부분의 성격심리학자는 내적 체계를 포함하는 의견에 동의한다.

성격의 두 번째 특성은 **고유성**(uniqueness)이다. 10명의 사람이 있다면, 10개의 서로 구별 가능한 성격이 있다. 그렇다고 해서 성격의 모든 부분이 서로 다른 것은 아니다. 인간에게는 서로 공유하는 특성이 있다. 예컨대 생존에 도움이 되는 자극에 접근하고, 해가 되는 자극을 회피하는 경향성은 모든 인간이 공유하는 특성이다. 다만 자극에 접근하려는 경향의 정도와 자극을 회피하려는 경향의 정도는 사람마다 다를 수 있다. 누군가는 접근 경향성이 회피 경향성보다 강할 수 있고, 누군가는 반대의 패턴을 보일 수 있는 것이다. 이처럼 개인의 성격은 공유되는 부분과 그렇지 않은 부분으로 구성되어 있으며, 여러 요소의 복잡한 상호작용으로 인해 개인의 고유한 특성이 드러난다.

셋째, 성격은 **일관성**(consistency)이 있다. 즉, 성격은 시간이나 상황이 달라져도 비교적 일관적으로 발현된다. 예컨대 화를 잘 내는 성격을 가진 사람은 가정이나 직장, 공공장소 등 다양한 상황에서 화를 내고, 이러한 경향성은 1년 후나 2년 후에도 지속될 수 있다. 다시 말해, 상황에 대한 일관성과 시간에 대한 일관성이 비교적 강하다. 물론 일관성의 정도는 사람마다 다를 수 있다. 비교적 화를 잘 내는 성격이지만 직장이나 공공장소에서는 화를 내지 않을 수 있고, 시간이 흐를수록 화를 내는 빈도가 줄어들 수 있다. 성격심리학에서는 성격의 일관성 측면에서의 개인차 혹은 성격 요소별 일관성의 차이 등을 이해하기 위해 다양한 상황 조건 및 시간 조건을 고려한 정교한 연구를 진행하고 있다.

넷째, 성격은 **역동성**(dynamic)을 보인다. 성격은 여러 요소로 구성되어 있으며, 요소들은 서로 활발하게 영향을 주고받는다. 성격의 역동성과 일관성이 서로 모순되는 것처럼 들릴 수 있지만, 두 특성은 공존할 수 있다. 예컨대 성격을 구성하는 세 가지 요소가 끊임없이 변하면서 서로 영향을 주고받는다고 가정할 때, 세 요소의 상호작용 패턴은 비교적 일관적일 수 있다. 성격의 역동성은 외부와의 관계를 통해 드러나기도 한다. A와 B라는 두 사람이 있다고 가정해 보자. A의 성격은 행동으로 드러나고, 그의 행동은 B에게 영향을 미친다. B는 다시 특정한 방식으로 행동하고, 그 행동이 A에게 영향을 미친다. 이렇게 상호작용하면서 A와 B의 내면에는 역동적인 변화가 일어나며, 이러한 변화는 비교적 안정적인 패턴을 띨 수 있다.

▲ 대인관계 상호작용 패턴은 성격의 역동성을 잘 보여 준다.

다섯째, 성격은 **적응**(adaptation)과 밀접하다. 적응이란 유기체가 주어진 환경의 요구에 적절히 반응하면서 과도한 고통이나 기능 손상을 겪지 않고 살아가는 것을 말한다. 인간은 고유한 욕구를 지니고 살아가며 환경을 통해 그 욕구를 충족시키고자 한다. 인간의 욕구 중 일부는 비교적 안정적이어서 특정한 사고·감정·행동 패턴을 유발하기도 한다. 이러한 패턴의 기본적인 목적은 욕구를 충족하는 것이지만, 주어진 환경의 특성에 따라 목적의 달성 여부가 달라질 수 있다. 예컨대 평화롭고 고요한 내적 상태를 유지하고 싶은 욕구를 가진 사람은 소란스러운 주변 자극을 회피하려는 행동 경향을 가질 것이다. 만일 이 사람이 대인관계 상호작용 요구가 적은 직업을 갖는다면 적응에 별다른 어려움을 겪지 않겠지만, 대인관계 상호작용 요구가 많은 직업을 갖는다면 적응에 어려움을 겪을 수 있다. 이처럼 성격과 환경의 조화 혹은 적합도는 개인의 적응에 중요한 영향을 미친다.

나는 성격을 무엇으로 정의하는가?

우리는 일상적으로 '성격'이라는 단어를 사용한다. 예컨대 "그 친구는 성격이 좋아."라고 말하거나 "그 사람은 성격이 왜 그 모양일까?"와 같은 표현을 사용하는 것이다. 이러한 표현을 자연스럽게 사용한다는 것은 우리가 성격에 대한 나름의 개념을 가지고 있음을 의미한다. 그렇다면 내가 가지고 있는 성격의 정의는 무엇일까?

내가 가지고 있는 성격의 개념 혹은 성격의 정의를 파악하는 흥미로운 방법은 성격이라는 용어를 언제 어떻게 사용하는지를 살펴보는 것이다. 앞서 제시했던 문장을 예로 들어 보자. "그 친구는 성격이 좋아." 혹은 "그 친구는 성격이 나빠."라는 표현을 빈번하게 사용하는 사람이 있다면, 그가 지니고 있는 성격의 개념은 '성격'이라는 단어를 구체적으로 풀어 쓰도록 함으로써 발견할 수 있다. 즉, "그 친구는 (　)이/가 좋아."라고 문장을 바꾼 뒤 괄호 안에 들어갈 내용을 구체적으로 기술하도록 하는 것이다. 만일 "그 친구는 다른 사람을 대하는 태도나 행동거지가 좋은 것 같아."라고 답했다면, 그는 '타인을 대하는 태도나 행동 양식'을 성격이라고 보는 것이다. 동일한 방법으로 다른 표현에서도 성격 개념을 파악할 수 있으며, 그렇게 도출된 개념을 통합하면 개인의 고유한 성격 개념 혹은 성격의 정의를 찾아낼 수 있다.

발견된 성격의 개념을 앞서 제시한 심리학자들의 견해나 다른 사람들의 개념과 비교해 보자. 그 과정을 통해 개인이 지닌 성격 개념의 고유성을 파악하고, 그러한 성격 개념이 어떻게 만들어진 것인지에 대한 고민을 시작할 수 있을 것이다.

2 성격 연구와 성격심리학의 역사

인류는 아주 오래전부터 성격의 중요성을 인식했고, 성격의 작동 방식과 기원에 대해 다양한 설명을 시도했다. 고대 그리스의 의학자 Hippocrates(460-377 B.C.)는 네 가지 체액인 혈액과 흑담즙, 황담즙, 점액의 양이 성격에 영향을 미친다고 제안했다. 그의 체액론은 서기 200년경에 고대 로마 의학자이자 철학자인 Galen(129-216)의 기질론으로 발전했다. 그는 혈액이 과다하면 다혈질(sanguine), 흑담즙이 과다하면 우울질(melancholic), 황담즙이 과다하면 담즙질(choleric), 점액이 과다하면 점액질(phlegmatic)이 된다고 제안했다. 간단히 말해 신체적 특징에 따라 성

▲ 17세기 독일 판화가 Georg Busch가 제작한 Galen의 초상화

격이 달리 형성된다고 보았다.

이후 중세 시대에도 인간의 개인차에 대한 관심은 지속되었지만, 보다 근원적인 인간의 본성에 더 많은 관심이 몰렸다. 특히 기독교 세계관의 영향에 따라 인간은 본래 악한 존재라는 성악설이 널리 받아들여졌다. 인간의 본성에 대한 새로운 견해는 기존의 기독교 세계관에 반감을 가지고 있던 계몽주의 사상가들에 의해 제기되었다. 이들은 인간이 '백지와 같은 상태(tabula rasa)'로 태어난다고 주장하면서, 생후의 경험을 통해 고유한 특성을 가진 인간으로 성장한다고 제안했다. 인간이 태어나면서 가지고 있는 본성에 대한 관심은 현재까지도 지속되고 있다. 특히 타고난 본성과 환경 중 어떤 요소가 성격에 더 강한 영향을 미치는지 혹은 두 요소가 어떤 방식으로 상호작용하는지 등과 관련된 질문은 성격심리학의 오랜 연구 주제이다.

19세기에는 Sigmund Freud(1856-1939)가 제안한 정신분석(psychoanalysis) 이론을 중심으로 성격이나 정신건강 문제에 영향을 미치는 심리적 원인에 대한 연구가 활발히 진행되었다. 이러한 연구 흐름은 신체적 원인론을 강조하던 기존 흐름과 대립하면서 갈등을 겪기도 했지만, 많은 임상가의 지지를 얻으며 꾸준히 발전했다. 특히 Freud를 중심으로 모인 유능한 정신분석가들이 독립하여 분석심리학(analytical psychology)이나 개인심리학(individual psychology)과 같은 다양한 이론을 개발하면서 성격에 대한 심리학적 이해의 부흥기를 가져왔다. 성격심리학에서 소위 대이론(grand theory)이라 부르는 포괄적이면서도 정교한 이론들이 처음 등장한 시기가 바로 이즈음이다.

정신분석 이론을 중심으로 하는 다양한 정신역동(psychodynamic) 이론이 심리학계와 정신의학계의 주류로 자리를 잡아 갈 때, 이러한 흐름을 모두가 반긴 것은 아니었다. 특히 행동주의(behaviorism) 심리학자들은 직접 관찰하고 측정할 수 있는 행동만을 연구의 대상으로 삼아야 한다고 주장하면서 인간 내면의 복잡한 심리적 과정을 가정하는 정신역동 이론을 거부했다. 이들은 매우 엄격한 자연과학적 연구 방법을 이용해 인간의 행동을 분석해야 한다고 보았다.

정신역동 이론과 행동주의 이론이 팽팽하게 맞서던 시절, 미국 하버드 대학교(Harvard University)에서 연구를 이어 가던 Gordon Allport(1987-1967)는 과학적 연구 방법을 이용하면서도 성격의 다양한 측면을 포괄적으로 이해하려면 기존의 두 접근법과 다른 새로운 접근법이 필요하다고 보았다. 그는 성격의 기본 단위로 특질(trait)을 제안하면서, 개인을 특징짓는 특질을 포괄적으로 기술하는 과정을 통해 성격을 연구할 수 있다고 주장했다. 이 내용은 1937년에 출간된 그의 저서 『Personality: A psychological interpretation』에 담겨 있다. 성격심리학에서는 Allport의 특질 이론(trait theory)을 기점으로 과학으로서의 성격심리학이 시작되었다고 보고 있다.

Allport를 중심으로 여러 특질 이론가들이 활발하게 연구를 진행하던 시기에 심리학의 다른 분야에서는 성격을 사회인지적 관점에서 이해하려는 흐름이 나타나고 있었다. 이들은 성격의 인지적 요소에 주목하면서 인간의 행동이 환경이나 상황에 대한 인지적 처리의 영향을 받는다고 주장했다. 특질 이론에서는 상황이나 환경보다 성격으로서의 특질이 행동에 보다 큰 영향을 미친다고 주장하고 있었기 때문에 두 관점은 서로 충돌할 수밖에 없었다. 이런 상황에서 Mischel(1968)은 상황에 따른 특질과 행동의 관계를 체계적으로 분석한 결과를 발표했는데, 놀랍게도 특질과 행동의 상관관계가 예상보다 약한 것으로 드러났다. 이로 인해 행동에 중요한 영향을 미치는 요인이 개인의 특징인지 아니면 상황인지에 대한 논쟁, 즉 사람-상황 논쟁(person-situation controversy)이 가속화되었고, 특질 이론과 관련된 연구는 큰 타격을 입게 되었다. 성격심리학자들은 이 시기를 성격심리학의 암흑기로 간주한다.

특질 이론 연구는 동력을 잃었지만, 사회인지적 관점이나 인본주의적 관점의 성격 연구는 꾸준히 지속되었다. 특히 교육이나 임상 영역에서 활용 가치가 높은 개념이나 이론을 중심으로 연구가 이어졌다. 여기에는 Albert Bandura(1925-2021)의 사회학습 이론이나 Carl Rogers(1902-1987)의 인간중심치료 이론, Aaron Beck(1921-2021)의 인지치료 이론 등이 포함된다.

놀랍게도 소수의 성격심리학자들은 특질 이론 연구를 지속하면서 특질 차원을 정리하는 데 힘썼다. 이들의 노력은 점점 빛을 발하기 시작했고, 1980년대에 이르러서는 특질 차원이 5개 정도로 수렴된다는 연구 결과가 반복되면서 성격 5요인(Big Five) 이론이 힘을 얻게 되었다. 성격 5요인과 정신건강, 신체 건강, 직무 만족, 직무 수행 등의 주요 변인의 상관관계도 비교적 강한 것으로 확인되면서 특질의 중요성이 다시 부각되었고, 이는 성격심리학의 부흥으로 이어졌다.

표 1.1 성격심리학의 주요 역사적 사건

연도	사건
1890	William James, 『심리학의 원리(The Principles of Psychology)』 출간
1900	Sigmund Freud, 『꿈의 해석(Interpretations of Dreams)』 출간
1911	Carl Jung, 『무의식의 심리학(Psychology of the Unconscious)』 출간
1912	Alfred Adler, 개인심리학협회(Society of Individual Psychology) 설립
1921	Hermann Rorschach, 로르샤흐 검사 개발
1932	Melanie Klein, 『아동 정신분석(The Psychoanalysis of Children)』 출간
1936	Anna Freud, 『자아와 방어기제(The Ego and the Mechanisms of Defense)』 출간
1937	Gordon Allport, 『Personality: A Psychological Interpretation』 출간
1938	Henry Murray, 『Explorations in Personality』 출간
1939	Hathaway와 McKinley, MMPI(Minnesota Multiphasic Personality Inventory) 개발
1947	Hans Eysenck, 외향성과 신경과민성 모형 제안
1949	Raymond Cattell, 16PF(Personality Factor) 척도 개발
1951	Carl Rogers, 『Client-centered Therapy: Its Current Practice, Implications and Theory』 출간
1954	Abraham Maslow, 『동기와 성격(Motivation and Personality)』 출간
1955	George Kelly, 개인적 구성개념 이론 발표 Albert Ellis, 합리적 치료 이론 발표
1966	Jullian Rotter, 통제 소재 측정 도구 발표
1967	Aaron Beck, 『The Diagnosis and Management of Depression』 출간
1968	Walter Mischel, 성격 검사의 타당도 비판
1977	Albert Bandura, 『Social Learning Theory』 출간
1985	Costa와 McCrae, 성격 5요인 측정 도구 개발 Deci와 Ryan, 자기결정 이론 발표
1988	Carol Dweck, 『Implicit Theories of Intelligence and Personality』 출간
1994	Costa와 McCrae, 5요인 이론 성격 체계 발표
1997	Albert Bandura, 『Self-efficacy: The Exercise of Control』 출간
2004	Ashton과 동료들, HEXACO 모델 발표

2000년대에 들어서는 성격에 대한 종단 연구가 매우 활발히 진행되면서 성격의 시간에 따른 변화와 영향 요인에 대한 이해가 더욱 증진되었다. 또한 성격의 요소에 대한 세분화된 연구가 왕성하게 진행되면서 대이론 중심의 연구 경향이 약화되었으며, 다양한 연구 성과를 통합하기 위한 노력이 이어지고 있다.

3 성격심리학의 주요 연구 주제

성격심리학 연구의 주요 목적은 인간의 성격을 이해하고 설명하는 것이다. 이를 달성하기 위해 성격심리학자들은 다음과 같은 주제를 꾸준히 연구해왔다.

1. 성격이란 무엇이며 어떻게 측정할 수 있는가?
2. 성격은 삶의 중요한 요소들과 어떤 관계를 맺고 있는가?
3. 성격은 삶의 중요한 요소들에 어떤 방식으로 영향을 미치는가?
4. 성격에 영향을 미치는 요인에는 어떤 것이 있으며, 각 요인은 어떻게 성격에 영향을 미치는가?
5. 성격은 어떻게 발달하며 어떻게 변하는가?
6. 성격을 바꾸는 효과적인 방법은 무엇인가?

1) 성격의 기술

모든 연구의 기본은 현상을 정확히 기술하는 것이다. **기술**(description)이란 개념 등을 이용하여 현상을 있는 그대로 묘사하는 것을 의미한다. 성격심리학에서는 성격의 정의를 내리는 작업이나 구조를 분석하는 작업, 유형을 분류하는 작업 등이 모두 기술에 포함된다. 이러한 기술 작업의 중요한 결과물은 측정 도구의 개발이라 할 수 있다. 성격심리학자들은 성격의 다양한 요소들을 구체적으로 정의하고, 그러한 정의를 반영하는 도구를 개발하여 해당 요소를 측정한다. 측정된 결과는 다른 변인들과의 관계를 분석하는 등의 후속 연구에 활용된다.

앞서 언급한 바와 같이, 모든 심리학자가 합의하는 성격의 정의는 아직 도출되지 못했다. 이러한 문제는 성격의 일반적 정의뿐만 아니라, 성격의 하위 유형이나 요소의 정의에도 마찬가지로 적용된다. 실제로 성격심리학에서 연구되는 개념들의 정의는 학자마다 다르며, 정의에 따라 서로 다른 측정 도구가 사용된다. 이로 인해 특정 개념에 대한 연구 성과를 통합하는 과정에서 상당한 수준의 혼란이 일어나곤 한다. 성격의 기술과 관련된 주요 연구 과제 중 하나는 이러한 혼란을 줄이는 것이다. 이를 위해 성격심리학자들은 이론적 접근을 통해 합의된 정의를 도출하기도 하고, 경험적 접근을 통해 포괄적이면서도 대표성을 갖춘 측정 도구를 개발하기도 한다.

2) 성격과 주요 변인의 관계

한때 성격심리학이 암흑기에 빠져들 수밖에 없었던 이유는 성격이 인간의 행동을 예측하는 데 큰 도움이 되지 않음을 시사하는 연구 결과들이 제시되었기 때문이었다. 간단히 말해 성격은 그리 중요한 개념이 아니었던 것이다. 반대로 성격심리학이 다시 부흥할 수 있었던 이유는 삶의 질을 결정하는 다양한 특성이 성격과 밀접하다는 연구 결과들이 누적되었기 때문이다. 예컨대 성격은 개인의 정신건강이나 신체 건강, 수명, 대인관계 만족도, 직무 만족도, 직무 수행 등과 밀접한 관계를 맺는 것으로 확인되었다(Hayes & Joseph, 2003; Hurtz & Donovan, 2000; Judge, Heller, & Mount, 2002; Kern & Friedman, 2011; Strickhouser, Zell, & Krizan, 2017).

얼핏 보면 서로 상충하는 연구 결과 같지만, 사실은 그렇지 않다. 두 연구 흐름은 분석 단위나 분석 수준에서 서로 차이를 보인다. 성격심리학을 암흑기로 몰아넣은 주요 논쟁은 특정 상황에서의 구체적 행동에 초점을 두고 있다. 반면 성격심리학의 부흥을 가져온 다양한 연구 결과들은 비교적 긴 시간 동안 지속되는 영향의 결과를 반영하는 특성에 초점을 두고 있다. 예컨대 정신건강(mental health)은 한 개인의 심리적 특성이면서 비교적 오랜 시간 동안 지속된 생각이나 감정, 행동의 누적된 효과를 드러낸다. 정리하면, 특정 상황에서의 단기적 행동에 대한 성격의 영향력은 약할 수 있지만, 장기적 특성에 대한 성격의 영향력은 비교적 큰 것으로 나타나고 있다. 이를 확인한 성격심리학자들은 인간의 삶에 중요한 영향을 미치는 지속적 특성과 성격의 관계에 대해 활발히 연구하고 있다.

3) 성격의 작용 과정

성격이 삶의 중요한 특성과 밀접한 관계를 맺고 있다는 사실이 밝혀지면서 성격의 작용 과정(personality process) 혹은 기제(mechanism)에 대한 관심도 증가했다. 관련된 연구는 크게 세 유형으로 구분할 수 있다(Hampson, 2012).

첫 번째 유형은 성격이 조절 변인으로 작동하는지의 여부를 연구한다. **조절 변인**(moderator)이란 예측 변인(predictor)과 결과 변인(outcome)의 인과관계 양상을 조절하는 변인을 말한다. 예컨대 부정적 사건(예측 변인)이 우울(결과 변인)을 유발한다고 가정할 때, 충동성(impulsivity) 수준이 높을수록 부정적 사건과 우울의 관계가 강해지고, 반대로 충동성 수준이 낮을수록 부정적 사건과 우울의 관계가 약해진다면, 충동성은 부정적 사건과 우울의 관계에서 조절 변인으로 작용한다고 볼 수 있다.

두 번째 유형은 예측 변인으로서의 성격이 어떤 결과 변인에 영향을 미칠 때 다른 변인이 조절 변인으로 작동하는지의 여부를 연구한다. 예컨대 비관적 성향(예측 변인)이 우울(결과 변인)을 유발한다고 가정할 때, 두 변인의 관계를 성별이 조절하는지의 여부를 연구할 수 있다. 또한 연령에 따라 두 변인의 관계성이 달라진다면, 연령이 비관적 성향과 우울의 관계를 조절한다고 판단할 수 있다.

세 번째 유형은 예측 변인으로서의 성격이 어떤 결과 변인에 영향을 미칠 때 다른 변인이 매개 변인으로 작동하는지의 여부를 연구한다. **매개 변인**(mediator)이란 두 변인이 인과관계를 맺고 있을 때 그 사이를 연결하는 변인을 의미한다. 비관적 성향(예측 변인)이 우울(결과 변인)에 영향을 미칠 때 부정 정서를 감내하는 능력이 두 변인의 관계를 연결한다면, 부정 정서 감내 능력을 매개 변인이라 부를 수 있다.

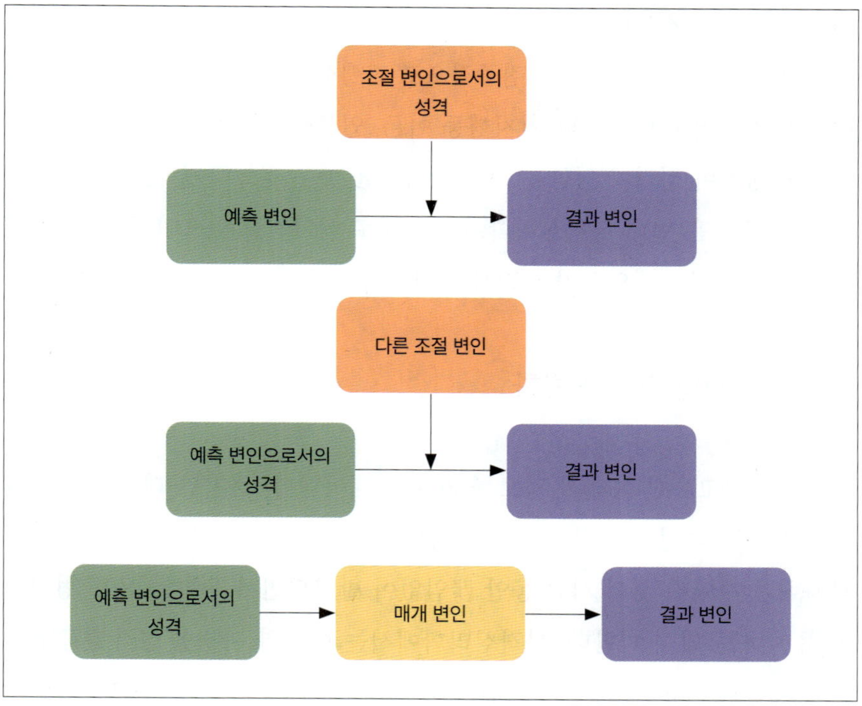

그림 1.1 성격 작용 과정의 세 유형

4) 성격에 영향을 미치는 요인

성격의 작용 과정과 관련된 연구들은 이미 존재하고 있는 성격이 다른 변인들과 어떤 방식으로 관계를 맺는지에 관심을 둔다. 반면 특정 성격이 어떻게 형성되고 유지되는지에 대해 중점적으로 연구하는 흐름도 있다. 이 흐름에서 특히 중요하게 다루는 주제는 **유전**(heredity)과 **환경**(environment)의 영향이다. 즉, 태어날 때부터 가지고 있는 특성과 생후에 경험하는 것들이 어떤 방식으로 성격의 형성에 기여하는지를 연구한다.

과거에는 유전의 영향을 강조하거나 환경의 영향을 강조하는 식의 주장이 두드러졌지만, 현대 성격심리학 연구자들은 두 요소가 모두 중요하다는 의견에 동의한다. 관건은 유전과 환경이 어떤 방식으로 성격에 영향을 미치는지를 구체화하는 것이다. 이에 대해서는 다양한 이론이 개발되고 있으며, 앞으로도 꾸준히 연구가 지속될 것으로 예상된다.

성격의 형성에 있어 유전과 환경이 모두 중요한 것은 사실이지만, 성격심리학의 오랜 전통에서는 개입을 통한 성격의 변화를 중요하게 여겨 환경의 영향에 대한 연구를 좀 더 집중적으로 진행했다. 특히 임상심리학 전통의 이론인 정신역동 이론이나 인지행동 이론, 인본주의 이론 등에서는 생후의 다양한 경험이 성격에 영향을 미치는 과정을 매우 정교하게 연구했다. 이러한 연구 흐름은 현대 성격심리학에도 그대로 이어지고 있으며, 특히 인지행동적 관점의 다양한 연구가 활발하게 진행되고 있다.

5) 성격의 발달과 변화

인간은 고유한 유전적 정보를 가지고 태어난다. 하지만 태어나는 순간 모든 유전적 특성이 발현되는 것은 아니다. 우리에게 주어진 유전적 특성은 각자에게 주어진 삶의 시간 동안 끊임없이 발현되면서 우리의 몸을 형성하고 유지하는 데 기여한다. 성격심리학에서는 이러한 과정을 **성격 발달**(personality development)이라는 하위 영역으로 구분하여 연구하고 있다.

인간이 태어나서 성장함에 따라 뇌를 포함한 몸의 특성이 달라진다. 이러한 변화는 성격의 발달에도 영향을 미친다. 성격심리학자들은 인생의 중요한 시기에 일어나는 몸과 마음의 변화가 성격의 형성에 어떤 영향을 미치는지에 특별한 관심을 기울인다. 각 개인이 지니고 있는 유전적 특성이 발달 과정에서의 중요한 경험과 상호작용하여 성격에 영향을 미치는 방식도 이들의 중요한 연구 주제이다.

성격 발달에 대한 관심이 처음 일어나던 시기에는 성인기 이전의 발달을 주로 연구하는 경향이 있었다. 이 시기의 변화가 가장 극적이기도 하고, 성인이 된 이후에는 성격이 거의 변하지 않을 것이라는 의견이 지배적이었기 때문이다. 하지만 성인기의 성격 변화에 대한 연구가 누적되면서 노년기를 포함한 성인기에도 성격의 변화가 나타날 수 있으며, 이러한 변화가 삶의 질에 중요한 영향을 미친다는 사실이 밝혀졌다. 이후 성격심리학자들은 자연스러운 노화 과정에서 나타나는 신체적·심리적 변화로 인한 성격 변화뿐만 아니라 중요한 인생 경험으로 인한 성격 변화 혹은 성격적 성숙에 대해 활발하게 연구하고 있다.

6) 성격에 대한 심리적 개입

임상심리학과 정신의학 영역에서 개인의 성격에 관심을 갖게 된 이유는 심리적 문제 혹은 심리장애 때문이었다. **심리장애**(psychological disorder)란 개인의 심리적 특성이 과도한 정서적 고통이나 기능 손상을 유발하는 상태를 의미한다. 심리장애의 대표적인 하위 유형으로는 성격장애가 있다. **성격장애**(personality disorder)란 개인의 성격이 과도한 정서적 고통이나 기능 손상을 유발하는 경우를 말한다. 임상심리학자와 정신의학자 들은 다양한 성격장애를 이해하고 치료하기 위해 나름의 성격 이론을 개발해 왔다. 그들은 궁극적으로 개인의 성격을 변화시켜 부적응성을 줄이고자 했기 때문에, 이론을 구성하는 것에 그치지 않고 각 이론에 기반한 체계적 개입 방법 또한 개발했다. 현대 성격심리학자와 임상심리학자 들도 이러한 연구를 지속하고 있으며, 개발된 개입 방법의 효과성을 검증하여 근거 기반 개입(evidence-based intervention)을 확보하는 데 주력하고 있다.

성격장애에 초점을 둔 이론들이 부적응적 성격 특성을 완화하는 데 관심을 두는 동안, 다른 한 편에서는 인간의 긍정적 성격 특성을 개발하고 강화하는 방안을 개발하려는 연구가 진행되었다. 인간의 긍정적 성격 특성에 대한 과학적 연구의 역사는 그리 길지 않다. 기존의 성격심리학은 주로 인간의 부정적 특성에 주목하고 있었으며, 긍정적 특성에 대한 연구는 산발적으로 진행될 뿐이었다. 그러다 심리학 연구 주제의 편향에 대한 문제 의식을 모아 **긍정심리학**(positive psychology)이 태동하면서 인간의 긍정적 성격 특성에 대한 연구도 체계적으로 진행되기 시작했다. 특히 긍정적 성격 특성을 개발하고 강화하는 방법과 그 효과에 대한 연구가 활발히 진행되고 있다.

4 성격심리학의 주요 이론적 관점

성격에 대한 다양한 연구 성과는 성격 이론을 구축하는 데 기여한다. 심리학 영역에서 **이론**(theory)이란 논리적으로 연결된 명제들의 집합을 의미하며, **명제**(proposition)란 참과 거짓을 판별할 수 있는 의미 있는 평서문으로 개념에 대한 기술을 담고 있거나 개념들의 관계에 대한 내용을 담는다. **개념**(concept)은 일정한 현상을 일반화하여 추상적으로 표현한 것을 의미한다. 정리하면, 개념들이 명제를 구성하고, 명제들이 이론을 구성한다.

일반적으로는 특정한 개념을 정의한 뒤 다른 개념들과의 관계를 탐색하면서 명제를 구성해 나간다. 그렇게 구성된 일련의 명제들이 논리적으로 조직화되어 하나의 집합을 이루면 이론으로 간주되는 것이다. 여기에서는 성격심리학 영역에서 중요하게 다루어지는 대표적인 이론들을 소개하려 한다.

1) 특질 이론

Allport에 의해 처음 제안된 **특질 이론**(trait theory)의 핵심 개념은 특질이다. **특질**(trait)이란 자극에 대해 특정한 방식으로 반응하는 경향성 혹은 그렇게 반응하도록 하는 내적 특성을 의미한다. 예컨대 대인관계 자극이 주어졌을 때 회피하는 경향성을 우리는 수줍음(shyness) 혹은 내향성(introversion)이라 부르는데, 이것이 곧 특질에 해당한다. Allport는 인간의 성격을 표현하는 어휘들을 분석하여 다양한 특질 개념을 소개했다. 그는 자신이 정리한 특질 개념을 이용하여 개인의 고유한 성격을 기술하는 작업에 많은 노력을 기울이기도 했다.

영국의 심리학자 Raymond Cattell(1905-1998) 또한 특질이 성격의 중요한 분석 단위임을 인정하고 특질을 분류하는 연구에 몰두했다. Allport가 언어학적 방법으로 특질을 분류했다면, Cattell은 통계학적 기법을 이용해 특질을 분류했다. 그는 요인 분석(factor analysis)이라는 기법을 활용해 다양한 특질 어휘들을 분석하였고, 그 결과를 토대로 16개의 특질이 인간의 성격을 포괄적으로 포착한다고 제안했다. Cattell은 16개의 특질을 측정할 수 있는 도구 또한 개발하여 특질 연구의 발전에 크게 기여하였다.

비슷한 시기에 영국에서 활동하던 임상심리학자 Hans Eysenck(1916-1997)는 특질의 생물학적 기반을 발견하는 데 각별한 노력을 기울였다. 그는 세 가지 특질 차원(dimension)을 제시하면서 각 특질 차원의 신경학적 기반 또한 구체적으로 제안하였다. 그의 연구는 성격에 대한 생물학적 이론의 시초로도 간주되고 있다.

특질 이론에 기반한 연구들이 중점적으로 탐색한 대표적인 주제를 꼽으라면 '특질 분류'를 들 수 있을 것이다. 초기의 특질 이론가들을 포함한 많은 특질 연구자들이 인간의 성격을 포괄적으로 포착하면서도 활용도를 높일 수 있는 특질 분류에 몰두했다. 연구자들은 관련 분석결과를 바탕으로 결국 5개 정도가 가장 적절하다는 의견에 합의했고, 정리된 5개의 공통 특질을 'Big Five'라고 부르기 시작했다. 비교적 최근에는 1개의 특질을 더 추가하여 6개의 공통 특질로 구성된 모형이 좀 더 적절할 수 있다는 의견도 제안되고 있다. 특질 이론의 구체적인 내용은 3장과 4장에서 자세하게 소개할 것이다.

2) 정신역동 이론

Allport에 의해 특질 이론이 제안되기 전 유럽에서는 Freud가 개발한 **정신분석**(psychoanalysis) 이론이 발전하고 있었다. 정신분석 이론은 기본적으로 히스테리(hysteria)라 불렸던 증상을 설명하기 위해 개발되었으나, 이후 이론이 발전하면서 개인의 성격 형성과 유지, 변화 등을 설명하는 포괄적인 이론으로 거듭났다. 이론을 구성하는 주요 개념들이 모호하고 측정 불가능하다는 측면에서 유사과학(pseudo-science)이라는 비판을 받기도 했지만, 임상 영역에서의 활용도가 높아 많은 전문가들이 관련 연구에 매진했다.

Freud의 전통적인 정신분석 이론은 지금까지 명맥이 이어지고 있으며, 성격심리학의 발전에 기여한 여러 이론의 개발을 촉진했다. 우선 Freud의 딸 Anna Freud(1895-1982)는 전통적인 정신분석 이론의 기본 가정을 거의 유지하면서 이론 개발의 초점을 자아(ego)에 두어 **자아심리학**(ego psychology)을 발전시켰다. 한편 Melanie Klein(1882-1960)을 중심으로 발전한 **대상관계 이론**(object-relation theory)은 Freud의 핵심 가정인 성적 추동의 중요성을 부인하고, 대상 혹은 타인과 관계를 맺고자 하는 욕구가 보다 근본적인 동기라고 제안했다.

Freud가 저술한 『꿈의 해석(Interpretation of Dreams)』을 지지한 것을 계기로 교류했던 Alfred Adler(1870-1937)는 Freud와 결별 후 인간의 목표 지

향성과 사회적 성향을 강조한 **개인심리학**(individual psychology)이라는 새로운 이론을 개발하였다. 그의 이론은 무의식의 존재를 인정했다는 측면을 제외하면 정신분석과의 유사성을 찾아보기 어려울 정도로 다른 방향성을 취하고 있다.

Freud가 후계자로 점찍어 둘 정도로 각별하게 여겼던 Carl Jung(1875-1961) 또한 **분석심리학**(analytical psychology)이라는 독자적 이론을 개발하였다. 그는 인간의 무의식이 Freud가 예상했던 것보다 훨씬 더 풍성하고 다양한 내용으로 구성되어 있다고 주장했으며, 인간의 기본적인 자기실현 경향성과 성격의 전체성을 강조하였다.

성격심리학자들은 의식과 무의식의 요소가 역동적으로 상호작용한다는 가정을 공유하는 이론을 **정신역동 이론**(psychodynamic theory)이라 부르곤 한다. 여기에 포함되는 이론들은 엄격한 의미의 과학적 이론으로 인정을 받지 못하고 있지만, 성격의 복잡성을 설득력 있게 묘사하고 있어 임상 영역을 중심으로 여전히 중요하게 다루어지고 있다. 정신역동 이론의 구체적인 내용은 6장과 7장에서 상세하게 소개할 것이다.

3) 동기 이론

Allport가 하버드 대학교에서 특질 이론을 연구할 당시, 같은 학교 동료였던 Henry Murray(1893-1988)는 인간의 **욕구**(need)에 초점을 둔 성격 이론을 개발하였다. 그에 따르면, 인간은 저마다 고유한 욕구를 지니며, 욕구의 결핍으로 인한 긴장이나 불만족을 적절히 해소하려는 경향성을 갖는다. 따라서 개인의 성격을 파악하고자 할 때 중요한 작업은 그 사람의 욕구와 욕구 충족 행동, 주변 환경의 영향 등을 포괄적으로 분석하는 것이다. Murray는 상당히 정교하면서도 포괄적인 욕구 개념들을 제안하여 욕구 이론의 발전에 기여했다.

인본주의 심리학자 Abraham Maslow(1908-1970)는 Murray의 이론에서 한 단계 더 나아가 인간의 욕구에 위계가 있을 것이라고 주장했다. 그는 인간의 중요한 욕구를 5단계로 나누고, 각 단계의 욕구 충족과 관련된 원리를 구체적으로 제안했다. 그에 따르면, 인간의 욕구는 크게 **결핍 욕구**(deficiency needs)와 **성장 욕구**(growth needs)로 나눌 수 있다. 전자는 갈증이나 불안 등의 결손 상태를 방지하려는 욕구를 의미하며, 여기에는 생리적 욕구와 안전 욕구, 애정 및 소속 욕구, 존중 욕구가 포함된다. 후자는 잠재력을 실현하려는 욕구를 의미하며, 자기실현 욕구가 여기에 포함된다. Maslow는 결핍 욕구들이 적절히 충족될 때 성장 욕구를 충족하려는 시도가 나타날 수 있다고 주장했다.

또 다른 인본주의 심리학자 Carl Rogers는 성장 욕구가 좀 더 기본적인 욕구일 것이라고 제안했다. 그는 모든 인간이 자신의 잠재력을 발현하려는 **자기실현 경향성**(self-actualization tendency)을 가지고 있다고 보았으며, 스스로 경험을 판단해서 자신을 더욱 성장시키는 방향으로 의사결정을 내릴 수 있는 능력과 의지 또한 갖추고 있다고 주장했다. 인간이 겪는 많은 심리적 고통은 이러한 경향성의 자연스러운 발현을 막고 방해하는 대인관계 작용에 의해 발생한다고 보았다.

인본주의적 관점에서 인간의 기본적 동기에 대한 활발한 논의가 진행되는 동안, 인지적 관점에서는 구체적인 **목표**(goal)와 성격의 관계에 대한 연구들이 산발적으로 실시되었다. 이러한 연구들은 1980년대에 이르러 다양한 이론으로 그 결실을 맺었으며, 현재까지도 중요한 연구 흐름으로 간주되고 있다.

욕구 이론이나 성장 이론, 목표 이론은 모두 인간의 행동을 유발하는 **동기**(motive)에 초점을 두고 있다. 사실 대부분의 성격 이론이 행동을 유발하는 원인을 탐색한다는 점에서 동기를 다루고 있다고 볼 수 있다. 다만 생물학적인 기본 경향성이나 심리적 성장 및 성숙에 대한 지향성과 같이 비교적 일관되게 강한 힘을 발휘하는 개념을 과학적으로 탐색한 이론들을 별도로 분류해 볼 수 있다. 이러한 동기 이론의 구체적 내용은 8장에서 소개할 것이다.

4) 사회학습 및 인지 이론

임상 영역에서 정신역동 이론의 영향력이 강하던 시절에 미국의 임상심리학자 George Kelly(1905-1967)는 정신분석을 대체할 만한 새로운 치료 방안을 연구하고 있었다. 그는 교육 수준이나 경제적 수준이 낮은 사람들에게는 정신분석이 적절하지 않다고 판단하고, 인지적 관점의 성격 이론을 기반으로 하는 새로운 치료법을 개발하였다. 그에 따르면, 인간은 모두 나름의 이론을 개발하고 수정해 나가는 일종의 과학자이며, **개인적 구성개념**(personal construct)이라는 인식의 틀을 이용해 주변 상황을 해석하고 대응한다.

임상심리학자 Albert Ellis(1913-2007) 또한 외부의 사건을 해석하는 방식에 따라 인간의 정서 경험과 행동 반응이 달라진다는 인지적 관점의 합리적 치료 이론을 비슷한 시기에 발표하였다. 그의 이론은 정신의학자 Aaron Beck에 의해 더욱 정교화되었다. 그는 발달심리학자 Jean Piaget(1896-1980)의 **도식**(schema) 개념을 빌려와, **인지도식**(cognitive schema)을 중심으로 하는 인지치료 이론을 발전시켰다. 그에 따르면, 인간은 다양한 신념으로 구성되는 인지도식을 가지고 있으며, 인지도식을 이용해 사건의 의미를 해석한다. 그 결과 경험되는 생각의 특성에 따라 정서와 행동이 결정된다. Beck은 개인의 성격이 특징적인 인지도식으로 구성되어 있다고 주장했다.

임상심리학이나 정신의학 배경의 학자들이 인지적 구조와 해석을 중심으로 하는 이론을 발전시키는 동안, 사회학습 이론가들도 개인의 행동이 나타나는 과정을 사회인지적 관점에서 활발하게 연구하고 있었다. Kelly와 같은 대학에서 근무했던 Julian Rotter(1916-2014)는 어떤 강화물을 실제로 얻게 될 확률과 그 강화물의 가치가 특정한 행동의 발현 가능성을 결정한다는 기대-강화가치 이론을 제시하였다. 그는 강화물 획득 가능성을 **기대**(expectancy)라는 개념으로 포착하였고, 강화물에 대한 개인의 고유한 가치를 **강화가치**(reinforcement value)라는 개념으로 포착하였다. 그에 따르면, 강화물을 얻을 가능성에 대한 인식은 일반화되어서 성격으로 드러날 수 있다.

비슷한 시기에 활동했던 Albert Bandura는 사회학습 이론을 발전시키면서 관찰을 통해 학습된 행동이 실제로 표출되기 위해서는 스스로 잘 해낼 수 있다는 믿음이 필요하다고 주장했다. 그는 그러한 믿음을 **자기효능감**(self-efficacy)이라 명명하였으며, 스스로를 통제하거나 조절하는 능력의 핵심 요소라고 제안하였다.

Rotter와 Kelly의 제자였던 Walter Mischel(1930-2018)은 사회학습 이론이나 인지 이론, 정서 이론 영역에서 다루어진 주요 개념과 명제들을 포괄하는 통합적 이론을 제안하였다. **인지-정서 성격 체계**(cognitive-affective personality system)로 명명된 이 이론은 기대와 신념, 목표, 정서 등의 성격 단위들이 고유한 방식으로 연결되어 행동을 유발한다는 내용을 담고 있다.

사회학습 및 인지 이론 연구자들은 성격의 인지적 측면에 초점을 두는 경향이 있다. 특히 고유한 방식으로 정보를 처리하는 데 관여하는 인지적 특성을 중점적으로 연구하였으며, 문제 해결 및 적응에 영향을 미치는 인지적 능력에도 많은 관심을 기울였다. 사회학습 및 인지 이론의 자세한 내용은 9장에서 소개할 것이다.

5 성격심리학의 최근 동향과 과제

과학으로서의 성격심리학이 태동한 이후 대략 한 세기 동안 다양한 이론적 관점의 성격 연구들이 활발히 진행되었다. 현대 성격심리학 연구의 가장 두드러지는 특징은 각 이론이나 영역별로 매우 세분화된 연구들이 진행되고 있다는 점이다. 이러한 흐름은 다른 심리학 분야에서도 동일하게 확인할 수 있는 현상이다. 여기에 더해 특별히 주목할 만한 연구의 흐름을 세 가지 정도로 정리해 볼 수 있다.

첫 번째 흐름은 통합이다. 현대 성격심리학자들은 다양한 영역에서 진행된 연구 성과들을 통합하고자 노력하고 있다. 두 번째 흐름은 개별 사례 접근의 부활이다. 성격심리학의 발전에 크게 기여했지만 일반화의 한계라는 벽에 가로막혀 잊혀지고 있던 개별 사례 접근법이 다시금 주목을 받고 있다. 세 번째 흐름은 성격의 적응성에 대한 이해의 변화이다. 과거에는 부적응을 초래하는 특수한 성격이 존재한다거나, 적응을 돕는 고유한 성격적 특성이 존재한다는 식의 이분법적 관점이 우세했다. 하지만 최근에는 적응적 성격이나 부적응적 성격이 따로 존재하는 것이 아니고, 성격 특성의 경직성이나 상황과의 조화에 따라 적응 수준이 달라질 수 있다는 관점의 연구들이 활발히 진행되고 있다. 세 가지 주요 흐름에 대해 좀 더 자세히 살펴보겠다.

1) 성격 연구의 통합

성격심리학은 기본적으로 심리학적 관점에서 인간을 이해하고자 하는 학문이라고 볼 수 있다. 즉, 성격심리학은 '전체'로서의 인간에 관심을 둔다. 과거 성격 연구 영역에서 인간에 대한 기본가정을 포함한 복잡한 명제들로 구성된 대이론이 활발하게 개발되었던 것도 이러한 이유 때문이다. 과학으로서의 성격심리학이 시작된 초기에도 전체로서의 인간을 포괄적으로 연구하는 것을 강조하는 연구자들이 많았다. 하지만 과학적으로 좀 더 엄정한 연구를 지향하는 과정에서 연구 주제가 세분화되기 시작했고, 이론적 관점을 특정하기 어려운 다양한 세부 연구들이 활발하게 진행되었다.

인간의 성격을 다룬 다양한 연구들이 누적됨에 따라, 현대 성격심리학자들은 다시 한번 통합에 관심을 기울이고 있다. 실제로 각 영역에서 활발히 활동하고 있는 대표적인 성격심리학자들이 나름의 관점에 따라 통합적 이론(integrative theory)이나 통합적 분석틀(integrative framework)을 제안하였고(Dweck, 2017; McAdams & Pals, 2006; McCrae & Costa, 2008), 성격심리학 분야의 대표적 학술지인 《Journal of Research in Personality》는 2015년에 성격에 대한 통합적 이론을 다루는 특별호를 출간하기도 했다.

인간의 성격에 대한 연구를 통합하려는 노력은 상당히 고무적이지만, 현재로서는 충분히 만족스럽지 못하다는 것이 일반적인 견해다(Roberts & Yoon, 2022). 이는 임상 영역에서 주로 활용되는 성격 이론에서도 잘 드러난다. 국내 임상 현장에서는 현재까지도 다양한 정신역동 이론들을 내담자나 환자의 성격을 이해하는 중요한 틀로 이용하고 있다. 성격심리학에서는 비과학으로 간주하고 있는 이론들을 심리학적 지식을 가장 활발하게 적용하는 영역에서 아직까지도 활용하고 있는 것이다.

이러한 현상이 나타나는 이유는 크게 두 가지 정도로 정리된다. 첫째, 성격심리학자들이 비과학으로 간주하고 있는 정신역동 이론이 사실은 인간의 성격을 포괄적으로, 정확히 포착하고 있을지도 모른다. 특히 성격의 무의식적 측면이나 개인내적·대인관계적 역동성을 설명하는 측면에서의 탁월함 때문에 임상 영역에서의 활용도가 높은 것일 수 있다. 둘째, 정신역동 이론의 한계를 분명히 인식하고 있지만, 현재로서는 가장 나은 대안이기 때문에 사용하는 것일 수 있다. 실제로 임상가들이 활용할 수 있는 통합적 성격 이론이나 분석틀은 매우 제한적이다. 어떤 이유 때문이든, 실질적 활용도가 높은 통합적 성격 이론이나 분석틀을 개발하는 것은 성격심리학뿐만 아니라 임상심리학 등의 응용심리 영역에서도 매우 중요한 과제가 될 것으로 보인다.

2) 개별 사례 접근의 부활

성격심리학에서는 전통적으로 두 가지 방법론적 접근을 중요하게 고려했다. 첫 번째 접근법은 **개별 사례 접근**(idiographic approach)으로 개인의 고유한 성격 특성을 포괄적이면서도 깊이 있게 연구하는 것을 중요하게 여긴다. 개별 사례 접근은 인간의 보편적 특성보다 '개인'의 고유한 특성에 관심을 둔다. 두 번째 접근법은 **법칙 정립 접근**(nomothetic approach)으로 '모든 인간'에게 적용할 수 있는 법칙의 발견을 중요하게 여긴다. 법칙 정립 접근은 인간의 고유한 특성보다 보편적 특성에 관심을 둔다.

심리학의 하위 영역 중 상당수는 법칙 정립 접근에 좀 더 무게를 둔다. 예컨대 인지심리학이나 발달심리학, 사회심리학 등의 하위 분야에서는 인간의 일반적인 심리적 특성과 원리를 탐색하는 데 상당한 노력을 기울인다. 성격심리학의 많은 연구들도 법칙 정립 접근을 사용하지만, 전통적으로 개별 사례 접근의 중요성을 인정해 왔다. 특히 임상심리학 전통에서 개발된 성격 이론들은 개별 사례 접근법을 중요한 연구 방법으로 사용해 왔으며, 초기 특질 이론가인 Allport와 동기 이론가 Murray 또한 개별 사례 접근의 중요성을 강조한 바 있다.

초기 성격 이론의 개발에 크게 기여한 개별 사례 접근은 연구 결과의 일반화를 중요하게 여기는 현대 과학의 흐름에 밀려 사용 빈도가 점차 줄어들었다. 임상 영역에서 희소한 참여자를 대상으로 하는 연구에서만 낮은 빈도로 사용되며 약한 흐름을 이어 갈 뿐이었다. 하지만 최근 들어 임상심리학이나 상담심리학 영역을 중심으로 개별 사례 접근의 중요성이 다시금 강조되고 있다. 이러한 변화를 일으킨 원인은 크게 두 가지로 정리된다. 첫째, 법칙 정립 접근을 통해 개발된 이론과 해당 이론에 근거한 개입법이 실제 사례에 잘 들어맞지 않는 경우가 많다는 결과가 누적되었기 때문이다(Barlow &

Nock, 2009). 이러한 문제는 실질적인 치료 효과를 중요하게 고려하는 정신 건강 영역에서 특별히 중요한 이슈가 되었다. 관련 연구들은 각 개인에게 맞는 고유한 모형이나 이론을 개발하여 특화된 치료를 제공하는 체계적 접근법을 개발해야 한다고 주장하고 있다. 둘째, 컴퓨터 기술을 포함한 공학 분야의 빠른 발전으로 개인별 모형이나 이론을 과학적으로 구축하는 방법론이 체계화되고 있다. 특정한 개인에게만 적용할 수 있는 모형이나 이론을 개발하기 위해서는 당사자로부터 반복적으로 자료를 수집해야 한다. 과거에는 이 과정이 매우 번거로웠기 때문에 득보다 실이 많았다. 하지만 최근 들어 자료의 수집과 분석이 점점 더 수월해지면서 개인별 모형이나 이론 구축이 상대적으로 용이해지고 있다(Conner, Tennen, Fleeson, & Barrett, 2009). 이러한 변화에 힘입어 성격심리학 분야에서도 개별 사례 접근을 이용한 연구가 전보다 더 활발해지고 있다.

3) 성격과 적응에 대한 새로운 관점

심리학 영역에서 성격에 관심을 두게 된 중요한 이유 중 하나는 성격이 개인의 적응에 중요한 영향을 미쳤기 때문이다. 예컨대 정신역동 이론가들은 인간이 겪는 다양한 심리적 문제와 장애가 성격과 밀접하게 연결되어 있다고 보았다. 이들은 부적응을 초래하는 성격 유형을 밝혀내고 각 유형에 맞는 치료법을 개발하는 데 많은 노력을 기울였다. 그들의 노력으로 인해 성격의 문제나 성격장애에 대한 이해가 급격히 개선되었고, 성격으로 인한 부적응 문제 또한 효과적으로 다룰 수 있게 되었다.

이들의 노력이 성격에 대한 이해와 치료에 큰 기여를 한 것은 사실이지만, 성격에 대한 선입견이나 편견을 조장하기도 했다. 예컨대 강박성 성격이나 자기애성 성격, 편집성 성격과 같이 정신역동 이론 영역에서 활발히 다루어진 성격들은 모두 '부적응적'이고 '병리적'인 성격이라는 인식을 사람들에게 심어 주었다.

심리학이 인간의 부정적 특성에 편향된 연구를 진행하고 있다는 문제의식에서 출발한 긍정심리학의 성격 연구 또한 비슷한 문제를 일으켰다. 이들은 기존의 성격심리학이 인간의 부정적 성격 특성에만 관심을 두어 왔다고 비판하면서 인간의 긍정적 성격 특성을 연구해야 한다고 주장했다. **성격강점**(character strength)으로도 불리는 긍정적 성격 특성은 '그 자체'로 적응적이며 많이 사용할수록 행복에 기여한다고 제안되었다(Peterson & Seligman, 2004).

최근 성격심리학 영역에서는 이러한 상반되는 두 가지 관점에 대항하는 새로운 연구의 흐름이 이어지고 있다. 관련 연구들에서는 성격의 적응성이나 부적응성은 성격 특성 자체만으로는 파악할 수 없다고 주장한다. 즉, 부적응적 성격이나 적응적 성격, 부정적 성격이나 긍정적 성격은 애초에 존재하지 않는다. 어떤 성격 특성이든 경직성이나 유연성, 맥락과의 조화 정도 등에 따라 적응적일 수도 있고 부적응적일 수도 있다는 것이다. 이러한 관점의 연구들은 다양한 성격 특성이 언제, 어떻게 부적응을 초래하는지를 밝혀내기 위해 많은 노력을 기울이고 있다.

요약

- 성격에 대한 합의된 정의는 없지만 공통적으로 제시되는 특징들이 있다. 첫째, 성격은 일종의 내적 체계이면서 겉으로 드러나기도 한다. 둘째, 성격은 각 개인에게서 고유하다. 셋째, 성격은 일관성을 지닌다. 넷째, 성격의 요소들은 역동적으로 움직인다. 다섯째, 성격은 개인의 적응에 영향을 미친다.

- 성격심리학의 대표적인 연구 주제는 크게 성격의 기술, 성격과 주요 심리학적 변인들의 관계, 성격이 다른 변인들과 관계를 맺는 방식 혹은 작용 과정, 성격에 영향을 미치는 요인, 성격의 발달과 변화, 성격에 대한 심리적 개입 등으로 구분해 볼 수 있다.

- 성격심리학의 주요 이론적 관점으로는 특질 이론과 정신역동 이론, 동기 이론, 사회학습 및 인지 이론을 들 수 있다.

- 특질 이론은 성격의 주요 분석 단위로 특질을 가정하는 이론이며, Gordon Allport와 Raymond Cattell, Hans Eysenck가 대표적 이론가로 알려져 있다. 최근에는 5개 혹은 6개의 특질 차원을 가정하는 모형이 집중적으로 연구되고 있다.

- 정신역동 이론은 의식과 무의식의 여러 요소가 역동적으로 상호작용한다는 가정을 공유하는 이론을 의미한다. 여기에는 Sigmund Freud의 정신분석과 Anna Freud의 자아심리학, Melanie Klein의 대상관계 이론 등이 포함된다.

- 대부분의 성격 이론이 인간 행동의 동기를 다루지만, 특별히 생물학적인 기본 경향성이나 심리적 성장 및 성숙에 대한 지향성과 같이 비교적 일관되게 강한 힘을 발휘하는 동기를 중점적으로 연구하는 이론들이 있다. 여기에는 Henry Murray의 욕구 이론과 Abraham Maslow의 욕구 위계 이론, Carl Rogers의 자기실현 경향성 이론 등이 포함될 수 있다.

- 성격심리학의 주요 이론 중에는 개인의 인지적 특성을 중심으로 성격을 이해하고자 하는 이론들이 있다. George Kelly의 개인적 구성개념 이론과 Albert Ellis의 합리적 치료 이론, Aaron Beck의 인지치료 이론, Julian Rotter의 기대-강화가치 이론, Albert Bandura의 사회학습 이론, Walter Mischel의 인지-정서 성격 체계 이론 등이 여기에 해당한다.

- 최근 성격심리학 연구 흐름의 두드러지는 특징은 대략 세 가지 정도로 요약된다. 첫째, 영역별로 매우 세분화된 연구들이 진행되고 있으며, 이러한 연구의 성과를 통합적으로 이해할 수 있는 이론적 틀에 대한 요구와 개발 노력 또한 증가하고 있다. 둘째, 법칙정립 접근의 한계를 보여 주는 증거들이 누적되고 개인을 대상으로 하는 측정 기술과 방법론이 발달함에 따라 개별 사례 접근 관련 연구들이 늘어나고 있다. 셋째, 성격의 긍정적 특성과 부정적 특성 혹은 적응적 특성과 부적응적 특성을 이분법적으로 구분하던 기존의 패러다임에서 벗어나 경직성이나 유연성, 맥락과의 조화 등을 고려하여 성격의 적응성을 파악하고자 하는 연구 흐름이 증가하고 있다.

연습 문제

1 대표적인 성격심리학자들의 정의에서 일치하는 부분과 불일치하는 부분을 구분하여 제시하시오.

2 많은 성격심리학자가 개인의 성격은 고유하다고 말한다. 모든 인간에게 '보편적으로' 적용될 수 있는 이론을 개발한 성격심리학자들이 성격의 '고유성'을 어떻게 설명하는지 서술하시오.

3 성격의 일관성과 역동성은 서로 모순되는 듯한 특징이다. 성격이 일관적이면서 동시에 역동적일 수 있는 이유를 서술하시오.

4 성격이 무엇인지를 정의하는 과정이 과학적 연구로서의 성격심리학에서 특별히 중요한 이유를 설명하시오.

5 성격의 작용 과정에 대한 연구 흐름의 세 가지 유형을 구체적으로 제시하시오.

6 시기적으로 앞서는 정신분석 이론이 아닌 특질 이론을 과학적 성격심리학의 시초로 간주하는 이유를 설명하시오.

7 성격심리학 연구에서 법칙 정립 접근과 개별 사례 접근의 개념과 장단점을 서술하고, 최근 개별 사례 접근이 다시 주목받는 이유를 설명하시오.

8 우리 사회에서는 개인의 장점과 단점, 강점과 약점, 적응적 특징과 부적응적 특징 등을 구분해서 제시하도록 요구하는 경향이 있다. 성격심리학의 최근 연구 결과를 반영했을 때 이러한 구분법 및 적용 방식이 문제가 되는 이유를 설명하시오.

chapter

02

성격의 평가와 연구 방법

◀ Rembrandt van Rijn(1606-1669)
연구 중인 학자(1640)
성격은 눈에 보이지 않고, 손으로 만질 수도 없다. 그러한 성격을 어떻게 측정하고 연구할 수 있을까?

학습 목표

- 심리 측정과 심리 검사의 개념을 이해한다.
- 대표적인 심리 검사에 대해 설명할 수 있다.
- 성격심리학의 주요 연구 방법에 대해 설명할 수 있다.
- 성격심리학의 각 연구 방법이 주로 다루는 연구 주제를 제시할 수 있다.

성격의 평가

1) 심리 측정의 개념
2) 신뢰도와 타당도
3) 심리 검사와 심리 평가
4) 성격 평가의 절차
5) 성격 평가의 방법
6) 자기보고형 성격 검사
7) 투사적 성격 검사

성격심리학 연구 방법

1) 사례 연구
2) 상관 연구
3) 실험 연구
4) 종단 연구

과학으로서의 성격심리학에서 가장 중요한 기본 작업은 성격을 정확히 측정하는 것이다. 성격을 측정해야 성격과 관련된 다양한 아이디어들을 과학적으로 검증할 수 있다. 측정 측면에서 성격심리학의 중요한 특징은 측정하고자 하는 대상을 직접 관찰할 수 없다는 점이다. 간단히 말해 보이지 않는 대상을 측정해야 하는 과제를 안고 있는 셈이다.

거의 불가능해 보이는 과제이지만 심리학자들은 꾸준히 이 작업을 진행하고 있다. 성격심리학이 지금에 이르게 된 것은 이들의 노력 덕분이라고 보아도 큰 무리가 없다. 성격 측정의 눈부신 발전의 결과는 우리 주변에서도 쉽게 확인할 수 있다. 심리학자들이 개발한 도구를 이용해 자신의 성격을 파악해 보지 않은 사람이 거의 없을 정도로, 성격 측정 도구는 어느새 우리의 일상 속에 자리 잡았다. 문제는 너무 다양한 측정 도구들이 있어 혼란을 초래한다는 점이다. 이러한 혼란을 줄이기 위해서는 좀 더 나은 도구를 선별하는 방법 혹은 여러 측정 도구들을 효과적으로 활용하는 방법 등에 대한 이해가 필요하다.

성격심리학자들은 성격을 측정하거나 기술하는 것에 그치지 않고, 설명하기 위해 노력해 왔다. 여기서 설명이란 성격의 원인을 밝히는 것을 의미한다. 성격심리학자들은 매우 다양한 연구 방법을 개발하여 성격의 원인을 밝히고자 했으며, 각 연구 방법은 특정 성격 이론의 발전에 크게 기여하였다. 정신역동 계열의 이론가들은 주로 사례 연구법을 사용하였고, 특질 이론가들은 상관 연구법을 중점적으로 사용했다. 사회학습 이론이나 인지 이론 영역에서는 실험 연구법이 활발하게 적용되었다. 최근에는 성격의 발달과 변화를 파악하는 데 도움이 되는 종단 연구법이 널리 사용되고 있다.

본 장에서는 성격심리학자들이 주로 사용해 왔던 측정 및 연구 방법에 대해 구체적으로 살펴보겠다.

1 성격의 평가

현대 성격심리학에서의 평가 과정을 정확히 이해하기 위해서는 연관 개념들을 정교하게 비교해 보아야 한다. 심리 측정과 심리 검사, 심리 평가의 개념과 방법을 우선 살펴보고, 다음으로 성격 평가의 구체적인 절차와 방법을 소개하겠다.

1) 심리 측정의 개념

측정(measurement)이란 어떤 속성을 수량화하는 작업을 의미한다. 예컨대 어떤 사람의 키를 측정한다는 것은 특정한 길이 단위를 이용해 그 사람의 신체 길이를 수량화하는 것을 의미한다. 키와 같이 관찰 가능한 물리적 특성을 측정하는 것은 비교적 수월하다. 하지만 성격과 같이 직접 관찰하기 없는 특성을 측정하는 것은 매우 어려운 일이다. 심리학 영역에서는 이렇게 직접 관찰하기 어려운 심리적 특성을 측정하는 과정이나 방법을

▲ 아쉽게도 우리의 마음을 간단히 측정할 수 있는 줄자는 개발되지 못했다.

심리 측정(psychological measurement)이라 명명하고 별도의 하위 연구 분야로 구분하고 있다.

심리 측정에서는 심리적 특성을 측정하기 위해 일반적으로 네 단계를 거친다. 첫째, 개념적 정의를 실시한다. **개념적 정의**(conceptual definition)란 어떤 개념을 다른 개념들로 재규정하는 작업을 의미한다. 예컨대 '외향성이란 다른 사람에게 접근하여 상호작용하려는 경향성이다.'와 같은 방식으로 정의하는 것이 개념적 정의이다. 둘째, 조작적 정의를 실시한다. **조작적 정의**(operational definition)란 특정 개념을 구체적이고 측정할 수 있는 조건으로 기술하는 과정을 의미한다. 예컨대 '나는 다른 사람과 어울리는 것을 좋아한다.'라는 문항에 동의하는 정도를 외향성으로 정의하는 것이 조작적 정의이다. 혹은 특정 상황에서 다른 사람에게 대화를 시도하는 빈도로 외향성을 정의하는 것도 일종의 조작적 정의라 할 수 있다. 셋째, 개념적 정의와 조작적 정의를 반영하여 특정한 도구를 개발한다. 예컨대 성격을 포괄적으로 측정할 수 있는 여러 질문을 구성하여 하나의 질문지 도구로 만들어 낸다. 넷째, 개발된 도구를 이용해 측정하고자 하는 특성을 측정한다. 예컨대 검사자가 수검자를 만나 도구를 전달하고, 도구 안에 담긴 여러 문항에 직접 응답하도록 하는 것이다. 응답이 완료되면 정해진 기준에 따라 채점하고, 최종적으로 특정한 수치를 도출한다.

측정 과정에서 여러 단계를 거치면 그만큼 오류를 범할 가능성도 높아진다. 개념적 정의나 조작적 정의를 부적절하게 내릴 수 있고, 도구 구성 과정에서 실수를 범할 수도 있으며, 예상하지 못한 외부 요인의 영향으로 측정 결괏값이 오염될 수도 있다. 심리학자들은 이러한 오류를 줄이면서 타당하게 심리적 특성을 측정하는 방법에 대해 꾸준히 연구했으며, 그 결과 도구의 측정학적 속성을 포괄적으로 검토하는 일련의 방법과 절차를 개발할 수 있었다. 여기에는 기본적인 기술통계적 속성을 검토하는 것뿐만 아니라, 측정 도구가 얼마나 정확하고 일관되게 특정 개념을 측정하는지를 검토하는 과정도 포함된다. 심리 측정에서는 이러한 속성을 신뢰도와 타당도 개념으로 포착한다.

2) 신뢰도와 타당도

측정 도구의 **신뢰도**(reliability)란 측정을 반복했을 때 일관된 결과를 얻는 정도를 의미한다(Carmines & Zeller, 1979). 도구를 이용해 관찰된 점수는 보통 진점수와 오차의 합으로 구성된다. 여기서 **진점수**(true score)란 본래 측정하려고 했던 속성을 반영한 점수를 의미하고, **오차**(error)란 측정 과정에서의 오류로 인해 나타난 점수를 의미한다. 신뢰도가 높은 도구는 관찰 점수에서 진점수가 차지하는 비율이 큰 도구라고 볼 수 있다. 이렇게 진점수의 비율이 크면 오차의 영향이 적어 여러 번 측정해도 일관된 결과가 도출되기 때문이다. 어떤 도구의 신뢰도는 다양한 측면에서 평가할 수 있으며, 오류의 원천이나 특성에 따라 몇 가지 유형으로 구분할 수 있다.

우선 **내적 일치도/내적 일관성**(internal consistency)은 한 검사의 문항들이 동일한 속성을 측정하는 정도를 말한다(Henson, 2001). 하나의 개념을 여러 문항으로 측정할 때 주로 사용하는 신뢰도 지표이다. 예컨대 자기보고형 측정 도구는 보통 1개 이상의 문항을 이용해 특정 개념을 측정한다. 어떤 경우에는 하나의 개념을 측정하기 위해 수십 개 이상의 문항을 사용하기도 한다. 이런 경우 개발된 각 문항이 특정 개념을 일관되게 측정하는지의 여부를 파악할 필요가 있다. 이때 사용하는 신뢰도가 내적 일치도이다.

내적 일치도를 평가하는 방법으로는 반분 신뢰도와 크론바흐 알파(Cronbach's alpha) 계수를 많이 사용한다. **반분 신뢰도**(split-half reliability)는 검사를 두 부분으로 나누어 둘 간의 상관관계를 분석하여 신뢰도를 얻는 방법이다(Callender & Osburn, 1977). 예컨대 20개의 문항으로 구성된 측정 도구가 있다면, 문항들을 10개씩 두 집단으로 나누어 각각 총점을 구한 뒤 두 점수 간 상관관계를 분석하는 것이다. **상관관계**(correlation)란 두 변수가 선형적으로 공변하는 관계를 말한다. 즉, 하나의 변수가 증가하거나 감소할 때 다른 변수도 함께 선형적으로 증가하거나 감소하는지를 분석하는 것이 곧 상관관계 분석이라 할 수 있다. 내적 일치도가 높은 검사라면 둘 간의 상관관계가 강한 것으로 나타나야 한다. 반분 신뢰도를 분석할 때 고민이 필요한 부분은 문항들을 나누는 방식이다. 나누는 방식에 따라 신뢰도 값이 다르게 산출될 수도 있기 때문이다. 이러한 문제를 해결하기 위해 개발된 계수

▲ 스탠퍼드 대학교에서 강의하는 Cronbach

가 크론바흐 알파이다. 크론바흐 알파는 Lee Cronbach(1916-2001)가 개발한 계수로, 가능한 모든 반분 신뢰도의 평균을 나타낸다(Cronbach, 1951).

시간적 일관성 신뢰도(temporal consistency reliability)는 검사 점수가 시간에 걸쳐 일관성을 보이는 정도를 의미한다. 어떤 개발자가 새로운 지능 검사를 개발했다고 가정해 보자. 개발자는 이 검사의 속성을 파악하기 위해 100명의 참여자를 모아 몇 달 간격을 두고 두 번 측정을 실시했다. 그 결과 두 시점의 점수 일치율이 매우 낮은 것으로 확인되었다. 즉, 첫 번째 시점의 점수와 두 번째 시점의 점수가 크게 달랐던 것이다. 이런 경우 우리는 해당 검사를 '신뢰할 수 있다'고 말하기 어려울 것이다. 이렇게 시간을 달리 하여 측정을 실시했을 때 유사한 결과를 도출하는 정도를 시간적 일관성 신뢰도라 한다. 시간적 일관성 신뢰도를 평가하는 가장 간단한 방법은 동일한 검사를 두 번 실시하여 둘 간의 상관관계를 분석하는 것이다(Carmines & Zeller, 1979). 이를 **검사-재검사 신뢰도**(test-retest reliability)라고 부른다.

채점자의 주관이 개입될 여지가 있는 검사의 경우 2명 이상의 검사자들이 채점을 하고 서로의 점수를 특정한 방법으로 비교하여 일관된 정도를 확인하기도 한다(Hallgren, 2012). 이를 **검사자 간 신뢰도**(inter-rater reliability)라고 부른다. 검사자 간 신뢰도를 분석해야 하는 대표적인 도구로는 인터뷰형 검사를 들 수 있다. 인터뷰형 검사는 검사자와 참여자가 면대면으로 진행한다. 이렇게 참여자가 검사자의 행동이나 반응을 직접 관찰할 수 있는 경우에는 검사자의 특성이 측정 결과에 영향을 미칠 수 있다. 심리 측정에서는 이러한 검사자의 영향을 오류로 가정하며, 이 오류를 줄일수록 신뢰할 수 있는 도구라고 판단한다.

측정 도구의 **타당도**(validity)란 어떤 검사가 측정하려고 했던 것을 정확하게 측정하는 정도를 의미한다(Carmines & Zeller, 1979). 신뢰도는 타당도의 필요조건이지만 충분조건은 아니다. 신뢰도가 충분히 확보되지 않았다면 그 검사는 타당한 검사라고 말할 수 없다. 한편 신뢰도가 확보되었다 해서 그 검사가 타당하다고 확언할 수는 없다. 그림 2.1은 과녁을 이용해 신뢰도와 타

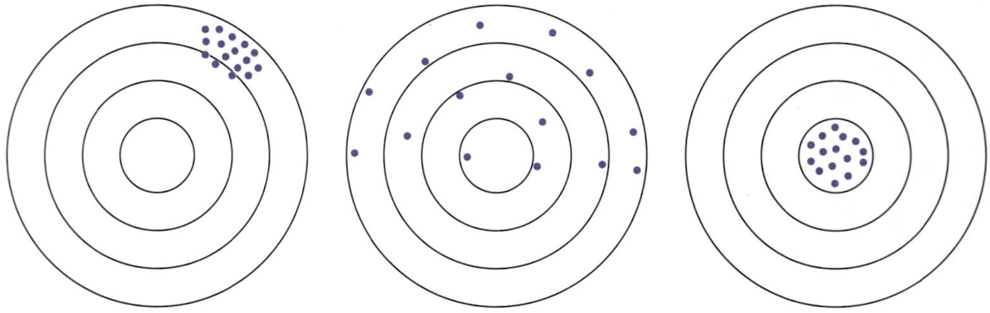

그림 2.1 신뢰도와 타당도의 관계 예시

당도의 관계를 보여 준다. 그림에는 3개의 과녁이 제시되어 있다. 첫 번째 과녁의 착탄 양상을 보면, 과녁의 중심이 아닌 주변부에 모여 있음을 알 수 있다. 일관되게 사격을 하기는 했지만 본래 맞추려던 곳은 놓친 셈이다. 심리측정에서는 이런 상황을 '신뢰도는 높지만 타당도는 낮다'고 해석한다. 두 번째 그림을 보면, 착탄이 한곳에 모여 있지 않고, 전체적인 양상 또한 중심에서 크게 벗어나 있다. 즉, 신뢰도와 타당도가 모두 낮은 상황이라고 볼 수 있다. 이와 달리 세 번째 그림은 과녁의 중심에 착탄이 모두 몰려 있다. '신뢰도와 타당도가 모두 높다'는 것은 이런 경우를 의미한다.

그림에 제시된 바와 같이 신뢰도가 높다고 해서 반드시 타당도가 높은 것은 아니다. 따라서 어떤 측정 도구가 타당하다는 것을 확인하기 위해서는 해당 도구의 타당도에 대한 분석을 별도로 실시해야 한다. 심리 측정 영역에서 중요하게 다루어지는 타당도 유형에는 내용 타당도와 준거 타당도, 구성 타당도 등이 있다.

내용 타당도(content validity)란 도구가 측정하고자 하는 것의 내용 영역을 잘 반영하고 있는 정도를 의미한다(Haynes, Richard, & Kubany, 1995). 내용 타당도는 해당 개념을 잘 이해하고 있는 '전문가'의 체계적 판단을 통해 확인할 수 있다. 내용 타당도의 하위 유형으로 볼 수 있는 **안면 타당도**(face validity)는 '응답자'가 판단하기에 측정하고자 하는 개념을 정확히 측정하는 것으로 보이는 정도를 의미한다. 안면 타당도는 검사의 구매자나 응답자에게 좋은 검사라는 인상을 주기 때문에 특별히 고려되는 개념이지만 검사 도구의 필수 조건은 아니다.

준거 타당도(criterion validity)는 도구가 측정하려고 하는 개념의 외부 준거(external criterion)와 관련을 맺고 있는 정도를 의미한다(Carmines & Zeller, 1979). 여기서 준거(criterion)란 사물의 특성이나 정도 등을 파악하기 위한 근거나 기준을 의미한다. 준거 타당도는 다시 두 유형으로 구분되는데, 첫 번째 유형은 **공존 타당도**(concurrent validity)로 검사 점수가 '현재 존재하는' 준거의 측정치와 얼마나 일치하는지로 평가한다. 예컨대 새로 개발한 우울장애 검사가 기존의 다른 방법에 의한 우울장애 진단 결과와 일치하는 정도가 높다면, 공존 타당도가 높다고 말할 수 있다. 두 번째 유형은 **예언 타당도**(predictive validity)로 검사 점수가 '미래에' 나타날 행동이나 현상을 예언하는 정도를 의미한다. 어떤 입사 시험 점수가 입사 후 실제 수행 점수를 잘 예언한다면 예언 타당도가 높다고 말할 수 있다.

구성 타당도(construct validity)는 검사 도구가 특정한 구성개념을 정확히 측정하는 정도를 의미한다(Cronbach & Meehl, 1955). 여기서 **구성개념**(construct)이란 추상적이고 잠재적인 변인을 말한다. 정의에서 드러나듯이 현대 심리 측정 이론가들은 구성 타당도를 타당도와 거의 같은 개념으로 보고 있다(Strauss & Smith, 2009). 즉, 구성 타당도는 내용 타당도와 준거 타당도를 포함하며, 그 외에 개념의 구조적 특성과 다른 변인 및 검사들과의 관계에 대한 기준 등을 추가적으로 담고 있다. 여기서 개념의 구조적 특성이란 어떤 개념이 둘 이상의 하위 개념으로 구분될 수 있는지 혹은 하나의 동질적 개념으로 보는 것이 적절한지 등의 하위 구조와 관련된 특징이라고 보아도 무방하다. 개념의 구조적 특성은 **요인 분석**(factor analysis)으로 불리는 통계적 기법 등을 이용해 분석할 수 있다. 즉, 측정 도구를 이용해 수집한 자료의 요인 구조를 분석하여 이론적으로 상정한 구조와 일치하는지의 여부 등으로 **구조적 타당도**(structural validity)를 확인할 수 있다.

특정 구성개념이 다른 개념이나 검사들과 이론적으로 타당한 관계를 맺고 있는지의 여부도 구성 타당도의 중요한 요소로 간주된다. 여기에 포함되는 타당도로는 수렴 타당도와 변별 타당도를 들 수 있다. **수렴 타당도**(convergent validity)는 서로 유사하거나 이론적으로 관련이 있는 변인들과 실제로

표 2.1 신뢰도와 타당도 개념 요약

상위 구분	하위 구분		내용
신뢰도	내적 일치도 (내적 일관성)		여러 문항이 동일한 속성을 측정하는 정도
	시간적 일관성 신뢰도		검사 점수가 서로 다른 시간에 걸쳐 일관성을 보이는 정도
	검사자 간 신뢰도		검사 점수가 서로 다른 검사자들 사이에서 일관성을 보이는 정도
타당도 (구성 타당도)	구조적 타당도 (구조적 특성)		측정 도구를 이용해 수집한 자료의 통계학적 구조가 이론적으로 상정한 구조와 일치하는 정도
	내용 타당도		도구가 측정하고자 하는 것의 내용 영역을 잘 반영하고 있는 정도
	준거 타당도	공존 타당도	검사 점수가 현재 존재하는 외부 준거의 측정치와 일치하는 정도
		예언 타당도	검사 점수가 미래에 나타날 행동이나 현상 등의 외부 준거를 예언하는 정도
	수렴 타당도		서로 유사하거나 이론적으로 관련이 있는 변인들과 실제로 밀접한 관련을 맺고 있는 정도
	변별 타당도		이론적으로 관련이 없는 변인들과 실제로 구별되는 정도

밀접한 관계를 맺고 있는 정도를 말한다(Campbell & Fiske, 1959). 이러한 변인들과는 유의하거나 높은 상관관계를 나타내야 수렴 타당도가 양호한 것으로 판단할 수 있다. **변별 타당도**(discriminant validity)는 이론적으로 관련이 없는 변인들과 실제로 구별되는 정도를 의미한다(Campbell & Fiske, 1959). 이러한 변인들과는 낮은 상관을 보이거나 관계가 유의미하지 않은 것으로 나타나야 변별 타당도가 양호하다고 볼 수 있다.

3) 심리 검사와 심리 평가

심리 측정과 유사하지만 구별되는 개념으로 심리 검사와 심리 평가를 들 수 있다. **심리 검사**(psychological test)란 미리 마련된 자극이나 문제 등을 제시한 다음 수검자의 반응을 특정한 관점에 비추어 양적·질적으로 기술하는 절차를 의미한다(김영환, 문수백, 홍상황, 2006). 여기에서 **양적 기술**(quantitative description)은 심리적 특성에 수치를 부여하는 것을 말한다. 즉, 심리 검사 중 양적 기술은 심리 측정과 동일하다. **질적 기술**(qualitative description)은 숫자를 제외한 다른 방법을 이용한 기술을 의미한다. 대표적인 예는 언어적 기술이다. 어떤 심리적 특성을 숫자로 변환하는 것은 과학적 연구를 위해 필수적인 절차이지만 이 과정에서 중요한 정보들이 누락되거나 축소될 수 있다. 예컨대 성격 검사로 많이 활용되고 있는 그림 그리기 검사의 결과는 숫자로 표현하는 것이 거의 불가능한 정보들을 담고 있기에, 그 내용을 모두 숫자로 변환하기는 매우 어렵다. 이런 경우 언어적 방법을 통해 검사 결과를 기술하기도 한다.

심리 평가(psychological assessment)는 행동 관찰, 면접, 심리 검사 등의 방법을 이용해 심리적 특성을 평가하는 절차를 의미한다. 여기에서 **평가**(assessment)란 일정한 준거(criterion)나 표준(standard)에 입각하여 사물 또는 속성에 대해 판단하는 것을 의미한다. 어떤 심리 검사에서 10점이라는 점수를 얻었다면, 그 점수가 실질적으로 어떤 의미를 갖는지를 준거나 표준에 입각해서 판단하는 것이 곧 심리 평가라 할 수 있다. 예컨대 해당 심리 검사를 미리 대규모 집단에 실시하여 검사 결과의 분포도를 가지고 있다면, 분포도 상에서 10점의 위치를 따져 그 의미를 해석하는 것이다. 현대의 심리 검사들은 별도의 해석 기준과 지침을 가지고 있는 경우가 많다. 이러한 이유 때문에 심리 검사와 심리 평가 개념을 혼용하는 일도 비교적 흔하다. 일반적으로는 심

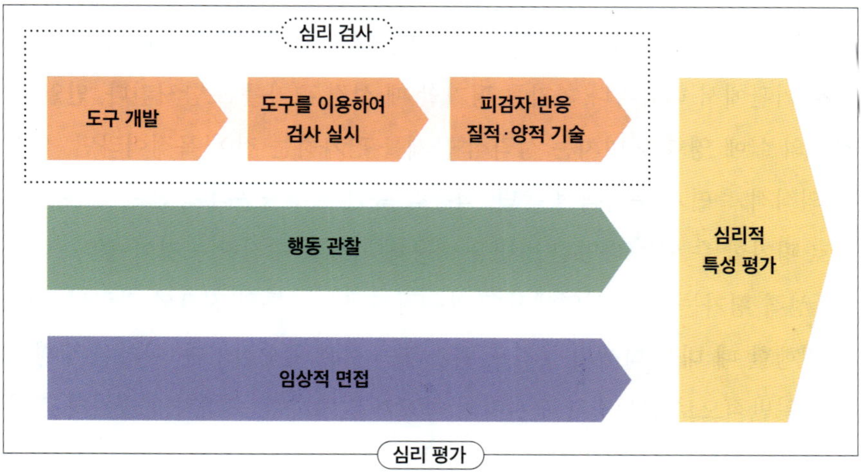

그림 2.2 심리 검사와 심리 평가

리 검사를 포함한 다양한 방법들을 이용해 수집한 자료를 통합하여 개인의 전체적인 심리적 특성을 평가하고, 그 결과를 토대로 전문적인 결론 및 제안까지 도출하는 과정을 심리 평가라고 명명하는 경향이 있다(Matarazzo, 1990; Meyer et al., 2001).

4) 성격 평가의 절차

성격 평가(personality assessment)는 심리 평가의 하위 유형으로, 다양한 성격 검사와 면접, 행동 관찰 등의 방법을 이용해 성격을 평가하는 절차를 의미한다. 성격 평가는 일반적으로 다섯 단계에 걸쳐 진행된다(Weiner & Greene, 2008). 우선 ① 성격 평가의 목적을 설정하고, ② 성격 평가를 준비한다. 다음으로 ③ 성격 평가를 실시하고, ④ 수집된 자료를 해석한 뒤, ⑤ 결과를 보고한다.

(1) 평가 목적 설정

성격 평가의 첫 단계는 평가의 목적을 정하는 것이다. 성격은 매우 다양한 측면을 가지고 있으며 방법에 따라 평가할 수 있는 영역이 달라진다. 따라서 어떤 목적으로 성격의 어떤 측면을 평가하고자 하는지를 명확히 정할 필요가 있다.

성격 평가가 가장 많이 활용되는 분야는 임상 현장이다. 개인의 신체적·심리적 문제와 성격이 서로 밀접한 관계를 맺고 있기 때문에, 대부분의 정신건강 기관에서 내담자나 환자를 평가할 때 성격 평가를 포함시킨다. 만일 수검자의 삶에 영향을 미치는 성격적 문제를 평가하는 것이 목적이라면, 성격의 의식적 측면과 무의식적 측면, 적응적 측면과 부적응적 측면 등을 포괄적으로 평가할 수 있는 다양한 방법을 이용해 자료를 수집하는 것이 좋다.

성격 평가는 교육 영역에서도 활용될 수 있다. 특히 진로와 관련된 면담을 진행할 때 대상 학생의 성격을 평가하는 것은 필수적이다. 이러한 상황에서는 일반적으로 검사자와 수검자의 목표가 일치하며, 수검자가 솔직하고 정확하게 응답할수록 자신에게 유리하다는 것을 알기 때문에 반응 왜곡 등의 위험이 비교적 적다. 따라서 진로 결정에 도움이 되는 성격 특성(예: 흥미나 동기, 목표, 기질적 특성 등)을 직접 묻는 방식의 평가 방법을 사용할 수 있다.

법정심리학(forensic psychology) 영역에서 성격 평가를 진행할 때에는 좀 더 주의를 기울여야 한다. 경찰서나 법원, 교도소 등의 기관에서는 대부분 수검자가 성격적으로 범죄를 저지를 가능성이 얼마나 높은지에 관심을 둔다. 관련 수검자는 성격 평가의 결과에 따라 처벌이 달라질 수 있다는 것을 알기 때문에 평가 과정에 정직하게 반응하지 않을 가능성이 높다. 따라서 의도적 왜곡이나 거짓 보고에 상대적으로 영향을 덜 받는 방법들을 마련하여 평가를 진행하는 것이 중요하다.

이 외에도 매우 다양한 영역에서 성격 평가를 진행할 수 있으며, 각 영역별로 성격 평가의 목적이 다를 수 있다. 검사자는 의뢰자의 의도나 목적 등을 구체적으로 파악하여 가능한 한 명료하게 성격 평가의 목적을 설정해야 한다.

(2) 평가 준비

평가의 목적이 정해지면 어떤 방법과 도구를 이용할 것인지를 계획한다. 이때 일차적으로 주의할 사항은 성격을 타당하게 평가할 수 있는 좋은 도구를 선별하는 것이다. 성격 검사는 셀 수 없을 정도로 다양하다. 대부분 엄정한 절차를 거쳐 개발된 좋은 도구들이지만, 상대적으로 좀 더 나은 혹은 더 적절한 도구들이 있다. 검사자는 신뢰도와 타당도 등의 심리 측정적 속성과 그 외 고려 사항들을 참고하여 도구들을 선정해야 한다.

기본적으로 좋은 심리 측정적 속성을 갖추었다고 가정했을 때, 다음 두 가지 사항을 고려해서 최종적으로 도구를 선별한다. 첫째, 심리 검사가 측정하는 특성을 수검자가 자각할 수 있는지의 여부를 고려해야 한다. 심리적 특성은 자각할 수 있는 것과 자각하기 어려운 것으로 나눌 수 있다. 경우에 따라서는 전자를 **의식적 자료**(conscious material), 후자를 **무의식적 자료**(unconscious material)라고 부르기도 한다. 둘째, 수검자가 자신의 특성을 의도적으로 왜곡하거나 방어할 가능성이 있는지를 고려해야 한다. 우리는 다른 사람의 마음을 직접 관찰할 수 없다. 우리가 아는 것은 그가 우리에게 '보여 주기로 선택한 내용'뿐이다. 따라서 어떤 이유에서든 마음을 있는 그대로 보여 주지 않겠다는 의도가 있지는 않은지 고려해야 한다.

심리적 특성에 대한 자각이 가능하고 방어나 왜곡의 가능성이 낮다면,

간단히 자신의 특성을 직접 보고하도록 하는 자기보고형 검사를 이용하는 것이 효율적이다. 이러한 도구는 실시와 채점, 해석이 용이하고 내담자의 부담도 적다. 또한 다양한 연구를 통해 심리 측정적 속성도 양호하게 확보되었을 가능성이 높기 때문에 여러모로 좋은 선택이 될 수 있다.

내담자의 직접 보고에 의존하는 도구를 사용할 때 주의할 점은 기억의 한계다. 인간의 기억은 생각보다 견고하지 않다. 특히 오래된 기억일수록 정확도가 낮아지는 경향이 있다(Koriat, Goldsmith, & Pansky, 2000). 따라서 오랫동안 지속되어 온 어떤 특성을 측정하거나 비교적 먼 과거의 내용을 측정할 때에는 각별한 주의가 필요하다. 가능하다면 기억이 생생하게 유지되는 최근의 상태를 측정할 때 직접 보고 방법을 사용하는 것이 적절하다.

자각하기 어렵거나, 가능할지라도 방어나 왜곡의 가능성이 있다면 수행형 검사 도구를 활용하는 것이 좋다. 수행형 검사란 수검자로 하여금 어떤 과제를 수행하도록 하고 그 결과를 통해 수검자의 심리적 특성을 검사하는 도구를 말한다. 수행형 검사 도구를 이용하면 무의식적 자료를 평가하는 것이 가능하며, 수행의 목적이 불분명한 과제를 사용할 경우 의도적 왜곡의 영향도 줄일 수 있다. 따라서 자각하여 보고하기 어렵거나 보고하기를 꺼리는 무의식적 동기나 태도, 경향성 등을 평가하고자 할 때에는 수행형 검사 도구를 활용하는 것이 좋다.

여건이 허락된다면 스스로 보고하도록 하는 도구와 수행형 도구를 모두 사용하는 것도 좋은 대안이 될 수 있다. 이러한 방법을 사용할 경우 성격의 다양한 측면을 포괄적으로 평가할 수 있다는 장점이 있다. 물론 시간이나 비용, 수검자의 부담 등이 단점으로 작용할 수 있다.

(3) 평가 실시

평가 도구가 결정되면 평가를 실시한다. 현대의 성격 평가는 크게 검사자와 수검자가 직접 만나서 실시하는 경우와 온라인이나 우편상으로 진행하는 경우로 구분할 수 있다. 전자의 경우 검사 환경이 통제되어 불필요한 변인의 영향을 막을 수 있다는 장점이 있지만, 검사를 위한 공간이 준비되어야 하고, 수검자가 직접 방문해야 한다는 부담이 있다. 후자의 경우 별도의 검사 공간이 필요 없고 수검자가 원하는 곳에서 검사를 진행할 수 있지만, 검사 환경이 통제되지 않아 예상하지 못한 변인의 효과가 검사 결과에 반영될 수 있다. 예컨대 한 번에 검사를 수행하지 않고 나누어 진행하여 서로 다른 심리적 상태가 반영될 수 있고, 외부의 소음이나 간섭에 의한 영향이 검사 결과에 반영될 수 있다.

검사자는 각 방법의 장단점을 고려해서 성격 평가 방식을 결정하고, 단점을 보완하는 방안 또한 계획한다. 일반적으로 수행형 검사를 포함한 다양한 검사 도구들을 이용해 포괄적인 평가를 진행하는 경우 오프라인 대면 평가를 진행하고, 자기보고형 검사를 이용해 간단히 성격을 평가하는 경우 온라인 혹은 우편 평가를 진행하는 경향이 있다.

검사자와 수검자가 대면하여 평가를 진행하는 경우 기본적인 협력 관계를 형성하는 것이 중요하다. 검사자는 평가 과정이나 절차에 대해 전문적으로 안내하고, 수검자의 감정에 공감하면서 질문에 적절히 응답하는 등의 방법을 이용해 협력 관계를 쌓을 수 있다. 기본적인 협력 관계를 형성하고 난 뒤에는 각 검사 도구의 표준 절차에 따라 검사를 진행한다.

온라인이나 우편을 이용해 평가를 진행하는 경우에는 다른 변인의 영향을 최소화하기 위한 방안을 구체적으로 마련하는 것이 좋다. 예컨대 별도의 안내문이나 지시를 통해 검사 상황이나 환경을 통제할 수 있도록 하거나, 평가 도구를 간소화하여 한 번에 응답할 수 있도록 계획할 수 있다. 성실하게 평가에 임하도록 평가의 중요성을 구체적으로 알리는 것도 중요하다.

검사 등의 절차가 모두 마무리되면 정해진 기준에 따라 수검자의 반응을 기술한다. 기술 절차는 앞서 언급한 대로 양적 기술과 질적 기술로 구분된다. 검사자는 각 검사 도구의 표준 절차에 따라 수검자의 반응을 정확히 기술한다.

(4) 자료 해석

기술 절차를 통해 자료의 수집이 완료되면 모은 자료들을 통합하여 해석하는 작업을 진행한다. 대부분의 성격 검사들은 별도의 해석 방법과 절차를 마련해 두고 있다. 검사자는 각 검사의 표준 해석 절차에 따라 검사 결과를 해석하면 된다.

검사 도구나 자료 수집 방법이 여러 가지일 경우 자료들의 일치도를 중요하게 고려해야 한다. 서로 다른 도구나 방법으로 모은 정보들이 특정한 가설을 일관되게 지지한다면, 해당 가설은 근거가 튼튼한 것으로 이해할 수 있다. 한편 정보들이 서로 불일치하는 경우에는 그러한 결과가 나타난 이유를 면밀하게 분석해 보아야 한다. 정보들의 불일치 현상이 일어나는 이유는 매우 다양하다. 마음의 의식적 부분과 무의식적 부분이 서로 불일치하기 때문일 수도 있고, 수검자가 의도적으로 특정 내용을 왜곡했기 때문일 수도 있다. 혹은 서로 상반되는 성격 특성이 맥락이나 조건에 따라 번갈아 나타나 서로 불일치하는 듯한 양상을 보일 수도 있다. 어쩌면 검사 도구 자체의 결함이나 평가 과정에서의 오류 때문에 불일치 현상이 나타났을지도 모른다. 검사자는 다양한 대안적 설명 중 가장 유력한 설명을 체계적으로 탐색해야 하며, 그 결과를 토대로 통합적 이해와 설명을 제공해야 한다.

(5) 결과 보고

해석 작업이 완료되면 검사 결과를 정리하여 평가 의뢰자 등에게 전달한다. 검사 결과는 핵심을 요약한 내용과 간단한 해석을 담은 보고서 형태로 정리하는 것이 일반적이다. 보고서를 작성할 때에는 정해진 양식이나 틀을 지켜야 하며, 평가 의뢰 목적에 부합하는 구체적인 대답을 반드시 포함시켜야 한다. 예컨대 수검자의 성격적 문제의 유무를 파악하는 것이 평가의 목적이었다면, 성격적 문제의 유무나 유형 등에 대한 구체적인 정보를 제공해야 한다.

보고서에는 철저하게 자료에 기반한 해석만을 제시해야 한다. 자료에 근거하지 않은 무리한 추측은 혼란을 초래할 수 있으며, 중요한 의사결정을 방해할 수 있기 때문이다. 독자가 수월하게 정보를 처리할 수 있도록 어휘 선택 및 문장 구성에 주의하는 것도 중요하다. 특히 수검자가 평가의 결과를 잘 이해할 수 있도록 일상적인 어휘를 사용하여 명료하게 작성하려는 노력이 필요하다.

5) 성격 평가의 방법

성격을 평가하는 방법 및 도구는 매우 다양하다. 연구 및 임상 실제에서 가장 많이 사용되는 면접과 행동 관찰, 생애기록 자료, 관찰자 자료, 성격 검사를 간단히 살펴보겠다.

(1) 면접

검사자와 수검자가 만나 성격 평가를 진행할 때 가장 기본적으로 실시하는 평가 방법은 면접이다. **면접**(interview)은 수검자와의 대화를 통해 성격에 대한 정보를 수집하는 방법이며, 크게 구조화 면접과 비구조화 면접으로 구분된다.

구조화 면접(structured interview)은 질문의 구체적인 내용과 순서, 채점 방식 등을 체계화하여 검사자의 주관성을 가급적 배제하면서 수검자의 반응을 수량화할 수 있도록 한 면접을 말한다. 구조화 면접을 이용하면 성격 특성의 정도를 수치로 얻을 수 있어 통계적 방법을 이용한 가설 검증을 진행할 수 있다.

반면 **비구조화 면접**(unstructured interview)은 검사자가 자유롭게 질문하면서 수검자의 성격 정보를 수집하는 면접을 의미한다. 정해진 구조나 질문이 따로 없기 때문에 검사자의 경험이나 역량에 따라 수집되는 정보의 질이 달라질 수 있다. 일반적으로 비구조화 면접만을 이용해서 성격 평가를 진행하는 경우는 드물다. 보통 다른 성격 평가 방법과 병행해서 진행하며, 다른 평가 방법의 단점을 보완하거나 교차검증하는 도구로 사용한다.

(2) 행동 관찰

행동 관찰(behavioral observation)은 개인의 행동을 체계적으로 관찰하여 양적·질적으로 기술하는 방법을 말한다. 이 방법은 수검자와의 직접적인 상호작용을 통한 평가가 어렵거나 부적절한 경우에 주로 사용된다. 예컨대 연구 대상의 나이가 너무 어려서 언어를 이용한 소통이 어려운 경우에 행동 관찰을 이용한 성격 평가를 시도할 수 있다.

행동 관찰은 실제 생활 상황에서의 행동을 관찰하는 것과 미리 마련된 특정한 상황에서의 행동을 관찰하는 것으로 구분된다. 전자를 **자연주의적 관찰**(naturalistic observation)이라 하고 후자를 **통제 관찰**(controlled observation)이라 한다. 자연주의적 관찰은 연구 대상이 실제 삶의 환경 속에서 나타내는 행동을 관찰하기 때문에 **생태학적 타당도**(ecological validity), 즉 평가한 내용이 수검자의 실제 사회문화적 배경이나 상황에 비추어 타당한 정도가 비교적 높은 방법이다. 다만 환경을 통제하기 어렵기 때문에 개념들의 인과관계를 탐색하기에는 무리가 있다. 반면 통제 관찰은 의도적으로 변인들을 통제한 상황에서의 행동을 관찰한다. 따라서 개념들의 인과관계를 정교하게 탐색하기에 적절하다. 예컨대 주양육자의 부재가 아동의 정서 반응이나 행동 반응에 미치는 영향을 연구하고자 할 때 이러한 관찰 방법을 사용할 수 있다. 단, 실제 생활 상황과 실험 상황이 많이 다를 경우, 연구 결과를 일반화하는 데 한계가 있을 수 있다.

▲ 실험실에서 조건을 바꿔 가며 아이와 엄마의 상호작용을 관찰할 수 있다.

(3) 생애기록 자료

개인의 생애기록 혹은 개인사 자료를 체계적으로 검토함으로써 성격을 평가할 수도 있다. 성격 평가 연구들에서는 이러한 자료를 **생애기록 자료**(life-record data: **L-data**)라 부른다. 대표적인 생애기록 자료로는 학교 성적이나 범죄 기록, 의무 기록, 직무 기록 등을 들 수 있다. 이러한 자료들에는 일상생활에서의 성격 특성이 잘 반영되어 있다. 예컨대 비교적 오랜 기간동안 꾸준하게 좋은 성적을 유지해 왔다면, 주어진 과제를 성실하게 수행하고 자기관리에 철저한 성격 특성을 가지고 있을 가능성이 있다. 다만 생애기록 자료는 일반적으로 간접적 증거를 제공하는 특징이 있어 다른 방법으로 수집한 결과들을 보완하거나 교차검증하는 자료로 활용되는 경향이 있다.

(4) 관찰자 자료

수검자의 성격을 파악하고 있는 가까운 주변 사람들의 보고를 수집하는 것 또한 중요한 성격 평가 방법이다. 이렇게 수검자의 부모나 형제, 교사, 친구, 동료 등의 관찰자 평정으로 수집된 자료를 **관찰자 자료**(observer data: **O-data**)라고 부른다.

관찰자 자료는 수검자가 미처 자각하지 못하고 있거나 의도적으로 감춘 성격 특성을 보여 주는 중요한 자료이다. 예컨대 수검자 자신은 스스로 조용하고 차분한 성격이라고 의식하고 있지만, 주변 사람들은 수검자가 꽤 잦은 빈도로 흥분하거나 화를 내는 경향이 있다고 보고할 수 있다. 혹은 평소 자기절제를 잘하고 음주나 도박, 과소비는 하지 않는다고 주장하는 수검자가 사실은 그 반대의 행동을 나타낸다고 보고될 수도 있다.

관찰자 자료를 활용할 때에는 관찰자의 의도적 왜곡이나 기억의 오류에 주의해야 한다. 관찰자 또한 고유한 욕구와 인지적 한계를 가진 인간이기 때문에 이로 인해 자료의 왜곡이 일어날 수 있는 것이다. 이를 방지하기 위해 두 명 이상의 관찰자 자료를 수집하여 비교하는 등의 방법을 사용할 수 있다.

(5) 성격 검사

성격 평가에 가장 많이 활용되는 방법은 성격 검사이다. 성격 검사는 매우 다양하며 구분하는 방법 또한 여러 가지이지만, 크게 자기보고형 검사와 수행형 검사로 구분할 수 있다. **자기보고형 검사**(self-report test)는 측정하고자 하는 특성과 관련된 문항을 응답자가 직접 읽고 반응하도록 하여 자료를 수집하는 검사를 의미한다. 이렇게 수집된 자료를 **자기보고 자료**(self-report data: **S-data**)라 부른다. 자기보고형 검사는 많은 수의 수검자에게 손쉽게 실시할 수 있다는 장점을 가지고 있지만, 수검자가 정직하게 반응해야만 적절한 결과를 얻을 수 있다는 제약 또한 존재한다.

자기보고형 검사에 더해, 수검자가 특정한 과제를 수행하도록 하고 수검자의 반응을 분석하는 **수행형 검사**(performance-based test)도 많이 사용된다. 이러한 검사들 중 시행 및 채점, 분석 절차와 해석 기준 등이 명확하게 제시되어 있는 도구를 **객관적 검사**(objective test)라 부르며, 이러한 도구를 이용하여 수집한 자료를 **객관적 검사 자료**(objective test data: **T-data**)라 부른다. 객관적 검사는 검사의 모든 절차가 구체적으로 구조화되어 있다는 측면에서 **구조화 검사**(structured test)라 불리기도 한다. 과제 수행 형태의 구조화된 검사는 대부분 단일 특질 측정의 방법으로 사용된다. 예컨대 임상심리학자인 David Wechsler(1896-1981)가 개발한 웩슬러 지능 검사(Wechsler Intelligence Test)는 단일 특질로서의 지능을 측정하는 과제 수행 형식의 도구이다. 이 외에도 정서 조절 능력과 같이 수행을 통해 측정할 수 있는 특질들은 특정한 과제를 이용해 평가할 수 있다. 반면 **비구조화 검사**(unstructured test)는 상대적으로 검사의 실시와 채점, 해석 등이 체계화되어 있지 않은 검사를 말한다. 여기에 해당하는 대표적인 검사 유형은 투사적 검사이다. **투사적 검사**

성격 자료의 유형

성격을 연구할 때 사용할 수 있는 자료는 매우 다양하다. Block(1993)은 성격 자료를 크게 네 가지 유형으로 구분하였는데, 여기에는 생애기록 자료(**L**-data)와 관찰자 자료(**O**-data), 객관적 검사 자료(**T**-data), 자기보고 자료(**S**-data)가 포함된다. 각 머리글자를 모아서 **LOTS** 자료로 부르기도 한다. '정말 많은(lots of)' 자료들이 성격을 포착하는 데 사용된다는 점을 잘 드러내는 약자라고 생각된다.

개인의 성격을 이해하고자 할 때나 과학적으로 연구할 때 LOTS 도식을 활용하면 중요한 정보를 빠뜨리지 않고 살펴볼 수 있다는 점에서 매우 유용하다. 예컨대 친구의 성격을 평가하고자 할 때 친구의 학생부 내용과 간단한 자기보고형 성격 검사 자료, 친구의 친구들이 제공한 관찰자 자료를 가지고 있다면, 추가적으로 확보하면 좋을 정보는 바로 객관적 검사 자료, 즉 T-data일 것이다.

LOTS 도식이 성격을 포괄적으로 평가할 때 사용할 수 있는 유용한 틀인 것은 분명하지만, 성격과 관련된 자료를 모두 포착하고 있는 것은 아니다. 예컨대 앞서 소개했던 면접 자료나 평가자의 직접 관찰 자료는 LOTS 도식 안에 포함되지 않는다. 이 외에도 LOTS 도식 안에 포함되지 않는 자료가 충분히 있을 수 있으니, 이 점에 주의하면서 사용해야 할 것이다.

◀ 개인의 성격을 보여 주는 자료는 '정말 많다.'

(projective test)는 모호하고 불분명한 자극을 제시함으로써 내면의 심리적 특성이 반응에 투사되도록 하는 일련의 검사들을 의미한다. 여기에는 단어 연상 검사나 문장 완성 검사, 그림 그리기 검사, 로르샤흐 검사(Rorschach test), 주제 통각 검사(thematic apperception test) 등이 포함된다. 투사적 검사 중에는 검사의 실시와 채점, 해석 과정을 체계화하려 시도한 검사도 있다. 예컨대 Exner(1993)는 로르샤흐 검사의 종합 체계를 구성하는 데 많은 노력을 기울였다. 하지만 검사의 기본 특성상 구조화에 한계가 있어 객관적 검사에 준하는 정도의 신뢰도와 타당도를 확보하지 못했다고 보는 것이 보편적인 견해다.

6) 자기보고형 성격 검사

자기보고형 성격 검사는 크게 다차원적 검사와 단일 검사로 구분된다

(Weiner & Greene, 2008). **다차원적 검사**(broadband multidimensional measure)는 성격의 여러 차원에 대해 포괄적으로 검사하는 도구를 의미한다. 예컨대 성격을 구성하는 여러 특질을 포괄적으로 검사하는 NEO-PI는 대표적인 다차원적 검사에 해당한다. **단일 검사**(narrowband unitary measure)는 특정한 성격 특성만을 검사하는 도구를 의미한다. 예컨대 충동성이라는 단일 특질을 검사하는 UPPS(Urgency-Premeditation-Perseverance-Sensation seeking; Whiteside, Lynam, Miller, & Reynolds, 2005)는 단일 검사에 해당한다. 성격심리학 영역에는 무수히 많은 단일 검사들이 있기 때문에 모두 다루기에는 한계가 있다. 여기에서는 보편적으로 사용되는 다차원적 검사인 NEO-PI와 MBTI, MMPI를 살펴보겠다.

(1) NEO-PI

NEO-PI(NEO-Personality Inventory; Costa & McCrae, 1985)는 특질 이론가들에 의해 반복적으로 확인된 대표적인 특질 차원인 성격 5요인(신경과민성, 외향성, 개방성, 우호성, 성실성)을 측정하도록 개발된 검사 도구이다. 검사 개발자인 Paul Costa와 Robert McCrae는 신경과민성(neuroticism)과 외향성(extroversion), 경험에 대한 개방성(openness to experience)을 측정하는 NEO-I를 먼저 개발하였다(Costa & McCrae, 1978). 이후 우호성(agreeableness)과 성실성(conscientiousness)을 측정할 수 있는 문항들을 추가하여 NEO-PI를 개발하였으며(Costa & McCrae, 1985), 7년 뒤 개정판인 NEO-PI-R(Revised)를 발행했다(Costa & McCrae, 1992). 비교적 최근에는 일부 문항을 수정한 NEO-PI-3을 개발하기도 했다(McCrae, Costa, & Martin, 2005).

NEO-PI-R은 총 240개의 문항으로 구성되어 있으며, 상위 특질마다 6개의 하위 특질을 포함하고 있다. 각 하위 특질은 8개의 5점 척도 문항으로 측정된다. 표 2.2에는 NEO-PI-R에 포함된 5개의 상위 특질과 30개의 하위 특질이 구체적으로 제시되어 있다.

NEO-PI-R은 다양한 연령층에 사용할 수 있으며, 자기 보고형 질문지와 관찰자 보고형 질문지가 구분되어 있어 관찰자의 평가 내용 또한 측정할 수 있다. 240개의 문항이 부담스러운 연구자나 검사자를 위해 60개의 문항으로 구성된 NEO-FFI(NEO-Five Factor Inventory)도 개발되어 있다.

표 2.2 NEO-PI-R의 상위 특질과 하위 특질 구성

신경과민성 (Neuroticism)	외향성 (Extroversion)	개방성 (Openness to experience)	우호성 (Agreeableness)	성실성 (Conscientious-ness)
불안	따뜻함	상상력	신뢰성	유능성
적대감	사교성	심미안	솔직함	질서 정연함
우울	주장성	감정 표현	이타성	책임감
자의식	활동성	색다른 행동	순응성	성취 추구
충동성	흥분 추구	색다른 생각	겸손함	자기절제
스트레스 취약성	긍정 정서	비관습적 가치	온유함	신중함

(2) MBTI

MBTI(Myers-Briggs Type Indicator; Myers, 1962)는 분석심리학자 Carl Jung의 성격 유형론을 기반으로 개발된 성격 검사이다. 개발자인 Katharine Briggs(1875-1968)와 Isabel Myers(1897-1980)는 모녀지간이며, 두 사람 모두 공식적인 심리학 교육이나 측정학 교육을 받지 않았다. 이들은 Jung의 성격 유형론에 매료되어 일반인도 수월하게 자신의 성격 유형을 파악할 수 있도록 돕는 도구를 만들고자 했다.

Jung은 초기에 **자아 지향성**(ego orientation)과 **심리적 기능**(psychological function)의 두 개념을 중심으로 성격에 대한 유형론을 전개한 바 있다. 그에 따르면, 자아 지향성은 외향과 내향으로 나뉜다. **외향**(extroversion)은 바깥 세계에 관심을 갖는 태도를 의미하고, **내향**(introversion)은 내부 세계에 관심을 갖는 태도를 의미한다. 심리적 기능은 크게 합리적 기능과 비합리적 기능으로 구분된다. 전자는 삶과 경험에 대한 판단(judgment)을 수반하고 후자는 그렇지 않다. 합리적 기능에는 **사고**(thinking)와 **감정**(feeling)이 있다. 사고 지향적인 사람들은 판단 과정에서 논리적 사고를 주로 활용하는 반면, 감정 지향적인 사람들은 감정을 이용하여 상황을 판단한다. 비합리적 기능에는 **감각**(sensing)과 **직관**(intuition)이 있다. 감각 기능을 주로 활용하는 사람들은 구체적이고 실제적인 감각 경험을 이용해 세상을 인식한다. 반면 직관 기능을 주로 활용하는 사람들은 보이는 것 이면의 의미나 원리, 숨은 의도 등을 통해 세상을 인식하는 경향이 있다.

Jung은 사람들이 상반되는 자아 지향성과 심리적 기능을 모두 가지고 살아가지만, 대부분의 경우 한쪽의 자아 지향성이 좀 더 두드러지며, 특별히 우세하게 사용하는 **우성 기능**(dominant function)이 있다고 제안했다. 예컨대 내향적 감각형은 내향적 자아 지향성이 우세하고, 감각 기능을 우성 기능으로 가지고 있는 유형을 의미한다. 따라서 Jung이 초기에 제안한 성격 유형론에서는 총 8개의 성격 유형이 도출될 수 있다.

Briggs와 Myers는 1944년에 Jung이 제안한 3개의 축(내향-외향, 감각-직관, 사고-감정)에 판단(judging)-인식(perceiving) 축을 더해 총 4개의 축으로 구성된 성격 검사 BMTI(Briggs-Myers Type Indicator)를 개발하였고, 1956년에 MBTI로 명칭을 변경하였다. MBTI는 2선지 문항들로 구성되어 있으며, 응답 결과를 토대로 각 축에서 우세한 극을 결정한다. 2개의 극단으로 구성된 축이 총 4개이므로, 도출될 수 있는 성격 유형은 총 16개이다(예: ISTJ, ENFP).

MBTI에서 새롭게 추가된 판단-인식 축은 합리적 기능과 비합리적 기능 중 어느 쪽을 더 선호하는지를 파악하기 위해 개발되었다. 이는 수검자의 우성 기능을 감별하는 데 도움을 주기 위한 것이었지만, 방법론 측면에서 다소 난해한 방식을 채택했다. 그들에 따르면, '외향형'의 경우 판단-인식 축에서 우세한 극이 우성 기능을 결정한다. 예컨대 ESTP의 우성 기능은 감각 기능(S)이다. 반면 '내향형'의 경우 판단-인식 축에서 우세한 극이 보조 기능을 결정한다. **보조 기능**(auxiliary function)이란 두 번째로 우세한 기능을 의미한다. 즉, ISTJ의 보조 기능은 사고 기능(T)이며, 그에 따라 우성 기능은 감각 기능(S)이 된다. 이러한 결정 방식의 타당성에 대해서는 체계적으로 연구된 바가 없으며(Boyle, 1995), Jung 또한 우성 기능과 보조 기능의 관계에 대해 깊이 있는 분석을 진행하지 않아 논란이 되고 있다(DeVito, 1985).

판단-인식 축의 타당성과 관련된 논란에 더해 MBTI의 기본적인 신뢰도와 타당도에 대한 의문도 끊임없이 제기되어 왔다(Boyle, 1995). 하지만 단순하면서도 명료하게 성격 유형을 제시하고 유형별 특징을 구체적으로 제공하고 있는 탓인지 학교나 기업, 상담 기관 등에서 현재까지도 활발하게 사용되고 있다.

(3) MMPI

MMPI(Minnesota Multiphasic Personality Inventory; Hathaway & McKinley, 1943)는 임상적 목적으로 사용되는 대표적인 성격 검사이다. 임상심리학자 Starke Hathaway(1903-1984)와 신경의학자 John McKinley(1891-1950)는 특정한 심리적 문제를 지닌 집단과 정상인 집단을 구분하는 문항들을 선별하여 구성한 MMPI를 1943년 발표하였다. 즉, MMPI의 본래 개발 목적은 심리적 문제나 심리장애를 가진 사람들을 효과적으로 진단하기 위한 것이었다. 이후 1989년 개정판인 MMPI-2가 발표되었고, 1992년에는 청소년용 검사 도구인 MMPI-A가 발표되었다. 2008년에는 새로운 이론적 접근을 반영한 MMPI-2-RF(Restructured Form)가 발표되었고, 2020년 MMPI-3가 발표되었다.

국내에서 활발하게 사용되고 있는 MMPI-2는 일상적인 경험이나 심리적 특성을 묻는 567개의 문항으로 구성되어 있으며, 각 문항은 '예' 혹은 '아니오'로 응답하도록 되어 있다. MMPI-2의 문항들은 9개의 타당도 척도와 10개의 임상 척도를 구성한다. 여기에서 **척도**(scale)란 특정한 심리적 특성을 측정하는 문항들의 묶음을 의미한다. 타당도 척도는 수검자 응답의 타당성을 평가하는 척도를 의미한다. 자기보고형 검사의 큰 단점은 의도적으로 응답을 왜곡할 수 있다는 점이다. 이러한 왜곡은 특히 임상 영역에서 중요한 문제가 된다. 의도적으로 증상을 감추거나 과장하는 일이 비교적 흔하기 때문이다. MMPI 개발자는 이러한 특성을 반영하여 수검자 반응의 타당성을 측정하는 다양한 척도들을 구성했다. 검사자는 이 척도들을 이용해 무응답이나 무선응답, 방어적 태도, 증상을 과장하는 경향성, 거짓 보고 경향성 등을 평가한다. 임상 척도는 수검자의 다양한 심리적 문제나 성격적 특성을 평가하는 척도를 의미한다. MMPI-2의 경우 총 10개의 임상 척도가 포함되어 있으며, 각 척도의 내용은 표 2.3과 같다.

MMPI의 임상 척도는 특정한 심리적 문제를 가지고 있는 사람들과 그렇지 않은 사람들을 변별하는 문항을 이용하는 방법으로 구성되었다. 이러한 방법은 목표로 하는 대상 집단과 유사한 정도를 파악하기에 효과적이지만, 경우에 따라서는 특정 문항이 왜 특정 척도에 포함되었는지를 이론적으로 설명하기 어려울 수 있다. 또한 각 척도에 포함된 문항들이 서로 중첩되는 문제나 척도를 구성하는 하위 요소들의 이질성 문제가 나타날 수 있다. 이러한 한계를

표 2.3 MMPI-2 임상 척도

임상 척도	측정 내용
1. Hs(건강염려증)	신체 증상이나 기능에 대한 과도한 관심과 염려, 집착
2. D(우울장애)	슬픔, 의욕 감소, 부정적 생각, 무기력, 불면 등의 우울 증상
3. Hy(히스테리)	심리적 문제나 정서적 고통 등을 부인하는 경향성과 특정한 신체 증상 (예: 두통)을 나타내는 정도
4. Pd(반사회성)	가족이나 권위적 대상에 대한 불만이나 일탈 행동, 무책임성, 소속감 결여 등의 반사회적 경향성
5. Mf(남성성-여성성)	남성과 여성의 전형적인 직업과 취미에 대한 흥미, 심미적 취향, 예술적 취향, 능동성-수동성, 대인 감수성 측면에서의 남성적 또는 여성적 경향성
6. Pa(편집증)	대인관계 예민성, 피해의식, 의심, 경직된 사고, 관계 망상 등의 편집증적 특성
7. Pt(강박증)	자기비판, 걱정, 주의 집중 곤란, 우유부단, 강박적 경향성이나 만성적 불안
8. Sc(조현병)	기이한 사고나 비정상적 지각, 사회적 소외와 고립, 가족 간의 갈등, 주의 집중 곤란, 충동 억제의 곤란 등으로 나타나는 정신적 혼란
9. Ma(경조증)	사고의 비약, 정서적 흥분, 과잉 활동성 등으로 나타나는 정신적 에너지 수준
10. Si(내향성)	대인관계 상황에서의 예민성, 사회적 불편감이나 회피 등으로 나타나는 사회적 회피 경향성 혹은 혼자 있는 것을 선호하는 정도

보완하기 위해 MMPI-2에서는 특정한 심리적 특성을 비교적 명백하게 측정하는 내용 척도(예: 불안, 공포, 냉소적 태도, 가정 문제 등)와 임상 척도의 하위 요소를 세분화한 임상 소척도(예: 6번 척도의 임상 소척도는 피해의식, 예민성, 순진성), 임상 척도의 공통 요소를 통제하여 구성한 재구성 임상 척도(예: 의기소침, 신체 증상 호소, 낮은 긍정 정서 등)를 추가적으로 제공하고 있으며, 여기에 더해 성격병리 5요인 척도(공격성, 정신증, 통제 결여, 부정 정서성, 내향성)와 기타 보충 척도(예: 자아 강도, 외상후 스트레스장애, 중독 가능성 등) 또한 제공하고 있다.

MMPI의 척도별 원점수는 표준점수인 T점수로 변환된다. 여기서 **표준점수**(standard score)란 원점수가 정규분포를 따른다는 가정하에 일정한 공식을 이용해 변환한 점수를 말한다. 표준점수를 이용하면 원점수의 범위가 다른 경우에도 손쉽게 그 의미를 해석할 수 있다. 일반적으로 MMPI 결과는 각 척도 점수를 그래프로 시각화하여 나타낸 프로파일 형태로 제공된다. 검사자는 각 척도 점수의 높낮이, 두 개 이상 척도쌍의 형태 등을 분석하여 수검자의 성격 특성을 평가한다(김중술, 1996).

7) 투사적 성격 검사

성격 평가에서 자기보고형 검사와 더불어 가장 빈번하게 사용되는 검사는 투사적 성격 검사이다. 투사적 성격 검사는 자기보고형 검사로 평가하지 못하는 마음의 무의식적 측면이나 수검자가 의도적으로 숨기고자 하는 심리적 특성 등을 평가할 수 있다는 장점을 가진다. 여기에서는 대표적인 투사적 검사인 로르샤흐 검사와 주제 통각 검사, 그림 그리기 검사, 문장 완성 검사에 대해 살펴보겠다.

(1) 로르샤흐 검사

로르샤흐 검사(Rorschach test)는 데칼코마니 형태의 모호한 잉크 반점을 제시한 후 그것이 무엇으로 보이는지를 묻고 수검자의 반응을 양적·질적으로 분석하여 심리적 특성을 파악하는 검사이다. 이 검사는 스위스의 정신의학자 Hermann Rorschach(1884-1922)에 의해 개발되었다. 그는 자신이 근무하던 병원의 환자들이 데칼코마니 그림 카드를 보면서 독특한 반응을 보인다는 사실을 우연히 발견했다. 그들은 건강한 성인과는 다른 방식으로 잉크 반점의 정보를 처리했으며, 반응을 구성하여 보고하는 양상도 독특했다. Rorschach는 이들이 그림 카드에 반응하는 방식을 체계화하면 그림 카드를 이용해 심리장애를 겪는 사람들을 효과적으로 변별할 수 있을 것이라고 보았다. 이러한 아이디어를 기반으로 데칼코마니 그림 카드를 개발했으며, 1921년에 10장의 카드로 구성된 로르샤흐 검사를 발표했다.

▲ 로르샤흐 검사 카드와 유사한 데칼코마니 그림

검사자는 10장의 카드를 수검자에게 순서대로 제시하면서 각 그림이 무엇으로 보이는지를 묻는다. 수검자가 10장의 카드에 대한 응답을 모두 끝내면, 다시 첫 카드부터 순서대로 보여 주면서 '어디에서 어떻게 그렇게 보게 되었는지'를 묻는다. 검사자는 수검자의 대답을 받아 적으면서 필요에 따라 추가 질문을 하여 반응 과정을 구체적으로 파악한다. 이 과정을 통해 검사자는 **반응 위치**(어디에서 그렇게 보았는지)와 **반응 결정 요인**(무엇 때문에 그렇게 보게 되었는지), **반응 내용**(무엇으로 보았는지)을 얻게 된다.

수검자의 각 반응은 정해진 기준에 따라 채점된다. 일반적으로 많이 사용되는 Exner의 종합 체계(Exner, 1993)에서는 다음 9가지 항목에 대해 채점을 실시한다.

1. 반응의 위치(location): 수검자가 반점의 어느 부분에 반응하였는가?
2. 반응 위치의 발달질(developmental quality): 해당 위치를 고려했을 때 반응의 발달질은 어떠한가? (반응 형성에 포함된 인지적 처리의 질을 평가하는 질문이다. 대상의 형태가 얼마나 '구체적'이고, 대상들의 '관계를 의미 있게 처리했는지'를 평가한다.)
3. 반응의 결정인(determinant): 반응을 결정하는 데 영향을 준 반점의 특징(예: 형태, 색깔 등)은 무엇인가?
4. 형태질(form quality): 반응한 내용의 형태적 특성이 자극의 특징에 적절한가?
5. 반응 내용(content): 반응한 내용의 범주는 무엇인가?
6. 평범 반응(popular): 흔한 반응인가?
7. 조직화 활동(organizational activity): 자극을 어느 정도 조직화하여 반응하였는가?
8. 특수 점수(special score): 특이한 언어 반응을 하였는가?
9. 쌍반응(pair response): 사물을 대칭적으로 지각하였는가?

채점이 끝나면 정해진 변수 계산 및 요약 시스템에 따라 구조적 요약(structural summary)을 실시한다. Exner의 종합 체계에서는 다양한 변수들을 이용해 수검자의 스트레스 수준과 적응 수준, 정서적 특성, 인지적 특성, 대인관계 특성, 자기지각 특성 등에 대한 정보를 제공한다. 여기에 더해 우울장애나 자살 위험, 편집 성향, 강박 성향, 지각이나 사고의 장해 정도에 대한 정보도 파악할 수 있다.

수검자의 반응에 대한 구조적 분석을 통해 매우 다양한 정보를 얻을 수 있지만, 채점 과정에서 수검자의 고유한 측면이 일부 누락되기도 한다. 예컨대 '스카프'와 '사슬 갑옷'은 모두 '의복'에 해당하기 때문에 동일한 내용 코드로 기호화된다. 하지만 치장을 위한 의복과 방어를 위한 의복은 심리적 의미가 다를 수 있다(최정윤, 2016). 이렇게 각 반응의 내용에 담긴 상징적 의미를 질적으로 분석하여 수검자의 심리적 특징을 보다 깊이 있게 분석할 수도 있다.

(2) 주제 통각 검사

주제 통각 검사(Thematic Apperception Test: TAT)는 Henry Murray와 Christiana Morgan(1897-1967)이 1935년에 발표한 검사이다. TAT는 모호한 방식으로 인물과 상황을 묘사한 31장의 그림 카드로 구성되어 있다. 검사 대상의 성별이나 연령에 따라 제시하는 카드 구성을 달리할 수 있으며, 일반적으로 20장의 카드를 제시한다. 검사자는 각 카드를 제시하면서 수검자로 하여금 그림을 바탕으로 이야기를 만들도록 요청한다. 그림의 상황에 이르기까지 어떤 일이 일어났는지, 현재 어떤 상황인지, 그림의 인물들이 어떤 생각을 하고 어떤 감정을 느끼는지, 이야기의 결과가 어떻게 될 것인지 등에 대한 구체적인 이야기를 만들어 보도록 하는 것이다.

▲ TAT 그림 카드와 유사한 그림 자극

TAT가 이러한 검사 방식을 취한 것은 인간이 자극을 이해하고 처리하는 고유한 방식 때문이다. 인간은 어떤 자극을 처리할 때 ① 자극 자체의 특성과 ② 개인의 경험 혹은 개인내적 기억이나 정보를 이용한다. 예컨대 팔랑거리며 주변을 맴도는 어떤 생명체를 보았을 때, 그 생명체가 가지고 있는 특성(예: 날개와 더듬이가 있고, 크기는 손가락 정도)과 개인이 이미 가지고 있는 정보(예: 날아다니는 곤충에 대한 기억과 정보)를 이용해 대상을 파악한다. 일반적으로는 두 가지 원천의 정보를 모두 활용하지만, 상황에 따라 특정 원천에 더 많이 의존할 수 있다. TAT의 그림과 같이 자극 자체의 특성이 불분명하고 모호하면 자극의 처리에 개인의 경험이나 기억 등이 좀 더 많은 영향을 미치게 된다.

TAT의 개발자인 Murray(1943)도 자극의 특성이 모호할 때 과거 경험과 현재의 소망 혹은 욕구에 따라 자극을 해석하게 된다고 보았다. 따라서 수검자가 각 그림에 대해 만들어 낸 이야기 속에는 수검자의 중요한 과거 경험, 욕구와 소망, 세상을 인식하는 방식, 주된 감정과 갈등, 문제를 해결하는 방식, 미래에 대한 태도 등이 포괄적으로 담겨 있다고 볼 수 있다. 검사자는 이러한 내용을 체계적으로 분석하여 수검자의 성격 특성을 파악할 수 있다.

(3) 그림 그리기 검사

그림 그리기 검사(drawing test)는 수검자로 하여금 특정한 그림을 그리도록 한 뒤 그림의 특성을 분석하는 방법이다. 다른 투사적 검사들과 달리 그림 그리기 검사는 언어적 능력의 제약을 적게 받는다. 어떤 대상을 그려야 하는지 정도만 파악할 수 있다면 검사를 진행할 수 있기 때문이다. 이러한 장점 때문에 언어적 능력이 부족한 아동이나 지적 제약이 있는 환자 등의 성격 특성을 평가할 때 자주 사용되곤 한다. 언어적 능력에 큰 문제가 없는 경우에도 아직 충분히 언어화되지 않았거나 자각하지 못하고 있는 무의식적 내용을 평가하는 데 도움이 될 수 있다.

대표적인 그림 그리기 검사로는 **인물화 검사**(Draw-a-Person: DAP)를 들 수 있다. DAP는 Goodenough(1926)에 의해 개발된 검사로, 본래 지능을 측정하기 위해 개발되었다. 백지를 제공하고 사람을 그리도록 요청하는 간단한 검사이며, 세부 묘사의 특징 등을 통해 수검자의 지능을 평가한다. 검사 개발 이후 임상 경험이 누적됨에 따라 DAP 결과에 수검자의 지능뿐만 아니라 성격 특성 또한 반영된다는 사실이 확인되었으며, 점차 성격 평가의 도구로도 사용되기 시작했다.

DAP가 성격 평가 도구로 활발히 사용되면서 중요한 한계도 부각되었다. 수검자들 중에 사람을 그리는 것에 대한 불안과 거부감을 표현하는 경우가 종종 있었던 것이다. 이러한 문제를 극복하기 위해 개발된 검사가 **집-나무-사람 검사**(House-Tree-Person: HTP)이다(Buck, 1948). 이 검사에서는 집과 나무, 사람을 순서대로 그리도록 한다. 개발자인 Buck에 따르면, 집과 나무 그림도 사람 그림만큼이나 자기상(self-image) 등의 성격 특성을 풍부하게 드러낸다. 그러면서도 사람을 그리는 것에 비해 위협감이나 부담감을 덜 느끼기 때문에 집과 나무를 먼저 그리도록 고안한 것이다.

HTP는 그림을 그릴 수 있는 종이와 연필이 있으면 실시할 수 있다. 검사자는 수검자에게 종이를 한 장 주면서 집을 그려 보도록 요청한다. 다 그리고 나면 다른 종이에 나무를 그리도록 하고, 마찬가지로 또 다른 종이에 사람을 그리도록 요청한다. 사람을 그리고 나면 대상의 성별을 묻고 이미 그린 대상의 성별과 반대되는 성별의 사람을 그리도록 한다.

그림을 모두 그린 뒤에는 각 그림에 대해 간단히 추가 질문을 할 수 있다. 이 질문들은 수검자의 욕구와 갈등 등의 심리적 특성을 파악하는 데 도움이 된다. 각 그림에 대해 일반적으로 실시하는 질문의 예는 다음과 같다.

1. 집
- 이 집에는 누가 살고 있나요?
- 집안의 분위기는 어떻습니까?
- 앞으로 이 집은 어떻게 될 것 같은가요?

2. 나무
- 이 나무는 어떤 나무인가요?
- 이 나무는 몇 살 정도 되었나요?
- 이 나무의 건강 상태는 어떤가요?
- 이 나무는 지금 어디에 있나요?
- 이 나무에게 소원이 있다면 무엇일까요?

3. 사람
- 이 사람은 무엇을 하고 있나요?
- 이 사람은 몇 살 정도 되었나요?
- 이 사람의 기분은 어떤가요?
- 당신은 이 사람처럼 되고 싶은가요?
- 이 사람의 삶에서 가장 좋았던 일은 무엇이었을까요?

검사를 해석할 때에는 그림의 구조적 측면과 내용적 측면을 모두 고려한다. 구조 분석에서는 그림의 크기와 위치, 선의 굵기, 선의 질, 세부 묘사의 특성, 그림의 구조와 구성의 적절성 및 현실성 등을 분석하여 수검자의 심리적

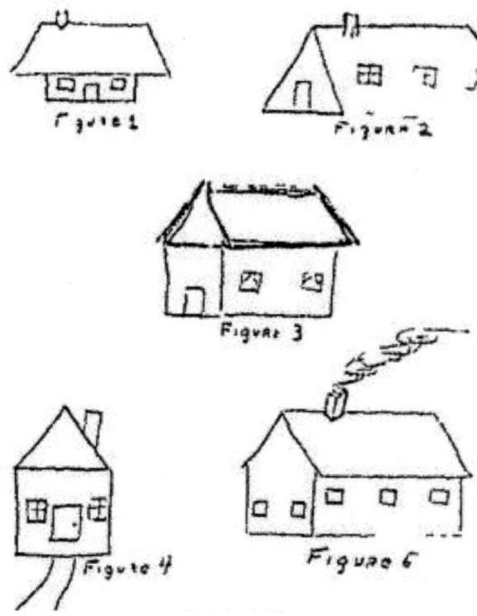

▲ 다양한 집 그림 예시
출처: Hammer, 1958

특성을 평가한다. 내용 분석에서는 각 그림이 갖는 상징적 의미에 기반하여 수검자의 그림을 분석한다. 예컨대 집 그림에서 문은 일반적으로 주변 환경과의 상호작용에 대한 태도를 반영한다(Hammer, 1958). 따라서 집 그림에 문이 없다면 사회적 철수 경향이 있거나 고립감을 느끼고 있을 가능성을 의심해 볼 수 있다. 반대로 과도하게 큰 문은 타인에게 의존적이거나 타인에게 좋은 인상을 주고자 하는 욕구를 반영할 수 있다.

검사자는 구조 분석과 내용 분석을 통해 내담자의 성격 특성에 대한 풍부한 정보를 얻을 수 있다. 하지만 그림을 그리는 과정에 관여하는 요인들은 매우 다양하고 개인차가 크기 때문에 경직된 방식으로 해석하지 않도록 주의해야 한다(예: 작은 그림이 '반드시' 낮은 자존감을 반영한다고 해석하는 것).

(4) 문장 완성 검사

문장 완성 검사(Sentence Completion Test: SCT)는 문장의 일부를 제시하고 남은 부분을 자유롭게 채워 넣도록 하는 검사이다. 이 검사는 기본적으로 연상 검사에 해당한다. **연상 검사**(association test)란 어떤 자극을 제시한 뒤 그 자극에 의해 연상되는 심리적 내용을 파악하는 검사를 말한다. 여기에는 자유 연상 검사(free association test)나 단어 연상 검사(word association test), SCT 등이 포함된다. 연상 검사는 마음을 구성하는 요소들의 연결 구조를 파악할 수 있다는 장점이 있어 정신분석이나 심리 측정 영역에서 꾸준히 사용되어 왔다. SCT가 성격 평가의 중요한 도구로 활용되기 시작한 것은 1940년대 전후이다. 특히 Rohde(1946)가 내담자의 욕구나 내적 갈등, 환상, 감정, 태도, 적응상의 어려움 등을 파악하고자 할 때 SCT가 유용하다고 제안한 이후, 많은 전문가들이 SCT를 이용하여 내담자의 성격을 평가하게 되었다.

SCT의 문항 구성은 학자마다 다르며, 임상 현장에서도 목적에 따라 다양한 방식으로 구성하여 실시하곤 한다. 일반적으로 사용되는 문항의 예는 다음과 같다.

• 나에게 이상한 일이 생겼을 때 ________________

• 언젠가 나는 ________________

• 나의 큰 장점은 ________________

• 내 생각에 여자들은 ________________

• 내 생각에 남자들은 ________________

• 우리 가족은 ________________

• 내가 가장 두려워하는 것은 ________________

제시된 예와 같이 문장의 일부를 구성한 뒤 수검자에게 제시하고 자유롭게 빈칸을 채우도록 한다. 수검자는 문장의 앞부분에 의해 연상된 내용을 적게 되는데, 이 과정에서 검열을 할 수 있다. 떠오른 내용을 보고할 것인지 여부를 판단하여 보고하기로 한 내용만 보고하는 것이다. 그런 측면에서 SCT는 다른 투사적 검사들에 비해 '방어적 태도'의 영향을 상대적으로 더 많이 받을 수 있다. 하지만 검사자가 중요하게 생각하는 수검자의 태도나 감정, 욕구, 미래에 대한 생각, 적응 관련 정보를 비교적 간단하게 파악할 수 있다는 장점이 있어 널리 사용되고 있다.

2 성격심리학 연구 방법

성격의 측정과 평가는 성격에 대한 과학적 연구의 목적 중 성격의 기술(description)을 달성하기 위한 방법이라고 볼 수 있다. 성격심리학자들은 성격의 기술에 그치지 않고, 성격이 어떻게 형성되고 변화하며 다른 변인들과 어떤 관계를 맺고 있는지를 체계적으로 분석하고자 한다. 이러한 목적을 달성하기 위해 매우 다양한 연구 방법이 적용되었으며, 각 방법은 특정한 이론의 개발과 발전에 크게 기여하였다.

심리학적 관점에서 인간의 성격을 체계적으로 설명하는 데 크게 기여한 초기의 연구 방법은 사례 연구이다. 특히 정신역동 이론가들은 내담자나 환자에 대한 다양한 정보를 통합하고 임상적 개입에 대한 반응을 분석하면서

머신러닝을 이용한 성격 평가

바야흐로 머신러닝의 시대이다. **머신러닝** 혹은 **기계학습**(machine learning)은 **인공지능**(artificial intelligence: AI)의 하위 분야로, 인간의 학습 기능을 통계적 알고리즘으로 구현하는 것을 목표로 한다. 즉, 인간이 경험으로부터 무언가를 학습하여 미래에 일어날 일을 예측하는 데 사용하는 것과 마찬가지로, 자료를 분석하여 패턴을 파악하고 그 결과를 이용해 어떤 현상을 예측하는 알고리즘을 구현하는 것이 곧 머신러닝 기술이라 할 수 있다.

머신러닝은 다양한 분야에서 사용되고 있으며, 성격심리학 영역에서도 관련 기술이 비교적 활발하게 적용되고 있다. 대략 2010년경부터 연구가 시작되었으니 그 역사가 길다고 보기는 어렵지만, 연구의 양이 빠르게 증가하고 있는 추세이다. Bleidorn과 Hopwood(2019)는 성격 평가 영역에서 그동안 진행된 머신러닝 연구들을 통합적으로 검토하면서 크게 세 시기로 구분한 바 있다.

1세대 머신러닝 연구는 온라인에 공개된 자료들을 이용해 개인의 성격을 예측하는 초기 연구들이다. 예컨대 SNS(social network service)에 공개된 '좋아요' 정보나 친구 관계에 대한 정보 등을 이용해서 개인의 성격을 예측하는 것이다. 당시 진행된 연구들은 표본의 규모가 상대적으로 작은 편이었으며, 결과 또한 그리 만족스러운 수준은 아니었다. 어떤 결과는 상식적으로 이해가 되지만(예: 외향성과 SNS 친구 수의 관계), 어떤 결과는 설명하기 어려웠기 때문이다(예: 참여자 이름 중 성에 포함된 문자의 수와 신경과민성의 관계). 보고된 결과 중 상당수는 반복 검증되지 않아 더욱 문제가 되었다.

2세대 머신러닝 연구들은 1세대 연구의 단점을 보완하기 위해 표본의 규모를 대략 5만 명 이상으로 대폭 키웠다. 또한 예측력을 향상시키는 방향으로 모형을 구축하는 기술도 발전하여 이전 세대보다 개선된 모형들이 개발되었다.

3세대 머신러닝 연구들은 비약적으로 개선된 머신러닝 모형의 예측력과 인간의 예측력을 비교하는 분석을 진행하였다. 연구 결과, 머신러닝 모형의 예측력은 인간의 예측력보다 우수한 것으로 나타났다(Youyou, Kosinski, & Stillwell, 2015). 이 연구에서는 86,220명의 참여자를 모아 이들의 성격을 예측하였는데, SNS에 남아 있는 '좋아요' 정보를 이용해 개발한 머신러닝 모형의 예측력이 참여자 친구들의 예측력보다 우수한 것으로 나타났다. 이 모형은 참여자의 물질 사용 특성이나 정치적 견해, 신체적 건강도 매우 타당하게 예측하는 것으로 확인되었다.

3세대 머신러닝 연구들도 매우 놀라운 결과를 보여 주었지만, 더욱 최근에는 머신러닝 기반 언어 처리 기술을 활용해 개인이 특정 설문 문항에 어떻게 답할지를 예측하는 연구까지 진행되었다(Abdurahman, Vu, Zou, Ungar, & Bhatia, 2024). 즉, 기존에 어떤 문항들에 답한 정보가 있다면, 해당 문항에서의 응답 패턴을 분석하여 새롭게 주어지는 문항에 어떻게 답할지를 예측하는 식이다. '나는 머신러닝과 같은 새로운 기술이 재미있기도 하지만 무섭기도 하다.'라는 새로운 문항에 '매우 그렇다.'라고 대신 답해 주는 때가 이미 도래한 것이다.

성격에 대한 이론을 발전시켰다. 과학으로서의 성격심리학의 토대를 다지는 과정에서 활발하게 사용된 두 번째 연구 방법은 상관 연구이다. 특질 이론가들은 변수들의 상관관계에 기초한 다양한 통계 기법을 활용하여 특질의 구조를 체계적으로 분석하였다. 세 번째 연구 방법은 실험 연구이다. 인간 행동의 원인을 엄격하게 탐색하고자 했던 많은 인지행동 이론가들은 전통적인 실험 설계를 이용하여 연구를 진행했다. 최근에는 성격의 고유한 특성을 반영할 수 있는 연구 방법들이 주목을 받고 있다. 예컨대 장기간에 걸친 변화를 추적하는 종단 연구 등의 연구 방법이 활발하게 사용되고 있다.

1) 사례 연구

성격심리학 영역에서 사용된 다양한 연구 방법들 중 가장 역사가 깊은 방법은 심리장애 환자를 치료하는 과정에서 수집된 자료를 이용해 성격을 연구하는 것이다. 이러한 연구 전통의 주된 방법은 **사례 연구**(case study)로 특정 개인에 대한 다양한 정보를 수집하여 체계적으로 분석하는 접근법이다. 일반적으로는 개인이 나타내고 있는 독특한 행동이나 심리적 문제, 문제의 발생 경위, 문제의 변화 과정, 현재 적응 상태, 개인력, 가족력, 기타 검사 정보 등이 분석 자료에 포함된다. 또한 치료나 개입 등의 임상적 처치(treatment)에 대한 반응을 분석하여 성격 변화에 영향을 미치는 요인을 탐색하기도 한다.

사례 연구법은 연구 대상이 희소하거나 포괄적인 정보 수집 및 분석이 필요한 경우에 큰 힘을 발휘한다. 개인의 고유성이 특히 강조되는 임상적 전통에서 이 연구 방법이 많이 사용되는 것은 이러한 이유 때문이기도 하다. 실제로 사례 연구법은 정신분석을 포함한 다양한 정신역동 이론의 발전에 크게 기여하였다. 하지만 특정한 개인의 자료에 근거하고 있기 때문에 일반화에 한계가 있으며, 자료의 선별이나 해석 과정에서 주관성이 개입될 여지가 크다는 단점이 있다.

▲ 상담 과정에서 내담자의 동의하에 수집된 자료는 개인의 성격이나 심리적 특성을 탐색하는 사례 연구에 활용될 수 있다.

2) 상관 연구

두 번째 접근법은 상관 연구를 이용하는 것이다. **상관 연구**(correlational study)는 다수의 대상에 대한 자료를 수집하여 자료들의 상관관계를 분석함으로써 성격 특성들의 관계를 규명하는 연구법이다. 이 연구법은 특질 연구의 발전에 크게 기여했다. 특히 자료들의 상관관계를 이용하여 잠재 구조(latent structure)를 분석하는 **요인 분석**(factor analysis)은 Raymond Cattell과 Hans Eysenck의 성격 이론이나 'Big Five'라 불리는 대표적인 다섯 가지 특질 모형을 개발하는 중요한 방법으로 사용되었다.

상관 연구 전통은 성격을 구성하는 특질의 구조를 밝히고 성격과 다른 요인의 상관관계를 규명하는 데 기여하였다. 하지만 연구 방법의 특성상 변인들의 인과관계를 밝히는 데에는 한계가 있어 성격의 발달 과정이나 역동, 성격에 영향을 미치는 요인 등을 탐색하고자 하는 연구에는 적절하지 않다.

상관관계와 인과관계

상관관계는 하나의 변인이 변할 때 다른 변인도 선형적으로 변하는 관계를 의미한다. 일반적으로 상관관계 혹은 공변관계(하나의 변인이 변할 때 다른 변인도 변하는 관계)는 인과관계의 필요조건이지만, 상관관계만으로 인과관계가 확증되지는 않는다. 인과관계를 확증하기 위해서는 ① 상관관계 조건뿐만 아니라, ② 원인의 시간적 선행 조건을 만족해야 하고, ③ 원인과 결과에 영향을 미치는 다른 요인이 없다는 조건 또한 만족해야 한다. 하지만 연구 영역이나 일상 영역에서 상관관계를 인과관계로 오해석하는 경우를 흔하게 발견할 수 있다. 여기에서는 상관관계를 인과관계로 오해석하여 많은 목숨을 잃게 된 한 부족의 이야기를 소개하려 한다.

남태평양에는 약 80여 개의 섬들로 구성된 바누아투(Vanuatu) 공화국이라는 작은 나라가 있다. 과거에는 영국과 프랑스의 식민지였으며, 당시 뉴헤브리디스(New Hebrides)라는 이름으로 불리기도 했다. 이 지역에는 본래 니바누아투(Ni-Vanuatu)라는 원주민들이 살고 있었다. 유럽인들이 처음 이 지역에 찾아왔을 때에도 이들은 여러 섬들에서 평화롭게 지내고 있었다. 그런데 유럽인들이 이들과 교류하면서 발견한 한 가지 특이한 행동이 있었다. 바로 몸에 '이(lice)'를 많이 지니고 다녔던 것이다.

이는 일종의 흡혈 곤충으로, 사람이나 가축 등의 몸에 기생하여 피해를 주는 해충이다. 그럼에도 이 지역의 원주민들은 이를 잡지 않고 몸에 지니고 다녔으며, 심지어 자신의 몸에 이가 많다는 것을 자랑하기까지 했다. 이러한 현상을 이상하게 여긴 유럽인들은 관련된 조사를 진행하였고, 그 결과 이 지역의 원주민들이 이에 대한 색다른 견해를 가지고 있다는 것을 알게 되었다. 즉, 이들은 '이가 건강을 가져다준다'고 생각하고 있었다. 그렇게 생각하는 이유로 제시한 것은 '건강한 사람들에게는 이가 많고, 병약한 사람들에게는 이가 없다'는 것이었다.

A와 B 개념 간에 상관관계가 나타날 수 있는 가능성은 세 가지가 있다. 첫 번째는 A가 B의 원인인 경우이고, 두 번째는 B가 A의 원인인 경우, 세 번째는 A와 B에 동시에 영향을 미치는 제3의 개념 C가 있는 경우이다.

니바누아투족의 논리를 상관관계의 관점에서 정리해 보자. 이들은 이와 건강의 관계를 관찰했다. 그 결과, 이와 건강이 정적 상관관계를 맺고 있다는 사실을 알게 되었다. 그런데 이들은 관찰된 정적 상관관계의 의미를 한 가지 특정한 방식으로만 해석했다. 바로 '이(A)가 건강(B)을 증진시켰기 때문에 둘 간에 상관관계가 나타났다'고 본 것이다. 상관관계가 나타날 수 있는 가능성들에 대해 잘 알고 있다면, 이들의 논리에 중요한 결함이 있다는 것을 파악했을 것이다. 니바누아투족은 다른 두 가지 가능성을 충분히 고려하지 않았다. 안타깝게도 이와 건강의 상관관계는 니바누아투족이 생각한 것과는 반대 방향의 인과관계 때문에 나타난 현상이었다. 즉, 몸이 건강할수록 먹을 것이 많아 이가 꼬였던 것이고, 그러다 이에 의해 전염병이 생겨 몸이 약해지면 더 이상 먹을 것이 없어 이가 떠났던 것이다. 니바누아투족은 이와 건강의 상관관계를 잘못 해석하여 실제로 많은 목숨을 잃었다.

위 사례는 상관관계를 잘못 해석한 대표적인 사례로 종종 언급되곤 한다. 이와 비슷한 오해석은 우리 일상생활 속에서도 어렵지 않게 확인할 수 있다. 한 가지 예를 살펴보자. 가끔 공부 시간과 성적의 관계에 대한 기사를 보곤 하는데, 기사의 주요 내용을 추려 보면 '성적이 높은 학생일수록 공부 시간이 길다'는 내용이다. 이것은 상관관계에 대한 기사이다. 당신이라면 이 결과를 어떻게 해석하겠는가? 아마도 적지 않은 수의 사람들이 '공부를 오래 할수록 성적이 높아진다'고 해석할 것이다. 하지만 과연 그럴까? 성적이 높은 학생일수록 공부에 흥미를 느껴 더 오랜 시간 동안 공부하는 것은 아닐까? 혹은 부모님의 압력과 같은 외부 요인에 의해 공부 시간이 길어지고 성적도 높아지는 것은 아닐까? 어쩌면 지적 호기심과 같은 성격적 변인 때문에 공부 시간이 길어지고 성적도 높아지는 것은 아닐까? 이처럼 상관관계의 의미는 다양한 방향으로 전개될 수 있으며, 다양한 가능성 중 어떤 것이 진실을 반영하는지는 추가적인 연구를 통해서만 밝혀낼 수 있을 것이다.

◀ 전통 춤을 추고 있는 니바누아투족

3) 실험 연구

상관 연구의 한계를 보완하는 대표적인 연구 방법은 실험이다. **실험 연구**(experimental study)에서는 연구자가 원인적 요인을 의도적으로 변화시켰을 때 결과적 요인이 예상대로 변하는지를 확인함으로써 두 변인의 인과관계를 검증한다. 실험 연구에서 원인에 해당하는 요인을 변화시키는 행위를 **조작**(manipulation) 혹은 **처치**(treatment)라 한다. 원인을 먼저 조작한 뒤 일정한 시간이 흐른 뒤에 결과에 해당하는 변인이 변하는지를 확인하면 인과관계의 두 가지 조건을 충족할 수 있다. 즉, 상관관계 조건과 원인의 시간적 선행 조건을 만족시킬 수 있다. 여기에 더해 동질적인 두 집단을 설정하여 한 집단에는 처치를 하고, 다른 집단에는 처치를 하지 않은 뒤 두 집단의 결과 변인이 어떻게 변했는지를 비교할 수도 있다. 여기에서 처치를 받는 집단을 **실험 집단**(experiment group), 처치를 받지 않는 집단을 **통제 집단**(control group)이라 부른다. 만일 통제 집단에서는 결과 변인에 별다른 변화가 없고 실험 집단에서 결과 변인의 변화가 유의하게 나타났다면, 결과 변인의 변화는 처치의 효과 때문이라고 말할 수 있다. 혹은 실험 집단에서의 변화가 통제 집단에서의 변화보다 유의하게 더 클 때에도 같은 방식으로 해석할 수 있다. 이렇게 통제 집단을 설정하여 비교하면 인과관계의 세 번째 조건인 '원인과 결과에 영향을 미치는 제3 변인이 없어야 한다'는 조건을 만족할 수 있게 된다.

과학적 연구의 핵심 목적이 관심 변인의 인과관계를 밝히는 것임을 감안할 때, 실험 연구는 그 목적을 달성할 수 있는 대표적인 연구 방법이라 할 수 있다. 이 연구법은 행동의 원인을 정교하게 탐색하고자 했던 사회학습적 관점 및 인지적 관점의 성격 연구 발전에 크게 기여하였다. 특히 사회학습 이론가인 Albert Bandura나 인지적 관점의 성격 이론가인 Walter Mischel은 다양한 실험 연구를 통해 중요한 성격 개념들을 체계적으로 탐색하였다.

실험 연구가 인과관계를 검증하는 강력한 연구 방법임에는 틀림없지만, 이를 성격 연구에 적용하고자 할 때에는 몇 가지 한계를 갖는다. 첫째, 성격은 기본 개념상 상당히 안정적인 특성이기 때문에 실험실에서의 처치나 조작에 의해 쉽게 변하지 않는다. 둘째, 실험을 위해서는 관심의 대상이 되는 원인을 제외한 다른 변인의 효과를 통제해야 하는데, 이 과정에서 설정하는 실험 상황이 현실 세계와 지나치게 다를 경우 연구 결과를 일반화하는 데 제약이 있을 수 있다. 셋째, 실험 연구의 논리가 성립되기 위해서는 실험 집단과 통제 집단이 완벽하게 동질적이어야 하는데, 현실적으로 이 가정을 만족하기가 매우 어렵다.

4) 종단 연구

성격을 연구함에 있어 실험 연구의 한계를 극복할 수 있는 한 가지 방법은 종단 연구이다. **종단 연구**(longitudinal study)는 두 시점 이상에서 시간차를 두고 자료를 수집하여 인과관계를 밝히는 방법이다. 예를 들어, 특정 시기에 외상을 경험한 사람들과 그렇지 않은 사람들이 1년 혹은 2년 이후에 성격이 변했는지를 평가하는 연구법이 종단 연구이다. 최근 성격심리학 연구 영역에서 두드러지는 변화 중 하나는 종단 연구의 급격한 증가이다(Graham et al., 2020). 각 지역에서 장기간에 걸쳐 자료를 수집하는 연구들이 증가하면서 성격의 시간에 따른 변화를 탐색하는 연구 또한 늘어난 것이다. 이러한 연구들은 전생애에 걸친 변화 과정을 추적하기도 하여 성격 변화에 대한 이해에 큰 기여를 하고 있다.

종단 연구는 인위적으로 통제하지 않은 상황에서 시간에 따른 변화를 추적할 수 있다는 장점이 있지만, 관심을 두는 변인에 대한 다양한 요인의 영향을 통제하기 어렵다는 한계가 있다. 이 경우 관심 변인의 변화가 일어나도 그 변화가 연구자들이 예상하는 원인에 의해 일어났다고 단정하기 어렵다. 종단 연구의 두 번째 단점은 이탈률이다. 종단 연구의 특성상 연구 대상이 중도에 이탈할 확률이 다른 연구 방법에 비해 높다. 만일 연구자의 이탈이 체계적인 이유(예: 불성실함과 같이 서로 공유하는 특징)에 의해 발생했다면, 연구 결과를 해석할 때 주의해야 한다.

▲ 종단 연구는 대상을 장기간 추적 관찰하여 시간에 따른 변화 과정을 탐색하는 연구 방법이다.

요약

- 심리 측정이란 심리적 특성에 수치를 부여하는 과정을 의미한다. 눈에 보이지 않는 심리적 특성을 측정하기 위해서는 개념적 정의와 조작적 정의를 실시한 뒤, 특정한 도구를 개발하여 자료를 수집하는 방식을 취해야 한다.

- 개발된 심리 측정 도구는 일반적으로 신뢰도와 타당도 측면에서 평가될 수 있다. 신뢰도란 측정을 반복했을 때 일관된 결과를 얻는 정도를 의미하며, 타당도란 검사가 측정하려고 했던 것을 정확하게 측정하는 정도를 의미한다. 현대 심리 측정 이론에서는 내적 일치도와 검사-재검사 신뢰도, 검사자 간 신뢰도 등을 이용하여 도구의 신뢰도를 평가하고, 내용 타당도와 준거 타당도, 수렴 및 변별 타당도 등을 이용하여 도구의 타당도를 평가한다.

- 성격 평가는 일반적으로 다섯 단계에 걸쳐 진행된다. 1단계에서는 성격 평가의 목적을 설정하고, 2단계에서는 성격 평가를 준비한다. 이때 적절한 도구를 선별하는 것이 중요하다. 3단계에서는 성격 평가를 실시하고, 4단계에서는 수집된 자료를 해석한다. 마지막 5단계에서는 결과를 보고서 등의 일정한 형식으로 정리한다.

- 성격 평가의 방법 및 자료는 매우 다양하다. 대표적인 방법 및 자료로는 면접, 행동 관찰, 생애기록 자료, 관찰자 자료, 성격 검사 등을 들 수 있다. 면접은 검사자가 수검자와 대화를 통해 성격에 대한 정보를 수집하는 방법으로 질문의 내용이나 순서, 채점 방식 등이 체계화된 정도에 따라 구조화 면접과 비구조화 면접으로 구분된다. 행동 관찰은 개인의 행동을 체계적으로 관찰하여 기술하는 방법이며, 관찰 상황이 통제된 정도에 따라 자연주의적 관찰과 통제 관찰로 구분된다. 생애기록 자료는 학교 성적이나 범죄 기록과 같은 개인의 생애기록이나 개인사 자료를 의미한다. 관찰자 자료는 수검자 주변 사람들의 보고를 통해 수집된 자료를 말한다. 가장 빈번하게 사용되는 성격 검사는 크게 자기보고형 검사와 수행형 검사로 구분된다. 자기보고형 검사는 준비된 문항에 수검자가 직접 응답하도록 하는 검사이다. 수행형 검사는 수검자로 하여금 특정한 과제를 수행하도록 하는 검사이며, 검사 절차 및 해석 과정이 체계화된 정도에 따라 구조화 검사와 비구조화 검사로 구분된다. 전자에 해당하는 대표적 검사로는 웩슬러 지능 검사를 들 수 있고, 후자에 해당하는 검사로는 로르샤흐 검사를 들 수 있다.

- 현대 성격 평가에서 빈번하게 사용되는 자기보고형 검사로는 NEO-PI와 MBTI, MMPI를 들 수 있다. NEO-PI는 대표적인 특질 차원인 성격 5요인(신경과민성, 외향성, 개방성, 우호성, 성실성)을 측정하는 도구이다. MBTI는 Carl Jung의 심리적 유형론에 기반한 도구로 외향-내향, 감각-직관, 사고-감정, 판단-인식 축을 이용해 16개의 성격 유형을 평가한다. MMPI는 본래 심리장애를 진단하기 위해 개발된 도구이지만, 임상 척도의 프로파일 형태 등을 이용해 성격을 평가하는 도구로 사용되기도 한다.

- 비구조화 성격 검사의 대표적 유형인 투사적 검사에는 로르샤흐 검사와 주제 통각 검사, 그림 그리기 검사, 문장 완성 검사 등이 포함된다. 로르샤흐 검사는 10개의 데칼코마니 카드를 제시하면서 무엇으로 보이는지를 묻고 그 반응을 해석하는 검사이다. 이 검사는 수검자의 반응 특성을 다양하게 분석하여 인지적 특징과 정서적 특징, 대인관계적 특징, 스트레스 반응 특징 등을 정교하게 해석한다. 주제 통각 검사는 모호한 그림을 제시하면서 이야기를 만들도록 하는 검사이다. 이야기를 만드는 과정에서 내담자의 고유한 욕구와 갈등, 소망 등이 표현된다고 가정한다. 그림 그리기 검사는 간단히 백지를 주면서 집이나 나무, 사람 등을 그리도록 하여 그림의 특징을 분석하는 검사이다. 문장 완성 검사는 문장의 일부를 제시한 뒤 남은 부분을 자유롭게 채워 넣도록 하는 검사이다. 검열의 영향에서 자유롭지는 않지만, 개

인의 고유한 신념이나 태도, 정서적 특징 등을 비교적 수월하게 평가할 수 있다는 장점이 있다.

- 성격심리학 영역에서 성격을 설명하기 위해 사용해 온 대표적인 연구법으로는 사례 연구와 상관 연구, 실험 연구, 종단 연구 등을 들 수 있다. 사례 연구는 개인에 대한 다양한 정보를 체계적으로 수집하여 분석하는 연구법을 의미한다. 주로 정신역동 이론 전통에서 사용된 연구법으로 개인을 깊이 있게 이해하여 풍성한 가설과 이론을 도출할 수 있다는 장점이 있지만, 일반화 측면에서 한계가 큰 방법이다. 상관 연구는 다수의 대상에 대한 자료를 수집하여 자료들의 상관관계를 분석하는 연구법이다. 특질 이론의 발전에 크게 기여한 연구법으로 현재까지도 널리 사용되고 있지만, 개념들의 인과관계를 검증하지 못한다는 한계가 있다. 실험 연구는 원인적 요인을 의도적으로 변화시켰을 때 그 영향으로 결과적 요인이 변하는지를 확인하는 연구법을 의미한다. 인과관계를 확인할 수 있는 대표적인 연구법으로 인지 이론이나 사회학습 이론 연구자들이 활발하게 사용하였다. 다만 실험 상황이 현실 세계와 지나치게 다를 경우 일반화에 어려움이 있다는 점이 한계로 지적된다. 종단 연구는 두 시점 이상에서 시간차를 두고 자료를 수집하여 인과관계를 확인하는 방법이다. 긴 시간에 걸친 변화를 추적할 수 있다는 큰 장점이 있지만, 혼입 변인의 효과를 통제하기 어렵다는 점이나, 이탈률이 높다는 점은 한계로 지적되고 있다.

연습 문제

1 측정은 과학의 기본이다. 과학으로서의 심리학에서도 측정을 중요하게 다루지만, 다른 분야와 달리 측정 대상을 직접 관찰할 수 없다는 한계를 가지고 있다. 이러한 한계를 극복하면서 측정을 진행하기 위해 심리 측정에서 취하는 방법에 대해 서술하시오.

2 심리 측정에서 신뢰도와 타당도의 개념을 서술하고, 두 속성의 관계에 대해 설명하시오.

3 병역 의무 관련 판단을 위해 성격 평가가 의뢰된 경우 검사 도구를 선정할 때 중요하게 고려해야 할 기준은 무엇이며, 어떤 검사 도구를 사용하는 것이 적절한지 서술하시오.

4 선생님이나 친구, 부모 등을 포함한 대부분의 주변 사람들과 언어적 소통을 하지 않는 고등학생에 대한 성격 평가를 의뢰받았다. 평가에 활용할 수 있는 도구 및 자료 유형에는 어떤 것들이 있는지 제시하고, 그 이유를 설명하시오.

5 자기보고형 성격 검사인 NEO-PI와 MBTI는 병리적 성격 특성이 아닌 정상적이고 일반적인 성격 특성을 측정하는 대표적인 도구들이다. 두 도구 모두 일반 대중이 개인의 성격 평가를 위해 사용하는 빈도가 높지만, 과학적 연구 영역에서 사용되는 빈도는 큰 차이를 보인다. 어떤 도구가 과학 영역에서 사용 빈도가 낮을 것이라 생각하는지, 그렇게 생각하는 이유는 무엇인지 서술하시오.

6 MMPI는 검사 문항을 구성하는 측면에서 기존의 다른 자기보고형 성격 검사 도구들과 큰 차이를 보인다. 구체적으로 어떤 차이점이 있으며, MMPI가 취한 방법이 갖는 장점은 무엇인지 서술하시오.

7 성격 검사 중에는 상대적으로 구조화가 덜 되어 있고, 모호한 자극을 사용하는 검사들이 있다. 이러한 검사들이 사용되는 이유는 무엇인지 설명하시오.

8 석사 과정 학생인 A는 자기 자신과 타인에 대한 자애로운 태도가 우호성을 증진하는지 확인하고 싶다. 특히 한국의 대학생들에게 이러한 원리가 보편적으로 적용될 수 있을지 연구를 통해 탐색하려고 한다. A가 사용하기에 적절한 심리학 연구 방법이 무엇인지 쓰고, 그 이유를 서술하시오.

chapter

03

초기 특질 이론

◀ Caravaggio(1571-1610) 나르키소스(1597)

그리스·로마 신화의 등장인물 나르키소스는 자기애에 깊이 빠진 나머지 스스로를 파괴하기에 이른다. 이처럼 나의 사고와 감정, 행동을 지배하는 비교적 일관된 성향이 있는지 생각해 보자.

학습 목표

- 특질의 개념을 이해한다.
- Allport의 특질 이론에 대해 설명할 수 있다.
- 16PF의 개발 과정에 대해 설명할 수 있다.
- Cattell과 Eysenck의 특질 이론을 비교하여 설명할 수 있다.

과학으로서의 성격심리학은 특질 이론에서 시작되었다. 특질 이론이 개발되기 전에도 성격에 대한 정교한 심리학 이론들이 많았지만, 이러한 이론들은 대체로 과학으로서의 기본 조건을 갖추지 못했다. 과학으로서의 기본 조건이라 함은 측정 가능성을 의미한다. 당시 활발하게 개발되던 정신역동 이론에서 다루는 개념은 대부분 추상적이고 모호해서 이 조건을 갖추기 어려웠다. 이러한 문제점을 인식한 성격 이론가들은 성격을 측정하는 방법에 대해 많은 고민을 했고, 성격 측정의 기본 단위로 특질이 적절하다는 결론에 이르렀다.

이후 특질 이론가들은 개인의 성격을 기술하는 중요한 단위로서의 특질을 체계적으로 연구했다. 사용할 수 있는 특질 개념을 모두 활용하여 개인의 성격을 포괄적으로 기술하기도 하고, 인류가 만들어 낸 성격 어휘들의 관계를 통계적으로 분석해서 성격을 구성하는 중요한 특질 차원을 선별하기도 했다. 또한 기본적인 특질의 생물학적 기반을 추적하기도 하고, 인간의 삶을 구성하는 중요한 변인들(예: 수명, 신체적 건강, 심리적 건강, 직무 만족)과 특질의 관계를 포괄적으로 연구하기도 했다. 이러한 흐름은 현대 성격심리학에서도 꾸준히 이어지고 있으며, 성격심리학의 발전에 큰 기여를 하고 있다.

특질 이론은 성격심리학의 뼈대를 이루고 있는 중요한 이론이므로 두 장에 걸쳐 자세하게 소개하려 한다. 이번 장에서는 특질 이론의 시작을 알린 Gordon Allport의 이론을 먼저 살펴보고, 요인 분석을 특질 연구에 적용한 Raymond Cattell의 이론과 특질의 생물학적 기반을 탐색한 Hans Eysenck의 이론을 순차적으로 소개할 것이다.

1 Allport의 특질 이론

특질 이론은 Allport에 의해 시작되었다. Allport가 제안한 주요 개념과 이론을 구체적으로 살펴보자.

1) 배경

▲ Gordon Allport

Gordon Allport는 미국 인디애나주의 유복한 가정에서 4형제 중 막내로 태어났다. 어려서부터 수줍은 편이었던 Allport는 7살 위 형인 Floyd Allport(1890-1979)를 따라 하버드 대학교에 진학했다. Floyd Allport는 당시 사회심리학을 전공하고 있었고, Gordon Allport는 경제학과 철학을 전공했다. 이후 대학원에 진학하면서 심리학으로 전공을 바꾸었으며, 1922년에 성격 특성에 대한 연구로 박사 학위를 받았다. 이후 유럽과 미국에서 연구와 강의를 이어 가다 1930년에 하버드 대학교 심리학과에 부임한 후 1967년까지 근무하였다.

Allport는 인간의 성격에 대해 깊은 관심을 가지고 있었다. 이는 아마도 그의 성격이나 인문학적 소양과도 관련이 있을 것이다. 심리학 공부를 시작한 Allport는 당시 심리학계에서 유행하던 정신분석이나 행동주의 이론이 인간의 성격을 탐구하기에는 적절하지 않다고 판단했다. 그는 너무 깊지도 않고 너무 얕지도 않은 수준에서 성격을 포괄적으로 기술할 수 있는 방법에 대해 고민하였고, 그 결과 특질을 성격의 기본 단위로 제안하기에 이른다. 그는 자신의 이론을 담은 책 『Personality: A Psychological Interpretation』을 1937년에 출간하였다. 이 책은 성격심리학의 출발을 알린 고전으로 인정받고 있다.

2) 주요 개념 및 이론

Allport의 가장 큰 기여는 특질 개념을 개발한 것이다. 특질의 기본 개념과 개발 과정, 분류 체계, 발달 및 작동 기제에 대해 살펴보자.

(1) 특질의 개념

Allport에 따르면, **특질**(trait)은 서로 다른 자극 혹은 상황들에 대해 유사한 방식으로 행동하려는 경향성을 의미한다. 이 정의에서 주목할 두 개념은 '자극(상황)'과 '행동 경향성'이다. 인간은 반복적으로 외부 자극에 노출되고, 그 반응으로 행동이 유발된다. Allport는 서로 다른 자극에 의해 어떤 행동이 나타나는 과정에서 일관성이 드러날 수 있다고 보았다. 사실 이 주장은 상식적으로 이해하기 쉽지 않다. 일반적으로 자극이 달라지면 행동도 달라지기 때문이다. 예컨대 교수가 학생에게 "오늘은 공부를 열심히 하는군요."라고 말할 때와 "오늘도 여전히 마음이 다른 곳에 가 있군요."라고 말할 때 자연스럽게 유발되는 행동은 달라질 수밖에 없다. Allport는 이렇게 달라지는 자극이나 상황에서도 특정한 행동이 일관되게 나타나는 이유가 '자극을 받아들이는 방식' 때문이라고 보았다. 즉, 다양한 자극을 '기능적으로 동등하게' 받아들인다는 것이다. 그러면 겉으로 보기에는 다른 자극일지라도 행동을 유발하는 측면에서는 같은 자극이 될 수 있다. 앞선 사례에서 교수가 전혀 다른 내용의 말을 했지만, 받아들이는 학생은 '교수의 비아냥거림'이라는 자극으로 처리하여 행동상으로 동일한 결과(예: 짜증과 분노)가 도출된다는 것이다.

자극이 기능적으로 동등해지는 과정은 상황 조건의 변화 측면에서도 살펴볼 수 있다. 예를 들어, 앞서 소개한 학생이 '분노 경향성'이라는 특질을 가지고 있다고 가정해 보자. 그는 학교에 있을 때 교수나 동료들과 대화를 나누면 자신을 비웃거나 업신여긴다고 생각해서 화를 낸다. 여자친구와 있을 때에는 자신을 이해해 주지 않는다며 다투는 일이 많다. 온라인 친구들과 게임을 할 때에도 상대를 부수거나 죽여야 하는 공격적인 게임을 선호한다. 이처럼 다양한 상황 조건들이 기능적으로 동등하게 분노 경향성을 유발하고, 그 결과 나타나는 행동들이 분노 경향성이라는 특질을 드러낼 수 있다.

Allport에 따르면, 이러한 경향성은 인간의 내부에 실재한다(Allport, 1961). 즉, 특질은 인간의 몸 안에 실제로 존재하며, 고유한 신경학적 기반을 가지고 있다. 자극을 기능적으로 동등하게 처리하고 그 결과 특정한 행동을 유발하는 신경학적 시스템이 곧 특질인 것이다. 따라서 특질은 직접 관찰할 수 없다. 특질이 행동으로 발현되었을 때 그 행동을 보고 특질을 유추할 수 있을 뿐이다.

인간의 행동에 대한 정보는 다양한 경로를 통해 얻을 수 있다. 두 눈으로 직접 관찰할 수도 있고, 누군가가 관찰한 내용을 전해 들을 수도 있다. 누군가에게 어떤 사람의 행동 정보를 전달할 때 일상적으로 가장 흔하게 사용하는 방법은 '언어'이다. Allport는 이 점에 주목했다. 그는 중요한 특질에 대한 정보가 이미 인간의 언어에 담겨 있을 것이라고 보았다. 실제로 우리가 사용하는 어휘들 중 상당수가 특질에 대한 내용을 담고 있다. 예컨대 우리가 일상적으로 사용하는 '충동성'이라는 어휘는 '미리 계획하거나 숙고하지 않고 나중에 부정적 결과를 초래할 수 있는 행동을 성급하게 하는 것'이라는 의미를 담고 있다. 이 의미를 특질의 관점에서 다시 보면, 다양한 상황에서 성급하고 무계획적으로 행동하는 경향성임을 알 수 있다.

이처럼 집단의 구성원들이 중요하다고 인식하는 성격 특질은 그 집단이 사용하는 언어의 일부가 될 가능성이 높다. 성격심리학자들은 이를 **어휘 가설**(lexical hypothesis)이라 부른다(Crowne, 2007). 이러한 사실을 가장 먼저 파악한 사람은 영국의 과학자 Francis Galton(1822-1911)이다. 측정 영역에 큰 기여를 한 그는 인간의 성격을 측정하고자 할 때 우리가 일상적으로 사용하는 어휘를 이용할 수 있을 것이라고 주장했다. 실제로 그는 당시 사용하던 사전에서 대략 1,000개 정도의 성격 어휘를 발견했다. 이후 몇몇 학자들이 비슷한 시도를 했지만 큰 반향을 일으키지는 못했다.

그러다 Allport와 Odbert(1936)가 『Webster's New International Dictionary』에 있는 40만 개의 단어들을 조사해서 그중 17,953개가 성격이나 행동을 기술하는 단어임을 확인하였다. 이들은 조사된 단어들을 크게 네 개의 목록으로 구분했다. 첫 번째 목록은 비교적 안정적인 성향(stable disposition)을 반영하는 4,504개의 단어를 포함했다. 여기에는 '공격적인(aggressive)', '내향적인(introverted)'과 같은 단어들이 포함되었다. 두 번째 목록은 현재의 상태나 태도, 정서, 기분을 나타내는 단어 4,541개로 구성되었다. 예를 들어, '기뻐하는(rejoicing)', '정신없이 서두르는(frantic)'과 같은 단어들이 여기에 포함되었다. 세 번째 목록은 개인의 특성에 대한 사회적 평가를 반영하는 5,226개의 단어로 구성되었다. 예를 들어, '가치 있는(worthy)', '하찮은(insignificant)'과 같은 단어들이 여기에 포함되었다. 이 목록의 단어들은 개인의 성격적 특성을 직접적으로 반영하고 있지는 않기 때문에 특질과 관련된 단어라고 보기는 어렵다. 네 번째 목록은 성격을 기술하는 중요한 용어이기는 하지만 앞의 세 가지 목록에 해당하지 않는 것들을 모아 둔 것이다. 총 3,682개의 단어로 구성되어 있으며, '제멋대로 하는(pampered)', '재능 있는(gifted)'과 같은 단어들이 포함되었다. Allport는 정리된 단어들을 이용해서 개인의 특질을 포괄적으로 기술하는 것이 성격심리학자의 중요한 과제라고 보았다.

(2) 특질의 분류

Allport는 자신의 초기 이론에서 특질을 두 유형으로 구분했다(Allport, 1937). 먼저 **공통 특질**(common trait)은 여러 사람들에게서 공통적으로 확인되는 특질을 의미한다. 인간은 공동체를 이루고 살면서 진화적 경험이나 문화적 경험을 공유한다. 이로 인해 서로 비슷한 특질이 형성될 수 있는데, 이것이 공통 특질이다. 이는 정도가 다를 뿐 모든 사람이 가지고 있는 특질이기 때문에 서로 비교할 수 있다. Allport 이후의 특질 이론가들은 주로 공통 특질의 구조를 분석하는 데 많은 노력을 기울였다.

Allport가 특별히 중요하게 여긴 두 번째 특질은 개인 특질이다. **개인 특질**(individual trait)은 개인의 고유한 행동의 방향을 결정하고 동기화하는 특질로서 개인 간 비교가 불가능하다. Allport는 개인 특질을 체계적으로 분석해야 개인의 성격 구조를 정확히 파악할 수 있다고 주장했다. 그는 개인의 일기나 편지, 전기, 기타 사적인 기록 등의 자료를 이용해서 개인 특질을 분석할 수 있다고 보았다.

Allport의 특질 구분은 성격에 대한 그의 관점이나 철학을 잘 드러냈지만, 두 유형의 구분이 모호하다는 비판을 피하기 어려웠다. 이러한 문제를 해결하기 위해, Allport는 자신의 저서 1961년 개정판에서 공통 특질을 '특질'로, 개인 특질을 '개인 성향'으로 변경했다. **개인 성향**(personal disposition)은 개인의 고유한 특질 조합 혹은 고유한 특질 패턴 등으로 정의될 수 있는 다소 복잡한 구성개념이다. 예컨대 '공격적인'이라는 특질이 있다고 가정할 때, A라는 사람은 '망설이면서 공격적인' 개인 성향을 갖는 반면, B라는 사람은 '호전적으로 공격적인' 개인 성향을 가질 수 있다.

Allport는 개인 성향을 일반성 혹은 일관성 정도에 따라 세 유형으로 구분했다. 첫째, **주성향**(cardinal disposition)은 대부분의 생활 영역에 포괄적으로 영향을 미치는 성향을 의미한다. 이렇게 광범위한 영향력을 미치는 성향은 소수의 사람들에게서만 발견된다. 예컨대 '자기애'를 주성향으로 나타내는 그리스·로마 신화 속 인물 나르키소스나 '인간애'를 주성향으로 나타내는 마더 테레사가 하나의 주성향을 가진 인물에 해당한다. 대부분의 사람들은 이렇게 강력한 하나의 주성향을 갖기보다 좀 더 제한적인 일관성을 나타내는 다수의 성향을 갖는다.

▲ 마더 테레사

두 번째 유형은 중심 성향이다. **중심 성향**(central disposition)은 주성향보다는 제한적이지만 비교적 폭넓은 일관성을 나타내는 성향을 의미한다. 어떤 사람의 성격을 몇 개의 블록으로 표현한다면, 각각의 블록을 중심 성향이라고 부를 수 있다. 예컨대 친구의 성격을 기술해 보라는 요청을 받았을 때, 친절함과 정직함, 성실함, 인내심, 말수가 적은, 소심함으로 묘사했다면, 각 요소를 중심 성향이라고 말할 수 있다. Allport는 사람들이 대략 5개에서 10개 사이의 중심 성향을 가지고 있다고 제안했다.

세 번째 유형은 이차 성향이다. **이차 성향**(secondary disposition)은 상황이나 시간에 대한 일관성이 가장 낮은 성향을 말한다. 주성향이나 중심 성향에 비해 일관성이 낮기는 하지만 그래도 어느 정도의 일관성은 가지고 있어서 성격의 한 요소로 간주할 수 있어야 한다. 예컨대 특정 음식에 대한 기호나 상대적으로 유동적인 태도(예: 특정 집단에 대한 태도) 등이 여기에 포함될 수 있다.

Allport는 개인 성향을 세 유형으로 구분했지만, 이 구분이 엄격한 것은 아니며 다분히 편의를 위한 구분이라고 제안했다. 특질들의 구조나 안정성, 영향력 등이 개인마다 매우 다양할 수 있는데, 이러한 다양성 혹은 고유성을 좀 더 명확하게 묘사하는 데 도움이 되길 바란 것이다. 예컨대 A라는 인물의 성향이 20개 정도로 조사되었다고 할 때, 단순히 20개의 성향을 나열하는 것보다 영향력의 정도나 일관성의 정도 등에 따라 상대적으로 더 핵심적인 것들을 선별하여 제시하는 것이 개인의 성격을 더 잘 드러낼 수 있다. 이처럼 Allport는 개인의 개성을 가능하면 명료하게 포착하고 심층적으로 탐구하고자 하는 개별 사례 접근(idiographic approach)을 중요하게 여겼다.

나의 중심 성향은 무엇일까?

Allport는 사람들이 대략 5개에서 10개 정도의 중심 성향을 가지고 있을 것이라고 보았다. 그렇다면 나의 중심 성향은 무엇일까? 간단히 나의 중심 성향을 발견하는 과제를 진행해 보자. 우선 나의 성격을 가장 잘 드러내는 언어적 표현을 생각나는 대로 적어 본다. 이때 잘 다듬어진 어휘를 찾기 위해 애쓰지 않아도 괜찮다. 가능하면 나의 성격을 가장 잘 반영하는 표현을 찾기 바란다. 가령 '늘 어딘가를 쏘다니는'이라는 표현이 가장 적절하다고 생각된다면, 그렇게 적으면 된다. 이 과제의 핵심은 기존의 성격 어휘에 나를 끼워 맞추는 것이 아니라, 나의 성격을 가장 잘 반영하는 언어적 표현을 찾아내는 것이다.

중심 성향 10개를 모두 채웠음에도 나의 성격이 포괄적으로 잘 담기지 않은 것 같다면, 부족한 부분을 포착하는 성격 어휘를 추가로 적어 볼 수 있다. 그런 뒤, 앞서 적어 둔 중심 성향들과 비교하여 중첩되는 것이 있는지 찾아본다. 중첩되는 어휘들은 가능하면 하나의 어휘로 대체한다. 이런 방식으로 중심 성향을 정리하여 10개 전후로 만들어 두면 기억하기에 수월할 것이다. 물론 굳이 요약하고 싶지 않다면, 그렇게 하지 않아도 별다른 문제는 없다.

중심 성향을 모두 정리했다면, 각각에 순위를 매겨 보자. 물론 모든 중심 성향이 다 중요할 수 있겠지만, 나의 성격에 미치는 영향의 정도를 비교하여 순위별로 나열해 보자. 드물기는 하지만 1순위에 오른 중심 성향이 주성향 정도의 영향력을 지닐 수도 있다. 혹은 대부분의 중심 성향을 포괄하는 상위의 성향이 있을 수도 있다. 이런 경우 해당 성향을 주성향으로 간주할 수 있을 것이다.

(3) 성격의 발달과 동기

Allport는 성격의 발달에 대해 정교한 이론을 제시하지 않았다. 그는 인간이 태어나 자라면서 다양한 환경에 고유한 방식으로 적응함에 따라 성격이 형성될 것이라고 보았지만, 대부분의 사람이 그 과정을 충분히 자각하지 못한다고 생각했다. 따라서 과거의 경험에 대한 불완전하고 부정확한 기억을 토대로 성격의 발달 과정을 이해하려고 하는 것은 적절한 방법이 될 수 없는 것이다. 이러한 견해는 성격을 분석할 때 과거 경험을 반드시 추적해야 한다고 보았던 기존의 이론적 관점들과 대조를 이룬다.

Allport가 과거의 경험을 상대적으로 덜 중요하게 여길 수밖에 없었던 이유는 그가 제안한 독특한 동기 개념에서도 잘 드러난다. 그는 과거의 중요한 경험이 개인의 고유한 동기를 유발하는 것은 맞지만, 시간이 흐를수록 그 동기는 자체적인 시스템으로 작동하면서 행동을 유발한다고 보았다. 그렇게 되면 과거 경험의 영향력 없이도 동기는 스스로 힘을 발휘하면서 특정 행동을 유발한다. 즉, 과거의 경험과 동기는 이제 '기능적으로 관련이 없게' 되는 것이다. Allport는 이러한 과정을 **기능적 자율성**(functional autonomy)이라고 명명했다. 예컨대 어린 시절에 부모님의 압박에 의해 바이올린을 연주하게 된 어떤 사람이 성인기가 되어서는 '바이올린을 연주하는 것 자체'에 매력을 느껴 연주를 계속하게 되는 것이 여기에 해당한다. 이 사례에서 부모님의 영향력은 바이올린을 연주하려는 현재의 동기와 기능적으로 관련이 없다고 볼 수 있다.

Allport가 성격의 발달 과정이나 동기의 형성 및 작동 양상에 대해 가진 견해는 그가 '현재'를 얼마나 중요하게 고려하는지를 명확하게 보여 준다. 그

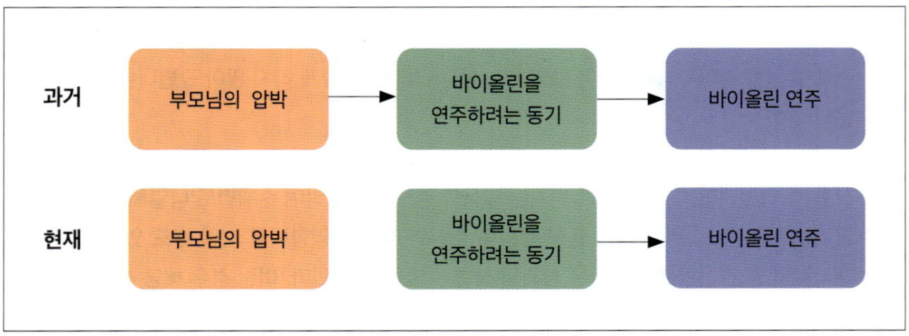

그림 3.1 기능적 자율성의 예시

의 관점에 따르면, 과거의 경험이 성격 형성에 중요한 기여를 한 것은 사실이지만, 현재의 성격은 과거 경험으로부터 연료를 얻지 않아도 작동하는 완전한 시스템이다. 어떤 시스템을 이해하고자 할 때, 시스템이 개발된 과정이나 역사를 모두 알 필요는 없다. 그 시스템이 어떻게 구성되어 있고, 어떻게 작동하는지를 파악하면 되는 것이다.

3) 이론의 기여와 한계

Allport의 기여는 다음과 같이 정리될 수 있다. 첫째, 성격 분석의 단위로서 특질을 제안했다. 과학으로서 성격심리학의 첫 번째 과제는 성격을 정확히 기술할 수 있는 단위를 정하는 것이다. Allport는 성격의 중요한 측면을 포착하면서도 측정 가능한 특질 단위를 제안함으로써 성격심리학의 발전에 크게 기여하였다. 둘째, 특질을 측정하는 방법으로 어휘를 사용할 수 있음을 알렸다. 특히 사전에 담긴 방대한 자료를 체계적으로 분석한 뒤 특질 어휘를 선별하여 목록을 작성함으로써 수많은 후속 연구를 촉진하였다. 이후 살펴보게 될 Raymond Cattell을 비롯한 많은 특질 연구자들이 Allport가 제안한 목록을 토대로 특질 분석을 진행했다. 셋째, 성격 분석에 있어서 개별 사례 접근의 중요성을 강조하였다. 다른 과학 분야나 심리학의 여러 하위 분야에서는 기본적으로 법칙 정립 접근을 중요하게 여긴다. 즉, 모든 대상이나 사람에게 적용할 수 있는 일반적인 원리와 법칙을 발견하는 데 집중하는 것이다. 이러한 상황에서 Allport는 개별 사례를 정교하고 심층적인 방식으로 연구하는 것의 중요성을 강조하였다. 그는 인간의 성격에 보편적 측면이 있지만, 그보다 개성적이고 고유한 측면이 더 많고 중요하다고 보았다. 이러한 관점은 연구 대상으로서 인간의 고유함과 독특성에 대한 이해를 증진시켰으며, 관련된 연구 방법의 발전에도 기여하였다.

Allport의 이론이 성격심리학 영역에 다양한 기여를 한 것은 사실이지만, 몇 가지 중요한 한계를 가지고 있다. 첫째, 특질의 발달 과정이나 기원에 대한 설명이 부족했다. Allport가 성격의 발달 과정에 대한 연구에 집중하지 않은 이유는 앞서 설명하였다. 그가 집중적으로 연구한 대상이 성인이었다는 점을 감안하면 그의 주장이 어느 정도 타당하다고 여겨질 수 있다. 하지만 성격이나 특질은 그보다 어린 시기에도 형성될 수 있으며, 성인기와 동일하게 적응이나 삶의 질에 중요한 영향을 미친다. 따라서 특질이 발달하는 과정을 구체적으로 밝히는 것은 의미 있는 일이라 할 수 있다. 특히 특질의 신경학적 기원이 있다고 주장하면서도 구체적 이론이나 근거를 제시하지 않은 것은 중요한 한계라 할 수 있다. 이후 살펴볼 Hans Eysenck는 이러한 한계를 보완하기 위해 중요한 특질의 신경학적 기원을 탐색하였다. 둘째, 특질을 측정하는 도구를 개발하거나 제시하지 않았다. Allport는 특질을 평가할 때 매우 다양한 도구와 자료를 사용하도록 권했다. 여기에는 체질적인 진단이나 자기평가, 행동 표본, 투사적 검사, 심층 분석, 개인적 자료 등이 포함되었다. 하지만 다른 연구자들이 사용할 수 있을 만한 대표적인 특질 측정 도구를 개발하여 제공하지는 않았다.

2 Cattell의 특질 이론

Allport와 비슷한 시기에 활동했던 영국계 심리학자 Cattell은 독특한 방법으로 특질을 연구하여 특질 이론을 크게 확장시켰다. Cattell의 연구 방법과 주요 이론에 대해 살펴보자.

1) 배경

Raymond Cattell은 영국의 버밍엄 인근의 작은 도시 웨스트 브로미치에서 태어났다. 그의 아버지는 자동차나 엔진 등을 만드는 기계공학 관련 업종에 종사하였는데, 그 덕에 Cattell도 자연스럽게 과학이나 공학을 접하며 어린 시절을 보냈다. 킹스 칼리지 런던에 입학했을 때의 전공은 화학이었다. 학사 학위를 받은 Cattell은 제1차 세계대전의 참상을 보면서 인간의 행동에 대한 과학적 연구를 하고 싶다는 마음을 품게 되었다. 이후 같은 대학에서 심리학 박사 과정을 이수하면서 연구와 교육 활동을 시작했다. 당시

▲ Raymond Cattell

유니버시티 칼리지 런던에서 활동하고 있던 심리학자이자 통계학자 Charles Spearman(1863-1945)의 도움을 받아 연구를 진행하기도 했는데, Spearman은 요인 분석이라는 통계적 기법을 이용해 지능을 연구했던 학자였다. 1929년에 박사 학위를 받은 Cattell은 아동 상담소(Child Guidance Clinic)를 열고 연구와 임상 활동을 하며 시간을 보냈다. 당시 그는 아동 심리치료나 지능, 특질 등에 대한 연구를 활발하게 진행했으나 큰 주목을 받지 못했다.

1937년에는 미국 컬럼비아 대학교(Columbia University)에서 활동하던 Edward Thorndike(1874-1949)의 초청을 받아 미국으로 이주하였다. 이후 클라크 대학교(Clark University)에서 잠시 교수로 활동하다가 1941년에 하버드 대학교에 임용되었고, 그곳에서 그의 연구 인생에 큰 영향을 미친 중요한 연구들을 진행했다. 1945년에는 일리노이 대학교(University of Illinois)의 초청을 받아 연구교수직으로 자리를 옮겼다. 그곳에는 당시 희귀했던 컴퓨터가 있었는데, 복잡한 수학적 계산을 해야 하는 Cattell에게는 매우 유용한 도구였다. 또한 연구에 몰두할 수 있도록 많은 인적 자원과 물적 자원을 제공해 주었기 때문에 그곳에서 정년을 맞을 때까지 연구를 지속했다. 정년 이후에는 하와이로 이주하여 연구와 교육 활동을 하며 여생을 보냈다.

Cattell은 Allport와 함께 중요한 특질 연구자로 꼽히지만 연구 성향은 상당히 달랐다. Allport는 특질의 개념을 정립하는 데 많은 노력을 기울인 이론가로, 특질 측정 도구 개발이나 특질의 기원에 대한 실증적 연구는 거의 진행하지 않았다. 반면 Cattell은 특질을 측정하는 도구를 개발하고, 특질에 대한 유전과 환경의 영향을 검증하는 경험적 연구들을 체계적으로 진행했다. 또한 Allport가 각 개인이 지닌 성격의 고유성을 강조하면서 개별 사례 접근을 강조했다면, Cattell은 여러 사람이 공유하는 보편적 특질의 구조를 밝히는 법칙 정립 접근을 선호했다.

2) 주요 개념 및 이론

앞서 언급한 바와 같이 Cattell은 이론적 탐구보다는 실증적 연구를 지향하는 학자였다. 그가 어떤 방법을 사용하여 특질을 연구했으며, 주요 성과는 무엇인지 살펴보자.

(1) 특질의 개념과 구조

Cattell 또한 Allport와 유사하게 자극이나 상황에 대한 일관된 반응 경향성이 특질이라고 보았다. 보편성 측면에서 특질이 구분될 수 있다는 점에서도 두 연구자는 동일한 의견을 가지고 있었다. 다만 Allport가 개인 특질 혹은 개인 성향을 좀 더 중요하게 다루었다면, Cattell은 공통 특질에 관심을 두었다. 그는 모든 인간에게서 보편적으로 나타나는 특질의 구조를 밝히는 데 각별한 노력을 기울였으며, 보편적 특질 차원에서의 정도 차이로 개인차를 설명할 수 있다고 보았다. 예컨대 20개의 보편적 특질이 있다고 가정할 때, 100명의 사람은 20개 특질 차원에서 고유한 프로파일을 가지며, 각각의 프로파일을 통해 개인 간 차이를 분석할 수 있다고 여긴 것이다. 이러한 접근법을 사용할 때 특별히 중요하게 고려해야 하는 측면은 '포괄성'이다. 선정한 특질 차원이 성격의 제한적인 범위만을 포착하고 있다면 각 개인의 고유한 성격 특징을 정확하게 포착할 수 없기 때문이다.

Cattell은 이러한 문제를 해결하기 위해 Allport와 Odbert(1936)가 작성했던 특질 어휘 목록을 분석하여 대표성 있는 특질 차원을 구성하기 위해 힘썼다. 이 과정에서 그는 요인 분석이라는 통계 기법을 사용했다. **요인 분석**(factor analysis)이란 측정 변수들 이면의 잠재 변수 구조를 분석하는 기법이다. 여기서 **측정 변수**(measurement variable)란 연구자가 특정한 방법을 이용해 측정하는 변수들을 의미하며, **잠재 변수**(latent variable)란 직접 관측할 수는 없으나 측정 변수들에 영향을 미치는 추상적·이론적 변수를 의미한다. 잠재 변수를 간단히 **요인**(factor)이라 부르기도 한다. 일반적으로 요인의 수는 측정 변수의 수보다 적다. Spearman은 측정 변수들의 상관관계를 분석하여 잠재 변수 구조를 분석하는 통계 기법을 개발하고 요인 분석이라 명명했다. Cattell은 Spearman을 통해 요인 분석을 접한 뒤 특질의 구조를 분석하는 데 적극적으로 활용했다.

요인 분석은 기본적으로 측정 변수와 잠재 변수의 위계적 구조를 분석하는 기법이다. Cattell이 특질의 구조 분석에 요인 분석을 사용했다는 것은 특질이 위계적 구조를 가지고 있을 것이라 믿었다는 사실을 반영한다. 그는 요인 분석을 이용해서 상위의 잠재적 특질을 추출하면 포괄적이면서도 실용성 있는 특질 차원을 구성할 수 있을 것이라고 보았다.

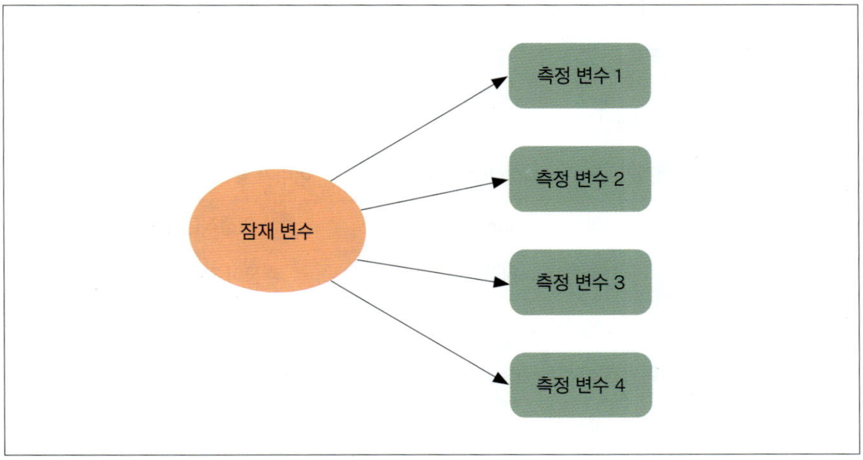

그림 3.2 요인 분석의 구조

그가 우선적으로 시도한 작업은 직접 관찰 가능한 행동 요소를 담고 있는 특질 어휘들의 관계를 분석하여 서로 관계가 강한 것들을 모아 군집을 구성하는 것이었다. Cattell은 이렇게 외현적으로 한데 묶일 수 있는 특질 요소의 군집을 **표면 특질**(surface traits)이라 불렀다. 그는 표면 특질을 대상으로 요인 분석을 실시하여 표면 특질 이면의 잠재 변수, 즉 요인을 추출했다. 그렇게 추출된 요인을 표면 특질의 결정 원인이 되는 근본적 특질이라고 보고 **근원 특질**(source traits)이라 명명했다. 하나의 근원 특질은 여러 개의 표면 특질에 영향을 미칠 수 있다. 또한 하나의 표면 특질은 여러 개의 근원 특질의 영향을 받을 수 있다. 다만 각 근원 특질이 표면 특질에 미치는 영향은 서로 다르며, 특별히 더 강한 영향을 미치는 근원 특질을 중심으로 표면 특질을 분류할 수 있다.

(2) 16PF

Cattell은 사전에 등록된 어휘 자료뿐만 아니라, 실생활 자료나 질문지 자료, 객관적 검사 자료 등을 이용해서 일련의 연구들을 진행하였다. 그 결과 16개의 요인 구조가 특질의 구조를 포괄적으로 반영함을 확인하였고, 선별된 16개의 특질을 측정하는 질문지인 Sixteen Personality Factor(**16PF**) Questionnaire를 개발하였다(Cattell & Mead, 1949).

16PF에 포함되는 근원 특질의 명칭은 표 3.1에 제시하였다. 제시된 특질을 보면 그 종류가 매우 다양함을 알 수 있다. 지능(intelligence) 혹은 지적 역

표 3.1 Cattell의 16 성격 요인(양극성 구조)

고유 번호	성격 요인	
A	내성적인(reserved)	외향적인(outgoing)
B	머리가 나쁜(less intelligent)	머리가 좋은(more intelligent)
C	정서적인(emotional)	안정적인(stable)
E	겸손한(humble)	주장이 강한(assertive)
F	근실한(sober)	태평스러운(happy-go-lucky)
G	편의주의적인(expedient)	성실한(conscientious)
H	수줍은(shy)	대담한(venturesome)
I	마음이 강한(tough-minded)	마음이 약한(tender-minded)
L	잘 믿는(trusting)	의심 많은(suspicious)
M	실제적인(practical)	상상력이 풍부한(imaginative)
N	솔직한(forthright)	약삭빠른(shrewd)
O	차분한(placid)	걱정 많은(apprehensive)
Q1	보수적인(conservative)	실험적인(experimenting)
Q2	집단 의존적인(group-dependent)	자기충족적인(self-sufficient)
Q3	제멋대로인(undisciplined)	억제된(controlled)
Q4	이완된(relaxed)	긴장된(tense)

량과 같이 능력(ability)을 반영하는 특질이나, 정서성(emotionality)과 같이 기질적 특성(temperament)을 반영하는 특질, 보수성(conservative)과 같이 태도(attitude)를 반영하는 특질 등 매우 다양한 특질이 포함되어 있다. 16PF에 응답하면 그림 3.3과 같은 프로파일 형태의 결과를 얻을 수 있다. 검사자는 도출된 프로파일을 이용하여 수검자의 성격 특성을 포괄적으로 평가한다.

(3) 성격의 발달

Cattell은 성격의 형성이나 발달, 변화 과정에도 관심을 두었다. 그는 인간의 발달 과정을 유아기와 아동기, 청소년기, 성인기, 중년기, 노년기의 일반적인 시기로 구분하고 각 시기의 주요 특징에 대해 간단히 언급하기도 했다(Cattell, 1950). 특히 출생 뒤 6세까지의 시기를 유아기로 보고 기본적 태도나 안전

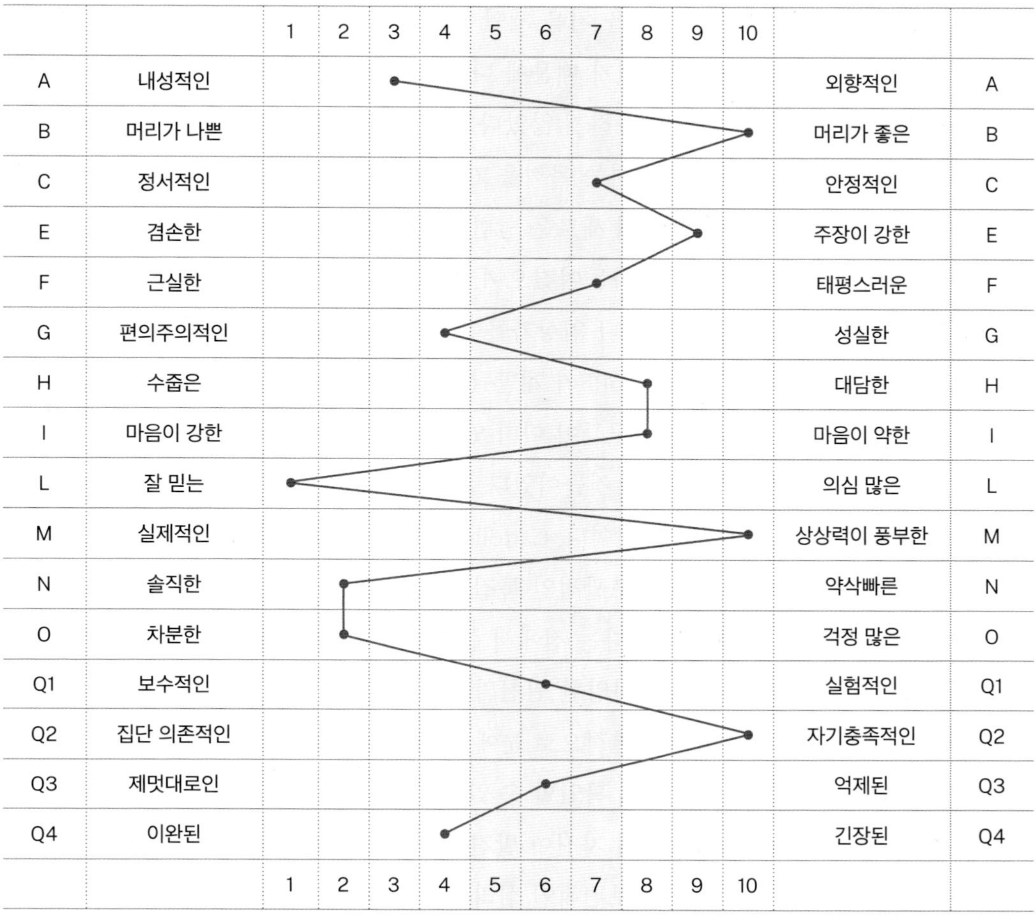

그림 3.3 16PF 프로파일 예시

감, 방어기제 등이 발달하는 중요한 시기라고 제안했다. 그는 특질을 포함한 심리적 특성에 유전과 환경이 미치는 영향을 분석하고자 노력하기도 했는데, 특히 복잡한 통계 기법을 이용해 정교하게 유전과 환경의 영향을 구분하려 시도했다(Cattell, 1960). 특질의 안정성에 대한 연구도 진행하였으며, 연령이 높아질수록 특질의 안정성 또한 높아진다는 사실을 보고하였다(Cattell, 1965).

3) 이론의 기여와 한계

성격심리학 영역에 대한 Cattell의 기여는 다음과 같다. 첫째, 일반화가 가능한 통계 기법을 활용하여 특질 구조를 분석함으로써 성격심리학 연구 방법의 영역을 확장했다. 특질 이론을 처음 제안했던 Allport는 개별 사례를 심층적으로 분석하는 것을 강조했기 때문에 다수의 자료를 이용해 일정한 패턴을 분석하는 통계 기법을 이용하지 않았다. 반면 Cattell은 모든 사람에게 적용할 수 있는 원리를 찾고자 하는 목적을 가지고 방대한 자료를 이용한 통계 분석을 실시하여 특질 분석의 새로운 방법론을 소개하였다. 그의 방법론은 특질 이론가들에게 널리 받아들여졌으며, 대표적인 특질 연구법으로 자리를 잡았다. 둘째, 다른 연구자나 임상가들이 활용할 수 있는 16PF라는 측정 도구를 개발하여 제공했다. 16PF가 개발될 당시에 특정한 성격 개념이나 특질을 측정할 수 있는 다른 도구들이 이미 있었지만, 그러한 도구들은 대부분 제한적인 목적을 위해 개발된 것들이었다. 간단히 말해 성격을 '포괄적'으로 측정하는 도구는 아니었던 것이다. Cattell은 성격 어휘들에 대한 광범위한 분석 결과를 토대로 16개의 포괄적인 특질을 선별하였고, 해당 특질을 측정할 수 있는 도구 또한 개발했다는 점에서 큰 기여를 했다고 볼 수 있다. 셋째, 16개의 성격 요인 구조를 다양한 원천의 자료들을 이용해 '교차검증(cross-validation)'했다. 특질은 기본적으로 눈에 보이지 않는 특성이며 행동의 흔적을 담은 다양한 자료를 통해 확인할 수 있다. Cattell은 당시 사용할 수 있는 대부분의 자료들을 활용하여 자신이 발견한 특질 구조가 타당한지를 반복 검증했다. 이러한 접근법은 보편적인 심리적 특성을 연구할 때 취해야 하는 기본적인 방법론으로 받아들여지고 있다.

Cattell이 특질 이론과 성격심리학에 중요한 기여를 했다는 점은 의심에 여지가 없지만, 몇 가지 한계 또한 지적되고 있다. 첫째, 성격 요인의 수가 꼭 16개여야 하는가에 대한 의문이 제기되었다. 16PF를 사용한 많은 연구자들과 임상가들은 도구의 포괄성을 인정하면서도 실용성의 한계를 지적했다. 간단히 말해 성격 요인이 너무 많아서 해석하기 어렵다는 것이었다. 핵심적인 특질의 수와 종류에 대한 논의는 특질 연구의 중요한 흐름을 구성하였으며, 현재까지도 활발하게 이어지고 있다. 둘째, 16개의 성격 요인 혹은 근원 특질을 제안했지만 각 특질의 형성 과정이나 기원 등에 대해서는 체계적인 연구를 진행하지 않았다. 특히 질적으로 서로 다른 특질들(예: 능력, 기질, 태도)이 섞여 있음에도 각 특질 유형 간의 관계나 발달적 차이 등에 대한 연구는 충분히 이루어지지 않아 다소 혼란스러운 면이 있었다.

16PF의 상위 구조

Cattell은 16개의 근원 특질이 포괄적으로 성격을 평가한다고 판단하였기 때문에 더 이상 특질의 수를 줄이지 않았다. 하지만 후대 학자들은 16PF가 다른 특질 연구들에서 도출되는 특질 차원과 어떤 관계를 맺고 있는지 확인하고자 추가적인 요인 분석을 실시하였다. 이러한 연구들은 공통적으로 5개에서 6개 정도의 상위 요인을 보고하였다(Hofer, Horn, & Eber, 1997; Krug & Johns, 1986). 여기에는 외향성과 불안, 통제, 독립성, 민감한 자각, 능력 등이 포함된다.

표 3.2 16PF의 상위 요인

상위 요인	16PF 요인
외향성	타인과 어울리는 것을 즐기는, 태평스러운, 대담한, 집단 의존적인
불안	정서적인, 의심 많은, 걱정 많은, 긴장된
통제	성실한, 억제된
독립성	주장이 강한, 의심 많은, 실험적인, 자기충족적인
민감한 자각	마음이 약한, 상상력이 풍부한
능력	머리가 좋은

상위 요인 중 **외향성**(extraversion)은 16PF 중 타인과 어울리는 것을 즐기는(outgoing) 특질과 태평스러운 특질, 대담한 특질, 집단 의존적인 특질과 관련이 있는 것으로 나타났으며, **불안**(anxiety)은 정서적인 특질과 의심 많은 특질, 걱정 많은 특질, 긴장된 특질과 관련이 있는 것으로 나타났다. **통제**(control)는 성실한 특질, 억제된 특질과 관련이 있는 것으로 나타났으며, **독립성**(independence)은 주장이 강한 특질과 의심 많은 특질(불안과 공통), 실험적인 특질, 자기충족적인 특질과 관련이 있는 것으로 확인되었다. **민감한 자각**(sensitive awareness)은 마음이 약한 특질, 상상력이 풍부한 특질과 관련이 있었으며, **능력**(ability)으로 명명된 상위 요인은 머리가 좋은 특질과 관련이 있었다(Hofer et al., 1997). 제시된 6개의 상위 요인들 중 유일하게 개인의 역량을 측정하는 '능력'을 제외하면, 5개의 요인이 남는다. 놀랍게도 16PF를 이용하지 않은 다른 특질 연구들에서도 5개의 유사한 특질 차원이 개인의 성격을 포괄적으로 포착한다는 결과들이 보고되기도 했다. 관련 내용은 4장에서 좀 더 자세히 다루기로 하겠다.

3 Eysenck의 특질 이론

Allport와 Cattell에 의해 특질 이론이 크게 발전했지만, 여전히 해결되지 않은 중요한 과제가 있었다. 바로 특질의 기원을 밝히는 일이었다. 영국계 심리학자 Eysenck가 어떻게 이 과제를 탐구했는지 살펴보자.

1) 배경

▲ Hans Eysenck

Hans Eysenck는 독일 베를린에서 태어나 그곳에서 어린 시절을 보내고 1934년에 나치의 박해를 피해 영국으로 이주했다. 이주 후 물리학을 공부하고 싶었으나 조건을 갖추지 못해 실패했고, 당시 진입이 가능했던 유일한 전공인 심리학을 공부하게 되었다. 유니버시티 칼리지 런던에서 공부를 이어 가던 그는 1940년에 박사 학위를 받고 임상심리학자로 활동했다. 1955년에는 킹스 칼리지 런던 정신과 교수로 임용되었으며, 그곳에서 1983년까지 근무했다.

Eysenck는 임상심리학자로 활동하면서 심리치료와 지능, 성격 등에 대해 활발하게 연구했다. 그 또한 Cattell 못지않게 과학적 방법론을 이용한 연구를 지향했으며, 지능과 성격에 대한 과학적 연구 발전에 크게 기여하였다. 특히 성격심리학 영역의 대표적 국제 학술지인 《Personality and Individual Differences》를 창간하여 성격심리 연구 활성화와 교류에 이바지했다. 심리치료 영역에서도 과학적 근거를 중시했으며, 효과가 검증되지 않은 치료는 실시하지 말아야 한다는 강경한 입장을 보였다. 특히 당시 유행하고 있던 정신분석적 치료의 효과를 보고한 연구들을 검토한 뒤 별다른 치료를 하지 않는 것과 차이가 없거나 오히려 증상을 악화시킨다는 결론을 제시하여 심리치료계에 큰 충격을 안겨주었다(Eysenck, 1952). 이후 Eysenck의 분석 방법에 통계학적 오류가 있다는 사실이 발견되면서 분석 결과들에 대한 분석, 즉 메타분석(meta-analysis) 기법이 더욱 발전하는 계기가 되기도 했다.

Eysenck는 처음으로 특질의 생물학적 기반을 제시하기도 했다. 그는 특질의 위계적 구조를 보다 정교하게 구성한 뒤 주요 상위 특질의 생물학적 기반을 구분하여 제안했다. 그가 제안한 특질의 생물학적 모형은 성격에 대한 초기 생물학적 이론으로 간주되기도 한다.

2) 주요 개념 및 이론

Eysenck는 특질의 생물학적 기반을 밝히기 위해 소수의 상위 특질을 선별하여 신경학적 구조를 정밀하게 탐색하는 방식을 취했다. 그가 사용한 접근법과 주요 연구 성과를 살펴보자.

(1) 성격의 구조

Eysenck는 보편적 원리를 탐구하는 법칙 정립 접근을 선호하고 통계 기법을 활용하여 성격의 구조를 탐색했다는 점에서 Cattell과 유사하다. 하지만 몇 가지 측면에서 두 연구자는 분명하게 구별되기도 한다.

첫째, Cattell은 특별한 이론적 가정 없이 자료가 드러내는 특질의 잠재 구조를 탐색한 반면, Eysenck는 이론적 가정을 토대로 성격의 구조에 대한 가설을 세운 뒤 실제 자료와 일치하는지를 확인하는 식으로 통계적 기법을 활용했다. 간단히 말해 Cattell이 **자료 기반 분석**(data-driven analysis)을 주로 사용했다면, Eysenck는 **이론 기반 분석**(theory-driven analysis)을 주로 사용했다.

둘째, Cattell은 성격을 표면 특질과 근원 특질의 구조로 파악하고 16개의 근원 특질을 성격의 기본 차원으로 간주한 반면, Eysenck는 특질 수준의 상위에 유형(type)이라는 차원을 설정하고 이를 성격의 기본 차원으로 간주하였다. Eysenck의 유형 개념은 일반적으로 사용되는 정의와 다소 차이가 있다. 즉, 유형은 보통 질적으로 구분되는 배타적인 범주(category)를 의미하지만, Eysenck의 유형 개념은 양적으로 구분되는 연속적인 차원(dimension)의 성격을 갖고 있다. 따라서 상대적으로 넓은 범위를 갖는 상위 특질(super-trait) 정도로 이해하는 것이 적절하다.

셋째, Cattell은 16개의 근원 특질이 성격의 기본 차원이라 주장했지만 각 특질의 생물학적 기반을 제시하지는 못했다. 반면 Eysenck는 세 개의 유형 혹은 상위 특질의 생물학적 기반을 구체적으로 제시하고 관련 연구를 체계적으로 진행했다.

그림 3.4에는 Eysenck가 제안한 성격의 구조 모형이 제시되어 있다. 그에 따르면, 인간의 성격은 크게 4개의 수준으로 구분될 수 있다(Eysenck, 1970).

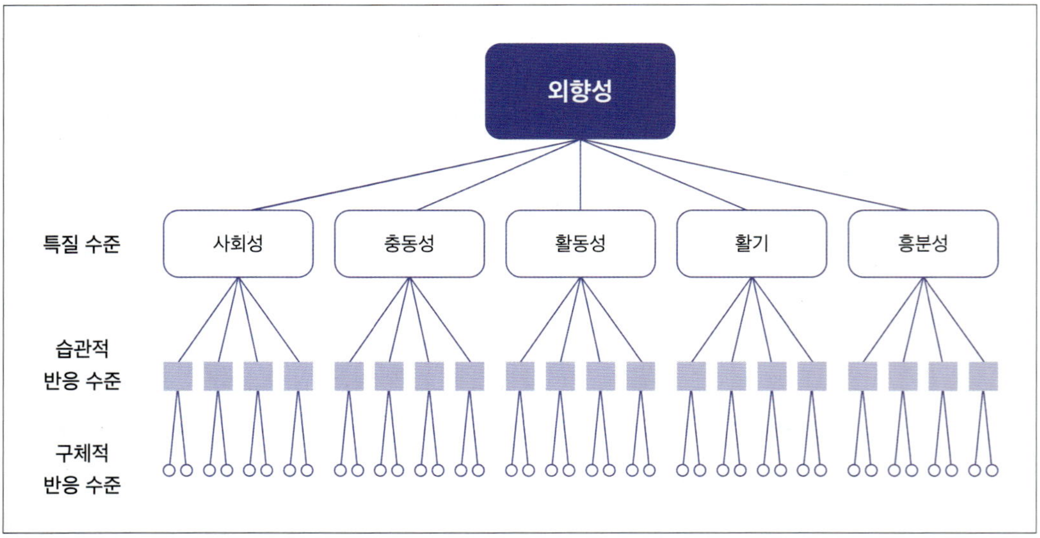

그림 3.4 Eysenck의 성격 모형 예시

첫 번째 수준은 **구체적 반응**(specific response)이다. 이 수준은 단일한 행위나 반응으로 이루어진다. 예컨대 농담을 하거나 누군가에게 미소를 짓는 것, 충동적으로 자동차를 사는 것 등이 여기에 포함된다.

두 번째 수준은 **습관적 반응**(habitual response)이다. 이 수준은 습관적으로 반복되는 행동이나 반응으로 구성된다. 예컨대 다른 사람을 즐겁게 해 주려는 행동 습관이나 너무 빠르게 의사결정을 내리는 습관 등이 여기에 해당한다.

세 번째 수준은 **특질**(trait)이다. Eysenck는 특질을 습관적 행동이나 반응들간의 상관으로 정의했다. 예컨대 사교성(sociability)이란 다른 사람을 즐겁게 해주려는 행동 습관이나 다른 사람들에게 웃으며 대화하는 것을 즐기는 습관 등으로 구성된다.

네 번째 수준은 **유형**(type) 혹은 **상위 특질**(supertrait)이다. 유형은 특질들의 상관으로 정의할 수 있다. 예컨대 외향성이라는 유형은 사교성, 활동성, 충동성, 지배성 등으로 구성된다.

유형과 특질

심리학 영역에서 연구되는 어떤 특성이 질적으로 구분되는 **범주**(category, class)로 표현되는 것이 적절한지, 아니면 양적인 차이만을 나타내는 **차원**(dimension)으로 표현되는 것이 적절한지를 구분하는 것은 매우 중요한 주제이다(Meehl. 1992). 어떤 사람의 성격적 특성을 **유형**(type)으로 볼 것인지, 아니면 **특질**(trait)로 볼 것인지 또한 같은 문제라 할 수 있다.

과학으로서의 심리학이 태동하기 전 고대 그리스·로마에서는 유형론이 우세했다. 예컨대, 앞서 1장에서 언급하였듯 의학자이자 철학자였던 Galen은 히포크라테스의 체액설을 확장하여 네 가지 성격 유형을 제시한 바 있다. 즉, 혈액이 과다한 성격은 다혈질(anguine)로 쉽게 화를 내고 공격 행동을 보이는 성격이고, 흑담즙이 과다한 성격은 우울질(melancholic)로 우울감을 빈번하게 경험하는 성격이다. 황담즙이 과다한 성격은 담즙질(choleric)로 진취적이고 낙관적인 성격을 의미하고, 점액이 과다한 성격은 점액질(phlegmatic)로 냉정하고 끈기 있는 성격을 의미한다.

정신의학과 심리학이 왕성하게 발전하던 19세기에서 20세기에 이르는 시기 동안 Carl Jung도 내향형과 외향형, 감각형과 직관형, 사고형과 감정형으로 구분되는 성격 유형론을 제안한 바 있다. 비슷한 시기에 활동했던 정신의학자 Ernst Kretschmer(1888-1964) 또한 신체적 유형을 세장형(마르고 여윈 신체)과 비만형(뚱뚱한 신체), 운동형(근육질 신체)으로 구분하고, 각 유형이 고유한 성격 특징 및 정신병리적 취약성을 나타낸다고 주장했다. 이러한 이론들은 모두 각 유형이 질적으로 구분되며 연속적이지 않다고 가정한다. 예컨대 내향형과 외향형은 질적으로 구분되는 특징이며, 내향형과 외향형 사이에 연속성은 없다고 본다.

반면 모든 성격 특성은 단순히 양적 차이만을 보일 뿐, 질적 차이는 없다고 가정하는 연구자들이 있다. 특질 이론가로 대표되는 Allport나 Cattell, Eysenck 등이 여기에 해당한다. 이들은 이전 학자들이 유형이라 부른 특성이 사실은 몇 가지 특질이 특정한 양상으로 발현되는 것일 뿐이라고 주장한다. 예컨대 외향성은 사교성이나 활동성, 감각 추구 성향 등이 비교적 높은 수준으로 나타나는 것이라고 보았다. 같은 논리로 외향성과 관련이 있는 특질들의 정도가 양적으로 매우 낮은 수준일 때 내향형으로 불리는 특징이 나타난다고 정리할 수 있다.

어떤 성격 특징이 범주 모형(categorical model) 혹은 전통적 유형론을 따르는지, 아니면 차원 모형(dimensional model) 혹은 특질론을 따르는지를 확인하는 것은 이론적으로든 실질적으로든 중요한 작업이다. 우선 측정 방법이 달라져야 한다. 일반적으로 범주 모형을 따르는 개념은 특정 조건을 만족하는지 여부로 측정할 수 있다. 예컨대 정해진 몇 개의 기준을 만족하면 특정한 성격 유형으로 분류하는 것이다. 따라서 범주 모형에 기반하여 측정을 실시하면 명목 변수(nominal variable)를 얻게 된다(예: 내향형이다=1, 내향형이 아니다=0). 반면 차원 모형을 따르는 개념은 어떤 특성의 정도를 연속값으로 측정한다. 예컨대 '나는 다른 사람들과 어울리는 것을 좋아한다.'와 같이 외향성을 측정하는 문항들을 구성한 뒤, 각 문항에 동의하는 정도를 일정한 값의 범위(예: 0~6점) 내에서 평정하도록 하고 총점을 계산하여 외향성을 평가하는 것이다. 따라서 차원 모형에 기반한 측정 결과 얻어지는 변수는 연속 변수(continuous variable)이다.

둘째로 원인에 대한 이론이 달라지며, 그에 따라 개입 전략도 달라진다. 범주 모형에서는 기본적으로 각 범주마다 서로 다른 원인이 있다고 가정한다. 예컨대 외향형은 외향형 나름의 원인을 가지고 있고, 내향형은 또 다른 고유한 원인을 가지고 있다고 보는 것이다. 따라서 연구는 개별적으로 진행되어야 하고, 외향형을 획득하는 방법이나 내향형을 획득하는 방법 또한 독립적으로 수립되어야 한다. 반면 차원 모형에서는 같은 차원을 공유하고 있다면 원인 또한 공유할 것이라고 가정한다. 예컨대 외향형과 내향형이 동일한 차원의 서로 다른 양상을 반영하는 것이라면, 외향형과 내향형의 원인도 동일하며, 그에 따른 개입 전략 또한 다르지 않을 것이라고 가정하는 것이다.

이처럼 어떤 성격 특성이 범주 모형을 따르는지, 아니면 차원 모형을 따르는지를 파악하는 것은 중요한 문제라 할 수 있다. 연구자들은 다양한 통계적 방법을 동원하여 이 주제를 다루어 왔으며, 현재까지도 많은 연구가 진행되고 있다(Haslam, Holland, & Kuppens, 2012; Meehl, 1992; Ruscio, Haslam, & Ruscio, 2013; Waller & Meehl, 1998). 다양한 성격 변인과 심리장애 변인의 구조를 분석한 연구들을 종합적으로 검토한 메타분석에 따르면, 차원 모형을 따르는 변인이 범주 모형을 따르는 변인보다 대략 5배 정도 더 많았다(Haslam, McGrath, Viechtbauer, & Kuppens, 2020). 범주 모형을 따르는 것으로 확인된 변인은 알코올사용장애와 간헐적 폭발장애, 도박장애, 자폐증, 자살 위험, 성도착증 등의 일부 변인이었다.

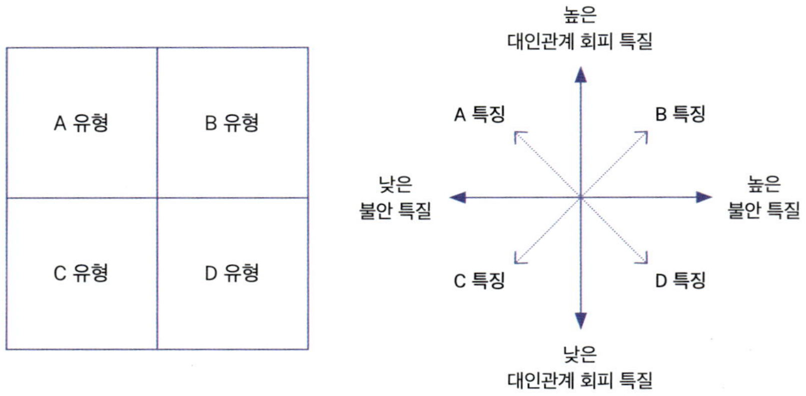

그림 3.5 도식으로 나타낸 유형과 특질

(2) 성격의 세 차원

Eysenck는 순차적으로 성격의 기본 차원들을 제안하였다. 외향성과 신경증 성향/신경과민성을 먼저 제안하였고, 나중에 정신증 성향을 추가하였다. 외향성과 신경증 성향/신경과민성 차원은 다른 연구들에서도 일관적으로 확인되는 특질 차원이지만, 정신증 성향은 상대적으로 학계의 인정을 받지 못했다.

외향성(extraversion)은 사교성, 활동성, 자기주장성, 충동성, 감각 추구, 지배성 등으로 특징지어지는 상위 특질이다. 외향성이 높은 사람들은 다른 사람들과 어울려 노는 것을 좋아하고 친구가 많으며, 순간의 기분에 따라 행동하는 경향이 강하다. 외향성의 반대극은 내향성(introversion)이다. 내향성이 높은 사람들은 다른 사람들과 어울리기보다 혼자 있는 것을 좋아하고 친구가 적은 편이다. 또한 새로운 자극을 추구하기보다 익숙한 환경에 머무는 것을 선호하며, 매사 심사숙고하여 계획적으로 행동하는 경향이 있다.

신경증 성향/신경과민성(neuroticism)은 불안, 우울, 낮은 자기존중감, 변덕스러움, 죄책감 등의 특질과 관련된 상위 특질이다. 신경증 성향은 **정서적 불안정**(emotionally unstable)을 반영하는 상위 특질이기도 하다. 신경증 성향이 높은 사람들은 다양한 부정 정서를 빈번하게 경험하며, 자기 자신에 대한 부정적 인식이 강하여 자기가치감 또한 낮은 경향이 있다. 신경증 성향의 반대극은 **정서적 안정**(emotionally stable)이다. 정서적으로 안정된 사람들은 부정 정서를 상대적으로 적게 경험하며, 감정 기복이 적고 침착한 특징을 나타낸다.

정신증 성향(psychoticism)은 공격성, 냉담함, 비인간성, 반사회성, 자기중심성, 창의성 등의 독특한 특질 구성을 가지고 있는 상위 특질이다. 정신증 성향과 관련이 있는 특질의 내용을 보면, 별다른 죄책감 없이 타인에게 반복적으로 해를 끼치는 성격 특성으로 알려진 정신병질 성향(psychopathy)이나 반사회적 성격(antisocial personality)의 특징이 주로 분포되어 있고(예: 공격성, 냉담함, 반사회성), 일부 조현병적 경향성을 반영하는 특질(예: 창의성)이 포함되어 있음을 알 수 있다. 정신증 성향에서 높은 점수를 받은 아동은 학습 문제나 다양한 비행 문제를 나타내며, 심리치료의 효과가 적은 것으로 제안되었다.

(3) 세 차원의 생물학적 기반

Eysenck는 성격의 세 가지 기본 차원이 고유한 생물학적 기반을 가지고 있을 것이라고 주장했다. Allport 또한 특질이 개인 안에 실재할 것이라고 제안했지만, 구체적인 신경학적 기반을 제안하고 검증한 연구자는 Eysenck가 최초라 할 수 있다.

외향성-내향성 차원은 뇌의 각성 체계와 밀접할 것이라고 제안되었다(Eysenck, 1967). **각성**(arousal)이란 생리적·심리적으로 깨어 있는 상태, 혹은 깨어 있는 정도를 의미한다. 각성은 뇌의 전반적인 활성화와 밀접하다. 각

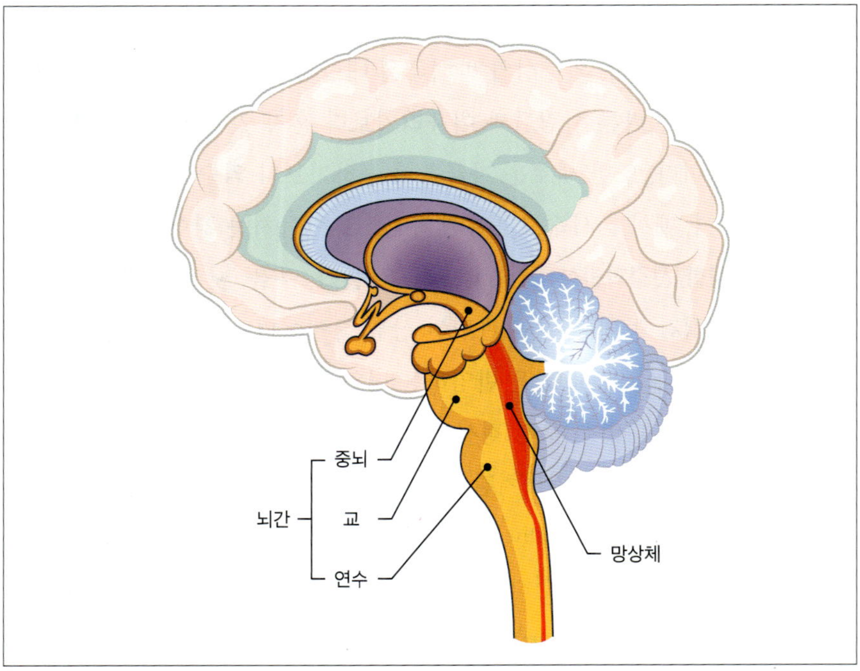

그림 3.6 망상체의 위치

성 수준이 낮다는 것은 뇌의 전반적 활성화 수준이 낮다는 것을 의미하고, 반대로 각성 수준이 높다는 것은 뇌의 전반적 활성화 수준이 높다는 것을 의미한다. 뇌와 척수를 연결해 주는 **뇌간**(brain stem)에는 각성 수준을 조절하는 데 관여하는 **망상체**(reticular formation)라는 신경세포 집합이 있다(그림 3.6 참조). 망상체는 척수로부터 다양한 자극 정보를 받아들여 전반적인 각성 수준을 조절한다. 망상체의 임무는 각 상황에 맞는 최적의 각성 수준을 유지하는 것이다. 너무 낮지도, 너무 높지도 않은 각성 수준을 유지하여 주어진 정보를 효과적으로 처리하고 대응할 수 있도록 한다.

Eysenck는 각성 변화 측면에서 개인차가 존재할 수 있고, 이것이 외향성-내향성 차원을 결정한다고 보았다. 그가 특히 중요하게 여겼던 측면은 각성의 변화 양상이었다. 그에 따르면, 내향적인 사람들은 외향적인 사람들보다 자극에 의해 좀 더 쉽게 각성되는 경향이 있다. 너무 많은 자극이 주어지면 각성 수준이 적정 범위를 넘어 과각성 영역에 들어갈 가능성이 높은 것이다. 이러한 이유 때문에 내향적인 사람들은 가능하면 자극을 피하려 한다. 대인관계 상황은 일반적으로 처리해야 할 자극이 많기 때문에 내향적인 사람

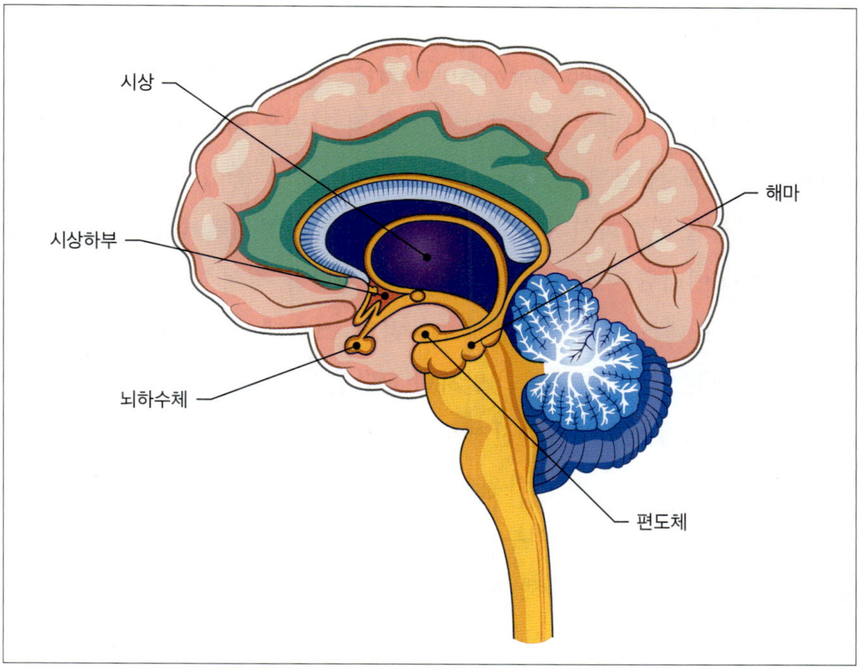

그림 3.7 변연계의 구성 요소

들은 그런 상황을 꺼릴 수 밖에 없다. 반면 외향적인 사람들은 내향적인 사람들에 비해 각성 수준이 쉽게 올라가지 않는다. 이들은 다양한 자극을 경험해도 내향적인 사람들만큼 각성 수준이 상승하지 않는다. 따라서 이들이 최적 각성 범위에 머물기 위해서는 좀 더 적극적으로 자극을 찾아다녀야 한다. 이들이 대인관계 상호작용을 선호하고 즐거움이나 흥분을 안겨 주는 자극을 끊임없이 추구하는 것은 이러한 이유 때문이다. 외향성-내향성 차원이 뇌의 각성 체계와 밀접하다는 가설은 여러 연구를 통해 지지되었다(Bullock & Gilliland, 1993; Gale, 1983).

Eysenck는 신경증 성향-정서적 안정 차원이 뇌의 변연계와 밀접할 것이라고 제안했다(Eysenck, 1967). **내장뇌**(visceral brain)라고도 불리는 **변연계**(limbic system)는 피질의 안쪽에 분포하는 구조물의 집합으로 편도체(amygdala)와 해마(hippocampus), 시상하부(hypothalamus) 등으로 구성된다(그림 3.7 참조). Eysenck는 변연계의 자율신경계 조절 특성이 신경증 성향-정서적 안정 차원과 관련이 있을 것이라 보았다. **자율신경계**(autonomic nervous system)는 말초신경계의 하나로 내장기관의 조절을 담당하며, 크게 교감신경계와 부교감신경계로 구분되기도 한다.

교감신경계(sympathetic nervous system)는 외부 스트레스 자극에 빠르게 반응할 수 있도록 심박수를 증가시키고, 소화 기능은 억제하는 등의 역할을 한다. 반면 **부교감신경계**(parasympathetic nervous system)는 심박수를 늦추고 소화 기능을 활성화시켜 신체 기능의 전반적인 회복을 돕는다. Eysenck는 변연계가 이러한 자율신경계의 조절에 관여하며, 정서적으로 불안정한 사람일수록 스트레스 자극에 빠르게 반응하고, 스트레스 상태에서 쉽게 빠져나오지 못한다고 주장했다. 달리 말하면 교감신경계가 쉽게 활성화되어 오래 유지되고, 상대적으로 부교감신경계는 억제되는 경향이 있다는 것이다. 이러한 가설은 외향성-내향성 차원의 각성 가설만큼 지지를 얻지는 못했지만(Eysenck, 1990), 변연계의 일부 구조(예: 편도체)가 인간의 정서 경험에 관여한다는 점은 여러 연구를 통해 확인되었다(LeDoux, 2000).

세 번째 성격 차원인 정신증 성향의 신경학적 기반은 구체적으로 제시되지 않았다. 신경전달물질인 세로토닌(serotonin)이나 도파민(dopamine), 성 호르몬, 인간백혈구항원(human leukocyte antigen: HLA) 체계 등이 후보로 거론되었지만, 연구 부족 등의 이유로 체계적 이론이나 모형을 제시하지는 못했다(Eysenck, 1983).

3) 이론의 기여와 한계

Eysenck가 제안한 외향성과 신경증 성향/신경과민성 특질은 현대 성격심리학에서 인정하는 핵심적인 성격 차원들에 포함될 정도로 중요한 이론적·실질적 가치를 가지고 있다. 특히 외향성 차원의 경우 Eysenck가 제안한 각성 가설이 후속 연구들의 경험적 지지를 얻어 특질의 안정적인 신경학적 기반을 밝힌 첫 사례가 되었다. Eysenck의 이론은 성격의 생물학적 기반을 과학적으로 밝혔다는 측면에서 성격의 생물학적 이론으로 간주되기도 한다.

Eysenck가 제안한 세 번째 성격 차원인 정신증 성향은 다른 두 차원에 비해 개념적 명확성이나 타당성이 부족하고 신경학적 기반도 불분명하다는 측면에서 비판을 받았다. 특히 정신증적 성향과 반사회적 성향을 하나의 차원으로 간주한 것은 기존의 이상심리학이나 정신병리학 이론과 부합하지 않았으며, 신경학적 기반 또한 불분명하여 후속 연구가 충분히 진행되지 않았다. Eysenck 이론의 또 다른 한계는 기본 성격 차원의 수가 너무 적었다는 점이다. 그가 제안한 성격 차원만으로는 개인의 성격을 포괄적으로 이해하는 데 제약이 있었다. 특히 임상 현장이나 교육 현장 등에서 내담자나 학생 등의 성격 특징을 파악하는 데 사용하기에는 정보의 양이 너무 적었다. 이러한 한계를 보완하기 위해 다양한 후속 연구들이 진행되었으며, 중요한 기본 성격 차원들을 추가로 발견하게 되었다. 그 결과는 다음 장에서 좀 더 자세히 다루도록 하겠다.

요약

- Allport는 서로 다른 자극에 대해 유사한 방식으로 행동하는 경향성을 특질로 정의하고, 성격 분석의 기본 단위로 제안하였다. 그는 특질을 공통 특질과 개인 특질로 구분하였는데, 공통 특질은 여러 사람에게서 공통으로 확인되는 특질을 의미하며, 개인 특질은 개인의 고유한 행동의 방향을 결정하고 동기화하는 특질을 의미한다.

- Allport는 개인 특질을 개인 성향으로 다시 명명하고, 일반성이나 일관성의 정도에 따라 세 유형으로 구분하였다. 주성향은 대부분의 생활 영역에 포괄적으로 영향을 미치는 성향을 의미하며, 중심 성향은 주성향보다는 제한적이지만 비교적 폭넓은 일관성을 나타내는 성향을 말한다. 이차 성향은 상황이나 시간에 대한 일관성이 상대적으로 낮지만 어느 정도의 지속성을 갖는 성향을 의미한다. Allport는 개인 성향을 이용하여 한 개인의 성격을 포괄적으로 기술하는 것을 특별히 강조하였다.

- Allport는 과거의 경험이 개인의 동기를 유발하는 것은 사실이지만, 시간이 흐를수록 동기가 자체적인 힘을 발휘하면서 행동에 영향을 미친다고 주장하였다. 즉, 과거의 경험과 동기는 기능적으로 관련이 없어지는 것이다. Allport는 이러한 과정을 기능적 자율성이라 명명했다.

- Allport가 개별 사례 접근을 통해 개인의 고유한 특질이나 성향을 기술하는 데 집중했다면, Cattell은 법칙 정립 접근을 통해 모든 인간에게서 보편적으로 나타나는 특질의 구조를 포괄적으로 탐색하는 데 초점을 두었다. 그는 요인 분석이라는 통계 기법을 이용해 성격 어휘를 분석하여 특질의 구조를 탐색했다.

- Cattell은 외현적으로 한데 묶일 수 있는 특질 요소의 군집을 표면 특질로 정의하고, 다양한 표면 특질에 대한 요인 분석을 실시했다. 그 결과 표면 특질의 이면에 있는 잠재 변수, 즉 요인을 추출하였으며, 그러한 요인을 근원 특질이라 명명했다. Cattell은 총 16개의 근원 특질을 발견하여 제시하였고, 발견된 특질을 측정할 수 있는 도구 또한 개발하였다.

- Cattell이 포괄적인 특질 구조를 밝힌 것은 사실이지만, 특질의 기원이나 생물학적 기반을 체계적으로 제시하지는 못했다. Eysenck는 이러한 한계를 보완하기 위해 기존의 연구들을 포괄적으로 검토하여 세 개의 상위 특질 혹은 유형을 구성하고 각각의 생물학적 기반 또한 제안하였다. 여기에는 외향성과 신경증 성향/신경과민성, 정신증 성향이 포함된다.

- Eysenck가 제안한 외향성 특질은 사교성, 활동성, 자기주장성, 충동성, 감각 추구, 지배성 등을 특징으로 하는 상위 특질이다. 망상체를 중심으로 하는 각성 체계가 외향성 특질의 중요한 생물학적 기반일 것으로 제안되었다. 신경증 성향/신경과민성 특질은 불안, 우울, 낮은 자기존중감, 변덕스러움, 죄책감 등의 하위 특질과 관련이 있으며, 정서적 불안정-정서적 안정 차원을 반영하는 것으로 제안되었다. 신경증 성향의 생물학적 기반으로는 자율신경계를 조절하는 변연계가 우선적으로 고려되었다. 정신증 성향 특질은 공격성, 냉담함, 비인간성, 반사회성, 자기중심성, 창의성 등의 독특한 특질 구성을 갖는 상위 특질이며, 신경학적 기반이 명확하게 제시되지는 못했다.

연습 문제

1 Allport가 제안한 특질 개념을 기술하고, 특질이 성격의 기본 단위가 될 수 있는 이유를 서술하시오.

2 Allport는 특질을 공통 특질과 개인 특질로 구분하였다가 후에 특질과 개인 성향으로 각각 명칭을 변경하였다. 개인 성향이 특질과 어떤 관계를 맺고 있는지 설명하시오.

3 40대 중반에 이른 B는 다른 사람들과 어울리는 것을 좋아하지 않는다. 그는 홀로 많은 시간을 보내며 다양한 취미를 누린다. 새로운 지식을 좋아해서 책을 많이 읽는 편이며, 조용히 사색에 잠기는 일이 많다. 집안일을 좋아해서 체계적으로 살림을 관리하며, 요리나 청소 등도 직접 처리한다. 게임 개발 관련 일을 하고 있는데, 클라이언트를 정중히 대하고 일처리가 깔끔해서 인기가 많은 편이다. 본래 동물을 좋아하지 않았지만, 우연히 고양이를 기르게 되면서 고양이에 대한 호감이 생겼고, 길고양이를 한 마리 더 입양하여 대략 1년 동안 애지중지 키우고 있다. Allport가 제안한 세 가지 개인 성향 유형을 이용해서 B의 성격을 기술하시오.

4 Cattell은 표면 특질에 대한 요인 분석을 통해 16개의 근원 특질을 발견하였다. 16개의 근원 특질을 나열하고, 나열된 근원 특질들 중 서로 상관이 높을 것으로 예상되는 특질들을 다시 묶어 상위 근원 특질을 구성하시오.

5 Eysenck는 성격이 위계적으로 구성되어 있다고 보고 구체적 반응, 습관적 반응, 특질, 유형 수준으로 구성된 모형을 제안하였다. Cattell의 근원 특질과 유사한 위계의 수준은 무엇인지 제시하시오.

6 Eysenck는 성격의 주요 차원으로 세 가지 유형을 제시하였다. 각 유형의 개념을 기술하고, Cattell의 16PF 중 Eysenck의 유형 개념으로 충분히 포착되지 않는 특질들을 제시하시오.

chapter

04

현대 특질 이론

© 2025 - Succession Pablo Picasso - SACK (Korea)

◀ Pablo Picasso(1881-1973) 베레모와 체크무늬 드레스를 입은 여인(1937)

나의 성격을 한 단어나 한 문장으로만 설명할 수 있을까? 내 안의 다층적이고 복합적인 면모에는 어떤 것들이 있는지 생각해 보자.

학습 목표

- 성격 5요인의 구성에 대해 설명할 수 있다.
- 성격 5요인과 다른 주요 변인의 관계에 대해 설명할 수 있다.
- 성격 5요인 모형의 한계를 이해한다.
- 성격 5요인과 HEXACO의 차이점을 설명할 수 있다.

특질 연구에서 중요하게 다루어 온 대표적인 문제를 꼽으라면 특질의 구조를 들 수 있을 것이다. 개별 사례 접근을 추구했던 Allport는 이 문제가 그리 중요하지 않다고 보았지만, 법칙 정립 접근을 추구했던 Cattell과 Eysenck는 이 문제를 중요하게 다루었다. 앞서 살펴본 바와 같이 Cattell은 성격의 기본 차원을 16개로 제안했고, Eysenck는 3개로 제안했다. 후대 학자들은 두 연구자의 성격 차원이 너무 많거나 혹은 너무 적다고 생각했다. 그래서 그 중간 정도의 성격 차원 구조를 발견하기 위해 Cattell이 사용했던 것과 유사한 방법으로 분석 작업을 반복했다. 그 결과 공교롭게도 5개 정도의 차원으로 구성된 구조가 여러 연구를 통해 확인되었다.

이렇게 특질 연구자들이 특질의 구조를 밝히기 위해 노력하던 와중에 정작 큰 위협은 다른 곳에서 찾아왔다. 당시 특질 연구자들은 '특질이 행동을 결정한다'는 기본 가정에 별다른 의심을 품지 않았다. 그렇기에 특질의 구조를 밝히는 작업에 전념할 수 있었던 것이다. 한편 사회학습 이론이나 인지 이론적 관점을 가진 학자들은 특질이 행동을 결정한다는 기본 가정에 의심을 품었다. 이들은 특질과 행동의 관계를 체계적으로 분석하였고, 특질 이론가들이 예상하는 것만큼 특질과 행동의 관계가 강하지 않다는 결과를 보고했다. 이로 인해 개인-상황 논쟁이 심화되었고, 특질 연구는 큰 타격을 입게 되었다.

특질 연구의 암흑기는 대략 10년 정도 이어졌다. 많은 연구자들이 특질 연구를 포기했고, 그렇게 특질 이론은 잊혀지는 듯했다. 그런 상황 속에서도 일부 학자들은 특질의 구조를 연구했고, 특질의 중요성을 검증하기 위해 노력했다. 특히 특정 상황에서의 행동이 아닌 '비교적 긴 시간 동안 누적된 행동의 효과를 반영하는 변인'과의 관계를 탐색함으로써 특질의 중요성을 입증하고자 했다. 예컨대 전반적인 심리적 문제나 심리장애, 삶의 질, 행복, 직무 만족도 등의 변인들과 특질의 관계를 탐색한 것이다. 그 결과 삶의 주요 변인들과 특질의 관계가 비교적 강한 것으로 확인되었으며, 특질의 중요성이 다시 한번 부각되는 계기가 되었다. 그렇게 동력을 얻은 특질 연구는 빠른 속도로 발전하였는데, 특히 특질의 구조에 대한 연구들이 반복적으로 5요인 구조를 도출하면서 소위 'Big Five'라 불리는 성격 5요인 구조가 많은 연구자들의 지지를 얻었다.

본 장에서는 특질 이론가들의 가장 큰 성과로 인정받고 있는 성격 5요인 모형을 자세히 살펴보려고 한다. 특히 성격 5요인의 구체적인 구조와 내용, 관련 연구 결과들을 검토하고, 장점과 단점을 분석해 보고자 한다. 또한 비교적 최근의 연구 결과들을 반영하여 제안된 6요인 모형이 기존의 5요인 모형과 어떻게 다르며, 어떤 장점을 가지고 있는지 구체적으로 살펴보고자 한다.

1 성격 5요인

성격 5요인은 비교적 긴 시간 동안 여러 학자에 의해 개발된 모형이다. 성격 5요인의 개발 과정을 구체적으로 살펴보고, 모형의 구조와 핵심 내용, 성격 5요인을 기반으로 하는 통합적 성격 이론 체계에 대해 알아보자.

1) 배경

Eysenck가 외향성과 신경증 성향/신경과민성의 두 성격 차원에 대한 모형을 발표하고 얼마 후, 미국 시카고 대학교(University of Chicago)에서 활동하던 Fiske(1949)는 표면적 행동(surface behavior)을 반영하는 22개의 척도를 분석하여 5개의 요인을 추출했다. 이때 추출된 요인은 사회적 적응성(social adaptability), 정서적 통제(emotional control), 동조성(conformity), 지적 호기심(inquiring intellect), 자신감 있는 자기표현(confident self-expression)이었다.

미국 공군 소속의 연구자였던 Tupes와 Christal(1958)도 기존 연구들과 유사한 방식으로 자료를 분석하여 5개의 요인을 추출했으며, 각각 긍정 정서 지향성(surgency), 우호성(agreeableness), 신뢰성(dependability), 정서적 안정성(emotional stability), 교양(culture)으로 명명했다. 여기서 '교양'은 Fiske(1949)의 지적 호기심과 유사한 요인이다.

미국 미시건 대학교(University of Michigan)의 Norman(1963)도 이와 유사한 요인 구조를 확인하였다. 그는 긍정 정서 지향성(surgency) 대신에 외향성(extroversion/surgency)이라는 용어를 사용하였고, 신뢰성(dependability) 대신에 성실성(conscientiousness)이라는 용어를 사용했다.

이후에 다시 보겠지만, 이미 Tupes와 Christal, Norman 단계에서 현대적인 성격 5요인의 기본틀은 거의 완성되었다고 볼 수 있다. 하지만 안타깝게도 1968년에 Walter Mischel이 『Personality and Assessment』에서 특질과 행동의 관계가 예상만큼 강하지 않음을 보고하면서 특질 관련 연구들이 크게 위축되었다. 그는 특질과 행동의 관계 강도를 분석한 연구들을 검토한 뒤 두 변인의 상관계수가 .3을 넘지 못하는 경우가 많다고 보고했다. **상관계수**(correlational coefficient)란 두 변인의 상관관계 정도를 나타내는 수학적 지표로 0에서 1사이의 값을 갖는다. 이론적으로 0은 두 변인이 전혀 무관하다는 것을 의미하고, 1은 완전히 동일한 변인이라는 것을 의미한다. 사회과학 영역에서는 상관계수가 .1 이상이면 작은 상관관계, .3 이상이면 중등도의 상관관계, .5 이상이면 강한 상관관계로 해석한다(Cohen, 1988). 즉, 특질과 행동의 상관관계는 대체로 '작다'고 볼 수밖에 없는 결과였다. 또한 어떤 행동이 상황에 따라 일관되게 나타날 수 있는지를 확인하기 위해 여러 상황에서의 행동 간 상관관계도 조사했지만, 이 또한 .3을 넘기는 경우가 드물었다. 간단히 말해 행동은 일관적이지 않았던 것이다. 이는 행동에 대한 상황의 영향력이 개인 혹은 특질의 영향력보다 더 크다는 것을 시사했다.

Mischel의 책은 개인-상황 논쟁에 불을 붙였고, 그 불은 쉽게 꺼지지 않았다. 특질 연구자들은 이후 10년 동안 큰 타격을 입고 힘든 시간을 보낼 수밖에 없었다.

2) 'Big Five' 구성 과정

Mischel이 책을 발표한 지 10년이 흐른 시점에 미국 국립보건연구원(National Institutes of Health)에서 활동하던 Costa와 McCrae(1978)는 신경과민성과 외향성, 개방성 특질로 구성된 NEO(Neuroticism-Extroversion-Openness) 모형을 발표했다. 이들은 이 모형을 측정할 수 있는 도구인 NEO-PI를 개발하기도 했다(Costa & McCrae, 1985). 1981년에는 미국 하와이 대학교(University of Hawaii)의 심리학자 Digman과 Takemoto-Chok(1981)이 Cattell이나 Tupes, Norman 등의 자료를 재분석하여 5요인 구조를 확인하였고, 미국 오리건 대학교(University of Oregon)의 Goldberg(1981)는 특질 구조에 대한 기존 연구들을 검토한 뒤 일관되게 확인되는 5요인 구조를 '**Big Five**'라고 명명했다. Goldberg(1990)는 직접 자료를 분석하여 'Big Five' 구조를 재확인하기도 했다.

1992년에는 NEO 모형을 발표했던 Costa와 McCrae가 기존의 NEO 모형에 우호성과 성실성을 추가하여 NEO-PI-R을 개발하였다. 이 도구는 'Big Five', 즉 성격 5요인을 평가하는 대표적인 도구로 활발하게 사용되었다. 이후 한국을 포함한 여러 문화권에서 성격 5요인 구조를 확인하는 연구들이 진행되었고, 대체로 일치하는 결과가 도출되었다(안창규, 채준호, 1997; McCrae, Costa, Del Pilar, Rolland, & Parker, 1998). 이러한 횡문화적 일치성은 성격 5요인 구조가 인간의 보편적 특성을 반영한다는 주장(McCrae & Costa, 1997)을 지지한다.

성격 5요인 측정 도구 NEO-PI-R의 개발자들

현대 특질 이론의 발전은 사실상 NEO-PI-R이 있었기에 가능했다고 보아도 무방하다. 이 도구는 현재까지도 성격 5요인을 측정하는 대표적인 도구로 널리 사용되고 있다. 이 도구를 개발한 연구자들은 독특하게도 미국 국립보건연구원에 소속된 전임 연구원들이었다. 개발자 중 한 명인 Paul Costa는 1970년에 시카고 대학교에서 인간 발달학(human development)으로 박사 학위를 받았고, 하버드 대학교 등에서 강의를 하다가 1978년에 국립보건연구원의 하위 연구소인 국립노화연구소(National Institute on Aging)에서 일하기 시작했다. 또 다른 개발자 Robert McCrae로 1976년에 보스턴 대학교(Boston University)에서 성격심리학 전공으로 박사 학위를 받았으며, 같은 학교에서 교육과 연구를 수행하다가 마찬가지로 1978년에 국립노화연구소에서 연구원으로 일하기 시작했다.

이들은 연구소에서 일하면서 노화(aging)나 노인학(gerontology) 관련 연구를 진행했으며, 그러한 연구의 일환으로 성격 연구도 실시하였다. 이들이 주로 다루었던 주제는 노화에 따른 신체적 변화나 심리적 변화, 노인의 건강이나 수명 등에 영향을 미치는 요인 등이었다. 아마도 이들은 그러한 연구 주제들을 다루면서 자연스럽게 좀 더 넓은 관점에서 특질을 이해할 기회를 갖게 되었을 것이다. 짧은 시간 동안 특정한 상황에서 발현되는 행동이 아닌, 비교적 긴 시간에 걸쳐 반복되는 행동의 패턴이나 그러한 패턴의 결과와 특질의 관계성을 파악할 수 있는 기회를 갖게 된 것이다. 이들은 특질이 개인의 건강이나 수명, 그 외에 개인의 삶의 질을 결정하는 중요한 변인과 관련이 있을 것이라는 예측에 무게를 두고 관련 측정 도구를 개발하였다.

어쩌면 이들은 NEO 도구를 개발할 당시에 이 도구가 이렇게 널리 사용될 것이라 예상하지 못했을지도 모른다. 그만큼 특질 이론에 대한 비판과 회의는 강력했다. 그런 상황임에도 이들은 직접 수집하여 파악하고 있는 자료에 근거한 논리적 추론을 믿고 어찌 보면 위험한 시도를 한 것이다. 그 결과 특질 연구는 새로운 시대를 맞게 되었고, 과거보다 더 큰 활력을 띠게 되었다. 연구자의 올바른 자세와 그 결과에 대해 깊이 생각해 볼 수 있는 좋은 사례라 하겠다.

3) 성격 5요인의 구조

현대 특질 이론의 성격 5요인은 신경과민성과 외향성, 개방성, 우호성, 성실성으로 구성된다. 각 특질에 대해 좀 더 구체적으로 살펴보자.

(1) 신경과민성

신경과민성(Neuroticism: N)은 불안이나 우울, 분노와 같은 부정 정서를 빈번하게 혹은 높은 강도로 경험하는 경향성을 의미한다. 신경과민성 혹은 신경증 성향은 본래 신경증 환자들이 나타내는 심리적 특성을 포착하는 개념이었다. **신경증**(neurosis)은 현실 검증력(reality testing)에 심각한 문제가 없는 심리장애를 의미한다. 즉, 자신이 경험하고 있는 감각이나 생각 등이 현실을 반영하는지를 검증하는 데 심각한 문제가 없지만, 부정 정서나 부적응적 행동 등의 문제를 나타낼 경우 신경증을 의심할 수 있다. 이 용어는 초기 정신병리학 영역에서 개발되어 사용된 것으로, 현대 이상심리학이나 정신병리학 영역에서는 거의 사용되지 않는다. 그에 따라 신경증 성향이라는 개념 대신에, 다양한 부정 정서를 빈번하게 경험하는 점을 강조하여 **부정 정서성**(negative emotionality)이라는 용어를 사용하거나, 강렬한 부정 정서가 쉽게 유발되어 불안정한 모습을 보인다는 점을 강조하여 **정서적 불안정성**(emotional instability)이라는 용어를 사용하는 경향이 있다. NEO-PI-R에는 신경과민성의 하위 요소로 불안(anxiety)과 적대감(angry hostility), 우울(depression), 자의식(self-consciousness), 충동성(impulsivity), 스트레스 취약성(vulnerability to stress)이 포함되어 있다.

신경과민성이 높은 사람들은 스트레스에 취약하여 불안이나 우울과 같은 부정 정서나 부정적 기분을 빈번하게 경험한다. 또한 주변 사람들의 시선을 의식하여 수치심이나 죄책감과 같은 정서를 경험할 가능성이 높으며, 다양한 부정 정서를 감내하고 조절하는 능력 또한 부족하여 충동적이고 회피적인 행동을 나타낼 가능성이 높다. 이들은 대인관계에서 적대적인 태도를 보이거나 분노를 표출하여 갈등을 경험하기도 한다.

▲ 신경과민성이 높은 사람들은 불안 등의 부정 정서를 자주 경험한다.

신경과민성은 다양한 신체 질병이나 심리장애와 밀접한 관련이 있는 것으로 확인되었으며, 전반적인 삶의 질과도 관련이 있는 것으로 나타났다(Lahey, 2009). 즉, 신경과민성 수준이 높을수록 신체적·심리적 질환에 걸릴 가능성이 높으며, 삶의 질이 저하되는 것으로 확인되었다. 이러한 연구 결과는 신경과민성이 다양한 질병의 취약성으로 작용할 수 있다는 점을 시사한다. 이에 주목한 연구자들은 신경과민성을 변화시킴으로써 질병을 예방할 수 있을 것이라 보기도 했다. 예컨대 Barlow와 동료들(2014)은 신경과민성이 다양한 정서장애(emotional disorder)의 공통 원인일 수 있음을 지적하면서 체계적인 진단과 치료 방안을 마련해야 한다고 주장하기도 했다.

신경과민성이 삶의 다양한 부적응과 관련이 있는 것은 사실이지만, 어떤 측면에서는 개인과 사회에 도움을 주기도 한다. 우리가 경험하는 부정 정서는 불쾌한 주관적 경험을 수반하지만, 기본적으로 유기체를 위협으로부터 보호하는 기능을 가지고 있다. 예컨대 불안은 미래에 일어날 수 있는 부정적 사건을 예측했을 때 유발되는 정서로 부정적 사건이 일어나는 것을 미리 막거나 피할 수 있도록 돕는다. 이런 측면에 주목하면, 신경과민성이 위협으로부터 유기체를 지키기 위해 만들어진 일종의 보호 시스템임을 알 수 있다(Watson & Casillas, 2003). 실제로 이러한 관점을 지지하는 경험적 연구 결과들도 누적되고 있다. 예컨대 Tamir(2005)는 신경과민성 수준에 따른 걱정의 정도와 과제 수행의 관계를 탐색하였는데, 신경과민성이 높은 사람들은 노력이 필요한 과제 상황에서 불안과 걱정을 좀 더 많이 나타내고, 이것이 과제 성취 수준을 높이는 것으로 확인되었다. Graham과 동료들(2020)은 신경과민성과 성실성이 함께 상승하는 '**건강한 신경과민성**(healthy neuroticism)'을 지닌 사람들이 흡연이나 음주를 적게 하고 운동을 많이 하는 등 건강 행동을 더 많이 나타내는 것으로 보고하기도 했다.

신경과민성 수준은 연령이 증가함에 따라 변하는 것으로 확인된다. 주요 특질의 변화를 탐색한 약 90여 개의 종단 연구를 분석한 연구에 따르면, 신경과민성은 20세에서 40세에 이르기까지 점진적으로 감소하며, 40세 이후로는 큰 변화가 없는 것으로 확인되었다(Roberts, Walton, & Viechtbauer, 2006).

(2) 외향성

외향성(Extroversion: E)은 대인관계 자극을 선호하는 경향성을 의미한다. 다른 사람들과 교류하는 것을 좋아하고 즐거움이나 흥분을 추구하며, 이 과정에서 긍정 정서를 많이 경험하는 면이 있어 **긍정 정서성**(positive emotionality)이라 불리기도 한다. NEO-PI-R에는 외향성의 하위 요소로 따뜻함(warmth), 사교성(gregariousness), 주장성(assertiveness), 활동성(activity), 흥분 추구(excitement seeking), 긍정 정서(positive emotion)가 포함되어 있다.

외향성이 높은 사람들은 사교적이다. 이들은 혼자 있기보다 다른 사람과 어울리기를 좋아하며, 누군가를 만나면 먼저 다가가 말을 건다. 긍정 정서를 잘 표현해서 다정하고 따뜻하게 느껴지며, 자신의 생각이나 의견을 서슴없이 표현한다. 이들은 다른 사람과 대체로 긍정적인 상호작용을 하기 때문에 긍정 정서를 경험할 가능성이 상대적으로 높다(Lucas, Le, & Dyrenforth, 2008). 재미있고 흥분되는 일을 선호하는 경향성도 강해서 이들의 삶은 늘 새롭고 흥미로운 것들로 가득하다.

기술된 내용을 보면, 외향성이 높은 사람들은 신경과민성이 높은 사람들과 반대의 삶을 사는 것처럼 인식될 수 있다. 하지만 관련 연구들은 그러한 예상과 다른 결과를 보여 주고 있다. 예를 들어, 외향성과 우울 증상 및 불안 증상의 관계를 탐색한 연구에 따르면, 외향성은 우울 증상과 중간에서 약한 정도의 부적 상관관계를 맺고 있으며, 불안 증상과는 대체로 무관한 것으로 나타났다(Jylhä & Isometsä, 2006). 이러한 결과는 신경과민성과 우울 및 불안 증상이 강한 정적 상관관계를 보이는 것과 대조를 이룬다. 다양한 정신병리 증상과의 관계를 살핀 연구에서도 외향성의 하위 요소별로 심리 증상과의 관계가 다른 것으로 확인되었으며, 일부 요소(예: 흥분 추구)는 특정 심리장애(예: 양극성장애)와 정적 관계를 맺고 있는 것으로 보고되기도 했다(Watson, Stasik, Ellickson-Larew, & Stanton, 2015). 정리하면, 외향적인 사람들이 다양한 긍정적 경험을 누릴 가능성은 높지만, 그러한 경향성이 반드시 심리장애의 예방에 도움이 되는 것만은 아닐 수 있다.

외향성이 높은 사람들에 대한 또 다른 오해는 이들의 직무 성과와 관련이 있다. 입사 면접에서 빠지지 않는 질문 중 하나는 동료들과 활발하게 잘 어울리며 일을 할 수 있는지에 관한 질문이다. 간단히 말해 성격이 외향적인지, 아니면 내향적인지를 묻는 것이다. 이러한 질문을 중요하게 다루는 이유는 이것이 직무 성과에 중요한 영향을 미칠 것이라고 보기 때문이다. 하지만 관련 연구는 이러한 기대와 다른 결과를 보여 주었다. 성격 5요인과 직무 성과의 관계를 포괄적으로 조사한 연구에 따르면, 외향성은 활발한 사회적 상호작용이 꼭 필요한 관리직이나 판매직 영역을 제외하면 직무 성과와 별다른 관계가 없었다(Barrick & Mount, 1991).

외향성의 연령에 따른 변화는 하위 요소별로 다른 것으로 확인되었다. 예컨대 사회적 지배성(social dominance)과 관련된 변인들(예: 주장성)은 연령이 높아짐에 따라 증가하는 경향을 보이는 반면, 사회적 활력(social vitality)과 관련된 변인들(예: 활동성)은 50세 이후에는 점차 감소하는 경향이 있는 것으로 나타났다(Roberts et al., 2006).

(3) 개방성

개방성/경험에 대한 개방성(Openness to experience: O)은 호기심이 많고 다양한 경험과 가치에 개방적인 태도를 취하는 경향성을 의미한다. 특질의 구조를 탐색하는 과정에서 초기부터 발견된 주요 특질이며, 지적 호기심(inquring intellect), 지성(intellect), 교양(culture) 등으로 명명되기도 했다. 각 요인의 하위 개념은 조금씩 다르지만 기본적으로 지적이고 호기심이 많아서 새로운 정보나 경험을 좋아하며, 관습에 얽매이지 않고, 실험적이거나 창의적인 시도를 좋아하는 경향성을 반영하고 있다. NEO-PI-R에는 개방성의 하위 요소로 상상력(fantasy), 심미안(esthetics), 감정 표현(feelings), 색다른 행동(actions), 색다른 생각(ideas), 비관습적 가치(values)가 포함되어 있다.

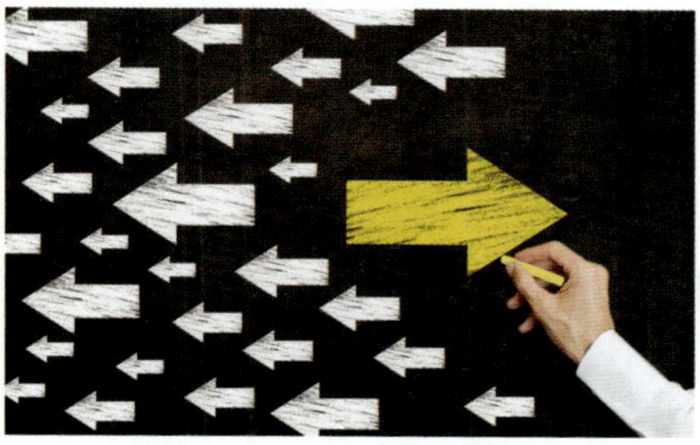
▲ 개방성이 높은 사람들은 주류에 휩쓸리지 않는다.

개방성이 높은 사람들은 호기심이 많고 다양한 경험이나 창작물에 담긴 아름다움과 독창성 등을 파악하여 즐긴다. 이들은 기존의 관습이나 인식적 틀에 얽매이지 않으며, 순수하게 새로운 경험과 깨달음을 추구하는 경향이 있다. 주변 사람들의 주장이나 의견에 대체로 포용적이지만, 집단이 정한 지침이나 규정을 맹목적으로 따르지 않으며, 자신의 주관에 따라 생각하고 행동한다. 이러한 특징으로 인해 이들의 생각이나 행동은 다소 독특하거나 색다르게 보일 수 있다. 이들은 자신의 감정을 중요하게 여기기 때문에 감정을 잘 자각하는 경향이 있으며, 주변 사람들의 눈치를 보지 않고 표현하는 특징을 보이기도 한다.

개방성과 외향성은 주의해서 구분해야 하는 특질이다. 두 특질 모두 새로운 경험을 추구하는 경향성을 포함한다는 측면에서 유사하지만, 다른 사람을 대하는 태도나 상호작용 양상 측면에서는 서로 구분되기 때문이다. 관련 연구에 따르면, 개방성의 하위 요소와 외향성의 하위 요소 중 서로 관련이 있는 요소는 흥분 추구와 상상력, 감정 표현이다(Aluja, García, & García, 2003). 이 연구에서 외향성의 흥분 추구는 개방성의 상상력 및 감정 표현과 중간 정도의 상관관계를 보였고, 개방성의 감정 표현은 외향성의 사교성 및 주장성을 제외한 나머지 하위 요소들과 중간 정도의 상관관계를 보였다. 일반적으로 외향성과 개방성의 총점은 중간 정도의 상관관계를 나타내는 경향이 있는데, 이러한 결과는 주로 개방성의 감정 표현과 외향성 하위 변인들과의 상관관계 때문이라는 것을 알 수 있다. 개방성의 감정 표현은 감정을 잘 자각해서 표현하는 정도를 의미한다. 이러한 경향성은 다른 사람들과의 원활한 상호작용을 촉진할 가능성이 높기 때문에 외향성의 여러 하위 요소들과도 어느 정도 관련이 있다고 볼 수 있다. 반면 개방성의 다른 하위 요소들은 외향성의 하위 요소들 대부분과 별다른 관련이 없는 것으로 나타난다.

개방성이 낮은 사람들의 특징을 보면 개방성의 핵심이 조금 더 잘 드러난다. 이들의 중요한 특징은 '관습성'이다. 이들은 기존의 시스템을 보호하고 유지하려는 경향이 강하다. 기존의 권위와 전통에 대해서 수용적 태도를 지니고 있으며, 질서와 안정을 추구하는 경향이 있다. 이들은 자신의 감정을 억제하는 경향이 있는데, 이 또한 개인의 자유보다 집단의 안정을 우선시하는 태도에 기인한다고 볼 수 있다.

개방성의 연령에 따른 변화는 비선형적인 것으로 나타난다. 관련 종단 연구 결과들을 종합한 바에 따르면, 개방성은 20세까지 급격하게 증가하다가 이후 증가율이 조금 감소하고, 50세 이후에는 하락하는 곡선 형태를 띠는 것으로 확인되었다(Roberts et al., 2006).

(4) 우호성

우호성(Agreeableness: A)은 다른 사람에게 우호적이고 협력적인 태도나 행동을 나타내는 경향성을 의미한다. 초기 특질 연구에서는 동조성(conformity)으로 명명되기도 했으며, 여러 연구에서 비교적 일관되게 도출된 특질 차원이다. NEO-PI-R에는 우호성의 하위 요소로 (타인에 대한) 신뢰(trust), 솔직함(straightforwardness), 이타성(altruism), 순응성(compliance), 겸손함(modesty), 온유함(tender-mindedness)이 포함되어 있다.

개방성과 정치적 성향

인간은 사회를 이루고 살아간다. 규모가 큰 사회일수록 다양한 인간이 모여 사는데, 이들은 나름의 동기와 목표, 견해를 가지고 있어 때때로 갈등을 경험한다. 갈등은 피할 수 없지만 방치하면 큰 문제가 되기도 한다. 그에 따라 구성원들이 지나치게 갈등을 겪지 않고 원만하게 살아갈 수 있도록 사회를 다스리고 통치하는 방법과 기술 등이 발전하였는데, 이를 **정치**(politics)라 한다.

정치의 기술이나 방법은 매우 다양하지만, 거시적 관점에서 보면 크게 두 가지 입장이 우세하다. 하나는 현재의 시스템을 유지하고 보존하려는 입장이고, 다른 하나는 현재의 시스템에 안주하지 않고 시스템을 개선하려는 입장이다. 전자를 간단히 **보수주의**(conservatism)라 하고, 후자를 **진보주의**(progressivism)라 한다. 나라마다 차이는 있지만 대부분 각 입장을 대표하는 정당이 있고, 개인은 소신에 따라 특정 정당을 지원하거나 직접 관련 활동에 참여함으로써 정치에 관여한다.

사회를 구성하는 특정 개인이 어떤 정치적 입장을 선호하는지를 파악하는 것은 정치가들에게 매우 중요한 과제이다. 가장 손쉬운 방법은 직접 의견을 묻는 것이다. 실제로 많은 조사 기관에서 개인에게 정치적 견해를 묻고 그 결과를 의사결정에 활용한다. 이러한 측정 방법은 응답자가 적절히 자신의 정치적 견해를 정리하여 솔직하게 표현할 것이라는 기본 가정에 근거하고 있다. 이 가정에 동의하지 않거나 이 가정을 충족하지 못하는 개인(예: 청년기 이전 시기의 개인)의 정치적 성향을 파악하고자 하는 연구자들은 조금 다른 방식으로 접근한다. 이들이 택하는 방법들 중 하나는 개인의 성격을 통해 정치적 견해를 파악하는 것이다.

실제로 많은 심리학자와 정치학자가 이 주제를 탐색했다. 그 결과에 따르면, 성격은 정치적 견해와 유의미한 관계를 맺고 있는 것으로 나타났다(Gerber, Huber, Doherty, & Dowling, 2011; Gerber, Huber, Doherty, Dowling, & Ha, 2010; Jonason, 2014; Pratto, Sidanius, Stallworth, & Malle, 1994). 정치적 견해에 영향을 미치는 매우 다양한 변인들이 탐색되었는데, 성격 5요인 중 비교적 일관된 관련성을 보인 것은 개방성과 성실성이었다. 즉, 개방성은 진보주의 혹은 자유주의(liberalism)와 정적 상관관계를 나타내었고, 성실성은 보수주의와 정적 상관관계를 나타내는 것으로 확인되었다(Gerber et al., 2010; Jonason, 2014).

개방성과 진보주의의 정적 상관관계가 확인되었다고 해서 개방성이 진보주의적 태도를 유발한다고 단정할 수는 없다. 이를 확인하기 위해서는 적어도 원인으로 예상되는 변인(개방성)과 결과로 예상되는 변인(진보주의적 태도)의 시간적 선후 관계를 확인해야 한다. 안타깝게도 개방성과 정치적 성향의 종단적 관계에 대한 연구는 매우 적은 편이다. 일부 연구에서는 개방성이 낮을수록 추후 보수주의적 태도가 증가(진보주의적 태도는 감소)한다는 결과를 보고하였지만(Ekstrom & Federico, 2019), 다른 연구에서는 개방성이 보수주의적 태도를 유의하게 예측하지 못한다고 보고하였다(Osborne & Sibley, 2020). 어느 쪽이 좀 더 진실을 반영하는지는 보다 정교한 후속 연구들을 통해 확인되어야 할 것으로 보인다.

우호성이 높은 사람들은 다른 사람의 말을 잘 믿는 편이며, 타인의 행동 이면에 다른 의도나 악의가 담겨 있다고 생각하지 않는다. 다른 사람이 자신을 속이거나 이용할 것이라고 생각하지 않기 때문에 자신의 의견이나 감정을 솔직하게 표현하는 면도 있다. 이들은 자기 자신과 타인의 유익이 상충할 때 타인의 유익을 우선시하는 경향을 가지고 있다. 이는 이타적 행동으로 드러나기도 하고, 타인의 의견에 반박하거나 비판하기보다 동조하고 순응하는 행동으로 나타나기도 한다. 이들은 자기 자신을 내세우기보다 감추거나 낮추려 하고, 대신 다른 사람의 공을 부각시키는 특징을 보인다. 또한 타인의 정서적 고통에 민감하여 타인이 싫어하거나 괴로워할 것 같은 행동을 하지 못하는 경향이 있다.

▲ 우호성이 높은 사람들은 다른 사람을 도우려 한다.

우호성과 다양한 심리학적 변인들의 관계를 포괄적으로 검토한 한 연구에 따르면, 우호성은 대인관계 욕구(need for relatedness)나 자기초월(self-transcendence), 자비심(benevolence), 타인과의 긍정적 관계(positive relations with others)와 강한 정적 상관관계를 보이고, 권력(power)이나 오만함(hubristic)과는 강한 부적 상관관계를 나타내는 것으로 확인되었다(Wilmot & Ones, 2022). 삶에 대한 만족도나 행복 수준과는 약한 정도에서 중간 정도의 정적 상관관계를 보였고, 심리적 문제와는 대체로 약한 부적 상관관계를 나타내었다. 신체적 건강 지표들과는 별다른 관계가 없는 것으로 확인되었다(Wilmot & Ones, 2022).

소개된 연구 결과에 나타난 바와 같이, 우호성은 자기 자신이 보다 큰 시스템의 일부임을 인식하고, 시스템을 구성하는 다른 요소들(예: 다른 사람이나 주변 환경)을 돌보려는 경향성과 밀접하다. 따라서 적절한 수준으로 유지된다면, 공동체나 사회의 고른 발전과 안정화에 기여할 수 있는 소중한 특질이라 할 수 있다. 하지만 과도할 경우 개인적 부적응을 초래할 가능성도 있다. 예컨대 순진하게 다른 사람을 믿었다가 사기를 당할 수 있고, 자기 자신의 욕구나 안위는 무시한 채 타인을 위해 과도하게 희생하는 행동을 나타낼 수도 있다. 혹은 타인에게 지나치게 의존하는 것을 특징으로 하는 **의존성 성격**

(dependent personality)의 특징을 보일 수도 있다(Samuel & Gore, 2012).

우호성은 연령이 증가함에 따라 상승하는 경향이 있는 것으로 확인되었다(Roberts et al., 2006). 하위 요소별로 진행된 연구에 따르면, 나이가 많을수록 이타성이 더 강해지는 것으로 확인되었으며(Sparrow, Swirsky, Kudus, & Spaniol, 2021), 타인에 대한 신뢰 수준 또한 나이가 들수록 더 높아지는 것으로 나타났다(Li & Fung, 2013).

(5) 성실성

성실성(Conscientiousness: C)은 책임감이 강하고 성취 지향적이며, 자기조절을 잘하는 경향성을 의미한다. 초기 특질 연구에서는 신뢰성(dependability)이라는 용어로 명명되기도 했다. 책임감이 강하고 맡은 일을 잘 처리하기 때문에 신뢰할 수 있다는 측면에서 신뢰성이라는 용어를 사용했으나, 성취 지향적인 면이나 전반적인 자기관리 능력을 포괄하기에는 제한이 있어 성실성을 채택한 것으로 보인다. NEO-PI-R에는 성실성의 하위 요소로 유능성(competency), 질서 정연함(order), 책임감(dutifulness), 성취 추구(achievement striving), 자기절제(self-discipline), 신중함(deliberation)이 포함되어 있다.

성실성이 높은 사람들은 뚜렷한 목표와 기준을 설정하고 그것을 달성하기 위해 노력한다. 이들은 목표를 달성하는 데 필요한 것을 파악하여 계획적으로 실행하며, 과제를 수행하는 과정에서 일어날 수 있는 개인적 욕구와 감정 등을 적절히 통제하여 흐트러지지 않고 과제를 지속하는 경향이 있다. 어떤 일이 주어지면 그 일을 철저하게 분석하여 조직화하고, 정해진 시간 내에 꼼꼼하게 처리하는 특징을 가지고 있어 주변 사람들로부터 신뢰를 얻곤 한다.

성실성의 과제 지향적 특성 혹은 성취 지향적 특성과 자기조절 특성은 현대사회에서 주어지는 많은 보상과 연결될 수 있다. 실제로 직무 성과와 가장 포괄적이면서도 안정적인 정적 상관관계를 나타내는 성격 요인은 성실성으로 확인되었다(Barrick & Mount, 1991). 성실성은 경제적 수입이나 삶에 대한 만족도, 긍정 정서 등의 지표와도 정적 상관관계를 맺고 있는 것으로 나타났다(Duckworth, Weir, Tsukayama, & Kwok, 2012). 성실성이 높은 사람들은 건강에 도움이 되는 행동을 더 많이 하며(Bogg & Roberts, 2004), 전반적인 수명도 더 긴 것으로 확인되었다(Martin & Friedman, 2000).

성실성이 다양한 장점을 갖는 것은 사실이지만 극단적일 경우 특정한 심리적 문제가 나타날 수 있다는 관점도 제기되고 있다. 예컨대 성실성의 중요한 요소인 책임감이나 질서 정연함, 과제를 수행하는 과정에서 높은 기준을 설정하고 지키려는 경향성은 **강박적 성격**(obsessive-compulsive personality)과 관련될 수 있는 것으로 나타나고 있다. 실제로 성실성을 측정하는 다양한 도구들을 이용하여 강박성 성격장애 증상과의 관계를 탐색한 연구에서 두 변인이 서로 밀접하게 연결되어 있다는 결과가 보고된 바 있다(Samuel & Widiger, 2011). 특히 성실성의 부적응적 측면을 측정하는 도구일수록 강박성 성격장애 증상과 더 강한 상관관계를 나타냈다.

성실성은 연령이 증가할수록 꾸준히 상승하는 것으로 나타났다(Roberts et al., 2006). 성실성의 세부 특징을 구별하여 탐색한 연구 결과에 따르면, 근면성(industriousness)이나 충동 통제(impulse control), 신뢰성(reliability)은 초기 성인기보다 중년기에 더 높은 것으로 확인되었지만, 질서 정연함(orderliness)은 차이가 없는 것으로 나타났다(Jackson et al., 2009).

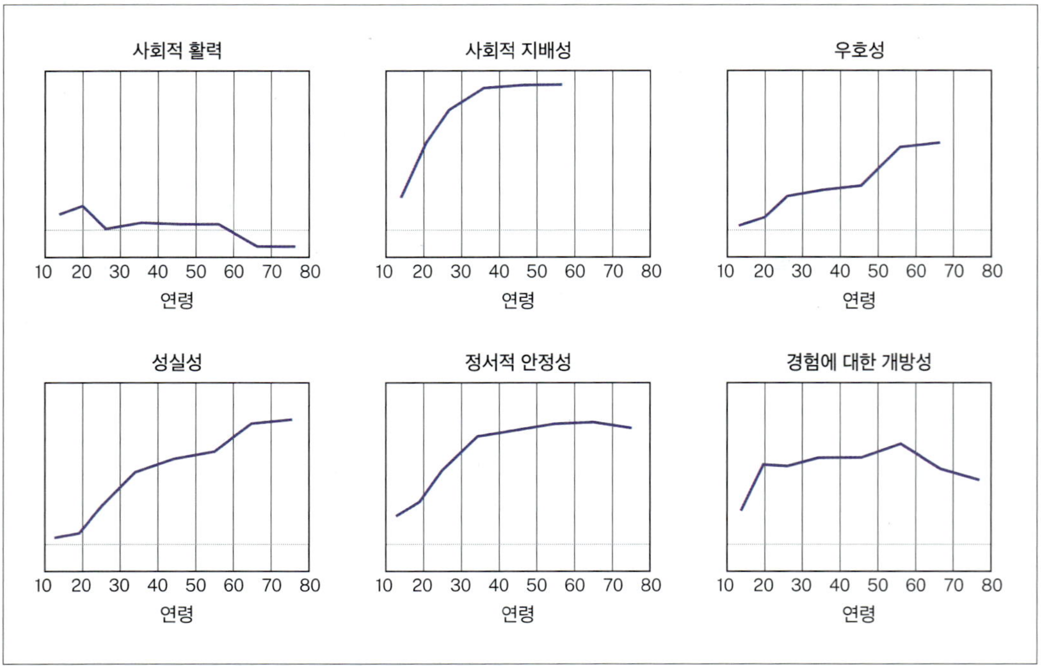

그림 4.1 주요 특질의 연령에 따른 변화

출처: Roberts et al., 2006

표 4.1 성격 5요인의 주요 개념과 특징 요약

특질	하위 요소	높은 점수 특징	낮은 점수 특징
신경과민성(N) • 정서적 불안정성(혹은 정서적 안정성/적응)을 평가 • 심리적 고통이나 비현실적 생각, 과도한 갈망과 충동, 부적응적인 대처 반응을 얼마나 나타내는지 평가	불안, 적대감, 우울, 자의식, 충동성, 스트레스 취약성	걱정하는, 긴장하는, 감정적인, 불안정한, 부족하고 불충분하다고 느끼는, 건강을 염려하는	침착한, 이완된, 정서적으로 안정된, 강건한, 안정적인, 스스로 만족하는
외향성(E) • 대인관계 상호작용 정도와 강도를 평가 • 활동 수준, 자극을 경험하려는 욕구, 즐거움을 느끼는 역량 등을 평가	따뜻함, 사교성, 주장성, 활동성, 흥분 추구, 긍정 정서	사교적인, 활동적인, 낙관적인, 다정한, 재미있는 것을 좋아하는, 말수가 많은, 사람 지향적인	내성적인, 활기 없는, 냉철한, 조용한, 말수가 적은, 과제 지향적인,
개방성(O) • 그 자체로 흥미가 있고 즐길 만하여 어떤 경험을 주도적으로 추구하고 감상하는 정도를 평가 • 익숙하지 않은 것에 대한 감내력과 탐색 정도를 평가	상상력, 심미안, 감정 표현, 색다른 행동, 색다른 생각, 비관습적 가치	관습에 얽매이지 않는, 호기심 많은, 상상력이 풍부한, 흥미의 범위가 넓은, 창의적인, 독창적인,	관습적인, 현실적인, 흥미의 범위가 좁은, 예술적이지 않은, 분석적이지 않은
우호성(A) • 개인의 대인관계 지향성 특징을 평가 • 사고나 감정, 행동 측면에서 볼 때 동정심에서 적대감에 이르는 연속선 중 어디에 위치하는지를 평가	신뢰, 솔직함, 이타성, 순응성, 겸손함, 온유함	마음이 약한, 온화한, 사람을 잘 믿는, 잘 도와주는, 너그러운, 잘 속는, 솔직한	냉소적인, 무례한, 의심이 많은, 비협조적인, 앙심을 품는, 무자비한, 짜증을 잘 내는, 다른 사람을 조종하는
성실성(C) • 목표 지향적 행동을 할 때 행동을 조직화하고 동기를 부여하며, 끈기 있게 지속하는 정도를 평가 • 신뢰할 수 있고 꼼꼼한 사람인지, 부주의하고 엉성한 사람인지 평가	유능성, 질서 정연함, 책임감, 성취 추구, 자기절제, 신중함	체계적인, 신뢰할 수 있는, 일을 열심히 하는, 꼼꼼한, 정돈된, 스스로 훈련하는, 시간을 잘 지키는, 야망 있는, 끈기 있는	목표가 없는, 신뢰할 수 없는, 게으른, 부주의한, 해이한, 태만한, 의지가 약한, 향락적인

출처: Costa & McCrae, 1992

4) 5요인 이론 성격 체계

성격 5요인은 횡문화적 일치성이 확인된 보편적 특질 구조 모형이다. 또한 삶의 질을 결정하는 다양한 변인들과 밀접한 관계를 맺고 있는 것으로 나타나 그 중요성 또한 확인되었다. 하지만 성격 5요인 모형은 기본적으로 특질의 구조만을 제시하기 때문에 특질이 어떻게 다른 주요한 변인들에 영향을 미치는지에 대해서는 별다른 설명을 제공하지 않는다. 이러한 한계를 보완하기 위해 NEO-PI-R의 개발자인 Costa와 McCrae(1994; McCrae & Costa, 1996)는 성격 5요인을 기반으로 하는 통합적 이론인 **5요인 이론 성격 체계**(five factor theory personality system)를 제안했다.

5요인 이론 성격 체계는 핵심 요소(core components)와 주변 요소(peripheral components)로 구성되어 있다. 그림 4.2에서 핵심 요소는 사각형으로 표시되어 있고, 주변 요소는 원형으로 표시되어 있다. 핵심 요소에는 기본적 성향과 특징적 적응, 자기개념이 포함되고, 주변 요소에는 생물학적 기반과 인생 경험, 외부적 영향이 포함된다.

기본적 성향(basic tendencies)은 생물학적 기반을 갖는 기본적 성격 특질

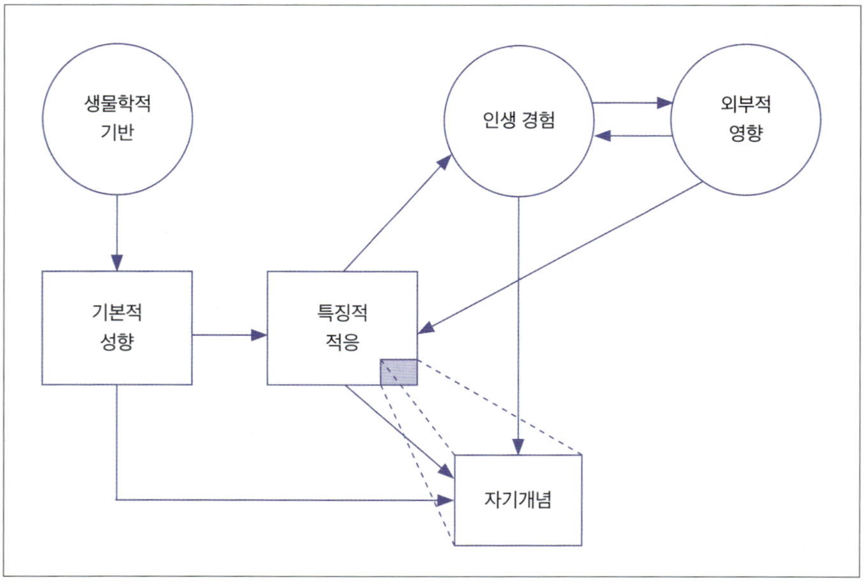

그림 4.2 5요인 이론 성격 체계
출처: McCrae & Costa, 1996

을 의미한다. 5요인 이론 성격 체계에서 특질은 관찰 가능한 행동 패턴을 의미하지 않으며, 다양한 행동이나 경험을 통해 추측할 수 있는 추상적인 심리적 잠재력 혹은 가능성을 의미한다. 앞서 소개한 신경과민성과 외향성, 개방성, 우호성, 성실성이 여기에 해당한다.

특징적 적응(characteristic adaptation)은 기본적 성향이 구체적으로 발현된 것을 의미한다. 직접 관찰할 수 있는 여러 특징적 적응을 토대로 기본적 성향을 추론할 수 있다. 특징적 적응은 기본적 성향이 발현되어 나타나는 거의 모든 상태 혹은 결과라고 보아도 무방하다. 따라서 매우 다양한 내용을 가지고 있으며, 여기에는 문화적 영향이 반영된 개인적 성향의 발현, 개인적 목표나 추구, 태도 등이 포함될 수 있다.

5요인 이론 성격 체계에서는 특징적 적응의 하위 내용 중 **자기개념**(self-concept)을 특별히 중요하게 다루고 있다. 여기에서 자기개념이란 자기와 관련된 인지적·정서적 내용을 담고 있는 일종의 기억 체계 혹은 인식 체계를 의미한다. 자기개념은 자기와 관련된 정보에 주의를 기울여 처리하고 저장하는 역할을 하며, 자기에 대한 태도나 느낌, 자기 관련 행동의 동기화 등에 중요한 영향을 미친다.

그림 4.2에 제시된 바와 같이 기본적 성향과 특징적 적응(자기개념 포함)의 관계는 일방향적이다. 즉, 기본적 성향이 특징적 적응을 결정하며, 특징적 적응은 기본적 성향에 직접적인 영향을 미치지 못한다.

5요인 이론 성격 체계에서 주변 요소는 핵심 요소와 영향을 주고받는 요소들로 간주된다. **생물학적 기반**(biological bases)은 성격 특질을 결정하는 유전적 요인이나 신경생물학적 요인을 의미한다. 생물학적 기반과 성격 특질의 관계는 일방향적이다. 다만 외부적 영향과의 관계를 통해 성격 특질이 생물학적 기반에 영향을 미칠 수 있다는 가정을 하기도 했으나, 그 관계성은 분명하지 않은 것으로 제안되었다(McCrae & Costa, 1996).

인생 경험(objective biography)은 개인의 특징적 적응이 생애사적 사건으로 드러난 것을 의미한다. 특징적 적응에 포함되는 여러 하위 요소들은 복합적으로 작용하여 특정한 행동이나 정서적 반응을 유발하고 이러한 반응이 역사적 사건으로 남는 것이다. 예컨대 성취가 자기개념의 중요한 부분을 차지하고 있는 사람은 관련된 목표를 설정하고 추구하는 행동을 전 생애에 걸쳐 나타낼 것이며, 그 결과에 따라 특정한 정서 경험을 하게 될 것이다. 이러한 사건들은 '성취'라는 주제를 중심으로 일관되게 조직되어 고유한 생활사를 구성하게 된다.

외부적 영향(external influences)은 개인의 삶에 영향을 미칠 수 있는 외부적 요인들을 일컫는다. 여기에는 문화적 규범이나 생활 사건 등이 포함될 수 있다. 외부적 영향은 인생 경험과 특징적 적응에 영향을 미치는 동시에 인생 경험의 영향을 받기도 하는 것으로 설정되어 있다. 실제로 개인의 행동이나 정서적 반응 등은 외부 상황이나 환경에 변화를 일으킬 수 있다. 이러한 변화는 다시 특징적 적응에 영향을 미쳐 개인의 신념이나 목표 등을 바꿀 수 있다.

5요인 이론 성격 체계는 생물학적 기반을 가진 특질이 외부적 요인과 어떤 방식으로 상호작용하여 특징적인 경험이나 행동으로 드러나는지를 통합적으로 묘사하고 있다.

5) 성격 5요인의 임상적 적용

성격 5요인은 기본적으로 임상적 활용을 염두에 두고 개발된 모형이 아니다. 어휘 가설에 기반해 사전에 담긴 어휘를 분석하여 경험적으로 도출한 모형이기 때문에 어떤 의미에서는 탈이론적이라고 볼 수 있으며, 활용 영역에 대해서도 특별히 제한을 두지 않았다. 다만 성격 자체가 개인의 적응에 미치는 영향이 매우 크기 때문에 중요한 성격 모형이나 이론을 임상적으로 활용하고자 하는 시도는 꾸준히 계속되었고, 성격 5요인도 예외는 아니었다. 실제로 5요인 모형을 임상적으로 활용하는 것에 대한 논의는 모형이 제안된 초기부터 꾸준히 이어져 왔다(Costa & McCrae, 1992; McCrae, 1991; Saulsman & Page, 2004; Widiger & Trull, 1992). 특히 성격적 문제나 성격장애와 성격 5요인의 관계에 대한 논의가 활발하게 진행되었다.

성격장애(personality disorder)란 개인의 성격적 특성이 심각한 부적응이나 정서적 고통을 초래하는 경우를 의미한다. 성격장애가 건강한 성격과 어떻게 다른지에 대해서는 두 가지 의견이 대립하고 있다. 첫 번째 입장은 성격장애가 정상 성격과 질적으로 다른 독특한 비정상 성격을 반영한다고 보는 입장이다. 이러한 관점에서 보면 성격 5요인 이론은 성격장애를 평가하고 치료하는 데 별다른 도움이 되지 않는다. 두 번째 입장은 성격장애가 특정한 성격 특성이 양적으로 과도한 경우 혹은 반대로 지나치게 약한 경우를 반영한다고 보는 입장이다. 성격 5요인 모형을 임상적으로 활용하고자 하는 연구자들은 이러한 관점을 취하고 있다.

성격 5요인 모형과 성격장애의 관계를 체계적으로 분석한 결과에 따르면, 성격 5요인의 극단적 형태는 특정한 성격적 문제와 연결될 수 있다(Costa & Widiger, 2002; Samuel & Widiger, 2008). 예컨대 성실성의 하위 요소인 유능성(competence)의 극단적 형태인 완벽주의(perfectionism)는 강박성 성격장애의 주요 증상을 반영한다(Samuel, Riddell, Lynam, Miller, & Widiger, 2012). 이와 같은 방식으로 과도하게 의존적인 성격이나 과도하게 회피적인 성격, 정서적으로 과도하게 불안정한 성격 등을 성격 5요인의 극단적 형태로 이해할 수 있다.

관련 연구들이 누적됨에 따라 성격 5요인의 모든 하위 요소들의 극단적 형태를 이용해서 다양한 성격 문제를 평가할 수 있을 것이라는 의견이 제기되었다. 이를 반영하여 임상적으로 활용할 수 있는 도구들이 개발되기도 하였는데, 대표적인 도구로는 Five Factor Form(FFF)을 들 수 있다(Rojas & Widiger, 2014). FFF에는 30개의 NEO-PI-R 하위 요인들이 포함되어 있으며, 30개 하위 요인의 60개 극단 모두에 대한 부적응적 형태와 적응적(적어도 덜 부적응적인) 형태가 포함되어 있다. 예를 들어, 우호성 영역의 하위 요인인 겸손함(modesty)의 경우, 5점은 자기를 지우는(self-effacing) 경향이나 자기를 폄하하는 것(self-denigrating)을 반영하며, 4점은 겸허하고(humble), 겸손하며(modest), 잘난 체하지 않는(unassuming) 경향을 반영한다. 3점은 중립을 의미하고, 2점은 자신감 있고(confident), 자기에 대한 확신이 있는(self-assured) 것을 반영한다. 1점은 허풍을 떨고(boastful), 허영심이 많으며(vain), 허세를 부리고(pretentious), 오만한(arrogant) 경향을 반영한다.

FFF를 이용하면 개인이 지닌 각 특질이 적응적인 범위에 있는지, 아니면 성격 문제를 초래할 수 있는 부적응적인 범위에 있는지를 포괄적으로 평가할 수 있다. 표 4.2에는 FFF의 항목들이 제시되어 있다.

표 4.2 5요인 평정 척도

요인		부적응적으로 높음 (5)	높음(정상 범위) (4)	중간 정도 (3)	낮음(정상 범위) (2)	부적응적으로 낮음 (1)
신경 과민성	불안	두려워하는, 불안한	경계하는, 걱정하는, 조심하는	-	편안한, 평온한	위협의 조짐을 의식하지 못하는
	적대감	격분하는	(불쾌한 일을) 곱씹는, 분하게 여기는, 저항하는	-	침착한	착취를 당할 때조차도 저항하지 않는
	우울	우울한, 자살 경향성이 있는	비관적인, 낙심한	-	쉽게 낙심하지 않는	비현실적인, 과도하게 낙관적인
	자의식	자기 자신에 대해 확신이 전혀 없는, 수치스러워하는	자기를 의식하는, 쑥쓰러워 하는	-	자신감 있는, 매력적인	입이 가벼운, 뻔뻔한
	충동성	충동에 전혀 저항하지 못하는	자기 하고 싶은 대로 하는	-	절제된	과도하게 절제된
	스트레스 취약성	무력한, 압도되는	연약한	-	회복력 있는	두려움이 없는, 무엇도 자신을 꺾을 수 없다고 느끼는
외향성	따뜻함	강렬하게 애착을 형성하는	다정한, 따뜻한	-	예의를 갖추는, 감정을 드러내지 않는	차가운, 거리감 있는
	사교성	관심을 추구하는	사교적인, 활발한, 상냥한	-	독립적인	다른 사람들과 교류하지 않는, 고립된
	주장성	지배적인, 지나치게 밀어붙이는	확신에 찬, 단호한	-	수동적인	체념한, 영향력이 없는
	활동성	정신없이 서두르는	정력적인	-	속도가 느린	무기력한, 몸을 많이 움직이지 않는
	흥분 추구	신중하지 못한, 무모한	모험적인	-	조심스러운	따분한, 열의 없는
	긍정 정서	멜로드라마처럼 정서가 과장된, 조증적인	활기찬, 쾌활한, 기뻐하는	-	무덤덤한, 냉철한, 진지한	엄숙한, 무쾌감적인

요인		부적응적으로 높음 (5)	높음(정상 범위) (4)	중간 정도 (3)	낮음(정상 범위) (2)	부적응적으로 낮음 (1)
개방성	상상력	비현실적인, 공상 속에서 사는	상상이 풍부한	-	실용적인, 현실적인	분명하게 실재하는 것만 고려하는
	심미안	기태적인 관심 및 흥미를 갖는	미학적 관심 및 흥미를 갖는	-	미학적 관심이 적은	미학적 관심이 전혀 없는
	감정 표현	감정이 강렬한, 감정이 혼란스러운	감정을 자각하는, 감정을 표현하는	-	감정을 억제하는, 감정이 둔화된	감정을 표현하지 못하는 (감정표현불능증)
	색다른 행동	행동이 괴상한	행동이 색다른	-	행동이 예측 가능한	행동이 기계적인, 판에 박힌 듯 행동하는
	색다른 생각	생각이 기이한, 기괴한	생각이 창의적인, 호기심이 많은	-	실리적인	새로운 생각을 받아들이지 않는
	비관습적 가치	급진적인	개방적인, 유연한	-	인습적인	교조적인, 도덕적으로 매우 엄격한
우호성	신뢰	잘 속아 넘어가는	사람을 믿는	-	조심성 있는, 회의적인	냉소적인, 사람을 의심하는
	솔직함	다른 사람을 전혀 속일 줄 모르는	정직한, 솔직한	-	요령 있는, 꾀가 많은, 상황 판단이 빠른	기만하는, 부정직한, 다른 사람을 조종하는
	이타성	자기희생적인, 이기심이 전혀 없는	다른 사람들에게 나눠 주는, 무엇을 주는 데 있어서 너그러운	-	절약하는, 다른 사람들에게 주지 않는	탐욕적인, 이기적인, 착취적인
	순응성	굴복하는, 굴종하는	협력적인, 말을 잘 듣는, 공손한	-	비판적인, 고집스러운	전투적인, 공격적인
	겸손함	자기를 몰각하는, 자기를 폄하하는	겸허한, 겸손한, 잘난 체하지 않는	-	자신감 있는, 자기를 확신하는	허풍을 떠는, 허영심이 많은, 허세를 부리는, 오만한
	온유함	과도하게 마음이 약한	공감적인, 동정하는, 온화한	-	강인한, 엄한	냉담한, 무자비한, 인정사정없는

요인		부적응적으로 높음 (5)	높음(정상 범위) (4)	중간 정도 (3)	낮음(정상 범위) (2)	부적응적으로 낮음 (1)
성실성	유능성	완벽주의적인	효율적인, 지략 있는	-	건성으로 하는	내키지 않아 하는, 해이한
	질서 정연함	조직화에 집착하는	조직화된, 체계적인	-	체계적이지 못한	조심성 없는, 엉성한, 무계획적인
	책임감	과도하게 원칙을 따르는	믿을 수 있는, 신뢰할 만한, 책임감 있는	-	태평스러운, 변덕스러운	무책임한, 신뢰할 수 없는, 부도덕한
	성취 추구	일중독적인, 찬사를 요구하는	목적의식이 있는, 근면한, 야심찬	-	근심 걱정 없는, 만족하는	목표가 없는, 야망이 없는, 종잡을 수 없는
	자기절제	외골수이고 완강한	자기훈련이 된, 의지력이 있는	-	느긋한	태만한, 쾌락주의적인
	신중함	반추적인, 우유부단한	사려 깊은, 사색적인, 신중한	-	결정을 빨리 내리는	성급한, 경솔한

출처: Rojas & Widiger, 2014

6) 성격 5요인 모형에 대한 비판

성격 5요인 모형은 성격심리학의 부활에 큰 기여를 했지만, 몇 가지 측면에서 비판을 받고 있다.

첫째, 성격 5요인을 도출하는 과정에서 사용한 통계 기법인 요인 분석은 다수의 사람을 대상으로 성격의 개인차를 반영하는 주요 차원들을 찾아내는 방법이다. 따라서 요인 분석을 통해 얻어진 차원들은 사람들 간의 차이를 가져오는 성격 차원일 뿐, 개인의 성격을 구성하는 요소는 아니다. 즉, 연구자들이 제안한 특질 차원에서 사람들이 서로 다르다고 말할 수는 있지만, 한 개인의 성격이 그러한 차원들로 구성되어 있다고 말할 수는 없다. 달리 말하면, 요인 분석을 통해 성격이라는 개념의 보편적 구조 혹은 구성 차원을 밝힐 수 있지만, 특정 개인의 성격이 그러한 구조를 그대로 따를 것이라고 주장할 수는 없는 것이다.

둘째, 성격 차원이 5개의 요인으로 구성된다는 의견에 반대하는 연구자들도 있다. 성격 차원의 수에 대한 논쟁은 꾸준히 계속되었지만 5요인 구조가 반복적으로 확인되면서 다소 진정되는 듯했다. 그러나 영어권 이외의 국가들에서 5요인이 아닌 6요인 구조가 반복적으로 확인되면서 5요인에 1개의 요인을 더 추가해야 한다는 주장이 힘을 얻고 있다(Ashton & Lee, 2007).

셋째, 이론적 기반이 취약하다. 성격 5요인 모형은 특별한 이론적 가정을 하지 않고 자료 기반 분석을 이용해 구성한 모형이기 때문에 탈이론적이라 할 수 있다. 따라서 이론적 기반의 부재가 성격 5요인 모형의 근본적 결함을 반영하지는 않는다. 다만 성격 차원이 왜 꼭 5개여야 하는지 혹은 각 성격 차원의 기원은 무엇인지 등에 대한 중요한 질문에 답할 수 없다는 점은 한계로 지적될 수 있다.

넷째, 성격 5요인 모형은 성격의 역동성이나 모순, 불일치 등을 효과적으로 설명하지 못한다. Costa와 McCrae(1994)는 이러한 한계를 보완하기 위해 5요인 이론 성격 체계를 제안했지만 체계의 많은 부분이 충분히 정교화되지 않았으며, 후속 연구들도 적은 편이어서 비판을 받고 있다.

2 HEXACO

성격 5요인 모형이 비교적 오랫동안 특질 이론의 대표 모형으로 인정받았지만, 최근 들어 이 모형을 대체할 수 있는 새로운 모형이 주목받고 있다. 6개의 특질로 구성된 HEXACO 모형에 대해 살펴보자.

1) 배경

성격 5요인 모형은 개인의 특질을 포괄적으로 평가할 수 있는 유익한 모형임에 틀림없다. 하지만 일부 연구자들은 이 모형이 '충분히' 포괄적이지 않다는 데 동의한다. 이들은 비영어권에서 진행된 연구들에서 5요인 구조가 아닌 6요인 구조가 반복적으로 확인되었다는 점에 주목하였다(Ashton et al., 2004). 이들이 새롭게 발견한 요인은 정직함(honesty), 겸손함(humility), 탐욕스러움(greedy), 교활함(sly) 등으로 명명되곤 했다. 성격 5요인 모형의 차원들 중 이러한 특질과 관련이 있는 차원은 우호성 차원이다. 앞서 살펴본 바와 같이, NEO-PI-R 우호성 차원의 하위 요소 중에는 솔직함(straightforwardness)과 겸손함(modesty)이 포함되어 있다. 새롭게 발견된 여섯 번째 요인이 기존 5요인 모형의 우호성(솔직함, 겸손함 제외)과 서로 구분된다고 보는 학자들은 '타인을 착취하거나 이용하는 것과 관련된 반응'을 기준으로 두 요인을 구분했다(Ashton & Lee, 2007).

이들에 따르면, **정직함**은 다른 사람을 착취하거나 이용할 수 있는 기회가 주어졌을 때 어떻게 반응하는지와 관련이 있다. 정직한 사람들은 자신에게 직접적인 처벌이나 피해가 오지 않는다는 사실을 알더라도 다른 사람을 착취하는 선택을 하지 않는다. 예컨대 주변에 보는 사람이 없거나 CCTV 등의 녹화 장치 또한 없더라도 길에 떨어져 있는 돈뭉치를 자신의 것으로 취하지 않고 경찰서 등에 전달한다. 반면 정직하지 않은 사람들은 자신에게 별다른 처벌의 위협이 없다면 기회를 보아 다른

▲ 들키지 않을 것을 알면서도 지갑을 돌려주는 사람은 정직한 사람이다.

사람을 착취하거나 이용한다.

우호성은 자신이 다른 사람에게 착취당하고 있거나 이용당하고 있음을 자각했을 때의 반응과 관련이 있다. 우호성이 높은 사람들은 자신이 이용당하고 있음을 자각해도 상대와의 관계를 유지하면서 협력하는 경향이 있다. 이들은 자신의 피해를 인식하는 상황에서도 타인이나 공동체를 위해 자신의 피해를 감수한다. 반면 우호성이 낮은 사람들은 자신이 착취당하고 있거나 이용당하고 있음을 자각하면 복수심을 느끼면서 적대적 행동을 보인다. 이들은 타인 때문에 자신이 손해 보는 것을 싫어하며, 필요하다면 관계를 정리하는 것도 주저하지 않는다.

Lee와 Ashton(2004; Ashton & Lee, 2007)은 이러한 구분을 반영하여 기존의 5개 요인에 정직-겸손 요인을 추가한 6요인 모형을 구성하고 이를 HEXACO로 명명하였다. 이들은 HEXACO를 측정할 수 있는 다양한 버전의 도구를 개발하고 그 타당도를 확인하기도 했다(유태용, 이기범, Ashton, 2004; Ashton & Lee, 2009; Lee & Ashton, 2004; Lee & Ashton, 2018). 현재 HEXACO를 이용한 다양한 연구들이 진행되고 있는데(Ashton, Lee, & De Vries, 2014), 특히 정직-겸손 요인을 이용한 연구들이 주목받고 있다. 예컨대 타인에게 해를 끼치는 성격 특징에 해당하는 마키아벨리아니즘이나 나르시시즘/자기애적 성격, 정신병질성과 정직-겸손의 관련성에 대한 연구들이 활발하게 진행되고 있다(Lee & Ashton, 2005).

2) HEXACO의 구성

HEXACO는 정직-겸손(Honesty-Humility: H), 정서성(Emotionality: E), 외향성(eXtroversion: X), 우호성(Agreeableness: A), 성실성(Conscientiousness: C), 개방성(Openness: O)으로 구성되어 있으며, 각 성격 차원은 4개의 하위 요소들을 포함하고 있다(Lee & Ashton, 2004). 표 4.3에 HEXACO의 6개 차원과 하위 요소들을 제시하였다.

HEXACO의 6개 성격 차원 중 외향성과 성실성, 개방성은 NEO-PI-R의 외향성, 성실성, 개방성과 거의 유사하다. 하위 요소의 개수가 달라지면서 명칭이 다소 변경되었을 뿐 핵심 특징은 거의 다르지 않다(Ashton & Lee,

2007). 반면 정직-겸손과 정서성, 우호성은 기존의 성격 5요인 모형과 구조 및 내용이 다르므로 주의해서 보아야 한다.

정직-겸손(Honesty-Humility)은 HEXACO에서 새롭게 추가된 성격 차원으로 정직함, 도덕적이고 공정함, 청렴함, 겸손함 등을 특징으로 한다. 정직-겸손 수준이 높은 사람들은 진실하고 믿음직스러우며, 잘난 체하지 않는 반면, 정직-겸손 수준이 낮은 사람들은 교활하고 탐욕스러우며, 가식적이고 거만한 경향이 있다. 정직-겸손 차원은 자신의 욕구를 위해 타인을 이용하거나 착취하는 것을 특징으로 하는 성격 특성과 밀접한 관련이 있는 것으로 확인되었다. 여기에는 소위 **다크 트라이어드**(the dark triad)라 불리는 성격 특징인 마키아벨리아니즘과 나르시시즘/자기애적 성격, 정신병질성이 포함된다. **마키아벨리아니즘**(Machiavellianism)은 자신의 이익을 위해 다른 사람을 속이거나 조종하는 경향성을 의미하며(Christie & Geis, 2013; Wilson, Near, & Miller, 1996), **나르시시즘/자기애적 성격**(Narcissism)은 자신의 가치를 과장되게 지각하는 것을 특징으로 하는 성격 특성을 의미한다(Miller, Lynam, Hyatt, & Campbell, 2017). **정신병질성**(Psychopathy)은 정서적으로 냉담하고 죄책감이 결여되어 있어 다른 사람에게 심각한 피해를 줄 수 있는 반사회적 행동을 반복적으로 나타내는 성격을 의미한다(Hare & Neumann, 2008). 정직-겸손 차원은 제시된 세 가지 성격 특성을 적절히 포착하는 것으로 나타나, 기존 5요인 모형의 한계를 보완하는 것으로 확인되었다(Lee & Ashton, 2005, 2014).

정서성(Emotionality)은 성격 5요인 모형의 신경과민성과 유사한 차원이다. 중요한 차이점은 분노(anger) 혹은 적대감(hostility)이 제외되었다는 것이다. 분노와 적대감을 어떤 성격 차원에 둘 것인가에 대해서는 그동안 많은 논란이 있었다. HEXACO에서는 분노와 적대감을 우호성의 반대극으로 개념화하는 것이 각 차원의 특성을 보다 명확하게 드러낸다고 판단했다(Ashton & Lee, 2007). 이로써 정서성에는 분노를 제외한 부정 정서를 쉽게 경험하는 경향성이 남게 되었다. 여기에는 불안과 두려움, 슬픔 등이 포함된다. 흥미로운 것은 대인관계에 대한 의존성이 정서성의 하위 요소로 설정되었다는 점이다. 기존 5요인 성격 이론에서의 신경과민성은 대체로 정서적 취약성에 초점이 맞춰져 있었으며, 그러한 정서적 특성이 갖는 적응적 이점을 효과적으로 드러내지 못했다. 반면 HEXACO의 정서성은 다양한 부정 정서를 쉽게 느

표 4.3 HEXACO의 각 성격 차원과 하위 요소

성격 차원	하위 요소
정직-겸손 (Honesty-Humility)	진실성(sincerity), 도덕성/공정성(fairness), 청렴성(greed-avoidance), 겸손함(modesty)
정서성 (Emotionality)	두려움(fearfulness), 불안(anxiety), 의존성(dependence), 감수성(sentimentality)
외향성 (eXtraversion)	표현성(expressiveness), 사회적 대담성(social boldness), 사교성(sociability), 활력(liveliness)
우호성 (Agreeableness)	관용성(forgiveness), 온유성(gentleness), 융통성(flexibility), 인내심(patience)
성실성 (Conscientiousness)	치밀함(organization), 근면성(diligence), 완벽주의(perfectionism), 신중성(prudence)
개방성 (Openness to experience)	심미성(aesthetic appreciation), 지적 호기심(inquisitiveness), 창의성(creativity), 비관습성(unconventionality)

끼는 경향성이 대인관계적 의존성 혹은 대인관계적 돌봄이나 관여와 관련될 수 있다는 점을 부각시켰다(Ashton & Lee, 2007).

HEXACO의 **우호성**(Agreeableness)은 앞서 언급한 대로 타인의 착취 행동이나 조종에 대한 관용적 태도를 중심으로 재구성되었다. 즉, 관용성과 온유함, 융통성, 인내심은 우호성 차원에 남고, 솔직함이나 겸손함과 같은 특질은 정직-겸손 차원으로 재배치되었다. 우호성 차원이 타인의 착취에 대한 태도를 중심으로 재구성되면서 분노나 적대감, 복수심이 결여된 상태를 좀 더 분명하게 반영할 수 있게 되었다.

3) HEXACO의 이론적 설명

HEXACO의 개발자들은 새롭게 구성된 6개 성격 차원에 대한 이론적 틀을 간략하게 제공하기도 했다(Ashton & Lee, 2007). 이들에 따르면, HEXACO의 6개 성격 차원은 이론생물학(theoretical biology)의 주요 개념들로 이해될 수 있다. 첫째, 정직-겸손 차원과 우호성 차원은 호혜성 이타주의, 정서성 차원은 친족 이타주의 개념으로 설명될 수 있다. 둘째, 외향성과 성실성, 개방성은 삶의 특정한 영역에 대한 투자 혹은 참여로 설명될 수 있다.

호혜성 이타주의(reciprocal altruism)란 어떤 유기체가 자신에게 보답할 것으로 예상되는 다른 유기체를 돕는 행동을 의미한다. **공정함**(fairness)과 **관용**(tolerance)은 호혜성 이타주의를 구성하는 중요한 두 가지 측면이다(Trivers, 1971). Ashton과 Lee(2007)는 정직-겸손 차원이 호혜성 이타주의의 '공정함'과 관련이 있으며, 우호성 차원은 호혜성 이타주의의 '관용'과 관련이 있다고 주장했다. 다른 사람을 착취할 기회가 있음에도 그를 착취하지 않고 공정하고 진실하게 대하면, 당장은 이득을 취할 수 없지만 장기적으로 상대가 도움 행동을 거부할 위험을 낮춘다. 한편 다른 사람의 착취에 대해 즉각적으로 보복하지 않고 감내하면, 당장은 피해를 입을 수 있으나 장기적으로 상대로부터 도움받을 가능성을 높일 수 있다.

친족 이타주의(kin altruism)란 혈연관계에 있는 친족을 돕는 행동을 의미한다(Hamilton, 1964). Ashton과 Lee(2007)는 HEXACO의 정서성이 친족 이타주의와 밀접한 관계를 맺고 있다고 주장했다. 특히 친족이나 친족이 될 가능성이 있는 친밀한 관계에 대한 정서적 애착과 공감적 염려, 친족에게 가해질 수 있는 위험을 회피하려는 경향성, 타인에게 도움을 구하는 경향성 등이 정서성에 반영되어 있다고 보았다. 그들에 따르면, 특정 개인의 정서성 수준이 높을수록 주변 친족의 생존 가능성이 높아지지만, 당사자는 상대적으로 손해를 볼 위험이 증가한다. 친족의 생존에 위협이 될 가능성이 있다면 관련된 이득을 취하지 않기 때문이다.

HEXACO의 나머지 세 차원인 외향성과 성실성, 개방성은 각각 특징적인 삶의 영역 혹은 활동에 대한 투자나 참여로 개념화할 수 있다. 외향성은 사회적 활동(social endeavor)에 대한 투자나 참여 정도를 반영한다. 예컨대 다른 사람들과 어울리면서 즐거운 시간을 보내거나, 다른 사람들을 이끄는 등의 활동이 여기에 해당한다. 성실성은 업무나 과제 관련 활동(task-related endeavor)에 대한 투자나 참여 정도를 반영한다. 예컨대 직장에서의 업무에 몰두하거나 특정한 프로젝트를 계획하고 실행하는 것 등이 여기에 포함된다. 개방성은 아이디어 관련 활동(idea-related endeavor)에 대한 투자나 참여 정도를 반영한다. 특정 주제에 대해 공부를 하거나 생각하는 것, 공상 등이 여기에 해당한다. 각 영역에 대한 투자는 특정한 보상을 제공한다. 외향성 관련 활동은 친구나 동료와 같은 관계적 보상과 연결될 수 있고, 성실성 관련 활

표 4.4 HEXACO의 이론생물학적 설명 정리

<table>
<tr><th colspan="2">이론생물학적 개념</th><th>HEXACO 차원</th></tr>
<tr><td rowspan="2">호혜성 이타주의</td><td>공정함</td><td>정직-겸손</td></tr>
<tr><td>관용</td><td>우호성</td></tr>
<tr><td colspan="2">친족 이타주의</td><td>정서성</td></tr>
<tr><td rowspan="3">자원 투자</td><td>사회적 활동</td><td>외향성</td></tr>
<tr><td>과제 관련 활동</td><td>성실성</td></tr>
<tr><td>아이디어 관련 활동</td><td>개방성</td></tr>
</table>

동은 승진이나 경제적 보상 등과 연결될 수 있다. 개방성 관련 활동에 몰두하면 새로운 발견을 통해 사회적·경제적 보상이 주어질 수 있다고 제안되었다(Ashton & Lee, 2007).

4) HEXACO 모형에 대한 평가

HEXACO 모형의 가장 큰 장점은 정직-겸손 차원을 추가함으로써 기존 5요인 모형에서 적절히 포착하지 못했던 부적응적 성격 유형을 효과적으로 포착할 수 있게 되었다는 점이다. 또한 신경과민성에 포함되어 있던 분노와 우호성의 관계를 적절히 정리하여 각 차원의 특성을 보다 명료하게 정리했다는 점도 장점으로 꼽을 수 있다. 하지만 모형이 제안된 후 많은 시간이 흐르지 않은 상황이기 때문에 횡문화적 일관성이나 각 차원과 하위 요소의 타당도에 대한 연구가 부족한 실정이다. 특히 새롭게 구성한 정직-겸손과 정서성, 우호성 차원의 생물학적 기반에 대한 연구가 보다 활발히 진행되어야 할 것으로 보인다.

요약

- 특질의 구조를 분석한 많은 연구자는 5개의 차원으로 구성된 모형이 포괄적이면서도 간명하게 인간의 특질을 포착한다고 제안했다. 그들은 5개의 특질 차원을 'Big Five'라 부른다.

- Big Five 혹은 성격 5요인을 측정하는 대표적인 도구는 Costa와 McCrae가 개발한 NEO-PI-R이다. 이 도구는 신경과민성과 외향성, 개방성, 우호성, 성실성을 측정하는 문항들로 구성되어 있다.

- 신경과민성은 불안이나 우울, 분노와 같은 부정 정서를 빈번하게 혹은 높은 강도로 경험하는 경향성을 의미한다. 하위 요소로는 불안과 적대감, 우울, 자의식, 충동성, 스트레스 취약성이 포함되어 있다.

- 외향성은 대인관계 자극을 선호하는 경향성을 의미한다. 하위 요소로는 따뜻함, 사교성, 주장성, 활동성, 흥분 추구, 긍정 정서가 포함되어 있다.

- 개방성 혹은 경험에 대한 개방성은 호기심이 많고 다양한 경험과 가치에 개방적 태도를 취하는 경향성을 의미한다. 하위 요소로는 상상력과 심미안, 감정 표현, 색다른 행동, 색다른 생각, 비관습적 가치가 포함되어 있다.

- 우호성은 다른 사람에게 우호적이고 협력적인 경향성을 의미한다. 하위 요소로는 신뢰와 솔직함, 이타성, 순응성, 겸손함, 온유함이 포함되어 있다.

- 성실성은 책임감이 강하고 성취 지향적이며, 자기조절을 잘 하는 경향성을 의미한다. 하위요소로는 유능성과 질서 정연함, 책임감, 성취 추구, 자기절제, 신중함이 포함되어 있다.

- Costa와 McCrae는 성격 5요인을 중심으로 하는 성격 체계를 제안한 바 있다. 이 이론에 따르면, 성격 5요인으로 대표되는 기본적 성향은 생물학적 기반의 영향을 받는다. 기본적 성향은 일종의 추상적 잠재력으로 외부적 영향과 함께 개인의 특징적 적응을 결정한다. 문화적 영향이 반영된 개인적 성향의 발현으로 형성되는 목표, 태도, 자기개념 등이 특징적 적응의 대표적인 예이다. 특징적 적응과 외부적 영향은 특정한 행동이나 사건을 전 생애에 걸쳐 유발하는데 이를 인생 경험이라 한다.

- 성격 5요인이 많은 지지를 얻고 있는 것은 사실이지만, 비영어권에서 진행된 연구들에서는 6요인 구조가 반복적으로 보고되기도 했다. 특히 우호성에 포함되어 있던 정직-겸손 하위 요인은 별도의 요인으로 구분되는 것이 적절하다는 주장이 힘을 얻으면서, 정직-겸손, 정서성, 외향성, 우호성, 성실성, 개방성의 6요인으로 구성된 HEXACO 모형이 제안되기도 했다.

- HEXACO의 6개 차원 중 외향성과 성실성, 개방성은 기존의 성격 5요인 모형과 유사하다. 반면 정직-겸손 차원은 호혜성 이타주의 중 공정함(직접적인 처벌의 위험이 없을 때에도 다른 사람을 이용하거나 착취하지 않는 경향)을 반영하도록 구성되었으며, 우호성은 호혜성 이타주의 중 관용(자신이 착취당하고 있음을 아는 상황에서도 이를 감내하면서 관계를 유지하는 경향)을 반영하도록 구성되었다. 정서성은 성격 5요인의 신경과민성 중 분노 요소를 제거하여 구성하였으며, 그 결과 친족 이타주의, 즉 친밀한 관계에 대한 정서적 애착이나 염려, 위험 회피 경향, 도움 추구 경향을 좀 더 일관적으로 측정할 수 있게 되었다.

연습 문제

1 대부정 정서를 빈번하게 경험하는 것을 특징으로 하는 신경과민성은 다양한 부적응적 특징(예: 심리장애, 신체 질환)과 밀접한 관련을 맺고 있는 것으로 보고되어 왔다. 신경과민성이 적응적으로 기능할 수 있는 상황이나 조건 등에 대해 서술하시오.

2 대인관계 지향적이고 활동적이며 다양한 긍정 정서를 경험하는 특질인 외향성은 대중들에게도 매우 적응적인 성격 특성으로 인식되고 있다. 외향성이 부적응적으로 기능할 수 있는 상황이나 조건 등에 대해 서술하시오.

3 개방성이 극단적으로 높거나 낮을 때 나타날 수 있는 특징에 대해 서술하시오.

4 외향성과 우호성은 대인관계와 관련된 특질들이다. 두 특질의 차이점에 대해 서술하시오.

5 성실성은 신체적 건강이나 삶의 질과 정적 상관관계를 맺고 있는 것으로 보고되고 있다. 성실성이 이러한 변인들에 어떻게 기여할 수 있는지 설명하시오.

6 성실성이 부적응적으로 기능할 수 있는 상황이나 조건 등에 대해 서술하시오.

7 대학생 K는 큰 규모의 연합 동아리 회장이다. 사람들과 어울리는 것을 좋아해서 자연스럽게 동아리의 핵심 인물이 되었고, 회장직을 제안받았을 때에도 재미있는 일이 많을 것 같아 흔쾌히 수락했다. 그런데 회장이 되어 동아리를 운영하자 많은 문제가 발생했다. 예컨대 중요한 행사에 종종 빠지는 동아리원들이 있어 K가 이를 지적하였는데, 너무 강압적인 것이 아니냐면서 동아리원들이 반발하는 사건이 있었다. 그런 일이 있을 때마다 K는 그들의 불만을 이해하기 어려웠고 다만 귀찮게 느껴졌다. 그는 그들의 불만을 달래 주지 않았으며, 자신이 계획한 대로 철저하게 동아리를 운영했다. 특히 선배들이 정해 놓은 운영 규칙을 중요하게 여겼으며, 이러한 규칙에 저항하거나 변화를 요구하는 사람들을 은근히 적대하면서 따돌렸다. 동아리원들의 K에 대한 평가는 극단적으로 나뉘었다. 한쪽은 K가 정말 깔끔하게 동아리를 잘 운영한다고 칭찬했고, 다른 한쪽은 K가 너무 독단적이라고 비난했던 것이다. K의 성격을 성격 5요인 측면에서 기술하시오.

8 HEXACO 모형에서 정직함과 우호성의 차이를 설명하시오.

9 HEXACO 모형의 정서성과 성격 5요인의 신경과민성의 차이를 기술하고, 마찬가지로 두 모형의 우호성이 서로 어떻게 다른지 설명하시오.

chapter

05

성격에 대한 생물사회적 관점

▲ Jeremiah Davison(1695-1745) 제임스 더글러스 백작과 그의 가족(1740)

한 가족일지라도 가족 구성원의 성격이 모두 완벽히 동일한 경우는 거의 없다. 나와 내 가족의 성격은 어떤 면에서 비슷하거나 다른지 떠올려 보고, 그 이유는 무엇일지 생각해 보자.

학습 목표

- 행동유전학의 연구 방법을 이해한다.
- 유전과 환경의 상호작용을 설명하는 대표적인 모형을 설명할 수 있다.
- 대표적인 기질 모형을 비교하여 제시할 수 있다.
- 중요한 발달 시기별 특징과 성격의 관계를 이해한다.

특질 연구자들이 성격의 핵심 차원을 밝혀내는 데 크게 기여한 것은 사실이지만, 지금까지도 완벽하게 풀지 못한 문제가 있다. 그것은 각 성격 차원의 기원이 무엇인가 하는 질문이다. 과연 성격은 어떻게 형성되는 것일까? 이 질문과 관련된 가장 근본적인 논제는 '타고난 것과 생후 경험하는 것이 성격 형성에 어떻게 관여하는가'이다. 이 논제는 '천성(nature) 대 양육(nurture)' 논쟁 혹은 '유전(gene) 대 환경(environment)' 논쟁과도 관련이 있다. 이러한 논쟁은 과학으로서의 성격 연구가 시작되기 이전부터 여러 과학자나 철학자들이 중요하게 다루어 온 것이며, 중요한 역사적 사건이나 과학적 발견의 영향을 받아 큰 변화를 겪어 왔다.

현대 성격심리학자들은 유전과 환경이 모두 중요하다는 데 동의하며, 두 요소가 어떻게 서로 영향을 주고받는지를 파악하는 데 주력하고 있다. 거시적으로 보면 유전학이나 뇌과학에 초점을 둔 생물학적 관점의 연구들과 사회 및 환경의 영향력에 초점을 둔 사회심리학이나 문화심리학 연구들이 이러한 문제를 다루고 있다. 최근에는 두 요소를 통합적으로 다루려는 생물사회적 관점의 연구들도 꾸준히 진행되고 있다.

이러한 연구들은 인간이 태어나서 발달하는 과정을 단계적으로 탐색하면서 각 시기의 중요한 변화를 연구한다. 예컨대 태어나면서부터 가지고 있는 기본적인 자극에 대한 반응 경향성이나 주양육자와의 상호작용 패턴, 가족 이외의 대인관계가 시작되는 시점의 중요한 사회적 영향, 성격의 핵심을 이루는 자기인식이나 가치관 혹은 신념이 형성되는 과정 등을 세부적으로 탐색하는 것이다. 중요한 발달적 변화에 유전과 환경이 어떤 식으로 영향을 미치는지를 파악하는 것이 연구의 주요 목적이다.

본 장에서는 성격에 대한 유전과 환경의 영향을 탐색한 다양한 연구 성과를 살펴보려고 한다. 우선 '천성 대 양육' 혹은 '유전 대 환경' 논쟁의 역사와 최근 경향, 주요 이론을 살펴보고, 성격에 대한 대표적인 생물학적 연구 주제인 기질에 대한 연구들을 살펴볼 것이다. 이후 인간의 발달 과정을 단계적으로 추적하면서 각 시기의 중요한 생물학적 변화와 사회적 영향이 개인의 성격에 미치는 영향을 알아보고자 한다.

1 유전과 성격

성격에 대한 유전과 환경의 영향력에 대한 논의는 성격심리학의 핵심 주제이다. 관련 논의가 역사적으로 어떻게 진행되었으며, 어떤 연구 방법을 통해 유전과 환경의 영향력을 정교하게 분석했는지 알아보자.

1) 성격에 대한 천성 대 양육 논쟁

인간의 행동이나 성격에 천성과 양육이 미치는 영향에 대한 근대적 논의는 19세기 영국의 학자였던 Francis Galton에 의해 시작되었다. Galton은 앞서 다룬 특질 이론에서 어휘 가설을 주장했던 학자로도 소개되었다. 그는 통계학이나 측정학 관련 연구를 활발히 진행했을 뿐만 아니라 행동유전학의 발전에도 크게 기여하였다. **행동유전학**(behavior genetics)은 유전이 행동에 미치는 영향을 탐구하는 학문 분야이다. Galton은 사촌지간이었던 Charles Darwin(1809-1882)의 진화론에 영향을 받아 유전의 중요성을 강조하였다. 그는 특히 인간의 행동을 포함한 다양한 심리적 특성이 유전에 의해 결정될 것이라고 보았다. 이를 확인하기 위해 다양한 기법들을 개발하기도 했는데, 쌍생아를 이용한 연구법이 대표적이다.

Galton을 중심으로 유전 혹은 천성의 중요성을 강조하는 흐름은 상당히 오랫동안 지속되었다. 그러다 전 세계를 뒤흔들었던 중요한 사건인 세계대전이 발발하면서 그 흐름이 크게 바뀌게 된다. 특히 제2차 세계대전을 주도했던 나치즘은 인간의 본성 혹은 천성에 대한 견해를 크게 흔들어 놓았다. 비슷한 시기에 인간의 행동에 대한 새로운 관점이 심리학 분야에서 부흥하기 시작했다. 바로 John Watson(1878-1958)이 중심이 되어 발전했던 행동주의다. **행동주의**(behaviorism)는 객관적으로 관찰 가능한 행동만을 연구의 대상으로 보아야 한다는 입장을 강조한 심리학 사조이다. 행동주의 심리학자들은 인간의 행동이 자극(stimulus)에 의해 유발된다고 보았다. 이러한 관점에 따르면, 인간의 행동에 중요한 영향을 미치는 요인은 환경 요소이다. 환경이 달라지면 인간의 행동 또한 얼마든지 달라질 수 있다고 본 것이다. 행동주의는 대략 1960년대까지 심리학계에 매우 큰 영향을 미쳤다. 그로 인해 행동에 대한 천성-양육 논쟁은 양육론 혹은 환경론으로 기울어질 수밖에 없었다.

이후 행동주의의 한계가 부각되면서 행동주의가 쇠퇴하였고, 그와 함께 환경론도 힘을 잃기 시작했다. 또한 유전학과 생물학의 눈부신 발전에 힘입어 유전의 중요성이 새롭게 부각되었고, 그에 따라 천성론이 다시 힘을 얻게 되었다. 하지만 유전에 대한 과학적 이해가 더욱 발전하면서 기존의 천성 대 양육 논쟁이 생물학적으로 적절하지 않다는 주장이 제기되었고(Balaban, 2006; Robinson, 2004), 두 요소의 관계에 대한 새로운 관점이 설득력을 얻기 시작했다. 즉, 천성과 양육 중 무엇이 더 중요한가의 문제에서 두 요소가 어떻게 상호작용하는지의 문제로 관점이 전환된 것이다.

2) 성격의 유전 요소

천성에 대한 연구는 곧 유전에 대한 연구라고 볼 수 있다. 유전자의 개념과 행동유전학의 연구 방법에 대해 살펴보자.

(1) 유전자

유기체의 모든 특성은 유전자를 통해 유전된다. 유기체를 구성하는 기본 요소는 **세포**(cell)이다. 세포 안에는 **염색체**(chromosome)라는 구조체가 있는데, 이 구조체는 실이 촘촘하게 모여 있는 것과 같은 형태를 띤다. 염색체를 구성하는 실 형태의 구조물은 사실 이중나선 구조를 가지고 있으며, 간단히 **DNA**(Deoxyribo Nucleic Acid)라고 부른다. DNA는 유전 정보를 담을 수 있는 일종의 고분자 화합물이다. 하지만 염색체를 구성하는 DNA의 모든 부분이 유전 정보를 담고 있는 것은 아니기 때문에, 이를 담는 부분을 별도로 **유전자**(gene)라 칭하고 있다. 유전자는 단백질을 특정한 방향으로 합성하도록 지시하여 유기체의 발달에 영향을 미친다.

유전자가 유기체의 행동에 영향을 미치는 과정은 매우 복잡하고 간접적이다. 결론부터 말하면, 유전자가 인간의 행동을 직접적으로 지배하지는 않는다. 유전자는 방대한 양의 정보를 토대로 단백질 합성을 지시하고 감독하며, 그렇게 합성된 단백질이 여러 단계를 거쳐야만 구체적인 행동으로 발현된다. 이 과정에서 수많은 유전자가 복잡하게 상호작용하기 때문에 사실상 특정한 심리적 특성이나 행동 등과 특정한 유전자를 연결하는 것은 거의 불가능한 일이다. 실제로 인간의 특정 행동과 유전자를 연결하려는 시도는 대

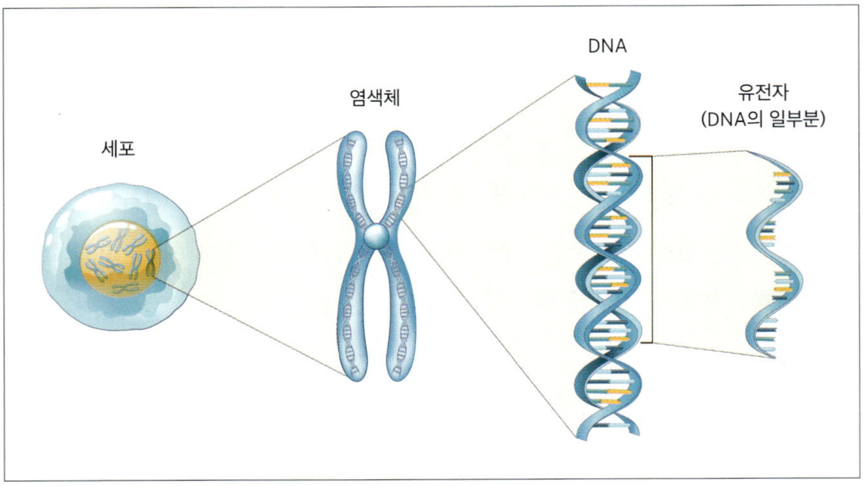

그림 5.1 세포, 염색체, DNA, 유전자

부분 실패로 돌아갔다.

유전자에서 행동이 발현되는 과정을 모두 밝히지 못했다고 해서, 혹은 그 과정을 구체적으로 파악하는 것이 매우 어렵다고 해서 행동이나 성격에 대한 유전의 영향력을 무시할 수는 없다. 사실 유전자와 행동의 구체적인 관계성을 모두 파악하지 못해도 '유전의 영향력'을 파악할 수 있는 방법이 있다. 행동유전학자들은 이 방법을 이용해서 인간의 다양한 성격 특성에 유전과 환경이 미치는 영향의 정도를 정교하게 탐색했다.

(2) 행동유전학

행동유전학에서 유전과 행동의 관계를 연구하기 위해 사용하는 대표적인 연구 방법으로는 쌍생아 연구와 입양 연구를 들 수 있다.

쌍생아 연구(twin studies)는 유전적 유사성의 정도가 이미 알려진 일란성 쌍생아와 이란성 쌍생아를 비교함으로써 유전과 환경의 영향력을 파악하는 방법이다. **일란성 쌍생아**(monozygotic twins)는 하나의 수정란이 2개로 분열하여 개별적으로 발육해 2명의 태아가 생긴 경우를 말한다. 일란성 쌍생아는 하나의 수정란에서 출생한 것이기 때문에 유전적으로 동일하다고 볼 수 있다. 반면 **이란성 쌍생아**(dizygotic twins)는 2개의 난자가 각각 따로 수정되어 2명의 태아가 생긴 경우를 의미한다. 이란성 쌍생아는 서로 다른 수정란에서 출생한 것이기 때문에 기본적으로 다른 형제들과 마찬가지로 50% 정도의 유전자만 공유한다. 따라서 일란성 쌍생아 간의 상관관계가 이란성 쌍생아 간의 상관관계보다 더 강하다면 그 차이는 공유하는 유전자 비율의 차이로 인해 나타나는 것으로 해석할 수 있다.

일란성 쌍생아와 이란성 쌍생아를 비교하여 유전의 효과를 파악하는 연구법을 사용하기 위해서는 한 가지 중요한 가정을 만족해야 한다. 즉, 쌍생아는 '동일한 환경'을 공유해야 한다. 행동에 영향을 미치는 요인이 유전과 환경이라고 가정할 때, 두 유형의 쌍생아 간 차이를 유전의 효과라고 말할 수 있으려면 환경의 효과를 통제해야 한다. 어떤 변인의 효과를 통제하는 좋은 방법은 동일하게 만들어 주는 것이다. 쌍생아 연구에서는 한집에 사는 쌍생아가 동일한 환경을 공유한다고 가정함으로써 환경의 효과를 통제한다. 이를 **환경 동일성 가정**(equal environment assumption)이라 부른다.

일견 큰 문제가 없어 보이는 가정이지만, 후속 연구들은 이 가정에 중요한 결함이 있다는 점을 발견하였다. 결론부터 말하면, 한집에 사는 쌍생아라고 해서 모두 '동일한 환경'을 공유하는 것은 아니다. 각자의 방이라는 고유한 공간을 가질 수 있고, 가족 중 일부와만 교류가 더 빈번할 수 있으며, 주로 만나는 친구나 머무는 공간 등이 다를 수 있다. 이런 경우 상관관계의 차이가 유전 때문에 나타나는지, 아니면 공유하거나 공유하지 않는 환경의 차이 때문에 나타나는지 변별하기 어렵다.

쌍생아 연구의 한계를 보완하는 한 가지 방법은 입양 연구이다. **입양 연구**(adaption studies)는 생물학적 부모와 분리되어 양부모에게 입양된 사람들의 특성을 비교하여 유전과 환경의 영향력을 탐색하는 연구법이다. 입양 연구는 다양한 방식으로 진행할 수 있다. 우선 입양된 사람과 친부모와의 유사성을 양부모와의 유사성과 비교할 수 있다. 만일 어떤 특성 측면에서 양부모보다 친부모와의 유사성이 더 크다면, 그 특성에 대한 유전의 영향은 환경의 영향보다 크다고 해석할 수 있다.

단순히 친부모나 양부모와의 유사성을 비교하는 것 외에도 다양한 방법으로 유전과 환경의 영향을 탐색할 수 있다. 예컨대 양부모에게 친자가 있다면 입양아와 친자의 특성을 비교할 수 있고, 친자가 없더라도 유전자를 일부 공유하는 사촌과 입양아의 특성을 비교해 볼 수 있다. 이렇게 유전자를 공유하는 정도나 환경을 공유하는 정도의 차이를 보이는 대상들을 비교함으로써 유전과 환경의 영향을 정교하게 분석해 볼 수 있다.

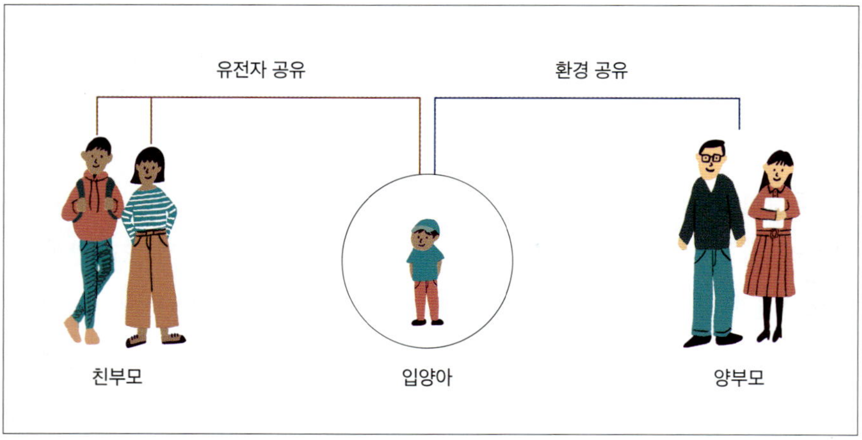

그림 5.2 입양아의 유전 및 환경 특성

표 5.1 성격 5요인의 유전성 추정치

성격 차원	유전성 추정치(h^2)
신경과민성	.37
외향성	.36
개방성	.41
우호성	.35
성실성	.31

출처: Vukasović & Bratko, 2015

행동유전학에서는 어떤 성격 특질에 유전이 기여하는 정도를 유전성 추정치로 표현한다. **유전성 추정치**(heritability estimate: h^2)란 어떤 성격 특질의 관찰된 변량(variance) 중 유전 요인에 의한 변량의 비율을 의미한다. 유전성 추정치는 0에서 1 사이의 값을 가지며, 값이 클수록 유전의 영향력이 크다고 해석한다. 이용되는 자료에 따라 계산 방식이 달라지는데, 쌍생아 연구의 경우 다음과 같은 공식을 사용한다.

$$h^2 = 2(rM - rD)$$

수식에서 *rM*은 일란성 쌍생아 간 상관관계를 의미하고, *rD*는 이란성 쌍생아 간 상관관계를 의미한다. 예를 들어, 어떤 특질의 일란성 쌍생아 간 상관관계가 .88이고 이란성 쌍생아 간 상관관계가 .40으로 확인되었다면, 유전성 추정치(h^2)는 2(.88 − .40) = .96이 된다. 즉, 이 특성의 관찰된 변량 중 유전에 귀인할 수 있는 변량은 약 96%라고 해석할 수 있다. 표 5.1에는 5요인 성격 차원의 유전성 추정치 연구 결과들을 전체적으로 검토하여 정리한 결과가 제시되어 있다(Vukasović & Bratko, 2015). 제시된 바와 같이 성격 특질의 30~40% 정도가 유전 요인에 의해 결정되는 것으로 나타나고 있다.

3) 성격의 환경 요소

성격 특질의 30~40%가 유전 요인에 의해 결정된다면, 나머지 60~70%

표 5.2 공유 환경과 비공유 환경의 영향 분석을 위한 구분

		생물학적 형제 여부	
		네	아니오
환경 공유 여부	네	A	B
	아니오	C	N/A

정도는 환경과 오차에 의해 결정된다고 해석할 수 있다. 성격에 영향을 미칠 수 있는 환경 요소는 매우 다양하지만, 행동유전학에서는 크게 공유 환경과 비공유 환경으로 구분하여 그 영향력을 탐색한다(Plomin & Daniels, 1987).

공유 환경(shared environment)이란 동일한 가정에서 자라는 형제가 공유하는 환경을 의미한다. 예컨대 가정의 기본적 가치나 규율, 사회경제적 수준, 기본적 양육 방식 등이 공유 환경을 구성한다. **비공유 환경**(nonshared environment)이란 동일한 가정에서 자라는 형제가 서로 공유하지 않는 환경을 의미한다. 예컨대 둘 이상의 자녀를 둔 부모는 출생 순위나 성별, 지적 역량이나 성격 등에 따라 각 자녀를 다르게 대할 수 있는데, 이것이 비공유 환경을 구성한다. 또래 관계나 사제 관계 등의 가정 외 환경 또한 비공유 환경에 해당한다.

표 5.2에는 성격에 대한 공유 환경과 비공유 환경의 상대적 영향력을 분석할 때 비교하는 집단이 제시되어 있다. 일반적으로 A 집단과 C 집단을 비교하거나, B 집단과 C 집단을 비교하는 등의 방법을 통해 각 환경 요소의 상대적 영향력을 분석한다. 만일 공유 환경의 영향이 크다면, A 집단원의 유사성이 C 집단원의 유사성보다 훨씬 더 높을 것이다. 반대로 비공유 환경의 영향이 크다면, A 집단원의 유사성과 C 집단원의 유사성 간에 큰 차이는 없을 것이다.

연구 결과에 따르면, 공유 환경보다 비공유 환경의 영향력이 훨씬 큰 것으로 확인되고 있다. 예를 들어, Dunn과 Pomin(1990)은 성격 변량의 40%가 유전 요인에 기인하고, 35%는 비공유 환경 요인, 5%는 공유 환경 요인, 나머지 20%는 측정 오차에 기인한다고 제시했다. Plomin(2011)은 비공유 환경의 영향에 대한 기존 연구들을 검토한 뒤 성격이나 정신병리, 인지 기능뿐만 아니라, 당뇨병이나 천식, 궤양 등의 신체 질환이나 수명에도 비공유 환경이 중요한 영향을 미친다고 제안하였다.

표 5.3 한 가정에서 자라는 아동들 간의 차이에 영향을 미치는 비공유 환경 요인 목록

<table>
<tr><th colspan="3">목록</th><th>예시</th></tr>
<tr><td rowspan="5">비공유 환경</td><td colspan="2">비체계적</td><td>사고, 출생 전 환경 차이, 질병, 외상 경험</td></tr>
<tr><td rowspan="4">체계적</td><td>가족 구성</td><td>출생 순위, 성별</td></tr>
<tr><td>형제간 상호작용</td><td>차별 대우 혹은 차별 대우 지각</td></tr>
<tr><td>부모자녀 관계</td><td>차별 대우 혹은 차별 대우 지각</td></tr>
<tr><td>가족 외 요인</td><td>또래나 친구, 교사와의 상호작용 경험 차이,
스포츠나 기타 활동 혹은 취미 경험 차이,
교육, 직업, 배우자, 원가족 이외의 가정사 차이</td></tr>
</table>

구체적으로 어떤 환경 요소가 중요한 비공유 환경으로 고려될 수 있는지에 대해서는 다양한 의견이 제안되고 있다. 표 5.3에는 Plomin과 Daniels(1987)가 제안한 비공유 환경 요인들과 그 예를 제시하였다. 이들에 따르면, 비공유 환경 요인은 크게 비체계적 요인과 체계적 요인으로 구분된다. **비체계적 비공유 환경**(nonsystematic nonshared environment) 요인은 체계적이지 않고 무작위로 발생하는 환경 요인으로, 사고나 외상, 질병 등이 여기에 포함된다. **체계적 비공유 환경**(systematic nonshared environment) 요인은 체계적으로 발생하고 유지되는 환경 요인으로, 출생 순위와 같은 가족 구성 요인과 형제간 상호작용, 부모자녀 관계 특성, 가족 외 요인 등으로 구성된다. 비공유 환경 요인들 중 특별히 더 중요한 요인이 무엇인지에 대한 연구는 꾸준히 진행되고 있다. 관련 연구들을 검토한 바에 따르면, 부모가 자녀들을 대하는 태도나 방식의 차이가 미치는 영향의 정도는 유전의 영향을 통제하면 매우 작아지는 것으로 나타났다(Plomin, Asbury, & Dunn, 2001). 이러한 결과는 부모의 양육 방식 차이보다 또래나 친구 관계와 같은 가정 밖에서의 경험이 상대적으로 더 중요할 수 있음을 시사한다.

4) 유전과 환경의 상호작용

현대 행동유전학자들은 인간의 성격에 유전과 환경이 모두 영향을 미친다는 점에 동의한다. 관건은 두 요소가 어떻게 상호작용하여 성격의 형성 및

유지에 영향을 미치는지를 파악하는 것이다. 행동유전학자들은 이 지점에서 의견을 달리하며, 현재까지 대부분의 학자들이 합의하는 이론이나 모형은 개발되지 못했다. 여기에서는 대표적인 이론 및 모형을 간단히 살펴보겠다.

(1) 수로화 모형

첫 번째로 살펴볼 모형은 Waddington(1966)의 수로화 모형이다. **수로화**(canalization)란 유전자가 유기체의 발달 양상을 제한하여 소수의 발달 결과를 가져오는 현상을 의미한다. Waddington에 따르면, 인간의 특성 중 일부는 강하게 수로화되어 있어서 환경의 영향을 거의 받지 않는다. 예컨대 아기들의 옹알이는 생후 8개월에서 10개월 사이에 거의 동일한 방식으로 진행된다. 반면 다른 특성은 상대적으로 수로화가 덜 되어 있어 경험이나 환경의 영향에 따라 여러 방향으로 갈라질 수 있다. 기질이나 성격 등이 여기에 해당한다.

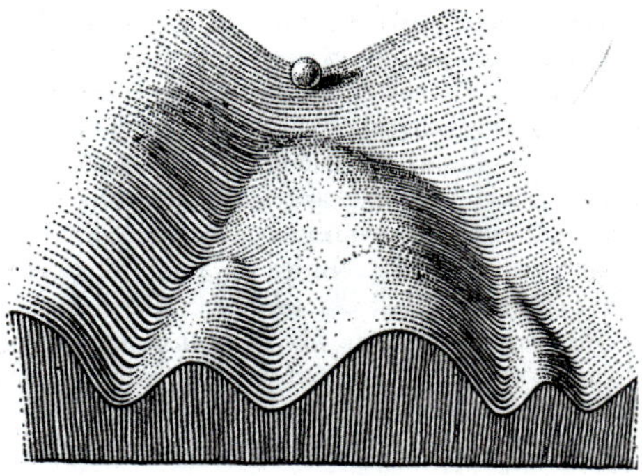

▲ 유전자는 물길과 같아서 발달의 방향에 영향을 준다.
출처: Waddington, 1957

(2) 반응 범위 모형

두 번째 모형은 Gottesman(1963)의 반응 범위 모형이다. **반응 범위**(range of reaction)란 유전자가 발현되는 과정에서 유전적 소인이 환경에 의해 변화될 수 있는 범위를 의미한다. Gottesman에 따르면, 유전자는 어떤 특성이 발달할 수 있는 가능성의 범위를 결정한다. 예컨대 유전자가 지능의 '범위'를 결정하고, 환경의 질이 '실질적인 지능'을 결정하는 것이다. 이 모형에 따르면, 아무리 풍요로운 환경에서 살아간다 해도 유전적으로 결정된 지능의 범위를 넘어서서 무한정 높아질 수는 없다. 마찬가지로 환경이 아무리 제한되어도 유전적으로 결정된 지능의 범위를 벗어나 무한정 낮아지지도 않는다.

Gottesman(1963)은 유전적 잠재력과 환경의 질이 상호작용할 수 있다고 보았다. 특히 유전적 잠재력이 우수할수록 환경의 질에 대한 반응 정도가 더 강해진다. 달리 말하면, 유전적 잠재력이 우수할수록 반응 범위가 넓다고 볼 수 있다. 반대로 유전적 잠재력 수준이 낮을수록 환경의 질에 대한 반응

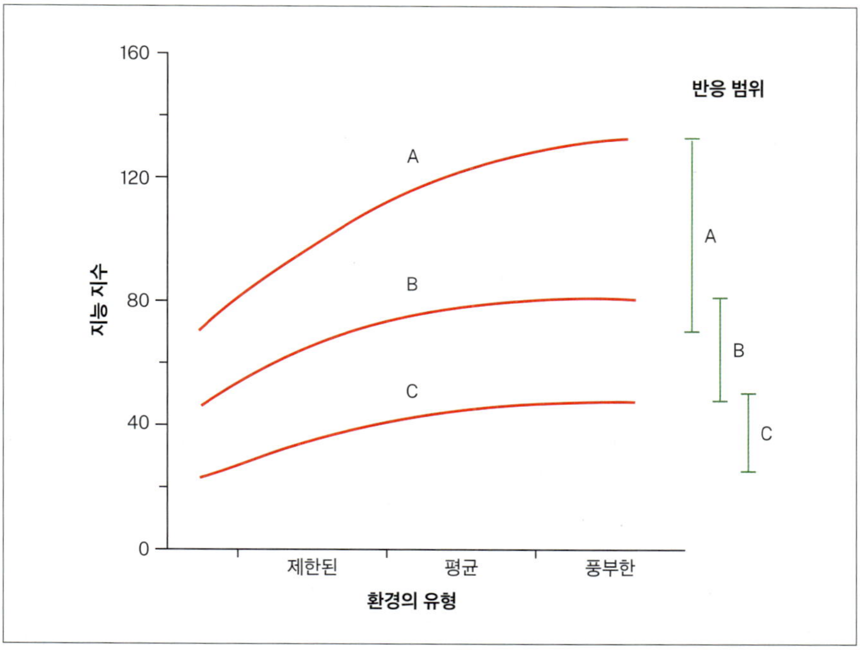

그림 5.3 유전적 잠재력 정도와 환경의 질에 따른 가설적 반응 범위
출처: Gottesman, 1963

정도가 약하고, 반응 범위 또한 좁은 것으로 제안되었다.

(3) 사회유전체 모형

세 번째 모형은 **사회유전체 모형**(sociogenomic model of personality)이다(Roberts & Jackson, 2008; Roberts, 2018). 이 모형은 성격 특질과 유전적 특성, 환경 간의 관계 양상을 구체적으로 제안하면서, 환경에 의해 유전적 특성 혹은 생물학적 시스템이 변할 수 있다고 제안했다. 예컨대 DNA와 같은 생물학적 시스템의 발현 양상이 환경에 따라 달라질 수 있으며, 환경이 변하면 생물학적 시스템 또한 조정된다고 가정했다.

유전 정보를 담고 있는 DNA는 단백질 합성 과정을 감독함으로써 발달에 영향을 미친다. 그런데 DNA가 언제, 어디에서, 어떻게 각 단백질을 합성할 것인가의 문제는 세포 환경과 밀접한 관련이 있으며, 세포 환경은 외부 환경의 영향을 받는다(Robinson, 2004). 결국 단백질이 합성되는 과정은 외부 환경의 영향으로부터 자유로울 수 없는 것이다.

그림 5.4에 사회유전체 모형의 도식을 제시하였다. 그림에서 타원형은 가

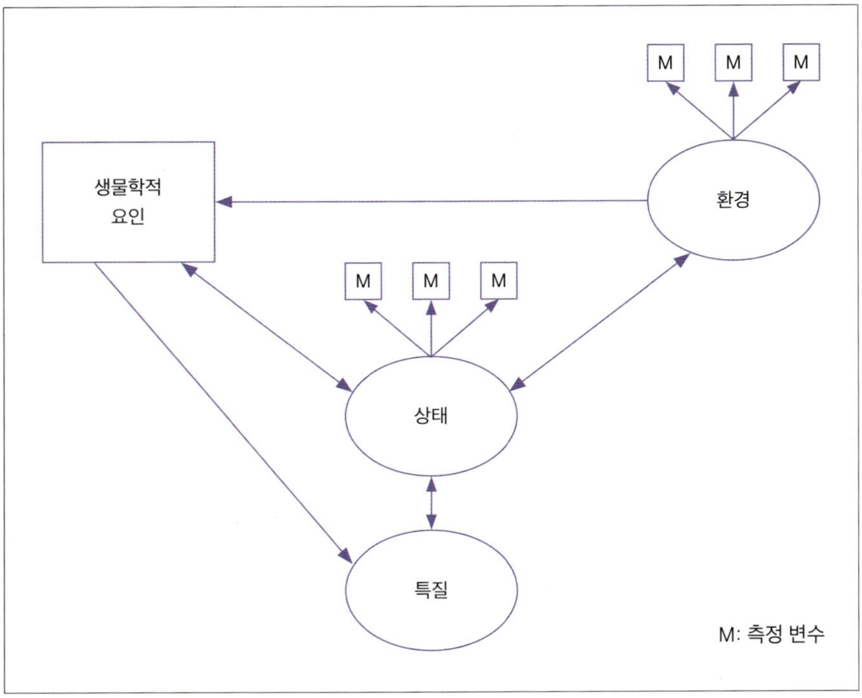

그림 5.4 성격에 대한 사회유전체 모형
출처: Roberts & Jackson, 2008

상적인 잠재 변인(latent variable)을 의미하고, 사각형은 구체적으로 관찰할 수 있는 관측 변인(observed variable/manifest variable)을 의미한다. 모형은 생물학적 요인과 환경, 특질, 상태로 구성되어 있다. **생물학적 요인**(biological factors)은 성격에 영향을 미칠 수 있는 생물학적인 요인들을 의미하며, 유전자가 여기에 포함된다. **환경**(environment)은 유기체가 놓인 물리적 환경 요소들을 의미하며, **특질**(trait)은 비교적 긴 시간 동안 유지되는 행동 경향성을 뜻한다. **상태**(state)는 비교적 짧은 시간 동안 유지되는 다양한 심리적 특성을 나타낸다.

이 모형의 중요한 특징은 다음과 같다. 첫째, 변인들의 상호작용을 인정한다. 특히 상태 변인은 생물학적 요인이나 특질, 환경과 서로 영향을 미칠 수 있는 것으로 가정된다. 일부 관계는 일방향적 인과관계만 인정되나(예: 생물학적 요인과 특질의 관계), 간접적인 경로를 통해 양방향적 관계가 나타날 수도 있다. 예컨대 특질은 상태와 환경의 간접 경로를 통해 생물학적 요인에 영향을 미칠 수 있다. 둘째, 생물학적 요인, 즉 유전자와 환경이 상호작용하여 상태와 특질에 영향을 미친다고 가정한다. 또한 환경과 유전자는 직접 경로나 간접 경로를 통해 서로에게 영향을 미칠 수 있다. 셋째, 상태의 역할을 특별히 중요하게 고려하였다. 여기에서 상태는 일시적인 사고나 감정, 행동 등을 의미한다. 환경은 상태에 영향을 미칠 수 있는데, 이러한 영향이 지속적일 경우 생물학적 요인이나 특질에도 변화가 일어날 수 있다.

사회유전체 모형은 적절한 환경 자극이 꾸준히 주어진다면 성격 특질은 물론 유전적 특성도 바뀔 수 있다고 제안하는 측면에서 혁신적이다. 아직 경험적 연구가 충분히 진행되지는 않았지만, 심리치료 등을 통한 성격의 변화와 신경학적 변화를 보고한 연구들이 간접적으로 이러한 주장을 지지하고 있다(Linden, 2006; Mancke, Schmitt, Winter, Niedtfeld, Herpertz, & Schmahl, 2018; Perry, Banon, & Ianni, 1999).

2 기질

유전이 성격에 영향을 미친다는 점은 여러 연구를 통해 확인되었다. 하지만 특정 유전자가 특정 성격에 영향을 미치는 구체적인 과정에 대해서는 아는 것보다 모르는 것이 더 많다. 발달심리학자나 성격심리학자는 이 과정을 탐색하는 방법 중 하나로 비교적 이른 발달 시기의 성격 특성을 연구한다. 이들은 생애 초기부터 나타나는 성격 특성을 기질로 명명하고 다양한 연구를 진행해 왔다.

기질(temperament)이란 유전적이고 체질적인 기반을 가지고 있는 반응 경향성을 의미한다. 앞서 특질 이론에서도 다루었지만, 어떤 자극에 대한 반응 경향성은 성격의 일반적인 요소이다. 따라서 특정 개인의 반응 경향성이 유전적이고 체질적인 기반을 가지고 있다고 말할 수 있으려면, 환경의 영향이 최소화되었음을 입증해야 한다. 이러한 이유 때문에 기질 연구자들은 환경의 영향이 최소화된 시기인 생애 초기의 영유아를 대상으로 기질 연구를 진행하는 경향이 있다.

1) 초기 기질 차원과 유형

▲ 똑같은 수건을 씌워도 아이마다 반응이 다르다.

신생아들은 서로 다른 기질을 가지고 태어난다. 병실이 떠나갈 듯 울어 대는 아이가 있는가 하면, 좀처럼 울지 않고 편안한 표정으로 가만히 있는 아이도 있다. 눈을 뜨고 주변을 의식할 수 있는 시기가 되면 차이는 좀 더 두드러진다. 어떤 아이는 조그만 소리에도 쉽게 겁에 질려 우는가 하면, 또 다른 아이는 큰 소리에도 잘 놀라지 않고 끊임없이 버둥거리며 주변을 두리번거리는 것이다.

발달심리학자인 Thomas와 Chess(1977)는 대규모 종단 연구인 뉴욕 종단 연구(New York Longitudinal Study)의 결과를 토대로 9개의 주요 기질 차원을 정리하여 제안한 바 있다. 표 5.4에는 해당 9개 기질 차원과 그 의미가 제시되어 있다. 이들은 9개의 기질 차원에서 영아의 기질을 평가한 결과를 토대로 3개의 기질 유형을 제안하였다.

첫 번째 유형은 **순한 기질의 아동**(easy child)이다. 이 유형에 속하는 아동의 생리적 활동(예: 먹기, 자기, 배변)은 매우 규칙적이고, 자극에 대한 반응 강도나 기분 표현의 강도는 중간 정도에 해당한다. 새로운 환경이나 사람에 대한 거부감 없이 쉽게 접근하며, 적응도 빠른 편이다. 기분 또한 대체로 긍정적인 것으로 나타난다.

두 번째 유형은 **까다로운 기질의 아동**(difficult child)이다. 이 유형에 속하는 아동은 여러 측면에서 순한 기질의 아동과 대조를 이룬다. 이들은 생리적 기능이나 활동 주기가 불규칙하고, 반응 강도나 기분 표현의 강도가 강렬하다. 새로운 환경이나 낯선 사람에 대해 거부적인 태도를 보이며, 적응도 느린 편이다. 전반적인 기분 또한 부정적인 편이며, 활동 수준은 높은 것으로 나타난다.

세 번째 유형은 **더딘 기질의 아동**(slow to warm up child)이다. 이 유형의 아동은 규칙성 측면에서 특별히 두드러지는 특징이 없으며, 반응 강도나 기분 표현의 강도가 약한 경향이 있다. 전반적인 활동 수준이 낮으며, 새로운 자극에 대한 초기 반응은 다소 부정적이지만 까다로운 기질의 아동 정도는 아니다. 새로운 환경에 적응하는 것이 빠르지는 않지만, 압박을 주지 않고 반복적으로 노출시키면 점진적으로 적응할 수 있는 유형이다.

표 5.4 9개의 주요 기질 차원

기질 차원	의미
활동 수준(activity level)	가만히 있는 시간과 활동하는 시간의 비율
규칙성(rhythmicity)	먹기, 자기, 배변하기 등의 생리적 기능의 규칙성
산만성(distractibility)	외부 자극에 쉽게 방해를 받는 정도
접근/위축(approach/withdrawal)	새로운 대상이나 사람, 음식 등에 대한 반응
적응성(adaptability)	새로운 변화에 쉽게 적응하는 정도
주의폭(attention span)	어떤 활동에 투자하는 시간의 양
반응 강도(reaction intensity)	반응의 에너지 수준(반응의 강렬함)
반응 역치(responsiveness threshold)	반응을 유발하는 데 필요한 자극의 강도
기분의 질(quality of mood)	불쾌함을 수반하는 행동이나 반응 대비 유쾌함을 수반하는 행동이나 반응의 양

출처: Thomas & Chess, 1977

2) 기질에 대한 EAS 모형

Buss와 Plomin(1984)은 기질을 생애 초기부터 나타나는 유전된 성격 특질로 정의하고, 핵심적인 기질 차원으로 정서성과 활동성, 사회성을 제안하였다. 이들은 이 세 차원으로 구성된 기질 모형을 간단히 **EAS**(Emotionality, Activity, Sociability) 모형이라고 불렀다.

정서성(emotionality)은 자극에 대한 부정적 정서 반응 특성을 의미한다. 정서성 차원에서 낮은 점수를 받는 아동은 자극에 대해 거의 정서적으로 반응하지 않는다. 반면 높은 점수를 받는 아동은 자극에 대해 강렬한 부정적 정서 반응(예: 울음, 성질부림)을 나타낸다. 이들의 교감신경계는 쉽게 활성화되며, 자극이 사라져도 더디게 비활성화되는 경향이 있다. 달리 말하면, 부정 정서 경험과 관련된 반응 역치가 매우 낮으며, 일단 정서가 활성화되면 쉽게 가라앉지 않는다. 이런 아이들은 사소한 자극에도 쉽게 울음을 터뜨리고 잘 달래지지 않는다.

활동성(activity)은 아동의 활동 수준을 의미한다. Buss와 Plomin(1984)은 활동성의 두 가지 핵심 요소로 속도(tempo)와 활력(vigor)을 꼽았다. 활동성 차원에서 낮은 점수를 받는 아동은 무기력하고 활동이 거의 없는 반면, 높은 점수를 받는 아동은 어떤 압박을 받는 것처럼 끊임없이 활동하는 경향이 있다. Buss와 Plomin(1984)은 아동의 발화나 활동 속도 및 크기, 몸동작의 변위(displacement), 에너지를 필요로 하는 활동의 지속 시간 등으로 활동성을 측정할 수 있다고 보았다.

사회성(sociability)은 혼자 있기보다 다른 사람과 함께 있는 것을 선호하는 것을 의미한다. 사회성 점수가 낮은 아동은 홀로 있는 것을 선호하는 반면, 높은 아동은 다른 사람과 활동을 공유하려 하고, 주목받는 것을 좋아하며, 자극을 서로 주고받는 방식의 상호작용을 선호한다. 사회성은 사회적 상호작용을 시도하는 빈도나 다른 사람과 함께 보내는 시간의 양, 홀로 남는 상황에 대한 반응 등으로 측정될 수 있다.

▲ 사회성이 높은 아동은 다른 아동에게 말을 많이 건다.

3) Rothbart의 세 가지 기질 차원

미국의 발달심리학자인 Rothbart(1989)는 기질의 핵심 요소로 반응성과 자기조절을 꼽았다. 여기서 **반응성**(reactivity)이란 자극에 의해 정서나 운동 기능, 자율신경 반응, 내분비계 반응 등이 활성화 혹은 각성되는 정도(arousability)를 의미한다. 반응성은 반응 역치(threshold), 반응 잠재기(latency), 반응 강도(intensity), 반응 강도의 정점에 이르기까지의 시간, 회복 시간 등으로 평가할 수 있다. Rothbart의 정의에서 **자기조절**(self-regulation)이란 반응성을 조절(촉진 혹은 억제)하는 과정을 의미한다. 반응성 조절은 주의 기울이기, 접근하기, 후퇴하기, 행동 억제, 자기위안(self-soothing) 등을 포함한다.

유아와 아동을 대상으로 기질 차원 연구를 이어 가던 Rothbart 연구 팀은 다양한 연구들에서 반복적으로 발견되는 중요한 세 개의 차원을 선별하였다(Rothbart & Bates, 2007). 첫 번째 차원은 **외향성**(surgency/extraversion)이다. 이 차원은 높은 접근 성향과 활동 수준, 쾌락 자극에 대한 민감성(자극 추구 성향)을 반영한다. 긍정 정서를 경험하는 정도와 매우 밀접하기 때문에

긍정 정서성(positive emotionality)으로 명명되기도 한다. Rothbart의 기질 요소 중 반응성과 관련이 있으며, 특히 긍정적 자극에 대한 반응성과 관련이 있다. Buss와 Plomin(1984)의 EAS 모형을 구성하는 차원 중에서는 활동성 및 사회성과 관련이 있다. 두 번째 차원은 **부정 정서성**(negative affectivity/negative emotionality)이다. 이 차원은 불편감이나 두려움, 분노, 슬픔을 쉽게 경험하는 정도를 반영한다. Rothbart의 기질 요소 중 부정적 자극에 대한 반응성과 관련이 있다. Buss와 Plomin의 모형을 구성하는 차원 중에서는 정서성과 매우 밀접하다. 세 번째 차원은 **의도적 통제**(effortful control)이다. 이 차원은 억제 통제(inhibitory control) 능력이나 주의 통제 능력, 지각적 민감성, 쾌락 자극에 대한 둔감성 등을 반영한다. 이 차원은 Rothbart의 기질 요소 중 자기 조절과 밀접한 관계를 맺고 있다.

Rothbart와 Bates(2007)는 소개된 세 차원이 5요인 성격 모형과도 연결될 수 있다고 주장했다. 즉, 외향성/긍정 정서성 차원은 외향성 특질과 연결되고, 부정 정서성은 신경과민성, 의도적 통제는 성실성과 각각 연결된다고 보았다. 변인들의 상관관계를 조사한 연구에 따르면, 긍정 정서성과 외향성의 상관계수는 .59, 부정 정서성과 신경과민성의 상관계수는 .49, 의도적 통제와 성실성의 상관계수는 .43으로 비교적 높게 나타났다(Rothbart, Ahadi, & Evans, 2000).

4) 기타 기질 차원들

앞서 소개한 기질 차원들은 비교적 많은 연구에 의해 지지를 받고 있는 차원들이다. 특히 Rothbart 연구 팀이 제안한 긍정 정서성과 부정 정서성, 의도적 통제 차원은 5요인 성격 모형과도 밀접한 관계를 맺고 있어 유력한 기질 차원으로 인정받고 있다. 한편 제시된 세 가지 기질 차원만큼은 아니지만, 남은 성격 특질 차원과 관련이 있을 것으로 예상되는 기질 차원에는 친화성과 지향 민감성이 있다.

친화성(affiliativeness)은 정서적 공감(emotional empathy)이나 공감적 죄책감(empathic guilt), 사회적 친밀함(social closeness)을 반영하는 기질 차원이다(Evans & Rothbart, 2007). 친화성이 높은 아동은 타인의 감정에 적절히

표 5.5 5요인 성격 모형과 관련된 기질 차원

성격 특질	기질 차원
신경과민성(neuroticism)	부정 정서성(negative affect)
외향성(extraversion)	긍정 정서성(positive affect)
개방성(intellect/openness)	지향 민감성(orienting sensitivity)
우호성(agreeableness)	친화성(affiliativeness)
성실성(conscientiousness)	의도적 통제(effortful control)

출처: Hampson, 2012

공감하며, 타인에게 해를 입혔을 때 죄책감을 느낀다. 또한 다른 사람들과 어울리는 것에 관심이 있고 다정한 느낌을 준다. 친화성은 5요인 성격 차원 중 우호성과 밀접할 것으로 예상되고 있다(Hampson, 2012). 하지만 사회적 친밀함의 하위 요소는 5요인 성격 차원 중 외향성과도 관련이 있기 때문에 추가적인 연구가 필요한 상황이다.

지향 민감성(orienting sensitivity)은 정서 지각 민감성(affective perception sensitivity)이나 연상 민감성(associative sensitivity), 전반적 지각 민감성(general perceptual sensitivity)을 반영하는 기질 차원이다(Evans & Rothbart, 2007, 2008). 지향 민감성이 높은 아동은 자신의 몸이나 외부에서 일어나는 약한 강도의 자극을 쉽게 알아차리며, 그러한 자극에 대한 정서적 반응도 잘 알아차린다. 또한 환경 자극에 의해 일반적으로 연상되는 내용과는 다른 독특한 인지적 내용을 떠올리곤 한다. 지향 민감성은 5요인 성격 차원 중 개방성과 밀접할 것으로 예상되고 있다(Hampson, 2012).

3 성격의 발달과 사회문화적 영향

신체적 기반을 가진 특정한 기질을 가지고 태어난 영아는 환경과 상호작용하면서 자신만의 고유한 성격을 만들어 간다. 이 과정은 질적으로 다른 여러 단계로 이루어져 있다기보다 점진적이고 연속적인 경향이 있다. 다만 신체적 발달의 제약이 있기 때문에 특정 시기 이후에만 발현되는 성격 특징들도 있다.

McAdams와 Olson(2010)은 **성격의 3층 모형**(three layers of personality)에 기반해서 주요 발달 시기를 구분한 바 있다. 이 모형은 성격이 세 개의 층으로 구성되어 있다고 가정한다. 첫 번째 층은 **기질**(temperament) 혹은 **특질**(trait)로 구성되어 있다. 이 층은 생애 초기부터 출현하며 전 생애에 걸쳐 발달한다. 두 번째 층은 **특징적 적응**(characteristic adaptation)으로 구성되어 있다. 이 층은 5요인 이론 성격 체계(Costa & McCrae, 1994; McCrae & Costa, 1996)의 특징적 적응과 유사하다. 여기에는 개인의 고유한 목표(goals)와 동기(motives) 등이 포함된다. 2층이 1층과 다른 점은 동기 부여된 주체(motivated agent)로서의 자기(self)가 필요하다는 점이다. 1층의 성격 요소는 자기에 대한 인식 혹은 자의식이 필요하지 않다. 단순히 자극에 대해 반응하고 행동할 수 있기만 하면 된다. 반면 2층의 성격 요소는 자기에 대한 기본적 인식이 필요하다. 자신이 무엇을 할 수 있고, 무엇을 하고 싶으며, 어떻게 할 수 있는지 등에 대한 이해가 요구되는 것이다. 이러한 이유 때문에 성격의 2층은 자기에 대한 인식이 어느 정도 수립되는 만 2세 이후에 본격적으로 발달하기 시작한다. 세 번째 층은 **서사 성체성**(narrative identity)으로 구성된다. 서사 정체성이란 이야기의 형태로 구성되는 정체성을 의미한다(McAdams & Pals, 2006). 인간은 자신의 삶을 하나의 일관되고 통합적인 이야기로 구성하려는 경향을 가진다. 이 이야기는 자기에 대한 기억을 구성할 수 있는 시기부터 만들어지기 시작하여 전 생애 동안 발달한다.

여기에서는 McAdams와 Olson의 성격 모형에 기반해서 각 시기별로 성격의 발달에 큰 영향을 미치는 사회문화적 요인들을 살펴보기로 하겠다.

1) 영아기

인간의 발달 단계를 구분하는 방법은 다양하지만, 일반적으로 영아(baby, infant)는 출생에서 만 2세까지를 일컫는다. 영아기의 성격 발달에 관한 내용은 다음과 같다.

(1) 자녀의 기질과 부모의 양육 행동

영아는 고유한 기질을 가지고 태어난다. 즉, 고유한 반응 경향성과 반응 조절 특성을 가지고 생을 시작한다. 부모는 자녀의 고유한 기질에 저마다 다르게 반응하며, 이러한 반응은 자녀의 성격 발달에 중요한 영향을 미친다.

부모의 자녀 양육 행동은 전통적으로 2개 차원으로 구분되었다(Frick, 1994; Maccoby, 2000). 첫 번째 차원은 **애정**(affect)으로 자녀에게 정서적 관심을 가지고 관여하는 행동을 의미한다. 자녀에게 애정을 느끼는 부모는 자녀의 욕구에 민감하게 반응하며, 자녀의 불편감을 제거하기 위해 노력한다. 따라서 적정한 수준의 애정은 자녀에게 정서적 안정감을 제공하며, 타인과 세상에 대한 긍정적 인식을 심어 줄 수 있다. 반면 애정이 지나칠 경우 자녀의 욕구를 과도하게 만족시키거나 일정 수준의 불편감을 견뎌 내야 습득할 수 있는 능력 및 기술의 발달을 지연시킬 수 있다. 애정이 과도하게 결여된 경우에는 사랑받는 소중한 존재라는 기본적인 감각을 발달시키기 어려우며, 타인과 세상에 대한 신뢰감이나 가치감 또한 적절히 형성되지 못할 수 있다. 두 번째 차원은 **통제**(control)로 자녀가 바람직한 행동을 하도록 제재하는 것을 의미한다. 자녀의 행동을 통제하고자 하는 욕구를 가진 부모는 자녀의 부적절한 행동에 민감하게 반응하며, 자녀의 행동 수정을 위해 노력한다. 따라서 적정한 수준의 통제는 자녀가 자신의 행동을 조절할 수 있는 능력을 발달시키고, 사회의 규율이나 규범을 준수하는 태도를 함양할 수 있다. 반면 통제가 지나칠 경우에는 자녀의 기본적 욕구가 지나치게 외면당하거나 억제될 수 있어 욕구 결핍으로 인한 부적응적 행동 등이 나타날 수 있다. 과도하게 통제가 결여된 경우에는 부적절한 행동을 상황에 맞게 적절히 조절하지 못하고 제멋대로 행동하는 등의 문제를 초래할 수 있다.

▲ 영아의 기질이 순하면, 부모가 좀 더 다정하게 아이를 돌보는 경향이 있다.

최근에는 자녀 양육 행동의 전통적인 두 차원에 더해 **자녀의 정서에 대한 반응 행동**(responses to children's emotions)을 중요하게 고려하고 있다(Gottman, 1997). 즉, 자녀의 정서를 인식하고 공감하는 것, 정서 표현을 수용하고 적절한 표현 방법을 가르치는 것 등을 중요한 차원으로 연구한다. 부모가 자녀의 정서에 민감하게 반응하고 공감적인 태도로 적절한 정서 표현을 가르칠 경우, 자녀는 자신의 정서를 자각하고, 이름 붙이고, 적절히 표현하거나 조절하는 능력을 발달시킬 수 있다. 반면 자녀의 정서에 둔감하거나 자녀의 정서 표현을 있는 그대로 받아들이지 않고 왜곡하는 등의 방식으로 자녀를 대할 경우, 자녀는 정서 자각이나 표현, 조절 등의 측면에서 어려움을 겪을 수 있다.

자녀의 기질과 부모의 양육 행동의 관계를 설명하는 모형은 크게 두 유형으로 구분된다. 첫 번째 유형은 **상호작용 모형**(interaction model)이다. 이 모형에서는 자녀의 기질이 특정한 행동에 영향을 미칠 때, 부모의 양육 행동 특성에 따라 영향의 정도가 달라진다고 가정한다(Rothbart & Bates, 2007). 예컨대 자녀의 의도적 통제 수준이 낮을 때 부모의 통제 양육 행동의 수준에 따라 자녀의 성실성 수준이 달라질 수 있다. 부모의 통제 양육 행동 수준이 비교적 높을 경우 낮을 때보다 자녀의 성실성 수준이 더 높은 것으로 나타난다면, 자녀의 기질은 부모의 양육 행동과 상호작용하여 성격을 결정했다고 말할 수 있다. 이 모형에 따르면, 자녀의 기질이 성격으로 발전하는 양상은 부모가 어떤 방식으로 양육하는지에 따라 달라질 수 있다.

두 번째 모형은 **양방향 모형**(bidirectional model)이다. 이 모형에 따르면, 자녀의 기질은 부모의 양육 행동에 영향을 미칠 수 있고, 반대로 부모의 양육 행동 또한 자녀의 기질에 영향을 미칠 수 있다(Hinshaw, 2008). 예컨대 자녀의 의도적 통제 수준이 낮으면 부모의 통제 양육 행동이 증가할 수 있고, 부모의 통제 양육 행동이 증가함에 따라 자녀의 의도적 통제 수준이 높아질 수 있다. 이러한 관점은 유전적 기반을 가진 기질도 환경의 영향에 따라 그 발현 양상이 달라질 수 있다는 입장을 반영하고 있다. 이 모형에 따르면, 부모의 양육 행동은 자녀의 기질과 무관하지 않다. 오히려 자녀의 기질로 인해 부모의 양육 행동이 달라질 수 있으며, 그러한 변화는 다시 자녀에게 영향을 미친다.

두 모형 중 어떤 모형이 더 적절한지의 여부에 대해서는 현재까지도 연구가 진행되고 있다. 관련 연구에 따르면, 기질의 종류에 따라 양육 행동과의 관계성이 달라질 수 있는 것으로 나타나고 있다(Kiff, Lengua, & Zalewski, 2011). 예를 들어, 자극 과민성(irritability)의 경우 양방향 모형이 많은 지지를 얻는 경향이 있으나, 두려움(fear)에 대해서는 두 가지 모형의 양상이 모두 나타나며, 성별에 따라서도 관계 패턴이 달라지는 것으로 확인되었다.

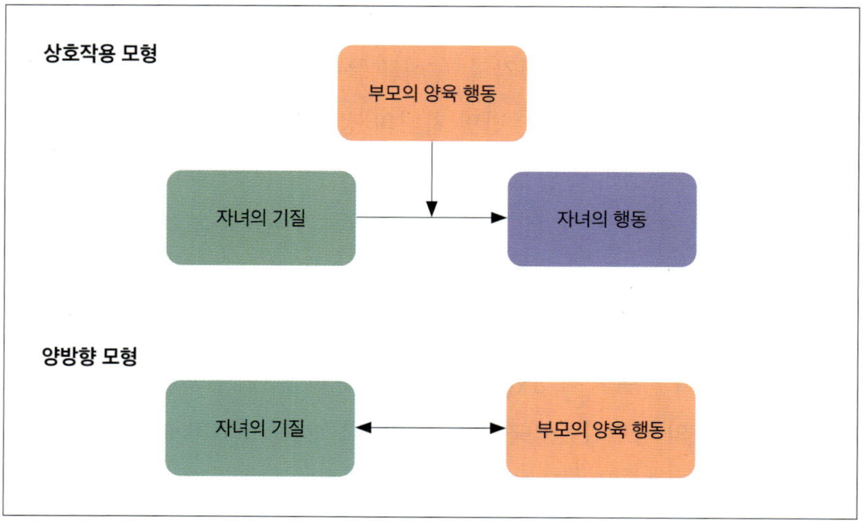

그림 5.5 기질과 양육 행동의 관계 모형

(2) 부모와 자녀의 애착

자녀의 기질과 부모의 양육 행동이 어떤 관계를 맺고 있는지에 대해서는 아직 충분히 밝혀지지 않았지만, 자녀와 부모가 상호작용한 결과 나타나는 중요한 성격 특성에 대해서는 많은 연구가 진행되었다. 그중 가장 활발하게 연구된 주제로는 애착을 들 수 있다. **애착**(attachment)이란 한 개인이 다른 대상과 맺는 정서적 유대(affectional bond)를 의미한다. 부모자녀 관계에서의 애착은 기본적으로 자녀가 주양육자와 맺는 정서적 유대를 반영한다. 영국의 정신의학자 Bowlby(1969)는 가정이 없는 아동들의 문제를 연구하면서 생애 초기에 주양육자와 분리되는 것이 아동의 심리에 큰 영향을 미친다는 사실을 파악하고 애착 개념을 제안하였다.

발달심리학자인 Ainsworth와 동료들은 아동의 애착 유형을 파악할 수 있는 절차를 개발하여 중요한 애착 유형을 제시한 바 있다(Ainsworth, Blehar, Waters, & Wall, 1978). **낯선 상황 절차**(strange situation procedure)라고 알려진 이 방법은 ① 주양육자와 아이가 함께 실험실에 들어오는 것으로 시작된다. 아이가 실험실 공간에 어느 정도 익숙해지도록 한동안 탐색할 수 있는 시간을 주고 나면, ② 낯선 사람이 들어가 주양육자와 대화를 나눈 뒤 아이와 함께 놀려고 시도한다. 이후 ③ 주양육자가 방을 나가면서 첫 번째 분리 상황을 만든다. ④ 몇 분 후 주양육자가 다시 들어와서 아이와 재회한다. 다음으로

부모의 양육 행동에 영향을 미치는 요인

부모의 양육 행동이 자녀의 성격 형성에 중요한 영향을 미친다는 점은 여러 연구를 통해 확인되어 왔다. 그에 따라 부모의 양육 행동이 어떤 요인에 의해 결정되는지에 대한 관심도 함께 증가했다. 앞서 자녀의 기질이 부모의 양육 행동에 영향을 미칠 수 있다는 점을 간단히 언급하였는데, 이 외에도 매우 다양한 요인들이 관여할 것으로 예상되고 있다.

부모의 양육 행동에 영향을 미치는 요인은 크게 자녀 요인과 부모의 개인적 요인, 부모의 부부 관계 요인, 기타 대인관계적 요인, 환경적 요인 등으로 나눌 수 있다(Abidin, 1992; Belsky, 1984).

자녀 요인으로는 자녀의 기질과 건강, 발달 특성 등이 중요하게 고려되고 있다. 일반적으로 자녀의 기질이 까다롭지 않고, 건강 상태가 양호하며, 발달 과정에서 특별한 지연이나 지체가 없을 때 비교적 안정적이고 적응적인 양육 행동을 나타낼 가능성이 높다(Belsky, 1984; Brown, McIntyre, Crnic, Baker, & Blacher, 2011).

부모 요인 중 개인적 요인으로는 성격과 건강, 양육 관련 지식이나 기술, 스트레스 대처 기술 등이 고려되고 있다. 성격과 관련해서는 결과가 상당히 복잡한 편이지만, 대체로 별다른 성격적 문제나 성격장애가 두드러지지 않고, 정서적으로 비교적 안정되어 있으면서, 적절한 공감 반응을 할 수 있을 때 양호한 양육 행동 결과가 확인되는 경향이 있다(Belsky & Barends, 2002). 심리적으로나 신체적으로 특별한 장애가 두드러지지 않고, 양육 관련 지식 및 기술을 적절히 습득하고 있으며, 스트레스 대처 기술이 양호할 때 양육 행동 또한 긍정적인 것으로 보고되기도 했다(Abidin, 1992).

부모 요인 중 부부 관계 요인도 중요하게 고려된다. 부부 관계가 만족스러울수록 양육 행동에 미치는 영향이 긍정적이며, 특히 자녀 양육과 관련해서 적절히 협력하는 동맹 관계를 형성하는 것이 중요한 것으로 확인되었다(Abidin, 1992). 이렇게 적응적인 동맹 관계를 유지하기 위해서는 부모로서의 역할을 잘 이해하고 책임감을 공유하는 것 또한 중요하다.

기타 대인관계적 요인은 일반적인 사회적 지지 요인이라 할 수 있다. 다른 가족이나 친척, 친구, 이웃 등의 적절한 지지와 도움은 부모의 양육 행동에 긍정적인 영향을 미칠 수 있다. 이때의 사회적 지지는 양적 측면뿐 아니라 질적 측면도 고려되어야 한다. 즉, 단순히 주변에 도움을 줄 수 있는 사람의 수만 고려해서는 안 되며, 얼마나 질적으로 양호한 도움을 받고 있는지를 파악하는 것이 중요하다.

환경적 요인으로는 부모의 스트레스를 유발할 수 있는 다양한 생활 사건과 환경 조건 등을 들 수 있다(Abidin, 1992; Belsky, 1984). 예컨대 경제적으로 큰 타격을 주는 실직과 같은 사건은 부모의 양육 행동에 큰 영향을 미칠 수 있다. 또한 주거 환경의 물리적·심리적 특성이나 문화적 요인도 다양한 경로를 통해 양육 행동에 영향을 미칠 수 있다.

이처럼 부모의 양육 행동은 매우 다양한 요인의 영향을 받는다. 따라서 양육 행동의 원인을 특정한 하나의 요인으로 단정하는 것은 위험한 판단이다. 예컨대 어떤 어머니가 자녀를 과도하게 통제하는 양육 행동을 보일 때, 그 원인을 개인의 성격 특성(예: 과도한 통제 욕구)으로 단정하는 것은 적절하지 않다. 어쩌면 자녀가 기질적으로 위험을 전혀 회피하지 않고 활력이 넘쳐 위험한 상황에 쉽게 노출되는 경향이 있는데, 남편은 전혀 아이를 돌보는 데 참여하지 않고, 달리 아이를 돌봐 줄 사람도 없어 홀로 양육을 담당하는 상황이었을 수 있다. 심지어 일까지 해야 하는 상황이었다면, 엄한 규율로 아이의 행동을 통제해야만 아이가 다치지 않고 자랄 수 있었을 것이다. 따라서 부모의 양육 행동을 이해하고자 할 때에는 다양한 관점에서 여러 요인을 포괄적으로 검토하고 통합하려는 태도가 필요하다.

⑤ 낯선 사람과 주양육자가 모두 방을 나와 아이만 혼자 남게 되면서 두 번째 분리 상황을 만든다. 일정한 시간이 흐른 뒤 ⑥ 낯선 사람이 먼저 들어가 아이와 놀려고 시도하고, 조금 더 시간이 흐른 뒤에 ⑦ 주양육자가 돌아와서 아이를 안아 준다. 이 과정에서 평가자는 아이의 탐색 행동과 주양육자의 부재에 대한 반응, 낯선 사람에 대한 불안, 주양육자와의 재회 과정에서 나타내는 반응 등을 평가한다.

▲ Mary Ainsworth(가운데)가 낯선 상황 절차를 직접 시연하고 있다.

Ainsworth 등은 관찰된 내용을 토대로 세 가지 애착 유형을 제안했다. 첫 번째 유형은 **안정 애착**(secure attachment)이다. 이 유형의 아동은 주양육자와 함께 있을 때 편안하게 잘 놀고 적극적으로 주변을 탐색한다. 주양육자가 부재할 경우에는 일시적으로 불안 반응을 보이지만 재회하면 빠르게 회복되는 경향이 있다. 두 번째 유형은 **불안 애착**(anxious attachment)이다. 이 유형의 아동은 주양육자가 곁에 있는지를 반복적으로 확인하고, 부재할 경우 극심한 불안 반응을 보인다. 주양육자와 재회했을 때에도 쉽게 달래지지 않으며, 밀쳐내거나 저항하는 등의 행동을 나타낸다. 세 번째 유형은 **회피 애착**(avoidant attachment)이다. 이 유형의 아동은 주양육자의 부재에 무심한 듯한 반응을 보이며, 돌아온 뒤에도 주양육자에게 안기는 것을 회피한다. 후속 연구에서는 일관성 없는 행동 패턴을 보이는 아동들이 확인되어 **혼란 애착**(disorganized attachment)으로 명명되었으며, 네 번째 애착 유형으로 추가되었다(Main & Solomon, 1986). 불안 애착과 회피 애착, 혼란 애착은 모두 **불안정 애착**(insecure attachment)으로 분류된다. 아동의 애착 유형은 이후 대인관계에도 영향을 미치는 것으로 확인되어 중요한 성격 요인으로 간주되고 있다(Fraley, 2019).

아동이 특정한 애착 유형을 나타내는 데 기여하는 요인으로는 아동의 기질과 부모의 양육 행동을 들 수 있다. 과거에는 이 두 요소 중 무엇이 더 큰 영향을 미치는지에 관심을 두었다. Ainsworth와 동료들은 양육자가 자녀의 요구나 감정에 얼마나 민감하게 반응하는지가 특히 중요하다고 보았다. 즉, 양육 행동이 기질보다 중요하다고 제안했다. 반면, 자녀의 기질이 애착 유형을 결정한다고 주장하는 관점도 있다(Goldsmith & Alansky, 1987; Kagan, 1982). 이들에 따르면, 새로운 상황이나 자극에 직면했을 때 부정 정서를 강렬하게 경험하는 기질을 가지고 있는 아동은 안정 애착을 형성하기 어려운 경향이 있다.

최근에는 아동의 기질과 부모의 양육 행동이 모두 중요하며, 두 요인이 어떤 방식으로 애착 유형을 결정하는지에 관심을 두고 있다. 앞서 살펴본 바와 같이 상호작용 모형이나 양방향 모형 등의 다양한 가능성을 고려한 연구들이 활발히 진행되고 있다.

2) 유아기 및 아동기

유아기와 아동기의 구분은 명확하지 않지만, 일반적으로 2세에서 5세에 이르는 시기를 유아기, 6세에서 11세에 이르는 시기를 아동기라 부른다. 유아기 및 아동기의 주요 발달적 특징에 대해 살펴보자.

(1) 주요 발달적 변화

아이마다 개인차는 있지만 대략 2세 정도가 되면 짧은 문장 형태의 언어를 구사하면서 자신의 욕구나 감정 등을 표현할 수 있게 되고, 그에 따라 타인과의 소통이 전보다 원활해진다. 소통이 자연스러워짐에 따라 부모 이외의 다른 가족 구성원이나 친구, 교사 등과의 교류도 더 활발해진다.

이 시기의 또 다른 중요한 인지적 변화는 자기 자신을 객체(object)로 인식할 수 있게 된다는 점이다. 유아는 점차 주체로서의 나('I')와 객체로서의 나('Me')를 구분하기 시작한다. 자기 자신을 하나의 대상으로 바라보고 평가할 수 있게 되는 것이다. 이 시기가 되면 자기 자신에 대한 기억 혹은 **자서전적 기억**(autobiographical memory)을 구성하기 시작하고(Fivush, 2011), 자기 자신을 의식하고 평가할 수 있을 때 느끼는 자부심(pride)이나 수치심(shame) 등의 정서를 경험하게 된다(Tangney, Stuewig, & Mashek, 2007). 또한 부모와 함께 자신에 대한 작은 이야기들을 끊임없이 반복하면서 다양한 정서적 색깔이 묻어 있는 자신만의 고유한 삶의 이야기를 만들기 시작한다(McAdams & Olson, 2010).

목표 지향적 행동(goal-directed behavior)도 이 시기부터 두드러지게 나타난다. 유아는 자신이 목표하는 바를 분명하게 드러내고, 그것을 달성하려는 강한 의지를 보인다. 물론 목표를 효과적으로 달성할 수 있는 능력이 거의 발달하지 않았기 때문에 원하는 것을 얻지 못할 때가 많지만, 끊임없이 도전하고 반복하면서 목표를 달성하는 빈도가 늘어난다. 이러한 경험이 아이의 자율성과 주도성의 토대를 이룬다. 이후 자기에 대한 인식이 점점 더 깊어지면서 목표가 더욱 분명해짐에 따라 성격의 두 번째 층도 구체화되기 시작한다. 아동은 구체적인 목표를 설정하고 달성 여부에 따라 자기에 대한 평가를 달리하는데, 이로 인해 자기 자신을 가치있게 여기는 측면에서도 개인차가 발생한다(McAdams & Olson, 2010).

(2) 형제자매 관계

대인관계는 성격 형성에 중요한 영향을 미친다. 초기에는 부모나 주양육자와의 관계가 중요하지만 대인관계의 폭이 넓어지면서 다른 관계의 영향력이 더 증가하게 된다. 유아나 아동의 성격 형성에 영향을 미칠 수 있는 대표적인 대인관계에는 형제자매 관계도 포함된다. 형제나 자매는 많은 것을 공유한다. 이들은 부모를 공유하고, 집 안에 있는 물건을 공유하며, 가족과의 다양한 경험을 공유한다. 많은 것을 공유하지만 동일한 정도로 공유하지는 않는다. 누군가는 다른 누군가보다 더 많이 갖는다. 혹은 그렇다고 지각한다. 이로 인해 형제자매 관계에서의 감정은 복잡해진다. 긍정적 경험을 공유하면서 친밀감이나 애정과 같은 감정을 경험하기도 하지만, 상대가 자신보다 더 많은 것을 누리고 있다는 생각에 질투나 경쟁심과 같은 감정을 경험하기도 하는 것이다.

Furman과 Buhrmester(1985)는 아동을 대상으로 인터뷰를 진행한 뒤 형제자매 관계를 평가할 수 있는 네 개의 차원을 제시하였다. 첫 번째 차원은 **애정/친밀함**(warmth/closeness)으로, 서로 유사한 측면을 인식하고 친밀하게 느끼며 친화적 행동을 나타내는 정도를 반영한다. 두 번째 차원은 **상대적 지위/권력**(relative status/power)으로, 나이 차이로 인한 지위나 권력의 불균형이 있어 지배하거나(혹은 지배당하거나) 돌보는(혹은 돌봄을 받는) 행동이 나타나는 정도를 반영한다. 세 번째 차원은 **갈등**(conflict)으로, 서로 적대하거나 다투는 정도를 나타내고, 네 번째 차원은 **경쟁**(rivalry)으로, 부모의 편애

(parental partiality)로 인한 경쟁을 반영한다.

형제자매 관계에서의 다양한 경험이 성격에 영향을 미칠 가능성이 있지만, 기존 연구들은 주로 성격이 형제자매 관계에 영향을 미칠 것이라고 보았다(Furman & Lanthier, 1996; Lanthier, 2007). 이들에 따르면, 5요인 성격 차원 대부분이 형제자매 간의 애정과 갈등, 경쟁 등에 영향을 미치며, 특히 우호성이 높을수록 형제자매 관계의 질이 좋아지는 것으로 나타났다(Furman & Lanthier, 1996).

형제자매 관계와 성격의 관계를 다루는 연구들은 대부분 5요인 성격 차원을 이용해 관계를 탐색했다. 성격을 형제자매 관계 특성의 원인으로 가정한 것도 이러한 이유 때문일 가능성이 있다. 하지만 앞서 살펴본 바와 같이 5요인 성격과 같은 특질은 전체 성격의 일부이며, 특징적 적응이나 서사 정체성과 같은 요소들도 성격을 구성한다. 이러한 요소들과 형제자매 관계 특성을 탐색한 연구는 드문 편이지만, 일부 연구에서 형제자매 관계가 성격의 원인으로 작용할 수 있다는 결과가 확인되기도 했다. 예컨대 형제 관계와 자기조절(self-regulation), 친사회적 행동, 심리적 문제의 관계를 탐색한 한 종단 연구에서는 형제 간의 애정이 강할수록 자기조절 능력이 양호하고, 친사회적 행동을 많이 나타내며, 문제 행동을 적게 보이는 것으로 확인되었다(Padilla-Walker, Harper, & Jensen, 2010).

(3) 또래 관계

아동기가 되면 집 밖에서의 대인관계가 보다 활발해진다. 유치원이나 초등학교에 다니기 시작한 아동은 자신과 비슷한 특징을 갖는 또래 친구들과 활발하게 관계를 맺으면서 사회성을 키운다. 아동기 초기에는 또래와 대화를 나누거나 가상 놀이(pretend play) 등을 하면서 서로 협력하거나 도움을 주는 행동을 배우며, 갈등 상황을 해결하는 다양한 방법을 학습한다(Hay, Payne, & Chadwick, 2004). 조금 더 나이가 들면 세 명 이상으로 구성된 집단 상호작용(예: 성별 집단)이 좀 더 분명히 나타나며, 집단 내

▲ 아동기의 아이들은 함께 모여 놀고, 웃고, 떠들며 또래 간의 상호작용을 적극적으로 수행하기 시작한다.

위계가 형성되기 시작한다(Bakeman & Brownlee, 1982). 그에 따라 집단을 이루고 있는 또래들의 수용(peer acceptance) 혹은 거절(peer rejection)이 아동의 심리에 중요한 영향을 미치게 된다(Hay et al., 2004).

또래들에게 수용받는 경험은 정서적 안정과 사회성 발달에 중요하다. 관련 연구에 따르면, 자신이 가진 것을 다른 아이와 나누거나 곤경에 빠진 다른 아이를 돕는 등의 **친사회적 행동**(prosocial behavior)을 많이 나타낼수록 또래로부터 수용받을 가능성이 높다(Denham, McKinley, Couchoud, & Holt, 1990). 반대로 **공격성**(aggressiveness)을 드러내는 아동은 또래들로부터 거절당할 확률이 높다(Crick, Casas, & Mosher, 1997). **수줍음**(shyness)을 나타내는 아동 또한 대인관계 상황에서 불안감을 경험하고 위축되는 경향이 있어 또래들과 어울리는 데 어려움을 겪으며, 그로 인해 또래들로부터 거절당할 가능성이 높은 것으로 확인되고 있다(Hay et al., 2004).

이상의 내용을 정리하면, 또래 관계 또한 성격의 영향을 받을 가능성이 높다는 것을 알 수 있다. Asendorpf와 Van Aken(2003)은 12살 아동 230명을 17살까지 추적하는 종단 연구를 실시하여 또래 상호작용과 성격의 관계를 구체적으로 탐색했다. 이들에 따르면, 12살에 측정된 아동의 5요인 성격은 17살이 되었을 때 또래들로부터 받는 지지를 예측한 반면, 12살에 측정된 또래 지지(peer support)는 17살에 측정된 아동의 5요인 성격을 예측하지 못했다. 이러한 결과는 성격 특질이 또래 상호작용의 원인으로 작동할 가능성을 시사하는 것이다. 한편, 12살에 측정된 또래 지지는 17살에 측정된 전반적 자기가치감(global self-worth)과 같은 표면적 성격 특성 혹은 특징적 적응 요소를 예측하는 것으로 확인되었다. 즉, 성격의 핵심적 측면 혹은 특질은 시간에 대한 안정성을 나타내면서 또래 관계에 영향을 미치고, 또래 관계는 성격의 표면적 측면 혹은 특징적 적응에 영향을 미친다고 정리할 수 있다.

3) 청소년기 및 청년기

청소년기 및 청년기는 아동기와 중년기 사이의 비교적 긴 발달 시기이며, 각 시기의 시작과 종료 측면에서 개인차 또한 큰 편이다. 청소년기 및 청년기의 주요 발달적 특징은 다음과 같다.

(1) 생물사회적 변화

청소년기 및 청년기의 범위를 어떻게 설정할 것인가에 대해서는 합의된 의견이 없다. 다만 성호르몬 분비에 따른 신체적 변화가 두드러지는 시기를 청소년기의 시작으로 보는 데에는 대체로 동의하는 경향이 있다(McAdams & Olson, 2010). 연령으로 보면 대략 10대이지만, 경우에 따라서는 그보다 좀 더 이를 수도 있다. 이 시기에 이르면 성호르몬이 활발하게 분비되면서 성적 발육이 왕성해지고, 성적 특성이 자기 자신에 대한 인식이나 타인과의 상호작용 패턴에 큰 영향을 미치게 된다. 특히 타인에 대한 성적 호기심이 강해지고 연인 관계 등의 친밀한 관계 맺기가 활발해진다(Collins, Welsh, & Furman, 2009).

청소년기는 활발했던 신경학적 발달이 점차 안정기로 접어드는 시점이다. 청소년 초기에는 여전히 가소성(plasticity)이 높지만, 연령이 증가함에 따라 안정성(stability)이 증가한다(Spear, 2013). 이 시기가 되면 성격 특질의 구조 또한 좀 더 안정적으로 드러난다(Roberts et al., 2008). 인지적 발달도 진행되어 추론 능력(reasoning skill)과 추상적 사고력(abstract thinking), 메타인지(meta-cognition) 능력이 향상되는데(Sanders, 2013), 이를 토대로 자기 자신과 타인, 세계 등에 대한 정교한 모형을 만들어 가기 시작한다.

청소년기는 사회적 요구와 압박이 늘어나는 시기이기도 하다. 청소년은 대부분 학교 등의 장소에서 학업에 몰두한다. 학업 영역에서의 성취에 따라 부모나 교사, 친구들로부터 차별적 피드백을 받게 되며, 이러한 피드백은 자기평가에 큰 영향을 미친다. 따라서 대부분의 청소년은 학업에 대한 부담을 어느 정도 가지고 있으며, 자신의 욕구와 감정을 조절하면서 좀 더 오랜 시간 동안 공부에 몰두하기 위해 노력한다. 이 과정에서 근면성이 점차 증가하기도 한다.

청소년기의 또 다른 과제는 큰 문제 없이 집단에 소속되는 것이다. 여기에는 가정이나 또래 집단뿐만 아니라 좀 더 큰 공동체와 사회도 포함된다. 청소년은 사회의 한 구성원으로 원활히 살아가기 위해 다른 구성원들과 큰 문제 없이 지내면서 원하는 바를 얻는 방법을 갈고 닦는다. 간단히 말해 사회성(sociability) 혹은 사회 기술(social skill)을 발달시키는 것이다. 여기에는 타인의 입장에서 생각하는 기술, 타인의 감정을 이해하고 공감하는 기술, 자신의 욕구나 감정을 효과적으로 표현하는 기술 등이 포함된다. 이러한 기술의 함양은 곧 우호성의 향상으로 이어진다.

안타깝게도 학업과 대인관계 영역에서의 성취 수준은 개인마다 차이가 크다. 누군가는 성공적으로 과제를 달성하고, 누군가는 실패하는 것이다. 적응적인 청소년은 이 과정을 통해 자신에게 맞는 목표를 찾아 계획을 조정한다. 이를 위해 자기 자신의 능력을 현실적으로 평가해 보기도 하고, 앞으로 만들어 가고 싶은 삶을 구체적으로 그려 보기도 한다. 이 모든 과정은 자기 자신과 세상에 대한 깊은 고민을 수반한다.

(2) 자기에 대한 지식과 정체성의 발달

성격심리학자들은 자기에 대한 지식이 성격의 중요한 부분을 구성한다는 점에 동의한다. 자기에 대한 지식은 청소년기 이전에도 발달하지만, 청소년기에 특히 왕성하게 발달한다. 인생의 중요한 결정을 눈앞에 두고 있는 시점이기 때문에 자신이 누구이고 어떤 삶을 살기 원하는지를 반복적으로 정리하며 다듬는 것이다. Elkind(1981)에 따르면, 초기 청소년은 자신의 잠재력이나 미래에 달성 가능한 성취 수준에 대해 과도하게 긍정적인 환상을 가지고 있는 경향이 있다. 그는 초기 청소년이 나타내는 이러한 과장된 자기지각 혹은 환상을 **개인적 신화**(personal fable)라고 명명했다. McAdams와 Olson(2010)은 이것이 서사 정체성의 초안(first draft)일 것이라고 보았다. 이 시기에 만들어지는 삶의 이야기는 대체로 비현실적이고 일관성도 부족하다.

비현실적이고 과장된 자기지각을 담고 있는 삶의 이야기는 현실의 벽에 부딪혀 깨지기 쉽다. 그렇게 실패가 반복되면서 환상 속의 자기와 실제 자기의 괴리를 더 이상 외면할 수 없게 되면, 자기 자신이 누구인지에 대한 진지한 고민과 함께 혼란을 경험하기 시작한다. 가족과 함께 있을 때의 자신이나 또래와 함께 있을 때의 자신, 혼자 있을 때의 자신이 서로 불일치하는 것을 확인하면서 이러한 혼란은 더욱 가중된다. 빠른 신체적 성숙으로 인한 갑작스러운 외모의 변화나 감정의 기복도 더해져 자신이 어떤 존재인지 의문을 품으며 불안정한 모습을 보이기도 한다.

Erikson(1968)은 자신이 어떤 존재인지에 대해 고민하며 혼란을 겪는 상태를 **정체성 위기**(identity crisis)라고 명명했다. 청소년기의 정체성 위기는 다소 불연속적이고 갑작스러운 변화와 그에 대한 자각에 의해 나타나는 자연스러운 현상이다. 대부분의 청소년이 이러한 위기를 겪으며, 자신의 정체성에 대한 고민을 통해 과거의 자신과 현재의 자신 혹은 다양한 상황에서의 자신을 하나의 연속적인 자기로 통합하는 데 어느 정도 성공한다. Erikson(1968)은 청소년이 세 가지 영역에 헌신하면서 자연스럽게 정체성 위기를 극복하게 된다고 보았다. 첫째 영역은 **직업**(occupation)이다. 즉, 생계를 위해 어떤 일을 하며 살지를 결정하는 것이다. 둘째 영역은 **이념**(ideology)이다. 정치적 선호를 파악하거나 종교적 관점을 택하는 것, 세계관을 정립하는 것 등이 여기에 해당한다. 셋째 영역은 **성적 지향**(sexual orientation)이다. 자신의 성적 지향을 파악하고, 나이에 걸맞는 성 역할을 수행하는 것이 여기에 해당한다.

많은 청소년이 중요한 삶의 과제에 헌신하면서 자연스럽게 정체성 위기를 극복하지만, 그렇지 못한 경우도 드물지 않게 발견할 수 있다. Marcia(1980)는 이러한 개인차를 유형화하기 위해 **정체성 지위**(identity status) 모형을 제안했다. 이 모형에서는 위기와 헌신의 두 차원으로 정체성을 구분한다. **위기**(crisis) 차원은 정체성과 관련된 의사결정 기간이 존재했는지 그렇지 않은지의 여부를 의미하며, **헌신**(commitment) 차원은 앞서 언급한 세 영역의 과제에 헌신하는 정도를 의미한다. Marcia(1980)는 Erikson(1968)이 제안한 세 영역 중 직업과 이념에서의 헌신 정도를 중요한 기준으로 보았다.

정체성 성취(identity achievement)는 자신의 정체성에 대해 고민하고 충분한 의사결정 기간을 가졌으며, 스스로 선택한 직업과 이념에 헌신하는 경우를 말한다. 여기에 해당하는 청소년은 대체로 안정적인 자기가치감을 나타내며, 대인관계에서의 문제가 적고 스트레스 저항력 또한 높다.

유실(foreclosure)은 특정한 직업과 이념에 헌신하고 있지만 정체성과 관련된 위기를 겪지 않은 경우를 말한다. 이 유형의 청소년들은 자신의 정체성에 대한 고민과 의사결정 기회를 갖지 못했으며, 대부분 부모나 중요한 타인이 정해 준 직업과 이념을 그대로 받아들였을 가능성이 높다. 이들은 청소년기를 큰 문제 없이 지내는 것처럼 보이지만, 성인기에 뒤늦게 정체성 위기를 경험할 수도 있다.

정체성 혼미(identity diffusion)는 정체성에 대한 고민이나 의사결정 기간을 가졌는지의 여부와 상관없이 현재 특정한 직업이나 이념에 헌신하지 않

표 5.6 Marcia의 구분에 따른 정체성 지위

	정체성 지위			
	정체성 성취	유실	정체성 혼미	유예
위기	있음	없음	있거나 없음	현재 위기 상태
헌신	있음	있음	없음	있지만 아직 불분명함

는 상태를 의미한다. 여기에 해당하는 청소년은 대체로 애착 관계가 불안정하며 사회적 요구나 역할 수행에 대한 관심이 적은 경향이 있다.

유예(moratorium)는 현재 정체성 위기를 겪고 있는 상태로 직업이나 이념과 관련된 주제를 두고 씨름하고 있는 경우를 말한다. 유예는 정체성 성취로 넘어가는 일종의 과도기 지위라고 볼 수 있다. 여기에 해당하는 청소년은 불안정한 상태에서 신중하게 자신의 정체성을 탐색하는 경향이 있으며, 다양한 시도를 통해 자신에게 적합한 직업과 이념을 찾아 나간다.

청소년기에 자신만의 정체성을 찾아 나가는 작업은 개인적인 목표를 수립하고 현실적인 삶의 이야기를 구성하는 작업과 동시에 진행된다. McAdams (2001)는 개인의 정체성이 결국 하나의 이야기 형태를 띨 것이라고 보았다. 개성을 지닌 한 개인이 과거에 어떤 경험을 했고, 현재 어떻게 살고 있으며, 앞으로 어떤 목표와 가치를 가지고 무엇을 하며 살아갈 것인지를 담은 것이 곧 정체성이기 때문이다. 청소년기는 비교적 현실적이면서도 통합적인 삶의 이야기 혹은 서사 정체성이 처음으로 구성되는 중요한 시기라고 볼 수 있다.

4) 중년기

이른 청소년기에 시작된 정체성의 탐색과 구성 작업은 20대와 30대에 걸쳐 꾸준히 지속된다. 누군가는 이른 시기에 이 작업을 마무리짓고 적당한 직업을 찾아 일하면서 가정을 꾸리지만, 누군가는 30대가 다 지나가도록 이 작업에 매달리기도 한다. 그렇게 서로 다른 궤적을 따라 살아가는 모든 사람은 어김없이 중년기를 맞는다.

중년기에 이르면 대부분의 뇌 기능을 포함한 신체 기능이 전반적으로 저하되기 시작한다. 하지만 아직까지는 주어진 일을 처리하기에 큰 해가 되는 수준은 아니며, 특정 영역에서 비교적 오랫동안 일을 해 온 사람들은 해당 영역에서 숙련된 지식과 기술을 발휘하기도 한다. 성격적인 면에서 보면 성실성이나 우호성이 거의 정점을 찍고, 신경과민성 또한 감소하여 안정된 모습을 보인다. 어찌 보면 한 사람의 인생에서 가장 안정적으로 목표한 바를 이루기에 적절한 조건들이 고르게 갖추어지는 시기라 할 수 있겠다.

최적의 조건이 갖춰진 만큼 많은 요구가 따르기도 한다. 결혼하여 가정을 이루었다면 배우자의 역할과 부모의 역할을 담당하게 될 것이고, 그에 더해 자녀의 역할과 친척의 역할, 친구의 역할, 이웃의 역할, 사회 공동체의 지도자 역할도 담당하게 된다. 직장에 오래 몸담고 있었다면 직장 상사의 역할 또한 감당해야 한다. 이렇게 다양한 역할을 이행하는 상황에서 개인은 혼란을 경험하면서 스트레스에 압도될 수 있고, 반대로 모든 역할을 능숙하게 수행하면서 숙달감과 절정감을 경험할 수도 있다. 혹은 일부 역할은 포기하지만, 다른 역할은 적당히 이행하면서 나름대로의 삶을 꾸려 갈 수도 있다.

McAdams와 Olson(2010)은 어떤 방식으로 중년기의 삶을 살아가는지에 따라 그들의 삶의 이야기가 달라진다고 제안했다. 예컨대 주어진 역할을 적절히 이행하면서 사회에 무언가를 기여하는 사람들은 주도성, 다른 사람들과의 친밀한 관계 및 교감, 통합, 성장 등의 주제를 담아 이야기를 구성한다(Bauer, McAdams, & Sakaeda, 2005). 반면 주어진 역할을 적절히 이행하지 못하고 사회에 별다른 무언가를 기여하지 못한 채 우울하고 고갈된 삶을 사는 사람들의 이야기는 실패나 좌절 등을 시사하는 내용이 반복되는 경향이 있으며, 긍정적 사건들도 부정적 사건이나 그 결과로 인해 쉽게 퇴색되는 모습을 보인다(McAdams, 2013).

5) 노년기

중년기 후반부에서 노년기에 이르면 대부분의 기능이 눈에 띄게 저하된다. 신체적 기능뿐만 아니라 심리적 기능, 특히 인지적 기능이 크게 낮아지며, 그에 따라 목표 추구 활동에도 큰 변화가 나타난다. 즉, 이전까지는 확장이나 활성화, 새로운 정보의 추구, 환경을 바꿈으로써 적응 수준을 높이는 것 등이 주된 목표였다면, 점차 축소와 보호, 나 자신을 바꿈으로써 적응 수준을 높이는 것, 개인적인 삶의 질을 높이는 것 등이 주된 목표가 된다(Wrosch, Heckhausen, & Lachman, 2006). 혹은 '목표를 포기하는 것'도 고려하게 된다.

이 시기가 되면 개인은 삶의 반경을 축소하면서 이야기의 통합 작업에 몰두한다. 과거의 일을 회상하면서 삶을 전체적으로 조망하려고 노력하며, 하나의 일관되고 의미 있는 이야기로 구성하는 작업을 진행한다. 누군가는 이 과정을 통해 자신의 삶에 대해 만족하면서 죽음을 기다릴 것이다. 반면 누군가는 의미 있는 이야기의 구성에 실패하여 절망에 빠지기도 한다.

이렇게 서사 정체성의 측면에서 각 개인은 서로 다른 모습을 보이지만, 결과적으로 모든 사람은 같은 과정을 거치면서 삶을 마무리한다. 70대 이후가 되면 신체 기능은 더욱 퇴화하고 그에 따라 심리적 기능도 하나둘 와해되기 시작한다. 안정화되는 듯 보였던 부정적 감정은 다시 증가하고(Smith & Baltes, 1999), 작은 스트레스에도 부정적으로 반응하는 경향이 늘어난다(Mroczek & Almeida, 2004). 기억력을 포함한 인지 기능 또한 크게 저하되어 이야기를 구성하는 능력도 현저하게 감소한다. 이들이 구성하는 삶의 이야기는 점점 더 단순해지고, 어느 시기가 되면 더 이상 이야기를 구성하지 못하는 단계에 이른다. 이들은 마치 생의 초기로 돌아간 것처럼 그때그때 주어지는 순간을 살다가 생을 마감한다.

요약

- 행동유전학은 유전이 행동에 미치는 영향을 탐구하는 학문 분야이다. 행동유전학에서는 쌍생아 연구나 입양 연구 등을 통해 행동에 대한 유전과 환경의 영향을 체계적으로 탐색한다.

- 인간의 행동이나 성격 등에 영향을 미치는 환경 요소는 크게 공유 환경과 비공유 환경으로 구분한다. 동일한 가정에서 자라는 형제가 서로 공유하는 환경을 공유 환경이라 하며, 공유하지 않는 환경을 비공유 환경이라 한다. 비공유 환경은 다시 체계적 비공유 환경과 비체계적 비공유 환경으로 구분한다. 체계적 비공유 환경은 체계적으로 발생하고 유지되는 환경 요인으로 가족 구성이나 형제간 상호작용, 부모자녀 관계, 또래나 친구 관계, 취미 활동 등이 포함된다. 비체계적 비공유 환경은 무작위로 발생하는 환경 요인으로 사고나 외상, 질병 등이 포함된다.

- 유전과 환경이 행동이나 성격에 영향을 미치는 과정을 설명하는 모형으로는 수로화 모형과 반응 범위 모형, 사회유전체 모형 등을 들 수 있다. 수로화 모형은 유전자가 유기체의 발달 양상을 제한하여 소수의 발달 결과를 가져온다고 설명하며, 반응 범위 모형은 유전자가 어떤 특성이 발달할 수 있는 가능성의 범위를 결정한다고 제안한다. 사회유전체 모형에서는 환경적 요소가 유전적 특성에도 영향을 미칠 수 있다고 가정한다.

- 기질이란 유전적이고 체질적인 기반을 가지고 있는 반응 경향성을 의미한다. 보통 환경의 영향이 최소한으로 작용하는 생애 초기의 자극에 대한 반응 경향성을 탐색함으로써 기질을 연구한다.

- Thomas와 Chess는 9개의 기질 차원을 이용해 3개의 기질 유형을 제안하였다. 여기에는 순한 기질과 까다로운 기질, 더딘 기질이 포함된다. Buss와 Plomin의 EAS 모형에서는 정서성과 활동성, 사회성을 중요한 기질 차원으로 가정한다. Rothbart는 반응성과 자기조절이 기질의 핵심 요소라고 보았으며, 이를 토대로 외향성/긍정 정서성과 부정 정서성, 의도적 통제 기질 차원을 제시하였다.

- 고유한 기질을 가지고 태어난 영아는 부모의 고유한 양육 행동의 영향을 받아 성격을 형성해 나간다. 부모의 양육 행동은 애정과 통제, 자녀의 정서에 대한 반응 행동의 차원에서 다양한 양상을 나타낸다. 부모의 양육 행동은 자녀의 기질과 성격의 관계를 조절하거나, 자녀의 기질과 양방향적인 관계를 맺는 것으로 확인되고 있다.

- 자녀의 기질과 주양육자의 양육 행동은 자녀가 주양육자에게 형성하는 정서적 유대, 즉 애착에 영향을 미친다. 발달심리학자인 Ainsworth는 낯선 상황 절차를 이용하여 애착의 세 가지 유형을 제시하였다. 여기에는 안정 애착과 불안 애착, 회피 애착이 포함된다. 후대 학자들이 연구를 통해 혼란 애착을 추가하여 총 네 가지 애착 유형이 제안되었으며, 불안 애착과 회피 애착, 혼란 애착은 불안정 애착으로 분류된다.

- 유아기 및 아동기에는 자의식이 발달하면서 자서전적 기억을 기반으로 하는 이야기를 적극적으로 구성하기 시작한다. 또한 목표 지향적 행동이 늘어나면서 자율성과 주도성을 발달시키기도 한다. 이 시기에는 주양육자와의 관계에서 벗어나 형제자매 관계나 또래 관계 등을 통해 사회성을 발달시키기도 한다.

- 청소년기의 두드러진 생물학적 변화와 사회적 변화는 자기에 대한 지식과 정체성의 발달을 촉진한다. 자신이 어떤 존재인지에 대해 고민하며 혼란을 겪기도 하는데, Erikson은 이러한 과정을 정체성 위기라 명명했다. 그는 청소년이 직업과 이념, 성적 지향과 관련된 다양한 과제와 활동에 전념하면서 자연스럽게 정체성 위기를 극복하고 잠정적인 정체성을 수립한다고 보았다.

- Marcia는 정체성 위기 및 정체성 수립과 관련된 개인차를 설명하기 위해 정체성 지위 모형을 제안했다. 이 모형에서는 위기 차원과 헌신 차원을 이용해 정체성 상태를 구분하였다. 정체성 성취는 정체성 위기를 겪었으나 직업과 이념에 적절히 헌신하여 위기를 극복한 상태를 의미한다. 유실은 특정한 직업과 이념에 헌신하고 있으나 정체성 위기를 아직 겪지 않은 상태이며, 정체성 혼미는 현재 특정한 직업이나 이념에 헌신하고 있지 않은 상태를 의미한다. 유예는 현재 정체성 위기를 겪고 있는 상태로 직업이나 이념과 관련된 주제를 두고 씨름하는 과도기적 상태를 반영한다.

연습 문제

1 특정한 성격을 예측하는 유전자를 확정적으로 파악할 수 있을까? 그렇지 않다면 그 이유는 무엇인지 서술하시오.

2 쌍생아 연구에서는 일란성 쌍생아와 이란성 쌍생아의 상관관계 차이를 이용해 유전의 효과를 연구한다. 이러한 연구법의 기본 가정과 논리를 설명하고, 한계점에 대해 서술하시오.

3 행동에 유전과 환경이 영향을 미치는 과정을 설명하는 대표적인 모형으로는 수로화 모형과 반응 범위 모형, 사회유전체 모형 등을 들 수 있다. 여기에서 사회유전체 모형은 다른 두 모형과 기본 가정 측면에서 큰 차이점을 보인다. 어떤 점이 다르며, 그 시사점은 무엇인지 서술하시오.

4 기질은 생애 초기부터 존재하여 생물학적 기반을 가지고 있을 것으로 추측되는 반응 경향성을 의미한다. 대부분의 기질 이론가는 이러한 정의에 동의하면서 긍정적 자극이나 부정적 자극, 사회적 자극 등에 대한 반응 경향성을 중요한 기질 차원으로 제시하였다. 반면 발달심리학자인 Rothbart는 반응 경향성 혹은 반응성 이외에 기질의 핵심 요소로 꼽을 수 있는 다른 요소가 있다고 주장하였다. 이 요소에 대해 구체적으로 기술하고, 전술된 반응 경향성과 어떤 점이 다른지 설명하시오.

5 D는 태어난 지 16개월 정도 된 남자 아기를 기르고 있다. 아기는 대체로 건강하지만 예민하고 생리 활동 패턴이 불규칙한 편이다. 잘 자다가도 갑자기 일어나 우는 일이 많았으며, 환경이 조금만 변해도 불안정한 모습을 보이며 불쾌감을 드러냈다. D는 엄마의 양육 행동이 아이에게 큰 영향을 미친다는 사실을 기억하면서 가능하면 아이에게 맞춰 주며 조심하려고 애썼다. 하지만 시간이 흐를수록 수면 패턴이 망가지고 영양 상태도 나빠졌으며, 평소에는 그냥 지나갔을 만한 일에도 예민하게 반응하면서 짜증을 내는 일이 늘어 갔다. 아이에게도 화를 내는 일이 많아졌고, 그럴 때마다 아이는 더 예민하게 반응하면서 통제할 수 없는 수준에 이르기도 했다. 이러한 상호작용 양상을 잘 포착하는 자녀의 기질-부모의 양육 행동 모형은 무엇인지 제시하시오.

6 아동기 애착의 주요 유형을 나열하고 각각의 개념을 기술하시오.

7 어느 정도 언어를 구사할 수 있는 나이가 되면 본격적으로 가족 이외의 사람들과 상호작용하기 시작한다. 이러한 사회적 활동은 성격과 어떤 관계를 맺고 있는지 구체적으로 설명하시오.

8 청소년기의 생물학적 특징과 인지적 특징, 사회적 특징에 대해 포괄적으로 기술하고, 이러한 특징이 자기에 대한 지식 및 정체성 발달에 어떤 영향을 미치는지 서술하시오.

9 청소년기의 자기에 대한 지식은 이전 시기보다 현실적인 특징을 띤다. 이상적이고 비현실적인 희망이나 꿈, 자기인식이 주변으로부터 주어지는 피드백이나 사실적 정보 등을 고려하여 좀 더 현실적인 모습을 갖추어 가는 것이다. 하지만 모든 사람이 자연스럽게 이 과정을 받아들이는 것은 아니다. 어떤 경우에는 현실을 부인한 채 정체성 확인을 위한 탐색활동을 하지 않으면서 사회로부터 단절된 생활을 하기도 한다. Marcia의 정체성 지위 모형에 따르면, 이러한 청소년들은 어떤 유형에 해당하는지 제시하시오.

chapter

06

정신분석 이론

▲ Salvador Dalí(1904-1989) 나르키소스의 변신(1937)

우리는 모두 다양한 꿈을 꾼다. 어떤 날에는 매우 사실적이고 구체적인 내용의 꿈을 꾸고, 때로는 모호한 이미지나 소리, 이전에 본 적 없는 대상과 사건 등으로 구성된 꿈을 꾼다. 우리는 왜 이런 꿈을 꾸는 것일까? 꿈의 내용은 우리의 삶에 어떤 의미를 갖는 것일까? 최근에 꾸었던 꿈에 대해 떠올려 보고, 나의 일상생활이나 고민거리, 성격, 심리 상태 등과 연관지어 꿈의 내용을 해석해 보자.

학습 목표

- 정신분석 이론의 주요 가정과 인간관을 이해한다.
- Freud의 지형학적 모형과 삼원 구조 모형, 심리성적 발달 모형을 설명할 수 있다.
- 자아심리학에서 제안하는 자아의 주요 기능을 이해한다.
- 대상관계 이론이 성격 및 성격의 문제 이해에 기여한 바를 설명할 수 있다.

우리의 성격을 가만히 들여다보면 서로 불일치하거나 모순적인 면을 발견할 수 있다. 다른 사람들을 진심으로 아끼며 사랑한다고 믿지만 실제로는 그들을 이용하거나 착취하는 행동을 보이기도 하고, 낙관적 태도를 보이면서 평온하고 만족스럽다 말하지만 때때로 의미를 알 수 없는 눈물을 흘리며 무력감에 빠져드는 것처럼 말이다. 오스트리아의 신경과 의사 Sigmund Freud는 이러한 현상이 나타나는 이유를 무의식으로 설명하고자 했다. 그는 의식의 중요성을 강조한 기존의 철학이나 의학의 흐름에서 벗어나 무의식에 초점을 둔 방대한 이론을 개발하였다. 정신분석으로 명명된 이 이론은 당시 많은 논란을 일으켰으며, 심리학 및 정신의학뿐만 아니라 여러 문화예술 분야에 큰 영향을 미쳤다.

본업이 의사였던 Freud는 자신의 환자를 성공적으로 치료하는 것을 가장 중요시했다. 그가 많은 비판을 견디면서 논쟁적인 이론을 개발한 것도 그러한 이유 때문이라고 볼 수 있다. 그가 만나 왔던 환자들의 마음은 매우 복잡하고 역동적이었다. 그는 그러한 특성을 포착할 수 있는 개념과 모형을 구성하기 위해 많은 노력을 기울였으며, 매우 논리적이고 일관적인 이론 체계를 개발해 냈다. 그의 이론은 성격의 모순적 측면이나 역동적 변화, 비정상적이고 부적응적인 양상으로 발전하는 과정, 성격이 대인관계 상황에서 작동하는 양상 등을 정교하게 포착하고 있어 임상 현장에서 활동하는 전문가들의 큰 환영을 받았다.

Freud의 정신분석 이론은 그 자체로도 많은 이론적·실질적 가치를 갖지만, 다양한 후속 이론을 촉발시켰다는 점에서 더 큰 의의를 갖는다. 어떤 이론은 정신분석 이론의 기본 가정이나 원리를 받아들여 좀 더 정교하게 발전시켰고, 다른 이론은 정신분석 이론의 가정 중 일부 혹은 거의 대부분을 부정하면서 고유한 가정과 원리를 개발했다. 그렇게 개발된 이론들은 다시 현대의 심리치료 이론이나 성격 이론의 개발에 크게 기여하였다.

이 장에서는 정신분석 이론의 기본 가정과 주요 모형, 병인론과 치료론을 살펴보고 정신분석 이론의 영향을 받은 주요 후속 이론들 중 자아심리학과 대상관계 이론, 자기심리학 등을 소개할 것이다.

1 정신분석

Freud에 의해 개발된 정신분석은 인간의 행동과 심리적 문제를 심리적 관점에서 매우 정교하게 분석한 최초의 이론으로 인정받고 있다. Freud가 정신분석을 개발하게 된 배경과 주요 인간관, 기본 가정, 주요 이론 및 모형, 병인론 및 치료론을 구체적으로 살펴보자.

1) 배경

Freud는 1856년에 모라비아(오늘날 체코의 동부 지역)에서 태어났다. 그의 아버지는 유대인 사업가였으며, Freud의 어머니와 결혼하기 전에 이미 두 번의 결혼 생활을 했고, 두 자식을 두고 있었다. Freud의 가족은 1860년에 오스트리아 빈으로 이주하였는데, 당시 형편이 넉넉하지 않았다고 한다. 언어와

▲ Sigmund Freud

문학에 남다른 재능을 보였던 Freud는 어려운 형편에서도 가족의 지원을 받아 원하는 공부를 마음껏 할 수 있었다. 그는 어려서 장군이나 관리가 되는 꿈을 가지고 있었으나 유대인에 대한 편견과 제약 때문에 의학을 공부하기로 결정했다.

1873년에 빈 대학교(University of Vienna)에 입학한 Freud는 1881년에 의학박사 학위를 받고 신경과 의사가 되었다. 이후 진료 활동을 이어가던 그는 1885년 당시 최면술을 이용한 치료로 왕성하게 활동하던 Jean Charcot(1825-1893)의 강의와 실습에 참여하면서 최면술을 배우기도 했다. 1년 뒤 개인 진료소를 연 Freud는 신경학적 문제가 없음에도 마비 등의 증상을 나타내는 히스테리 환자를 치료하기 시작했다. 당시 Freud에게 큰 도움을 주었던 인물로 Josef Breuer(1842-1925)라는 신경과 의사가 있었다. 그는 Anna O.라고 불렸던 한 여성을 치료하는 과정에서 **담화 치료**(talking cure), 즉 '대화'를 이용한 치료가 효과적일 수 있다는 것을 알게 되었고, 이를 전해 들은 Freud 또한 이 방법을 자신의 치료에 적용하기 시작했던 것이다. Breuer와 Freud는 관련 임상 경험을 정리하여 1895년에 『히스테리 연구(Studies on Hysteria)』라는 책을 펴내기도 했다.

임상 경험을 통해 무의식의 중요성을 인식한 Freud는 무의식의 내용을 탐색하는 방법으로서 **자유 연상**(free association)과 **꿈 분석**(dream analysis)을 개발했다. 특히 꿈 분석의 방법과 사례를 담아 1900년에 펴낸 『꿈의 해석(The Interpretation of Dreams)』은 그의 최고 걸작으로 손꼽히고 있다. 안타깝게도 이 책은 출간 당시 그렇게 큰 인기를 얻지 못했다. 초판이 출간되고 8년 동안 대략 600부 정도만 팔렸다고 하니, 당시 학계의 반응을 예상할 수 있다. 실제로 Freud는 당시 주류였던 정신병리학자들에게 많은 비판을 받았는데, 특히 무의식의 주된 내용이 성적 추동과 관련되어 있다는 주장이나 유아도 성욕을 가지고 있다는 주장은 많은 비난과 조롱을 받았다.

학계에서는 냉랭한 반응을 보였지만, Freud의 창의적 이론과 치료 기법에 흥미를 보이는 학자와 전문가들도 있었다. 여기에는 Alfred Adler와 Carl Jung, Otto Rank(1884-1939), Sándor Ferenczi(1873-1933) 등이 포함되어 있다. 이들은 Freud를 도와 정신분석학회(International Psychoanalytical Association)를 구성하고 수련 체계를 정립하였으며, 번역과 강연 등을 통해 정신분석을 널리 알렸다. 그러한 노력의 성과로 1909년에 미국의 초청을 받은 Freud와 동료들은 성공적으로 강연을 마치면서 신대륙에도 정신분석 이론을 전파했다.

이후 정신분석학은 규모 면에서 빠른 발전을 이어 갔지만, 한 인간으로서의 Freud는 반복적인 상실로 인한 고통을 겪었다. 가장 먼저 Freud 곁을 떠난 사람은 Adler였다. 그는 비교적 초기에 Freud의 이론에 반대하면서 독자적인 이론과 학파를 구성하며 독립했다. 이후 시기를 달리하여 Jung과 Rank 등의 측근들 또한 비슷한 이유로 Freud 곁을 떠났다. 유대인이었던 그는 두 번의 세계대전을 겪으면서 상당한 압박과 고통을 겪기도 했으며, 말년에는 암 투병으로 고생하다가 1939년에 타국에서 사망했다.

2) 주요 가정과 인간관

Freud의 이론은 여러 단계에 걸쳐 발전했기 때문에 기본 가정이나 인간관을 일목요연하게 정리하는 것이 쉽지 않다. 본 장에서는 시간 순서에 따라 Freud의 이론이 어떻게 발전해 왔는가를 추적하는 방식을 따르려 한다.

Freud는 기본적으로 인간의 마음이나 성격이 생물학적 기반을 가지고 있다고 보았다. 그는 당시 유행했던 에너지 보존 법칙에 많은 관심을 가지고 있었으며, 인간 또한 일종의 **에너지 체계**(energy system)일 것이라고 보았다. 그는 인간의 정신을 구성하는 요소들이 신체적 에너지로부터 주어지는 고유한 에너지를 가지고 있다고 생각했으며, 에너지를 품고 있는 정신의 요소들은 특정한 원리에 따라 움직이면서 힘이나 압력을 행사한다고 보았다. 마치 열에너지를 증기 압력으로 전환하여 기계 부속을 작동시키는 증기기관과 유사하다고 생각한 것이다.

인간을 일종의 에너지 체계로 개념화한 뒤, Freud는 세 가지 중요한 가정 혹은 원리를 정리하여 제시했다(Pervin & Cervone, 2010). 첫째, 에너지는 한정되어 있다. 한 가지 목적으로 에너지가 많이 사용되면 다른 목적으로 사용할 에너지가 부족해진다. 둘째, 어떤 이유에서든 에너지의 흐름이 막힐 수 있는데, 흐름이 막혔다고 해서 에너지가 사라지지는 않는다. 길이 막힌 에너지는 다른 길을 찾아 흐를 수 있다. 셋째, 인간의 정신은 고요한 내적 상태(state of quiescence)를 달성하는 방향으로 작동한다. 이것은 생물이 개체 혹은 세포의 상태를 일정하게 유지하려는 경향성인 **항상성**(homeostasis)과도 관련이 있다. 인간은 어떤 이유에서든 불균형 상태에 이르면 불균형을 해소하고자 하는 욕구가 발생하고, 그에 따라 일정 수준의 긴장을 경험한다. 인간의 정신은 이러한 긴장을 해소하고 다시 균형 상태를 회복하도록 기능하는데, 이때 에너지를 활용한다.

Freud는 중추신경계의 흥분 상태가 정신 에너지의 근원이라고 생각했다. 인간은 자신이 원하는 어떤 상태를 얻기 위해 필요한 무언가를 인식하면 신경생리적으로 흥분하게 된다. Freud는 이러한 흥분 상태를 **추동**(drive)이라 명명했다. 추동은 기본적으로 표현과 긴장 감소를 추구하며, 일정량의 에너지를 수반한다. Freud가 이론 개발 초기에 특별히 주목한 추동은 성적 추동이었다. 그는 생의 초기부터 성적 추동이 존재하며, 성적 추동에 수반되는 에너지가 적절한 방향으로 발산되는지의 여부가 성격이나 정신의 발달에 중요하다고 보았다. 성적 추동에 수반되는 에너지는 **리비도**(libido)라고 명명되었으며, 정신분석 이론에서 매우 중요하게 다루어지는 개념이 되었다.

Freud가 성적 추동이나 리비도에 특별한 관심을 보인 데에는 그의 임상 경험이 중요한 기여를 했다. 그가 박사 학위 과정을 밟고 의사로 활동하던 시기에는 당시 많은 신경과 의사들을 곤란에 빠뜨렸던 독특한 질환이 있었다. 이 질환을 가진 환자들은 별다른 신경학적 문제가 없음에도 마비 등의 증상을 나타내었다. 당시 **히스테리**(hysteria)라고 불렸던 이 질환은 Freud의 호기심을 끌었다. 특히 박사 과정을 마칠 즈음에 처음 만났던 Breuer의 Anna O. 사례가 그에게 많은 영감을 주었다. Breuer는 Anna O.를 치료하는 과정에서 과거 경험을 다시 기억하여 말로 표현하는 것이 증상의 호전에 도움이 된다는 것을 확인했다. 당시 Anna O.가 기억해 낸 오래전 과거 경험은 성적 추동과 관련된 것으로 의심해 볼 수 있는 내용이었으며, 이후 만난 여러 사례에서도 마찬가지로 성적 추동과 관련된 내용이 반복적으로 나타났다.

▲ 히스테리 환자의 모습

이러한 임상 경험을 토대로 Freud는 성적 추동에 특별한 중요성을 부여하였고, 성적 추동에 기반한 이론을 적극적으로 발전시켜 나갔다.

당시 Freud는 리비도가 적절한 방식으로 해소되지 못한 채 남아 있다가 압력을 이기지 못하고 신체 증상으로 표출된 것이 히스테리일 것이라고 보았다. 리비도는 성적 추동을 유발한 실제 대상과 특정한 방식으로 상호작용해야 적절히 해소될 수 있는데, 어떠한 이유에서든(예: 근친에 대한 성적 추동, 동성에 대한 성적 추동) 상호작용이 이루어지지 못하여 정신 속에 남아 내적 압력을 키웠다고 본 것이다. Freud는 Breuer의 제안에 따라 언어적인 표출 방식으로 에너지를 방출하는 방법을 치료에 적용했다. 즉, 환자 자신의 증상이나 문제, 문제와 관련이 있을 것으로 예상되는 과거 경험이나 외상 등에 대해 이야기함으로써 에너지를 방출하는 방법을 사용한 것이다.

3) 지형학적 모형

담화 치료를 이용해서 히스테리 환자를 치료하던 Freud는 일부 사례에서 성공적인 결과를 얻었지만, 다른 사례들에서는 만족할 만한 성과를 얻지 못했다. 다양한 이유가 있었지만, 가장 중요했던 문제는 환자들이 증상과 관련이 있을 법한 외상 경험을 보고하는 데 어려움을 겪었다는 점이었다. 어떤 이유 때문인지는 확실치 않지만, 이들의 중요한 외상 경험은 '의식 너머에' 있는 것처럼 보였다. Freud는 당시 많은 학자에 의해서 그 존재와 중요성이 인정되었던 무의식에 주목하기 시작했다. 그는 환자들의 원치 않는 성적 추동과 관련된 기억이 무의식에 잠겨 있을 수 있다는 생각에 이르렀고, 무의식의 내용을 탐색하는 기법으로 자유 연상을 사용하기 시작했다.

자유 연상(free association)이란 어떤 자극을 제시했을 때 떠오르는 생각이나 이미지, 감정 등을 검열 없이 자유롭게 표현하는 것을 의미한다. 자유 연상 기법을 이용해 환자들의 무의식을 분석하던 Freud는 비슷한 시기에 자기분석을 시작했다. 특히 자유 연상 과정에서 떠오른 자신의 꿈을 분석하면서 꿈이 무의식의 내용을 풍부하게 담고 있다는 것을 깨닫게 되었다. 이후 환자와 자신의 꿈을 집중적으로 분석하여 정신의 구조에 대한 이해를 발전시켰고, 그 과정에서 그의 대표적인 마음의 모형을 개발하게 되었다.

그림 5.1 정신 구조의 지형학적 모형
Freud는 인간의 정신이 빙산과 유사하다고 보았다. 인간의 정신 중 많은 부분은 전의식과 무의식에 잠겨 있다.

이 모형은 **지형학적 모형**(topographical model)이라 명명되었으며, 인간의 정신생활이 의식과 전의식, 무의식의 세 가지 의식 수준으로 구분될 수 있다는 내용을 담고 있다.

의식(conscious)은 특정 순간에 자각되는 모든 감각과 경험들로 구성된다. Freud는 의식이 정신세계의 극히 일부분에 불과하다고 주장했다. 우리가 의식하는 것들은 선택이나 검열의 과정을 거친 결과물이기 때문이다.

전의식(preconscious)은 특정 순간에 의식되지는 않지만, 일정한 수준의 노력을 기울이면 의식될 수 있는 경험을 의미한다. 예컨대 지난 학기에 들었던 수업의 내용이나 지난주에 보았던 드라마의 내용 등이 여기에 해당한다. 전의식은 의식과 무의식 사이에 위치하면서 교량의 역할을 하는 것으로 가정되었지만, Freud의 이론에서 중요하게 다루어지지는 않았다.

무의식(unconscious)은 자각하려는 노력에도 쉽게 의식되지 않는 경험들로 구성된다. Freud에 따르면, 정신세계 중 가장 넓은 범위를 차지하는 것이 바로 무의식이다. 앞서 언급한 바와 같이, 무의식 개념은 Freud 이전에도 이미 그 존재와 중요성이 인정되고 있었다. 다만 인간의 행동이나 증상 등에 실질적인 영향을 미치는 과정이나 원리를 체계적으로 제안한 학자는 드물었다. Freud는 인간의 무의식 안에 성적 추동을 비롯한 다양한 심리적 내용이 가득하다고 보았으며, 그러한 무의식적 요소가 인간의 행동을 결정한다고 주장했다. 그에 따르면, 무의식의 내용이 직접적으로 의식화되는 과정에는 큰 저항이 있다. 따라서 무의식적 내용은 증상이나 꿈, 놀이, 실수 등의 간접적이고 상징적인 방식으로 드러나는 경향이 있다. 정신분석의 중요한 활동은 간접적으로 드러나는 무의식의 내용을 분석해서 의식화하는 것이다.

4) 구조 모형

Freud는 지형학적 모형을 개발한 뒤 좀 더 다양한 환자들을 만나면서 이 모형의 한계를 인식하게 되었다. 환자들의 무의식에 담긴 내용이 예상보다 더 이질적이고, 질환에 따라 무의식의 작용 양상 또한 달랐던 것이다. 이러한 현상을 포괄적으로 설명하기 위해서는 인간이 경험하는 다양한 내용 중 무엇을 의식에 두고 무엇을 무의식에 둘 것인지 혹은 무의식의 내용을 어떻게 관리할 것인지 등을 담당하는 마음의 요소가 필요했다. Freud는 이 요소를 '자아'라고 명명하고 자아를 중심으로 하는 새로운 마음의 모형을 제안했다. 이 모형은 마음의 구조를 표현한다는 측면에서 **구조 모형**(structural model)이라 불리며, 자아와 원초아, 초자아의 세 요소로 구성되어 있기에 삼원 구조라고도 칭한다.

원초아(id)는 세 개의 구조들 중 가장 기본적이고 원시적인 구조로 태어나면서부터 존재한다. 독일어로는 'Es'로 표기되었는데, 직역하면 '그것(it)'에 해당한다. 즉, 원초아는 인격으로 인정하기에는 아직 부족한 동물적 요소라고 볼 수 있다. 이 구조는 심적 에너지인 리비도의 저장고이며, 신체적 과정과 정신적 과정의 매개체로 기능한다. 즉, 신체적 과정으로부터 본능적 욕구를 전달받아서 이를 정신적 표상으로 넘겨주는 역할을 한다. 이때 원초아가 추구하는 바는 무조건적인 충족을 통한 쾌락이다. 먹고 싶으면 먹고, 자고 싶으면 자는 것이 원초아가 따르는 기본 원리이다. Freud는 이 원리를 **쾌락 원리**(pleasure principle)라 불렀다. 이에 더해 원초아가 주로 사용하는 긴장 감소 전략이 있는데, 바로 일차 과정 사고이다. **일차 과정**(primary process)이란 과거에 기본적인 욕구의 충족과 연합되었던 대상의 심상을 형성함으로써 일시적으로 긴장을 감소시키는 방법이다. 예를 들면, 배고픈 유아가 엄마의 유방을 심상으로 떠올리는 것이 이에 해당한다.

생애 초기에는 이러한 원리와 방략만 가지고도 어느 정도 생존이 가능하다. 하지만 나이를 먹어 갈수록 기존 방략만으로는 생존이 어려워지게 된다. 이즈음이 되면 아기는 원시적 형태의 물리적·신체적 자기를 형성하고 외부 세계를 어렴풋이 인식하게 된다. 그와 동시에 자신이 통제할 수 있는 것과 그럴 수 없는 것에 대한 기초적 인식이 발달하고, 그러면서 점차로 욕구 만족 지연을 배워 나간다. 이것이 두 번째 구조인 자아 출현의 징조이다.

자아(ego)란 간단히 말해 환경에 대한 현실 적응을 담당하는 심리적 기능을 의미한다. 독일어로는 'Ich', 즉 '나(I)'로 표기되었다. 이제 '인격체' 혹은 '인간'으로 불릴 수 있도록 도와주는 마음의 요소가 등장한 것이다. 구조 모형을 정립한 초기에는 자아가 원초아로부터 분화되어 나타나며, 원초아로부터 에너지를 빌어 기능을 수행한다고 가정되었다. 자아의 주요 역할은 현실 세계의 제약을 고려하면서 원초아가 원하는 바를 적절히 충족하거나 표현하는 것이다. 자아는 보통 6~8개월 즈음부터 분화되기 시작해서 2~3세 정도면 어느 정도 확립되는 것으로 제안되었다. 자아는 원초아와 달리 **현실 원리**(reality principle)을 따르기 때문에, 합리적이고 현실 지향적인 선택을 추구하는 경향성을 보인다. 이러한 경향성의 핵심은 욕구 만족의 지연과 적절한 표현이다. 자아의 활동은 이차 과정 사고로 확인될 수 있다. **이차 과정**(secondary process) 사고란 자신이나 타인을 위험에 빠뜨리지 않고 욕구를 충족시킬 수 있는 행동 경로를 수립하는 사고 과정을 의미한다. 예를 들면, 배가 고플 때 '엄마가 돌아오기를 기다렸다가 다가가서 "엄마 배고파."라고 말해야지.'라는 생각을 떠올리는 것이 이에 해당한다.

초자아(superego)는 가장 나중에 발달하는 마음의 구조로, 사회의 규범이 내면화된 것을 의미한다. 초자아는 가치 체계, 도덕 체계, 양심 등의 개념과 관련이 있다. 독일어로는 'Überich'인데, 직역하면 '내 위에 있는 것(over-I)'을 의미한다. 내 머리 위에서 내 행동을 평가하며 이렇다 저렇다 훈계하는 마음의 요소인 것이다. 이 구조는 5~6세경부터 분화되기 시작하여 10~11세경에 이르러서야 어느 정도 확립된다. 원초아와 자아만 있을 때에는 타인과 자신의 안전만을 고려하여 행동을 구성하면 되었지만, 초자아가 발달하면서부터는 사회적 관점에서 바람직한 행동과 바람직하지 않은 행동을 구분하고 전자를 지향하는 경향성까지 고려해야 할 상황에 이르게 된다. Freud는 초자아의 기원이나 발달 과정, 구조 등에 대해 정교한 이론을 제시하지 않았지만(Freud, 1923), 후대 학자들은 초자아가 적어도 두 가지 하위 체계로 구성될 것이라고 보았다(A. Freud, 1946). 하나는 **양심**(conscience)이고 다른 하나는 **자아이상**(ego-ideal)이다. 전자는 잘못된 행동에 대한 처벌을 통해 형성되며 죄책감과 관련이 있다. 반면, 후자는 잘한 행동에 대한 칭찬이나 수용을 통해 형성되며 수치심과 관련이 있다. 초자아는 행동의 선악이나 옳고 그름을 따지는 **도덕 원리**(moral principle)에 따라 작동하는 것으로 제안되었다.

5) 마음의 역동

Freud의 관점에서 볼 때, 인간의 마음을 구성하는 세 구조는 정적(static)이라기보다 동적(dynamic)이다. 이 요소들은 서로 원하는 것이 있으며, 그것을 달성하기 위해 다른 요소를 압박하거나 특정한 전략을 사용한다. 원초아는 성적 추동을 포함한 기본적 추동에 따라 가능한 한 빠르게 원하는 바를 얻

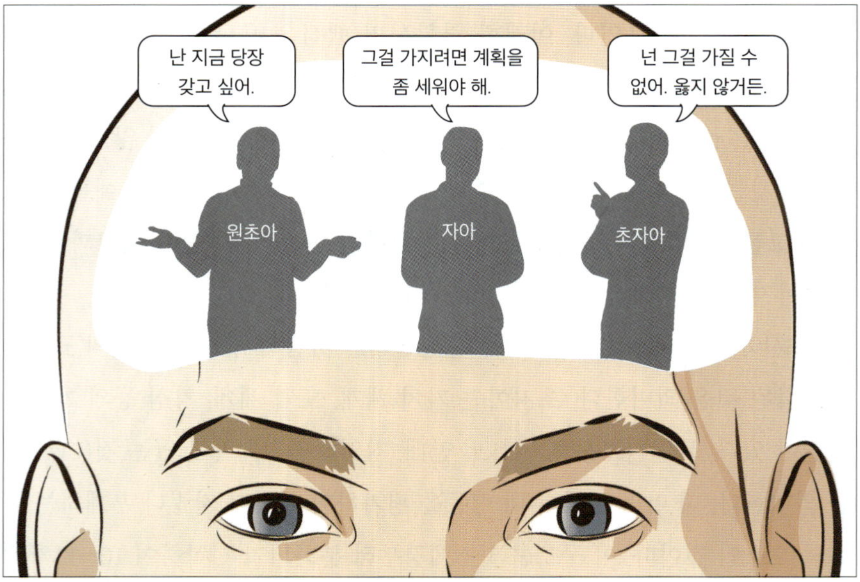

그림 5.2 원초아, 자아, 초자아의 상호작용 예시

으려 한다. 초자아는 도덕적 규범이나 양심 등의 기준을 내세우며 부적절한 행동을 하지 못하도록 요구한다. 자아는 원초아와 초자아의 요구를 적당히 들어주면서 타협점을 찾아낸다. 세 구조가 모두 나름대로의 가치를 갖지만, Freud는 자아의 중요성을 특별히 강조하였다. 자아가 충분히 튼튼해야 세 구조의 균형을 유지하면서 적절히 외부 환경에 적응할 수 있다고 본 것이다. Freud는 자아가 자신의 일을 효과적으로 해내기 위해 일종의 '경고 장치'와 '방어 전략'을 개발한다고 보았는데, 각각을 불안과 방어기제로 개념화했다.

Freud에 따르면, 마음의 세 구조가 서로 균형을 이루지 못하고 자아가 통제를 상실할 위험이 생길 때 **불안**(anxiety)이 발생한다. 불안은 크게 현실 불안과 신경증적 불안, 도덕적 불안으로 구분된다. **현실 불안**(reality anxiety)은 외부 현실의 위협으로 인한 불안을 의미한다. 예컨대, 바로 다음 주에 깜짝 퀴즈를 보겠다는 교수의 말을 들었을 때 유발되는 불안이 바로 현실 불안이다. **신경증적 불안**(neurotic anxiety)은 원초아의 추동을 자아가 통제할 수 없을 것이라는 두려움에서 초래되는 불안을 의미한다. **도덕적 불안**(moral anxiety)은 초자아가 정한 도덕적 규율이나 규범을 어기는 것과 관련된 불안을 말한다. 세 가지 불안 중 Freud가 특별히 중요하게 고려한 불안은 신경증적 불안이다. 그는 신경증적 불안이 유발되었을 때 자아가 독특한 방어 전략을 발동시킨다고 보았는데, 이를 **자아 방어기제**(ego defense mechanism)라고 명명했다. 대표적인 자아 방어기제로는 억압과 합리화, 반동 형성, 투사, 퇴행, 전치, 승화 등을 들 수 있다.

억압(repression)은 용납할 수 없는 추동이나 기억 등을 의식에서 배제하여 무의식 속으로 밀어 넣는 과정이다. 그 결과, 불안을 유발하는 충동이나 기억 등을 더 이상 의식하지 못하게 된다. Freud는 억압을 가장 기본적이면서도 중요한 방어기제로 보았다. 자아는 의식에서 용납되지 않는 다양한 경험을 억압 방어기제를 이용해 무의식에 담아 둠으로써 정서적 고통을 일시적으로 피할 수 있다. 하지만 억압된 경험을 무의식 속에 유지하기 위해서는 일정량의 에너지가 지속적으로 소모된다. 따라서 현실 적응 등에 활용할 수 있는 에너지가 부족해질 수 있다는 단점이 있다.

합리화(rationalization)는 현실 왜곡을 통해서 어떤 행동을 자신과 타인에게 합리적이며 정당화될 수 있는 행동으로 보이도록 시도하는 방어기제이다. 회사에 지원했다가 떨어진 사람이 해당 회사가 사실은 그다지 좋은 회사가 아니었다고 스스로 위로하는 것은 합리화의 예가 될 수 있다.

▲ 이솝 우화 『여우와 신 포도』에서 여우는 포도가 너무 높은 곳에 있어 먹을 수 없자 '저 포도는 시어서 맛이 없을 거야'라고 합리화를 한다.

반동 형성(reaction formation)은 용납할 수 없는 추동으로부터 자신을 보호하기 위해 반대의 생각과 행동을 표출하는 방어기제이다. 누군가에게 호감을 느끼면서도 그러한 감정과 추동을 억압하면서 오히려 반대로 그 사람을 놀리거나 밀어내는 행동을 보이는 것은 반동 형성이라고 볼 수 있다.

투사(projection)는 용납할 수 없는 자신의 사고나 감정 등을 다른 대상에 귀속시키는 방어기제이다. 상대방의 행동 때문에 몹시 화가 났을 때 이를 인정하지 못하고 오히려 상대방이 자신에게 화를 낸다고 여기는 것은 투사의 좋은 예이다.

퇴행(regression)은 위협에 직면했을 때 좀 더 안전했던 생애 초기 발달 단계의 행동 패턴으로 돌아가는 것을 의미한다. 외부의 위협으로 인해 불안감을 느낄 때 어린아이와 같은 말과 행동을 보이는 것은 전형적인 퇴행의 예라고 볼 수 있다.

전치(displacement)는 어떤 대상에 대해 원치 않는 추동이 일었을 때 상대적으로 덜 위협적인 대상에게 해당 추동을 표현하는 것을 의미한다. 직장 상사에게 야단을 맞고 자신의 가족이나 직장 후배들에게 화를 내는 것은 전치라고 볼 수 있다.

승화(sublimation)는 용납할 수 없는 추동을 사회적으로 허용되는 사고와 행위로 전환시키는 것을 말한다. 이는 건강하고 적응적인 방어기제의 전형이라고 볼 수 있다. 공격적 추동을 그림이나 음악 등의 예술 활동으로 표현하는 것이나 경찰관 등의 직업 활동으로 표현하는 것은 승화의 좋은 예이다.

6) 성격의 발달

Freud는 지형학적 모형을 발표하고 몇 년 뒤인 1905년에 리비도 개념을 활용한 **심리성적 발달 이론**(theory of psychosexual development)을 제안한 바 있다. 이 시기는 구조 모형을 발표한 1923년보다 이른 시점이었기 때문에 삼원 구조의 발달 양상이 정교하게 이론에 담기지는 않았다. 다만 성적 추동이나 리비도가 생애 초기부터 존재할 것이라는 믿음은 이론에 반영되었다. Freud는 생애 초기의 성적 추동과 리비도를 **유아 성욕**(infantile sexuality)이라 불렀는데, 이 개념은 많은 논쟁을 불러일으켰다. 그에 따르면, 생애 초기부터 존재하는 리비도는 아이의 성장에 따라 신체의 특정 부위에 집중되는 경향이 있다. 아이는 리비도가 집중되는 부위를 통해 감각적 쾌락을 추구한다. 연령에 따라 구분해 보면, 입에서 항문, 성기로 옮겨지고, 일정 기간의 잠복기 후 다시 성기로 돌아온다. Freud는 각 시기를 구강기와 항문기, 남근기, 잠복기, 성기기로 구분했다. 그는 각 단계에서의 심리성적 욕구가 심하게 좌절되거나 과잉 충족될 경우 그 시기의 행동이 부분적으로 남아 특정한 성격을 구성한다고 주장했다. 이렇게 특정 발달 단계를 벗어나지 못하고 그 시기의 행동을 반복적으로 나타내는 것을 **고착**(fixation)이라 부르기도 했다. 특정 발달 단계에 고착된다고 해서 항상 그 시기의 행동만을 드러내는 것은 아니다. 평소에는 관련 행동이 간헐적으로 나타나다가 스트레스가 심해지면 급격히 퇴행하면서 고착된 발달 시기의 행동을 현저하게 나타내기도 한다.

생후 18개월까지에 해당하는 **구강기**(oral stage)에는 입을 이용한 다양한 활동을 통해 쾌감을 얻는다. 이 시기에 과도한 좌절이나 충족을 경험하면 구강기 성격(oral character)이 형성된다. 구강기 성격은 다른 사람들에게 잘 속고 의존적인 특징을 보이거나, 의심 많고 공격적이며 논쟁을 좋아하는 특징으로 나타날 수 있다. 초기의 발달 모형에서는 질적으로 서로 구분되는 듯한 성격 특징(의존적 대 공격적)을 특별히 유형화하지 않았지만, 후대 학자들은 욕구의 과도한 충족으로 인한 성격인지 혹은 과도한 좌절로 인한 성격인지를 구분하거나, 구강기의 전반부에 고착되었는지 혹은 후반부에 고착되었는지 등의 여부로 하위 유형을 구분하기도 했다(McWilliams, 1994). 논란의 여지가 있지만, 일반적으로 과도한 충족으로 인해 나타나는 의존적 성격을 **구강기 수용 성격**(oral receptive personality)이라 부르고, 과도한 좌절로 인해 나타나는 공격적인 성격을 **구강기 공격 성격**(oral aggressive personality)이라 부른다.

2세에서 3세에 해당하는 **항문기**(anal stage)의 아동은 배변을 통한 쾌감을 즐긴다. 만일 원하는 때에 배변하고자 하는 욕구가 과도하게 좌절되거나 과잉 충족되면 완강함과 인색함, 질서에 대한 과도한 집착을 보이거나 반대로 무질서하고 충동적인 성격을 갖게 된다. 과도한 좌절로 인한 성격을 **항문기 보유 성격**(anal retentive personality)이라 부르고, 과도한 충족으로 인한 성격을 **항문기 배출 성격**(anal expulsive personality)이라 부르기도 한다.

3세에서 5세에 해당하는 **남근기**(phallic stage)에는 오이디푸스 갈등의 적응적인 해결이 중요해진다. 오이디푸스 갈등 혹은 **오이디푸스 콤플렉스**(Oedipus complex)란 어머니를 성적 대상으로 삼고 싶지만 강한 아버지에 대한 두려움으로 그럴 수 없는 내적 갈등 상태를 의미한다. 남아는 아버지와의 동일시를 통해 이 갈등을 해결한다. 만일 아버지와의 동일시에 성공하지 못하면, 유혹, 질투, 경쟁, 권력 추구, 남성성 과시 등에 집착하는 성격이 형성될 수 있다. 여아의 경우 아버지를 성적 대상으로 삼으려 하면서 어머니를 경쟁자로 인식하게 되는 유사한 현상이 나타나는데, 이를 **엘렉트라 콤플렉스**(Electra complex)라고 부른다. 여성이 남근기에 고착되면 유혹적이고 바람기 있는 성격을 갖게 되는 것으로 제안되었다.

5세에서 13세에 해당하는 **잠복기**(latency stage)는 고착과 관련된 특별한 성격 유형이 없다. 이 시기는 학업에 집중하는 시기로 성적 욕구의 표현이 뚜렷하게 나타나지 않는다. Freud는 리비도의 이동에 초점을 두어 잠복기를 중요한 시기로 다루지 않았지만, 이 시기는 자기 자신을 조절하면서 주어진 과제를 수행하는 능력이나 대인관계 능력이 왕성하게 발달하는 중요한 시기이다.

마지막 단계인 **성기기**(genital stage)에는 리비도가 다시 성기에 집중된다. 이 시기의 리비도는 이성 등의 성적 대상에게 집중되며, 연인 관계를 통해 욕구를 충족하려는 시도가 나타난다. Freud는 이 시기를 통해서 타인과 친밀한 관계를 맺고 적절한 방식으로 성적 활동을 하는 법을 배우면서 성격 형성이 완결된다고 보았다.

7) 성격의 문제 및 치료

정신분석은 기본적으로 심리적 문제를 이해하고 치료하기 위해 개발되었다. 정신분석에서 성격의 문제를 어떻게 이해하고 치료하는지 살펴보자.

(1) 성격의 문제에 대한 이해

정신분석 이론에서 성격의 문제가 나타나는 이유는 크게 두 가지 모형으로 설명할 수 있다. 첫 번째 모형은 심리성적 발달 모형이다. 이 모형에 따르면, 시기별로 리비도가 집중되는 부위를 통한 욕구 충족이 과도하게 좌절되거나 과도하게 충족될 경우 독특한 병리적 성격이 나타날 수 있다. 앞서 살펴본 구강기적 성격이나 항문기적 성격, 남근기적 성격 등이 여기에 해당한다. Freud는 특히 남근기의 심리적 갈등과 그로 인한 고착이나 퇴행이 신경증과 밀접한 관련이 있을 것이라 보고 정교한 분석을 했다. 반면 그보다 이른 시기인 구강기나 항문기의 문제에 대해서는 상대적으로 큰 관심을 보이지 않아 관련 자료가 부족한 편이다. 후대 학자들은 반대로 남근기 이전 시기에 주목하였는데, 이들은 상대적으로 더 이른 시기의 발달 단계에 고착될수록 성격의 문제가 좀 더 심각해진다는 사실을 발견하였다.

두 번째 모형은 삼원 구조 모형이다. 이 모형에 따르면, 자아가 원초아나 초자아, 현실의 요구를 적절히 만족시키면서 균형을 유지하는 데 실패할 경우 다양한 심리적 문제가 나타날 수 있다. 핵심은 자아의 능력이 약화되거나 충분한 정도로 발달하지 못하는 것이다. Freud는 전자에 좀 더 무게를 두었는데, 자아의 능력이 약화되는 이유는 다양하다. 원초아의 추동이 지나치게 강해서일 수 있고, 초자아의 경직된 압박이 심해서일 수도 있다. 또한 현실 세계에서 일어나는 다양한 사건들을 처리하느라 많은 에너지가 소모되었기 때문일 수 있고, 이러한 원인들이 동시에 나타날 수도 있다. 어떤 이유에서든 자아의 능력이 약화되면 중재자의 역할을 효과적으로 수행하지 못해 다양한 문제들이 초래된다.

자아가 약화되었을 때나 자아의 강도가 약할 때 나타나는 문제들은 정서적 측면과 인지적 측면, 대인관계적 측면에서 나누어 생각해 볼 수 있다. 먼저 정서적 측면에서는 통제되지 않는 원초아나 초자아, 현실의 요구들로 인한 불안감이 두드러지게 나타날 수 있다. 인지적 측면과 대인관계적 측면의 문제는 자아가 사용하는 방어기제 특성과 관련이 있다. 방어기제는 일정 수준의 현실 왜곡을 담고 있다(Vaillant, 1992). 현실의 일부를 존재하지 않는 것처럼 처리하기도 하고, 대상을 왜곡하기도 하며, 감정을 왜곡하기도 하는 것이다. 이러한 현실 왜곡의 정도는 방어기제마다 다른데, 현실 왜곡이 심한 방어기제를 경직된 방식으로 사용할 경우 주관적 세계와 현실 세계의 괴리가 심해질 수밖에 없다. 이러한 변화는 대인관계 갈등을 초래하기도 한다. 예컨대 엉뚱한 사람에게 반복적으로 화풀이를 하거나, 만나는 사람들이 모두 자신에게 악의를 품고 있다고 의심하는 등의 행동을 반복하여 갈등을 경험할 수 있다.

유사한 관점에서 자아의 방어기제 사용 패턴과 성격 문제의 관계를 이해할 수 있다. 자아가 충분히 강한 사람들은 다양한 방어기제를 상황에 맞게 바꿔 가며 사용하는 경향이 있다. 반면, 자아가 약한 사람들은 현실 왜곡이 심한 소수의 방어기제를 경직된 방식으로 사용한다. 예컨대 타인을 의심하는 행동을 반복적으로 나타내는 편집성 성격(paranoid personality)은 투사 방어기제를 빈번하게 사용하는 경향이 있다. 다시 말하지만, 자아가 강한 사람들은 '다양한' 방어기제를 유연하게 사용한다. 여기에는 현실 왜곡이 심한 방어기제도 포함될 수 있다. 자아가 강한 사람들과 약한 사람들의 차이는 현실 왜곡이 적은, 상대적으로 성숙한 방어기제를 유연하게 사용할 수 있는지의 여부에 있다. 자아가 약한 사람들은 성숙한 방어기제를 적절히 사용하지 못한다.

(2) 정신분석 치료의 원리

초기의 정신분석 치료는 성격의 문제보다 신경증에 더 큰 관심을 두었다. 구조 모형이 발표된 시점도 Freud가 사망하기 대략 10여 년 전이었기 때문에 자아의 강화를 목적으로 하는 치료가 체계화되기에는 시간이 부족했다. 물론 의도하지는 않았으나 초기의 치료 방법 또한 간접적으로 자아의 강도를 회복하는 데 도움이 되었다.

초기 정신분석 치료는 주로 지형학적 모형에 토대를 두었으며, 치료의 핵심적 목표는 무의식을 의식화하는 것이었다. 의식에서 용납되지 않는 다양한 경험을 무의식에 담아 둔 것이 과도하여 발생한 증상이 신경증이었기 때문이다. Freud는 어떤 방법으로든 무의식을 의식화하면 무의식의 압박이 줄어들어 증상이 개선될 수 있을 것이라고 보았다. 그는 자유 연상과 꿈 분석, 전이 분석, 저항 분석 등의 방법을 이용해 무의식을 의식화하려고 시도했다.

자유 연상(free association)은 마음에 떠오르는 생각을 있는 그대로 이야기하도록 하는 기법이다. 이 기법을 사용할 때 중요한 점은 마음의 자동적인 검열의 영향을 최소화하는 것이다. 이를 위해 Freud는 치료자와 내담자의 시

▲ Freud가 사용했던 카우치. 치료자는 내담자의 머리맡에 앉는다.

선이 마주치지 않도록 자리를 배치하고, 내담자의 말에 대한 치료자의 반응을 최소화하도록 했다. 또한 특별한 가치관이나 지향을 드러내지 않고 중립적 자세로 '내담자의 모든 말에 고르게 주의를 기울이는 태도'를 중시했다. 이러한 기본 방침에 따라, 정신분석 치료자는 내담자가 자유 연상을 할 때 가능하면 개입하지 않고, 필요한 경우에만 가끔 질문을 한다. 또한 내담자의 자유 연상 내용을 경청하면서 내용의 순서나 흐름, 특정한 내용을 말할 때의 톤이나 과정 요소(예: 말의 중단, 빠르기 등)에 주목하여 분석을 진행한다.

꿈 분석(dream analysis)은 내담자의 꿈에 나타난 내용을 분석하는 기법이다. Freud는 꿈의 내용을 분석하는 것이 무의식을 밝히는 효과적인 방법이라고 강조했다. 그는 의식에서 수용되기 어려운 욕구나 감정 등이 꿈의 상징적 내용으로 표현된다고 보았는데, 잠을 자는 동안에는 검열의 영향이 약해지기 때문이다. 꿈 분석은 자유 연상과 연계하여 진행한다. 즉, 꿈의 내용을 떠올렸을 때 연상되는 것을 자유롭게 말하도록 하고 그 내용을 분석하는 것이다. Freud는 일상적인 주제를 이용한 자유 연상보다 꿈을 이용한 자유 연상이 무의식의 내용을 좀 더 풍부하게 담고 있음을 깨닫고 꿈 분석의 중요성을 강조하였다.

Freud가 제안한 많은 개념들이 인간의 성격을 이해하는 데 유용하지만, 임상적으로 특별한 가치를 갖는 중요한 개념이 있다. **전이**(transference)라고 명명된 이 개념은 과거의 중요한 타인에게 느꼈던 감정을 무의식적으로 치료자에게서 느끼는 것을 의미한다. Freud는 내담자를 치료하는 과정에서 독특한 현상을 하나 발견했는데, 내담자가 자신에게 강렬한 사랑이나 미움의 감정이 실린 말투로 반응할 때가 종종 있다는 것이었다. 이를 의아하게 여긴 Freud는 관련된 자유 연상을 진행하였고, 내담자가 아동기 시절의 중요한 타인이 지닌 특성을 Freud에게서 발견하여 유사한 감정 반응을 보였다는 사실을 알게 되었다. Freud는 이러한 현상을 전이라 명명하고, 중요한 분석 대상으로 삼았다. 그는 전이의 내용을 의식화하면, 아동기 시절의 비합리적 감정들을 합리적인 방식으로 다룰 수 있게 되고, 그에 따라 무의식의 압박이 줄어들 것이라고 보았다. Freud는 내담자의 전이 현상을 분석하는 일련의 과정을 **전이 분석**(transference analysis)이라 명명하고 중요한 치료 기법으로 다루었다.

전이 개념은 성격의 몇 가지 중요한 특성을 포착하고 있다. 첫째, 과거에 특정한 개인에게 느꼈던 감정을 현재의 타인에게 비슷한 정도로 다시 경험할 수 있다. 이는 우리의 마음속에 타인을 대표하는 어떤 구조가 있으며, 그 구조가 정서적 반응을 수반한다는 것을 암시한다. 또한 그 구조와 비슷한 특징을 갖는 타인을 만나거나 비슷하다고 인식하면 유사한 정서적 반응이 유발될 수 있다. 둘째, 타인에 대한 감정 반응이나 행동 반응은 그 사람 자체에 대한 것과 과거에 경험했던 다른 사람에 대한 것이 섞여 있을 수 있다. 이는 개인이 다른 사람과 상호작용할 때 그가 지각하고 느끼는 것이 실제 상대의 특성만을 있는 그대로 반영한 것이 아닐 수 있음을 시사한다. 셋째, 개인이 가지고 있는 중요한 타인에 대한 기억과 감정 반응은 타인에게 직접적인 영향을 미치고, 그 영향은 다시 개인에게 돌아올 수 있다. 예컨대 어떤 남성에게서 자신의 아버지와 비슷한 특징을 발견한 한 여성이 그 남성에게 사랑을 느끼면, 그 감정은 특정한 행동으로 이어지게 된다. 그리고 그 행동은 남성에게 영향을 주고, 남성은 그 행동에 대해 정서적으로 반응하게 되며, 그러한 반응은 다시 여성에게 영향을 미친다. 정리하면, 전이 개념은 개인의 성격이 대인관계적으로 어떻게 발현되며, 발현된 특성이 어떻게 다시 개인의 성격에 영향을 미치는지를 체계적으로 설명해 준다.

치료 상황에서 내담자가 치료자나 치료 상황에 대해 나타내는 독특한 감정이나 태도를 포착하는 또 다른 개념으로 저항을 들 수 있다. **저항**(resistance)이란 내담자가 치료 과정에서 비협조적이고 저항적인 행동을 나타내는 현상을 말한다. Freud는 내담자가 자신의 문제를 치료하기 위해 스스로 치료 장면을 찾아왔음에도 비협조적인 태도나 행동을 보이는 것은 무의식이 작용했기 때문이라고 보았다. 예컨대 치료 시간에 반복적으로 늦거나 특정한 주제에 대해 말하는 것을 반복적으로 거부하는 것, 치료자와 합의한 과제(예: 꿈을 기억해 오는 것)를 수행하지 않는 것 등이 모두 무의식적 갈등 때문일 것이라고 생각했다. 그는 이러한 비협조적 태도나 행동을 체계적으로 분석하는 과정을 **저항 분석**(resistance analysis)이라 명명하고 중요한 기법의 하나로 다루었다.

Freud는 앞서 언급된 다양한 방법들을 통해 밝혀진 무의식의 내용을 통합하여 이론에 기반한 의미 있는 설명을 실시하였는데, 이를 **해석**(interpretation)이라 불렀다. 치료자의 해석을 통해서든, 내담자가 스스로 파악하든, 자신의 무의식적 갈등을 알아차리고 행동과 동기의 구체적 관계성을 새롭게 깨달아 아는 것을 **통찰**(insight)이라 한다. 통찰은 그 범위와 깊이를 달리하며, 치료가 진행될수록 통찰의 범위가 넓어지고 더 깊은 수준까지 이해할 수 있게 된다. 통찰이 깊어질수록 현실에서의 적응적 행동으로 이어질 가능성도 더 높아진다. 하지만 이 과정은 한 번에 일어나지 않으며, 반복적이고 점진적인 과정을 거쳐 일어나는 경향이 있다. Freud는 이 과정을 **훈습**(working through)이라 명명했다.

8) 이론의 한계 및 다른 이론들과의 관계

Freud의 정신분석 이론이 인간의 성격에 대한 이해를 증진하는 데 크게 기여한 것은 사실이지만, 몇 가지 중요한 비판을 받고 있다. 첫째, 정신분석 이론은 비과학적이라는 측면에서 비판받는다. 과학철학자 Karl Popper (1902-1994)가 지적했던 바와 같이, 정신분석 이론의 주요 개념들은 대부분 추상적이며 측정하기 어렵다. 측정할 수 없는 개념으로 구성된 가설은 자료를 이용해 채택하거나 기각하는 등의 검증을 할 수 없으므로 과학적 이론이 되기 어렵다. 둘째, Freud를 포함한 대부분의 정신분석가들이 치료한 내담자는 사회경제적 지위나 교육 수준, 연령 측면에서 매우 특수했다. 즉, 사회경제적 지위나 교육 수준이 높은 성인인 경우가 많았다. 정신분석 이론은 기본적으로 이들의 심리를 반영하고 있을 가능성이 높으며, 이들과 다른 인구학적 특성을 가진 사람들에게 일반화할 수 있는지의 여부는 불분명하다. 셋째, Freud는 발달 시기 중 남근기에 특별히 주목했으며, 남근기 이전 시기에 대한 분석 및 체계화는 상대적으로 미흡했다. 이러한 한계는 후대 학자들에 의해 보완되었다. 넷째, 치료적 측면에서 볼 때 지나치게 긴 시간의 치료가 필요했으며, 치료의 효과를 확인하기도 어려웠다. 사례마다 다르기는 하지만, 전통적인 정신분석은 수년에 걸쳐 진행되는 경우가 비교적 흔하다. 이러한 치료 과정은 시간과 비용 측면에서 내담자에게 큰 부담이 될 수 있다. 치료 효과 확인 측면에서는 치료 기간의 개인차, 측정의 어려움, 치료의 타당도(정신분석이 타당하게 진행되었는지 여부) 확인의 어려움 등이 큰 걸림돌이 되고 있다.

정신분석 이론은 이후 다양한 이론의 개발을 촉진했다. 우선 전통적인 정신분석의 가정을 거의 대부분 받아들이면서 자아의 기능과 성격 문제에 좀 더 초점을 맞춘 자아심리학(ego psychology)이 Freud의 딸인 Anna Freud에 의해 발전하였으며, 비슷한 시기에 타인과 자신에 대한 표상이나 관계 특성에 초점을 둔 대상관계 이론(object-relations theory)이 또 다른 중요한 학파를 구성하였다. 이 외에 정신분석 이론의 기본 가정 중 상당 부분을 반대하면서 개발된 개인심리학(individual psychology)과 분석심리학(analytical psychology)이 또 다른 흐름을 형성하였다. 앞서 언급된 이론들처럼 대이론의 성격을 띠지는 않지만, 여러 정신분석가들이 강조점을 달리하여 다양한 개념 및 이론을 제안하기도 했다. 이러한 이론들은 전통적인 정신분석 이론과 함께 20세기 초반 정신역동 이론의 전성기를 가져왔다.

Freud의 비밀 위원회

Freud의 정신분석 이론은 당대 지식인과 임상가 들의 많은 관심과 호응을 얻었지만, 동시에 많은 비판을 받기도 했다. 심지어 Freud의 이론에 매료되어 함께 활동했던 핵심 인물들도 이론적 견해 차이를 좁히지 못하고 떠나는 일이 빈번했다. 특히 자신의 후계자로 지목했던 Carl Jung이 떠난 뒤에는 Freud도 큰 충격을 받고 이론의 보호를 위해 특단의 조치를 취해야 겠다는 생각을 품게 되었다. 당시 Freud와 함께 활동하던 정신분석가인 Ernest Jones(1897-1958)는 Freud와 정신분석 이론을 보호하기 위한 일종의 비밀 위원회(secret committee)의 창립을 제안하였다. Freud는 이에 동의하였고, 1913년에 최종적으로 6명의 위원을 모아 위원회를 구성하였다. 여기에는 Ernest Jones와 Karl Abraham(1877-1925), Max Eitingon(1881-1943), Sándor Ferenczi, Otto Rank, Hanns Sachs(1881-1947)가 포함되었다.

Ernest Jones는 영국계 정신분석가로 Freud의 저작을 영어로 번역하는 작업을 진행했던 인물이다. 그의 작업은 Freud의 정신분석 이론을 전 세계에 알리는 데 크게 기여한 것으로 인정받고 있다.

Karl Abraham은 독일 출신의 정신분석가로 Freud의 이론에서 크게 벗어나지 않으면서 다양한 심리적 문제를 정교하게 분석하여 이론화한 대표적 인물이다. 그는 후에 대상관계 이론을 창시하는 Melanie Klein의 정신분석을 담당하였으며, 독일 정신분석 집단의 정신적 멘토 역할을 수행하기도 했다.

Max Eitingon은 Carl Jung의 스승이기도 했던 Eugen Bleuler(1857-1939)의 밑

에서 정신의학을 공부했다. 이후 스승의 권유에 따라 Freud를 만나게 되었고, 그때부터 Freud의 곁을 지키면서 정신분석 이론의 보호에 힘썼다. 특히 정신분석 훈련 체계를 정립하는 데 많은 노력을 기울였다.

Sándor Ferenczi는 헝가리 출신의 정신분석가로 심각한 심리적 문제를 겪고 있는 환자들을 치료한 것으로 잘 알려져 있다. 그는 환자들을 치료하면서 Freud가 제안한 전통적인 중립적 방법보다는 좀 더 적극적으로 개입하는 방법이 더 효과적이라는 것을 확인했다. 이를 토대로 다른 회원인 Otto Rank와 함께 '지금-여기(here and now)'에서의 관계 경험을 중시하는 심리치료의 원형을 개발했다. 이 치료 원리는 미국의 심리치료자와 정신분석가들에게 널리 받아들여졌는데, 특히 인본주의 심리치료자인 Carl Rogers는 자신의 심리치료 이론을 개발할 때 이 원리를 중요한 요소로 고려하였다.

Otto Rank는 오스트리아 출신 정신분석가이며, 대략 20여 년 동안 Freud의 측근으로 활동했다. 그는 정신분석가이자 작가로 왕성하게 활동하면서 Freud의 저술 작업에도 많이 참여하였다. 그러나 오이디푸스기(남근기) 이전 시기의 불안이 다양한 예술이나 종교, 심리치료를 이해하는 데 중요하다는 견해를 1924년에 발표하면서 Freud와 결별하게 되었다. 그는 자신의 이론적 견해를 담아 Ferenczi와 함께 새로운 치료 원리 또한 개발하였으며, 비슷한 시기에 그 내용을 발표하였다.

Hanns Sachs는 Freud의 가까운 친구로 잘 알려져 있다. 다른 분석가들만큼 왕성하게 활동하지는 않았지만, Freud와 말년까지 연락을 주고받았으며, Freud가 사망하던 해에 《American Imago》라는 학술지를 함께 만들기도 했다. 이 학술지는 현재까지도 여전히 출판되고 있다.

Freud의 비밀 위원회는 정기적으로 모임을 가지면서 정신분석 이론의 보호를 위해 노력하였으며, 세계대전이 진행되는 상황에서도 비교적 원만하게 운영되었다. 그러다 1924년에 Rank와 Ferenczi가 Freud와의 견해 차이를 좁히지 못하고 탈퇴하면서 일시적으로 모임이 중단되었다가, Freud의 딸인 Anna Freud가 Rank의 자리를 대신하고 Ferenczi가 복귀하면서 모임이 다시 운영되었다. 위원회는 Ferenczi가 사망한 1933년까지 지속되다가 그 기능을 멈추었다.

▲ 왼쪽부터 Otto Rank, Sigmund Freud, Karl Abraham, Max Eitingon, Sándor Ferenczi, Ernest Jones, Hanns Sachs

2 자아심리학

Freud의 정신분석은 자아심리학으로 확장되었다. 자아심리학에서 자아의 개념 및 기능을 어떻게 확장했으며, 그에 따라 병인론과 치료론 측면에서 어떤 변화가 있었는지 살펴보자.

1) 배경

▲ Anna Freud

Anna Freud는 Sigmund Freud의 막내딸로 오스트리아 빈에서 태어났다. 그녀의 활동은 크게 빈에서의 활동과 영국에서의 활동으로 나눌 수 있다. 빈에 머물던 시절에 그녀는 독일어와 프랑스어, 영어, 이탈리아어 등의 언어를 자연스럽게 구사할 수 있을 정도로 언어적 재능이 뛰어났다. 1914년부터 대략 6년 동안 교사로 활동하기도 했는데, 상당히 유능하고 열정적인 교사였다고 전해진다. 아버지의 영향을 받아 일찍부터 정신분석 관련 활동에 참여했으며, 주로 강연에 참석하거나 번역 작업을 하였고, 다른 정신분석가들로부터 교육 분석을 받기도 했다. 그녀는 특히 아동의 심리에 관심이 많아 아동을 대상으로 정신분석을 실시했으며, 양육자나 선생님과 같이 아동을 돌보는 사람들을 대상으로 강연을 하기도 했다.

A. Freud는 심각한 수준의 심리적 문제를 가지고 있는 아동뿐만 아니라 비교적 정상적으로 생활하는 아동을 대상으로 분석을 실시했다. 이 과정에서 그녀는 아동의 경우 무의식적 소망을 밝히는 것보다 자아의 방어 노력이 성공하는지 여부나 어떤 방어기제를 어떤 방식으로 사용하는지가 심리적 문제를 이해하고 해결하는 데 더 중요하다는 것을 알게 되었다. 이러한 발견을 토대로 1936년에 『자아와 방어 기제(The Ego and the Mechanisms of Defense)』라는 책을 출간하였고, 다양한 자아 방어기제의 발견 및 연구를 촉진하였다.

1938년에는 나치의 박해를 피해 아버지와 함께 영국으로 이주하였으며,

이후 그곳에서 분석 및 연구 활동을 이어갔다. 아버지가 사망하고 2년 뒤인 1941년에는 런던 햄스테드 지역에 전쟁고아를 대상으로 하는 치료 및 관리 기관(War Nursery)을 개설하였으며, 그곳에서 치료 활동과 연구 활동을 지속했다. 그녀는 자아의 방어기제 활용 특성에 대한 정교한 분석을 계속했으며, 그녀의 연구 성과는 많은 정신분석가들이 자아의 기능에 주목하도록 만들었다. 그녀는 영국에서 활동하던 정신분석가들과 함께 자아심리학의 발전을 이끌었다.

A. Freud가 영국에서 자아심리학을 발전시키는 동안, 미국에서 활동하던 정신분석가들은 다른 방식으로 자아심리학의 발전에 기여하였다. 오스트리아 빈에서 활동하던 정신분석가 Heinz Hartmann(1894-1970)은 1941년에 나치를 피해 미국으로 이주했다. 뉴욕 정신분석학회(New York Psychoanalytic Society)의 중요한 일원이 된 그는 자아의 현실 적응 기능에 큰 관심을 두었다. 즉, 추동을 관리하고 방어하는 자아의 기능에서 벗어나 현실의 과업을 해결하면서 환경에 적응하는 자아의 기능으로 초점을 옮긴 것이다. 특히 자극을 적절히 차단하는 능력이나 주의 통제 능력, 감각 경험이 현실인지를 확인하는 능력, 사고를 적절히 구성하는 능력 등이 자아의 핵심 기능이라고 제안하였다. Hartmann은 이를 통해 정신분석과 심리학 사이에 다리를 놓는 역할을 했다.

헝가리 출신의 임상심리학자이자 정신분석가인 David Rapaport (1911-1960) 또한 Hartmann과 유사한 관점에서 자아를 연구했다. 1938년에 미국으로 이주한 그는 여러 병원에서 임상심리학자로 일하다가 1948년부터 오스틴 릭스 센터(Austen Riggs Center)로 자리를 옮겨 대략 10여 년간 그곳에서 치료와 연구를 진행했다. 그는 심리 검사를 이용한 심리장애 진단에 대한 연구를 많이 실시했는데, 특히 개인의 사고 과정이나 기능이 성격 및 심리장애의 핵심적 요소라고 보았다. 그는 다양한 심리 검사를 동시에 이용하여 심리 검사 및 심리 평가 등을 진행하는 배터리 검사(a battery of tests) 시스템을 고안해 냈으며, 여러 심리 검사 결과를 통합적으로 해석하는 틀을 개발하기도 했다. 그는 자아심리학이 인간의 기본적인 심리적 기능(예: 기억, 지각, 동기 등)과 행동을 설명할 수 있는 포괄적인 대이론이라고 보았다(Rapaport, 1960).

오스틴 릭스 센터

자아심리학자 Rapaport가 미국에서 근무했던 오스틴 릭스 센터는 매우 흥미로운 곳이다. 메사추세츠 스톡브리지에 위치한 이곳은 정신의학 전문병원으로 1923년에 설립되어 현재까지 운영되고 있다. 병원의 창립자인 정신의학자 Austen Riggs(1876-1940)는 정신과적 치료뿐만 아니라 스트레스 반응에 대한 과학적 연구를 진행한 것으로도 잘 알려져 있다. 그는 정신의학과 심리학의 통합을 중요하게 여겼으며, 치료와 연구의 균형 또한 강조했다. 이러한 원칙을 이어받은 후대 운영자들은 각 의료진이 10명 이상의 환자를 담당하지 않도록 제한하면서 각종 연구와 세미나, 컨퍼런스, 저술 작업 등에 적극적으로 참여하도록 권장했다.

오스틴 릭스 센터는 현재도 원활하게 운영되고 있지만, Rapaport가 근무했던 1940년대 후반부터 1960년까지의 기간 동안에 특별히 훌륭한 의료진들로 큰 명성을 얻었다. 당시 센터장은 미국의 명문 정신병원인 메닝거 클리닉(Menninger Clinic)의 수석 의료진이었던 Robert Knight(1902-1966)이었는데, 그는 A. Freud의 친구로도 알려진 인물이다. 그는 당시 같은 병원에서 활동하던 훌륭한 의료진들을 오스틴 릭스 센터로 데려왔으며, 여기에 Rapaport도 포함되어 있었다. 그리고 얼마 후 소아 정신분석의 대가이자 정체성 이론가인 Erik Erikson(1902-1994)을 초빙하기도 했다. 그 또한 대략 10년 정도의 시간 동안 그곳에 머물면서 치료와 연구를 이어 갔다. 이렇게 훌륭한 의료진을 확보할 수 있었던 이유는 아마도 영리적인 목적으로 의료진 당 환자 수를 늘리는 일 없이 안정적으로 치료와 연구에 몰두할 수 있는 환경을 조성했기 때문이라 생각된다.

오스틴 릭스 센터는 훌륭한 정신분석가들이 활동한 곳이면서 동시에 자아심리학과 심리학의 다른 분야들 간의 가교 역할을 담당하던 곳이기도 했다. 창립자인 Austen Riggs가 과학적 연구를 강조한 만큼, 센터에서 일하던 의료진들도 과학으로서의 심리학과 자아심리학을 어떻게 연결할 것인지에 대해 많은 고민을 했다. 특히 Rapaport는 자아심리학자이면서 동시에 임상심리학자로 과학적인 심리 측정 방법 마련을 위해 많은 노력을 기울였다. 흥미롭게도 인지치료(cognitive therapy)의 창시자인 Aaron Beck 또한 오스틴 릭스 센터에서 활동한 경험이 있다. 비록 2~3년 정도의 짧은 시간이긴 했지만, Erikson과 Rapaport가 활동하던 시절에 그곳에서 의료진으로 머물면서 자아심리학과 인지치료의 연결 고리를 발견했을지도 모를 일이다. Beck의 인지치료 이론에 대해서는 9장에서 다시 다루기로 하겠다.

◀ 오스틴 릭스 센터 전경

2) 자아의 기능

자아심리학의 핵심 주제는 **자아 기능**(ego function)이다. 전통적인 정신분석에서는 원초아와 초자아, 현실의 요구를 적절히 들어 주면서 균형을 유지하는 것이 자아의 중요한 기능이라고 보았다. 하지만 S. Freud는 자신의 연구 활동 기간 중 대부분의 시간을 원초아 혹은 무의식의 추동을 관리하는 방법을 연구하는 데 할애했다. 말년에 자아의 기능을 구체적으로 정립했지만, 그에게 남은 시간은 많지 않았다.

S. Freud의 바통을 이어받은 A. Freud와 자아심리학자들은 자아의 기능을 보다 포괄적으로 연구했다. 자아의 핵심적 목적이 유기체의 적응임을 감안할 때, 내적 갈등을 관리하는 것만큼이나 외부의 과업을 적절히 해결하는 것도 중요할 수밖에 없다. 자아심리학자들은 전자를 '갈등(conflict) 관련 자아 기능'으로 보고, 후자를 '갈등으로부터 자유로운(conflict-free) 자아 기능'이라고 보았다. 전자에 초점을 둔 정신분석가들은 자아 방어기제를 보다 구체적으로 연구했으며, 후자에 초점을 둔 정신분석가들은 지각이나 주의, 기억, 운동 조절, 인지적·정서적 통합, 언어 등의 사고 기능 및 인지 기능을 집중적으로 연구했다.

(1) 자아의 방어기제

A. Freud는 아동을 대상으로 정신분석을 진행하면서 비교적 건강한 아동들도 방어기제를 사용한다는 것을 알게 되었다. 방어기제 개념이 처음 제안되었을 때에는 방어기제를 사용하는 것 자체가 일종의 문제인 것처럼 다루어졌다. 애초에 경험을 모두 자연스럽게 수용할 수 있어서 무의식에 무언가를 가둘 필요가 없다면 방어기제를 사용할 필요도 없기 때문이다. 하지만 특별히 심각한 문제를 나타내지 않는 사람들도 방어기제를 사용한다는 사실을 확인하면서 점차 방어기제 사용 특성이나 패턴 등으로 관심의 초점이 옮겨졌다.

자아심리학자들이 특별히 중요하게 고려한 내용을 정리하면 다음과 같다. 첫째, 자아의 방어기제가 성공하는지의 여부다. 즉, 방어기제의 '효과성'에 관심을 두었다. 방어기제가 효과적이라면 다루고자 하는 무의식적 갈등이나 추동 등이 적절히 관리되어 불안 등의 문제가 드러나지 않고, 그에 따라 좀 더 편안하게 현실 과업에 집중할 수 있다. 반면 방어기제가 효과적이지 않다면 목표로 했던 갈등이 적절히 관리되지 않아 불안 등의 불쾌한 감정이 유발될 것이고, 그에 따른 부적응을 경험할 것이다(Haan, 1969). 둘째, 갈등을 다루기 위해 사용하는 방어기제의 유형이다. 앞서 살펴본 바와 같이 개인이 활용할 수 있는 방어기제는 매우 다양하며, 각 방어기제는 현실 왜곡 측면에서 차이를 나타낸다. 현실 왜곡이 심할수록 원시적 방어기제로 간주되며, 이러한 방어기제를 많이 사용할수록 부적응은 심해진다(Vaillant, 1992). 셋째, 방어기제의 사용 방식 혹은 사용 패턴이다. 확인된 방어기제는 매우 다양하지만 모든 사람이 모든 방어기제를 동일한 빈도로 사용하는 것은 아니다. 사람마다 주로 사용하는 방어기제가 있으며, 방어기제들을 사용하는 패턴 또한 개인차가 있다. 자아심리학자들은 개인의 방어기제 사용 패턴이 곧 개인의 성격을 드러낸다고 보았다. 그들은 건강한 사람들일수록 '다양한 방어기제'를 '유연하게' 사용할 수 있다고 생각했다(Shapiro, 1965).

자아심리학자들은 자아 방어기제를 포괄적으로 연구하면서 기존에 S. Freud가 발견한 것 이외에 추가적인 방어기제들을 발견하였다. 이들은 새롭게 발견된 방어기제들을 분석하면서 전통적인 방어기제 개념을 확장하는 방향으로 수정했다. 크게 보면 방어기제의 사용 목적과 작동 범위라는 두 측면에서 수정된 것으로 정리할 수 있다.

첫째, 방어기제의 사용 목적이 확장되었다. 초기 정신분석 이론에서 방어기제의 목적은 원치 않는 추동을 관리하는 것이었다. 하지만 자아심리학자들은 원치 않는 추동을 포함한 다양한 불쾌한 욕구 및 감정 등을 관리하는 목적으로 방어기제가 사용될 수 있다고 보았다.

둘째, 방어기제의 작동 범위가 확장되었다. 초기 정신분석 이론에서 방어기제 작동은 무의식적인 것으로 가정되었다. 사용하는 주체가 의식하지 못하는 것이다. 반면 자아심리학자들이 발견한 방어기제 중에는 의식 수준에서 작동하는 것들도 있었다. 그에 따라 방어기제의 작동 방식 혹은 영역이 무의식과 의식을 모두 포괄하는 것으로 수정되었다.

이렇게 방어기제의 개념이 확장됨에 따라 기존의 심리학 영역에서 스트레스나 부정 정서를 다루는 전략을 포착하기 위해 개발된 스트레스 대처 전략(coping strategy)이나 정서 조절 전략(emotion regulation strategy)과 내용상 겹치는 것들이 발견되기도 한다. 예컨대 원치 않는 생각이나 감정 등을 의식 영역 안에서 억제(suppression)하는 것은 대표적인 방어기제이자 정서 조절 전략으로 연구되어 왔다(Gross & Levenson, 1993; Wenzlaff & Wegner, 2000). 정서 조절 전략에 대해서는 11장에서 다시 자세하게 소개할 것이다.

(2) 방어 이외의 자아 기능

방어 기능을 제외한 자아의 기능 연구는 주로 인지적 기능에 집중되었다. 이는 현실의 과업을 처리하는 데 필요한 기능이 주로 인지 기능이기 때문이었겠지만, 자아심리학자들이 집중적으로 연구한 심리장애가 조현병(schizophrenia)이었기 때문이기도 하다. 자아심리학자들은 자아의 발달 과정이나 자아가 붕괴하는 과정에 많은 관심을 두었다. 이들에 따르면, 생애 초기에 심각한 문제를 경험할수록 자아가 미성숙할 가능성이 높으며, 그에 따라 자아의 기능이 현저하게 저하될 수 있다. 즉, 이들은 조현병과 같은 정신증이 생애 초기의 심각한 문제로 인한 자아 결핍(ego deficit) 때문에 나타날 것이라고 보았다. 물론 이러한 가정은 이후 조현병에 대한 신경학적 연구 결과 적절하지 않은 것으로 확인되었지만, 결과적으로는 조현병과 관련된 인지 기능 결함을 정교하게 파악하는 성과를 가져다 주었다.

조현병을 연구했던 정신분석가들인 Bellak과 Hurvich(1969)가 정리한 자아의 핵심적 기능 중 일부인 현실 검증과 자극 장벽, 사고 과정, 합성-통합 기능을 소개하겠다.

현실 검증(reality testing)은 자신이 경험하는 것이 현실인지 그렇지 않은지를 분별하는 것을 말한다. 자아의 현실 검증력이 저하되면 자신이 보고, 듣고, 느끼는 것이 현실인지 그렇지 않은지를 정확히 구분하지 못한다. 따라서 다양한 환각 증상을 나타낼 수 있다. 이상심리학이나 정신병리학 영역에서 많이 언급되는 신경증-정신증 유형론에서는 개인의 현실 검증력을 중요한 구분 기준으로 사용한다.

자극 장벽(stimulus barrier)은 감각기관을 통해 들어오는 다양한 자극에 대한 민감성, 역치 혹은 그러한 자극을 자각하는 정도와 관련이 있다. 자아가 건강한 경우 실시간으로 들어오는 자극들 중 일부를 차단하고, 필요한 자극만 의식할 수 있다. 반면 자아가 과도하게 약할 경우 불필요한 자극을 효과적으로 차단하지 못해 혼란스러운 상태에 이를 수 있다.

사고 과정(thought process)은 사고를 생성하고 유지하는 과정을 의미한다. 자아가 건강할 경우 적절히 주의를 유지하면서 상황에 맞는 개념을 형성하고, 논리적인 방식으로 사고를 전개할 수 있다. 반면, 자아가 과도하게 약해질 경우 이 과정에서 문제가 발생하여 비논리적이고 비합리적인 사고를 나타내며, 이는 언어 사용의 비논리성, 비현실성 등으로 드러날 수 있다.

합성-통합 기능(synthetic-integrative function)은 경험의 다양한 측면을 통합하는 기능을 의미한다. 특히 서로 모순되거나 상충하는 태도 및 가치, 감정, 행동 등을 통합하는 것이 중요한 지표로 고려된다. 자아가 건강한 사람은 자신의 다양한 측면을 파악하여 어느 정도 통합할 수 있지만, 자아가 건강하지 못한 사람은 통합에 실패하여 각 요소를 부적응적인 방식으로 처리한다. 예컨대 원치 않는 측면을 무의식에 담아둔 채 외면하는 등의 문제를 나타낼 수 있다.

3) 성격의 문제 및 치료

자아심리학에서 성격의 문제는 자아 기능의 결함으로 발생한다. 자아가 약하여 원시적 방어기제를 경직된 방식으로 사용한 탓에 부적응을 경험하기도 하고, 현실 적응 기능의 손상으로 인해 현실적이고 합리적인 지각 및 이해, 추론 등에 실패하여 부적응을 경험하는 것이다. 따라서 자아심리학에서 중요한 치료의 목표는 자아 기능을 증진하는 것이다.

자아심리학의 목표는 비교적 분명하지만, 기법 측면에서의 차별성은 두드러지지 않는다. 즉, 전통적인 정신분석 기법을 거의 그대로 사용하고 있어 차이점을 발견하는 것이 쉽지 않다. 물론 전통적인 정신분석 또한 무의식의 압력을 감소시키는 방법이라는 측면에서 자아의 부담을 줄여 주는 데 분명히 도움이 된다. 또한 내담자의 방어기제를 체계적으로 분석하여 명료화하고, 내담자가 자신의 방어기제를 효과적으로 통제할 수 있도록 돕는 것은 자아 기능의 강화에 크게 기여할 수 있다. 다만 자아의 현실 적응 기능이나 인지적 기능에 대한 체계적 분석이 구체적인 치료 기법으로 이어지지 않은 것은 자아심리학의 중요한 한계라고 볼 수 있다. 이러한 한계는 개인의 인지적 측면을 체계적으로 분석하고 개입하는 **인지치료**(cognitive therapy)의 개발을 촉진했다. 실제로 인지치료를 처음 개발한 Aaron Beck은 자아심리학 수련 배경을 가지고 있는 임상가이자 학자로 잘 알려져 있다.

3 대상관계 이론

전통적인 정신분석이 추동을 중심으로 하는 이론을 발전시킬 때, 인간에게는 추동보다 더 중요한 동기가 있다고 제안한 이론이 있다. 타인과 친밀감을 나누고 교류하려는 욕구를 중심으로 구성된 대상관계 이론의 주요 개발 배경과 기본 가정, 주요 개념 및 이론, 병인론과 치료론에 대해 살펴보자.

1) 배경

S. Freud의 정신분석이 활발하게 발전하던 20세기 초반에 한 여성 정신분석가가 유럽에서 분석 활동을 시작했다. Melanie Klein은 오스트리아 빈에서 태어났다. 본래 의학을 공부하고 싶었으나 가세가 기울어 뜻을 이루지 못했고, 21살의 이른 나이에 결혼해서 두 명의 아이를 낳았다. 이 과정에서 심각한 수준의 우울장애를 앓았으며, 28세가 되던 해인 1910년에 헝가리 부다페스트로 이주한 뒤부터 정신분석을 받기 시작했다. 이때 Klein을 분석했던 정신분석가는 S. Freud의 측근 중 하나였던 Sándor Ferenczi였다. Ferenczi는 Klein의 잠재력을 높이 평가하여 정신분석가 수련을 권했고, 이때부터 Klein은 정신분석가로서의 활동을 시작했다. 그녀는 소아 정신분석에 특별한 관심을 두었는데, 특히 아이들의 '놀이(play)'가 꿈과 같은 상징적 의미를 가지고 있다고 믿었다. 대략 10년 동안 헝가리에서 분석 활동을 이어 가던 Klein은 1921년

▲ Melanie Klein

에 남편과 이혼하면서 독일 베를린으로 이주하였고, S. Freud의 또 다른 측근인 Karl Abraham으로부터 분석을 받기 시작했다. 당시 아동 정신분석에 대한 독특한 이론을 전개하여 Abraham의 지지를 얻었지만, 유럽 대륙에서 활동하는 다른 분석가들의 호응을 얻지는 못했다. 이후 영국의 정신분석가들이 Klein의 이론을 접하고 관심을 보여 영국으로 이주하였고, 그곳에서 정신분석가로서의 전성기를 맞았다.

다른 정신분석가들과 달리 남근기 이전의 발달 시기에 집중한 그녀는 독특한 이론을 전개하여 많은 분석가들의 호응과 비판을 동시에 받았다. 특히 1938년에 영국으로 건너와 활동하던 A. Freud와 심한 갈등을 겪었다. 이 과정에서 영국 정신분석학회(British Psychoanalytical Society)는 세 집단으로 분리되었다. 첫 번째 집단은 Klein의 이론을 지지하는 집단이었고, 두 번째 집단은 A. Freud를 지지하는 집단이었으며, 마지막 세 번째 집단은 대체로 Klein의 이론을 따르지만 일부 가정 및 이론은 지지하지 않아 앞선 두 집단 어디에도 속하지 않는다고 주장한 독립 집단(independent group)이었다. 세 번째 집단에 속한 대표적인 학자들로는 Donald Winnicott(1896-1971), Ronald Fairbairn(1889-1964) 등을 들 수 있다. 이중 첫 번째 집단과 세 번째 집단에 속한 정신분석가들이 발전시킨 이론을 **대상관계 이론**(object-relations theory)이라고 부른다.

2) 주요 가정 및 개념

대상관계 이론은 정신분석 계열의 이론으로 인정받고 있지만, 주요 가정 및 인간관, 이론의 초점 측면에서 다른 이론들과 구별된다. 특히 대상관계 개념은 정신분석이나 자아심리학에서 포착하지 못했던 성격의 중요한 측면을 다루고 있어 내담자 이해 및 치료에 크게 기여했다. 관련 내용을 구체적으로 살펴보자.

(1) 주요 가정 및 인간관

대상관계 이론은 정신분석의 전통을 잇는 대표적 이론이지만 기본 가정 및 인간관 측면에서 중요한 차이점을 가지고 있다. Klein을 포함한 대상관계 이론가들은 남근기 이전 시기의 영유아를 세심하게 관찰하고 분석하면서 S. Freud가 가정한 것과 다른 현상을 포착했다. 그들에 따르면, 영유아들은 추동의 만족보다 '관계를 추구하는 경향'이 더 강했다(Fairbairn, 1952). 어머니의 젖을 얻는 데 집중하는 것보다, 양육되는 경험 자체 및 그러한 경험에 수반되는 따스함이나 정서적 유대에 집중하는 경향이 더 두드러졌던 것이다(McWilliams, 1994).

관계에 대한 욕구 혹은 정서적 친밀감이나 유대에 대한 욕구의 중요성을 파악한 대상관계 이론가들은 새로운 관점에서 개인의 발달 과정을 분석하기 시작했다. 즉, 아동의 어린 시절에 중요했던 대상이 누구였는지, 그들과의 경험은 어떻게 기억되었는지, 내면화된 대상과 관계 경험이 무의식적으로 어떻게 작동하는지에 관심을 둔 것이다. 그 결과 사람마다 대상 및 그들과의 관계를 내재화하는 방식이 다르며, 발달 과정에서 특별한 어려움을 겪으면 정상적이지 못한 형태로 내재화된다는 것을 알게 되었다. 그렇게 형성된 내면의 대상 및 관계 구조는 다른 사람과의 실질적인 상호작용에 영향을 미치며, 경우에 따라서는 다양한 부적응을 초래하는 것으로 확인되었다.

(2) 대상관계

S. Freud 또한 중요한 대상(object)이 내재화될 수 있다는 것을 알고 있었다. 대상관계 이론가들과 S. Freud의 차이점은 대상뿐만 아니라 '관계(relations)'가 동시에 내재화된다는 것을 파악한 것이다(Fairbairn, 1952). 즉, 이들은 단순히 대상이 내재화되는 것이 아니라 대상관계가 내재화된다고 보았다.

대상관계(object-relations)는 자기(self)와 대상(object) 그리고 둘 간의 관계(relations)로 구성되며, 특정한 대상과의 실질적인 경험을 담아 형성된다. 예를 들어, 적절한 시기에 적절한 만큼 욕구 충족 경험을 한 아기는 적절한 양육을 받은 자기 자신에 대한 긍정적 태도(자기)와 적절한 양육을 제공한 대상에 대한 긍정적 태도(대상), 욕구를 충족하는 과정에서 경험되는 쾌감이나 포만감 등의 긍정적 경험(관계)을 동시에 내면화한다. 이 경우 아기는 긍정적 자기, 긍정적 대상, 긍정적 감정 경험으로 구성된 대상관계를 형성할 것이다. 반대로 양육자로부터 욕구 충족을 외면당한 아기는 적절한 양육을 받지 못하는 자기 자신에 대한 부정적 태도와 적절한 양육을 제공하지 않는 대상에 대한 부정적 태도, 욕구 좌절 과정에 수반되는 불쾌감이나 불만족감 등의 부정적 경험을 내면화한다. 그 결과, 부정적 자기, 부정적 대상, 부정적 감정 경험으로 구성된 대상관계를 형성한다.

아기의 욕구는 항상 원하는 방식으로 충족되기 어렵기 때문에 긍정적 경험과 부정적 경험이 모두 일어날 수밖에 없다. 그에 따라 대상관계도 긍정적인 것과 부정적인 것이 모두 형성된다. 아기가 성장하면서 당면하는 중요한 과제는 서로 반대되는 대상관계를 하나로 통합하는 것이다. 이 과정은 한 번에 일어나지 않으며, 상반되는 쌍들 간의 충돌과 타협이 반복되면서 점진적으로 진행된다. 그런 측면에서 대상관계 이론가들은 추동과 방어 사이의 투쟁뿐만 아니라 대상관계 단위들의 서로 반대되는 쌍 간의 충돌이 중요한 갈등을 초래한다고 보았다(Ogden, 1983).

S. Freud의 고전적 구조 이론에서 벗어나 대상관계를 중요한 마음의 구조로 상정하면서 정신분석가들은 전보다 더 확장된 분석을 할 수 있게 되었으며, 중요한 개념들의 이론적·임상적 발전을 이룰 수 있었다.

첫째, 자아와 자기를 구분하게 되었다. 많은 문헌에서 자아와 자기를 혼란스럽게 혼용하는 경향이 있지만, 정신역동 이론 내에서 자아와 자기는 비교적 분명하게 구분된다. 전통적으로 자아는 일종의 기능(function)으로 간주되는 경향이 강했다. 특히 원활한 적응을 위해 필요한 의식적·무의식적 조절 및 통제, 감찰, 방어 기능 등을 자아로 간주했다. 한편 자기는 일종의 표상(representation), 개념(concept) 혹은 기억 체계로 간주되는 경향이 있었다. 대상관계 이론도 이러한 관점을 따르며, 특히 타인이 내재화되어 표상으로 나타나는 대상과 관계하는 마음의 요소로 상정되었다. 표상 혹은 개념으로서의 자기는 이후 사회심리학이나 인지심리학에서 보다 활발하게 연구되었다.

둘째, 자기와 대상의 다양한 관계 양상을 포착할 수 있게 되었다. 생애 초기의 영아는 자기 자신과 타인을 구분하지 못한다. 그러다가 인지 기능이 점차 발달하여 타인을 구분하기 시작하면서 관계 양상이 크게 달라지는데, 이러한 변화 과정을 대상관계 모형으로 파악할 수 있다. 대상관계 이론가들은 생애 초기에 자기 자신과 타인을 구분하지 못하는 상태를 **융합**(fusion) 개념으로 설명했다. 융합 상태에 있던 자기와 대상은 점차 분리되어 다음 단계인 **2자 관계**(dyadic relationship)에 이르게 된다. 2자 관계에서는 자기와 대상을

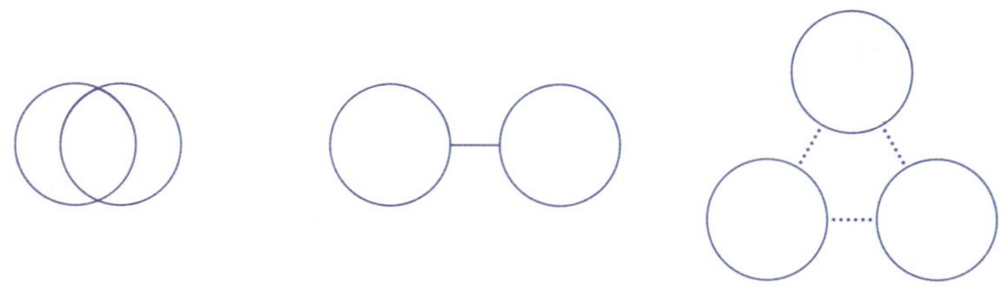

그림 6.3 자기와 대상의 다양한 관계 양상

구분할 수 있지만, 대상을 자기와 관계된 존재로만 인식할 수 있다. 즉, 오로지 자기를 사랑하거나 미워하는 존재로만 인식한다. 이후 남근기가 되면, 대상이 자기와 완벽하게 분리된 독립적인 개체라는 것을 깨닫고 이를 받아들이는 새로운 단계에 접어든다. 달리 말하면, 자신이 사랑하는 어머니(혹은 아버지)가 자신이 아닌 다른 대상을 사랑할 수 있으며, 그럼에도 어머니(혹은 아버지)나 어머니가 사랑하는 대상과 적절한 유대 및 애정을 형성할 수 있음을 받아들이게 되는 것이다. 즉, **3자 관계**(triadic relationship)가 가능해진다. 3자 관계는 건강한 방식으로 대인관계를 맺고, 유지하고, 정리할 수 있도록 도와주는 중요한 특성이다.

셋째, 방어기제의 개념이 확장되었다. 기존의 방어기제는 무의식적 추동을 다루는 전략 혹은 부정적 경험을 다루는 전략 정도로 이해되었다. 대상관계 이론에서는 대상관계의 서로 반대되는 쌍 간의 갈등을 다루는 전략으로 방어기제의 개념이 확장되었다. 예컨대 **분열**(splitting)은 수용하기 힘든 자기의 한 측면을 분리하여 무의식에 담아 두는 것을 의미한다. 자기를 통합하는 과정에서 부정적 자기를 인정하고 수용하는 데 실패하여 과도한 불안과 긴장이 유발되면 분열 방어기제를 통해 원치 않는 자기의 모습을 무의식에 담아 두는 것이다.

넷째, 전이와 역전이 개념이 발전하였다. **전이**(transference)란 과거에 중요한 대상에게 경험했던 감정을 치료자에게서 느끼는 것을 말한다. S. Freud도 이 현상을 파악하고 있었지만, 왜 그런 현상이 나타나는지에 대해서는 부분적인 설명만을 제공할 수 있었다. 대상관계 이론에서는 이 현상을 매우 손쉬우면서도 명료하게 설명할 수 있다. 대상관계 이론 관점에서 볼 때, 전이는 대상관계가 치료자와의 관계에서 활성화 혹은 재현된 것이다. **역전이**(counter-transference)란 내담자와의 관계에서 치료자가 경험하는 욕구나 감정, 그와 관련된 반응을 의미한다. 예컨대 내담자가 마치 아이와 같이 울면서 위축된 모습을 보이자 치료자의 마음에 안쓰러운 감정과 돕고자 하는 욕구가 일면서 실제로 머리를 쓰다듬으려는 행동을 보였다면, 이때 치료자가 느낀 욕구와 감정, 반응 등을 역전이라고 말할 수 있다. 내담자의 전이는 고유한 역전이를 불러일으킬 수 있고, 역전이는 내담자의 대상관계에 다시 영향을 미친다.

3) 성격의 문제 및 치료

대상관계 이론은 성격의 대인관계적 측면을 이해하는 데 큰 도움을 주었다. 특히 자아와 원초아, 초자아로 구성된 구조 이론만으로는 설명하기 어려웠던 심각한 수준의 성격 문제를 이해할 수 있도록 도와주었다. 여기에서 말하는 심각한 수준의 성격 문제란 매우 혼란스러운 대인관계 갈등을 초래하는 성격 문제를 말한다. 이러한 문제를 가지고 있는 내담자들은 타인을 이상화했다가 평가절하하는 등 타인에 대한 정서적 반응 및 행동이 매우 불안정하고 비일관적이었다. 이들은 자기 자신에 대해서도 극단적으로 긍정적인 인식과 부정적인 인식이 번갈아 나타나는 양상을 보였으며, 심한 경우 여러 개의 분리된 인격이 시기를 달리하여 의식을 장악하는 듯한 모습을 보이기도 했다. 이들의 성격 문제는 전통적인 구조 이론으로 설명하기 어려웠다. 이들에게는 통합된 자아가 존재하지 않거나 매우 불안정한 것처럼 보였기 때문이다.

대상관계 이론 관점에서 볼 때 이러한 성격 문제는 병리적인 대상관계로 인해 나타날 수 있다. 즉, 충분히 통합되지 못한 채 분리되어 존재하는 대상관계가 불안정하게, 번갈아 가며 작동하고 있는 것이다. 이러한 문제를 나타내는 사람들은 발달 과정에서의 문제로 인해 대상관계의 통합에 실패한 것으로 개념화된다. 대상관계 이론가들은 생애 초기부터 남근기 이전의 시기, 즉 생후 2년까지의 시기가 특별히 중요한 것으로 보았다. 이 시기에는 양육자에 대한 의존과 독립을 반복적으로 연습하면서 긍정적 대상관계를 중심으로 부정적 대상관계를 통합하는 작업을 진행하기 때문이다. 이 과정에서 문제가 생기면 적절한 수준으로 대상관계를 통합하는 데 실패할 수 있다.

대상관계의 통합 실패가 성격 문제의 중요한 원인이기 때문에 대상관계 이론에 기반한 치료는 대상관계의 정상적 발달 혹은 통합을 목적으로 한다. 사용하는 기법 측면에서의 차이가 두드러지지는 않지만, 일반적으로 전이와 역전이를 적극적으로 활용하기 때문에 내담자와 치료자가 서로 마주 보는 위치에서 치료를 진행하는 경향이 있다. 치료자는 내담자의 말에 대한 경청과 공감, 해석, 직면 등의 방법을 통해 내담자의 대상관계에 대한 자각을 증진시키고, 적응적인 방향으로 대상관계를 변화시킨다. 특히 치료자의 마음속에서 일어나는 역전이를 민감하게 파악하여 내담자의 대상관계를 이해하는 데 활용하는 동시에, 이전의 주요 대상과는 다른 방식으로 반응하여 내담자의 대상관계 변화를 유도한다. 즉, 치료 상황에서 치료자는 내담자의 중요한 대상으로 활용되며, 이전의 병리적 관계와는 다른 새롭고 적응적인 관계 경험의 도구가 된다.

Mahler의 발달 단계

본인을 대상관계 이론가로 칭하지는 않았지만, 대상관계 이론에서 제안하는 다양한 개념들과 잘 들어맞는 발달 모형을 제안한 정신의학자가 있다. 그녀의 이름은 Margaret Mahler(1897-1985)로, 헝가리 출신의 소아과 의사이자 정신의학자이다. 그녀는 소아의 건강한 발달에 큰 관심을 두었으며, 정신분석가로서 소아의 발달 과정을 면밀하게 관찰하여 이론화하였다. 특히 생후 3년 이내의 발달 과정을 구체적으로 묘사하여 많은 이론가들의 호응을 얻었다.

그녀에 따르면, 생후 3년의 과정은 **분리-개별화**(separation-individuation) 과정으로 개념화될 수 있다. 즉, 아이가 주양육자와 분리되지 않은 상태로 존재하다가 점차 분리되어 독립적인 존재로 개별화되는 과정인 것이다. Mahler(1975)는 이 과정을 크게 세 단계로 구분하였다.

▲ Margaret Mahler

첫 번째 단계는 **정상적 자폐 단계**(normal autism phase)로 외부 대상을 인식하지 못한 채 자기몰두적인 특징을 나타낸다. 이 시기는 대략 몇 주 정도 지속되며, 배고플 때 외에는 거의 잠을 자는 행동적 특징을 나타낸다. 심리적 과정은 거의 두드러지지 않으며, 생리적 과정이 절대적으로 우선한다.

두 번째 단계는 **정상적 공생 단계**(normal symbiotic phase)로 외부 대상을 인식하기는 하지만, 자기와 분리된 존재로 파악하지는 못한다. 즉, 이 시기의 아기는 엄마와 자신이 하나라고 인식한다. Mahler는 외부 자극으로부터 유기체를 보호하는 차단막 혹은 울타리가 어디에 배치되는지에 따라 각 단계를 구분하기도 했는데, 자폐적 단계에서는 차단막이 아기만을 둘러싸는 반면, 공생적 단계에서는 아기와 엄마를 둘러싼다. 그런 의미에서 아기는 엄마를 인식하지만, 개별적인 존재로 인식하지는 못한다고 볼 수 있다. 이 시기는 대략 6개월까지 지속된다.

세 번째 단계는 **분리-개별화 단계**(separation-individuation phase)이며, 이 시기는 다시 부화기와 연습기, 재접근기, 대상 항상성으로 나아가는 시기로 구분된다.

부화기(hatching)는 생후 6개월에서 9개월 정도의 시기로, 외부 자극에 대한 관심이 조금씩 증가한다. 이 시기의 아기는 엄마의 품에서 벗어나 근처에 머물면서 낯선 외부 자극을 인식하기 시작한다.

연습기(practicing)는 생후 9개월에서 15개월 정도의 시기로, 운동 기능이 눈에 띄게 발달하면서 기거나 기어오르거나 일어서서 걷는 등의 활동이 가능해진다. 아기는 좀 더 적극적으로 외부 환경을 탐색하는데, 이전에 경험하지 못한 놀라운 세계를 경험하면서 전능감과 고양감을 느낀다. 이 시기의 아기는 엄마와의 친밀감에 대한 욕구가 감소하기도 한다. 하지만 엄마로부터 단절되었다는 것을 인식하면 불쾌감을 느끼면서 다시 엄마를 찾는 것이 일반적이다.

재접근기(reapproachment)는 생후 15개월에서 24개월 정도의 시기이다. 이 시기의 아기는 안정적으로 걷게 되며, 언어도 사용할 수 있게 된다. 이 시기가 되면 엄마로부터 더 오랜 시간 동안 멀어지는 것이 가능하고, 자신이 습득한 새로운 기술과 경험을 엄마와 나누려는 시도를 보인다. 이렇게 엄마와의 친밀감에 대한 욕구와 상호작용이 다시 늘어나는 특징을 반영하여 '화해' 혹은 '재접근' 단계로 명명되었다. 이 시기에 아동이 엄마와의 상호작용 시도를 늘리는 이유는 엄마가 자기와는 분리된 '독립적인 존재'라는 것을 확실하게 인식하기 때문이다. 그에 따라 새로운 방식으로 엄마와 상호작용하면서 친밀감을 유지하려 시도하는 것이다. 그와 동시에 아동은 엄마가 자신의 뜻대로만 움직이지는 않는다는 사실을 점점 더 분명하게 깨닫는다. 그 결과 엄마에 대해 긍정적 감정과 부정적 감정이 공존하는 양가적인 상태를 경험하면서 '엄마 따라다니기'와 '달아나기'를 반복하는 모습을 보이기도 한다. 엄마와 분리되는 것에 대한 불안을 경험하기도 하는데, 불안을 달래는 방법을 배우면서 점차 엄마와의 분리 시간이 길어지게 된다.

생후 24개월에서 36개월은 분리-개별화 단계의 마지막 시기로 **대상 항상성**(object constancy)을 획득하는 시기로 불린다. 여기서 대상 항상성은 발달 심리학자 Piaget의 **대상 영속성**(object permanance)과 유사한 개념이다. 대상 영속성은 물리적 대상이 시야에서 사라져도 여전히 실재함을 이해하는 것을 말한다. 대상 항상성은 이와 유사하게 중요한 인물(예: 엄마)이 시야에서 사라져도 그 사람이 여전히 존재함을 이해하면서 정서적 유대를 유지하는 것을 의미한다. 대상 항상성을 획득하기 위해서는 대상을 내면화하여 표상(representation)으로 유지할 수 있어야 하고, 그 표상에 대한 긍정적 경험과 부정적 경험을 적절히 통합할 수 있어야 한다. 이때의 통합이란 결국 긍정적인 것을 중심으로 부정적인 것을 수용하는 방식으로 이루어지며, 결과적으로 내면화된 대상에 대한 느낌은 대체로 긍정적인 경우가 많다. 그래야 정서적 친밀감 혹은 유대가 유지될 수 있기 때문이다. Mahler는 대상 항상성의 획득과 더불어 초보적 형태의 자아 정체성 혹은 자기(self)를 형성하는 것 또한 이 시기의 중요한 과제라고 보았다. 이 험한 세상을 살아가기 위해서는 주요 대상과 안정적으로 분리되어야 할 뿐만 아니라, 독립적인 존재로서의 나를 인식하고 자기만의 세계를 구성할 준비를 갖추어야 하기 때문이다.

4 자기심리학

자아심리학과 대상관계 이론이 발전하면서 고전적 추동 이론만으로는 이해하기 어려웠던 성격 문제를 좀 더 명확하게 파악하고 치료할 수 있게 되었다. 하지만 대략 1960년대에 이르러 분석가들 사이에서 기존의 이론으로는 설명이 되지 않는 문제를 호소하는 또 다른 환자들이 확인되기 시작했다. 이들은 특별히 심각한 문제 행동을 드러내지 않았지만, 삶의 방향을 잃고 공허감과 우울감을 호소하곤 했다. 대상관계적 측면에서 볼 때, 이들은 의미 있는 내적 대상이 존재하지 않는 듯했으며, 자신이 가치 있는 존재인지 여부에 관심을 두고 반복적으로 확인하려는 행동을 보였다.

▲ Heinz Kohut

오스트리아에서 태어나 미국에서 정신분석가로 활동했던 Heinz Kohut(1913-1981)은 이들에게 특별한 관심을 기울였다. 그는 기존의 자아심리학이나 대상관계 이론 전통에서 벗어나 **자기심리학**(self psychology)이라는 새로운 이론 체계를 정립하여 이들의 심리를 설명하고자 했다. 그는 내적 공허함을 호소하는 내담자들이 자기의 발달 측면에서 문제를 경험한 것이라고 보았다. 그에 따르면, 적절한 자기가치감과 삶의 목적 혹은 의미를 가지고 살아가기 위해서는 '이상화할 수 있는 적절한 대상'이 필요하다. 아동은 그런 대상을 이상화하고, 또 그 대상과 자신을 동일시하면서 자기가치감을 키워간다. 그러다 적당한 시기가 되면 이상화했던 대상을 현실적으로 평가하게 되면서 점차 탈이상화를 하고, 이는 현실적인 자기감각을 발달시키는 데 기여한다. Kohut은 내적 공허감을 호소하는 내담자들에게 이상화와 탈이상화를 할 만한 적절한 대상이 없었다고 보았다. 현실적인 이상화 대상이 없었던 이들은 가상적인 대상을 만들어낼 수밖에 없었고, 그에 따라 자기 자신에 대한 인식 혹은 자기에 대한 감각 또한 현실에 맞게 조정되지 못한 채 과대한 자기지각과 무가치감이 공존하는 양상을 나타내게 된 것이다. 이들은 끊임없이 자기가치를 확인하려 시도하지만 결코 만족을 얻지 못했다. Kohut은 이들의 성격이 일종의 **자기애적**

성격(narcissistic personality)이라고 보았다. 겉으로는 오만하거나 거만한 행동을 드러내지 않지만, 속으로는 과대한 자기지각을 가지고 있으면서 반복적으로 자기가치를 확인하려 하기 때문이다.

공허감이란 무엇인가?

살다 보면 마음이 텅 빈 듯한 느낌이 들 때가 있다. 주변 사람들과 별다른 갈등이 없고, 직장이나 학교에서 큰 문제가 없는데도 묘하게 무언가 빠진 듯한 기분이 드는 것이다. 일상을 이어 갈 수는 있지만, 그 안에서 충만함을 경험하지 못한 채 방향을 잃고 표류하는 듯할 때, 우리는 그러한 마음의 상태를 '공허하다'고 표현한다.

공허감(emptiness)은 20세기 중반에 활동한 많은 임상가들이 특별히 주목한 감정이었다. 대인관계나 직업 영역에서 심각한 어려움을 겪지 않으면서도 공허감을 호소하는 내담자들이 많았기 때문이다. 당시 공허감을 경험하는 사람들이 실제로 이전보다 늘었는지를 구체적으로 검증한 연구자는 거의 없었지만, 공허감을 유발할 만한 사회적 변화를 지적한 학자들은 비교적 많았다.

이들이 주목한 변화는 두 가지였다. 하나는 전통적 가치의 붕괴이고, 다른 하나는 미래에 대한 불확실성이다. 공허감을 느끼는 사람들은 삶의 방향성을 잃었거나, 삶이 안정적으로 유지될 것이라는 믿음을 갖지 못한다. 삶의 방향성은 의미나 가치와 깊이 관련되어 있다. 우리는 특정한 가치 체계 안에서 자신의 위치를 인식하고 평가하며, 그에 따라 앞으로 나아갈 방향을 정한다. 자신의 삶이 안정적으로 유지될 것이라는 믿음은 곧 자신이 속한 사회나 공동체의 안정성에 대한 신뢰와 맞닿아 있다. 가정이나 직장, 국가가 심각한 위험에 처하지 않고 안정적으로 유지될 것이라 믿는 사람은 자신의 삶 또한 안정적으로 지속될 것이라 여긴다. 연구자들에 따르면, 20세기 중반은 공허감을 막아 주는 두 요소가 모두 위태로웠던 시기였다. 세계가 급속히 확장되고 재편되면서 기존의 가치 체계가 무너졌고, 반복되는 전쟁의 위협이 공동체의 안정성에 대한 믿음을 크게 약화시켰기 때문이다.

공허감을 촉발하는 두 요소가 모두 중요하지만, 당시 임상가들은 특히 가치의 부재에 주목했다. 자기심리학자인 Kohut은 가족의 와해, 특히 동일시할 적절한 양육자의 부재가 공허감 형성에 중요한 역할을 한다고 보았다. 한편, 오스트리아 출신 정신의학자이자 홀로코스트 생존자로 알려진 Victor Frankl(1905-1997)은 의미를 발견하려는 노력의 부재 혹은 의미 발견 실패가 공허감을 유발한다고 주장했다.

대부분의 임상가나 연구자들이 가치의 '부재'에 주목했지만, 가치의 '불일치'를 강조한 치료적 접근도 있었다. 이들은 각 개인이 고유한 가치나 지향성을 이미 지니고 있으며, 그것을 자각하고 실현할 때 비로소 충만한 삶을 살 수 있다고 보았다. 인간이 공허감을 느끼는 이유는 자신의 고유한 가치를 따르지 못하고, 주변에서 강요된 가치에 자신을 맞추어 억지로 살아가기 때문이다. 이들의 관점에 따르면, 공허감의 치료는 적절한 가치를 외부에서 주입하는 것이 아니라, 내담자 스스로 자신만의 가치를 발견하고 인식하도록 돕는 과정을 통해 실현된다. 이러한 치료적 관점에 대해서는 8장의 인본주의 성격 이론에서 좀 더 자세히 다루기로 하겠다.

Kohut의 자기 이론은 대상관계의 한 요소로만 간주되었던 자기의 기능을 확장하는 데 크게 기여하였다. 자기심리학적 관점에 따르면, 자기는 대상과의 관계를 통해 형성되지만 그 자체로 존재하기도 하며, 개인의 정서적 특징이나 행동적 특징 등에 직접적인 영향을 미친다. 개인은 일정한 수준의 자기가치감(sense of self-worth)을 유지하기 위해 다양한 전략을 개발하여 사용하기도 하는데, 그 양상에 따라 개인의 적응 수준이 크게 달라질 수 있다. 이러한 관점은 치료자들이 자기표상(self-representation)이나 자기상(self-image), 자기감각(sense of self) 등의 관점에서 내담자를 파악하도록 하는 데 크게 기여하였다. 특히 내담자들이 적절한 자기가치감을 유지하기 위해 어떤 노력을 기울이고 있으며, 그 노력이 과연 효과적인지 등을 체계적으로 분석하는 것의 중요성을 널리 알렸다.

요약

- Freud는 인간을 일종의 에너지 체계로 보았으며, 추동을 감소시키는 방향으로 행동하려는 경향성을 중요한 행동 원리로 제안하였다. 그는 특히 성적 추동이 인간의 핵심적 추동이라고 보았으며, 성적 추동에 수반되는 에너지인 리비도가 적절히 해소되지 못한 채 남아있다가 압력을 이기지 못하고 신체 증상 등으로 표출되는 것이 히스테리라고 생각했다.

- 초기 이론을 바탕으로 치료를 진행하던 Freud는 적절히 해소되지 못한 리비도와 관련된 경험을 내담자들이 적절히 보고하지 못하는 것을 확인하고, 그러한 내용이 의식의 영역 너머에 있는 것 같다고 판단했다. 이를 토대로 인간의 정신이 의식과 전의식, 무의식으로 구성되어 있다는 지형학적 모형을 제안했다.

- 지형학적 모형으로도 무의식의 다양성을 충분히 설명하기 어렵다는 것을 파악한 Freud는 무엇을 의식에 두고 무엇을 무의식에 둘 것인지를 결정하는 마음의 요소인 자아를 중심으로 하는 마음의 구조 모형을 제안했다. 삼원 구조 모형으로 불리는 이 모형은 원초아와 자아, 초자아로 구성된다. 원초아는 가장 기본적이고 원시적인 구조로 신체적 과정으로부터 본능적 욕구를 전달받아 정신적 표상으로 넘겨주는 역할을 한다. 자아는 환경에 대한 현실 적응을 담당하는 심리적 기능으로 현실 세계의 제약을 고려하면서 다른 두 요소의 요구를 들어주거나 타협하는 역할을 한다. 특히 다양한 방어기제를 이용해서 마음의 요소 간 갈등으로 인한 불안을 다룬다. 초자아는 사회의 규범이 내면화된 것으로 사회적 관점에서 바람직한 행동은 하고, 바람직하지 않은 행동은 하지 않도록 압박하는 역할을 담당한다.

- Freud의 심리성적 발달 이론에 따르면, 생애 초기부터 존재하는 리비도가 아이의 성장에 따라 신체의 특정 부위에 집중되는 경향이 있으며, 해당 부위를 통해 감각적 쾌락을 추구한다. 입에 집중되는 시기는 구강기, 항문에 집중되는 시기는 항문기, 성기에 집중되는 시기는 남근기, 특별히 집중되는 신체 부위가 없는 시기는 잠복기, 성기에 다시 집중되는 시기는 성기기로 명명되었다. 각 시기의 쾌락 추구 활동이 지나치게 허용되거나 좌절될 경우 특정 시기에 고착되어 성격 문제를 나타낼 수 있다.

- 자아심리학에서는 자아의 기능을 좀 더 포괄적으로 연구했다. 마음의 요소들을 관리하는 '갈등 관련 자아 기능'뿐만 아니라 외부의 현실적 과업을 처리하는 데 필요한 '갈등으로부터 자유로운 자아 기능' 또한 연구하였으며, 그 결과 다양한 인지 기능을 정교하게 파악할 수 있게 되었다. 갈등을 관리하는 기능 측면에서도 방어기제의 개념을 확장하고 방어기제 사용 양상 또한 체계적으로 분석하여 자아에 대한 이해의 폭을 넓혔다.

- 대상관계 이론에서는 관계를 추구하는 경향이 성적 추동보다 더욱 근본적인 동기라고 제안하였다. 이들은 자기와 대상 그리고 둘 간의 관계가 모두 내재화될 수 있으며, 그렇게 형성된 대상관계가 이후 대인관계에 직접적인 영향을 미친다고 보았다. 이들의 이론은 성격의 대인관계적 측면을 정교하게 분석할 수 있는 틀을 제공하였으며, 특히 자기와 대상이 매우 불안정한 성격의 문제를 이해하고 개입하는 데 큰 도움을 주었다.

- 자기심리학은 내적 공허함을 호소하는 내담자들을 이해하기 위해 개발되었다. 이들은 내면화할 수 있는 적절한 대상이 없어 가상적인 대상을 지니는 경향이 있었으며, 그로 인해 비현실적인 자기지각으로 고통받는 특징을 나타내었다. 자기심리학에서 제안된 다양한 개념과 원리는 자기표상이나 자기상, 자기감각, 자기존중감 등의 측면에서 내담자를 이해할 수 있도록 도왔으며, 특히 자기가치감을 유지하기 위해 내담자가 어떤 노력을 기울이며, 그러한 노력이 효과적인지 등을 분석하는 새로운 접근법을 제공하였다.

연습 문제

1 Freud가 무의식을 탐색하는 도구로 사용했던 기법을 제시하고, 그러한 기법을 사용한 이유를 서술하시오.

2 정신분석 이론에서 무의식을 의식화하는 것이 어떻게 증상 완화에 기여하는지 서술하시오.

3 삼원 구조 이론에서 원초아는 쾌락 원리와 일차 과정 사고의 지배를 받는 마음의 요소이다. 자아는 원초아의 추동이 너무 강해지면 불안을 경험하고, 그러한 불안을 다루기 위해 방어기제를 사용한다. 이렇게 보면 원초아는 통제하고 지배해야 하는 골칫거리 같은 인상을 준다. 원초아의 기본적 기능은 무엇이며, 인간의 적응적 삶에 어떻게 기여하는지 서술하시오.

4 3살 정도의 이른 나이에 우연히 원시적 환경에서 홀로 자란 아이가 있다고 가정해 보자. 아이가 자란 환경은 먹고 마실 것이 풍부했지만, 해를 입힐 수 있는 야생동물들이 있었고, 조심하지 않으면 다칠 수 있는 환경적 조건들도 있었다. 이러한 환경에서 10살 정도까지 자란 아이가 나타낼 수 있는 심리적 특징을 삼원 구조 모형 측면에서 기술하시오.

5 40대 중년 남성인 M은 대외적으로 평판이 좋은 사람이다. 대략 10년 동안 일한 회사에서는 일 처리가 깔끔하고 순응적이어서 동료나 선후배로부터 긍정적인 평가를 받고 있으며, 친척 모임이나 친구 모임에서도 늘 다른 사람을 배려하고 헌신적인 모습을 보여 칭찬을 받는다. 그렇게 '좋은 사람'으로 인정받는 모습을 보면서 혐오감을 감추지 못하는 사람들이 있다. 바로 M의 가족이다. M은 집에만 돌아오면 전혀 다른 모습을 보이곤 했다. 회사에서 업무와 관련해 부정적 피드백을 받거나 무시를 당하는 일이 있으면 집에 돌아와 배우자나 자녀들에게 화를 내는 일이 잦았던 것이다. 정신분석 이론 관점에서 보았을 때 M이 주로 사용하는 방어기제는 무엇인가?

6 자아심리학에서는 자아의 기능을 집중적으로 연구했다. 전통적인 정신분석에서의 자아 기능과 자아심리학에서의 자아 기능이 어떻게 다른지 구체적으로 서술하시오.

7 대상관계 이론이 인간에 대한 정신역동적 이해의 확장에 기여한 바를 설명하시오.

8 대상관계 이론에서의 자기와 자기심리학에서의 자기가 기능이나 존재 양상 등의 측면에서 어떻게 다른지 설명하시오.

chapter

07

분석심리학과 개인심리학

◀ Felix Nussbaum(1904-1944)
가면을 쓴 자화상(1928)

부모님을 대할 때나 친구와 함께할 때, 처음 보는 사람과 마주할 때 우리는 마치 가면을 바꿔 쓰듯 서로 다른 모습을 보인다. 각각의 가면은 어떻게 만들어지는 것인지, 가면 속에 가려진 진정한 '나'가 따로 있다고 생각하는지 이야기해 보자.

학습 목표

- 분석심리학의 기본 가정과 주요 개념을 이해한다.
- 분석심리학에서 성격의 문제를 이해하는 방식과 주요 치료 방법에 대해 설명할 수 있다.
- 개인심리학의 기본 가정과 주요 개념을 이해한다.
- 성격의 문제 및 치료에서 개인심리학과 정신분석의 차이를 설명할 수 있다.

과학으로서의 성격심리학이 시작되기 이전 시기의 대이론들은 사례 연구법을 사용했다는 공통점이 있다. 사례 연구법은 개인의 심리적 특성을 포괄적이면서도 정교하게 분석할 수 있다는 장점을 갖지만, 연구에 참여한 사례가 충분한 대표성을 갖지 못할 경우 특수한 집단에만 적용할 수 있는 제한적인 결과를 얻게 된다는 한계가 있다. 문제는 '충분한 대표성'을 갖는 사례가 애초에 존재할 수 있는지의 여부이다. 개인의 성격은 고유하다. 공유하는 부분이 있기는 하지만, 궁극적으로 완전한 대표성을 갖춘 사례를 찾을 수는 없다. 이러한 근본적 한계를 부인하고 특정한 가설이나 이론을 확정적으로 주장하면 결국 오류에 빠질 수밖에 없다.

시대의 흐름을 바꾼 대이론을 제안한 Freud 또한 이러한 오류에서 자유로울 수 없었다. 특히 성적 추동의 중심성을 지나치게 강조하여 유능한 동료들을 떠나게 만들었다. 그들 중에는 학계와 임상 실제에 큰 영향을 미친 대이론을 개발한 분석가들도 있었다. 시기상으로는 Alfred Adler가 먼저 Freud와 결별한 뒤 개인심리학(individual psychology)을 개발하였고, Freud

가 잠정적인 후계자로 생각해 두었던 Carl Jung 또한 독립하여 분석심리학(analytical psychology)을 발전시켰다. 두 이론은 정신분석 이론의 기본 가정들에 대해 비판적 태도를 취하면서 개발한 고유한 개념과 가설을 담고 있어 전통적인 정신분석의 흐름에서 벗어난 것으로 간주되고 있다. 특히 개인심리학은 여러 측면에서 전통적인 정신분석의 대척점에 있다. 분석심리학 또한 무의식의 구조나 작동 양상 측면에서 정신분석과 큰 차이를 보이지만, 무의식의 중요성을 강조한다는 점에서는 유사한 면이 있다.

본 장에서는 개인심리학과 분석심리학을 상세하게 소개하려 한다. 시기적으로는 개인심리학이 먼저 발표되었지만, 전통적인 정신분석과의 유사도는 분석심리학이 좀 더 높기 때문에 이해를 돕기 위해 먼저 제시하고자 한다.

1 분석심리학

분석심리학은 무의식을 중요하게 다룬다는 점에서 정신분석과 유사하지만, 무의식의 구조와 내용, 작동 방식 등에 대한 새로운 견해를 제시하였다. 분석심리학이 개발된 배경과 주요 가정 및 인간관, 주요 모형과 이론, 병인론 및 치료론에 대해 살펴보자.

1) 배경

Jung은 스위스 북동부 지역의 캐스빌에서 태어났다. 그의 할아버지는 스위스 바젤 대학교(University of Basel)의 저명한 의학 교수였고, 아버지는 개신교 목사였다. 가정주부였던 어머니는 정서적으로 불안정하고 우울한 사람이었다. 그녀는 낮 동안 평범한 모습을 보이다가도 밤이 되면 기이한 행동을 보이곤 했으며, 죽은 사람의 영혼을 보았다는 등의 주장을 하기도 했다. Jung의 외가에는 이처럼 영적 체험을 하는 사람들이 많았으며, Jung 또한 초자연적 현상을 직접 목격했다고 한다. 그의 이론에서 인간이 인식하고 이해할 수 있는 영역을 벗어난 현상이나 그 원리를 담은 개념 및 가설이 존재하는 것은

▲ Carl Jung

이러한 경험과도 관련이 있을 것으로 예상되고 있다.

할아버지를 따라 바젤 대학교에서 의학을 전공한 그는 정신의학을 공부하기로 마음먹고 취리히로 이주하여 1900년부터 Eugen Bleuler의 조수로 일하기 시작했다. Bleuler는 조현병(schizophrenia)의 명칭을 개발한 의학자로 유명하며, 로르샤흐 검사의 개발자인 Hermann Rorschach의 스승이기도 하다. Bleuler의 지도하에 박사 학위를 받은 Jung은 단어 연상 검사를 활용한 연구에 집중하고 있었다. 그러던 중 Freud의 저서인 『꿈의 해석(The Interpretation of Dreams)』을 읽고 Freud와 서신 왕래를 시작했다. 그러다 1907년에 두 사람이 직접 만나 13시간 동안 이야기를 나눴다는 일화는 두 사람이 서로의 견해에 얼마나 강한 관심을 가지고 있었는지를 잘 보여 준다.

이후 Jung은 Freud의 곁에서 정신분석의 발전에 크게 기여했다. 하지만 자기 자신의 꿈이나 환자의 꿈에 대한 분석 경험이 누적되면서 무의식의 구조와 내용에 대한 Freud의 견해가 지나치게 제한적이라는 것을 깨닫게 되었다. 그는 이러한 의견을 담아 1912년에 『무의식의 심리학(Psychology of the Unconscious)』을 출간했으며, 이후 1913년에 열린 한 학회에서의 만남을 끝으로 Freud와 더 이상 교류하지 않았다.

Freud와 결별한 Jung은 정신분석계를 떠나게 되었으며, 이후 상당히 오랜 시간 동안 고립된 생활을 했다. 심리적 위기를 겪기도 한 그는 자신의 내면세계를 분석하는 작업에 몰두했으며, 자신의 이론을 정교화하는데 많은 노력을 기울였다. 그는 자신의 이론을 **분석심리학**(analytical psychology)이라 명명하였으며, 이론에 포함된 개념이나 가설의 타당성을 확인하기 위해 철학이나 종교학, 신화학, 문학, 예술, 신비주의, 연금술 등의 다양한 자료를 검토하기도 했다.

1921년에 그의 대표 저서인 『심리 유형(Psychological Types)』이 발표되면서 Jung은 새로운 전성기를 맞게 되었다. 특히 영국과 미국의 학자들로부터 큰 환영을 받았으며, 유수의 대학에서 강연을 하는 등 큰 인기를 끌었다. 분석가이자 이론가로 왕성하게 활동하던 Jung은 자신의 이론이 범문화적으로 타당하다는 것을 확인하기 위해 아프리카나 인도 등의 지역으로 학술 여행을 다녀오기도 했다. 1943년에는 바젤 대학교의 교수로 임용되기도 했으나 건강상의 문제로 사임하였고, 1961년에 사망하기 전까지 연구 및 저술 작업에 매진하였다.

2) 주요 가정과 인간관

전통적인 정신분석과 분석심리학은 무의식이 인간의 행동에 중요한 영향을 미친다고 가정한 점이나 무의식을 의식화하는 것이 치료의 핵심적 목표라고 제안한 측면에서 서로 유사하다. 그 외에는 비슷한 점을 찾아보기 어려울 정도로 다양한 측면에서 차이를 나타내지만, 특별히 중요한 세 가지 측면을 강조하려고 한다.

첫째, 무의식의 구조와 내용 측면에서의 차이다. 전통적인 정신분석에서는 개인의 경험 중 의식에서 수용되지 않은 것들이 무의식에 담겨 있다고 보았으며, 특히 성적 추동이 주된 내용을 차지하고 있을 것이라고 보았다. 반면 Jung은 무의식의 구조가 보다 복잡하며, 매우 풍부한 내용을 담고 있을 것이라고 가정했다. 여기에는 억압된 추동이나 욕구뿐만 아니라 긍정적이고 창의적인 내용도 담겨 있으며, 태어난 이후에 형성된 것뿐만 아니라 태어나면서부터 이미 존재하는 것도 있을 것이라고 보았다. 즉, 분석심리학에서의 무의식은 Freud의 무의식보다 더 확장된 개념이다.

둘째, 꿈이나 증상의 의미에 대한 이해의 차이다. 전통적인 정신분석에서 꿈은 의식의 검열이 약해진 틈을 타서 무의식의 내용이 드러난 것에 불과하다. 즉, 꿈은 과거의 경험 중 수용하기 어려웠던 것들이 상징으로 드러난 결과인 셈이다. 증상 또한 과거의 경험에 의해 결정된다. 심리성적 욕구가 적절히 충족되지 못해서 특정한 성격 문제를 나타내고, 용납할 수 없는 성적 추동을 너무 오랫동안 무의식에 담아 둔 탓에 마비 증상을 나타내기도 하는 것이다. 반면, 분석심리학에서는 꿈과 증상을 일종의 징후 혹은 지표(sign)로 간주한다. 현재 이러이러한 상황이니 참고해서 다음 걸음을 떼라고 알려 주는 도구인 것이다. 즉, 인간에게는 각자의 상태를 정확히 파악하여 올바른 길을 걸을 수 있도록 하는 시스템이 있으며, 그 시스템이 꿈이나 증상을 이용해

환원주의와 총체주의

성격심리학의 주요 이론 중에는 '성격은 좀 더 단순한 부분으로 분리될 수 있으며, 이러한 부분들의 합이 곧 성격이다'라는 가정을 공유하는 이론들이 있다. 이렇게 성격을 정의하면 성격을 다양한 요소로 구분해서 개별적으로 연구하는 것이 가능하다. Freud의 정신분석이나 자아심리학, 대상관계 이론, 특질 이론 등이 이러한 가정을 공유한다. 이렇게 어떤 현상을 부분으로 나눌 수 있고, 각 부분을 개별적으로 연구하는 것이 가능하다고 보는 입장을 **환원주의**(reductionism)라 한다.

반면 성격은 반드시 전체의 관점에서만 온전하게 이해될 수 있다고 보는 입장도 있다. 이 입장에서는 성격을 구성하는 여러 요소를 반드시 통합적으로 연구해야 한다고 본다. '통합적으로 연구해야 한다'는 것의 의미는 각 요소의 특징뿐만 아니라 요소 간의 관계나 상호작용, 맥락 등의 영향 또한 고려해야 한다는 것이다. Jung의 분석심리학이나 Carl Rogers의 인본주의 심리학 등이 이러한 가정을 공유한다. 이렇게 어떤 현상은 전체로서만 온전하게 이해될 수 있다고 보는 입장을 **총체주의**(holism)라 한다.

환원주의와 총체주의는 나름의 장단점이 있다. 우선 환원주의는 복잡한 현상을 매우 구체적이고 정교한 방식으로 세분화하여 연구할 수 있다는 장점이 있다. 실제로 이러한 방법을 이용해 심리학은 놀라운 발전을 이루어 냈다. 한편 각 요소를 분리하여 하나 혹은 적은 수의 요소들을 연구하기 때문에 현상을 구성하는 다양한 요소들 간 상호작용의 효과를 파악하지 못한다는 한계가 있다.

총체주의는 전체 요소 간의 상호작용 효과를 추가적으로 고려할 수 있다는 장점이 있다. 이러한 방법은 인간의 성격이나 사회 구조와 같이 요소 간의 상호작용이 활발하고 그 효과 또한 큰 영역에서 힘을 발휘할 수 있다. 하지만 총체주의적 접근은 현상을 구성하고 있는 요소들의 세부적이고 구체적인 기제나 작동 과정을 정교하게 파악하여 이론화하는 데에는 한계가 있다. 예컨대 총체주의적 접근을 이용해 한 개인의 성격을 통합적으로 이해하는 것은 가능하지만, 다른 사람들에게도 적용할 수 있는 정교하면서도 보편적인 원리나 이론을 구축하는 데에는 어려움이 있다.

따라서 한쪽을 맹목적으로 따르기보다는 연구의 목적이나 대상, 기존 문헌에서 밝혀진 내용 등을 종합적으로 검토하여 입장을 선택하는 것이 적절하며, 가능하다면 두 입장을 통합하여 단점을 최소화하려는 노력을 기울이는 것이 바람직하다.

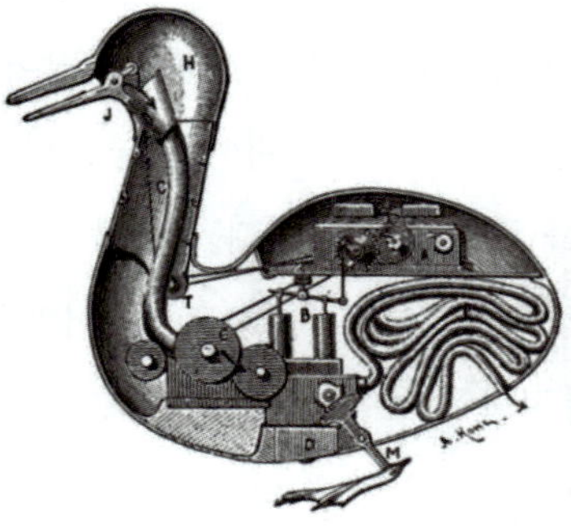

◀ 프랑스 발명가 Jacques de Vaucanson이 그린 오리 그림으로, 환원주의적 관점의 대표적 사례로 활용되곤 한다.

서 삶의 길을 안내한다고 가정한다. 그런 측면에서 볼 때, 전통적인 정신분석은 결정론적이고 수동적인 인간관을 따르는 반면, 분석심리학은 목표 지향적이고 능동적인 인간관을 따른다고 볼 수 있다.

셋째, 인간의 마음 혹은 정신을 부분으로 환원할 수 있는가에 대한 견해 차이다. Freud는 인간의 정신을 자아와 초자아, 원초아와 같은 부분으로 환원할 수 있다고 보았다. 반면 Jung은 인간의 정신이 하나의 '전체'로만 이해될 수 있으며, 부분으로 환원될 수 없다고 보았다. 그에 따르면, 인간은 전체성을 지닌 채로 태어나서 분화와 통합을 반복하며 성장한다. 인간의 마음은 여러 요소로 구성되어 있지만, 전체로서의 마음은 부분의 합만으로는 충분히 설명할 수 없다. 요소들의 관계가 새로운 특성을 부여할 수 있기 때문이다. 따라서 개인의 마음을 이해하고자 할 때에는 각 요소를 분리해서 따로 분석해서는 안 되며, 모든 요소와 그들 간의 관계를 동시에, 포괄적으로 분석해야 한다.

3) 마음의 구조

Jung은 Freud가 제안한 마음의 지형학적 모형을 더욱 확장하는 방향으로 수정하였다. 특히 무의식의 구조와 내용에 대한 새로운 관점을 제시하여 인간의 마음을 더 깊이 이해하는 데 기여했다. 그가 제안한 마음의 모형을 구체적으로 살펴보자.

(1) 의식과 무의식

Jung 또한 Freud와 마찬가지로 인간의 마음이 의식과 무의식으로 구분된다고 보았다. **의식**(conscious)은 자각할 수 있는 마음의 부분이다. 무의식을 바다에 비유한다면 의식은 작은 섬과 같다(이부영, 1998). 의식이라는 작은 섬의 중심에는 **자아**(ego)가 있다. 분석심리학에서 자아의 중요한 역할은 무엇을 의식의 영역으로 들여보낼지를 결정하는 것이다. 즉, 자아는 실시간으로 경험되는 다양한 내용 중 어떤 것을 의식하도록 하고, 또 어떤 것을 무의식으로 넘길지를 정한다. 자아가 특정한 정보를 다른 정보보다 선호하는 경향성은 개인의 고유한 성격으로 드러날 수 있다. Jung은 이를 토대로 고유한 성격 유형론을 제안하였다.

무의식(unconscious)은 자각할 수 없는 정신세계를 의미한다. Jung은 무의식을 개인 무의식과 집단 무의식으로 구분했다. **개인 무의식**(personal unconscious)에는 자아에 의해 거부당한 다양한 욕구나 감정, 지각, 기억, 태도, 기능 등이 담긴다. 이들 중 일부는 그다지 중요하지 않은 사소한 경험들이지만, 일부는 어떠한 이유에서든 의도적으로 억압된 중요한 경험일 수 있다. 특히 감정적으로 강조된 심리적 내용이 이 영역에 머물 수 있는데, 이를 **콤플렉스**(complex)라고 부른다. Jung의 이론에서 콤플렉스는 하나의 **핵요소**(core element)를 중심으로 형성된다. 핵요소는 강한 감정과 연결되어 있으며, 주변의 관련된 심리적 내용을 끌어모으는 경향이 있다. 이렇게 형성된 콤플렉스는 의식의 통제와 상관없이 특정한 자극에 의해 활성화될 수 있으며, 이때 강한 감정 반응이 유발된다. 예컨대 어머니 콤플렉스는 어머니라는 핵요소를 중심으로 모여 있는 심리적 내용의 군집으로, 분노나 슬픔 혹은 죄책감 등의 고유한 감정과 연결되어 있을 수 있다.

집단 무의식(collective unconscious)은 모든 인류에게 존재하는 무의식을 의미한다. 이 영역에는 개인적 경험이 담기지 않고 인류의 보편적 특성이나 경향성이 담긴다. 인류는 생물학적 특성을 공유하며, 유사한 환경 속에서 살아왔다. 그에 따라 적응에 좀 더 도움이 되는 방식으로 생각하고, 느끼고, 반응하는 경향성이 유전을 통해 후손에게 전해지게 되었다. Jung은 이러한 인류 보편적인 심리적 성향과 구조가 곧 집단 무의식이라고 보았다. 집단 무의식은 태어날 때부터 이미 존재하며, 다양한 원형으로 구성된다.

(2) 원형

원형(archetypes)이란 인류 보편적으로 나타나는 근원적 유형 혹은 원초적 행동 유형을 말한다. Jung은 일정한 패턴을 띠며 반복적으로 나타나면서 다른 패턴과 질적으로 다른 양상을 나타내는 행동 군집을 지칭할 때 유형(type) 개념을 사용했다. 원형은 인간이 가지고 있는 가장 근원적인 유형을 말한다. 이것은 선조들이 자기 자신과 세상을 이해하고 적절히 반응하려는 과정에서 형성된 보편적 경향성으로, 유전을 통해 후손에게 전달된다. 즉, 인간은 태어날 때부터 이미 원형을 가지고 있다.

원형은 일종의 구조이며, 구체적인 내용을 담고 있지 않다. 즉, 일종의 그

릇과 같은 것이다. 원형이라는 그릇 안에 개인의 고유한 경험이 담기면서 각 개인에게 맞는 유형이 구성되어 마음의 다른 요소들과 상호작용하게 된다. Jung의 이론에서 원형은 집단 무의식에 존재하지만, 원형에 경험이 담기면서 형성된 유형은 개인 무의식이나 의식 혹은 마음의 전체 영역에 존재할 수 있다. 예컨대 대표적 원형 중에는 '그림자'라는 원형이 있는데, 이 원형에 경험이 담기면 개인 무의식 안에 그림자가 형성된다. 이렇게 묘사하면 개인 무의식으로서의 그림자가 형성됨에 따라 집단 무의식 속의 그림자가 사라지는 것처럼 생각될 수 있는데, 그렇지는 않다. 즉, 개인 무의식으로서의 그림자와 집단 무의식으로서의 그림자는 별개로 존재할 수 있으며, 개인의 행동에 서로 구별되는 영향을 미칠 수 있다. Jung은 집단 무의식 속의 원형이 신화적 세계를 담고 있다면, 경험이 담겨 개념 혹은 유형이 된 원형은 좀 더 현실적이고 일상적인 세계를 담고 있다고 보았다. 즉, 경험이 담겨 개념이 된 원형이 개인의 행동에 영향을 미칠 때에는 비교적 현실적이고 이해 가능한 양상을 띠는 반면, 집단 무의식의 원형이 작동할 경우에는 보다 원초적이고 강렬하며 때로는 무시무시하게 느껴지는 반응을 유발할 수 있다.

Jung은 원형이 이미지의 형태로 다양한 신화나 민화, 전설, 문학 작품 속에 등장하며, 개인의 꿈속에서도 마찬가지로 고유한 이미지나 상징을 통해 나타날 것이라고 보았다. 이러한 원형은 개인이 보다 효과적으로 현실에 적응하고, 나아가 자신의 고유한 삶을 충실하게 살면서 성숙하도록 돕는 기능을 가지고 있다. 이러한 기능은 인류 보편적이면서도 각 개인의 삶에서 고유한 방식으로 드러난다. 원형은 매우 다양하지만, 개인의 성격을 이해하는 데 매우 중요한 원형으로 그림자와 페르소나, 아니마, 아니무스, 자기 등을 들 수 있다.

그림자(shadow)란 자아의 어두운 측면을 의미한다. 여기서 '어둡다' 함은 억압되어 무의식에 잠겨 있다는 것을 의미한다. 즉, 그림자는 '나의 것'으로 인식될 수 있는 요소 중 자아가 억압하여 무의식에 담아 둔 것이다. 예컨대 원하지 않는 추동이나 욕구, 감정, 태도, 행동 경향 등이 여기에 해당한다. 그림자에 담긴 내용이 항상 부정적인 것들만 있는 것은 아니다. 어떤 경우에는 일반적으로 긍정적이라 불리는 요소가 담겨 있을 수 있다. 예컨대 밝고 긍정적인 태도나 다른 사람을 용서하고 싶은 욕구 등이 그림자에 담길 수 있다.

▲ 하이드(오른쪽)는 지킬 박사(왼쪽)의 그림자이다.

관건은 자아가 '지향하는 것'이 무엇인지에 달려 있다. 자아가 지향하지 않는 것, 원치 않는 것이 그림자에 담긴다. 그림자는 많은 소설이나 신화, 설화 속에 등장한다. 지킬 박사와 하이드, 콩쥐와 팥쥐, 흥부와 놀부, 파우스트와 메피스토펠레스, 천사와 악마는 각각 자아와 그림자의 관계를 잘 보여 주는 대표적인 예시들이다.

일차적으로는 개인 무의식의 많은 부분이 그림자에 해당하지만, 그림자가 개인 무의식에만 국한되는 것은 아니다(이부영, 1999). 실제로 Jung은 어둠 속에 가려진 것 혹은 의식할 수 없는 것을 칭할 때 그림자란 표현을 사용하기도 했다. 여기에서 Jung이 자신의 개념을 어떻게 사용했는지를 잘 파악할 수 있다. Freud가 자신의 이론 체계 내에서 각 개념을 서로 중복되지 않는 방식으로 설정하고 사용 범위를 엄격하게 제한했던 것과 달리, Jung은 현상을 정확히 포착하는 데 도움이 되고 실질적인 이득을 가져온다면 개념의 범위를 확장하거나 비일관적으로 사용하는 것도 가능하다고 보았다. 그는 그림자에 대한 이론을 논리정연하게 수립하는 것보다, 내담자를 포함한 모든 사람이 자신의 그림자를 적절히 의식화해서 건강하게 살아가는 것을 더 중요하게 여겼다.

페르소나(persona)는 개인이 다른 사람들에게 자신을 드러내는 방식을 의미한다. 페르소나는 일종의 가면이다. 사회의 한 구성원으로 살아가기 위해 필요한 다양한 역할이 일종의 행동 유형으로 형성된 것이라 볼 수 있다. 그런 면에서 페르소나의 적절한 발달은 적응에 도움이 된다. 일반적으로 습득하는 중요한 역할 중에는 사회에서 여성 혹은 남성에게 기대하는 전통적인 역할도 포함된다. 아이들은 성장하면서 각자의 성별에 맞는 성 역할을 자연스럽게 습득하며 자라는데, 이것이 페르소나를 구성한다고 볼 수 있다. 이 외에도 직장에서의 역할이나 사회적 모임 등에서의 역할 또한 페르소나로 형성될 수 있다. Jung에 따르면, 페르소나를 적절히 발달시키고 상황에 맞게 사용하는 것은 적응에 도움이 되지만, 페르소나에 지나치게 밀착되는 것은 부적응을 초래할 수 있다. Jung은 자아와 페르소나의 '거리' 개념을 이용해 이 현상을 설명하곤 했다. 자아는 현실 적응을 위해 페르소나를 활용한다. 이 과정에서 자연스럽게 페르소나와의 거리가 가까워지는데, 그에 따라 본연의 모습으로부터 멀어질 수 있다. 본연의 모습으로부터 너무 멀어지게 되면 신경증과 같은 다양한 부적응을 경험할 수 있다. 따라서 페르소나와 너무 밀착되지 않도록 거리를 유연하게 조절하는 것은 자아의 중요한 과제라 할 수 있다.

페르소나가 외적 인격을 반영한다면, **아니마**(anima)와 **아니무스**(animus)는 내적 인격을 반영한다. 일반적으로 남성은 남성적 페르소나를 발달시키는데, 남성의 무의식에 존재하는 여성적 내적 인격을 아니마라고 부른다. 반대로 여성은 여성적 페르소나를 발달시키며, 무의식 안에 남성적 내적 인격인 아니무스를 가지고 있다. Jung은 아니마의 중요한 속성으로 다정함, 감성적 정서, 수용성과 같은 특성이 포함된다고 보았으며, 아니무스의 중요한 속성으로 논리성, 합리성, 주장성 등의 특성이 포함된다고 제안했다. 그는 외적 인격과 내적 인격이 균형을 이루어야 건강한 성장을 이룰 수 있다고 보았다. 즉, 남성은 아니마를, 여성은 아니무스를 적절히 발달시켜 인격의 통합을 이루어야 한다고 주장했다. 하지만 내적 인격은 무의식의 깊은 곳에 자리하는 경향이 있어 의식화하는 것이 쉽지 않다고 보았으며, 일반적으로는 중년기에 이르러서야 점진적으로 내적 인격의 의식화 및 발달이 진행된다고 보았다. 이 시기는 남성과 여성의 성호르몬 체계가 변하는 시기와도 일치한다.

자기(self)는 Jung의 이론 체계에서 가장 중요하면서도 복잡한 원형이다. 자아가 의식의 중심이라면 자기는 성격 전체의 중심이다. Jung은 자기가 곧 성격 전체라고 표현하기도 했다. 이로써 Jung은 자기의 중요한 특성 두 가지를 드러냈다. 첫째, 원형으로서의 자기는 쉽게 의식되지 않는다. 둘째, 자기는 부분이자 전체이다. 이 두 가지 특성을 강조한 이유는 성격을 총체주의적 관점에서 이해하고, 성격의 통합을 이루어 전체가 되고자 하는 경향성이 원초적 특성으로 존재함을 강조하기 위해서였다. 모든 사람으로 하여금 '그 사람 자신'이 되도록 하는 것이 바로 자기의 기능이다(이부영, 1998). 이 기능은 태어날 때부터 존재한다. 다만 의식하지 못할 뿐이다.

원형으로서의 자기는 에너지의 원천이면서 안내자이다. 서로 대극을 이루는 마음의 요소들(예: 자아-그림자, 외적 인격-내적 인격)을 통합하고 무의식을 의식화하는 과정을 적극적으로 추진하는 성격 시스템의 핵심이다. 자기는 실시간으로 마음의 상태를 파악하고, 필요할 경우 꿈이나 증상 등의 신호

▲ 만다라는 다양한 색과 형태를 원으로 조화롭게 담아내는 그림이다.

를 보내 현재의 상태를 알린다. 개인은 이러한 신호를 읽고 나아갈 방향을 정하며, 통합을 위해 필요한 행동의 에너지를 자기로부터 얻는다. 자기를 상징하는 대표적 이미지로는 밀교계 불교나 힌두교 등에서 수도의 도구로 쓰이던 만다라(mandala)를 들 수 있다. 만다라는 산스크리트어로 '원(circle)'이나 '중심을 둘러싼 구조'를 의미하며, 일반적으로 질서와 조화, 통합을 상징한다. Jung은 자기가 추구하는 균형과 통합이 만다라에 잘 드러나 있다고 보았다.

4) 심리적 유형론

Jung은 자아 지향성과 심리적 기능의 두 개념을 중심으로 성격에 대한 유형 이론을 전개하였다. **자아 지향성**(ego orientation)은 의식의 일반적 태도로서 주체(subject)와 객체(object) 중 어느 쪽을 더 중요하게 고려하는지를 반영한다. 주체를 객체보다 더 중요하게 고려하면 **내향형**(introversion), 객체를 주체보다 더 중요하게 고려하면 **외향형**(extraversion)으로 간주한다. 이것은 관심의 방향 혹은 에너지의 방향으로도 설명할 수 있다. Jung은 내향형의 관심이 주로 내부 혹은 주체를 향하며, 삶의 에너지를 내부에 간직하려는 경향이 있다고 보았다. 따라서 이들은 객체들을 찾아가 그들과 어울리는 것보다 홀로 시간을 보내면서 내면에 귀를 기울이고 에너지를 보호하려는 경향성을 보인다. 또한 의사결정을 내릴 때 자신의 주관을 중요시한다. 반면 외향형은 주로 외부에 관심을 두며, 에너지가 바깥으로 흐른다. 이들은 홀로 있기보다 외부의 객체들과 관계 맺는 것을 선호하며, 의사결정을 내릴 때 외부 준거를 더 중요하게 고려한다.

심리적 기능(psychological function)은 자아가 현실을 인식하고 파악하는 데 사용하는 기능을 의미한다. Jung은 심리적 기능을 크게 합리적 기능과 비합리적 기능으로 구분하였다. 전자는 삶과 경험에 대한 판단을 수반하고, 후자는 판단을 수반하지 않는다. 즉, 특정한 기준에 따라 좋고 나쁨 혹은 옳고 그름을 판단하는 과정이 수반되지 않는 기능을 비합리적 기능으로 보았다.

합리적 기능에는 **사고**(thinking)와 **감정**(feeling)이 포함된다. 사고 지향적인 사람들은 판단 과정에서 논리적 사고를 주로 활용하는 반면, 감정 지향적인 사람들은 감정에 근거하여 상황을 판단한다. 여기에서 말하는 감정은 느낌(feeling) 혹은 정동(affect)에 가깝다. 즉, 어떤 자극이 주어졌을 때 쾌-불쾌 차원에서 빠르게 느껴지는 주관적 체험을 말한다. 비합리적 기능에는 **감각**(sensing)과 **직관**(intuition)이 있다. 감각 기능을 주로 활용하는 사람들은 구체적이고 실제적인 감각 경험을 이용해 세상을 인식한다. 반면 직관 기능을 주로 활용하는 사람들은 보이는 것 이면의 의미나 원리, 숨은 의도 등을 통해 세상을 인식하는 경향이 있다.

Jung은 사람들이 상반되는 자아 지향성과 심리적 기능을 모두 가지고 살아가지만, 대부분의 경우 한쪽이 다른 쪽보다 지배적인 경향이 있다고 제안했다. 그에 따라 상호 독립적인 세 개의 축(내향-외향, 사고-감정, 감각-직관)으로부터 8개의 성격 유형이 구성될 수 있다.

내향적 사고형(introverted thinking type)은 내면의 자료에 주의를 기울여 체계적으로 분석하는 습성을 지닌다. 이들은 외부의 객관적 규준보다 '나'의 규준을 따른다. 즉, 주체가 어떻게 생각하느냐를 더 중요하게 고려한다. 이들은 자기 존재의 현실을 논리적으로 이해하고자 하는 철학자의 성향을 나타낸다.

외향적 사고형(extroverted thinking type)은 객관적 자료를 논리적으로 검토하고 통합하여 결정하는 경향이 두드러지는 유형이다. 이들은 객관적 규준을 따르며, 여러 가지 자료를 종합해서 일반적 견해에 도달하거나 새로운 사실을 산출하려는 경향을 보인다. 이 유형의 사람들은 검사나 판사 등의 직업에서 부여되는 과제를 익숙하게 처리한다.

내향적 감정형(introverted feeling type)은 주체에 기준을 둔 내향적 감정을 주로 사용한다. 이들은 매우 섬세한 감정선을 가지고 있지만 그 기준이 겉으로는 잘 드러나지 않는다. 다른 사람들에게 접근하여 그들에게 영향을 끼치려는 행동도 거의 나타내지 않으며, 조용히 자기만의 감정 세계 속에 머문다.

외향적 감정형(extroverted feeling type)은 객체에 기준을 둔 외향적 감정을 주로 사용하는 유형이다. 이들의 감정은 객체의 영향을 많이 받기 때문에 대체로 보편적이고 평범한 패턴을 보인다. 따라서 다른 사람들과 매우 쉽게 친해지며 그들과 원만하게 교류하는 경향이 있다.

내향적 감각형(introverted sensation type)은 외향적 감각형과 달리 객체 혹은 객관적 사실을 무시하거나 경시한다. 이들에게 중요한 것은 객체를 주관적으로 재해석한 감각이다. 즉, 감각 기능을 활용해 외부의 현실을 받아들이지만, 객관적인 감각 정보는 곧 주관적인 정보로 대체된다. 내향적 감각형은 이렇게 대체된 감각 정보를 중요하게 고려한다. 이들 중에는 예술가의 자질을 갖추고 있는 사람들이 많다.

외향적 감각형(extroverted sensation type)은 쉴 새 없이 경험을 쌓아 가는 현실주의자다. 이들은 객관적 사물이나 사실에 관심이 많으며, 새로운 경험을 주는 대상이나 상황을 적극적으로 찾아다닌다. 이들에게 백과사전을 만드는 과제가 주어진다면, 매우 수월하게 해낼 것이다.

내향적 직관형(introverted intuition type)은 직관 기능이 내적인 세계에서 발휘되는 유형이다. 이 유형은 외향적 직관형보다 이해하기 까다롭다. 직접적으로 비교하면, 이들은 내면세계를 이루는 요소들의 가능성 혹은 변화의 방향을 파악하는 능력이 비상하게 발달해 있다. Jung은 이들이 과거에 예언가나 샤먼(shaman) 등으로 활동했을 가능성이 높다고 보았다.

외향적 직관형(extroverted intuition type)은 객체가 가지고 있는 '가능성'을 파악하는 비상한 능력을 가지고 있다. 이들은 다른 사람에게 있는 잠재력, 숨겨진 가능성을 쉽게 알아차리며, 그러한 가능성이 발현되도록 계기를 마련해 주는 데 재주를 보인다. 이들 중에는 후원자나 투자가, 기업가, 정치가로 성공하는 사람들이 많다.

표 7.1 Jung의 8가지 성격 유형

구분	내향	외향
사고	내면의 자료를 체계적으로 분석하는 성향	객관적 자료를 논리적으로 검토하고 통합하는 성향
감정	주체에 기준을 둔 감정을 중요하게 고려하는 성향	객체에 기준을 둔 감정을 중요하게 고려하는 성향
감각	주관적으로 재해석된 감각을 중요하게 고려하는 성향	외부의 객관적 사물이나 사실에 관심을 두고 적극적으로 수집하는 성향
직관	내면의 요소들이 가지고 있는 가능성 혹은 변화의 방향을 중요하게 고려하는 성향	객체가 가지고 있는 가능성을 중요하게 고려하는 성향

직관이란 무엇인가?

Jung의 성격 유형론에 포함된 개념들은 대체로 이해하기 수월하다. MBTI가 많은 사람의 관심과 호응을 얻는 이유도 어쩌면 사용되는 개념들이 상식 수준에서 어렵지 않게 이해되기 때문일 수 있다. 그런데 의식의 태도와 기능들의 정의를 자세하게 분석하다 보면 생각보다 까다로운 개념이 있다는 것을 알 수 있다. 바로 직관이다.

직관(intuition)이란 무엇일까? 국립국어원의 『표준국어대사전』에 따르면, 직관의 사전적 정의는 "감각이나 판단, 추리 따위의 사유 작용을 거치지 않고 대상을 직접 파악하는 작용"이다. 즉, 무언가를 떠올렸을 때 특정한 사유 작용 혹은 의식적 처리 과정을 거친 것이 아니라면, 그것을 직관이라 칭한다는 것이다. 이 내용이 쉽게 받아들여질 수도 있지만, 반대로 만족스럽지 않다는 느낌을 받을 수도 있을 것이다. '어떤 것이 의식에 떠올랐는데 그 이유를 모를 때를 지칭하는 용어'라는 설명이 다소 모호하기 때문이다. 실제로 일부 학자들은 직관이 일종의 '게으른(lazy)' 혹은 질적으로 낮은 수준의 추론일 뿐이라고 주장하면서 그 가치를 폄하하기도 했다(Abernathy & Hamm, 1995). 과연 어떤 과정을 거쳐서 우리가 직관이라 부르는 현상이 나타나는 것일까?

Jung은 직관을 소개할 때 '무의식적인 방법'으로 인식을 유도하는 기능이라고 제안했다. 즉, 자극을 감각 수준에서 직접 인식하는 것이 아니라, 무의식적 처리를 거쳐 인식한다는 것이다. Jung의 이론 내에서 무의식은 개인 무의식과 집단 무의식으로 나뉜다. 따라서 처리에 관여하는 요소도 잊혀진 개인적 경험 수준의 요소이거나 인간의 본성에 뿌리박은 집단 무의식적 요소일 수 있다. 어떤 요소가 개입했느냐에 따라 직관의 내용과 그 가치가 달라질 것이다. 개인 무의식 수준의 요소가 처리에 사용되었다면 개인에게 도움이 되는 다양한 가능성을 알아차리도록 돕는 정도이겠지만(이부영, 1998), 집단 무의식의 요소가 처리에 관여했다면 개인이 속한 집단이나 공동체 등에 나름의 의미를 갖는 정보가 담길 수도 있는 것이다. Jung의 관점에서 보면, 예언가나 선지자 등은 집단 무의식의 처리를 거치는 직관력이 뛰어난 사람일 것이다.

직관에 대한 관심은 현대 성격심리학자들에게도 이어졌다(Epstein, 2010). 학자마다 서로 다른 견해를 제시하고 있지만, 공통적인 부분을 추려 보면 다음과 같다. 첫째, 직관은 연합적 학습(associative learning)과 관련이 있는 것으로 보인다. 즉, 언어적이고 논리적인 추론을 통한 학습이 아닌 경험에 기반한 기초적인 학습 결과 형성된 암묵적 기억(implicit memory)이 처리에 관여하는 것으로 추측되고 있다. 둘째, 쾌-불쾌 수준의 기초적인 느낌이나 감정이 직관의 형성에 영향을 미친다. 우리는 실제로 "왠지 느낌이 좋지 않아."라는 표현을 종종 사용하곤 한다. 이는 실제로 기존에 습득한 감정 경험 정보가 의식의 처리를 거치지 않은 채 경보를 울리는 상태라고 볼 수 있다. 셋째, 직관은 자동적으로 작동한다. 논리적 추론이나 계산은 보통 의도적으로 수행되는 경향이 있다. 반면 직관은 개인이 의도하지 않아도 자동적으로 일어난다.

이상의 내용을 정리해 보면, 직관은 우리가 알게 모르게 경험적으로 학습한 다양한 내용이 자동적으로 자극을 처리한 결과 생성된 산물이라는 것을 알 수 있다. 특히 개인에게 중요한 것으로 고려되는, 달리 말해 정서적으로 중요한 자극을 빠르게 처리하여 개인이 상황에 적절히 대응할 수 있도록 돕는 기능을 가지고 있다는 것 또한 예상해 볼 수 있다. 물론 이상의 내용은 현재까지도 활발하게 연구되고 있는 부분이며, 앞으로 더 많은 내용이 밝혀질 것이다.

Jung의 심리적 유형론은 주로 의식의 유형 혹은 특성을 파악하는 데 많이 활용되어 왔다. 하지만 Jung은 의식에서 활발하게 사용되는 태도나 기능을 파악하는 것은 궁극적으로 무의식에 잠겨 있는 태도나 기능을 이해하여 적절히 발달시키는 데 그 목적이 있다고 보았다. 그에 따르면, 우세한 태도와 기능의 반대극은 무의식에 잠긴다. 예컨대 내향적 감각형은 외향적 감각을 억압하고, 직관을 억압하며, 합리적 기능인 사고와 감정도 억압한다. 물론 억압의 정도는 다를 수 있지만, 무의식에 잠겨 있다는 측면에서는 동일하다. 치료적 관점에서 보면, 무의식에 잠겨 있는 태도와 기능을 적절히 의식화하고 발달시켜야 성격의 통합을 이룰 수 있다.

5) 성격의 문제 및 치료

Jung은 심리장애를 겪는 사람과 그렇지 않은 사람의 심리가 근본적으로 다르지 않다고 보았다. 따라서 분석심리학 내에 별도의 정신병리 이론은 없으며, 성격의 문제를 포함한 심리적 문제가 어떻게 발생할 수 있는지에 대한 이론적 설명만 존재한다.

분석심리학에서의 심리적 증상은 일종의 신호로 해석된다. 즉, 우울 증상이나 불안 증상, 대인관계에서의 문제 행동이나 갈등 등은 모두 마음의 상태를 보여 주는 지표로 간주된다. 예컨대 우울장애를 포함한 신경증은 '자기'로부터 지나치게 멀어졌다는 것을 알리는 신호로 해석되었다. 일종의 **자기소외**(self-alienation)의 결과인 것이다. Jung은 자아가 자기로부터 멀리 떨어질수록 인격의 해리가 일어나고, 그 결과 신경증이 나타난다고 보았다. 그런 측면에서 보면, 신경증은 자신의 상태를 알아차리고 변화시켜 인격의 통합과 성숙을 이룰 수 있는 좋은 기회라고 볼 수 있다.

Jung은 자기소외가 일어나는 과정이 의식의 일방성과 밀접하다고 주장했다. **의식의 일방성**(one-sidedness of conscious)이란 자아 의식이 특정한 방향으로 과도하게 치우치는 것을 의미한다. 앞서 페르소나와 자아의 거리에 대해 언급하였는데, 자아가 페르소나를 지나치게 지향하여 치우친 상태도 의식의 일방성으로 간주할 수 있다. 또한 자아가 특정한 심리적 유형을 과도하게 지향하여 치우침이 일어난 경우에도 의식의 일방성 문제가 나타날 수 있다. 예컨대 외향적 감각형으로 분류되는 개인이 외향적 감각 기능에만 지나치게 의존하여 다른 기능들이 거의 사용되지 않은 채 무의식에 잠겨 있을 경우, 의식의 일방성으로 인한 심리적 증상이 나타날 수 있다.

분석심리학에서의 치료란 증상의 의미를 알아차리도록 돕는 것을 말한다. 내담자가 경험하는 다양한 증상은 자기소외 혹은 의식의 일방성과 어떤 식으로든 관련되어 있다. 따라서 치료자는 내담자와 함께 증상의 의미를 분석하여 현재 마음의 상태를 파악하고, 적절한 방식으로 균형을 잡아 가는 데 초점을 둔다. 이 과정에서 자연스럽게 무의식을 탐색하게 되고, 의식의 범위가 점차 넓어지게 된다.

내담자의 증상과 함께 중요한 분석 대상이 되는 것은 **꿈**(dream)이다. 꿈 분석은 분석심리학 내에서도 매우 핵심적인 치료 기법으로 활용된다. 다만 정신분석에서의 꿈 분석과는 적어도 두 가지 측면에서 차이를 보인다.

첫째, 정신분석에서는 일반적으로 꿈 내용에 대한 자유 연상을 이용해 꿈 분석을 실시하지만, 분석심리학에서는 확충이라는 방법을 이용해 꿈 분석을 진행한다. **확충**(amplification)이란 하나의 꿈 이미지를 중심으로 꿈꾼 사람의 착상과 인류 보편적인 연상을 모아 그 의미를 이해하는 방법을 말한다. 자유 연상은 꿈 이미지에서 연상되는 것들을 단계적으로 따라가면서 중요한 콤플렉스를 발견하는 방법이지만, 확충은 꿈 이미지에서 멀리 벗어나지 않으면서 반복적으로 관련 착상이나 보편적 연상을 모아 의미를 명료화하는 방법이다.

둘째, 정신분석에서는 꿈 내용을 결정론적으로 해석하지만, 분석심리학에서는 건설적으로 해석한다. 건설적으로 해석한다 함은 꿈이 무엇을 말하고자 하는지, 앞으로 무엇을 하길 바라는지 등에 초점을 두고 해석한다는 것을 말한다. '아버지가 주로 사용하던 오래된 칼'에 대한 꿈을 꾼 한 여성이 있다고 가정해 보자. 정신분석적 관점에서 이 꿈을 분석해 보면, 여성은 아버지에 대한 콤플렉스를 가지고 있으며 그것을 억압하고 있다고 추론할 수 있다. 이론적으로 아버지의 칼은 여성의 남근 환상(phallic fantasy)을 반영하는 것으로 해석될 수 있기 때문이다. 반면 분석심리학적 관점에서는 여성에게 그런 무기가 필요한 것이 아닌가 하는 의문을 품을 수 있다. 만일 그녀가 현실에서 지나치게 의존적이고 수동적이며, 다른 사람들의 감정을 신경 쓰느라 이리저리 휘

둘리는 삶을 살고 있다면, 좀 더 독립적이고 능동적이며, 자기주장적인 면을 발달시켜야 한다는 신호를 자기가 보낸 것으로 해석할 수 있다(이부영, 1998).

적절한 증상 분석과 꿈 분석은 의식을 확장시킨다. 이 과정은 단순히 '아는 것'을 넘어서 '실천하는 것'으로 연결될 때 더 확실해진다. 앞선 사례에서 남성성을 좀 더 발달시킬 필요성을 인식했다면, 적절한 안내에 따라 실제 행동으로 옮겨 보는 것이다. 이 과정을 통해 무의식에 잠겨 있던 특성이 의식으로 넘어오고, 한 방향으로 치우쳤던 것이 조금은 덜 치우치게 된다. 이것은 자아가 자기의 신호를 받아들여 실현한 것으로도 볼 수 있다. Jung은 이렇게 자아가 자기의 요구와 안내를 받아들여 실천에 옮기는 능동적 행위를 **자기실현**(self-actualization)이라고 불렀다. 자기실현은 결국 고유한 자기 자신이 되도록 하는 과정이라는 측면에서 **개성화**(individuation)라 불리기도 한다. Jung의 관점에서 볼 때, 자기실현은 완성 형태가 아닌 과정이자 노력이다. 자기실현이 원활하게 진행됨에 따라 의식은 점점 더 확장된다. 하지만 아무리 의식이 넓게 확장된다 해도 무의식이 없는 상태, 즉 완전히 의식으로만 채워진 마음의 상태는 달성할 수 없다. 그만큼 무의식의 영역은 넓으며, 의식의 영역은 좁다. 자기는 언제나 자아를 넘어선다. 인간으로서 우리가 달성할 수 있는 것은 완전해지는 것이 아닌, 비교적 온전해지는 것이다(이부영, 1998).

6) 이론의 기여와 한계

Jung의 이론은 무의식에 대한 이해를 한층 더 깊게 만들어 주었다는 점에서 큰 의의를 갖는다. 특히 집단 무의식과 원형 개념은 심리학뿐만 아니라 다른 여러 학문 분야에도 큰 영향을 미쳤다. 임상적 측면에서도 당시 지배적이었던 결정론적 병리 모형에서 벗어나 목표 지향적이고 건설적인 관점에서 분석이나 치료를 진행할 수 있는 토대를 만들어 주었다는 측면에서 그 의미가 크다.

분석심리학의 한계는 다음과 같다. 첫째, 정신분석과 마찬가지로 주요 개념들이 모두 추상적이어서 측정 및 검증이 불가능하다. 둘째, 정신분석 이론에 비해 개념의 중첩이 심하고 이론 내에서의 일관성도 부족하다. 셋째, 심각한 수준의 성격장애나 심리장애를 설명하는 데에는 한계가 있다.

2 개인심리학

정신분석이 왕성하게 발전하던 시기에 Adler는 Freud가 제안한 기본 가정 대부분을 부정하면서 독자적인 이론을 구축하였다. 오스트리아를 대표하는 심리학적 이론 중 하나로 현재까지도 인정받고 있는 개인심리학의 개발 배경과 기본 가정 및 인간관, 핵심 개념과 이론, 병인론 및 치료론에 대해 살펴보자.

1) 배경

▲ Alfred Adler

Adler는 1870년 오스트리아 빈의 유대인 가정에서 6남매 중 둘째로 태어났다. 어려서 구루병(rickets)이라는 질병을 앓아 네 살까지 걷지 못했으며, 이후 심한 폐렴으로 죽을 위기를 넘기기도 했다. 병약한 어린 시절을 보낸 Adler는 학교에서도 학업적 어려움을 겪었다. 성적이 너무 낮아 담임교사로부터 구두 수선 기술을 배우는 것이 낫지 않겠느냐는 조언을 들을 정도였다. 나중에 의사가 되어 자신과 같이 아픈 아이들을 돕고자 했던 Adler는 공부를 더욱 열심히 하기로 마음먹었고, 실제로 많은 노력 끝에 높은 성적을 받아 내기도 했다.

이후 빈 대학교에서 의학을 전공한 그는 1895년에 의사 자격을 취득하고 개업했다. 전공을 몇 번 바꾼 그는 정신의학에 관심을 두게 되었으며, 1902년에 Freud의 초대를 받아 정신분석 관련 모임에 참여하기도 했다. 이때부터 Freud와 교류한 Adler는 빈 정신분석학회(Vienna Psychoanalytic Society)의 중추적인 역할을 수행했으며, 유럽 정신분석학의 기틀을 잡는 데 기여하였다.

Adler와 Freud의 교류는 그리 길게 이어지지 못했다. 1910년에 빈 정신분석학회의 회장이 되었던 Adler는 Freud와의 갈등이 심해지자 이듬해에 회장직을 그만두고 학회를 떠났다. 이때 함께 탈퇴한 분석가들과 독립적인 학회를 결성하였으며, 1912년에 학회의 명칭을 '개인심리학회(Society for Individual Psychology)'로 결정했다. 같은 해에 인간의 근본적 동기에 대한 자신의 견해를 담은 『The Neurotic Constitution』을 출간하였다.

치료와 연구 활동을 이어 가던 Adler는 제1차 세계대전 후 급격히 늘어난 고아들을 돕기 위해 본격적으로 사회 활동을 시작했다. 그는 곳곳에 아동지도 클리닉을 개설하였으며, 아동 교육과 교사 훈련, 강연 등에 활발히 참여하였다. 그는 1930년대 초반에 미국으로 이주한 뒤에도 교육 및 임상 활동을 계속했으며, 1937년 스코틀랜드 순회 강연 중에 심장마비로 사망했다.

2) 주요 가정과 인간관

Adler와 Freud의 교류가 그리 길지 못했던 이유는 인간에 대한 기본 관점이 여러 측면에서 달랐기 때문인 것으로 보인다. 인간의 기본 특징에 대한 견해의 차이는 곧 병리와 치료의 견해 차이로 발전했고, 두 사람은 그 차이를 좁히지 못했던 것이다. Adler의 인간관은 네 가지 측면에서 Freud의 인간관과 대조를 이룬다.

첫째, 인간은 목표를 향해 나아가는 존재라고 보았다. 그는 인간의 모든 행동에 목적성이 있다고 생각했다. 인간은 과거의 경험에 사로잡혀 쳇바퀴 돌 듯 동일한 패턴의 행동을 반복하는 존재가 아니며, 오히려 적극적으로 자기만의 목표를 설정하고 그 목표를 달성하기 위해 다양한 시도를 하는 존재이다. 그 시도가 때로는 실패할 수 있지만, 목표를 지향하며 능동적으로 삶을 개척하려는 경향성은 전 생애에 걸쳐 지속된다.

둘째, 인간이 사회적 존재임을 강조하였다. Freud 또한 대인관계 상호작용의 중요성을 인정하였지만, 사회에 대한 관심이나 참여를 인간의 필수적 특성으로 고려하지는 않았다. 반면 Adler는 인간이 사회와 분리된 채 살아갈 수 없다고 보았으며, 사회의 구성원으로 적응하며 살기 위해서는 적절한 수준의 사회적 관심과 참여가 필요하다고 생각했다. 그에 따라 개인의 심리적 특성을 파악하는 필수 요소 중 하나로 사회적 관심을 중요하게 고려하였다. 그의 관점에서 보면, 사회적 관심이 적은 개인은 심리적으로 덜 건강한 사람이며, 사회적 관심이 많고 참여적인 개인은 상대적으로 더 건강한 사람에 해당한다.

셋째, 의식이 무의식보다 더 중요하다고 보았다. 의식의 중심성에 대한 그의 견해는 목표 지향적이고 사회적인 인간관과 맥을 같이 한다. 간단히 말해 Adler는 인간이 매우 능동적인 존재라고 보았다. 인간의 능동성은 경험의 인식과 그에 대한 반응에서도 드러난다. 인간은 과거의 경험 때문에 형성된 무언가에 의해 무의식적으로 현재의 경험을 처리하고 반응하는 존재가 아니라, 적극적으로 경험을 해석하고 정리하여 목표를 달성하는 방향으로 행동하는 존재인 것이다. Adler는 인간이 자신의 경험을 나름의 방식으로 정리하여 자기 자신과 타인, 세상에 대한 신념을 구성한다고 보았으며, 인생의 중요한 목표와 과제를 달성하는 고유한 삶의 방식을 발달시킨다고 가정했다. 따라서 개인의 특성을 이해하기 위해서는 그의 주관적 세계, 즉 의식을 정확히 파악하는 것이 중요하다.

넷째, 인간은 통합적 존재이며, 부분으로 분리될 수 없다고 가정했다. Jung과 마찬가지로 총체주의적 관점을 지지한 것이다. 인간을 하나의 통합적 전체로 보는 관점에서는 모든 인간에게 적용될 수 있는 원리를 이해하는 데 초점을 두지 않고, 한 개인의 특성을 사실적이면서도 포괄적으로 이해하는 것을 중요하게 고려하는 경향이 있다. Adler도 이와 같은 입장을 취했으며, 그가 개발한 개념이나 가설 또한 보편적 원리를 발견하기 위해서가 아닌, 개인의 심리적 특성을 효과적으로 포착하기 위해 개발된 것들이다. Adler가 개인의 고유함을 매우 중요하게 고려했다는 점은 그가 개발한 이론의 명칭에서도 드러난다. 개인심리학에서의 '개인(individual)'은 '더 이상 분리할 수 없다'는 의미를 내포하고 있기 때문이다.

3) 주요 개념 및 이론

Adler는 Freud나 Jung과 달리 마음의 구조나 작동 기제 등을 밝히는 데 큰 관심을 두지 않았다. 그보다는 개인을 통합적으로 이해하는 데 도움이 되는 새로운 개념들을 개발하는 데 주력하였다. 그가 제안한 대표적인 개념 및 이론을 살펴보자.

결정론과 목적론

인간의 삶은 과거에 의해 결정되는 것일까, 아니면 앞으로 어떤 목표를 세우고 어떤 선택을 하느냐에 따라 달라지는 것일까? 성격심리학에서는 이 두 가지 입장을 간단히 **결정론**(determinism)과 **목적론**(finalism)/**자유의지**(free will)라는 개념으로 다루고 있다. 전통적인 정신분석 계열의 이론들은 대부분 결정론을 따랐다. 특히 어린 시절의 경험이 성인기의 다양한 성격 특성과 심리적 문제에 큰 영향을 미친다고 보았다. 즉, 과거가 지금의 나를 빚어냈다고 여긴 것이다. 어린 시절의 경험은 다양한 방식으로 무의식에 새겨지고, 우리가 의식하지 못하는 과정을 거쳐 현재의 행동에 영향을 미친다. 따라서 과거를 '아는 것'은 중요하다. 좀 더 구체적으로 말하면, 이미 경험한 것이지만 '잊혀진 내용'을 다시 의식하여 검토하는 것이 중요하다. 이미 경험한 것을 돌이키는 것은 불가능하지만, 경험이 '남겨 둔 것'은 적절한 방법을 통해 수정할 수 있다. 그렇게 행동을 바꿀 수 있는 것이다.

원리는 복잡하지 않지만, 실제 작업은 상당히 까다로웠고 생각만큼 효과가 크지도 않았다. 즉, 과거 경험의 잔재를 의식한다고 해서 모든 문제가 자연스럽게 해결되지는 않았던 것이다. 그러자 전통적인 정신분석의 기본 가정에 회의를 느낀 선구적 분석가들이 결정론과 반대되는 입장에 주목하기 시작했다. 즉, 인간은 과거 경험에 의해 영향을 받기는 하지만, 그것에 의해서만 살아가는 것은 아니며, 오히려 미래 지향적 특성을 가지고 있다고 제안한 것이다. 여기에는 Adler와 Jung, 인본주의 이론가들, 목표를 중심으로 성격을 이해하는 인지 이론가 등이 포함될 수 있다.

이렇게 인간의 자유의지와 목적 지향성에 주목하는 이론가들은 인간을 좀 더 능동적인 존재로 개념화한다. 주도적으로 세계를 구성하고, 목표를 선택하며, 그 목표를 달성하기 위해 노력하는 존재로 보는 것이다. 이들이 어려움을 겪는 이유는 주관적 세계를 구성하는 과정에 오류가 있거나, 적절한 목표를 선택하고 수정하는 데 문제가 있거나, 목표를 달성하기 위한 수단 및 방법 등에 문제가 있기 때문인 것으로 가정된다. 따라서 대부분의 개입 전략은 개인 스스로 삶을 잘 꾸려 갈 수 있도록 다양한 기술과 자원, 능력 등을 발견하여 개발하는 데 초점을 둔다. 이러한 견해는 인간의 고유함이나 특별함, 긍정적 측면을 부각하는 면이 있어 많은 사람의 환영을 받았다.

목적론적 인간관이 여러 측면에서 매력적인 것은 사실이지만 인간이 과거 경험으로부터 완전하게 자유롭다고 인식하는 것은 그것대로 문제가 될 수 있다. 우리의 선택은 완벽하게 자유롭지 않다. 멀리 가지 않더라도 주변에서 흔하게 볼 수 있는 중독 행동에서 그 사실을 확인할 수 있다. 심각한 수준의 중독 행동에 빠진 사람들은 그 행동이 해롭다는 것을 알기 때문에 억제하고자 한다. 즉, 중독 행동을 선택하지 않으려는 분명한 의도를 가지고 있다. 하지만 과거 경험으로부터 축적된 신경학적·심리적 효과로 인해 자신의 의도와는 다른 행동을 선택하게 된다. 이처럼 우리의 행동 중 일부는 상대적으로 과거 경험에 의해 큰 영향을 받는다. 따라서 결정론과 목적론 중 어느 한쪽을 선택할 것인가는 중요한 문제가 아니다. 오히려 모든 것이 과거에 의해 결정된다거나 모든 것을 선택할 수 있다는 환상을 내려놓고, 현실을 있는 그대로 섬세하게 관찰하면서 신중하게 저울질하는 태도가 더 중요하다.

(1) 허구적 최종목적론

Adler는 인간의 행동이 과거 경험이 아닌 목적에 의해 영향을 받는다고 보았다. 그는 이러한 가정을 허구적 최종목적론에 담았다. **허구적 최종목적론**(fictional finalism)이란 개인이 지닌 허구적 목적에 의해 행동이 유발된다고 보는 믿음이다. 이 관점에 따르면, 인간의 모든 행동은 허구적 목적으로 설명할 수 있다. 엄밀히 말해 허구적 목적은 행위에 대한 최종 설명이다.

Adler는 독일 철학자인 Hans Vaihinger(1852-1933)의 영향을 받아 이 개념을 개발했다. Vaihinger는 1911년에 자신의 핵심적 사상을 담은 저서 『Philosophy of 'As If'』를 출간했다. 그에 따르면, 인간은 절대 세상의 근본적 현실을 알 수 없기 때문에 세상에 대한 나름대로의 모형 혹은 사고 체계를 구성하고 그것을 현실이라고 가정한다. 간단히 말해, 일종의 허구적 세상을 구성하고 '마치 그것이 실제 세상인 것처럼' 믿는 것이다. 그렇게 만들어진 허구적 모형은 실질적 영향력을 갖는다. 즉, 인간은 자신이 만든 허구적 모형을 실제라 믿고 그 모형에 기반해서 행동을 실행한다. Vaihinger의 철학에서 흥미로운 측면은 주관적 세계와 현실 세계의 불일치에 대한 태도라 할 수 있다. 그는 주관적 세계와 현실 세계가 불일치한다는 사실로 인해 비관주의에 빠지지 않는다. 그는 오히려 그렇게 만들어진 주관적 세계가 알 수 없는 것들로 가득한 이 세상을 살아갈 수 있도록 도와준다고 주장한다. 인간이 능동적으로 구성하는 모형 혹은 주관적 세계는 이 세상을 살아가도록 돕는 유용한 도구인 것이다.

▲ Hans Vaihinger

Adler는 Vaihinger의 철학에 매료되어 관련 내용을 근간으로 하는 새로운 심리적 이론을 개발하였다. 그는 인간이 능동적으로 자기 자신이나 타인, 세계에 대한 나름대로의 모형 혹은 이론을 개발한다고 보았다. 이 모형은 궁극적으로 개인의 삶이 지닌 의미나 목표를 담게 되며, 그 목표가 인간의 행동을 결정한다. 예컨대 어떤 사람이 의대에 진학하기로 결정했다면, 그가 지닌 허구적 모형 내에 그와 관련된 목적이 있기 때문이라고 해석할 수 있다. 그는 세상에 의학적 도움이 필요한 사람들이 많으며, 자신에게 그런 사람들을 도울 수 있는 능력과 의지가 있다고 생각할 수 있다. 그의 모형 안에서 설정되는 그의 최종 목표는 의사가 되어 다른 사람을 돕는 것이다. 그의 모형 안에 담긴 생각이나 믿음이 현실과 괴리되어 있을지라도 이러한 믿음은 실질적 영향력을 갖는다. 객관적으로 그의 수학 성적이 너무 부족하다 해도 그는 그 사실보다 자신의 주관적 세계에 따라 행동하는 것이다.

(2) 열등감

Adler는 어려서부터 병약하여 신체 기능의 발달이 늦었다. 적극적이고 활달한 기질을 가진 그로서는 자신의 신체 기능이 또래의 다른 친구들보다 부족하다는 것을 자주 인식했을 것이다. 그는 이러한 인식에 따르는 **열등감**(sense of inferiority)이 개인의 행동에 중요한 영향을 미친다는 점을 경험을 통해 알고 있었다. 정신의학자로서의 길을 걷게 된 그는 개인이 지니는 신체적 결함, 즉 **신체 열등**(organ inferiority)이 어떤 심리적 반응을 유발하는지에 대해 체계적인 분석을 시작했으며, 이후 다양한 원인에 의해 유발되는 열등감으로 연구의 범위를 넓혔다.

Adler는 열등감이 매우 보편적이면서도 기본적인 경험이라고 보았다. 이러한 견해는 그의 인간관과 밀접한 관련이 있다. 첫째, 인간은 자기만의 목표를 설정하고 그것을 추구하며 좀 더 나은 존재가 되려고 노력한다. 따라서 인간은 자신의 부족함 혹은 결핍에 주의를 기울일 수밖에 없으며, 그에 따라 열등감을 빈번하게 경험한다. 둘째, 인간은 사회적 존재로 살아가면서 다른 사람과 자신을 끊임없이 비교한다. 다른 사람과 자신을 비교하는 것은 그 자체로 큰 문제가 되지 않는다. 오히려 사회가 바람직하게 여기는 가치나 행동을 습득하는 데 도움이 된다. 다만 비교하는 과정에서 자연스럽게 열등한 측면을 발견할 수밖에 없으며, 그에 따라 열등감도 자주 경험하는 것이다.

Adler는 열등감을 경험하는 것 자체가 문제는 아니라고 보았다. 열등감은 일종의 동기 요소로 좀 더 나은 존재가 되기 위한 행동을 유발하기 때문이다. 실제로 열등감을 느끼는 개인은 그 열등감을 극복하고 보상하기 위해 다양한 노력을 기울인다. 이러한 노력이 성공하면 개인은 좀 더 온전한 상태로 성장할 수 있다. 대부분의 사람이 경험하는 열등감은 보통 일시적으로 나타났다가 사라지며, 특정한 영역에 제한되는 경향이 있다. 예컨대 다른 영역은 별다른 문제가 없지만, 학업, 특히 수학 능력에 대해 열등감을 느끼는 식이다. 이들은 대체로 현실적인 자기인식을 가지고 있으며, 자신을 평가하는 기준이나 달성하고자 하는 목표 또한 대체로 현실적이다.

반면 자기 자신의 부족함에 대한 인식이 과도하여 매우 강렬한 부적절감이나 수치심 등과 연결되는 경우도 있는데, 이를 **열등 콤플렉스**(inferiority complex)라 부른다. 앞서 Jung의 이론을 설명할 때 콤플렉스의 개념을 감정적으로 강조된 심리적 내용으로 소개한 바 있다. 열등 콤플렉스는 자신의 열등한 측면을 중심으로 강한 감정이 연결된 콤플렉스라 할 수 있다. 열등 콤플렉스를 가지고 있는 사람들은 자신의 부족한 측면이 자극되면 강렬한 부정 정서를 경험하는 경향이 있으며, 열등감을 극복하려는 시도 또한 성공적이지 못한 경향이 있다. 이들은 만성적으로 열등감을 경험하며, 자신의 여러 측면에서 부족함이나 결핍을 인식한다. 이들의 자기인식은 현실과 괴리되어 있는 경우가 많으며, 비현실적이고 달성하기 어려운 기준이나 목표를 가지는 경향이 있다. 이로 인해 지속적으로 다양한 부정 정서를 경험하기 쉬우며, 회피 행동과 같은 부적응적 행동 또한 빈번하게 나타낼 가능성이 있다.

과도한 열등감을 경험하는 사람 중 자신의 부족함이나 결함을 수용하지 못하는 사람은 과잉 보상을 통해 현실을 부정하려는 시도를 할 수 있다. 이러한 전략을 사용하는 사람은 자기 자신에 대해 비현실적으로 과장된 지각을 보인다. 마치 아무런 결함이나 결핍이 없고 오히려 다른 사람보다 우월하다고 인식하는 것이다. 그에 따라 특별한 근거 없이 과도한 자신감을 보이거나 거만한 행동을 나타내기도 한다. Adler는 이러한 현상을 **우월 콤플렉스**(superiority complex)의 작용이라고 보았다.

(3) 우월성 추구

Adler는 인간이 열등감을 다루는 방식을 구체적으로 탐색하면서 인간의 본성에 대한 깨달음을 얻었다. 초기에는 열등감을 해소하는 것 혹은 힘을 얻는 것에 대한 기본적 동기에 주목하였으나, 이후 우월성을 추구하는 경향성으로 관심을 옮겼다. **우월성 추구**(striving for superiority)란 열등의 반대 상태인 우월을 추구하는 경향성을 말한다. 여기에서의 우월은 다른 사람과 비교했을 때의 우위를 의미하기도 하지만, Adler는 좀 더 포괄적인 개념으로 사용했다. 즉, 부족한 것은 채우고, 미완성된 것은 완성하며, 무능한 것은 유능한 것으로 변화시키려는 노력과 의지를 우월성 추구라고 보았다.

Adler는 우월성 추구가 인간의 본성일 것이라고 생각했다. 인간이 처음 태어났을 때에는 상당히 무력한 상태로 존재한다. 그러한 상태에 대한 인식은 좀 더 우월해지고자 하는 동기의 원동력이 되며, 그렇게 형성된 우월성 추구 경향은 생애 전반에 걸쳐 작동하게 된다. Adler는 우월성 추구 경향이 모든 사람에게 동일하게 존재하지만, 우월성을 추구하는 방향이나 우월성 획득을 위해 사용하는 전략은 매우 다양할 것이라고 보았다. 또한 우월성을 추구하는 양상이나 그 결과에 따라 개인의 적응과 부적응 수준도 달라질 수 있다고 여겼다.

(4) 사회적 관심

Adler는 건강한 성격 발달의 중요한 지표로 사회적 관심을 제안하였다. **사회적 관심**(social interest)이란 자신이 속한 공동체 혹은 사회의 이익이나 발전에 관심을 두고 기여하려는 경향성을 말한다. 사회적 관심은 사회의 한 구성원으로 큰 문제 없이 살아가기 위해 적절히 타협하고 협동하는 것부터, 사회의 발전을 위해 자신을 희생하는 것까지 다양한 양상을 나타낼 수 있다. Adler는 건강하고 적응적인 성격일수록 사회적 관심이 높다고 보았다.

Adler는 사회적 관심을 일종의 자기확장 혹은 **자기초월**(self-transcendence)이라고 제안했다. 개인적인 욕구나 관심을 벗어나 좀 더 큰 존재로서의 공동체와 사회에 관심을 두기 때문이다. 그런 측면에서 사회적 관심은 우월성 추구와 균형을 이룬다. 우월성 추구는 개인의 발전이나 개인의 완전성을 추구하는 반면, 사회적 관심은 사회의 안정과 발전을 추구하기 때문이다. 인간은 모두 사회의 한 구성원으로 살아간다. 그런 상황에서 자신의 발전만을 추구하다 보면 의도치 않게 다른 구성원의 욕구나 감정에 해를 입힐 수 있다. 이는 장기적으로 사회의 문제를 야기할 수 있으며, 결과적으로 개인에게도 해가 될 수 있다. 그런 측면에서 우월성 추구와 사회적 관심은 적절히 조화를 이루어야 한다. 개인의 성장과 발전을 추구할 때 사회적 상황과 맥락 등을 고려해야 하는 것이다.

Adler는 교육과 훈련을 통해 적극적으로 사회적 관심을 개발해야 한다고 주장했다. 즉, 다른 사람을 이해하고 공감하며, 그들과 협동하면서 사회에 기여하는 방법을 배워야 한다고 생각했다. 이러한 그의 사상은 아동 교육 및 훈련에 중요한 영향을 미쳤다.

(5) 생활 양식

Adler는 성격의 구조나 발달 과정에 대해 정교한 이론을 제시하지 않았다. 다만 인간이 살아가면서 당면하는 중요한 생애 과제(life task)에 대응하는 방식은 패턴화되는 경향이 있으며, 어린 시절에 형성되어 성인기에도 유지된다고 보았다. 그는 개인이 생애 과제를 해결하는 독특한 삶의 방식을 **생활 양식**(life style)이라 명명했다.

생활 양식은 일종의 사고·감정·행동 패턴이며, 생애 과제에 당면했을 때 활성화된다. Adler는 자기 자신이나 타인, 세상에 대한 신념이 과제에 당면했을 때의 생각이나 감정, 행동 패턴을 결정한다고 보았다. 생애 과제란 사랑이나 우정, 학업, 일 등과 같은 삶의 주요 영역에서 주어지는 과제를 의미한다. 개인은 자신의 신념으로 드러나는 고유한 삶의 목표의 영향을 받아 나름대로의 방식으로 각 과제를 수행한다. 즉, 개인이 중요한 삶의 과제를 수행하는 방식을 분석하면 그의 고유한 삶의 목표나 신념 등을 파악할 수 있다.

Adler는 기본적으로 생활 양식이 각 개인에게 고유하다고 보았다. 하지만 '교육 목적'으로 네 가지 유형의 생활 양식을 구분하여 제시한 바 있다. 첫 번째 유형은 **지배형**(ruling type)이다. 지배형은 다른 사람들에게 공격적이고 지배적인 태도를 보이는 유형으로 사회적 관심 수준이 낮다. 두 번째 유형은 **의존형**(getting type)이다. 의존형은 다른 사람들에게 도움을 주거나 기여하기보다 그들로부터 필요한 것을 얻으려고 시도하는 유형이다. 이들은 타인에게 많은 것을 기대하며 의존하는 경향이 있다. 세 번째 유형은 **회피형**(avoiding type)이다. 회피형은 당면한 삶의 과제들에 회피적인 태도를 보이는 유형으로 사회적 활동에 대한 관심이나 참여가 낮다. 네 번째 유형은 **사회적 공헌형**(socially useful type)이다. 사회적 공헌형은 사회적 관심이나 참여 수준이 높은 경우를 말한다.

Adler에 따르면, 지배형과 의존형, 회피형은 사회적 관심 수준이 낮은 유형이다. 이 유형에 속하는 사람들은 부적응적 방식으로 삶의 과제에 반응할 가능성이 높으며, 타인과 갈등을 겪는 등의 다양한 대인관계적 문제를 경험할 수 있다. 그는 개인이 사회의 한 구성원으로 적절히 적응하며 건강하게 살아가기 위해서는 사회적 관심을 발달시켜야 한다고 보았다. 즉, 지배형이나 의존형, 회피형에서 벗어나 사회적 공헌형으로 변해야 한다고 주장했다.

(6) 성격과 출생 순위

Adler는 개인의 성격이나 생활 양식 등이 어떻게 발전하는지에 대해서는 체계적인 이론을 제시하지 않았다. 다만 초기 환경으로서의 가족 구조에 관심을 두었는데, 특히 **출생 순위**(birth order)가 중요할 것이라고 생각했다. 출생 순위는 부모를 포함한 어른의 기대와 관심, 상호작용, 다른 형제나 자매와의 권력 구도, 경쟁 등에 중요한 영향을 미친다. 물론 가족마다 문화나 가치, 경제적 환경 등이 다르며, 그에 따라 각 구성원의 역할이나 상호작용도 달라질 수 있다. 따라서 출생 순위와 성격의 관계는 경직된 방식으로 해석되어서는 안 되며, 각 가족의 맥락과 상황에 따라 다르게 분석되어야 한다. 여기에서는 출생 순위가 어떤 방식으로 성격 형성에 기여할 수 있는지를 간단히 교육하는 차원에서 각 출생 순위의 대표적인 성격 특성을 소개하겠다.

▲ 출생 순위에 따라 요구되는 가족 내 역할이 달라지며, 관련 요구에 반응하는 방식에 따라 성격이 다양하게 형성될 수 있다.

첫째 아이는 부모를 포함한 가족 구성원에게 첫 번째 경험을 선사하는 아이라는 점에서 특별하다. 일반적으로 모든 구성원의 관심과 사랑을 받기 때문에 특별 대우에 익숙해질 수 있으며, 과장된 자기인식을 발달시킬 가능성이 있다. 하지만 둘째 아이가 태어나면서 가족의 관심이 나뉘게 되고, 그에 따라 박탈감을 느낄 가능성도 있다. 이러한 박탈감을 처리하는 방식이 중요한데, 많은 경우 동생을 돌봄으로써 우월한 권력을 체험하고 부모의 칭찬을 획득하는 방법을 취한다.

둘째 아이 또는 **중간 아이**는 태어났을 때 이미 손위 형제를 가지고 있다는 점에서 여러모로 불리한 상황에 놓인다. 이들은 부모의 사랑을 늘 나눠 가져야 하는 위치에 있다. 독점적으로 사랑받고 싶은 욕구를 지니고 있지만 쉽게 좌절되며, 누군가가 특별히 더 사랑받는 이유에 대해 골몰하면서 비교에 시달린다. 신체적 능력이나 지적 능력 등의 측면에서 우월한 손위 형제를 이기기 위해 많은 노력을 기울이는 경향이 있으며, 부모의 관심과 사랑에 늘 목말라한다. 이들은 자기 자신의 가치감에 의심을 품을 때가 많으며, 가족 내에서의 가치를 확인할 수만 있다면 불편하거나 괴로운 일도 마다하지 않는다. 혹은 부모의 사랑에 대한 결핍감을 형제와의 우정이나 친구와의 우정 등을 통해 해소하면서 부모 외의 관계에 집중하기도 한다.

막내 아이도 손위 형제를 두고 태어난다는 측면에서 불리한 입장이지만 막내라는 독특한 위치로 인해 가족의 특별한 관심과 애정을 받으며 자란다. 일반적으로 부모는 막내에게 성취와 관련된 특별한 기대를 품지 않으며, 행동 규율도 좀 더 느슨하게 적용하는 경향이 있다. 형제들도 막내를 경쟁 상대로 보기보다 보호의 대상으로 보는 경향이 있어 공격보다는 도움 행동을 더 많이 나타낸다. 이처럼 막내는 충분한 애정과 보호, 도움을 얻는 경향이 있으며, 그에 따라 특별히 무언가를 이루어 내야 한다는 압박감을 덜 느끼면서 의존적인 성향을 발달시킬 수 있다. 혹은 아무것도 잘 해낼 수 없다는 열등감이나 무력감을 경험하기도 한다. 자율성이나 주도성이 적절히 발달한 경우에는 특별한 부담 없이 자유롭게 자신의 삶을 누리면서 특별한 성취를 나타내기도 한다.

외동 아이는 다른 형제들이 없다는 점이 가장 특징적이다. 첫째 아이와 같은 관심과 사랑을 받으면서 자라며, '왕위'에서 내려오는 일도 없다. 그런 측면에서 특별한 자기에 대한 감각을 유지하는 경향이 있지만, 비교할 수 있는 자신과 유사한 존재가 없기 때문에 부모를 비교 대상으로 삼을 수 있다. 이 경우 과도한 격차를 지각하면서 심한 열등감을 느끼고, 부모와 비교되지 않는 다른 영역의 과업에 몰두할 수 있다. 이들은 형제들 사이에서의 타협이나 양보, 협력 등을 자연스럽게 배우지 못해 다른 사람들과의 관계에서 자기중심적인 경향을 나타낼 수 있다.

4) 성격의 문제 및 치료

Adler는 Jung과 마찬가지로 심리적 문제를 경험하는 상태가 건강한 상태와 본질적으로 다르지 않다고 보았다. 개인이 문제 행동을 나타내는 이유는 건강한 발달 및 성장을 위해 필요한 무언가가 결여되었거나 개인의 선택이 부적절했기 때문으로 해석된다.

Adler가 초기에 집중했던 문제 행동의 원인은 콤플렉스였다. 특히 자신의 열등한 측면을 적절히 인식하고 수용하지 못하여 형성된 열등감 콤플렉스나, 열등감 콤플렉스에 대한 과잉 보상으로 나타나는 우월 콤플렉스가 문제 행동을 유발한다고 보았다. 이러한 설명은 열등감과 관련된 과도한 회피 반응이나 거만하고 방자한 반응을 이해하는 데 도움이 되었다.

이후 사회적 관심의 중요성에 대한 이해가 발전하면서 사회적 관심의 부족을 핵심적인 원인으로 고려하기 시작했다. 특히 사회적 관심의 부족이 지배형이나 의존형, 회피형과 같은 부적응적 생활 양식의 형성과 관련이 있다는 것을 파악하고, 생활 양식 측면에서의 문제가 사회적 관심의 결여에 의해 유발된다는 가설을 제안하였다.

따라서 개인심리학 관점에서의 치료는 열등감을 적절히 극복하고 사회적 관심을 강화하는 데 목적을 둔다. 이를 위해서는 내담자의 생활 양식에 대해 포괄적으로 이해하는 것이 중요하다. 즉, 인생의 중요한 과제를 다루는 방식과 그 결과, 그러한 방식을 사용하게 된 이유 등에 대해 통찰하도록 하는 것이 치료의 주요 과정이다. 이 과정을 통해 자신 및 타인, 세상에 대한 모형과 그 모형에 기반한 허구적 최종목적을 이해하도록 돕고, 적응에 도움이 되는 방식으로 적절히 수정하도록 한다. 신념 및 생활 양식 등의 수정은 사회적 측면을 고려하여 진행한다. 예컨대 신념의 수정은 보편적으로 수용 가능한지를 고려하여 진행하고, 목표의 수정은 사회적 관심과 참여를 높이는 방향으로 실시한다.

Adler의 개인심리치료에서는 통찰을 넘어 행동이 변화되는 것을 중요하게 여긴다. 이를 달성하기 위해서는 내담자로 하여금 자신의 자원과 능력, 강점 등을 자각하고 활용하도록 하는 것이 중요하다. Adler는 내담자에게 자신의 삶을 이해하고 결정할 수 있는 능력과 동기가 있다고 보았다. 치료자의 역할은 내담자가 용기를 내어 자신의 삶을 돌아보고 변화를 위한 시도를 할 수 있도록 **격려**(encouragement)하는 것이다.

Adler는 당시의 다른 치료 이론과 달리 매우 구체적이면서도 실용적인 치료 기법을 개발한 것으로도 잘 알려져 있다. 예컨대 '스프에 침 뱉기(spitting in the soup)' 기법은 내담자가 나타내는 자기파괴적인 행동의 동기를 확인하고 그것을 혐오스러운 것으로 만드는 기법이며, '자신을 포착하기(catching onself)'는 문제 행동이 나타나는 것을 예고하는 징후를 포착하여 내담자로 하여금 부적응적 행동의 패턴을 자각하도록 돕는 기법이다. 이 외에도 '마치 ~인 것처럼 행동하기(acting as if)'와 같이 행동 변화를 목적으로 하는 기법도 제안되었다. 이 기법은 내담자가 스스로 할 수 없다고 여기는 행동을 실제로 할 수 있는 것처럼 행동해 보도록 하는 기법이다.

5) 이론의 기여와 한계

개인심리학의 기여를 정리하면 다음과 같다. 첫째, 인간을 목적론적 관점에서 조명하여 인간의 긍정적 특성에 대한 이해를 발전시켰다. 특히 스스로 선택한 목표를 향해 능동적으로 나아가는 인간의 잠재력을 강조하여 인본주의적 관점의 성격 이론이나 심리치료 이론의 개발에 크게 기여하였다. 둘째, 주관적 세계의 중요성을 강조하여 성격의 인지적 측면에 대한 이해를 발전시켰다. 인간의 행동에 실질적 영향력을 갖는 요소로서 개인의 신념과 내적 모형에 대한 Adler의 관심은 이후 인지적 관점의 성격 이론과 심리치료 이론의 개발로 이어졌다. 셋째, 사회적 관심과 참여의 중요성을 강조하여 관련된 교육 프로그램이나 공동체 활동, 치료적 개입 프로그램 등의 개발이 촉진되었다.

개인심리학이 다양한 영역에서 중요한 영향을 미친 것은 사실이지만, 몇 가지 한계를 가지고 있다. 첫째, Freud나 Jung의 이론과 마찬가지로 사례 연구를 통해 개발된 이론이어서 경험적 근거가 부족하다. 둘째, 중요한 개념이나 원리가 철학적 담론 수준에 머물고 있으며, 성격 이론이나 심리치료 이론으로서의 정교함이나 조직성은 부족한 편이다. 셋째, 사회적 관심과 참여를 너무 강조하여 기질적 특성으로 인한 차이나 다양성을 충분히 고려하지 못한다는 비판을 받고 있다.

요약

- Jung에 의해 개발된 분석심리학에서는 마음이 의식과 무의식으로 구성되며, 무의식은 다시 개인 무의식과 집단 무의식으로 구분될 수 있다고 보았다. 개인 무의식은 경험된 것들 중 억압된 내용으로 구성되지만, 집단 무의식은 태어날 때부터 존재하는 인류 보편적인 경향성 혹은 근원적 유형인 원형으로 구성된다. 원형은 일종의 그릇이자 경향성으로 실질적인 경험이 담기면 구체적인 이미지나 유형, 콤플렉스 등으로 그 모습을 드러낸다.

- 대표적 원형으로는 그림자와 페르소나, 아니마, 아니무스, 자기를 들 수 있다. 그림자는 '나의 것'으로 인식될 수 있는 요소들 중 자아가 억압하여 무의식에 담아 둔 것을 의미한다. 페르소나는 개인이 다른 사람들에게 자신을 드러내는 방식 혹은 가면을 의미한다. 아니마와 아니무스는 일종의 내적 인격으로 외적 인격인 페르소나와 대조를 이룬다. 즉, 남성적 페르소나의 내적 인격은 아니마, 여성적 페르소나의 내적 인격은 아니무스이다. 자기는 성격의 중심이자 전체이며, 자기실현 혹은 개성화의 안내자이자 에너지의 원천이다.

- Jung은 자아 지향성과 심리적 기능을 중심으로 성격 유형론을 제시한 바 있다. 자아 지향성은 의식의 일반적 태도로서 주체와 객체 중 어느 쪽을 더 중요하게 고려하는지를 반영한다. 주체를 중시하면 내향형, 객체를 중시하면 외향형이다. 심리적 기능으로는 감각과 직관, 사고와 감정이 제안되었다. 판단을 수반하지 않는 비합리적 기능에 해당하는 감각과 직관은 각각 구체적인 감각 경험을 통해 세상을 인식하거나, 보이는 것 이면의 숨은 원리를 자동적으로 파악하는 기능을 의미한다. 판단을 수반하는 합리적 기능에 해당하는 사고와 감정은 각각 논리적 사고를 이용해 판단하거나, 감정에 근거하여 판단하는 기능을 의미한다.

- 분석심리학에서 증상이나 꿈은 자기가 보내는 신호로 간주된다. 즉, 증상이나 꿈은 자기소외나 불균형을 알리는 신호일 수 있으므로 이를 받아들여 성격의 상태를 파악하고 삶의 방향을 수정해야 부적응을 줄일 수 있다. Jung은 자기의 신호를 받아들여 실천에 옮기는 능동적 행위를 자기실현 혹은 개성화라고 불렀다.

- Adler는 Freud와 달리 인간이 목표를 향해 나아가는 존재라고 보았으며, 사회적 존재임을 특별히 강조하였다. 능동적으로 세상을 이해하고 구성하여 살아가는 존재이기 때문에 무의식보다 의식이 더 중요하다고 여겼으며, 부분으로 환원될 수 없는 통합적이고 고유한 존재라고 보았다. 그는 이러한 인간관을 기초로 개인심리학을 창시하였다.

- Adler의 목적 지향적 인간관은 허구적 최종목적론에 잘 드러나 있다. 허구적 최종목적론이란 개인이 지닌 허구적 목적에 의해 행동이 유발된다고 보는 믿음이다. 인간은 객관적 진실을 알 수 없기 때문에 허구적 세계를 능동적으로 구성하며, 그러한 세계에 기반해서 행동을 선택한다. 그런 측면에서 인간의 모든 행동은 허구적 목적으로 설명할 수 있다.

- Adler는 인간의 목적 지향적 본성과 피할 수 없는 사회적 관계로 인해 반복적으로 열등감을 경험한다고 보았다. 즉, 다른 사람보다 부족하거나 결핍되어 있다는 느낌을 경험하며, 이를 극복하기 위해 다양한 노력을 기울인다. 이러한 노력은 성장을 촉진하기 때문에 그 자체로 적응적이나, 부적절한 방식으로 열등감에 대처할 경우 열등 콤플렉스가 형성될 수 있다.

- 열등감을 극복하려는 경향성이나 우월성 추구는 사회적 관심과 균형을 이룰 때 보다 건강해질 수 있다. Adler는 자신이 속한 공동체나 집단 등의 사회에 관심을 기울이고 기여하려는 노력이 개인의 성장에 필수적이라고 보았다. 그는 적절한 교육과 훈련을 통

해 사회적 관심을 개발할 수 있다고 보고 실질적인 사회 활동에 적극적으로 참여하기도 했다.

- Adler는 각 개인이 당면하는 삶의 과제에 대응하는 방식을 보면 그 사람의 고유한 생활 양식을 파악할 수 있다고 보았다. 그는 타인에게 공격적이고 지배적인 특징을 드러내는 지배형이나 과도하게 의존하려는 의존형, 대인관계를 피하는 회피형 등의 부적응적 생활 양식이 다양한 문제를 초래할 것이라고 보았다. 이러한 유형에서 벗어나 적절한 사회적 관심과 참여 행동을 보이는 사회적 공헌형으로 나아가도록 돕는 것이 개인심리치료의 중요한 목표라 할 수 있다.

연습 문제

1 무의식에 대한 Freud와 Jung의 관점이 어떻게 다른지 구조와 기능 측면에서 비교하여 서술하시오.

2 Jung의 원형이 다른 정신역동 이론들에서 제안하는 마음의 요소들(예: 초자아, 대상)과 근본적으로 다른 점은 무엇인지 서술하시오.

3 Freud가 제안한 마음의 구조 요소들은 적응 능력을 향상하는 방향으로 진화하는 과정에서 형성된 것처럼 기술되는 경향이 있다. 예컨대 자아는 원초아가 현실적인 방식으로 추동을 해소하도록 기능하며, 초자아는 단순히 추동 해소에 머무는 것이 아니라 사회의 구성원으로 좀 더 잘 지낼 수 있도록 돕는 기능을 갖는다. 이러한 기능은 필요한 시기에 필요한 만큼 발달하는 것처럼 묘사된다. 생애 초기의 인간은 다른 동물과 다를 바 없이 원시적인 추동만을 가지고 태어나며, 그것만으로 살 수 없을 것 같은 시기에 다른 요소들이 발달하는 것이다. Jung의 분석심리학적 관점에서 보았을 때 인간이 태어나는 순간 가지고 있는 마음의 요소를 제시하고, 그러한 기본 가정이 인간관 측면에서 갖는 함의를 서술하시오.

4 Jung의 이론에서는 대극의 균형을 강조한다. 예컨대 자아가 특정한 성향을 과도하게 지향하면 그림자에 반대 성향이 잠기고, 적절한 때에 그림자가 영향력을 발휘하여 대극의 불균형을 알린다. 자아가 이를 알아차리면 의도적으로 반대 성향을 발달시켜 균형을 맞춘다. 이러한 원리는 Jung이 제안한 다양한 요소들에 적용되는 보편적인 원리이다. Jung의 이론에서 대극의 원리가 보편적으로 나타나는 이유 혹은 목적을 자기(self)의 관점에서 서술하시오.

5 Jung의 유형론에서 심리적 기능은 인간의 정보 처리 과정과 밀접한 관련이 있다. 시간의 흐름대로 보면 감각-직관, 사고-감정 순으로 진행되는 것이 일반적인 처리 과정이다. 흥미로운 점은 개인마다 특정한 단계를 좀 더 집중적으로 사용하거나 중요한 원천으로 고려한다는 점이다. 이러한 개인차가 나타나는 이유는 무엇일까?

6 Freud의 꿈 분석과 Jung의 꿈 분석이 어떻게 다른지 비교하여 설명하시오.

7 Freud와 Jung은 인간이 인식하는 세계가 실제 세계와 다를 수 있다는 점에 특별히 주목하지 않았다. 그들은 어떤 이유에서든 의식에 머물지 못하는 내용이 무의식에 잠기며, 무의식의 작용으로 인해 의식의 통제를 벗어난 비합리적 행동 등이 나타난다고 보았다. 반면 Adler는 인식하는 세계와 실제 세계가 불일치할 수 있으며, 개인이 만들어 낸 허구적인 세계의 특성에 따라 비합리적으로 보이는 행동 또한 나타날 수 있다고 생각했다. 그는 특히 과도한 열등감을 특징으로 하는 콤플렉스가 문제 행동의 핵심적 원인이라고 보았다. 열등 콤플렉스가 형성되기 쉬운 허구적 세계의 특징은 무엇인지 서술하시오.

8 Adler는 인간의 허구적 세계 혹은 주관적 세계를 구성하는 목표 중 우월성 추구에 특별히 주목하였다. 그는 우월성을 추구하는 것이 인간 본연의 특징이라고 보았다. 한편 사회적 관심 또한 건강한 성격의 중요한 요소라고 보았는데, 우월성 추구와 달리 선천적인 특징이라기보다 후천적으로 개발하고 발달시켜야 하는 요소로 보는 경향이 있었다. 이러한 Adler의 견해에 동의하는지 혹은 반대하는지, 반대한다면 그 이유는 무엇인지 서술하시오.

9 Adler가 열등감을 인간의 핵심 감정으로 본 이유를 제시하고, 열등감 경험 측면에서 현대사회가 갖는 특징에 대해 서술하시오.

chapter

08

동기 이론

◀ Vincent van Gogh(1853-1890)
타라스콩으로 가는 화가의 자화상 (1888)

다른 사람과는 달리, 내가 꾸준히 자발적으로 하고 있는 일이 있는가? 그 일을 시작하게 된 계기나 필요가 무엇이었는지 떠올려 보고, 지금도 계속해서 그 일을 하고 있는 이유에 대해 생각해 보자.

학습 목표

- Murray가 제안한 인간학의 핵심 원리를 설명할 수 있다.
- 대표적인 목표 이론을 제시하고 설명할 수 있다.
- Maslow의 욕구 위계 이론을 이해한다.
- Rogers의 관점에서 자기의 발달 과정을 설명할 수 있다.
- Deci와 Ryan의 자기결정 이론을 이해한다.

심리학 영역에서 **동기**(motive)란 행동을 유발하는 직접 원인을 의미한다. 사실 지금까지 살펴본 대부분의 성격 이론은 행동의 원인을 설명하고 있다. 그런 측면에서 어느 정도 동기를 다루고 있다고 볼 수 있다. 다만 과학으로서의 심리학적 관점에서 인간의 근본적인 동기를 중점적으로 다룬 이론들을 따로 구분하는 것은 가능하다. 여기에 해당하는 이론들은 기본적으로 과학적 연구 방법을 적용하여 지속적이고 강력한 기본 동기를 탐구했다는 측면에서 기존의 성격 이론들과 구별된다.

과학적 방법을 적용하여 인간의 동기를 탐색한 이론들은 크게 세 가지 유형으로 구분된다. 첫 번째 유형은 결정론적 관점으로 유기체의 평형 상태 유지를 중요하게 고려한 유형이다. 개인이 지닌 다양한 욕구가 특정한 행동을 유발하고, 그 행동이 유기체의 평형 상태를 유지하는 데 기여한다고 제안하는 이론들이 여기에 포함된다. 대표적인 예로는 Allport와 함께 하버드 대학교 심리학과에서 교수로 활동했던 Henry Murray가 제안한 욕구 이론을 들 수 있다.

두 번째 유형은 개인의 자유의지와 선택을 강조한 관점이다. 여기에 해당하는 동기 이론들은 인간이 자유의지를 가지고 있으며, 그 의지에 따라 고유한 목표를 선택한다고 가정한다. 개인이 선택한 목표는 행동의 핵심적 동기가 된다. 인지적 관점에서 개인의 고유한 목표를 중심으로 성격을 분석한 이론들이 이러한 가정을 공유한다.

세 번째 유형은 유기체의 안정화에서 멈추지 않고 성장을 지향하는 동기를 강조하는 유형이다. 여기에 해당하는 이론들은 인간이 성장을 향한 강한 동기를 가지고 있으며, 그러한 동기가 개인의 행동을 결정한다고 주장한다. Abraham Maslow나 Carl Rogers와 같은 인본주의 심리학자들의 이론이 이 유형에 포함될 수 있다.

본 장에서는 언급된 세 가지 유형의 동기 이론을 순차적으로 소개하려고 한다. 우선 Murray의 욕구 이론을 소개하고, 이후 목표 이론과 성장 이론을 소개할 것이다.

1 욕구 이론

인간의 기본 동기를 과학적으로 연구한 초기 심리학자로는 Murray를 들 수 있다. Murray가 제안한 욕구 이론의 개발 배경과 주요 개념 및 이론을 살펴보자.

1) 배경

Murray는 1893년에 뉴욕의 부유한 가정에서 태어났다. 그의 어머니는 뉴욕의 은행가였던 Samuel Babcock(1822-1902)의 딸이었는데, Murray와는 좋은 관계를 형성하지 못했다. 어머니와 만족스러운 관계를 형성하지 못한 그는 기본적 욕구의 좌절이 행동에 어떤 영향을 미치는지에 대한 기초적인 자각과 관심을 갖게 되었다.

하버드 대학교에 입학한 그는 역사학 학사 과정을 이수하였으며, 1919년

▲ Henry Murray

에 컬럼비아 대학교에서 의학 박사 학위와 생물학 석사 학위를 받았다. 이후 병원과 대학에서 활동하던 그는 영국으로 건너가 케임브리지 대학교(University of Cambridge)에서 생화학 박사 과정을 밟았다. 그러던 중 1925년에 스위스에서 Jung을 만나 인생의 전환점을 맞게 되었다. 그는 심리학 연구에 매진하기로 결정하고, 1927년부터 하버드 대학교의 심리 클리닉에서 활동하기 시작했다. 같은 해에 케임브리지 대학교에서의 박사 과정이 마무리되면서 생화학 박사 학위를 받았지만, 그는 심리학 분야에 머물면서 임상 활동과 연구를 이어 갔다.

그는 하버드 심리 클리닉에 대략 10년간 머물면서 정신분석을 이용한 임상 활동을 이어 가는 가운데, Christiana Morgan이라는 아마추어 정신분석가와 함께 주제 통각 검사(Thematic Apperception Test: TAT)를 개발하였으며, 성격의 구성 요소를 탐색하는 연구 프로젝트를 이끌기도 했다. 1938년에는 연구 성과를 정리하여 『Explorations in Personality』를 출간하였다.

같은 해에 미국 정부에 고용되어 Adolf Hitler(1889-1945)의 심리 프로파일을 분석하는 프로젝트에 참여하였으며, 미국 정보부 요원들의 심리 감정 업무를 담당하기도 했다. 제2차 세계대전이 종료되면서 하버드 대학교로 돌아온 그는 1947년에 정년 보장 강사가 되었고, 1951년에 임상심리학 교수가 되었다. 1962년에 정년 퇴임하기 전까지 다양한 연구 프로젝트를 진행했는데, 특히 다학제적인 관점에서 성격을 연구하는 것을 강조하였다. 퇴임 후 명예교수로 활동하던 그는 1988년에 폐렴으로 사망했다.

2) 주요 개념 및 모형

Murray는 성격 심리 연구에 대한 독특한 견해를 가지고 있었다. 인간학으로 불리는 그의 고유한 관점을 살펴보고, 그의 대표 이론인 욕구-압력 모형에 대해 알아보자.

(1) 인간학

Murray는 성격에 대한 심리학 연구가 일종의 인간학이라 생각했다. **인간학**(personology)이란 한 개인의 삶과 그 과정에 영향을 주는 요인에 대한 연구를 총칭한 것이다(Murray, 1938). Murray 또한 Allport와 마찬가지로 개별 사례 접근의 중요성을 강조한 셈이다. 차이가 있다면 분석의 초점 혹은 목적에 있다. Allport는 성격의 기술(description)에 좀 더 집중한 반면, Murray는 개인의 행동이나 삶의 과정에 영향을 미치는 요인들을 포괄적으로 탐색하고자 했다. 즉, 성격의 설명(explanation)에 좀 더 관심을 두었다.

Murray는 인간학으로서의 성격 연구를 강조하면서 성격에 대한 다섯 가지 핵심 원리를 제안하였다.

첫째, 성격의 모든 측면은 뇌의 영향을 받는다. Murray는 의학과 생물학적 학문 배경을 가지고 있었기 때문에 최신 의학, 특히 뇌과학에 대한 이해를 갖추고 있었다. 그는 대뇌의 생리학적 특성이 성격의 다양한 측면에 직접적인 영향을 미칠 것이라고 보았다. 즉, 개인의 사고와 신념, 태도, 가치, 정서 등이 모두 뇌의 기능과 밀접할 것이라고 생각했다. 뇌의 특성이 변하면 성격도 변한다고 본 것이다.

둘째, 인간은 만족스러운 상태를 얻기 위해 생리적·심리적 긴장을 감소시키는 방향으로 행동한다. 이러한 행동은 패턴화될 수 있으며, 패턴화된 행동이 곧 성격을 이룬다. 인간이 긴장을 감소시키는 방향으로 행동하려는 강한 동기를 가지고 있는 것은 사실이지만, 그렇다고 해서 늘 긴장이 없는 상태를 추구하는 것만은 아니다. 오히려 긴장과 흥분을 경험하려고 시도하는 경우도 나타날 수 있다. 즉, 인간은 긴장 상태와 이완 상태를 순환하는 경향성을 보인다.

셋째, 성격은 오랜 시간에 걸쳐 꾸준히 발달하며, 살아가는 과정에서 일어나는 모든 사건의 영향을 받는다. 따라서 개인의 성격은 그가 살면서 경험한 사건과 분리할 수 없다. 개인의 성격을 연구하기 위해서는 그가 살아온 과정과 그 과정에서 일어난 사건을 체계적으로 분석해야 하는 것이다.

넷째, 성격은 변할 수 있다. 성격이 일정한 패턴을 띠며 반복되는 것은 사실이지만, 정적이고 고정된 불변의 특성은 아니다. 생리적 변화나 심리적 변화, 강력한 사건 등의 영향으로 성격이 변할 수 있다.

다섯째, 각 개인은 고유한 성격 특성을 가지고 있으며, 동시에 다른 사람들과 공유하는 특성 또한 가지고 있다. 따라서 성격을 연구할 때 두 가지 측면을 모두 고려할 수 있다. 즉, 대부분의 사람이 공유하는 보편적 특성을 연구할 수도 있고, 각 개인에게 고유한 특성을 연구할 수도 있다.

(2) 욕구-압력 모형

Murray의 성격 이론에서 가장 특징적인 부분은 생물학적 기반을 갖는 긴장 상태와 행동의 관계를 중요하게 고려했다는 점이다. 그는 욕구 개념을 이용해 이 관계를 설명하고자 했다. **욕구**(need)란 무언가를 바라는 내적 상태를 의미한다. 욕구는 생물학적 기반을 가지고 있으며, 만족스러운 상태에서 벗어났을 때 활성화된다. 욕구가 활성화되면 일종의 생리적·심리적 긴장 상태가 되는데, 유기체는 그러한 긴장을 해소하기 위한 행동을 하게 된다. 그렇게 욕구는 특정한 행동을 유발한다.

Murray는 인간의 욕구를 크게 일차적 욕구와 이차적 욕구로 나누었다. **일차적 욕구**(primary needs)는 유기체의 신체적 조건에 의해 유발되는 욕구로서 **체내 발생적 욕구**(viscerogenic needs)라 불리기도 한다. 여기에는 공기나 수분, 음식 등을 섭취하려는 욕구와 이산화탄소나 배설물 등을 배출하려는 욕구, 과도한 열이나 냉기, 상해 등을 피하려는 욕구 등이 포함된다. 이러한 욕구는 유기체의 생존에 직접적으로 기여한다.

이차적 욕구(secondary needs)는 일차적 욕구에서 파생되는 욕구로 물질과 야망, 지위, 권력, 가학성-피학성, 사회동조, 애정, 정보 등의 8개 하위 영역으로 구분된다. Murray는 이차적 욕구를 **심인성 욕구**(psychogenic needs)라 부르기도 했다. 주요 영역별 심인성 욕구의 유형과 내용은 표 8.1에 제시하였다.

욕구의 구조와 관계 측면에서 중요한 특징은 다음과 같다. 첫째, 어떤 욕구는 다른 하위 욕구들로 구분될 수 있다. 예컨대 성취 욕구와 인정 욕구는 우월성(superiority)에 대한 욕구의 두 하위 유형이다. 둘째, 어떤 욕구는 다른 욕구보다 좀 더 우세하다. 유기체의 생존에 보다 중요하고 긴급한 욕구일수록 다른 욕구보다 좀 더 우선적으로 충족되는 경향이 있다. 예컨대 공기에 대한 욕구는 다른 심인성 욕구들보다 우세하다. 셋째, 하나의 행동을 통해 여러

표 8.1 Murray가 제안한 이차적(심인성) 욕구 목록

영역	욕구	대표적인 행동
물질 (materialism)	획득(acquisition)	사물을 자신의 것으로 만들기
	관리(conservance)	사물의 상태를 유지하기
	질서(order)	사물을 청소하고 정돈하기
	보유(retention)	사물에 대한 소유권을 유지하기
	건설(construction)	무언가를 조직하거나 만들어 내기
야망 (ambition)	성취(achievement)	어려운 과제를 달성하고 전문가 되기
	인정(recognition)	자신의 업적에 대해 칭찬받으려 하기
	과시(exhibition)	타인을 놀라게 하거나 감동시키기
지위 (status)	불가침(inviolacy)	자신의 명성이 손상되는 것을 예방하기
	굴욕 회피(infavoidance)	실패를 숨기기
	방어(defendance)	공격이나 비난에 대해 방어하기
	중화 행동(counteraction)	다시 시도하여 실패를 만회하기
권력 (power)	지배(dominance)	다른 사람을 통제하기
	복종(deference)	다른 사람의 지시에 따르기
	모방(similance)	다른 사람에게 동의하고 따라 하기
	자율(autonomy)	외부의 압력에 저항하기
	반대(contrariance)	반대 입장을 취하기
가학성-피학성 (sadomasochism)	공격(aggression)	타인을 공격하기
	굴욕(abasement)	처벌을 수용하기
사회동조 (social-conformance)	비난 회피 (blame avoidance)	반사회적이거나 전통에서 벗어난 행동을 억제하여 비난 피하기
애정 (affection)	친애(affiliation)	친구 맺기
	거부(rejection)	타인을 무시하기
	양육(nurturance)	타인을 돌보기
	의존(succorance)	타인의 도움 받기
	유희(play)	재미있는 활동하기
정보 (information)	인식(cognizance)	질문하기
	설명(exposition)	타인에게 무언가에 대해 설명하기

출처: Murray, 1938

욕구를 충족시킬 수도 있다. 예컨대 경제적 활동으로 큰 부와 명예를 획득하면 성취 욕구와 인정 욕구, 지배 욕구, 자율성 욕구 등을 충족시킬 수 있다. 넷째, 어떤 욕구를 충족시키기 위해 의도적으로 다른 욕구를 활성화할 수도 있다. 예컨대 의존 욕구를 달성하기 위해 복종 욕구를 활성화하는 것이다.

Murray는 개인의 성격을 포괄적으로 조사하면서 욕구와 함께 행동에 영향을 미치는 외부 요인에도 큰 관심을 두었다. 그는 압력 개념을 이용해 외부 요인의 영향을 포착했다. **압력**(press)이란 개인이 목표를 달성하는 데 도움이 되거나 방해가 되는 환경 내 사물 혹은 사람의 힘을 의미한다. 즉, 욕구의 충족 혹은 좌절과 연합될 수 있는 환경 특성이 곧 압력이다. 욕구와 압력은 서로 상호작용하여 특정한 행동을 유발한다. 어떤 욕구가 유발되었을 때 유기체가 처한 압력이 욕구 충족에 유리하다면 접근 행동을 유발하고, 반대로 불리하다면 회피 행동을 유발하는 것이다. 예컨대 거부 욕구가 활성화되었을 때 대인관계 상호작용이 활발한 압력은 회피하고, 상대적으로 대인관계 상호작용이 적은 압력에 접근하는 것이다. 압력은 특정한 욕구를 자극하기도 한다. 예를 들어, 배가 고플 때 음식이라는 압력은 식욕을 자극하여 관련 행동을 유발한다.

3) 이론의 기여와 한계

Murray의 이론은 인간의 행동에서 욕구의 중요성을 강조하고 포괄적인 욕구 유형을 제안했다는 점에서 큰 의의가 있다. 또한 인간의 내부 특성과 외부 환경의 상호작용을 통합적으로 고려하려고 노력한 점이나 개인의 고유함과 다학제적 연구 방법을 강조한 점도 긍정적으로 인정받고 있다. 그가 제안한 욕구 유형 중 일부는 후대 학자들에 의해 꾸준히 연구되고 있다.

다만 욕구-압력 모형 자체에 대한 연구는 계승되지 못했는데, 대략 두 가지 측면에서 그 이유를 분석해 볼 수 있다. 첫째, 제안된 욕구들의 상호작용이 예상보다 훨씬 더 복잡했다. Murray 또한 욕구들의 상호 관계가 복잡함을 파악하고 몇 가지 원리를 추가적으로 제안했지만, 관계의 복잡성을 해결하기에는 충분하지 못했다. 둘째, 욕구와 행동에 영향을 미치는 외부 자극이나 환경 요소를 압력 개념만으로 설명하기에는 한계가 있었다. 앞서 살펴본 바와 같이 압력이 최종 행동의 방향을 결정할 때 관여하는 것은 사실이지만 그 기제에 대한 설명은 다소 모호한 면이 있다. 어떤 경우에는 욕구와 압력이 서로 독립적인 위치에서 상호작용하여 행동을 유발하는 것처럼 묘사되다가도, 다른 경우에는 욕구가 압력에 의해 유발되는 것처럼 묘사되기도 하기 때문이다. 사실 욕구와 환경 요소의 관계는 Murray가 관찰한 대로 때로는 독립적이고 때로는 영향을 주고받는다. Murray의 실수는 이러한 관계 양상을 압력 개념만으로 설명하려 시도했다는 점일 것이다.

2 목표 이론

욕구 이론은 근본적으로 생물학적 조건에 의해 유발되는 욕구가 행동을 결정한다고 가정한다. 그런 측면에서 결정론을 따르는 성격 이론이라 할 수 있다. 과학적 관점에서 동기를 탐색한 이론 중에는 목적론을 따르는 이론들도 포함되어 있다. 이 이론들은 자유의지를 가지고 스스로 선택한 목표가 행동을 유발한다고 가정한다. 여기에서는 목표를 중심으로 성격 이론을 전개한 대표적인 이론가들을 소개하려고 한다.

1) 개인적 추구

미국 캘리포니아 대학교(University of California) 교수 Emmons(1986, 1989)는 개인적 추구 이론을 제안한 바 있다. **개인적 추구**(personal strivings)란 개인이 달성하고자 하는 비교적 일관적이고 전형적인 목표를 의미한다. 개인적 추구는 구체적이고 일시적인 목표나 계획과 달리 좀 더 일반적이고 안정적인 특징을 갖는다. 예를 들어, '도움이 필요한 사람들을 돕는 것', '내가 옳다는 것을 다른 사람에게 납득시키는 것', '다른 사람들의 관심을 끄는 것' 등이 개인적 추구에 해당한다.

Emmons는 각 사람이 고유한 개인적 추구를 가진다고 보았으며, 개인적 추구를 체계적으로 분석하는 것이 성격 분석의 핵심이라고 주장했다. 그는 특히 개인이 추구하는 일반적 목표들의 갈등이나 특정 목표에 대한 양가감정, 목표에 부여하는 중요도, 목표 달성 경험이나 실패 경험, 미래의 성공에 대한 기대 등이 전반적 기분이나 삶의 질에 영향을 미친다고 보고했다(Emmons, 1986). 또 다른 연구에서는 참여자들로 하여금 각각 15개의 개인적 추구를 보고하도록 한 뒤 21일 동안 자신의 기분에 영향을 미친 중요한 사건들을 매일 8개씩 보고하도록 하였는데, 성취(achievement)와 관련된 개인적 추구를 가지고 있는 참가자는 성취 관련 사건에 따라 기분 경험이 달라지고, 친화(affiliation)나 친밀감(intimacy)과 관련된 개인적 추구를 가지고 있는 참가자는 대인관계 사건에 따라 기분 경험이 달라지는 것으로 나타났다(Emmons, 1991).

목표로서의 가치

인간은 저마다 고유한 삶의 목표를 가지고 살아간다. 어쩌면 성격만큼이나 다양한 목표가 존재할지도 모르겠다. 하지만 성격에 공통적 차원이 있는 것처럼, 목표에도 공통적 차원이 있을 것이라고 본 학자들이 있다. 특히 이스라엘의 예루살렘 히브리 대학교(Hebrew University of Jerusalem)의 Shalom Schwartz 연구 팀은 인류 보편적인 목표를 탐색하는 데 주력하였으며, 이러한 목표를 가치(value)로 개념화했다(Schwartz, 1994, 2012; Schwartz & Bilsky, 1987).

이 모형에 따르면, 문화 공통적으로 나타나는 가치들은 크게 네 영역으로 구분할 수 있다.

첫 번째 영역은 **변화에 대한 개방성**(openness to change)이다. 이 영역에는 새로운 변화에 대한 개방적 태도나 변화를 즐기는 것과 관련된 가치들이 포함된다. Schwartz 연구 팀은 특히 쾌락주의와 자극 추구, 자기주도를 중요하게 고려했다.

쾌락주의(hedonism)는 즐거운 경험을 추구하고 즐기는 것을 말한다. 자신이 하고 싶은 것을 원하는 때 하는 것도 여기에 포함된다. 쾌락주의를 추구하는 사람들은 즐겁고 재미있는 경험이라면 그냥 지나치는 일이 없다. 다른 것을 포기하고라도 경험해 보려는 경향이 있다.

자극 추구(stimulation)는 새롭고 흥미로운 경험을 추구하는 것을 말한다. 이 가치를 추구하는 사람들은 단순히 즐거움을 주는 것뿐 아니라 때로는 불쾌할 수도 있는 경험을 추구하기도 한다. 예컨대 신체적 위험을 초래할 수 있는 위험한 스포츠를 즐기는 것이다. 이처럼 이들은 새로운 경험을 위해서라면 위험을 감수하기도 한다.

자기주도(self-direction)는 스스로 의사결정을 내리면서 자유롭게 하고 싶은 일을 하는 것을 말한다. 자기주도의 가치를 중요하게 여기는 사람들은 스스로 목표를 설정하고 자신만의 고유하고 창의적인 방법으로 달성해 나가는 것을 좋아한다. 이들에게 있어 의사결정의 권한을 인정받고 자유로운 활동을 보장받는 것은 매우 중요한 일이다.

두 번째 영역은 변화에 대한 개방성과 여러모로 대비되는 **보존 혹은 보호**(conservation)이다. 변화에 대한 개방성이 새로운 것을 열렬히 추구한다면, 보호는 기존 것을 열심히 지켜 낸다. 여기에는 안전과 동조, 전통이 포함된다.

안전(security)은 우리의 몸과 마음, 주변 환경의 안전을 의미한다. 몸과 마음의 건강이 유지되고, 가정이 평화로우며, 속한 사회가 정치적·경제적·군사적으로 안정화되길 바라는 것이다.

동조(conformity)는 속한 공동체가 정한 규율이나 규범을 인정하고 따르는 것을 의미한다. 동조의 가치를 중요하게 여기는 사람들은 어른을 공경하고 예의 바르며, 체제에 순응적이고, 자기관리가 철저하다.

전통(tradition)은 동조와 유사한 가치이다. 개념상으로는 자신이 속한 문화나 종교의 관습과 이념을 수용하고, 헌신하는 것을 의미한다. 전통의 가치를 중요하게 여기는 사람들은 오랫동안 이어져 내려온 전통과 관습을 존중하고 따른다. 이들은 자기의 뜻을 내세우기보다 겸손하게 자기의 모습을 감춘다.

세 번째 영역은 **자기강화**(self-enhancement)이다. 자기강화는 자신의 권력과 능력, 지위 등을 향상시키고자 하는 것을 의미한다. 여기에는 성취와 권력이 포함된다.

성취(achievement)는 사회가 인정하는 방식으로 개인적 성공을 거두어 능력을 인정받는 것을 말한다. 좋은 성적을 받아 좋은 대학교에 들어가는 것, 훌륭한 회사에 입사하는 것, 승진이나 창업에 성공하는 것, 국회의원에 당선되는 것 등이 모두 여기에 포함될 수 있다. 성취를 중요한 가치로 여기는 사람들은 자신의 능력을 다른 사람들에게 보여 주는 것을 중요시하며, 사람들이 자신을 칭찬하거나 인정해 주길 바란다. 이들에게 있어 주어진 과제를 성공적으로 완수하는 것은 매우 중요한 일이다.

권력(power)은 사람이나 환경, 자원 등을 통제하거나 지배하는 것을 의미한다. 권력을 지향하는 사람들은 다양한 방법을 동원해서 다른 사람들의 마음을 끌고 자신의 말을 따르도록 한다. 그런 측면에서 돈은 이들에게 중요한 수단이다. 이들은 돈을 많이 벌어서 통제의 범위를 확장하고 싶어 한다.

네 번째 영역은 **자기초월**(self-transcendence)이다. 자기초월은 자기강화와 대비된다. 자기강화가 주로 자기 자신에게 초점을 맞춘다면, 자기초월은 자기를 제외한 다른 대상들에 초점을 맞춘다. 여기에는 자비심과 보편주의가 포함된다.

자비심(benevolence)은 '주변 사람들'의 안녕과 행복을 보호하고 증진하는 것을 말한다. 자비심을 중요시하는 사람들은 친구나 가족 등의 가까운 지인들을 아끼며, 그들에게 자신의 시간과 노력을 쏟아붓는다. 이들은 주변 사람들이 어려움에 처했을 때 도움을 주며, 물심양면으로 그들을 돌본다.

보편주의(universalism)는 자비심보다 더 많은 대상을 향한다. 모든 사람들, 나아가 자연의 안녕을 추구하는 것이다. 보편주의 가치를 가진 사람들은 모든 사람을 평등하게 대한다. 서로 다른 의견을 가진 사람들을 모두 이해하려고 하며, 자연을 보호하는 데에도 많은 시간과 노력을 기울인다.

네 가지 영역의 10개 가치에 대해 모두 살펴보았다. Schwartz에 따르면, 10개의 가치는 개인 초점적(personal focus)-사회 초점적(social focus) 차원과 성장(growth)-자기 보호(self-protection) 차원으로 구성된 사분면에 배치될 수 있다. 예컨대 자비심은 개인보다는 사회 혹은 관계에 초점을 둔 가치이며, 자기보호보다는 성장에 초점을 둔 가치에 해당한다.

가치를 구분하는 차원에서 드러나듯, 상반되는 내용을 담고 있는 가치들이 있다. 예컨대 변화에 대한 개방성에 포함되는 가치들은 보존이나 보호 관련 가치들과 정반대의 내용을 담고 있다. Schwartz 연구팀은 이러한 현상에 대해 의문을 품고 가능한 설명을 탐색하였으며, 진화론적 관점을 이용해 대안적인 답을 제시했다.

진화론적 관점에서 보면, 우리가 가지고 있는 다양한 심리적 특성은 모두 나름대로의 적응 기능을 가지고 있다. 가치도 마찬가지이다. 상반되는 것으로 보이는 가치도 나름의 기능이 있는 것이다. 어떤 공동체가 안정을 유지하려면 보존과 보호의 가치가 필요하다. 하지만 보존과 보호의 가치만 있다면 공동체의 성장이 멈춰 버릴 것이다. 발전을 위해서는 새로운 것에 대한 개방성 또한 필요하다. 새롭고 창의적인 방식으로 시스템을 바꿔야 할 수도 있기 때문이다.

공동체가 안정을 유지하면서 발전하려면 각 개인이 자신의 능력을 잘 발견해서 향상시켜야 한다. 그런 면에서 성취를 추구하고 권력을 지향하는 것은 도움이 될 것이다. 그렇다고 해서 자기 자신의 성장만 추구하게 되면 도태되는 사람들이 생길 수밖에 없다. 그에 따라 공동체 전체 시스템에도 문제가 발생할 수 있다. 이런 관점에서 약한 존재를 돕고 돌봐 주는 가치들이 의미를 갖는 것이다.

Schwartz 연구 팀에 따르면, 개인의 가치 특성 중 일부는 유전적으로 정해진다고 한다. 가령 어떤 사람은 태어나면서부터 새로운 경험을 추구하는 기본적인 경향성을 갖는 반면, 다른 사람은 현재의 상태를 보호하고 보전하려는 경향성을 갖는다는 것이다. 그렇다고 해서 우리의 가치가 태어나면서 모두 결정되는 것은 아니다. 태어난 이후의 다양한 경험에 따라서 가치의 특성이 달라질 수 있다. 전반적으로 새로운 경험을 추구하는 경향이 있지만, 다양한 경험과 학습을 통해 기본적인 규율이나 규범은 지키는 것이 좋다고 판단할 수 있는 것이다.

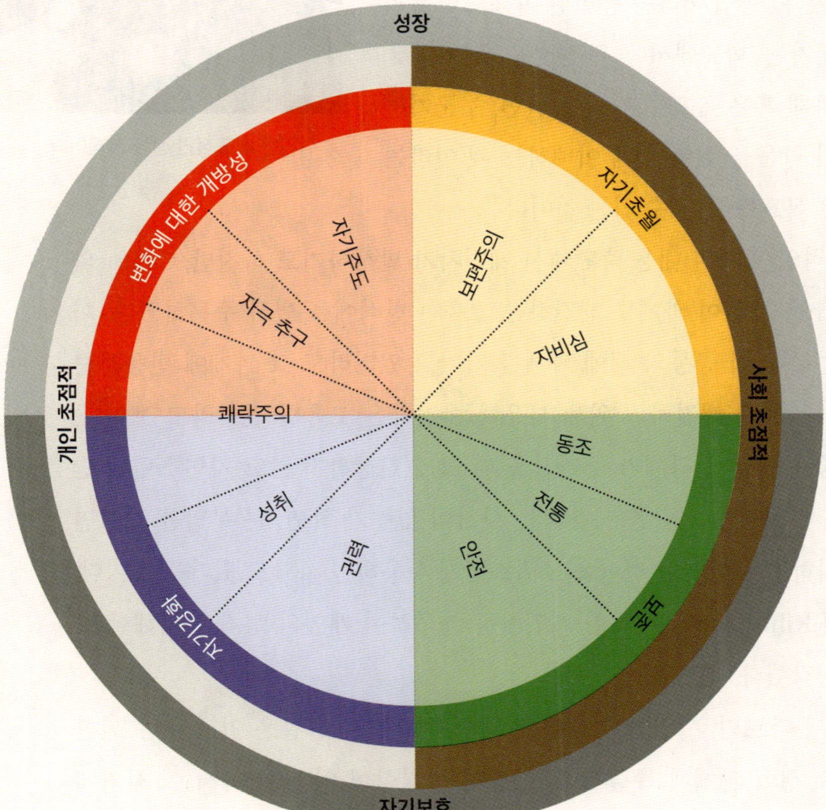

그림 8.1 문화 보편적으로 확인되는 기본 가치

2) 생애 과제

Cantor와 Kihlstrom(1987; Cantor et al., 1991)은 중요한 생애 과제를 해결하기 위해 사용하는 전략의 특성이 성격을 반영한다고 보았다. **생애 과제**(life task)란 개인이 특정 생애 기간 동안 특정 맥락에서 수행하는 과제를 의미한다. Cantor와 Kihlstrom은 연령에 따라 대체로 공통적인 생애 과제가 있다고 제안했다. 예컨대 청소년기에는 학업이라는 공통의 생애 과제가 있으며, 성인 초기에는 취직과 결혼 등의 생애 과제가 있다. 영역 혹은 목록에 붙는 이름이 같아도 세부적인 내용은 개인마다 다를 수 있다. '학업'이라는 동일한 이름으로 불리지만 누군가는 '학교에서 좋은 성적을 거두는 것'이라는 과제 혹은 목표를 가지는 반면, 누군가는 '기본적인 학문을 깊이 있게 이해하는 것'이라는 과제 혹은 목표를 가질 수 있는 것이다.

▲ 취업은 대표적인 생애 과제이다.

구체적인 과제의 내용 측면에서 개인차가 발생하기도 하지만, Cantor와 Kihlstrom은 개인이 과제를 해결하는 고유한 방식에 특별히 주목하였다. 이들은 모든 사람이 공통의 생애 과제를 가지고 있더라도 그 과제에 반응하는 경향이나 과제를 해결하기 위해 사용하는 전략은 고유할 것이라고 보았다. 예컨대 중요한 생애 과제가 주어졌을 때 크게 긴장하지 않고 자연스럽게 받아들이면서 적절한 전략을 사용하는 사람이 있는가 하면, 큰 부담을 느끼면서 두려워하고 부적절한 전략을 고집스럽게 사용하는 사람도 있다는 것이다. Cantor와 Kihlstrom은 이러한 개인차를 분석하여 개인의 성격을 이해할 수 있다고 생각했다.

이들에 따르면, 사람들은 대학교 진학이나 결혼과 같은 인생의 큰 전환기에 주요 생애 과제에 특별히 더 집중하는 경향이 있다. 따라서 이 시기에 사용하는 주요 인지적 전략을 체계적으로 분석하면 개인의 고유한 특성을 파악할 수 있다(Cantor, Norem, Niedenthal, Langston, & Brower, 1987; Cantor et al., 1991). 예를 들어, 성취와 관련된 과제를 수행할 때 방어적-비관적 전략(defensive-pessimistic strategy)을 주로 사용하는지, 아니면 낙관적 전략(optimistic strategy)을 주로 사용하는지를 분석하여 개인의 성격 특징(예: 생애 과제에 대한 전반적 인식과 태도, 불안을 활용하는 경향성, 부정적 경험에 대한 취약성 등)을 파악해 볼 수 있다. 인지적 전략들을 분석할 때에는 주로 사용하는 전략의 '유형'도 중요하지만 전략을 사용하는 '방식' 또한 중요하다. Cantor와 Kihlstrom(1987)에 따르면, 생애 과제는 연령에 따라 지속적으로 변하며, 해결의 기회나 효과적인 전략, 제약 등도 변한다. 따라서 특정 전략을 고집스럽게 사용하는 것보다는 상황에 따라 전략을 유연하게 사용하는 것이 적응에 도움이 될 수 있다.

3) 개인적 프로젝트

Little(1983, 1989, 2015)은 개인의 삶이 일종의 **개인적 프로젝트**(personal project)로 구성되어 있다고 보았다. 개인은 자신만의 프로젝트를 성공적으로 달성하기 위해 노력하는데, 이 과정을 체계적으로 분석하면 개인의 성격을 구체적으로 파악할 수 있다. Little(1983)에 따르면, 개인적 프로젝트는 일반적인 프로젝트와 유사하게 시작(inception), 계획(planning), 실행(action), 종료(termination) 순으로 진행된다. 각 개인은 보통 여러 개의 개인적 프로젝트를 진행하는데, 내용이나 진행 기간, 투입되는 자원과 노력, 진행 과정과 결과를 통해 얻는 즐거움이나 보상 등의 측면에서 차이를 나타낸다. 개인의 핵심적인 개인적 프로젝트의 구성을 전체적으로 살펴보고 각 프로젝트의 특성을 면밀하게 분석하는 것 만으로도 개인의 고유한 측면을 파악하는 데 도움이 되지만, 프로젝트들의 관계를 분석하면 더 풍부한 자료를 얻을 수 있다.

Little(1983)은 **교차영향 행렬**(cross-impact matrix) 기법을 이용하여 프로젝트들의 관계와 응집성을 파악할 수 있다고 보았다. 이 기법은 개인의 프로젝트들로 행렬을 만들어 각 프로젝트가 다른 프로젝트에 어떤 영향을 미치는지를 분석한다. 예컨대 '승진하기' 프로젝트가 '딸과 좀 더 친해지기' 프로젝트에 긍정적 영향을 미치는지 혹은 부정적 영향을 미치는지, 아니면 별다른 관계가 없는지 등을 분석하는 것이다. 같은 방식으로 중요한 모든 개인적 프로젝트 간 교차영향을 양적으로 계산한 뒤 정리하여 전체 프로젝트 간 갈등 혹은 응집성을 평가할 수 있다. 이때 프로젝트 간 부정적 영향 점수들이 대체로 높다면, 프로젝트 간 갈등이 심하고 전체 프로젝트의 응집성이 낮다고 해석할 수 있다. 반대로 프로젝트 간 긍정적 영향 점수들이 상대적으로 더 높다면, 프로젝트 간 갈등이 적고 전체 프로젝트의 응집성 또한 높다고 해석한다.

교차영향 행렬은 개인 간 프로젝트 분석에도 사용할 수 있다. 즉, 한 개인의 프로젝트와 다른 사람의 프로젝트 간 교차영향을 분석하여 두 사람이 진행하는 프로젝트들이 얼마나 갈등을 유발할 수 있는지 혹은 서로 긍정적 영향을 주면서 서로의 삶에 도움이 될 수 있는지 등을 분석할 수 있다.

이 외에도 개인이 추구하는 궁극적 가치와 개인적 프로젝트의 관련성을 분석하여 가치와 행동의 일치 여부를 분석할 수 있으며, 개인이 시도하고 있는 프로젝트의 달성 기준이나 효능감 등을 분석하여 프로젝트 진행으로 인한 스트레스와 고통 수준을 분석할 수도 있다. 이처럼 개인적 프로젝트는 개인의 삶과 성격을 다양한 측면에서 이해하도록 돕는 유용한 분석 단위로 활용될 수 있다(Little, 2015).

4) 실체 이론과 증진 이론

미국 스탠퍼드 대학교(Stanford University)의 발달심리학 교수인 Dweck(1986)은 학습 과정에서 어려움이나 실패를 경험한 후 아이들이 보인 반응의 차이에 주목하여 흥미로운 이론을 제안한 바 있다. 그녀에 따르면, 과제 수행 과정에서 어려움이나 실패를 경험한 아이들은 크게 무력감 스타일과 숙달 지향 스타일로 구분된다. **무력감 스타일**(helpless style)의 아이들은 어려움이 닥치면 쉽게 포기하며, 추가적인 도전을 피하는 경향이 있다. 이들은 장애물과 관련된 부정적 자기인식을 나타내며, 부정 정서도 더 많이 경험한다. 반면, **숙달 지향 스타일**(mastery-oriented style)의 아이들은 어려움이 닥쳐도 쉽게 포기하지 않으며, 과제 해결을 위해 반복적으로 도전하는 경향이 있다. 이들은 과제를 달성하기 위해 노력하는 과정에서 즐거움을 경험하는 특징을 나타낸다.

Dweck(1986)은 추가적 분석을 통해 두 유형의 아이들이 서로 다른 목표를 추구한다는 사실을 알게 되었다. 즉, 무력감 스타일의 아이들은 수행 목표를 추구하는 반면, 숙달 지향 스타일의 아이들은 학습 목표를 추구하는 경향이 있었다. **수행 목표**(performance goal)란 수행의 결과를 통해 긍정적 평가를 받고 부정적 평가는 회피하려는 목표를 의미한다. 수행 목표를 추구할 경우에는 과제 수행의 결과와 그 결과에 대한 타인이나 자기 자신의 평가가 중요해진다. 반면 **학습 목표**(learning goal)는 과제 수행 역량을 증진하려는 목표를 의미한다. 학습 목표를 추구할 경우에는 과제 수행의 결과보다 수행 과정에서 습득되는 지식이나 기술, 좀 더 능숙해지고 있다는 감각 등이 중요해진다.

Dweck(1986)은 두 유형의 아이들이 서로 다른 목표를 추구하는 것은 지능에 대한 신념이 서로 다르기 때문이라고 보았다. 즉, 수행 목표를 추구하는 아이들은 지능이 고정된 실체(entity)라고 인식하는 반면, 학습 목표를 추구하는 아이들은 지능이 변할 수 있는, 즉 증진할 수 있는 유동적 특성이라고 인식한다고 제안했다. 그녀는 전자를 **실체 이론**(entity theory) 혹은 불변 이론이라 명명하였고, 후자를 **증진 이론**(incremental theory) 혹은 성장 이론이라 명명했다. Dweck(2006)은 지능을 포함한 개인의 특성에 대한 신념을 마인드셋(mindset)이라는 개념으로 포착하고, 실체 이론은 **고정 마인드셋**(fixed mindset), 증진 이론은 **성장 마인드셋**(growth mindset)으로 변경하였다.

Dweck(2008)은 자신의 이론을 좀 더 확장하여 사람마다 각자의 능력이나 성격에 대한 암묵적 신념인 **자기이론**(self-theory)을 가진다고 제안하였다. **고정 자기이론**(fixed self-theory)은 자신의 능력이나 성격 등이 고정되어 있다는 신념으로 구성되며, **유동 자기이론**(malleable self-theory)은 자신의 능력이나 성격 등이 변할 수 있다는 신념으로 구성되어 있다. Dweck(2008)은 유동 자기이론을 가지고 있을수록 중요한 과제에 도전하는 경향이 강하고, 자신의 행동을 적절히 조절하며, 스트레스 상태에서 회복하는 능력이 우수하다고 제안했다. 그녀에 따르면, 유동 자기이론은 학습 가능하다. 실제로 대학생을 대상으로 진행된 한 연구에서는 뇌의 특성에 대한 영상을 시청한 뒤 자기이론의 변화에 따른 결과를 확인한 바 있다(Aronson, Fried, & Good, 2002). 이 연구에서는 인간의 뇌가 전 생애에 걸쳐 꾸준히 변하며, 필요에 따라 새롭게 연결을 맺고 끊을 수 있다는 사실을 담은 영상을 참여자들에게 보여 주었다. 이 영상을 시청한 학생들은 이후 학업에서의 즐거움이나 만족감을 더 많이 경험하고, 성적 또한 개선되는 것으로 나타났다.

표 8.2 Dweck의 이론적 개념 정리

	실체 이론	증진 이론
실패에 대한 반응	무력감 스타일	숙달 지향 스타일
주된 목표	수행 목표	학습 목표
지능에 대한 견해	불변 이론	성장 이론
개인의 특성에 대한 신념	고정 마인드셋	성장 마인드셋
자기이론	고정 자기이론	유동 자기이론

3 성장 이론

기체로서의 인간이 갖는 기본적 동기는 주된 목적을 기준으로 유형화할 수 있다. 첫 번째 유형은 '안정화'를 목적으로 하는 동기다. Murray의 욕구 이론이나 정신분석 계열의 추동 감소 이론 등이 여기에 해당한다. 두 번째 유형은 '성장'을 목적으로 하는 동기다. 인간은 단순히 안정적인 상태를 유지하는 것에서 만족하지 않고, 자신을 지속적으로 성장시키려는 동기를 갖는다. 즉, 불완전한 상태에서 완전한 상태로, 미성숙한 상태에서 성숙한 상태로, 미분화된 상태에서 분화된 상태로, 무개성적인 존재에서 개성적인 존재로 나아가려는 동기를 갖는다는 것이다. 이러한 관점은 개인심리학과 분석심리학에서도 중요하게 다루어진 바 있다. 여기에서는 좀 더 과학적인 방법론을 이용하여 인간의 성장 동기를 탐색한 이론들을 살펴보려 한다.

1) Maslow의 인본주의 이론

인간의 성장 동기를 집중적으로 탐색한 이론은 인간의 잠재력에 대해 긍정적 관점을 지니고 있다는 측면에서 인본주의 이론으로 불리기도 한다. 심리학 영역에서 인본주의 흐름을 일으킨 Maslow의 이론에 대해 살펴보자.

(1) 배경

Abraham Maslow는 1908년 미국 뉴욕시에서 가난한 러시아계 유대인 가정에서 태어났다. 7형제 중 장남이었던 그는 유대인에 대한 차별로 고립감을 경험할 때가 많았으며, 도서관에서 책을 읽으며 많은 시간을 보냈다. 부모의 뜻에 따라 뉴욕 시립대학교(The City University of New York)에서 법학을 전공하였으나 직업으로 삼지는 않았고, 위스콘신 대학교(University of Wisconsin)에서 심리학 석사 및 박사 과정을 밟았다. 당시에는 행동주의와 실험심리학에 기반한 연구를 진행하였으며, 1934년에 박사 학위를 받았다.

▲ Abraham Maslow

이후 컬럼비아 대학교에 머물면서 연구 활동을 진행했는데, 이때 Adler와 교류할 기회를 갖게 되었다. 1937년에는 브루클린 칼리지(Brooklyn College)에서 교수 활동을 시작했으며, 1951년까지 그곳에 머물렀다. 당시 유럽 출신의 정신분석가들이나 심리학자들과 활발하게 교류하였으며, 이를 기점으로 행동주의에서 벗어나 새로운 심리학적 관점을 내세우게 된다. 그는 전통적인 정신분석과 행동주의에서 제안하는 인간관을 거부하고 인간의 긍정적인 잠재력과 목적성, 의도성, 고유함과 총체주의를 강조하는 **인본주의 심리학**(humanistic psychology)을 제안했다. 1951년부터 브랜다이스 대학교(Brandeis University)에서 활동한 그는 인본주의 심리학을 이끄는 핵심적 인물이 되었으며, 1969년까지 그곳에 머물면서 왕성하게 연구와 교육 활동을 이어 갔다.

(2) 욕구 위계 이론

Maslow(1954)는 인간의 성장에 대한 동기를 강조하기 위해 욕구에 대한 새로운 모형을 제안하였다. 기존의 욕구 모형은 욕구들의 위계적 관계를 체계적으로 조직화하지 않았으며, 주로 평형 상태나 안정 상태를 회복하고자 하는 욕구에 초점을 두었다. Maslow는 이러한 한계를 보완하기 위해 **욕구 위계**(hierarchy of needs) 이론을 개발하였다(그림 8.2 참조).

욕구 위계 이론에 따르면, 인간의 욕구는 다섯 단계로 구분된다. 가장 하

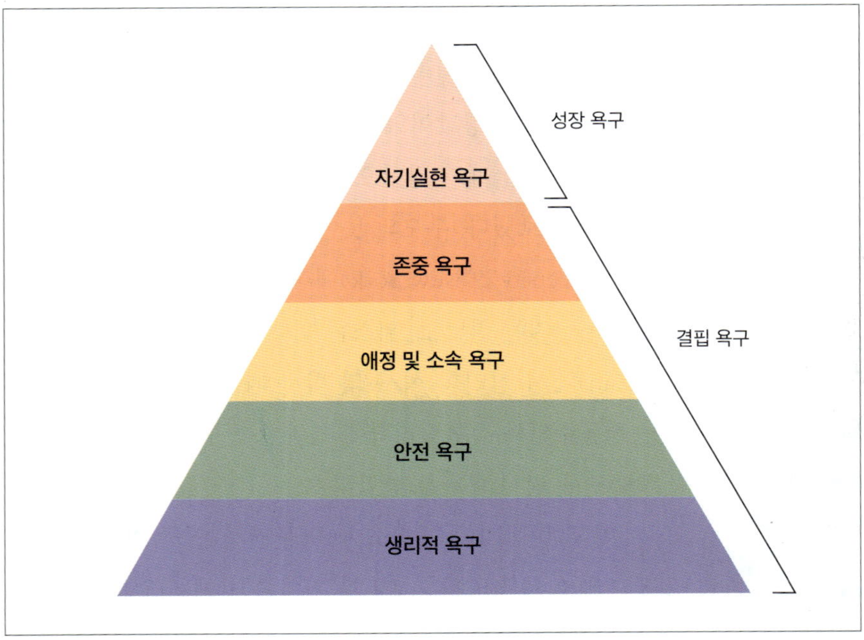

그림 8.2 Maslow의 욕구 위계 이론

위의 단계에는 **생리적 욕구**(physiological needs)가 존재한다. 이 욕구는 유기체로서의 인간이 생존하는 데 필요한 가장 기본적인 생리적 조건을 갖추고자 하는 바람과 관련이 있다. 호흡과 음식, 물, 성 활동, 수면, 배설 등에 대한 욕구가 생리적 욕구에 해당한다.

두 번째 단계에는 **안전 욕구**(safety needs)가 있다. 이 욕구는 위험을 피하고 안전한 상태를 유지하고자 하는 욕구를 의미한다. 여기에는 몸이나 건강상의 안전뿐만 아니라 직장이나 가족, 재산 측면에서의 안전한 상태에 대한 욕구도 포함된다.

세 번째 단계는 **애정 및 소속 욕구**(love/belonging needs)이다. 이 욕구는 다른 사람과 애정을 주고받으며 친밀감을 느끼고자 하는 욕구를 의미한다. 친구나 가족, 연인 등의 사람들과 사랑을 나누며 공동체에 소속되어 있다는 느낌을 받고자 하는 욕구 등이 여기에 포함된다.

네 번째 단계는 **존중 욕구**(esteem needs)이다. 이 욕구는 자신이 가치 있는 존재임을 인식하고자 하는 욕구를 의미한다. 자신이 중요하게 여기는 영역에서 원하는 성취를 얻고, 그러한 성취에 대해 다른 사람들로부터 인정받고자 하는 욕구 등이 여기에 포함된다.

다섯 번째 단계는 **자기실현 욕구**(self-actualization needs)이다. 이 욕구는 자신의 잠재력을 충분히 발현하고 자신만의 고유한 목적과 의미를 파악하고자 하는 욕구를 의미한다. 자기만의 고유한 강점이나 장점, 재능 등을 발견하여 그것을 적극적으로 활용하면서 삶의 고유한 의미와 가치를 실현하고자 하는 욕구 등이 여기에 포함된다.

Maslow(1954)는 하위의 네 단계 욕구가 공통적으로 결핍감에 의해 생겨난다는 것에 주목하고 이들을 **결핍 욕구**(deficiency needs)라 불렀다. 한편, 다섯 번째 단계의 자기실현 욕구는 남은 네 단계 욕구들과 달리 결핍감을 채우고자 하는 욕구가 아니라 현재보다 더 나은 존재로 나아가고자 하는 욕구라는 측면에서 **성장 욕구**(growth needs)에 해당한다고 보았다. 인본주의 심리학자인 Maslow는 성장 욕구인 자기실현 욕구가 인간의 고유한 욕구일 것이라고 제안했다.

욕구 위계 이론에서는 하위 단계의 욕구가 어느 정도 만족되어야 상위 욕구를 충족하고자 하는 활동이 나타난다고 가정한다. 즉, 욕구가 서로 경쟁하는 상황이라면, 좀 더 하위 단계의 욕구 충족 행동이 우선적으로 나타난다. 예컨대 생명에 중대한 위협을 받는 상황이라면 애정이나 존중에 대한 욕구보다는 안전에 대한 욕구를 먼저 충족시키려 한다는 것이다. 따라서 자기실현 욕구와 관련된 활동이 나타나기 위해서는 하위 네 단계의 욕구가 어느 정도 만족되어야 한다.

(3) 자기실현

결핍 욕구를 충족하는 것은 쉬운 일이 아니다. 많은 사람이 그 문제만으로도 충분히 고된 삶을 살아간다. Maslow 또한 그런 사실을 인정했으며, 자기실현을 추구하는 사람이 그리 많지는 않을 것이라고 보았다. 그는 자신의 잠재력을 충분히 발휘하며 살았던 소수의 인물을 분석하여 **자기실현적 인간**(self-actualizing person)의 특성을 구체적으로 제시하기도 했다(Maslow, 1954).

그에 따르면, 자기실현적인 사람들은 자발적이고 수용적인 경향이 있으며, 민주적인 태도를 선호한다. 이들은 삶의 다양한 현상에 대해 문제 해결적이고 과제 지향적인 접근을 좋아하며, 다양한 상황에 대처할 수 있는 능력을 갖추고 있다. 자기만의 고유한 가치관을 가지고 새로운 관점에서 사물을 감상할 줄 알며, 다른 사람들로부터 분리되어 홀로 사유하는 시간을 가지려는 경향이 있다.

Maslow는 자기실현적인 사람들이 자신의 잠재력을 발휘하는 과정에서 매우 기쁘고 흥분되는 감격스러운 순간을 자주 경험한다고 보았다. 그는 이러한 경험을 **절정 경험**(peak experience)이라고 불렀다. 절정 경험의 순간에는 다양한 긍정 정서와 함께 인지적 측면에서의 변화도 수반된다. 즉, 시간이나 공간에 대한 감각이 달라지며 평소의 의식과는 다른 좀 더 확장된 의식을 경험하게 된다. 이 과정에서 자신보다 좀 더 큰 존재와의 관계성을 인식하게 되거나, 존재에 대한 새로운 통찰과 깨달음을 얻을 수도 있다.

Maslow는 자기실현적 인간의 개념을 구성한 뒤 후속 연구를 진행하면서 이들이 나타내는 특징을 꾸준히 추가하고 정리하였다. 그 과정에서 자기실현적 인간들이 모두 같은 특징을 나타내는 것은 아니라는 사실을 발견하였으며, 개인마다 두드러지는 특징이 있는가 하면, 특별히 발견되지 않는 특징도 있음을 인정하였다.

2) Rogers의 인본주의 이론

Maslow가 학술적으로 인간의 성장 욕구를 탐색하는 동안, Rogers는 치료적 관점에서 관련 욕구와 경향성, 문제가 유발되는 과정 등에 대해 체계적으로 연구하였다. Rogers의 인본주의 이론이 개발된 배경과 주요 개념 및 이론에 대해 살펴보자.

(1) 배경

Rogers는 1902년에 미국 일리노이주의 기독교 가정에서 태어났다. 아버지는 토목기사이고 어머니는 가정주부였는데, 열심히 일하는 것을 미덕으로 삼는 윤리적이고 억제적인 사람들이었다. 6형제 중 넷째였던 그는 수줍은 성향을 가지고 있었지만 총명한 편이었으며, 생물학과 농학에 관심이 많았다. 1919년에 위스콘신 대학교에 입학한 그는 농학을 전공하였으나 곧 역사학으로 바꾸어 졸업했다. 대학을 다니면서 기독교 학생회 활동을 지속했던 그는

▲ Carl Rogers

목사가 되기로 마음을 먹고 졸업 후 신학 대학교에 진학했다.

1924년에 유니온 신학교(Union Theological Seminary)에 입학한 그는 신학 공부를 하면서 종교 또한 심리적 욕구를 만족시켜 주기 위한 수단이 아닐까 하는 의문을 품게 되었다. 당시 신학교의 건너편에 있던 컬럼비아 대학교에서 우연히 심리학 강의를 듣게 된 그는 또다시 전공을 바꾸기로 결심하고 컬럼비아 대학교에서 심리학 박사 과정을 밟았다.

Rogers는 1931년에 박사 학위를 받고 뉴욕주에 있는 아동학대방지협회(Society for the Prevention of Cruelty to Children: SPCC)에서 디렉터로 활동하였는데, 이 기관은 가정 폭력 피해 아동을 돌보고 치료하기 위해 설립된 곳이었다. 그는 이 기관에서 부모가 아동에게 미치는 영향에 대한 중요한 통찰을 얻었으며, 이 경험은 새로운 치료 이론 개발의 중요한 토대가 되었다.

1940년에는 SPCC에서의 활동을 마치고 오하이오 주립대학교(The Ohio State University)에서 임상심리학 교수로서의 활동을 시작했다. 이후 1945년에 시카고 대학교로 이직하여 1957년까지 머물렀으며, 그곳에서 연구와 치료, 교육 활동을 활발히 이어가면서 **내담자중심 치료**(client-centered therapy) 이론을 체계화하였다. 1957년에 위스콘신 대학교로 자리를 옮긴 그는 1961년에 『진정한 사람되기(On Becoming a Person)』라는 그의 대표작을 출간하면서 현대 심리치료의 중요한 흐름인 **인간중심 치료**(person-centered therapy)를 널리 소개하였다.

1963년 교수직을 사직한 그는 미국의 여러 지역에서 강연과 치료, 교육 활동을 이어 갔으며, 심리치료 센터나 연구 기관의 설립에도 기여하였다. 말년에는 다른 동료들과 함께 유럽이나 브라질, 일본 등에서 인간중심 치료 워크숍을 진행하는 등 세계 곳곳에 인본주의적 치료를 보급하기 위해 힘썼다.

(2) 인간관

Rogers는 '경험하는 존재'로서의 인간을 강조하였다. 그에 따르면, 인간은 육체와 정신을 포함하는 전체로서의 개별적 생명체, 즉 **유기체**(organism)

이다. 유기체인 인간은 감각기관을 통해 실시간으로 다양한 감각을 경험하며, 감각과 관련된 다양한 사고와 감정 또한 경험한다. 이러한 **유기체적 경험**(organismic experience)은 일종의 심리적 현실을 구성한다. Rogers는 자각되고 경험되는 모든 것으로 구성된 심리적 현실을 **현상적 장**(phenomenal field)이라고 불렀다. 현상적 장은 간단히 말해 주관적 세계를 의미한다. 주관적 세계는 객관적 세계와 다르지만, 유기체가 인식할 수 있는 유일한 세계이다. 따라서 인간은 주관적 세계, 즉 현상적 장을 참조하여 상황을 판단하고, 그에 따라 다음 행동을 결정한다. 인간이 어떤 행동을 하든, 그 행동은 그의 주관적 세계의 관점에서 보면 가장 적절하고 합리적인 행동이다.

유기체로서의 인간은 자기 자신을 온전히 유지하려는 경향성과 좀 더 나은 존재로 성장하려는 경향성을 갖는다. 횡단적으로 보면 두 경향성이 서로 충돌하는 것 같지만, 종단적으로 보면 공존할 수 있다. 즉, 비교적 긴 시간의 틀에서는 성장을 추구하면서 상대적으로 짧은 시간의 틀에서 평형과 안정을 추구할 수 있는 것이다. Rogers는 모든 유기체가 장기적으로 보면 단순한 존재에서 복잡한 존재로, 의존하는 존재에서 독립적인 존재로, 경직된 존재에서 유연하고 융통성 있는 존재로 변하고자 하는 경향성을 갖는다고 주장했다. 그는 이러한 경향성을 **실현 경향성**(actualization tendency)이라 불렀으며, 인간 또한 이러한 특성을 공유한다고 보았다.

(3) 자기와 자기실현 경향성

Rogers는 현상적 장 중에서 자기 자신에 대한 부분을 특별히 **자기**(self) 혹은 **자기개념**(self-concept)이라 명명하고 중요하게 다루었다. 본래 Rogers는 '자기'라는 개념을 유용한 것으로 보지 않았다. 하지만 내담자들이 반복적으로 '자기'와 관련된 내용을 중요하게 언급하는 것을 보면서 마음을 바꾸게 되었다. 예컨대 "그 행동은 '나'답지 않았어요."라든가, "내 본 모습은 이게 아니에요." 등의 말을 반복했던 것이다. 그에 따라 Rogers는 자기를 중요한 개념으로 다루면서 자신의 이론을 발전시켰다.

그에 따르면, 자기는 자기 자신의 속성에 대한 비교적 일관된 경험으로, 끊임없이 변하면서도 정형화된 패턴을 띤다. 자기는 현상적 장의 일부이면서, 동시에 경험에 영향을 미치기도 한다. 좀 더 구체적으로 말하면, 자기는 일종의 개념 혹은 지식의 형태로 존재하면서 실시간으로 주어지는 다양한 경험들과 상호작용할 수 있다. 예컨대 '나는 착한 사람이다.'라는 자기개념을 가지고 있는 어떤 사람은 다른 사람의 예의 없는 행동을 보면서 그 사람을 공격하고 싶은 충동과 분노를 경험할 때 그 경험과 자기개념을 순간적으로 비교하게 된다. 비교의 결과에 따라 그는 적어도 두 가지 반응 중 하나를 선택하게 된다. 하나는 자기개념을 수정하는 것이고(예: 나는 공격적인 사람이기도 하다.), 다른 하나는 경험 자체를 바꾸는 것이다. 이미 일어난 분노를 억제하고 다른 생각을 동원하여 감정이나 행동의 변화를 유도하는 것이 그 예가 될 수 있다.

Rogers는 인간이 자기와 관련된 기본적인 실현 경향성을 갖는다고 가정했다. 그는 이러한 경향성을 자기실현 경향성이라고 명명했다. **자기실현 경향성**(self-actualization tendency)이란 자기의 기본적인 특성이나 성향, 본연의 상태를 유지하면서도 자신의 잠재력을 발휘하며 좀 더 나은 존재로 성장하고자 하는 경향성을 의미한다. Rogers의 자기실현 경향성 개념은 Maslow의 개념과 큰 차이를 보이지 않는다. 다만 Maslow가 자기실현 경향성의 발현 조건으로 결핍 욕구의 충족을 제시한 것과 달리, Rogers는 자기실현 경향성을 생애 초기부터 작동하는 기본적 동기라고 보았다.

인간은 자기실현 경향성을 가지고 태어나기 때문에 스스로 자신의 경험을 평가하여 자기를 발달시킨다. Rogers는 이 과정을 유기체적 가치화 과정이라는 개념으로 포착했다. **유기체적 가치화 과정**(organismic valuing process)이란 유기체로서의 인간이 자신의 정서적 느낌에 기반하여 경험을 평가하는 과정을 의미한다. 예를 들어, 그림을 그릴 때 즐겁고 유쾌한 느낌을 경험했다면, '그림 그리는 것을 좋아하는 나'를 담은 자기를 발달시키는 것이다. 이러한 방식으로 자신의 경험을 스스로 평가하고 판단하여 자기를 발달시키면 자기와 경험이 일치하게 되며, 자연스럽게 자신의 잠재력을 발현하는 방향으로 성장하게 된다.

한편 타인과 함께 살아가는 존재로서의 인간은 주변 사람들의 영향을 받아 자기를 발달시키기도 한다. 특히 생애 초기에 자신의 경험을 스스로 파악하고 정리할 수 있는 능력이 충분히 발달하지 않았을 때에는 주양육자의 영향을 많이 받게 된다. 주양육자는 언어 등의 다양한 채널을 통해 아이가 어떤 존재인지에 대한 메시지를 전달한다. Rogers는 특히 주양육자의 선택적 존중 혹은 **조건적 존중**(conditional regards)이 아이의 자기 발달에 중요한 영향을 미친다고 보았다. 즉, 아이가 특정한 방식으로 반응하거나 행동했을 때에만 칭찬과 사랑을 주고 아이의 가치를 인정해 주면, 실제 경험과는 동떨어진 가상적 자기가 발달하게 된다. Rogers는 가치 있는 존재가 되기 위해 만족해야 한다고 느끼는 일종의 조건을 **가치의 조건**(conditions of worth)이라고 명명했으며, 가치의 조건화로 인해 형성되는 가상적 자기의 측면을 **이상적 자기**(ideal self)라고 불렀다. 예를 들어, 아이가 화를 내지 않고 순종적인 모습을 보일 때에만 아이를 존중해 주면 가치의 조건화가 일어나며, 아이는 '화내지 않고 순종적인 사람'이라는 이상적 자기를 발달시킨다. 이상적 자기의 상태를 달성하고 유지하는 것은 자기가치감에 큰 영향을 미친다. 따라서 인간은 이상적 자기와 실제 자신의 모습을 일치시키기 위해 상당한 노력을 기울인다. 이 과정에서 이상적 자기와 일치하지 않는 경험을 배제하는 현상이 나타날 수 있다. Rogers는 이러한 현상을 **자기-경험 불일치**(self-experience discrepancy)라고 불렀다. 예를 들어, '화내지 않고 순종적인 사람'을 이상적 자기로 가지고 있는 아이는 분노를 경험하거나 저항하고 싶은 욕구가 일어날 때 이것을 부인하거나 부정할 수 있다. Rogers는 자기와 경험의 불일치가 커지면 심한 불안과 우울, 공허감 등을 경험하면서 다양한 부적응을 나타낼 수 있다고 보았다.

(4) 성격의 문제와 치료

Rogers는 성격의 문제에 대한 체계적 이론을 제시하지 않았다. 다만 다양한 심리적 문제와 부적응이 자기와 경험의 불일치 때문에 나타난다는 일반적인 가설을 제시하였다. 자기와 경험의 불일치는 기본적으로 자기의 왜곡으로 인해 나타난다. 보다 구체적으로 말하면, 유기체의 실제 자기와 지나치게 동떨어진 이상적 자기의 형성이 불일치의 근본적 원인이다.

따라서 치료의 핵심은 유기체의 경험과 동떨어진 이상적 자기를 수정하는 데 있다. Rogers는 이 목적을 달성하려면 가치의 조건화를 멈추고 유기체적 가치화 과정을 강화해야 한다고 보았다. 즉, 내담자의 경험에 대한 **무조건적 존중**(unconditional regards)을 통해 내담자 스스로 자신의 경험을 충분히 자각하고 평가함으로써 자신만의 고유한 자기를 형성하도록 도와야 한다고 제안했다. 이 과정을 통해 내담자는 좀 더 정확하게 자기 자신을 이해하고 통합할 수 있게 되며, 그에 따라 자신의 잠재력과 기질, 가치 등을 반영하여 자신의 삶을 능동적으로 개척할 수 있게 된다. Rogers(1961)는 이렇게 자신의 잠재능력을 충분히 발현하면서 삶의 과제에 능동적으로 도전하고 생산적으로 살아가는 사람을 **온전히 기능하는 사람**(fully functioning person)이라고 불렀다.

Rogers(1957)는 내담자의 성격이 변화되기 위한 구체적인 조건들을 여섯 가지 정도로 요약하여 제시한 바 있다.

첫째, 치료자와 내담자는 심리적으로 접촉한다. 여기에서 '심리적으로 접촉한다'는 것은 간단히 말해 두 사람이 서로를 의미 있는 존재로 인식함을 뜻한다. Rogers는 내담자와 치료자가 이렇게 의미 있는 관계를 구성할 때 내담자의 성격 변화가 일어날 수 있다고 보았다. 즉, 두 사람이 의미 있는 관계를 이루고 상호작용하는 것이 성격 변화의 가장 기초적인 조건이라고 생각했다.

둘째, 내담자는 **불일치**(incongruence) 상태에 있다. 내담자는 어떤 식으로든 자기개념과 유기체 경험의 불일치 상태에 있으며, 그러한 불일치를 자각할 수도 있고 그렇지 않을 수도 있다. 내담자가 불일치 상태에 있지 않다면 성격의 치료는 필요하지 않다.

셋째, 치료자는 치료자-내담자 관계 안에서 일치되고 통합된 상태에 있다. Rogers는 내담자의 불일치 상태와 대조적으로 치료자가 **일치**(congruence) 상태에 있어야 한다고 주장했다. 그는 이것이 치료자가 지녀야 할 첫 번째 태도라고 보았다. **진솔성**(genuineness)이라고도 개념화된 이 태도는 치료자가 자기개념과 유기체적 경험을 일치시키면서 내담자와 진실하게 소통하는 것을 의미한다. Rogers는 이렇게 치료자가 일치된 모습을 보일 때 내담자도 그 모습을 보면서 불일치를 줄이는 것에 대한 두려움을 약화시킬 수 있다고 보았다. 치료자는 '상담 장면에서' 일어나는 자신의 다양한 생각과 감정을 부정하거나 부인하지 않고 있는 그대로 받아들이는 것으로 일치성을 높일 수 있다. 또한 내담자와의 소통 과정에서도 필요에 따라 생각하고 느낀 바를 진솔하게 표현할 수 있다. 그렇다고 해서 떠오르는 모든 생각이나 감정을 항상 있는 그대로 내담자에게 표현해야 하는 것은 아니다. Rogers는 일치성의 초점이 치료자가 느낀 바를 모두 투명하게 표현하는 데 있지 않으며, 자기 자신이나 내담자를 '속이지 않는' 데 있다고 역설하였다.

넷째, 치료자는 내담자에 대해 무조건적 긍정적 존중을 한다. **무조건적 긍정적 존중**(unconditional positive regards)은 내담자의 경험을 무조건적인 방식으로 수용하고 존중해 주는 것을 의미한다. 즉, 내담자가 경험하는 생각이나 감정, 욕구 등을 '좋다거나' '나쁘다고' 평가하지 않고 있는 그대로 존중해 주는 것이다. 개념상으로 무조건적 존중(unconditional regards)이 좀 더 적확한 표현인 듯하지만, Rogers는 무조건적 '긍정적' 존중이라는 표현을 주로 사용했다. 여기에서의 '긍정적(positive)'이라는 단어는 사실상 수용(acceptance)의 의미에 더 가깝다. 즉, 부인이나 부정, 거절 등과 반대되는 태도를 의미한다. 이렇게 포용적이고 다정한 태도를 강조하기 위해 '긍정적'이라는 단어를 사용한 듯하지만, 모든 경험을 '좋은 것'으로 인식하는 태도로 오해할 여지가 있어 아쉬움이 남는다.

다섯째, 치료자는 내담자의 내적 참조틀(internal frame of reference)을 공감적으로 이해하고, 이해한 바를 내담자에게 전달하려고 노력한다. Rogers는 치료자가 지녀야 할 핵심적인 세 번째 태도 혹은 기술로 공감적 이해를 제안하였다. **공감적 이해**(empathic understanding)는 내담자가 전달하는 메시지 등을 내담자의 관점에서 가능한 한 정확하게 이해하고, 이해한 사실적 내용과 정서적 내용을 적절하게 다시 돌려주는 것을 의미한다. 진솔성과 무조건적 긍정적 존중이 치료자와 내담자의 경험에 대한 기본적 태도와 반응에 가깝다면, 공감적 이해는 좀 더 능동적인 기술에 가깝다. Rogers는 치료자가 내담자의 내적 참조틀을 가능하면 정확하게 이해하고, 내담자가 경험하는 감정을 '마치 자신의 것처럼' 느끼되 자신의 실제 감정과 혼동하지 않는 것이 중요하다고 보았다. 또한 경험한 바를 가능하면 명료하게 전달하여 내담자가 미처 자각하지 못하던 것들을 자각하도록 돕거나, 혼란스러웠던 것을 정돈하도록 도와야 한다고 주장했다. 치료자의 공감적 이해는 내담자가 자신의 경험과 내적 참조틀 혹은 자기개념 등을 좀 더 분명하게 자각할 수 있도록 돕는다.

여섯째, 내담자는 치료자의 무조건적 긍정적 존중과 공감적 이해를 지각한다. Rogers에 따르면, 치료자의 노력을 내담자가 지각하지 못할 경우 성격의 변화는 일어나지 않는다. 즉, 아무리 무조건적으로 존중해 주고, 공감적으로 이해하여 되돌려주려고 노력해도, 내담자가 그러한 노력과 시도의 의미 및 가치를 지각하거나 이해하지 못한다면 성격의 변화가 일어날 수 없다고 보았다.

Otto Rank와 Carl Rogers

Freud의 비밀 위원회 회원 중 정신분석 이후의 심리치료 이론에 가장 포괄적으로 영향을 미친 위원을 꼽자면 Otto Rank를 빼놓을 수 없을 것이다(Kramer, 1995). 실제로 인간중심 치료나 게슈탈트 치료, 실존주의 심리치료계의 중요한 인물들은 Rank의 이론에 많은 빚을 지고 있다고 언급한 바 있다.

Rank는 1924년에 『The Trauma of Birth』라는 책을 출간하면서 Freud와 멀어지기 시작했다. 그는 이 시기부터 본격적으로 자신만의 이론 체계를 펼치기 시작했는데, 특히 지금-여기, 내담자가 실제로 경험하는 대인관계, 의식, 의지(will)를 강조하는 이론을 적극적으로 개발했다. 이러한 관점은 과거, 이전 대인관계 경험이 재현되는 전이(transference), 무의식, 소망(wish)을 강조하는 전통적인 정신분석과 대조를 이룬다.

그는 Freud와 결별한 후 프랑스 파리로 자리를 옮겨 치료를 계속했으며, 주기적으로 미국에 방문했다. 특히 펜실베이니아 대학교(University of Pennsylvania) 사회복지학과에서 1926년부터 강의를 지속했는데, 당시 Rogers가 센터장으로 있던 SPCC에는 Rank의 강의를 들은 사회복지사들이 근무하고 있었다. Rogers는 간접적으로 Rank의 이론을 접하다가 Rank의 치료적 접근에 흥미가 생겨 그를 센터로 초청했다. 그렇게 Rank와 인연을 맺게 된 Rogers는 그의 사상에서 새로운 치료 이론의 단초를 얻게 된다.

당시 Rank의 치료 이론에서 핵심을 추리자면 **창조적 의지**(creative will)와 **관계**(relationship)를 들 수 있을 것이다(Kramer, 1995). Rank는 인간의 핵심적 특징이 '끊임없이 변하는 것'이라고 보았다. **의지**(will)란 주체성(agency)이 끊임없이 발현되는 과정이라 할 수 있는데, Rank는 이 과정이 매 순간의 재탄생 혹은 창조의 과정이라고 보았다. 그런 면에서 인간은 창조자(creator)라 할 수 있다. Rank는 인간의 건강한 변화 과정이 곧 개인의 고유함 혹은 개성을 발현하는 과정이라고 제안했다. 그는 이것이 곧 **자기개발**(self-development)이라고 생각했으며, 심리치료의 핵심적 목표는 내담자의 자기개발을 돕는 것이라고 생각했다. 영어 'develop'은 라틴어 'devolvere'로부터 나온 것으로, 이는 '펼치다, 벗겨 내다, 성장하게 하다, 더욱 완전한 시각을 갖게 하다, 보이지 않던 것을 보이게 하다' 등의 의미를 갖는다. 즉, Rank가 말한 자기개발이란 자기의 본성 혹은 고유성을 좀 더 분명하게 보고 발현하는 과정이라 할 수 있다. Rank는 자기개발의 과정이 원활하기 위해서는 무엇보다 현존하는 것(being present)이 중요하다고 생각했다. 즉, 지금-여기에 존재하면서 삶을 의식하고 알아차리는 것이 중요하다고 본 것이다.

인간이 다양한 심리적 문제나 어려움을 겪는 이유는 자연스러운 자기개발의 과정에 문제가 생겼기 때문이다. 이 경우 혼자만의 노력으로는 문제를 해결하기 어려울 수 있으며, 이때 누군가의 도움이 필요하다. Rank는 치료자가 이 역할을 담당해야 한다고 보았다. 즉, 내담자-치료자의 '**관계**'를 치료 과정의 핵심 요소로 본 것이다. 특히 내담자가 자기 자신을 있는 그대로 받아들일 수 있도록 돕는 것이 중요하다고 주장했다. 자신의 의지를 발현하는 것이나 그와 관련된 죄책감, 선한 것이나 악한 것, 파괴적인 것이나 창조적인 것 등이 얽혀 있는 삶을 있는 그대로 공감하고 이해해 주는 것을 중요하게 고려한 것이다. 이렇게 치료자를 '돕는 존재' 혹은 내담자가 좀 더 자신을 잘 파악하고 발현할 수 있도록 '안내하는 존재'로 상정하는 것은 전통적 정신분석과 반대되는 혁신적인 발상이라 할 수 있다.

Rogers는 Rank의 인간관에 깊이 빠져들었다. 특히 인간에게 스스로 삶을 개척하려는 의지와 주체성이 있으며, 문제를 파악하고 해결해 나가는 데 필요한 능력을 갖추고 있다는 관점에 매료되었다. 그는 자신이 운영하던 센터를 떠나 학교에서 활동하면서 Rank의 인간관에 기반을 둔 새로운 치료 이론, 즉 내담자중심 치료의 기틀을 잡아 가기 시작했다.

◀ Otto Rank

3) 자기결정 이론

Maslow와 Rogers의 이론은 성장하고자 하는 인간의 기본적 동기에 대한 큰 관심을 일으켰으며, 특히 심리치료와 교육, 자기계발 등의 영역에 지대한 영향을 미쳤다. 하지만 이들이 제안한 이론 자체는 후대 연구자들에게 계승되지 않았는데, 이들이 사용한 개념이 지나치게 포괄적이거나 추상적이었기 때문이다. 그런 측면에서 Deci와 Ryan(1985; Ryan & Deci, 2000)의 **자기결정 이론**(self-determination theory)은 인간의 자기성장에 대한 동기를 다루고 있으면서도 수많은 후속 연구를 배출해 냈다는 측면에서 큰 의의가 있다.

이들에 따르면, 인간의 행동을 유발하는 동기는 크게 외재적 동기와 내재적 동기로 구분된다(Deci & Ryan, 1985). **외재적 동기**(extrinsic motivation)란 외적 보상에 의해 유발되는 동기를 의미한다. 여기서 외적 보상이란 돈이나 물건, 지위, 권력, 인정과 같이 외부에서 주어지는 보상을 말한다. 반면,

내재적 동기(intrinsic motivation)란 특별한 외적 보상이 없어도 과제 자체에 대한 흥미 때문에 참여하려는 동기를 의미한다. 내재적 동기는 인간의 기본적 욕구와 밀접한 관련이 있다. 즉, 인간의 기본적 욕구의 만족과 과제가 어떤 방식으로든 관련되어 있을 때 내재적 동기가 활성화된다. Deci와 Ryan(1985; Ryan & Deci, 2000)은 세 가지 기본적 욕구를 특별히 중요하게 고려하였다. 첫째, **유능성**(competence)에 대한 욕구는 환경에 효과적으로 대응할 수 있는 능력의 숙달을 추구하는 것을 의미한다. 둘째, **관계성**(relatedness)에 대한 욕구는 타인과 지지적인 인간관계를 형성하고 유지하려는 욕구를 의미한다. 셋째, **자율성**(autonomy)에 대한 욕구는 독립적으로 사고하고 결정하고자 하는 욕구를 의미한다. 이러한 욕구들은 개인의 능력을 향상시켜 독립적으로 살아가면서도 적절히 사회에 관심을 두고 참여하며 살아가고자 하는 경향과 밀접한 관련이 있다. 즉, 인본주의 심리학자들이 중요하게 여기는 기본적인 성장 동기 혹은 자기실현 동기와 대체로 일치한다.

인간의 행동은 외재적 동기와 내재적 동기에 의해 활성화될 수 있다. 전통적인 행동주의자들은 주로 외적 보상을 이용해 행동을 변화시키는 것에 관심이 많았다. 즉, 외재적 동기를 인간 행동의 핵심적 동기라고 보았다. Deci와 Ryan(1985) 또한 외재적 동기가 인간 행동의 중요한 동기임을 인정했지만, 내재적 동기가 보다 건설적이고 적응적인 동기라고 보았다. 이들에 따르면, 내재적 동기에 의해 행동하는 사람들은 외재적 동기에 의해 행동하는 사람들에 비해 삶의 질이나 행복 수준 측면에서 더 나은 모습을 보인다. 이들은 어떤 활동을 수행할 때 자연스럽게 몰입하여 그 과정 자체에서 긍정적 경험을 하는 경향이 있으며, 업무 성과가 더 우수하고, 질적으로 더 나은 대인관계 패턴을 보인다. 이뿐만 아니라, 자신의 몸과 건강을 소중히 여기면서 관리하고, 종교 활동이나 정치 활동과 같은 사회적 활동에도 더 참여적인 것으로 확인되었다(Ryan & Deci, 2000).

내재적 동기가 외재적 동기에 비해 더 적응적인 결과를 가져오는 이유는 크게 보면 두 가지로 정리할 수 있다.

첫째, 외재적 동기는 외부 보상에 대한 의존성을 높여 행동의 지속성을 저해할 수 있다. 외부 보상이 주어질 때 특정 행동이 강화된다는 사실은 행동주의 연구들을 통해 이미 검증된 바 있다. 그러나 외부 보상을 통해 행동이 강화된 경우, 보상이 사라지면 행동도 중단된다. 또한 보상이 반복적으로 제시되면서 그 효과가 감소하는 경우, 이전보다 더 많은 보상이 필요해질 수 있다. 결국 외부 보상을 통해 어떤 행동을 유지하려면 지속적이면서도 점차 증가하는 보상을 제공해야 한다고 정리할 수 있다. 예컨대 책을 읽으면 용돈을 주는 방식으로 자녀의 독서 행동을 강화하는 학부모를 생각해 보자. 이 경우 자녀의 독서 행동을 꾸준히 유지하기 위해서는 용돈을 반복적으로 제공해야 할 뿐 아니라 그 액수도 점차 늘려야 한다. 만약 용돈을 주지 않거나 금액을 줄이게 되면, 자녀는 크게 반발하거나 독서를 멈출 것이다. 자녀의 독서 행동이 용돈이라는 외부 보상에 의존하고 있기 때문이다.

둘째, 내재적 동기는 행동 과정에서 유발되는 경험 자체가 일종의 내적 보상으로 작용하여 행동의 지속성을 높인다. 내재적 동기는 어떤 행동을 수행하면서 경험하는 기본적 욕구 충족이나 즐거움, 흥미 등의 긍정적 경험 자체라 할 수 있다. 이러한 경험은 별도의 비용이 들지 않으며, 다양한 긍정 정서를 수반한다. 따라서 외재적 동기에 비해 훨씬 지속되기 쉬울 뿐 아니라 전반적인 삶의 질을 개선하는 부수적 효과도 제공한다. 예컨대 우연히 책을 읽다가 재미와 즐거움을 경험한 아이를 떠올려 보자. 이 아이는 책 읽기 자체가 즐겁기 때문에 자연스럽게 행동을 지속한다. 그 과정에서 글을 읽고 이해하는 능력이 향상되었으며, 자신이 점점 더 유능해지고 있다는 느낌을 받는다. 주변 사람들과 책 이야기를 나누면서 관계의 질도 좋아지고, 스스로 사고하고 판단하는 능력 또한 강화된다. 이러한 경험들은 비용이 들지 않아 중단될 위험이 적으며, 기본 욕구 충족을 포함한 다양한 긍정적 경험을 수반하기 때문에 삶의 질을 높이는 데 기여한다.

Deci와 Ryan의 이론은 인간의 성장에 대한 동기가 개인과 사회의 안녕 및 발전에 긍정적인 영향을 미친다는 점을 과학적으로 입증했다는 측면에서 큰 의의가 있다. 또한 주요 개념과 이론을 정교하면서도 체계적인 방식으로 구성하여 수많은 후속 연구들을 촉진하였다는 점에서도 인본주의 심리학이나 긍정적 관점의 성격심리학의 발전에 기여한 바가 크다.

내재적 동기와 외재적 동기의 관계

Deci와 Ryan이 처음 내재적 동기 개념을 제안했을 때에는 외재적 동기와의 차별성을 강조하기 위해 서로 구분되는 점을 부각시켰다. 하지만 두 동기를 구분하는 것은 사실 쉬운 일이 아니다. 두 유형의 동기를 구분할 때 사용하는 기준은 외적 보상의 유무, 즉 외부로부터 주어지는 '확인 가능한' 보상이 있는지 여부다. 보상이 있다면 외재적 동기, 보상이 없다면 내재적 동기로 보는 것이다.

하지만 단지 '눈에 보이는' 보상이 없다고 해서 내재적 동기에 의해 움직인다고 단정할 수 없는 사례들이 많이 있다. 예를 들어, 특별한 외부적 보상 없이 공부를 열심히 하는 한 아이가 있어 '내재적 동기에 의해 움직이는구나.'하고 판단했지만, 알고 보니 공부를 열심히 할 때마다 엄마나 선생님이 슬쩍 미소 짓는 것을 보면서 알 수 없는 뿌듯함과 만족감을 느끼며 공부를 지속했을 수 있는 것이다. 이는 실재하는 외부의 보상을 미처 확인하지 못한 경우라 할 수 있다.

외부에서 직접적으로 주어진 보상은 아니지만 그에 준하는 효과를 나타내는 다른 예도 발견할 수 있다. 예컨대 마음속으로 특정 인물을 떠올리고, 그 인물로부터 인정받는 것을 상상할 수 있는 것이다. 이런 경우 공부하기 행동을 유발하는 동기가 내재적인 것인지, 아니면 외재적인 것인지 판단하기가 상당히 까다롭다.

'과제 수행 자체'로부터 오는 긍정적 경험 때문에 어떤 과제를 수행하는지 여부를 고려하여 두 유형의 동기를 구분하기도 한다. 즉, 과제 수행에 대한 대가로 주어지는 외부의 보상이 없어도, 과제를 수행하면서 경험하는 긍정적 요소들(예: 성취감, 성장에 대한 감각 등) 때문에 해당 과제를 수행하면 내재적 동기라고 인정하는 것이다. 이러한 기준은 외부의 보상이 없는 경우에는 대체로 명쾌하게 작동하는 것처럼 보인다. 과제 수행을 하면서 긍정적 요소들을 경험하는지만 확인하면 되기 때문이다. 하지만 외부의 보상이 있는 경우에는 상황이 복잡해진다. 과제 수행에 대한 외부의 보상에 의해서만 움직인다면 외재적 동기가 맞겠지만, 그러한 보상뿐만 아니라 과제 수행 자체에서 오는 긍정적 경험도 동기가 되었다면 두 유형의 동기가 혼재하는 상황이기 때문이다. 더욱이 과제 수행 자체로 인해 긍정적인 경험을 했으나 그것을 의식하지 못하고 있다면, 자기보고형 측정에서 그러한 동기가 충분히 확인되지 않을 수도 있다. 따라서 개인의 동기를 분석할 때 내재적-외재적 프레임을 이분법적으로 단순하게 적용하는 것은 현상을 정확하게 이해하는 데 오히려 방해가 될 수 있다.

이러한 문제를 인식한 연구자들은 내재적 동기와 외재적 동기의 관계를 다양한 방식으로 탐색했다. 두 유형의 동기가 서로에게 어떤 영향을 미치는지를 다룬 96개의 실험 연구 결과를 검토한 메타연구에 따르면, 외적 보상은 내재적 동기를 감소시키지 않는 것으로 확인되었다. 외적 보상으로 간주되었던 언어적 칭찬(verbal phrase)은 오히려 내재적 동기를 강화하는 것으로 나타나기도 했다(Cameron & Pierce, 1994). 이러한 결과는 외적 보상이 내재적 동기를 저해할 것이라는 초기의 주장(Deci, 1971)과 불일치한다.

외재적 동기와 내재적 동기의 관계는 처음 예상했던 것보다 복잡한 것이 분명해 보인다. 따라서 향후에는 외재적 동기 혹은 외적 보상이 내재적 동기와 어떤 관계를 맺고 있는지, 어떤 보상이 어떤 방식으로 주어질 때 내재적 동기를 저해하거나 강화하는지 등을 보다 정교하게 탐색하는 연구들이 진행되어야 할 것이다.

요약

- Murray는 성격 연구를 인간학으로 명명하고 5가지 핵심 원리를 제안하였다. ① 성격의 모든 측면은 뇌의 영향을 받는다. ② 인간은 만족스러운 상태를 얻기 위해 생리적·심리적 긴장을 감소시키는 방향으로 행동한다. ③ 성격은 오랜 시간에 걸쳐 발달하며, 경험한 모든 사건의 영향을 받는다. ④ 성격은 변할 수 있다. ⑤ 개인은 고유한 성격을 가지고 있으며, 동시에 다른 사람과 공유하는 특성도 가지고 있다.

- Murray는 만족스러운 상태를 벗어났을 때 무언가를 바라게 되는 내적 상태를 욕구라 정의하고, 크게 일차적 욕구(체내 발생적 욕구)와 이차적 욕구(심인성 욕구)로 구분하였다. 욕구는 개인이 목표를 달성하는 데 도움이 되거나 방해가 되는 환경의 힘을 의미하는 압력과 상호작용하여 행동을 유발한다.

- 동기 이론 중에는 인간의 자유의지를 강조하면서 개인이 설정한 목표가 행동을 유발한다고 제안하는 이론이 있다. 이러한 이론은 일반적으로 목표 이론이라 부르는데, 여기에는 개인적 추구 이론과 생애 과제 이론, 개인적 프로젝트 이론 등이 포함될 수 있다.

- Maslow는 인간의 욕구가 위계를 이루고 있으며, 하위 단계의 욕구가 어느 정도 만족되어야 상위 단계의 욕구 충족 행동이 나타난다는 이론을 제안하였다. 그에 따르면, 가장 하위 단계에는 생리적 욕구가 있으며, 두 번째 단계에는 안전 욕구가 위치한다. 세 번째 단계에는 애정 및 소속 욕구, 네 번째 단계에는 존중 욕구가 있다. 이상의 네 가지 욕구는 공통적으로 결핍감에 의해 유발되는 면이 있어 결핍 욕구라 불린다. 마지막 다섯 번째 단계에는 자기실현 욕구가 위치한다. 이 욕구는 현재보다 더 나은 존재로 나아가고자 하는 욕구라는 측면에서 성장 욕구라 불린다.

- Rogers는 인간의 자기실현 경향성이 보다 근본적인 동기로 작동할 것이라고 보았다. 즉, 모든 사람은 자기실현 경향성을 가지고 태어나며 스스로 경험을 평가하는 유기체적 가치화 과정을 통해 자신에게 적절한 삶의 방향을 설정하는 기능을 갖추고 있다. 하지만 인간은 사회적 존재로서 다른 사람의 영향을 받기도 한다. 특히 양육자를 포함한 중요한 타인의 조건적 존중은 가치의 조건화를 유발하고, 그 결과 이상적 자기가 형성될 수 있다. 이상적 자기와 실제 경험은 불일치할 수 있는데, 불일치가 클수록 개인은 부적응을 경험하게 될 가능성이 높아진다.

- Rogers의 내담자중심 치료 혹은 인간중심 치료 이론에서는 내담자의 자기-경험 불일치를 줄이는 것이 치료의 핵심이라고 보았다. 이를 위해서 치료자는 진솔성, 공감적 이해, 무조건적 긍정적 존중의 태도를 유지하면서 내담자가 자기만의 고유한 자기를 형성하도록 돕는다.

- Deci와 Ryan은 인간의 동기를 외재적 동기와 내재적 동기로 구분하였다. 외재적 동기는 외적 보상에 의해 유발되는 동기를 의미하며, 내재적 동기는 특별한 외적 보상 없이 과제 자체에 대한 흥미 때문에 참여하려는 동기를 의미한다. 내재적 동기는 인간의 기본적 욕구인 유능성에 대한 욕구와 관계성에 대한 욕구, 자율성에 대한 욕구를 만족시키는 것과 관련이 있는 것으로 제안되었다.

연습 문제

1 Murray는 Allport와 함께 과학으로서의 성격심리학을 알린 대표적인 학자이다. 그의 연구 성향이나 관점은 어떤 측면에서 Allport와 유사하기도 하고 구별되기도 한다. 두 학자의 유사점과 차이점을 구체적으로 서술하시오.

2 A는 다른 사람들과 어울리는 행동을 빈번하게 나타낸다. A의 행동 패턴을 특질 관점과 욕구 관점에서 각각 설명하고, 욕구 관점에서 A의 행동 패턴을 이해하면 어떤 이점이 있는지 서술하시오.

3 Murray의 욕구-압력 모형이 갖는 한계에 대해 설명하시오.

4 개인이 세우는 목표는 매우 다양하지만, 내용 측면에서 몇 가지 범주로 묶이는 경향이 있다. 예컨대 대부분의 목표는 성취나 친화, 권력, 개인적 성장, 건강, 이타주의, 보전과 보호 등의 범주에 포함되는 경향이 있다. 인간의 보편적인 목표나 가치를 탐색한 연구자들은 특정한 가치 범주를 지향하는 경향성 중 일부가 유전적으로 결정된다고 제안하기도 한다. 이러한 결과를 보면, 개인이 세우는 목표 또한 다른 요소(예: 유전적 요소)에 의해 '결정되는' 것이 아닌가 하는 의문이 들기도 한다. 그럼에도 목표 이론이 '목적론'으로 간주될 수 있는 이유를 서술하시오.

5 Murray의 욕구 이론과 Maslow의 욕구 위계 이론의 차이점에 대해 설명하시오.

6 Maslow가 제안한 자기실현적 인간은 Jung이 제안한 개성화 과정에 있는 인간과 크게 다르지 않은 모습을 보인다. 그런 측면에서 두 이론이 서로 다른 개념과 원리로 설명하기는 하지만 유사한 현상을 포착하고 있을 가능성이 있다. 차이점이라면 Jung은 모든 사람이 개성화 과정을 걷는다고 본 반면, Maslow는 소수의 사람들만이 자기실현적으로 살아간다고 제안한 것이다. 즉, 전자는 모두 개성화의 과정에 있으나 비교적 온전해지는 정도가 다르다고 해석하는 반면, Maslow는 비교적 소수만이 자기실현의 과정에 있고 다수는 결핍 욕구의 충족에 몰두한다고 본 것이다. 이러한 관점의 차이가 인간관 혹은 자기인식에 미치는 영향에 대해 서술하시오.

7 Rogers는 Jung과 유사하게 자기실현 경향성이 모든 인간에게서 생애 초기부터 존재한다고 가정한다. 또한 객관적 세계가 아닌 주관적 세계가 개인의 행동에 중요한 영향을 미친다는 관점을 지지하는 측면에서는 Adler와 유사하다. 개념 혹은 지식으로서의 자기(self)가 어린 시절부터 발달하면서 개인의 정서와 행동에 영향을 미친다는 가정은 자기심리학의 기본 가정이기도 하다. Rogers의 이론에서 고유한 측면은 자기의 구조와 구성 과정, 문제를 유발하는 기제라 할 수 있다. 해당 내용에 대해서 포괄적으로 서술하시오.

8 J는 고등학교 학생이다. 그는 수학을 정말 싫어했다. 들이는 시간 대비 성과가 너무 낮았기 때문이다. 다른 과목에 시간을 더 사용하는 것이 전체적으로 좋은 성적을 얻는 데에는 보다 효과적일 것이라는 생각마저 들었다. 그렇게 수학을 포기해 가는 모습을 본 J의 어머니는 하루에 수학을 2시간 동안 공부하면 토큰을 하나씩 주겠다고 제안했다. 토큰을 10개 모으면 J가 원하는 것을 가능한 목록 내에서 하나 얻을 수 있다. 그렇게 매일 수학 공부를 시작한 J는 언젠가부터 실력이 향상되는 자신을 인식하기 시작했다. 이전에는 쉽게 이해되지 않던 개념들도 어느 순간부터 좀 더 수월하게 이해되었고, 그에 따라 진도도 더 빨라졌다. 그렇게 몇 달이 지나고 재정이 바닥난 J의 어머니는 토큰 제공을 중단했다. 그렇게 J의 수학 공부도 중단될 것으로 예상되었지만, 놀랍게도 J는 계속해서 수학 공부를 이어 갔다. 수학 공부를 하는 것 자체가 재미있었기 때문이다. J의 변화 과정을 외재적 동기와 내재적 동기의 개념으로 설명하시오.

chapter

09

사회학습 및 인지 이론

◀ René Magritte(1898-1967) 인간의 조건(1933)

나는 세상을 있는 그대로 보고 있을까, 아니면 내 마음속 캔버스에 그려진 세계를 보고 있을까? 그 차이를 인식하는 것이 왜 중요한지 생각해 보자.

학습 목표

- Kelly의 개인적 구성개념 이론을 이해한다.
- Rotter의 기대-강화가치 모형과 통제 소재 이론을 설명할 수 있다.
- Bandura가 제안한 관찰 학습의 네 가지 과정을 설명할 수 있다.
- Mischel이 제안한 만족 지연 능력의 영향과 기제를 이해한다.

Kelly의 개인적 구성개념 이론

1) 배경
2) 기본 가정
3) 개인적 구성개념
4) 성격의 문제 및 치료

Ellis와 Beck의 인지 이론

1) 배경
2) 인지 매개 가설과 ABC 모형
3) 인지도식과 자동적 사고
4) 성격의 문제 및 치료

Rotter의 기대-강화가치 이론

1) 배경
2) 기대-강화가치 이론
3) 통제 소재 이론

Bandura의 사회학습 이론

1) 배경
2) 사회학습 이론
3) 사회인지 이론

Mischel의 인지-정서 성격 체계

1) 배경
2) 만족 지연과 자기조절
3) 인지-정서 성격 체계

성격심리학의 역사에서 중요한 변화의 시기를 꼽을 때 1950년대와 1960년대를 빼놓을 수 없다. 이 시기는 정신역동 계열의 이론과 행동주의 이론이 서서히 퇴장하고 인지주의의 영향을 받은 이론이 등장하던 전환기였다. 당시 정신역동 계열의 수련을 받고 임상 현장에서 활동하던 이론가와 임상가 들은 자아심리학에서 중요하게 다루던 자아의 적응적 측면을 연구하면서 자연스럽게 인간의 인지적 능력을 중심으로 하는 이론을 개발하기 시작했다. 이들은 다양한 심리적 문제와 적응에 영향을 미치는 인지적 요소를 집중적으로 연구하였다. 특히 경험을 어떤 방식으로 처리하여 주관적 세계를 구성하며, 그렇게 구성된 세계가 어떻게 유지되고 변하는지를 면밀하게 분석했다. 여기에 해당하는 이론가로는 George Kelly와 Albert Ellis, Aaron Beck을 들 수 있다.

한편, 행동주의적 관점에서 엄격한 실험 연구를 지향하던 연구자들은 전통적인 행동주의 이론의 한계를 인식하고 인지적 측면을 통합하는 방향으로 연구를 발전시켰다. 이들은 특히 학습 과정이나 행동 산출 과정에 관여하는 인지적 요소를 중점적으로 연구하여 고유한 이론을 개발하였다. 여기에 해당하는 이론가로는 Julian Rotter와 Albert Bandura를 들 수 있다.

Rotter의 제자이면서 성격의 인지적 변인을 포괄적으로 연구했던 Mischel(1973)은 성격에 영향을 미치는 다섯 가지 인지적 요인을 구체적으로 정리하여 제시한 바 있다.

첫째, **인지적 구성 능력**(cognitive construction competencies) 및 **행동적 구성 능력**(behavioral construction competencies)이다. 인간은 실시간으로 주어지는 다양한 정보를 능동적으로 처리하여 자기 자신이나 세계에 대한 의미 있는 모형을 구성한다. 또한 그 모형에 기반해서 현실 적응에 도움이 될 만한 다양한 행동 양식을 구성하기도 한다. Mischel(1973)은 이러한 인지적·행동적 구성 능력의 차이가 중요한 개인차를 유발할 것이라고 보았다.

둘째, **부호화 방략**(encoding strategies)과 **개인적 구성개념**(personal constructs)이다. 부호화 방략이란 개인에게 주어지는 자극을 처리할 때 사용하는 전략 혹은 도구를 의미한다. 개인적 구성개념은 Kelly가 제안한 개념으로 일종의 부호화 방략이라고 볼 수 있다. 전반적인 구성 능력 수준과는 별개로, 부호화에 사용하는 전략의 '내용' 자체가 개인차를 유발할 수 있다. 즉, 어떤 두 사람의 구성 능력 수준이 동일하다고 가정했을 때, 그들이 실제 부호화에 사용하는 전략의 내용 측면에서 차이를 나타낼 수 있는 것이다. Kelly와 Ellis, Beck은 개인의 부호화 방략에 특별한 관심을 두었다.

셋째, **행동-결과 기대**(behavior-outcome expectancy)와 **자극-결과 기대**(stimulus-outcome expectancy)이다. 기대란 어떤 사건이 일어날 확률 혹은 그 원인 등에 대한 믿음을 의미한다. 기대는 행동의 실행 가능성과 밀접하다. 예컨대 어떤 행동을 했을 때 부정적 결과가 일어날 것이라고 기대한다면 그 행동을 수행할 가능성은 낮아지는 것이다. 기대와 관련된 흥미롭고 유용한 개념을 제안한 학자로는 Rotter와 Bandura를 들 수 있다.

넷째, **자극의 주관적 가치**(subjective stimulus values)이다. Mischel(1973)은 특정 자극이 갖는 가치가 사람마다 혹은 상황마다 달라질 수 있다고 보았다. 예컨대 '식빵'이라는 자극에 부여하는 주관적 가치는 사람마다 다를 수 있고, 동일한 사람이라도 상황마다 다를 수 있다. 따라서 어떤 자극은 특정 개인의 중요한 목표가 될 수 있지만, 다른 사람에게는 목표가 되지 못하며,

동일한 사람이라도 상황이 달라지면 더 이상 목표의 기능을 유지하지 못할 수도 있다. 특정 자극의 주관적 가치에 대한 연구는 Rotter에 의해 체계적으로 진행되었다.

다섯째, **자기조절 체계 및 계획**(self-regulation systems and plans)이다. 자기조절이란 특정한 목표를 달성하기 위해 자신의 생각이나 정서, 행동 등을 적절히 억제하거나 생성, 유지, 대체하는 과정을 의미한다. Mischel은 개인의 자기조절 능력에 특별한 관심을 두었으며, 관련된 개념 및 모형을 개발하였다.

여기에서는 소개된 주요 인지적 변인들을 중점적으로 연구한 학자들을 소개하려고 한다. 우선 부호화 방략을 연구한 이론가들을 살펴보고, 이후 기대와 주관적 가치, 자기조절 체계를 연구한 이론가들을 순차적으로 소개할 것이다.

1 Kelly의 개인적 구성개념 이론

인간의 부호화 방략을 체계적으로 연구한 대표적인 심리학자로는 Kelly를 들 수 있다. 그는 모든 인간이 자기만의 부호화 방략을 구성하고 다듬으며 살아간다고 보았으며, 부호화 방략의 특성에 따라 적응 수준이 달라질 수 있다고 제안했다. Kelly가 개발한 개인적 구성개념 이론에 대해 구체적으로 살펴보자.

1) 배경

Kelly는 1905년에 미국 캔자스주 위치타 근처의 농촌 지역에서 외아들로 태어났다. 평범한 어린 시절을 보낸 그는 미주리주에 있는 파크 대학교(Park University)에 입학하여 물리학과 수학을 공부하였고, 1926년에 학사 학위를 받았다. 이후 캔자스 대학교(University of Kansas)에 진학하여 교육사회학 석사 학위를 받았으며, 여러 기관에서 다양한 강의를 하며 생활했다. 1929년에는 영국의 에든버러 대학교(The University of Edinburgh)에서 교육 학사 학위를 받기도 했으며, 이후 미국으로 돌아와 아이오와 주립대학교(Iowa State University)에서 심리학 공부를 시작했다.

1931년에 박사 학위를 받은 그는 캔자스주로 돌아와 포트 헤이스 주립대학교(Fort Hays State University)에 머물면서 심리치료와 연구 활동을 이어 갔다. 그는 이곳에서 교육 수준이나 경제적 수준이 낮은 사람들을 대상으로 심리평가와 심리치료를 진행하였으며, 이 과정에서 기존의 정신분석적 치료가 이들에게 큰 도움이 되지 않는다는 사실을 깨달았다. 그는 이 경험을 통해 교육 수준이 낮은 사람들에게도 적용할 수 있는 효과적이면서도 복잡하지 않은 치료 이론이 필요함을 인식하였다.

▲ George Kelly

제2차 세계대전 중에는 미 해군에서 심리학자로 복무하였고, 이후 메릴랜드 대학교(University of Maryland)를 거쳐 오하이오 주립대학교에서 교수직을 담당했다. 이 대학에서 임상심리학 교수로 19년 동안 활동하면서 자신만의 고유한 성격 이론 및 치료 이론을 개발하였으며, 1955년에는 자신의 핵심적인 주장을 담은 『The Psychology of Personal Constructs』를 출간하였다. 1965년에는 브랜다이스 대학교로 자리를 옮겼으며, 그곳에서 인본주의 심리학자인 Maslow와 함께 일했다. 하지만 2년 뒤인 1967년에 61세의 나이로 안타깝게 세상을 떠났다.

2) 기본 가정

Kelly는 많은 심리학자와 심리치료자를 만나는 과정에서 흥미로운 현상을 발견했다. 그들은 모두 스스로를 엄격한 과학자로 인식하고 있었던 것이다. 현상을 관찰하여 이론을 구성하고, 이론을 토대로 만들어 낸 가설을 체계적으로 검증하는 존재로 인식한 셈이다. 그러면서도 그들이 만나는 내담자나 일반인을 과학자로 보지는 않았다. 그들에게 있어 내담자나 일반인은 단순히 성적 추동의 피해자이거나 조건 형성의 지배를 받는 존재였다. Kelly는 이들의 인식이 틀렸다고 보았다. 그에 따르면, 심리학이나 과학을 모르는 일반인도 나름의 방식으로 실제 세계를 반영하는 구성물 혹은 이론을 만들어 내고, 그것을 토대로 예측하고 행동하며, 그 결과를 받아들여 이론을 수정하는 일련의 과정을 반복한다. 즉, 전문가로서의 과학자가 하는 활동과 거의 유사한 활동을 하는 것이다. Kelly는 이러한 현상에 주목하여 모든 인간이 일종의 비전문적인 과학자(naïve scientist)라고 주장했다.

그에 따르면, 모든 인간은 나름의 방식으로 세상을 구성한다. 세상을 구성하는 방식에는 다양한 대안이 존재한다. Kelly는 이를 **구성적 대안주의**(constructive alternativism)라고 불렀다. 구성적 대안주의 관점에서 보면, 모든 사람은 서로 다른 방식으로 세상을 구성할 수 있으며, 구성 방식을 다른 대안으로 바꿀 수도 있다. 사실 구성 방식을 지속적으로 수정하는 것은 적응에 꼭 필요한 과정이다. 우리가 살아가는 환경은 매우 복잡하기 때문에 각 상황에 맞게 구성 방식을 적절히 수정해야 성공적으로 적응할 수 있다. 개인은 과학자가 이론을 개발하고 수정하는 것과 마찬가지로, 나름의 구성 체계를 개발하고 수정한다. 구성 체계에 기반하여 사건을 예측하고, 예측 결과를 토대로 행동한 뒤, 그 결과를 분석하여 구성 체계를 다시 수정하는 것이다.

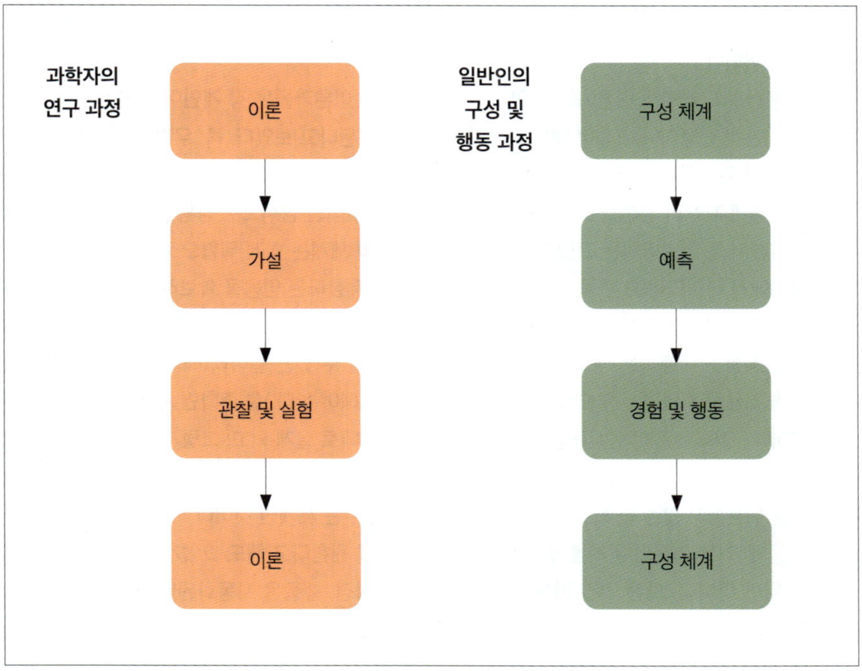

그림 9.1 과학자의 연구 과정과 일반인의 구성 및 행동 과정 비교

수정할 것인가, 유지할 것인가?

Kelly의 관점에 따르면, 우리는 모두 과학자이다. 우리 스스로가 세상에 대한 나름의 이론을 만들어 내는 능동적인 연구자인 것이다. 연구자로서의 인간은 모두 나름의 이론을 가지고 있다. 나에 대한 이론, 타인에 대한 이론, 세상에 대한 이론 같은 것을 보유하고 있다는 말이다. 이것을 인정한다면, 다음 질문에 답해 보자. 수정을 해서라도 당신의 이론이 좀 더 정확해지길 바라는가, 아니면 더 이상의 수정 없이 안정적으로 유지되길 바라는가?

어쩌면 당연한 질문을 하는 것처럼 여겨질 수도 있다. '정확한 이론'의 이점이 명백하기 때문이다. 그런데 이 문제는 생각보다 복잡하다. 이 문제를 두 단계로 나누어서 생각해 보기로 하자. 첫 번째 단계는 과연 모든 사람이 이론의 수정을 원하는지를 살펴보는 것이고, 두 번째 단계는 원한다고 해서 모두 수정할 수 있는지를 살펴보는 것이다.

첫째, 모든 사람은 자신이 만든 이론의 수정을 원할까? 사실 이 질문에 대한 답은 '네/아니오'로 간단하게 정리되기 어렵다. 물론 사람에 따라서는 간단히 답하는 경우도 있겠지만, 대부분은 '일부는 그렇고, 일부는 그렇지 않다'고 답할 것이다. 우리가 지금까지 공부해 온 다양한 이론들을 보면, 근간이 되는 기본 가정이 있고, 상대적으로 덜 중요하거나 제거할 수도 있는 부수적인 명제도 있다. 부수적인 것은 쉽게 수정할 수 있다. 수정한다고 해서 전체 이론에 큰 영향을 미치지는 않기 때문이다. 하지만 기본 가정은 사정이 다르다. 이론의 모든 개념과 명제의 뿌리를 수정하거나 없애는 것과 같기 때문이다. 이것은 쉬운 일이 아니다. 지금까지 쌓아 올린 것을 모두 버리고 처음부터 다시 시작해야 한다는 말인데, 이것은 그 누구도, 심지어 Freud도 감당하기 어려운 일일 것이다. 실제로 Freud는 자신의 이론에 담긴 핵심 가정을 수정하지 못하여 많은 동료를 떠나보냈다. 간단히 정리하면, 현실에 맞게 이론의 일부를 수정하는 것은 가능하지만, 핵심적인 명제나 가정은 수정하기 어렵다.

정신분석 계열의 이론가들과 인지적 관점의 성격 이론가들은 각 개인이 지닌 이론 혹은 기본적 신념이나 가정이 대체로 어린 시절에 형성된다고 보았다. 즉, 우리가 지닌 이론의 기본 가정은 어린 시절에 만들어진다는 것이다. 어린 시절은 성인기와 다르다. 성인은 적절하게 자신의 감정을 조절하면서 논리적이고 합리적인 방식으로 상황을 파악하여 정리하겠지만, 어린아이는 그렇게 하기 어렵다. 아이의 세계는 쉽게 위협으로 물든다. 그런 상황에서 아이의 중요한 목표는 세상을 이해하고 통제한다는 믿음을 확보하는 것이다. 그것이 환상일지라도 살아남기 위해서는 필요하다. 예컨대 '나는 쓸모 없다.'라는 믿음도 주어진 상황을 이해하는 데 도움이 되고, 나아가 통제할 수 있는 실마리(예: 쓸모없는 아이니까 조용히 지내면서 부모님이 시키는 일을 열심히 해야 한다.)를 준다면 채택할 수 있는 것이다. 그렇게 기본적인 가정이 만들어지면 그 가정대로 살게 되고, 그렇게 살다 보면 그것이 하나의 일관성 있는 세계가 된다. 어찌 보면 고통스러워 보이는 삶의 모습이지만, 근간을 뒤흔들지 않는 한 최소한의 안정감과 통제감을 주는 세계인 것이다.

둘째, 기본 가정의 문제를 인식하고 그것을 바꾸길 원한다고 해도 그렇게 하는 것은 쉬운 일이 아니다. 오랜 기간 반복되어 온 생각이나 감정, 행동은 자동화된다. 자동화된다 함은 우리가 의식적으로 통제하지 않아도 작동한다는 것을 의미한다. 정신분석 이론가들은 이 과정을 '무의식적 과정' 혹은 '전의식적 과정' 등으로 표현할 것이다. 어떻게 표현하든 우리의 의식을 거치지 않는 자동적 과정이라는 것은 변함이 없다. 이렇게 자동화된 처리는 수정하기 어렵다. 작동하는 순간을 파악할 수 있어야 하는데, 그 과정이 의식에서 벗어나 있기 때문이다. 따라서 자동화된 과정 혹은 의식의 범위를 벗어난 과정을 우선 의식할 수 있어야 한다. 이 과정이 선행되지 않는다면 수정은 불가능하다. 의식할 수 없는 것을 어떻게 의식할 수 있을까? 말장난 같아 보이지만, 많은 정신분석가들과 인지적 관점의 치료자들이 이 작업에 몰두했으며, 그 결과 다양한 방법 혹은 기법들이 개발되었다. 이러한 방법들을 적용하면 자동화된 과정을 어느 정도 의식하는 것이 가능하며, 의식하면 검토 및 수정의 기회를 얻을 수 있다.

살펴본 바와 같이 이론과 현실이 다르다고 해서 말처럼 쉽게 수정할 수 있는 것은 아니다. 수정이 수월했다면 이론과 현실의 격차가 그리 크지 않았거나, 핵심적인 가정의 수정은 아니었을 가능성이 높다. 혹은 일시적인 환상(예: 나는 새롭게 태어났다. 이제 이전과는 완전히 다른 사람으로 살 수 있다.)에 빠져 있는지도 모르는 일이다. 우리가 세상을 이해하고 반응할 때 사용하는 이론의 핵심 가정은 쉽게 바뀌지 않는다. 오직 체계화된 방법을 이용해 점진적으로, 오랜 시간을 들여 작업해야 변할 수 있다. 이 과정은 이전과는 전혀 다른 환경에 적응해 나가는 것과 마찬가지로 어색함과 미련, 두려움, 혼란스러움이 수반되는 어렵고 고된 과정이다. 이 점을 기억해야 파괴적인 세계관에 빠져 헤어나지 못하는 사람들을 조금이나마 이해할 수 있을 것이다.

3) 개인적 구성개념

Kelly는 과학자로서의 인간이 세상을 구성할 때 사용하는 도구로 개인적 구성개념을 제안하였다. **개인적 구성개념**(personal constructs)이란 상황이나 사건을 해석하고 예측하는 데 사용되는 인지 구조를 의미한다. Kelly에 따르면, 개인적 구성개념은 반복적으로 경험하는 것을 이용해서 구성된다. 어떤 경험이 반복되면, 다음에도 그러한 경험이 나타날 것이라 기대할 수 있고, 그러한 기대가 예측의 기반이 되기 때문이다. 예컨대 친절하게 행동했던 사람이 반복적으로 그런 행동을 보이고, 불친절하게 행동했던 사람도 반복적으로 그런 행동을 보인다면, 친절 혹은 불친절을 중요한 구성개념으로 채택하여 예측에 사용할 수 있다.

Kelly가 제안한 개인적 구성개념의 독특한 특징은 그 구조에 있다. 그에 따르면, 개인적 구성개념은 **이분법적 구조**(dichotomus structure) 혹은 **양극성 구조**(bipolar structure)를 가진다. 예컨대 '선한-악한'이나 '친절한-불친절한',

'부드러운-딱딱한', '따뜻한-차가운' 등의 구조를 나타내는 것이다. 개인적 구성개념이 이러한 구조를 가지는 이유는 인간이 대상이나 사건을 분류하는 방식과 밀접한 관련이 있다.

대상이나 사건을 분류할 때 사용할 수 있는 가장 손쉬우면서도 빠른 방법은 '유사점과 차이점'을 분석하는 것이다. 예를 들어, 다수의 사람을 분류하고자 할 때 키가 큰 사람과 키가 작은 사람으로 분류하거나, 남성과 여성으로 분류하는 식이다. Kelly는 이렇게 유사점과 차이점을 분석하는 과정에서 이분법적 구조의 개인적 구성개념이 형성된다고 보았다. 그에 따르면, 개인적 구성개념이 만들어지기 위해서는 적어도 세 개의 요소가 필요하다. 즉, 두 요소는 서로 유사하게 인식되고, 나머지 한 요소는 다른 두 요소와 다르게 인식되어야 한다. 이때 유사하다고 인식되는 두 요소가 공유하는 특성이 구성개념의 **유사극**(similarity pole)을 구성하고, 남은 한 요소가 다른 두 요소와 다르게 갖는 특성이 구성개념의 **대조극**(contrast pole)을 구성한다. 예컨대 A와 B, C 세 사람이 있을 때, A와 B는 수용적이라는 측면에서 유사하고, C는 A, B와 달리 거부적이라는 차이점을 갖는다고 인식했다면, '수용적-거부적'이라는 구성개념이 형성될 수 있는 것이다.

이렇게 형성된 개인적 구성개념은 대상이나 사건, 상황 등을 해석할 때 사용되는데, 두 극 중 좀 더 일치하는 쪽을 선택하는 방식을 취한다. 예컨대 어떤 사람이 대체로 오만하고 무례한 행동을 보인다면, '친절-불친절' 구성개념 중 '불친절'을 선택하는 식이다. 이렇게 구성개념이 사용되면, 그 사람은 '불친절'한 사람으로 인식되고, 그에 따른 인지적·정서적·행동적 반응이 유발될 수 있다. 구성개념이 사용되는 과정은 의식적일 수도 있고, 그렇지 않을 수도 있다. 즉, 미처 알아차리지 못한 상황에서 빠르게 사용되어 자신에게 특정한 구성개념이 있다는 사실조차 충분히 자각하지 못할 수도 있는 것이다.

Kelly에 따르면, 개인적 구성개념은 일종의 체계를 이룬다. 구성개념 체계는 상위 구성개념(superordinate constructs)과 하위 구성개념(subordinate constructs)으로 이루어지는 위계적 구조를 가지고 있다. 상위 구성개념과 하위 구성개념은 내용상 관련이 있으면서도 적용의 범위 측면에서 차이가 있다. 상위 구성개념은 상대적으로 넓은 범위의 대상이나 사물에 적용 가능한 반면(예: 좋은-나쁜), 하위 구성개념은 상대적으로 좁고 구체적인 사용 범위를 갖는다(예: 친절한-불친절한). 구성개념을 중요도나 영향력 측면에서 구분할 수도 있다. 상대적으로 영향력이 크고 쉽게 바뀌지 않는 구성개념을 핵심 구성개념(core constructs)이라 부르고, 영향력이 작고 쉽게 변하는 구성개념을 말초 구성개념(peripheral constructs)이라 부른다. 두 유형을 구분하는 기준이 명확한 것은 아니지만, 개인의 감정이나 행동에 영향을 미치는 정도나 경험에 의해 수정되는 정도에 따라 상대적인 중요도를 구분해 볼 수 있다.

구성적 대안주의에서 언급한 바와 같이, 개인적 구성개념은 변할 수 있다. 특히 구성개념이 현실을 이해하고 예측하는 데 도움이 되지 않는다고 판단되면 구성개념을 수정하거나 대체할 수 있다. 혹은 새로운 구성개념을 추가하거나 전체적인 조직을 변경할 수도 있다. 이미 형성된 구성개념은 변화 가능성 혹은 변화의 용이성 측면에서 서로 차이를 보인다. 어떤 구성개념은 상대적으로 쉽게 변하는 반면, 다른 구성개념은 쉽게 변하지 않는다. 비교적 초기에 형성되어 오랜 역사를 가지고 있는 핵심 구성개념일수록 쉽게 변하지 않으며, 상대적으로 최근에 형성된 말초 구성개념일수록 좀 더 수월하게 변한다.

4) 성격의 문제 및 치료

Kelly에 따르면, 개인마다 구성개념의 내용과 구조가 다르다. 이러한 개인차는 기본적인 정서 반응이나 행동의 차이를 유발할 수 있다. 즉, 동일한 사건을 경험하더라도 사용된 개인적 구성개념이 다르면 해석과 반응이 달라지고, 그에 따라 적응에도 차이를 나타낼 수 있는 것이다. 따라서 개인의 성격을 이해하고 심리적 어려움이나 문제를 개선하려면 개인적 구성개념을 구체적으로 분석해 보아야 한다.

Kelly는 개인의 구성개념을 분석하기 위한 도구로 **역할 구성개념 목록 검사**(Role Construct Repertory Test: Rep Test)를 개발하였다. 이 검사는 두 단계로 진행된다. 첫 번째 단계에서는 수검자가 삶 속에서 일상적으로 만나는 '역할 대상'을 나열한다. 여기에는 어머니나 아버지와 같은 가족 구성원이 포함될 수 있고, 자기 자신, 좋아하는 선생님, 싫어하는 선생님, 친한 이웃, 어울리기 힘든 이웃 등이 포함될 수도 있다. 일반적으로 20~30개 정도의 역할을 떠올리는 경향이 있지만, 이 또한 개인차가 있을 수 있다. 역할을 정할 때 각 역할을 대표하는 구체적 인물을 떠올리면 2단계 작업이 수월해진다. 두 번째 단계에서는 준비된 역할 대상을 이용해 수검자의 구성개념을 추출한다. 여기에서는 준비된 역할 대상 중 3명을 무작위로 (혹은 체계적으로) 선정하여 두 명이 서로 같고 나머지 한 명은 다른 특성이 무엇인지를 제시하도록 한다. 예컨대 어머니와 누나는 '온화하지만', 아버지는 '냉정하다'고 보고하도록 하는 것이다. 이 경우 추출된 개인적 구성개념은 '온화함-냉정함'이다. 이와 같은 식으로 3명의 대상을 선정하여 구성개념을 추출하는 과정을 반복한다. 이때 같은 구성개념이 반복적으로 추출될 수도 있는데, 대상을 달리하여 선정해도 더 이상 새로운 구성개념이 추출되지 않는다면 2단계 과정을 중단할 수 있다. 표 9.1에 역할 구성개념 목록 검사의 간단한 예를 제시하였다.

역할 구성개념 목록 검사를 실시하면 수검자의 구성개념을 확인할 수 있다. 수검자가 주로 어떤 내용의 구성개념을 사용하는지, 자기 자신은 각 구성개념에서 유사극과 대조극 중 어느 쪽에 위치한다고 생각하는지 등은 수검자가 세상을 인식하는 방식이나 자기 자신에 대해 가지고 있는 태도, 감정 등에 대한 중요한 정보를 제공한다.

구성개념 체계의 구조적 특성 또한 개인의 성격 특성을 드러낸다. 다양한 방식의 분석이 가능하겠지만, 많은 연구자의 관심을 받은 구조적 특성은 복잡성(complexity)이다. 연구자들에 따르면, 구성개념의 복잡성 혹은 **인지적 복잡성**(cognitive complexity)이 높은 사람들은 낮은 사람들에 비해 타인의 행동을 보다 정확하게 예측한다(Bieri, 1955). 구성개념이 복잡한 사람일수록

표 9.1 역할 구성개념 목록 검사 예시

나	아버지	어머니	좋아하는 선생님	싫어하는 선생님	동성 친구	이성 친구	직장 상사	유사 구성개념	대조 구성개념
○	●	○						침착한	불안한
○					○		●	잘 들어주는	자기 말만 하는
	●		○		○			자신감 있는	열등감을 느끼는
	○			○		●		화를 내는	온화한
		○	●				○	성취 지향적인	관계 지향적인

타인을 좀 더 세분화하여 인식하며, 그에 따라 행동에 대한 예측의 정확성 또한 증가하는 것이다. 인지적 복잡성이 다르면 외부로부터 주어지는 정보를 활용하는 양상 측면에서도 차이를 나타낸다. 즉, 인지적 복잡성이 높은 사람들은 서로 불일치하는 정보를 포괄적으로 받아들여 타인에 대한 인상을 형성하는 반면, 복잡성이 낮은 사람들은 일치하는 정보만 받아들여 인상을 형성하고 불일치하는 정보는 배제하는 경향이 있다(Mayo & Crockett, 1964).

Kelly는 성격 문제나 심리장애 혹은 정신병리가 구성개념 체계의 문제와 관련이 있다고 보았다. 특히 현상을 정확히 예측하지 못하고 반복적으로 실패를 경험하면서도 구성개념 체계를 수정하거나 보완하지 못하는 것이 중요한 문제라고 여겼다. 간단히 말해 구성개념 체계의 **경직성**(rigidity)이 성격 문제의 핵심이라고 보았다.

개인의 구성개념 체계가 유연하게 발달하지 못하고 경직된 양상을 나타내는 이유는 다양하다. Kelly는 특히 구성개념 체계의 오작동이나 변화와 관련된 감정 경험에 대한 태도가 중요한 원인일 것이라고 보았다. 그에 따르면, 사람들은 일반적으로 자신의 구성개념이 어떤 현상을 예측하는 데 어려움을 겪을 때 **불안**(anxiety)을 느끼고, 기존의 구성개념과는 전혀 다른 구성개념이 체계에 진입하려 할 때 **두려움**(fear)을 느낀다. 또한 핵심적인 구성개념 체계가 곧 전반적으로 변경될 것이라는 사실을 자각하면 **위협**(threat)을 느낀다. 이러한 감정을 적절히 인내하고 수용하면서 구성개념을 수정하면 큰 문제가 없지만, 감정을 회피하면서 기존의 구성개념을 고수하려 하면 경직성이 강화되어 다양한 부적응을 초래할 수 있다.

따라서 개인의 성격적 문제를 치료하는 방법은 곧 구성개념 체계의 타당성을 높이는 방향으로 적절히 수정하는 것이고, 이를 위해서는 구성개념 체계와 관련된 불안이나 두려움, 위협의 감정을 적절히 다루어 주어야 한다. Kelly는 이러한 목적을 달성하기 위해 **고정 역할 치료**(fixed-role therapy)라는 흥미로운 치료 기법을 개발하였다. 고정 역할 치료에서는 내담자의 실제 모습과는 다른 새로운 인물을 구체적으로 묘사한 뒤, 일정 기간 동안 그 인물이 된 것처럼 생각하고, 행동하도록 한다. 어떤 인물을 연기할 것인지는 사례마다 다르게 설정되지만, 일반적으로는 내담자가 중요하게 여기는 구성개념에서 내담자가 해당하는 것으로 여겨지는 극의 반대극을 참고하는 경향이 있다. 예컨대 '성취 지향적-관계 지향적' 구성개념을 중요하게 고려하는 어떤 내담자가 자기 자신을 '성취 지향적'인 사람으로 인식한다면, 새로운 역할로 '관계 지향적' 인물을 설정하는 것이다. 이러한 기법의 주된 목적은 지금과는 전혀 다른 새로운 사람이 되는 것이 아니라, 새로운 관점을 체험해 봄으로써 구성개념의 변화와 관련된 부정적 감정을 줄이고 좀 더 유연하게 구성개념을 수정할 수 있도록 돕는 것이다.

2 Ellis와 Beck의 인지 이론

Kelly와 마찬가지로 심리치료 영역에서 활동했던 Ellis와 Beck은 인간의 행동에 영향을 미치는 인지적 구조나 부호화 방략이 좀 더 다양할 것이라고 보았다. 그들은 특히 생각의 형태로 드러나는 인지적 산물에 주목하여 체계적인 이론을 개발했다. 두 학자가 제안한 이론의 배경과 주요 개념 및 원리에 대해 살펴보자.

1) 배경

개인의 인지적 구성 능력과 그 결과물이 개인의 부적응적 정서와 행동에 중요한 영향을 미친다는 사실을 체계적으로 분석하여 이론화한 대표적 인물로는 Albert Ellis와 Aaron Beck을 들 수 있다. Ellis는 미국 펜실베이니아주에서 태어났으며 대학에서 경영학을 전공했다. 이후 작가로도 잠깐 활동했지만 큰 성과를 내지는 못했고, 컬럼비아 대학교에 진학하여 1943년에 심리학 박사 학위를 받으면서 임상심리학자로 활동하기 시작했다. 당시 미국의 대학에서 공부하던 대부분의 심리치료자들은 정신분석

▲ 2000년 APA Convention에 함께 참석한 Beck(왼쪽)과 Ellis(오른쪽)

적 관점의 훈련을 받았다. Ellis 또한 한동안 정신분석가로 활동했으나 치료 성과에 대한 불만족을 경험하면서 새로운 치료 이론을 개발하기 시작했다. 그는 특히 개인의 비합리적 신념이 행동에 미치는 영향에 큰 관심을 두었으며, 신념을 효과적으로 수정할 수 있는 다양한 기법들을 개발하였다. 1955년에는 그간의 성과를 정리하여 **합리적 치료**(Rational Therapy)라는 새로운 치료 이론을 제안하였다. 이 이론은 이후 수정을 거듭하면서 **합리적 정서치료**(Rational Emotive Therapy), **합리적 정서행동치료**(Rational Emotive Behavior Therapy)로 발전했다. Ellis는 매우 열정적인 치료자이자 연구자, 작가로 왕성하게 활동했다. 그는 대략 80권의 저서와 1,200여 편의 논문을 작성했으며, 수많은 사람을 대상으로 심리치료와 강연, 워크숍 등을 진행했다.

Beck은 미국 로드아일랜드주 출신으로 1946년에 예일 대학교(Yale University)에서 의학 박사 학위를 받았다. 그는 신경의학 레지던트 과정을 이수하다가 우연히 정신의학을 접하게 되었고, 이후 정신의학으로 방향을 전환하여 전문의 자격을 취득했다. 1950년에는 메사추세츠주에 있는 연구 중심 정신병원인 오스틴 릭스 센터(Austen Riggs Center)에서 전문의로 활동했는데, 당시 David Rapaport나 Erik Erikson과 같은 유능한 자아심리학자들이 그곳에서 활동하고 있었다. Beck은 오스틴 릭스 센터에서 대략 2년 정도 활동하다가 1954년에 펜실베이니아 대학교의 정신의학과 교수로 임용되었다. 그는 Ellis와 마찬가지로 정신분석을 이용해 환자들을 치료하려 시도하였으며, 특히 우울증 치료에 관심이 많았다. Ellis와의 차이라면 경험적 연구에 대한 열의가 더 컸다는 데 있을 것이다. Beck은 우울증 환자의 사고 특성을 체계적으로 연구하였으며, 그 결과 환자들이 수시로 경험하는 사고의 내용과 구조적 특성이 우울증에 중요한 영향을 미친다는 것을 파악하였다. 그는 이를 토대로 우울증에 대한 새로운 치료 이론을 제시하였으며, 이 이론을 **인지치료**(cognitive therapy)라고 명명했다. 그의 이론은 이후 다양한 심리장애로 확장되었으며, 현대 심리치료 연구에서 가장 큰 비중을 차지하는 대표적인 이론으로 자리매김했다. Beck은 펜실베이니아 대학교를 떠나지 않고 약 70여 년 동안 머물면서 연구자이자 치료자로 왕성하게 활동했다.

2) 인지 매개 가설과 ABC 모형

Ellis와 Beck의 이론은 주요 개념이나 모형 측면에서 차이가 있지만, 공통적으로 인정하는 기본 가설이 있다. **인지 매개 가설**(cognitive mediation hypothesis)이라 불리는 이 가설은 어떤 자극(stimulus)과 반응(response) 사이를 인지(cognition)가 매개한다고 가정한다. 예컨대 길을 가다가 어떤 소리를 들으면, 그 소리에 대한 인식 및 해석이 나타나고, 그 결과에 따라 정서나 행동이 유발되는 것이다. 그 소리가 별다른 위협이 되지 않는다고 해석했다면 특별한 정서나 행동이 유발되지 않겠지만, 위협이 된다고 해석했다면 두려움 등의 부정 정서와 회피 혹은 도피 행동이 유발될 것이다.

Ellis는 인지 매개 가설을 **ABC 모형**으로 정리하여 제시하였다. 이 모델에서 A는 선행 사건(Antecedent event)을 의미하고, B는 신념(Belief), C는 결과(Consequence)를 의미한다. 그는 어떤 사건에 의해 유발되는 중요한 인지로 신념에 주목하였다. **신념**이란 개인이 어떤 대상이나 현상 등에 대해 가지고 있는 명제 형태의 믿음을 의미한다. Ellis는 부적응을 경험하는 사람들이 독특한 신념을 가지고 있다고 주장했으며, 그러한 신념을 **비합리적 신념**(irrational belief)이라고 명명했다. Ellis가 제안한 비합리적 신념의 핵심적 특징은 비현실성과 당위성 혹은 경직성이다. 인간은 자기 자신과 타인, 세상에 대한 다양한 신념을 가지고 살아간다. Ellis에 따르면, 적응적으로 살아가는 사람의 신념은 대체로 현실적이고 유연한 경향이 있는 반면, 부적응을 겪는 사람의 신념은 상대적으로 비현실적이고 경직된 특성을 나타낸다. 그는 특히 '반드시 ~해야 한다(must, should)'와 같은 형태를 띠는 당위적 신념들이 문제가 된다고 보았다. 예컨대 '나는 반드시 완벽하게 모든 일을 수행해야 한다.'

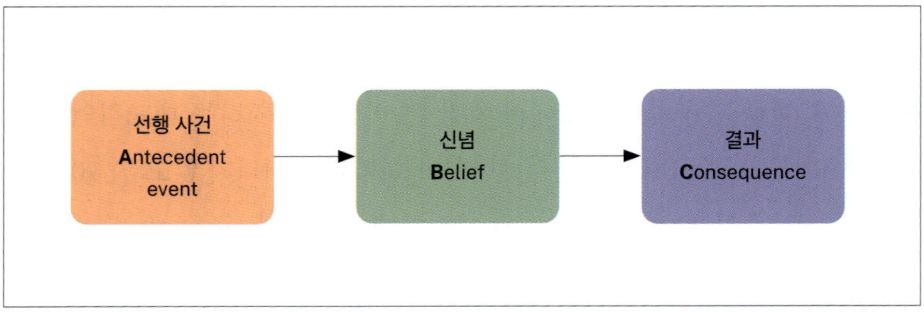

그림 9.2 Ellis의 ABC 모형

라는 신념이나 '친구라면 반드시 나의 모든 부탁을 들어주어야 한다'라는 신념, '사회는 항상 완벽하게 공정해야 한다'라는 신념 등이 다양한 문제를 유발할 수 있다고 보았다. 어떤 선행사건에 의해 이러한 비합리적 신념이 촉발되면, 관련된 사고 과정을 거쳐 부적응적 정서 반응이나 행동이 나타날 수 있다.

3) 인지도식과 자동적 사고

Beck 또한 Ellis와 유사한 모형을 제시한 바 있다. 차이가 있다면, Ellis와 달리 인지적 요소를 크게 두 유형으로 구분한 점이다. Ellis가 비합리적 신념을 주로 강조했다면, Beck은 역기능을 초래하는 신념뿐만 아니라 그러한 신념에 의해 유발되는 독특한 사고(thought)에도 주목하였다. 그는 Kelly와 마찬가지로 각 개인이 대상이나 현상을 해석하는 데 사용하는 고유한 인지적 체계가 있다고 가정했다. 발달심리학자인 Jean Piaget의 도식(schema) 개념을 빌려와 **인지도식**(cognitive schema)이라 명명된 이 체계는 다양한 경험과 지식 등이 통합되어 구성된 일종의 기억 체계이며, 개인이 지닌 신념으로 그 내용을 추정할 수 있다. 인지도식의 주요 기능은 살면서 경험하는 다양한 사건들을 효율적으로 처리하여 반응하는 것이다. 이를 위해 특정한 자극에 선택적으로 주의를 기울여 특정한 방식으로 해석하도록 하며, 특정한 정서 반응과 행동을 유발한다.

인지도식이 자극을 처리하면, 그 결과 독특한 사고가 유발된다. 이 사고는 매우 자동적이고 빨라서 충분히 의식되지 않을 수 있지만, 개인의 정서와 행동에 중요한 영향을 미친다. Beck은 인지도식을 이용한 처리의 결과물로 나타나는 이러한 독특한 사고를 **자동적 사고**(automatic thought)라고 명명했다. 그는 역기능적 신념으로 구성된 인지도식을 가지고 있는 사람들이 어떤 사건을 경험하면, **인지적 오류**(cognitive error)를 담고 있는 자동적 사고가 유발되고, 그 결과 부정 정서를 포함한 다양한 부적응적 증상이 나타난다고 제안했다. 예컨대 '나는 쓸모없는 사람이다', '다른 사람들은 나를 싫어할 것이다'와 같은 신념으로 구성된 인지도식을 가지고 있는 누군가가 묘한 표정으로 자신을 바라보는 친구를 인식했다면, '저 아이도 나를 싫어하는구나', '결

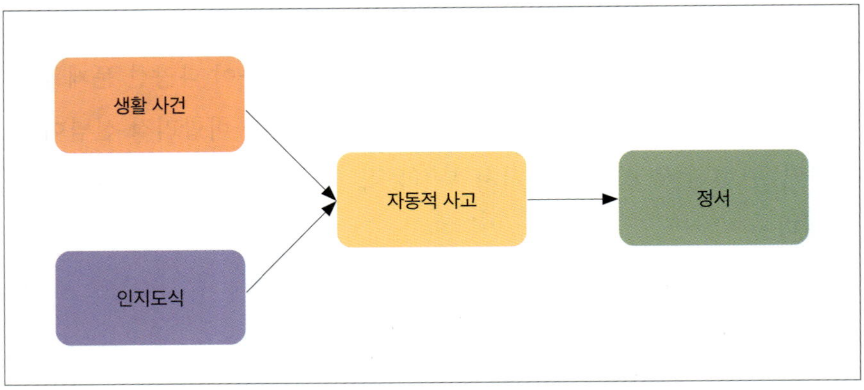

그림 9.3 Beck의 인지 모형

국 모두가 나를 싫어하고, 나는 결국 외톨이가 될거야'와 같은 자동적 사고가 유발되어 불안과 슬픔 등을 경험하는 것이다.

4) 성격의 문제 및 치료

Ellis와 Beck은 기본적으로 이상 행동 및 심리장애의 원인을 밝히는 데 관심을 두었다. 특히 우울증과 같이 일시적으로 나타났다가 사라질 수 있는 심리장애에 대한 이론을 발전시켰다. 이후 연구가 누적됨에 따라 심리장애의 주요 하위 유형인 성격장애 또한 인지적 이론이나 모형으로 설명할 수 있을 것이라는 기대가 생겨났다. 예를 들어, Beck과 Freeman(1990)은 기존의 인지치료를 성격장애에 적용하는 이론적 근거와 방법을 구체적으로 제시했다. 이들에 따르면, 성격장애의 핵심은 **역기능적 인지도식**(dysfunctional cognitive schema)이다. 인지도식은 본래 기능적이다. 다양한 정보를 효율적으로 처리하여 빠르게 대응하도록 돕는 유익한 인지적 구조물인 것이다. 하지만 경우에 따라서는 이러한 인지도식이 역기능적으로 작동할 수 있으며, 그 결과 성격적인 문제를 초래할 수 있다.

인지도식은 오랜 경험을 반영하여 만든 인지적 구조이며 기본적으로 영속적인 경향이 있어 성격의 일부분을 구성할 가능성이 높다. 인지도식의 구성과 유지, 수정 과정은 Kelly의 구성개념 체계와 매우 유사하다. 개인은 자신의 경험을 토대로 자기 자신과 타인, 세계 등에 대한 신념을 구성하며, 구성된 신념은 이후 경험에 의해 수정되거나 대체될 수 있다. 하지만 인지도식은 기본적으로 기존의 구조를 유지하고 강화하는 방식으로 정보를 처리한다. 즉, 인지도식은 특정한 정보에 선택적으로 주의를 기울여 처리하도록 하고, 불일치하는 정보를 배제하거나 왜곡하기도 한다. 가능하면 기존의 이론으로 현상을 설명하려고 고집하는 연구자의 마음과 비슷한 것이다. 물론 기존의 인지도식이 틀렸다는 사실을 무시할 수 없을 정도로 증거가 많이 누적되면 도식의 수정이 일어나기도 한다. 이 지점에서 상대적으로 더 건강한 사람과 그렇지 못한 사람이 구분된다. 성격적으로 건강한 사람은 주어진 사실에 기반해서 자신의 인지도식을 유연하게 수정한다. 반면 상대적으로 건강하지 못한 사람은 자신의 인지도식과 불일치하는 명백한 증거들이 반복적으로 제시됨에도 불구하고 기존의 인지도식을 수정하지 못하는 경직된 모습을 보인다. 요컨대 성격장애는 곧 비현실적이고 경직된 인지도식으로 인해 유발된다고 볼 수 있다. 이러한 특징을 갖는 인지도식은 적응에 오히려 해가 되는 '역기능적인' 양상을 띤다.

따라서 인지적 관점에서 성격 문제를 치료하는 방법은 인지도식을 수정하는 것이다. 인지치료자들은 이 과정을 **인지적 재구성**(cognitive restructuring)이라고 명명했다. 인지적 재구성은 내담자의 인지도식을 전반적으로 수정하고 다듬어서 개인의 적응에 도움이 되는 방식으로 재구조화하는 과정을 의미한다. 인지도식을 수정하는 과정에서 겪는 어려움은 Kelly의 구성개념 체계를 수정하는 과정에서 겪는 어려움과 매우 유사하다. 구성개념 체계와 마찬가지로 인지도식의 변화에는 다양한 부정 정서가 수반된다. 자신이 지니고 있는 세상에 대한 견해가 틀렸다는 것 혹은 그러한 견해가 도움이 되기는커녕 해가 되고 있다는 것을 인정하고 수정하는 과정에서 겪는 부정 정서들이다. 여기에는 불안과 두려움, 수치심, 미련, 분노 등의 다양한 정서가 포함된다. 이러한 정서를 다루어 주면서 내담자의 인지도식을 단계적으로 필요한 만큼 재구성하는 것이 치료의 핵심이다.

인지치료에서는 내담자의 인지도식을 탐색하고 수정하는 다양한 기법들을 구체적으로 제시하고 있다. 예컨대 **하향 화살 기법**(downward arrow technique)은 내담자의 자동적 사고를 깊이 있게 분석하여 내담자의 근본적 신념을 발견하는 기법이다. 발표 불안을 가지고 있는 어떤 학생이 새로운 발표 과제에 대한 소식을 듣고 '나는 이 발표를 망치고 말 것이다'라는 자동적 사고를 경험했다고 가정해 보자. 이때 사고의 현실성이나 타당성을 평가하는 대신, "만일 발표를 망치면 어떤 일이 일어날 것 같은가요?"와 같은 질문으로 이면의 신념을 탐색해 볼 수 있다. 내담자가 "사람들이 저를 무시하고 외면할 것 같아요."라고 답했다면, "사람들이 무시하고 외면하는 것이 OO씨에게 어떤 의미가 있나요?"라고 질문한다. "그건 제가 정말 쓸모없고 하찮은 인간이라는 것을 의미해요. 무가치한 인간이죠."라고 답했다면, 내담자가 가지고 있는 자기 자신에 대한 핵심 신념이 드러난 것이라고 볼 수 있다.

인지도식을 수정할 때에는 대안이 되는 좀 더 적응적인 신념을 개발하고 그러한 신념을 강화하는 방식을 취한다. 이때에는 다양한 치료 영역에서 개발된 기법들을 사용하곤 한다. Kelly가 사용한 역할 연기를 시도할 수도 있고, 새로운 믿음의 장점을 면밀하게 검토해 볼 수도 있다. 새로운 신념을 토대로 한 새로운 대응이나 행동을 실험해 볼 수도 있고, 핵심 신념이 형성된 초기의 경험을 탐색하면서 신념의 재구성을 시도할 수도 있다.

3 Rotter의 기대-강화가치 이론

정신분석 훈련을 받은 이론가들인 Kelly나 Ellis, Beck과는 달리 행동주의 심리학 관점에서 연구를 진행하고 임상 활동을 했던 이론가 중에도 인지적 측면의 중요성을 받아들인 학자가 있었다. 대표적 인물로는 Julian Rotter를 들 수 있다. 그가 제안한 기대-강화가치 이론에 대해 살펴보자.

1) 배경

Rotter는 1916년에 미국 뉴욕에서 3형제 중 막내로 태어났다. 그는 대공황 시기에 어린 시절을 보내 경제적으로 어려움을 겪었으며, 친구들과 어울리기보다 도서관에서 책을 읽으며 많은 시간을 보냈다고 한다. 특히 Adler의 책을 감명 깊게 읽었는데, 이후 미국으로 망명을 온 Adler를 직접 만나는 계기가 되기도 했다.

▲ Julian Rotter

그는 다양한 학문 분야 중 심리학에 관심이 많았다. 집안의 경제 사정을 고려해 취업이 수월할 것으로 예상되었던 화학 전공으로 브루클린 칼리지에 입학했지만, 결국 아이오와 대학교(University of Iowa)에 진학하여 임상심리학 석사 과정을 이수했다. 당시 지도교수는 Kurt Lewin(1890-1947)이었는데, 그는 독일 출신의 심리학자로 사회심리학과 조직심리학의 토대를 만들기도 한 영향력 있는 인물이었다. 특히 인간의 행동이 개인과 환경의 상호작용에 의해 결정된다고 보는 이론을 제안하였는데, 이 이론의 핵심은 Rotter의 이론에도 반영되었다.

Rotter는 아이오와 대학교에서 석사 과정을 마친 뒤 인디애나 대학교(Indiana University)로 자리를 옮겨 1941년에 임상심리학 박사 학위를 받았다. 이후 오하이오 주립대학교에서 임상심리학 교수로 활동했는데, 당시 Kelly도 같은 학교에서 임상심리학 교수로 활동하고 있었다. 오하이오 주립대학교에서의 연구 생활은 대략 20년 정도 이어졌다. 이후 1963년에는 코네티컷 대학교(University of Connecticut)로 자리를 옮겨 임상심리학 교수로 활동했다.

2) 기대-강화가치 이론

Rotter는 인간의 행동이 강화의 원칙에 의해 설명될 수 있다는 기존의 행동주의 이론에 동의했다. 즉, 어떤 행동에 긍정적 경험을 유발하는 보상이 주어지면 그 행동은 증가한다고 보았다. 다만 '보상의 가치'나 '보상을 획득할 가능성'에 대한 인식은 개인마다 다를 수 있다고 생각했다. 예컨대 A+ 등급은 대학생이 원하는 대표적인 보상이지만 사람마다 그 가치와 획득 가능성을 다르게 판단할 수 있다. 어떤 학생은 A+ 등급에 매우 높은 가치를 부여하고, 자신이 노력하면 획득할 수 있다고 기대하는 반면, 또 다른 학생은 그다지 높은 가치를 부여하지 않고, 획득 가능성도 낮다고 기대할 수 있다. 이 경우 전자는 '공부하기'라는 행동을 나타내겠지만, 후자는 그러한 행동을 나타내지 않을 것이다.

Rotter는 이러한 아이디어를 담아 강화물과 관련된 인지를 포함하는 새로운 이론을 개발하였다. 그는 어떤 행동이 일어날 가능성 혹은 행동 잠재력(Behavior Potential: BP)이 특정한 보상을 획득하는 것과 관련된 기대(Expectancy: E)와 강화가치(Reinforcement Value: RV)의 함수라고 제안했다(Rotter, 1954). 공식을 정리하면 다음과 같다.

$$BP = f(E, RV)$$

여기서 **행동 잠재력**이란 특정 상황에서 어떤 행동이 일어날 가능성을 의미한다. 행동 잠재력은 확률로 표현될 수 있으며, 점수가 높을수록 그 행동이 나타날 가능성은 높아진다. **기대**는 특정 행동의 결과에 대한 주관적 기대를 의미하며, 특정 보상이나 강화물을 얻게 될 가능성과 관련된 인지가 포함된다. 여기에는 특정한 보상을 인식하는 것(예: 저 광물은 다이아몬드다.)에서부터, 특정 행동을 했을 때의 결과에 대한 기대(예: 사귀자고 말하면 거절당할 것이다.), 강화 순서에 대한 기대 등이 포함된다. 여기에서 강화 순서란 순차적으로 강화물을 얻게 되는 과정을 의미한다. 예를 들어, '어떤 대학에 합격하면 졸업해서 좋은 직장을 얻을 것이고, 사회적으로 성공하여 훌륭한 인물이 될 것이다'와 같은 생각을 가지고 있다면, 대학 합격, 좋은 직장, 사회적 성공 등의 강화물이 순차적으로 주어질 것이라는 강화 순서에 대한 기대를 가지고 있는 셈이다. **강화가치**는 목표한 보상에 부여하는 가치를 의미한다. 혹은 특정 강화물을 다른 강화물보다 선호하는 정도라고 개념화할 수 있다. Rotter에 따르면, 동일한 강화물이라도 사람에 따라 그 가치가 다를 수 있으며, 동일한 사람에게서도 상황 및 시기에 따라 강화물의 가치가 다를 수 있다. Rotter는 특히 어떤 보상의 가치가 심리적 욕구(psychological needs)의 영향을 받는다고 제안했다. 사랑과 애정에 대한 욕구나 인정 욕구, 보호 욕구, 지배 욕구, 독립 욕구, 신체적 안락 욕구 등이 대표적인 심리적 욕구이며, 이러한 욕구의 충족 상태에 따라 관련 강화물의 가치가 달라진다. 예컨대 사랑과 애정에 대한 욕구가 오랜 시간 동안 결핍된 사람은 마음에 드는 이성과의 연애와 관련된 강화물의 가치가 매우 높을 수 있다. 반면 해당 욕구가 충분히 충족되고 있는 사람은 동일한 강화물의 가치가 상대적으로 낮을 수 있다.

행동주의 심리학과 성격

인본주의 심리학이 정신분석의 결정론적이고 부정적인 인간관에 대한 반발로 태동하였다면, 행동주의 심리학은 정신분석의 비과학성에 대한 반발로 태동하였다. 과학으로서 심리학의 핵심은 측정이다. 측정할 수 있어야 검증할 수 있고, 검증할 수 있어야 어떤 아이디어의 채택 여부를 결정할 수 있다. 그런 측면에서 정신분석은 과학적이지 않았다. 개념이 너무 모호해서 측정이 불가능했기 때문이다. **행동주의**(behaviorism) 이론가들은 이렇게 측정 불가능한 모호한 상태를 연구하는 것은 지양해야 하며, 객관적으로 측정 가능한 행동을 연구해야 한다고 강력하게 주장했다.

행동주의 심리학자들은 행동의 학습 원리를 집중적으로 연구했다. 함께 제시되는 자극들의 연합을 설명하는 **고전적 조건 형성**(classical conditioning)이나 자극의 제시 혹은 제거에 따라 어떤 행동의 빈도가 변하는 과정(증가하는 과정은 강화, 감소하는 과정은 처벌)을 설명하는 **조작적 조건 형성**(operant conditioning) 혹은 **도구적 조건 형성**(instrumental conditioning)이 대표적이다. 이들은 이 두 가지 원리를 이용해 인간의 다양한 행동을 설명하고자 시도했다.

대표적인 행동주의자 John Watson은 성격을 일종의 행동 패턴 혹은 습관이라고 보았다(Watson, 1924). 예일 대학교의 연구자였던 Clark Hull (1884-1952) 또한 이와 유사한 관점을 공유했다. 그에 따르면, **습관**(habit)이란 자극과 반응 사이의 연합이다. 즉, 특정한 자극에 의해 특정한 반응이 반복적으로 유발되면 자극-반응 연합이 강화되어 습관이 되고, 습관의 강도가 강할수록 특정한 행동이 반복될 가능성도 높아진다.

Hull은 특히 내면의 추동을 중요하게 고려하였다. 생리적 결핍이나 심리적 결핍 상태가 되면 일종의 긴장이 유발되는데, 그는 이러한 상태를 추동(drive)이라고 개념화했다. 유기체는 추동이 유발되었을 때 이를 감소시키는 행동을 하며, 그러한 행동 혹은 반응이 추동을 효과적으로 감소시키면 자극-반응 연합이 강해진다. 즉, 특정 행동이 반복되는 이유는 그 행동이 추동을 감소시키는 데 효과적이기 때문이라고 예상해 볼 수 있다.

Hull은 자극-반응 연합으로 표현되는 습관의 강도가 행동의 발현에 중요하다고 보았지만, 습관에 의해서만 행동이 나타나는 것은 아니라고 생각했다. 행동은 추동의 강도나 자극의 강도, 행동의 결과 예상되는 보상이나 처벌 등의 영향 또한 받기 때문에, 해당 요소들의 특성에 따라 행동이 나타날 가능성 또한 달라질 수 있다.

Hull의 자극-반응 이론은 추동 감소와 습관의 관계에 대한 연구자들의 관심을 끌어모았으며, 비교적 정교하게 습관과 행동의 관계를 공식화했다는 점에서 의의가 있다. 다만 추동 감소와 습관의 관계가 예상만큼 강하지는 않았으며, 긴장을 증가시키거나 안정 상태에서 불안정 상태로 전환하려는 동기 또한 반복적인 행동 패턴을 유발할 수 있다는 점이 확인되면서 이론적 한계를 드러내었다. 이러한 한계가 있었지만, 그의 관점은 후대 연구자들에 의해 널리 받아들여졌으며, 다양한 후속 이론의 개발에 긍정적인 영향을 미쳤다(Dollard & Miller, 1950; Spence, 1936, 1937).

◀ 행동주의 심리학자들은 동물을 이용하여 다양한 행동 실험을 진행했다.

3) 통제 소재 이론

Rotter의 기대-강화가치 이론은 특정 상황에서 특정 행동이 나타날 가능성을 다루고 있기 때문에 성격과는 별다른 관련성이 없어 보일 수 있다. 하지만 Rotter는 기대-강화가치 이론을 구성하는 요소 중 일부가 성격적 특성을 나타낼 수 있다고 제안했다. 특히 강화물을 획득하는 것과 관련된 기대는 일반화되어 시간적 안정성을 띨 수 있다고 보았다(Rotter, 1966). 그는 강화물 획득에 대한 일반화된 기대를 **통제 소재**(locus of control)라고 명명했다. 그에 따르면, 통제 소재는 크게 두 유형으로 나뉜다. **내적 통제 소재**(internal locus of control)는 강화물 획득이 자신의 행동에 의존한다는 믿음을 의미한다. 내적 통제 소재 경향이 강한 사람들은 어떤 강화물을 획득할 수 있는지 여부가 자신에게 달려 있다고 믿는다. 이들은 적극적이고 진취적인 경향이 있으나 과도하게 자기비판적일 수도 있으며, 지나친 노력으로 소진될 가능성 또한 상대적으로 높다. **외적 통제 소재**(external locus of control)는 강화물 획득이 타인이나 운명, 운 등과 같은 외부의 힘에 의해 통제된다는 믿음을 의미한다. 외적 통제 소재 경향이 강한 사람들은 강화물을 획득할 수 있는지 여부가 외부에 달려 있다고 믿는다. 이들은 강화물 획득에 실패했을 때 자기를 비판하는 경향이 적으며, 느긋하고 여유 있는 태도를 보일 수 있다. 혹은 자신의 신세를 한탄하거나 불평을 많이 할 수 있고, 자기 개선이나 변화를 위한 노력을 게을리할 가능성이 있다.

내적 통제 소재와 외적 통제 소재는 각각 장단점을 가지고 있으며, 대부

표 9.2 내적 통제 소재와 외적 통제 소재 비교

	내적 통제 소재	외적 통제 소재
강화물 획득의 주요 원인	내부 요인 (예: 지적 능력, 노력)	외부 요인 (예: 타인, 운)
행동 경향	적극적이고 진취적임	소극적이고 느긋함
실패에 대한 반응	자기비판	신세 한탄이나 불평
과도할 경우 나타날 수 있는 부정적 결과	소진	나태함, 무기력

분의 사람은 강화물에 따라 자신의 기여와 외부의 기여를 적절히 구분하여 판단한다. 하지만 어떤 사람들은 극단적으로 내적 통제 소재를 믿거나 반대의 경향을 보이곤 한다. 이렇게 경직된 신념을 가질 때 각 통제 소재의 단점이 부각될 수 있다. 연구자들은 두 유형의 통제 소재가 모두 우울증과 관련될 수 있음을 파악하고, 두 유형 중 어떤 유형이 좀 더 우울증과 밀접한지를 탐색하기도 했다. 그 결과에 따르면, 외적 통제 소재 경향이 우울증과 좀 더 밀접한 것으로 확인되었다(Benassi, Sweeney, & Dufour, 1988).

4 Bandura의 사회학습 이론

Rotter의 기대-강화가치 이론이나 통제 소재 이론은 행동주의 이론에 인지적 요소를 적절히 통합한 첫 사례이지만, 이론의 활용 범위는 제한적이었다. 반면 Bandura는 기초적인 학습 과정 자체에 인지적 요소를 도입함으로써 행동주의 이론의 근본적인 변화를 유도하였고, 매우 다양한 현상에 적용할 수 있는 포괄적인 이론을 개발했다. Bandura가 제안한 주요 개념 및 이론에 대해 살펴보자.

1) 배경

대표적인 사회학습 이론가인 Albert Bandura는 캐나다 앨버타주의 농촌 지역에서 태어났다. 그의 부모는 유럽에서 건너온 이주민이었는데, 아버지는 폴란드 출신이고 어머니는 우크라이나 출신이었다. 당시 Bandura가 머물던 마을은 전체 인구가 400명 정도로 매우 작은 편에 속했으며, 교육의 기회도 제한되었다. 전교생이 20명뿐인 작은 학교에서 청소년기를 보낸 그는 졸업 후 대학에 진학하지 않고 건설 현장에서 일용직으로 일하기도 했다. 당시 그는 함께 일하던 사람들이 알코올 문제나 도박 문제에 빠지는 것을 지켜보았고, 심리적 문제 혹은 정신병리에 대한 관심을 갖게 되었다.

건설 현장에서의 일을 마친 후 브리티시 컬럼비아 대학교(University of

British Columbia)에 진학한 그는 심리학 공부에 빠져들었다. 입학한지 3년 만인 1949년에 학사 학위를 받았으며, 당시 심리학 연구와 교육이 활발히 진행되고 있던 미국의 아이오와 대학교로 자리를 옮겨 공부를 이어 갔다. 그곳에서 임상심리학 박사 과정을 이수하였는데, 그의 지도교수는 신경심리 검사 개발 및 연구로 유명한 Arthur Benton(1909-2006)이었다. 그는 Benton의 교육을 통해 실험, 측정 및 검사 등에 대한 체계적인 이론과 기술을 습득했다. 입학한지 대략 3년 만인 1952년에 박사 학위를 받은 그는 위치타 인근의 상담 센터에서 1년간 인턴십을 한 뒤 스탠퍼드 대학교에서 강의를 시작했다. 그는 그곳에서 왕성하게 연구와 교육 활동을 이어 갔으며, 2010년 정년을 맞을 때까지 그곳을 떠나지 않았다.

▲ Albert Bandura

2) 사회학습 이론

Bandura는 초기에 행동주의 학습 이론 관련 연구를 진행했다. 그는 특히 인간의 공격 행동에 관심이 많았으며, 그러한 행동이 나타나는 과정을 정교하게 파악할 수 있는 이론을 개발하기 위해 힘썼다. 그는 연구를 진행하면서 공격 행동이 기존의 학습 이론으로는 충분히 설명되지 않는다는 사실을 깨달았다. 전통적인 행동주의 이론에서는 인간의 행동을 자극과 반응의 관계로 이해하려 했으며, 자극이 주어지면 '반드시' 반응이 나타난다고 보았다. 하지만 공격 행동을 포함한 다양한 행동들 중에는 자극이 제시되었음에도 즉각적으로 유발되지 않는 행동들이 있었다. Bandura는 결국 기존의 '자극-반응' 모형을 버리고, 매개 과정을 포함하는 '자극-매개 요인-반응' 모형을 택했다. 그는 특히 인지적 과정이 중요한 매개 요인일 것이라고 보았다.

Bandura의 **사회학습 이론**(social learning theory)은 **관찰 학습**(observational learning)에 대한 이론이라고 보아도 무방하다. 관찰 학습이란 직접 경험이 아닌 관찰을 통해 학습하는 과정을 의미한다. 전통적 학습 이론에서는 직접 경험이 학습의 필수 요소였다. 즉, 학습하기 위해서는 자극의 제시를 직접 경험해야 했다. 반면 관찰 학습에서는 자극의 제시를 직접 경험하지 않아도 관찰만으로 학습할 수 있다고 가정한다. 이뿐만 아니라 어떤 행동이 관찰을 통해 학습되어도 경우에 따라서는 그 행동이 실행되지 않을 수 있다고 제안했다.

좀 더 구체적으로 보면, Bandura는 관찰 학습에 네 가지 과정이 관여한다고 주장했다. 첫 번째 과정은 **주의 과정**(attentional process)이다. 관찰 학습의 시작은 특정한 대상 혹은 모델에 주의를 기울이는 것이다. Bandura는 개인이 직접 경험을 하지 않더라도 모델의 경험을 관찰하여 학습할 수 있다고 보았다. 즉, 모델의 세부적 행동, 환경과의 상호작용 혹은 행동의 결과 등에 주의를 기울여 관찰함으로써 특정 행동에 대해 학습할 수 있다고 여겼다. 모델에 가능한 한 세밀하게 주의를 기울일수록 학습 가능성이 높아지는데, 주의를 기울이는 정도에는 모델의 특성과 관찰자의 특성이 관여한다. 닮고 싶은 특성을 많이 보유한 모델일수록 주의를 끌며, 관찰자의 각성 수준이나 감각 기능 등이 적절할수록 주의를 잘 기울인다.

두 번째 과정은 **파지 과정**(retention process)이다. 파지 과정이란 주의를 기울여 받아들인 정보를 기억하고 유지하는 과정을 의미한다. 수집한 정보를 체계적으로 기억하기 위해서는 정보를 상징적으로 부호화하고 조직화해야 한다. Bandura는 심상이나 언어 체계를 이용해 이 작업을 실시할 수 있다고 보았으며, 때로는 상상을 이용한 예행 연습(rehearsal)을 통해 기억을 증진한다고 제안했다.

세 번째 과정은 **재현 과정**(reproduction process)이다. 재현 과정이란 기억된 특정 행동을 실제 행동으로 재현하는 것을 말한다. 관찰을 통해 특정 행동을 기억했다고 해서 그 행동을 그대로 재현할 수 있다고 보장할 수는 없다. 예컨대 마음에 드는 댄서가 추는 춤을 주의 깊게 관찰하여 기억했다고 해서 반드시 똑같이 아름다운 모습으로 춤을 출 것이라고 장담할 수는 없는 것이다. 따라서 재현 과정은 목표하는 행동을 가능한 한 유사하게 재현하기 위한 세부 과정들로 구성된다. 여기에는 ① 반응의 인지적 조직화(cognitive organization of response), ② 반응 시작(initiation of response), ③ 반응 추적 관찰(monitoring of response), ④ 반응 개선(refinement of response)이 포함된다. 즉, 인지적 조직화를 통해 반응을 준비하고, 반응을 시작한 뒤에는 실시간으로 추적 관찰하면서 필요하면 수정하는 과정을 거친다.

네 번째 과정은 **동기 과정**(motivational process)이다. Bandura는 특정 모델에 주의를 기울여 파지했다 하더라도 재현에 대한 동기가 없으면 실제 행동이 나타나지 않는다고 보았다. 동기 과정은 관찰을 통해 학습한 행동을 수행으로 옮기도록 동기화하는 과정을 의미한다. 이 과정은 강화와 밀접한 관련이 있다. Bandura는 외부로부터 보상이 주어지는 경우나 모델이 보상을 받는 것을 관찰한 경우 혹은 스스로 보상을 제공하는 경우에 동기 부여가 일어난다고 보았다.

관찰 학습과 관련된 문헌을 보면, **대리 학습**(vicarious learning)이나 **모방 학습**(modeling)이 관찰 학습과 서로 구분 없이 사용되는 것을 발견할 수 있다. 엄밀히 말하면, 대리 학습은 관찰 대상이 수행한 행동의 '결과'를 학습하는 과정을 제한적으로 포착하는 개념이다. 예컨대 형이 숙제를 하지 않고 놀다가(행동) 어머니께 혼나는(처벌) 모습을 지켜본 뒤 숙제를 하지 않고 노는 행동을 억제하기로 결정한 동생이 있다면, 그 동생은 대리 학습을 했다고 말할 수 있다. 모방 학습은 간단히 말해 모델의 행동을 그대로 따라 하는 것을 의미한다. 이 개념은 '행동의 재현'을 반드시 포함해야 한다. 반면 관찰 학습은 네 가지 과정을 모두 아우르는 폭넓은 개념으로 재현 과정이 일어나지 않는 학습 또한 포괄한다. 요컨대 대리 학습과 모방 학습은 관찰 학습의 일부를 포착한 개념이라고 볼 수 있다.

3) 사회인지 이론

Bandura는 1960~1970년대에 개발한 사회학습 이론을 좀 더 발전시켜 1980년대에 **사회인지 이론**(social cognitive theory)을 제안했다. 사회인지 이론의 많은 요소들은 사회학습 이론에 기반을 두고 있다. Bandura는 자기효능감이라는 새로운 개념을 추가하면서 인지적 측면을 더욱 강조하는 새로운 이론의 명칭을 택했다.

사회인지 이론은 대략 6개의 핵심 개념으로 구성되어 있다(Bandura, 1986). 첫 번째 개념은 **상호 결정주의**(reciprocal determinism)로 행동(behavior)과 인간(person), 환경(environment)이 역동적으로 상호 간에 영향을 주고받는다는 내용을 담고 있다. 행동이 개인의 고유한 특성과 환경의 상호작

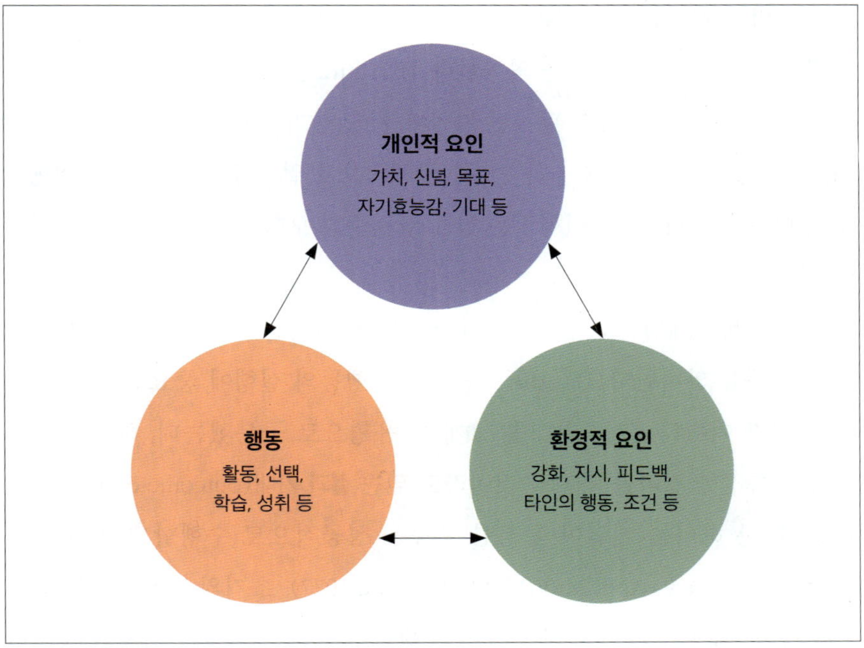

그림 9.4 상호 결정주의 모형의 예시

용에 의해 나타난다는 주장은 새로운 것이 아니다. Rotter 또한 이와 유사한 주장을 했으며, 정교한 모형 또한 제안하였다. 상호 결정주의의 고유한 특징은 행동이 환경이나 개인의 특성, 특히 인지적 측면에 다시 영향을 미칠 수 있다는 점을 인정한 것이다. 간단히 말해 행동이 환경이나 생각을 바꿀 수 있다고 본 셈이다. 이로써 상호 결정주의는 행동의 시작뿐만 아니라 행동이 유지되는 과정 또한 포착할 수 있게 되었다.

두 번째 개념은 **관찰 학습**(observational learning)이다. 앞서 살펴본 바와 같이, 관찰 학습의 핵심은 다른 사람의 행동을 관찰함으로써 학습하는 것이다. Bandura는 직접 경험을 하지 않더라도 관찰을 통해 특정 행동의 과정과 결과를 학습할 수 있다고 보았다. 관찰 학습은 상호 결정주의 모형을 구성하는 세 요인 중 행동 요인에 포함된다.

세 번째 개념은 **강화**(reinforcement)이다. 특정 행동에 대한 내적·외적 반응은 그 행동의 지속 혹은 중단에 영향을 미칠 수 있다. 강화란 특정 행동이 지속되도록 하는 내적·외적 반응을 의미한다. Bandura는 강화가 외부 환경으로부터 주어질 수 있으며, 동시에 스스로 부여할 수도 있다고 보았다. 강화는 상호 결정주의 모형을 구성하는 요인 중 환경 요인에 포함된다.

네 번째 개념은 **행동 실행력**(behavioral capability)으로 특정한 행동을 실행할 수 있는 실질적 능력을 의미한다. Bandura는 개인이 특정한 행동을 실제로 실행할 수 있으려면 관련된 지식과 기술을 가지고 있어야 한다고 보았다. 즉, 무엇을 어떻게 해야 하는지를 구체적으로 알고 있어야 행동을 실행할 수 있다는 것이다. 행동 실행력은 상호 결정주의 모형 중 인간 요인에 포함될 수 있는 개념이다.

다섯 번째 개념은 **기대**(expectations)이다. 기대란 어떤 현상에 대한 예상이나 믿음을 의미한다. Bandura는 기대가 행동의 실행에 중요한 영향을 미칠 것이라 여겼다. 그는 기대를 크게 두 유형으로 구분했는데, 하나는 어떤 행동이 특정한 결과를 가져올 것이라고 믿는 **결과 기대**(outcome expectation)이고, 다른 하나는 개인이 특정한 행동을 성공적으로 수행할 것이라 믿는 **효능 기대**(efficacy expectation)이다(Bandura, 1977). 초기의 Bandura는 결과 기대에 좀 더 관심을 두었다. 즉, 어떤 행동이 원하는 결과를 가져올 것이라는 기대가 있으면 행동이 실행될 것이라고 본 것이다. 그러나 연구를 지속하는 과정에서 어떤 행동을 성공적으로 수행할 수 있다는 기대 측면에서도 개인차가 있으며, 이러한 효능 기대가 낮으면 행동이 실행되지 않는다는 것을 파악하게 되었다. 기대 요인은 행동 실행력과 마찬가지로 인간 요인에 포함될 수 있을 것이다.

여섯 번째 개념은 상호 결정주의 모형 중 인간 요인에 포함될 수 있는 **자기효능감**(self-efficacy)이다. 자기효능감은 어떤 행동을 성공적으로 수행할 수 있다는 믿음을 의미한다. 앞서 소개한 효능 기대가 곧 자기효능감이라 할 수 있다. 어떤 행동에 대한 자기효능감이 높을 때 그 행동이 실행될 가능성이 높아진다. 자기효능감 혹은 효능 기대의 대표적 원천은 크게 네 가지로 소개되었다. 첫 번째 원천은 **수행 성공 경험**(performance accomplishment)이다. 어떤 행동을 성공적으로 수행한 경험이 많을수록 자기효능감이 높아진다. 두 번째 원천은 **대리 경험**(vicarious experience)이다. 모델이 특정 행동을 성공적으로 수행하는 것을 관찰하는 것 자체가 자기효능감을 높일 수도 있다. 세 번째 원천은 **언어적 설득**(verbal persuasion)이다. 어떤 행동을 수행할 수 있는지 혹은 그렇지 못한지에 대한 언어적 정보를 전달받는 것 또한 자기효능감에 영향을 줄 수 있다. 언어적 설득의 영향은 개인차가 있지만, 피암시성(suggestibility)이 높은 사람일수록 그 효과가 클 수 있다. 즉, 암시나 제안을 별다른 비판 없이 그대로 수용하고 그에 따라 행동하려는 기본 경향성이 강할수록 언어적 설득의 효과가 크다. 언어적 설득은 타인으로부터 주어질 수도 있고, 스스로 전달할 수도 있다. 스스로 전달하는 언어적 설득은 일종의 자기암시라 할 수 있다. 네 번째 원천은 **정서적 각성**(emotional arousal)이다. 정서적 각성 수준은 자기효능감에 영향을 줄 수 있다. 각성 수준이 지나치게 높으면 인지 기능이 일시적으로 저하되고 행동 실행에도 문제가 발생하여 자기효능감이 저하될 수 있다. 정서적 각성은 효능 기대에 대한 정보를 제공하기도 한다. 어떤 행동을 수행해야 하는 상황에서 정서적 각성 수준이 지나치게 높아진다는 것은 그 행동을 성공적으로 수행하지 못할 것이라는 믿음을 반영하기 때문이다(Bandura, 1977).

5 Mischel의 인지-정서 성격 체계

사회학습이나 인지적 관점의 여러 이론가들은 주로 인간의 행동 실행 혹은 행동 유지의 기제를 설명하기 위해 많은 노력을 기울였다. 특히 개인의 인지적 측면이 어떻게 행동과 관계를 맺고 있는지를 중점적으로 다루었다. Walter Mischel은 여기에서 좀 더 나아가 개인의 성격이 행동과 어떤 관계를 맺고 있으며, 인지적 관점에서 성격을 어떻게 이해할 수 있는지를 체계적으로 연구한 대표적인 학자이다. 그가 제안한 주요 개념과 이론에 대해 살펴보자.

1) 배경

Mischel은 1930년에 오스트리아 빈에서 태어나 8살이 되던 해에 미국으로 이주하였다. 뉴욕 브루클린에 자리를 잡은 그의 가족은 그곳에서 작은 상점을 운영하였고, Mischel 또한 일을 도우며 학교에 다녔다. 고등학교에서 우수한 성적을 받은 그는 뉴욕 대학교(New York University)에 입학하였는데, 처음에는 의학을 공부하려는 마음을 가지고 있었다. 이후 심리학으로 전공을 바꾸어 1951년에 학사 학위를 받았고, 1953년에 뉴욕 시립대학교에서 임상심리학 전공으로 석사 학위를 받았다. 이후 오하이오 주립대학교로 자리를 옮겨 학업을 이어갔는데, 이때 당시 지도교수는 Rotter였고, Kelly 또한 같은 대학에서 근무하고 있었다. Mischel은 입학한 지 3년만인 1956년에 임상심리학 전공으로 박사 학위를 받았다.

▲ Walter Mischel

이후 콜로라도 대학교(University of Colorado)에서 2년, 하버드 대학교에서 4년 정도 근무하였고, 1962년에 스탠퍼드 대학교에 자리를 잡아 20년간 근무하였다. 당시 스탠퍼드 대학교 심리학과에는 Bandura가 연구와 교육 활동을 하고 있었다. 1983년에는 컬럼비아 대학교로 자리를 옮겨 활동하기 시작했으며, 대략 30년간 그곳에서 연구를 이어 갔다.

Mischel은 스탠퍼드 대학교에서 근무하던 시절에 『Personality and Assessment』라는 책을 출간하였는데, 이 책을 통해 특질과 행동의 관계가 예상보다 약하다는 주장을 다양한 근거와 함께 제시하였다. 즉, 인간의 행동은 여러 상황에 걸쳐 일관되게 나타나기보다, 상황에 따라 달라지는 경향이 있다는 것을 체계적으로 제시하였다. 이로 인해 개인-상황 논쟁(person-situation debate)이 심화되었고, 특질 이론은 대략 10년 동안 암흑기를 맞게 되었다.

이후 연구를 이어 가던 Mischel은 개인의 행동에 영향을 미치는 다양한 인지적 변인들을 구체화하였고, 특히 자기통제 혹은 자기조절 관련 연구를 체계적으로 진행하였다. 당시 그는 마시멜로를 이용한 만족 지연 실험을 실시하여 많은 연구자와 일반인의 관심을 끌기도 했다.

2) 만족 지연과 자기조절

Mischel은 사회학습 및 인지적 관점으로 성격을 연구했다는 점에서 다른 연구자들과 구별된다. 성격 연구자로서 개인의 인지적 특성을 연구하던 Mischel은 기존의 변인들이 주로 정서적 특성이나 반응 경향성, 자극 선호도, 부호화 및 예측 편향성 등의 성향적 특징에 집중되어 있다는 것을 확인했다. 그는 개인의 성격이 이러한 성향적 특징으로만 구성되어 있지 않으며, 소위

능력(ability)이라 부를 수 있는 특성도 포함되어 있을 것이라고 생각했다.

그는 특히 자기조절에 많은 관심을 두었다. **자기조절**(self-regulation)이란 특정한 목표를 달성하기 위해 생각이나 감정, 행동 등을 적절히 억제하거나 생성, 유지, 대체하는 과정을 의미한다. Mischel은 자기조절 특성이 성격의 중요한 부분을 차지할 것이라고 보았으며, 자기조절의 하위 요소인 충동 조절 혹은 행동 억제와 관련된 능력을 집중적으로 연구하였다. 특히 즉각적인 욕구 만족 행위를 억제하면서 일정 시간이 흐른 뒤에 주어지는 보상을 기다리는 과정을 **만족 지연**(delay of gratification)이라 명명하고 다양한 연구를 진행하였다.

연구들에서 다룬 주제는 크게 보면 두 가지로 구분된다. 첫 번째 주제는 만족 지연 능력에 개인차가 있는지, 그러한 개인차가 어떤 결과와 관련이 있는지에 대한 것이다. 두 번째 주제는 만족 지연 능력의 개인차가 어떻게 발생하는지에 대한 것이다.

Mischel과 동료들은 1968년에서 1974년 사이에 학령 전 아동을 대상으로 진행한 일련의 연구와 10년 뒤의 추적 연구를 통해 첫 번째 주제에 대한 답을 확인하였다. 이들은 실험 조건을 변경하면서 유사한 형태의 선택 과제를 반복하였는데, 과제의 핵심은 즉각적 만족을 주는 작은 보상(혹은 덜 선호하는 보상)을 택할 것인지, 아니면 시간이 좀 더 지난 뒤에 주어지는 더 큰 보상(혹은 더 선호하는 보상)을 택할 것인지를 결정하는 것이었다(Mischel, Shoda, & Rodriguez, 1989). 연구 결과에 따르면, 아동들은 선택 과제에서 유의미한 수준의 개인차를 나타내었고, 만족 지연 행동을 더 많이 보일수록 10년 뒤 청소년이 되었을 때 학업이나 대인관계 유능성, 언어 능력, 합리적 판단력, 주의 집중력, 좌절이나 스트레스를 다루는 능력 등이 더 양호했다(Mischel, Shoda, & Peake, 1988).

▲ 만족 지연 실험에서 아이들은 눈앞에 놓인 마시멜로 한 개를 바로 먹을지, 기다렸다가 두 개를 받을지 선택해야 한다.

만족 지연 능력에 개인차가 발생하는 이유를 확인하기 위해 Mischel과 동료들은 보상에 대한 주의(attention) 특성을 집중적으로 연구하였다. 이들에 따르면, 아이들로 하여금 보상에 주의를 기울이도록 하면 기다리는 시간이 짧아지고, 반대로 보상이 아닌 다른 대상으로 주의를 돌리도록 하면 좀 더 오랜 시간 동안 기다릴 수 있었다(Mischel, Ebbesen, & Raskoff Zeiss, 1972). 후속 연구에서는 보상을 떠올리지 않도록 하는 것만이 만족 지연 시간을 늘리는 유일한 방법인지를 확인하기 위해 흥미로운 실험을 진행하였다. 이 연구에서는 보상에 대한 사진을 보여 주는 집단과 아무것도 담겨 있지 않은 빈 사진을 보여 주는 집단의 만족 지연 시간을 비교하였다. 놀랍게도 보상에 대한 사진을 보여 준 집단이 좀 더 오랜 시간 동안 만족을 지연하는 것으로 확인되었다(Mischel & Moore, 1973). 이러한 결과는 보상을 상징화 혹은 추상화하여 인식하는 것이 만족 지연 혹은 자기조절을 증진할 수 있다는 사실을 지지한다.

3) 인지-정서 성격 체계

Mischel은 만족 지연을 비롯한 자기조절 관련 변인들을 탐색하면서 동시에 다양한 성격의 요소들이 어떻게 통합적으로 작동하여 개인의 행동에 영향을 미치는지를 연구하였다. 그는 그 결과를 정리하여 **인지-정서 성격 체계**(cognitive-affective personality system)를 제안했다(Mischel & Shoda, 1995). Mischel은 인간의 성격이 일종의 시스템을 이루고 있으며 다양한 상황에 대한 복잡한 처리 과정을 거쳐 행동을 유발한다고 보았다. 이러한 관점은 일정 수의 차원을 이용해 성격을 설명하려고 시도했던 특질 이론가들과 대조를 이룬다.

Mischel은 개인의 성격이 다양한 **인지-정서 단위**(cognitive-affect unit)로 구성되어 있으며, 이 단위들이 복잡하게 상호작용하여 행동을 도출한다고 제안했다. 인지-정서 성격 체계에서는 기본적으로 5개 정도의 인지-정서 단위를 중요하게 고려한다. 첫째, **부호화**(encodings)는 자기 자신과 타인, 사건, 상황을 인식하고 해석하는 데 사용하는 범주(category) 혹은 구성개념을 의미한다. 둘째, **기대**(expectancy)와 **신념**(belief)은 세상에 대한 기대와 믿음, 특정 상황에서의 행동에 대한 기대와 믿음, 자기효능감(self-efficacy)과 관련된 기대와 믿음 등을 의미한다. 셋째, **정동**(affects)은 느낌(feelings)이나 정서

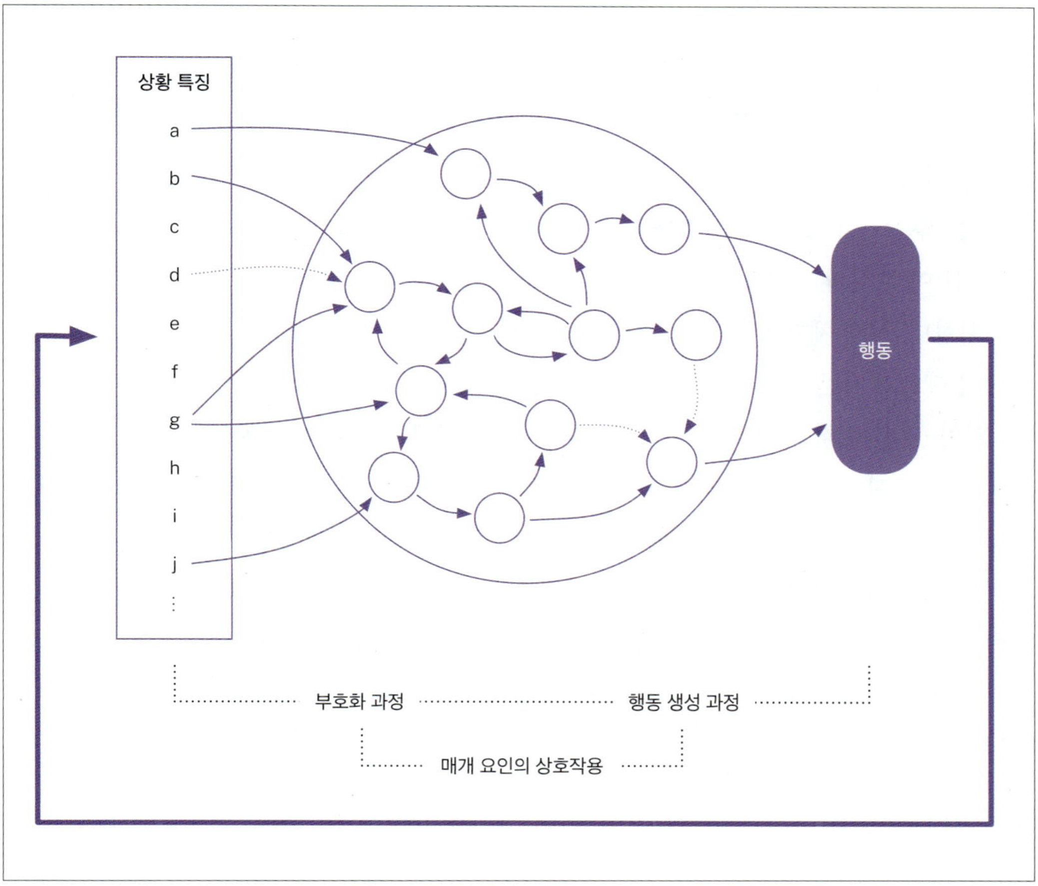

그림 9.5 인지-정서 성격 체계

(emotions), 생리적 반응을 포함하는 정동적 반응 등을 의미한다. 넷째, **목표**(goals)와 **가치**(values)는 바라는 결과나 정동적 상태, 원하지 않는 결과나 정동적 상태, 목표, 가치, 인생 프로젝트(life projects) 등을 말한다. 다섯째, **역량**(competency)과 **자기조절 계획**(self-regulatory plans)은 개인이 수행할 수 있는 잠재적 행동이나 행동 대본(scripts), 자기조절 관련 활동 계획 및 전략 등을 의미한다.

Mischel은 개인의 성격 체계가 이러한 인지적·정서적 성격 단위들로 구성되어 있으며, 단위들은 고유한 네트워크 혹은 연결을 형성한다고 보았다. 각 개인의 고유한 네트워크가 상황을 인식하고 해석하는 데 관여하고, 그 결과에 따라 네트워크 내의 특정 성격 단위가 활성화되거나 억제된다. 이 과정을 거쳐 특정한 계획이나 전략, 행동 등이 최종적으로 발현되는 것이다.

Mischel의 인지-정서 성격 체계의 흥미로운 점은 성격의 개인차와 상황에 따른 변화를 이론 내에서 설명하고 있다는 점이다. 그에 따르면, 성격 단위들의 다양한 연결이 모두 가능하지만, 특정 개인에게는 '일부만' 기능적으로 중요하다. 즉, 사람마다 성격 단위의 특성이 다를 뿐만 아니라 성격 단위의 연결 혹은 관계도 다를 수 있다. 이것이 곧 개인차를 유발할 수 있는 것이다. 또한 여러 상황 자극은 서로 다른 성격 단위 혹은 성격 단위 네트워크를 활성화한다. 성격 체계의 구조가 안정적이라 할지라도 상황마다 활성화되는 양상이 다르기 때문에 결과적으로 행동도 달라지게 된다.

인지-정서 성격 체계의 또 다른 장점은 특정한 상황의 변화 혹은 자극의 변화가 없을 때에도 어떤 행동이 반복적으로 나타나거나 유지되는 것을 설명할 수 있다는 점이다. Mischel에 따르면, 각 성격 단위는 상황 요소에 의해 활성화될 수 있지만, 다른 성격 단위에 의해 활성화될 수도 있다. 그뿐만 아니라 연결된 성격 단위는 서로를 반복적으로 활성화시켜 비교적 오랜 시간 동안 활성화를 유지하도록 한다. 그 결과 관련된 행동이 반복적으로 나타나거나 유지될 수 있다.

요약

- Kelly는 모든 사람이 일종의 과학자이며, 나름의 이론을 개발하고 수정하며 살아간다고 주장했다. 특히 세상을 구성하는 도구로 개인적 구성개념이라는 인지 구조를 발달시킨다고 보았는데, 이것은 상황이나 사건을 해석하고 예측하는 데 사용된다. 개인적 구성개념은 이분법적 구조 혹은 양극성 구조를 띠고 있으며, 두 개의 극 중 좀 더 설명력이 높은 것을 적용하는 방식으로 사용된다.

- 개인적 구성개념의 구조나 내용은 사람마다 다르며, 그러한 차이는 반응 및 행동의 차이뿐 아니라 적응의 차이를 유발하기도 한다. Kelly는 특히 개인적 구성개념의 변화와 관련된 강한 불안이나 두려움, 위협으로 인해 경직된 개인적 구성개념을 가지고 있을 경우 다양한 부적응을 경험할 것이라고 보았다. 그에게 있어 성격의 치료는 개인적 구성개념을 좀 더 유연하게 만드는 것이다. 이를 위해 고정 역할 치료를 개발하여 적용하기도 했다.

- Ellis는 인지 매개 가설에 기반한 ABC 모형을 제안하면서 사건에 대한 신념이 정서나 행동과 같은 결과를 초래한다고 주장했다. 그는 특히 비현실적이고 경직된 비합리적 신념이 다양한 부적응을 유발할 것이라고 보았으며, 이러한 주장을 담아 합리적 치료를 개발하였다.

- Beck 또한 인지 매개 가설을 기초로 하는 이론을 제안하였다. 그는 다양한 경험과 지식이 통합되어 구성된 기억 체계인 인지도식을 상정하고, 이것이 사건이나 상황의 해석에 관여한다고 주장했다. 그에 따르면, 어떤 사건이 일어났을 때 관련된 인지도식이 활성화되어 그 사건을 해석하며, 그 결과 자동적 사고가 유발된다. 자동적 사고는 인지도식의 습관적이고 빠른 처리에 의해 유발되기 때문에 쉽게 의식되지 않으며, 도식의 내용에 따라 일정 수준의 오류를 담을 수 있다. 자동적 사고는 그 내용에 따라 특정한 정서와 행동을 유발한다.

- Beck의 관점에 따르면, 인지도식은 영속화 과정을 거치기 때문에 상황이나 시간에 대한 안정성을 갖는 경향이 있다. 따라서 개인의 성격은 인지도식과 밀접할 수밖에 없다. Beck은 개인의 성격 문제가 역기능적 인지도식에 의해 유발된다고 보고, 인지도식을 수정하는 데 도움이 되는 다양한 기법을 개발하였다. 그는 이러한 기법을 이용해 내담자의 인지도식을 전반적으로 수정하고 다듬는 과정을 인지적 재구성이라 불렀다.

- Rotter는 어떤 행동이 일어날 가능성 혹은 행동 잠재력이 특정한 보상을 얻게 될 가능성에 대한 기대와 특정 보상에 부여하는 강화가치의 함수라고 보았다. 그는 강화물 획득에 대한 기대가 일반화되어 성격처럼 나타날 수 있다고 제안했으며, 이를 통제 소재라 명명했다. 통제 소재는 강화물 획득이 자신의 행동에 의존한다는 내적 통제 소재와 강화물 획득이 외부에 달려 있다는 외적 통제 소재로 구분된다.

- Bandura는 관찰만으로도 학습할 수 있다고 가정하는 사회학습 이론을 제안하였다. 그에 따르면, 관찰학습은 주의 과정과 파지 과정, 재현 과정, 동기 과정으로 구성된다. 그는 행동의 실행에 영향을 미치는 두 가지 기대 요인을 특별히 강조하기도 했다. 하나는 어떤 행동이 특정한 결과를 가져올 것이라 믿는 결과 기대이고, 다른 하나는 자신이 어떤 행동을 성공적으로 수행할 것이라 믿는 효능 기대이다. Bandura는 효능 기대를 자기효능감이라 명명하고 중요하게 다루었다.

- Mischel은 인지적 관점에서 통합적으로 성격을 이해하려고 노력한 학자이다. 그는 특히 성향으로서의 성격에 치우친 기존 연구들을 보완하고자 능력으로서의 성격 개념인 자기조절을 중점적으로 연구하였다. 즉각적인 욕구 만족 행위를 억제하면서 일정 시간이 흐른 뒤에 주어지는 보상을 기다리는 만족 지연 개념은 중요한 성격 변인으로 간주되고 있다.

연습 문제

1 Kelly의 개인적 구성개념이 이분법적 구조 혹은 양극성 구조를 가지는 이유에 대해 설명하시오. 또한 이러한 구조의 틀을 이용해 대상을 인식할 때 발생할 수 있는 문제나 한계에 대해 서술하시오.

2 대부분의 인지적 접근에서는 성격 문제를 다루기 위해 개인이 지닌 중요한 해석틀을 인지적 기법으로 수정한다. 예컨대 Beck의 인지치료에서는 문제가 되는 생각을 다양한 방식으로 검토하여 수정하는 방법을 사용한다. 반면 Kelly의 고정 역할 치료에서는 인지적인 방법(예: 기존 구성개념의 검토, 새로운 구성개념 탐색 등)을 중점적으로 사용하기보다 내담자의 실제 모습과는 다른 모습(일반적으로는 반대극에 있는 모습)을 연기하도록 한다. Kelly가 이러한 방법에 집중한 이유 혹은 이러한 방법이 '치료적'인 이유에 대해 설명하시오.

3 Ellis가 기본적으로 따르는 인지 매개 가설은 역사가 깊은 가설이다. 인간이 실제 세계가 아닌 주관적 세계의 영향을 받는다는 철학적 관점은 앞서 Vaihinger와 Adler의 이론을 공부할 때에도 언급한 바 있다. Ellis의 중요한 기여는 문제가 되는 생각의 특징을 부각시켰다는 점에 있다. Ellis가 주목한 문제 사고의 특징은 무엇이며, 그러한 특징을 갖는 사고가 어떤 부작용을 초래할 수 있는지 서술하시오.

4 Ellis의 인지 이론과 Beck의 인지 이론의 핵심적인 차이는 무엇인지 서술하시오.

5 A는 얼마 전에 고등학교 동창을 만났다. 평소 친하게 지내는 사이는 아니었지만 우연히 길에서 만나 반가운 마음에 대략 1시간 정도 이야기를 나눴다. 이제 가정주부가 된 두 사람은 다른 동창들 이야기나 결혼 생활 이야기를 나누다가 헤어졌다. 집으로 돌아온 A는 왠지 모르게 기분이 가라앉았고, 평소에는 그렇게 거슬리지 않던 남편의 행동에도 짜증이 났다. 남편은 오늘 무슨 일이 있었냐고 물었고, A는 장을 보러 갔다가 친구를 만나서 이야기를 나눈 것 이외에는 없었다고 말했다. 그때 스치듯이 친구의 얼굴이 떠올랐고, 대화를 나누던 도중 그녀가 슬쩍 웃는 표정을 보며 '얘가 지금 나를 비웃나?' 하고 생각했던 것이 기억났다. A의 경험을 Beck의 인지 이론을 적용하여 설명하시오.

6 Rotter의 이론은 기본적으로 행동주의에 기반을 두고 있다. Rotter의 이론에서 전통적인 행동주의 이론에 더해 새롭게 추가된 인지적 요소는 무엇이며, 각 요소의 특징은 무엇인지 서술하시오.

7 Bandura가 제안한 관찰 학습과 대리 학습, 모방 학습의 개념과 관계를 서술하시오.

8 C는 4형제 중 막내이다. 그는 얼마 전 초등학교에 들어갔지만, 늘 어른들에게 '어른스럽다'는 말을 듣는다. 형들이 반복해서 범하는 실수나 문제 행동을 저지르지 않았기 때문이다. 그는 그런 말을 들을 때마다 의아한 마음을 감추기 어려웠다. 더욱이 형들이 같은 문제 행동을 반복하면서 부모님께 혼나는 모습을 보고 있자면 당황스럽기까지 했다. 그는 형들이 혼나는 모습을 보면서 많은 것을 배웠고, 일단 배우면 잊지 않았으며, 배운 대로 행동을 조절했다. 간단히 말해 부모님께 혼날 만한 행동은 억제했다. C의 행동 패턴을 Bandura의 사회학습 이론에서 제시하는 네 가지 과정으로 설명하시오.

9 Mischel은 성격으로서의 자기조절 특성을 집중적으로 연구했다. 전통적으로 성격심리학 영역에서는 개인의 능력보다 반응 경향성에 초점을 두는 연구가 우세했다. 유력한 기질 차원들도 대부분 자극에 대한 반응 경향성을 포착하는 경향이 있다. 다만 Rothbart는 기질의 중요한 요소로 의도적 통제를 포함시킨 바 있다. 의도적 통제는 자동적인 반응을 통제하는 특성으로 생애 초기부터 존재한다. 즉, 자기조절 특성 중 일부는 유전적으로 결정될 가능성이

있는 것이다. 하지만 능력으로서의 자기조절 특성은 훈련을 통해 향상되기도 한다. Mischel은 다양한 연구를 통해 만족 지연 능력을 향상시킬 수 있는 방법을 간접적으로 제시한 바 있다. 만족 지연 능력을 향상시키는 대표적인 방법을 제시하시오.

10 개인의 성격이 안정적인 구조를 지니고 있음에도 불구하고 상황에 따라 다른 행동이 나타나는 이유를 Mischel의 인지-정서 성격 체계 이론을 이용하여 설명하시오.

chapter

10

자기와 정체성 이론

◀ Norman Rockwell(1894-1978)
삼중 자화상(1960)

'실제 나'와 '내가 생각하는 나', '타인이 바라보는 나'가 어떤 면에서 같고, 다른지 생각해 보자.

학습 목표

- 사회인지적 관점에서 자기의 의미를 이해한다.
- 자기도식과 자기개념의 관계를 설명할 수 있다.
- 자기의 평가적 차원과 관련된 주요 개념과 이론을 이해한다.
- Erikson의 정체성 이론을 설명할 수 있다.
- McAdams의 서사 정체성 이론을 이해한다.

자기

1) 초기 심리학자들의 자기 연구
2) 자기도식
3) 자기개념
4) 자기존중감
5) 자기불일치 이론
6) 인지-경험적 자기 이론

정체성

1) Erikson의 정체성 이론
2) 심리사회적 발달 이론
3) 서사 정체성
4) 서사 정체성의 기본 원리
5) 서사 정체성의 발달
6) 이야기의 구성
7) 성격의 3층 모형

나는 누구인가? 인간이라면 누구나 생의 어느 시점에 이 질문을 떠올리고 나름대로의 답을 찾는다. 어떤 답을 내리는지에 따라 감정 경험이나 행동 패턴이 달라지기도 한다. 누군가는 자신이 소중하고 가치 있는 존재라 여겨 밝고 경쾌한 기분을 경험하면서 적극적인 모습을 보이는가 하면, 다른 누군가는 자신이 쓸모없고 무가치한 존재라 여겨 우울한 기분으로 위축된 모습을 보이는 것이다.

자기에 대한 인식 혹은 자기지식은 성격과 밀접하다. 오랜 시간 동안의 경험을 통해 형성된 자기지식은 그 자체로 안정적인 경향이 있으며, 사건이나 상황에 대한 해석, 정서 반응, 행동 반응 등에 중요한 영향을 미치기 때문이다. 과학으로서의 심리학이 태동하던 시점에도 이미 자기(self)의 중요성을 파악하여 연구의 대상으로 삼은 학자가 있었다. 미국의 초기 심리학자였던 William James(1842-1910)이다. 유럽에서는 정신분석에서 벗어나 독자적인 이론을 개발했던 Carl Jung이 역동적 전체로서의 자기를 제안하였고, 일부 정신분석가들이 표상으로서의 자기에 주목하였다. 엄격한 과학적 방법론을 강조한 행동주의가 심리학계를 휩쓸던 시기에는 자기에 대한 관심이 잦아들었지만, 곧 Maslow와 Rogers를 중심으로 인본주의 심리학이 발달하면서 자기에 대한 연구가 다시 한번 주목받기 시작했다. 이후 사회심리학과 인지심리학, 임상심리학 등의 분야에서 자기 관련 연구가 활발하게 진행되었고, 그 흐름은 지금까지 이어지고 있다.

자기를 연구한 심리학자들은 대부분 지식으로서의 자기 혹은 개념으로서의 자기에 초점을 두었다. 모든 경험의 중심에 있는 주체, 관찰자 혹은 행위자로서의 자기에 주목한 학자들도 있었지만, 사변적으로 접근한 경우가 많았기 때문에 과학적 연구 흐름으로 충분히 발전하지는 못했다. 개념으로서의 자기는 상대적으로 측정이 용이하여 많은 연구자의 관심을 끌었다. 그 결과 자기지식, 자기개념, 자기에 대한 느낌이나 감각과 관련된 많은 흥미로운 사실들이 밝혀졌다. 본 장에서는 이러한 연구 성과 중 다른 장에서 다루지 않았던 사회인지적 관점의 연구 성과를 집중적으로 살펴보고자 한다.

개념으로서의 자기에 대한 연구가 여러 영역에서 진행되는 동안 자아심리학자인 Erik Erikson은 정체성(identity)에 주목하였다. 정체성은 종종 자기와 구분 없이 사용되곤 하지만, 사회적·관계적 요소들을 좀 더 중요하게 고려한다는 차이점이 있다. 즉, 자기는 다양한 경험을 통해 정리된 자기에 대한 지식 혹은 자기에 대한 느낌 등을 포괄적으로 포착한다면, 정체성은 사회의 한 구성원으로서의 역할이나 의무, 목적이나 방향성 등에 초점을 두는 개념이다. 정체성 연구는 이후 서사 정체성(narrative identity), 즉 이야기 형태로 구성되는 정체성에 대한 연구로 발전했다. 서사 정체성은 특질과 동기, 능력 등과 함께 현대 성격심리학의 중요한 분석 단위로 고려되고 있다. 본 장에서는 자기에 대한 심리학적 연구에 더해 정체성과 서사 정체성에 대한 연구들도 체계적으로 소개하려 한다.

1 자기

자기에 대한 심리학적 연구는 과학으로서의 심리학이 시작된 초기부터 꾸준히 진행되었다. 역사적으로 자기에 대한 연구가 어떻게 발전하였는지 살펴보고, 자기의 다양한 측면을 포착하는 주요 개념과 이론에 대해 알아보자.

1) 초기 심리학자들의 자기 연구

▲ William James

하버드 대학교의 철학자이면서 심리학자였던 William James는 **자기**(self)를 자신의 것으로 부를 수 있는 모든 것의 총합으로 정의하였다. 그는 인식하는 주체로서의 자기를 'I' 혹은 **순수 자아**(pure ego)로 명명하고, 인식되는 대상으로서의 자기를 'Me'로 구분했다.

인식하는 주체로서의 자기는 순간순간 변하면서 흘러가는 주관적 사고로, 경험되는 것들을 대상으로서의 자기에 포함시키는 기능을 가지고 있다. 인식하는 주체로서의 자기는 기본적으로 '인식의 대상'이 될 수 없기 때문에 전통적인 과학적 연구의 주제가 되기는 어렵다.

대상으로서의 자기는 물질적 자기와 사회적 자기, 정신적 자기로 구성된다. **물질적 자기**(material self)는 일종의 물체나 대상으로 파악되는 '나의 것'을 의미한다. 여기에는 몸과 소유물뿐만 아니라 '나의 것'으로 인식하는 타인 등이 포함될 수 있다. **사회적 자기**(social self)는 주변 사람들로부터 얻는 사랑과 지원, 인정, 명예 등을 의미한다. **정신적 자기**(spiritual self)는 내적으로 혹은 주관적으로 체험되는 것을 아우르는 개념이다. 정신적 자기는 신체적으로 느껴지는 경향성이나 성향, 정신적 능력 등을 포함한다. James는 대상으로서의 자기를 세 차원으로 구분하였지만, 각 차원이 완벽하게 독립적인 것은 아니라고 보았다. 세 차원은 서로 중복될 수 있으며, 긴밀하게 영향을 주고받는다고 가정하였다.

James와 비슷한 시기에 활동했던 미국의 철학자이자 심리학자 George Mead(1863-1931)는 상징적 상호작용주의에 기반한 자기개념을 제안하였다. **상징적 상호작용주의**(symbolic interactionism)에서는 사람들이 상징을 사용하여 상호작용하는 과정을 중점적으로 연구한다. Mead는 이 관점에 기반하여 개인의 자기가 사회적 기원을 가지고 있다고 주장했다. 그에 따르면, 다른 사람들이 자신에 대해 가지고 있는 태도를 취함으로써 자기 스스로를 대상으로 삼을 수 있으며, 그 결과 자기가 발달한다. 그는 특히 개인이 속한 공동체 구성원들의 조직화된 태도와 반응을 **일반화된 타자**(generalized other)로 명명하였으며, 일반화된 타자가 자기를 구성한다고 보았다. 즉, 다른 사람들이 자신을 어떤 사람이라 여긴다고 생각하는지에 따라 자기의 내용이 달라진다. 이 이론은 대상으로서의 자기가 사회적으로 구성된다는 측면을 부각시켰다는 점에서 의의가 크다.

2) 자기도식

James와 Mead가 자기 이론을 제시한 후 미국에서는 대상관계 이론 관점이나 인본주의적 관점의 자기 이론이 소개되었다. 이러한 이론들은 주로 내담자나 환자를 이해하고 치료하는 데 목적을 두었으며, 과학적 연구의 흐름을 촉진하지는 못했다. 심리학 영역에서 자기가 과학적 연구의 주요 대상이 된 것은 사회인지적 관점의 연구가 활발히 진행되었던 1960년대 이후라 할 수 있다.

이 시기의 주요 연구 성과를 꼽자면 자기의 정보처리적 속성을 강조한 자기도식을 들 수 있다. **자기도식**(self-schema)이란 자기에 대한 정보의 처리를 조직하고 인도하는 인지적 구조를 의미한다(Markus, 1977). 자기도식은 자신이 경험한 사건과 상황, 주변 사람들의 자신에 대한 평가나 반응 등에 대한 인지적 표상으로 구성되며, 단순히 지식만을 담고 있는 것이 아니라 실시간으로 주어지는 정보의 처리에 관여한다. 즉, 자기와 관련된 정보에 선택적으로 주의를 기울여 특정한 방식으로 해석하도록 한다.

James가 자기의 구성이나 내용 등을 기술하는 데 초점을 두고, Mead가 자기의 발달 과정에 초점을 두었다면, Markus 등의 사회인지 심리학자들은 자기의 작동 과정을 구체적으로 탐색했다고 볼 수 있다. 이들은 특히 자기 자신을 인식할 때 사용하는 도식에 초점을 두어 연구를 진행했다. 대상을 인식할 때 사용하는 인지 구조가 도식이라면, 자기 자신을 인식할 때 사용하는 인지 구조는 자기도식이다. Markus와 동료들은 사람마다 중요한 정보를 처리할 때 사용하는 자기도식이 다르다고 보았다. 예컨대 누군가는 의존성-독립성 자기도식을 가지고 있어서 새롭게 주어지는 자기에 대한 정보를 의존성-

독립성 차원에서 해석하는 반면, 다른 누군가는 유능성-무능성 자기도식을 이용해 자신이 유능한지 아니면 무능한지를 판단하는 것이다. Markus(1977)의 연구에 따르면, 의존성-독립성 자기도식을 가지고 있는 사람들은 의존성이나 독립성 관련 정보를 더 빨리 처리하고, 연관된 사례들을 더 잘 떠올리는 경향이 있으며, 현재의 자기도식과 불일치하는 정보에는 저항하는 경향이 있다. 즉, 특정한 내용의 자기도식은 관련된 정보에 선택적으로 주의를 기울여 더 빨리 처리하도록 하는데, 이미 보유하고 있는 도식의 내용과 '일치하는 방향'으로 편향된 처리를 유도하는 경향이 있다.

자기도식에 대한 연구가 진행되면서 그 구조와 내용에 대한 이해가 좀 더 깊어지고 명료해졌다. 현대 심리학자들은 이제 자기와 관련된 구조화된 인지적 요소를 모두 자기도식이라 간주하고 있다. 이들에 따르면, 자기도식은 자기와 관련된 정보를 처리하여 장기 기억에 저장한 것으로, 위계적인 조직을 가지고 있으며(Markus & Wurf, 1987), 대략 세 가지 유형의 지식으로 구성되어 있다(Cantor & Kihlstrom, 1987). 첫 번째 유형은 **의미적 지식**(semantic knowledge)이다. 이것은 자기도식의 위계 중 가장 상위에 위치하는 지식으로 '나는 누구인가'와 관련된 일반화된 지식 혹은 추상화된 지식을 의미한다. 두 번째 유형은 **삽화적 지식**(episodic knowledge)이다. 이것은 자기도식의 위계 중 하위에 위치하는 지식으로 구체적인 자서전적 기억을 반영한다. 예컨대 '나약한 사람'이라는 의미적 지식으로 구성된 자기도식의 경우 나약한 사람임을 입증해 주는 실질적 사건들에 대한 기억이 삽화적 지식에 해당한다. 세 번째 유형은 **절차적 지식**(procedural knowledge)이다. 이것은 특정한 기술이나 규칙, 전략 등의 형태를 띠는 행동 기반의 기억을 의미한다. 이 지식은 특정한 목적을 달성하기 위해 습득되고 조직화된 것으로 간주된다. 예컨대 '댄서'라는 의미적 지식으로 구성된 자기도식의 경우 '춤'이라는 특정한 목적을 가진 행위를 달성하기 위해 필요한 정보가 절차적 지식을 구성한다.

이처럼 자기도식은 자기와 관련된 다양한 정보들로 구성된다. 핵심은 자기 관련 정보들 중 체계화되고 조직화되어 '장기 기억'에 담긴 것을 자기도식으로 간주한다는 점이다. 장기 기억에 특정한 자기도식이 형성되면, 이후에 경험되는 정보들을 처리하는 데 사용되며, 처리 결과에 따라 자기도식의 강화 혹은 수정 등이 일어날 수 있다.

3) 자기개념

Markus의 자기도식이 자기의 정보처리적 특성을 강조하기 위해 개발되었다면, **자기개념**(self-concept)은 반영적 활동의 산물로서의 자기를 강조하기 위해 개발되었다(Gecas, 1982). 여기서 반영적 활동이란 '나는 누구인가?'라는 질문에 답하기 위해 자신의 경험을 돌아보는 행위를 의미한다. 즉, 자기개념은 '자기'에 대한 경험을 전체적으로 돌아보고 정리하는 과정에서 도출된 산물이라 할 수 있다. 자기개념에는 자기 자신에 관한 추론과 아이디어, 관련된 정서적 경험 등이 모두 포함된다. 일반적으로 자기도식은 자기에 대한 체계화된 인지적 정보를 담는 경향이 있어 자기개념의 일부로 간주된다. 자기개념은 자기도식에 더해 상대적으로 덜 정리된 자기에 대한 정보나 자기와 관련된 정서적 요소 등도 포함하는 좀 더 넓은 개념이라 할 수 있다. 현대 심리학에서 '자기'에 대한 연구는 곧 '자기개념'에 대한 연구로 간주될 정도로 자기개념은 포괄적이면서도 구체적인 개념으로 인정받고 있다.

자기를 일종의 개념으로 파악하면서 자기에 대한 연구가 좀 더 다양해졌다. 예컨대 Cantor와 Kihlstrom(1987)은 자기개념을 다른 개념이나 범주와 같이 취급할 수 있다고 보고 관련 연구를 진행하였다. 이들에 따르면, 자기개념 또한 다른 개념들과 마찬가지로 위계적 구조를 띠고 있다. 즉, 상위의 자기개념은 하위 자기들의 집합이라고 볼 수 있다. 예컨대 자기개념은 가정에서의 자기, 직장에서의 자기, 홀로 있을 때의 자기 등으로 구성되며, 직장에서의 자기는 상사로서의 자기, 부하로서의 자기, 동료로서의 자기 등으로 구성된다는 것이다. 하위의 자기들은 맥락과 상황에 따라 활성화되어 우리의 생각과 감정, 행동에 영향을 미친다. 예를 들어, 50대가 넘은 나이임에도 불구하고 고등학교 친구들을 만나면 '친구로서의 자기'가 활성화되면서 청소년 시절의 말투나 행동을 나타내고, 그 시절의 기억이나 감정 등을 경험하게 되는 것이다.

Cantor와 Kihlstrom의 관점은 맥락이나 상황에 따라 자기에 대한 견해나 느낌, 행동 등이 변하는 것을 잘 설명해 준다. 하지만 이렇게 시시각각 자기가 변하는 와중에도 통합된 자기감을 느낄 수 있다는 점은 어떻게 설명할 수 있을까? Cantor와 Kihlstrom은 크게 세 가지 가설을 제시하였다. 첫째, 여

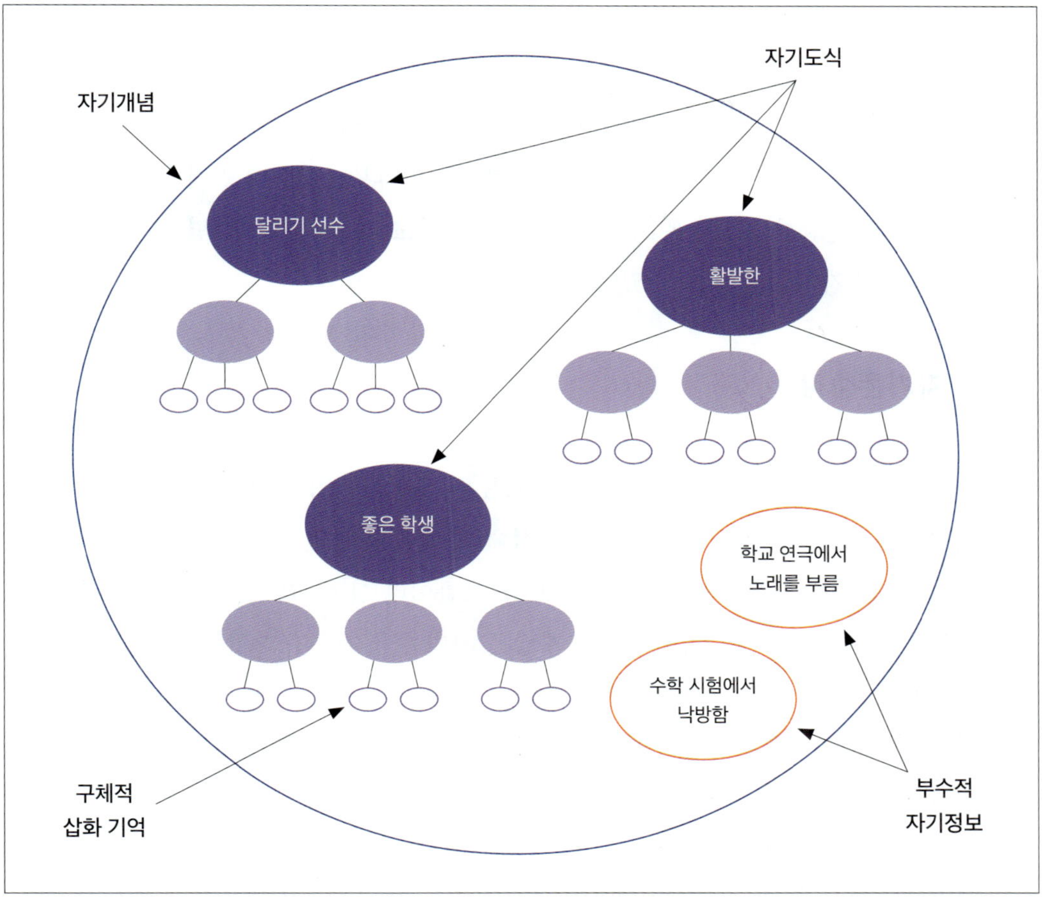

그림 10.1 자기개념과 자기도식의 관계 예시
출처: Stein & Nyquist, 2001

러 하위 자기들이 공유하는 공통분모가 있으며, 이러한 공통 요소들이 통합된 자기를 인식하도록 만들 수 있다. 즉, 맥락이나 상황에 따라 서로 다른 자기가 활성화되기는 하지만, 모든 자기들이 공유하는 특성이 있으며, 그 특성을 기반으로 통합된 자기감을 느낄 수 있다는 것이다. 둘째, 회상이나 기억을 통해 서로 다른 나의 모습이 모두 '나'라는 것을 인식할 수 있다. 맥락이나 상황에 따라 다른 자기가 활성화될 수는 있지만, 물리적으로 실재하는 나는 하나이고 단지 일시적으로 다른 모습을 보일 뿐이라는 점을 기억을 통해 확인하는 것이다. 셋째, 맥락이나 상황에 따라 서로 다른 자기가 활성화되기는 하지만, 언제나 핵심적인 자기로 돌아갈 수 있다. 여기에서 우리는 자기의 중요한 측면을 발견할 수 있다. 즉, 우리가 다양한 하위의 자기를 갖는 것은 사실이지만, 그러한 자기는 일종의 가면이고 핵심적인 자기가 따로 있다는 것이다. Jung도 페르소나 개념을 제안할 때 이와 유사한 과정을 언급한 바 있다. 우리는 사회에 적응하기 위해 일종의 가면을 만들어 내고, 상황과 맥락에 맞게 가면을 바꿔 쓴다. 가면을 쓰고 있을 때에는 그 가면이 '나'인 것처럼 인식될 수도 있지만, 건강한 사람들은 그것이 '가면'임을 알고 있으며, 원한다면 언제든 핵심적인 자기로 돌아갈 수 있다.

4) 자기존중감

자기개념과 관련된 또 다른 중요한 연구 흐름은 자기의 평가적 차원 혹은 정서적 차원이다. 즉, 자신의 가치나 중요성에 대해 어떻게 인식하며, 그로 인해 어떤 감정을 경험하는가와 관련된 연구 흐름이라 할 수 있다. 자기개념의 평가적 차원을 포착하는 대표적 개념은 자기존중감이다(Wells & Marwell, 1976). **자기존중감**(self-esteem)이란 스스로를 존중하고 가치 있는 존재라 여기는 것을 의미한다. 자기존중감은 자기 자신에 대한 가치 평가 행위가 누적되어 형성된다. 인간은 어려서부터 다양한 행동을 하고 각 행동에 대해 가치 평가를 내린다. 어떤 행동은 '좋은' 행동, 또 다른 행동은 '나쁜' 행동으로 평가하는 식이다. 행동에 대한 평가는 곧 수행자인 자기 자신에 대한 평가로 이어진다. 좋은 행동을 반복하는 사람은 '좋은' 사람, 나쁜 행동을 반복하는 사람은 '나쁜' 사람으로 인식되는 것이다. 초기에는 특정 행동에 대한 평가가 외부로부터 주어진다. 부모나 형제, 가까운 지인들이 평가의 중요한 원천이다. 시간이 흘러 인지 기능이 성숙함에 따라 타인의 평가를 내면화하여 스스로에 대한 평가를 내리기도 한다. 이로써 자기존중감은 두 가지 서로 밀접한 원천을 갖게 된다. 하나는 주변의 평가이고, 다른 하나는 자기 자신의 평가이다. 자기존중감의 개인차는 주변으로부터 혹은 자기 자신으로부터 어떠한 평가를 더 많이 받았는가에 달려 있다. 긍정적 평가를 더 많이 받았다면 상대적으로 높은 자기존중감을 나타낼 것이고, 부정적 평가를 더 많이 받았다면 상대적으로 낮은 자기존중감을 나타낼 것이다.

인간은 살아가는 동안 끊임없이 자기 자신을 평가한다. 방금 한 행동이 좋은 행동인지, 아니면 나쁜 행동인지, 자기 자신이 괜찮은 사람인지, 아니면 그렇지 않은지를 반복적으로 평가하는 것이다. 이러한 과정은 의식적일 수도 있고 무의식적일 수도 있다. 변함없는 사실은 살아 있는 한 평가를 멈추지 않는다는 점이다. 연구에 따르면, 이러한 자기평가는 상당히 안정적인 경향이 있다. 즉, 자기에 대한 평가가 부정적인 사람은 앞으로도 그럴 가능성이 높고, 자기 자신을 긍정적으로 평가하여 높은 자존감을 나타내는 사람은 미래에도 그럴 가능성이 높다는 것이다. 자기존중감의 시간적 안정성을 탐색한 메타분석 연구에 따르면, 유년기에서 노년기에 이르는 긴 시간 동안 자기존중감은 상당히 안정적인 양상을 띠는 것으로 확인되었다(Trzesniewski, Donnellan, & Robins, 2003). 연령에 따라서는 안정성의 정도가 달라졌는데, 아동기에는 안정성이 상대적으로 낮았고, 청소년기에서 초기 성인기에 이르기까지 꾸준히 높아지다가, 중년기와 노년기에는 다소 낮아지는 것으로 확인되었다.

자기존중감은 자기개념 연구자들의 많은 관심을 받았다. 인간의 삶에 중요한 영향을 미치는 요소들이 자기존중감과 밀접한 관계를 맺고 있다는 연구 결과가 반복적으로 보고되었기 때문이다. 예를 들어, 자기존중감과 우울의 관계에 대한 연구들을 포괄적으로 분석한 연구에서는 자기존중감이 낮을수록 우울에 취약하다는 사실을 확인하였고(Sowislo & Orth, 2013), 자기존중감과 삶의 질의 관계를 탐색한 연구에서는 심리적 웰빙을 구성하는 6가지 차원(자기수용, 타인과의 긍정적 관계, 자율성, 환경을 선택하고 조성하는 능력, 삶의 목적, 개인적 성장)이 모두 자기존중감과 유의한 관계를 맺고 있는 것으로 나타났다(Paradise & Kernis, 2002). 대인관계와 학교생활, 직장 생활, 정신건강, 신체적 건강, 반사회적 행동 등의 영역을 포괄적으로 탐색한 연구에서도 자기존중감이 제시된 모든 영역에서 유익한 결과를 가져오는 것으로 보고하였다(Orth & Robins, 2022).

자기존중감이 이렇게 다양한 긍정적 특성과 관련이 있음을 발견한 연구자들은 크게 두 방향으로 연구를 진행했다. 하나는 자기존중감이 어떻게 이러한 결과들을 가져오는지에 대한 것이고, 다른 하나는 자기존중감이 어떻게 형성되는지 혹은 왜 개인차가 발생하는지에 대한 것이다.

첫 번째 연구 흐름의 대표적 가설은 자기존중감이 일종의 자원 혹은 완충 요인(buffer)으로 작용한다는 것이다(Cast & Burke, 2002; Steele, 1999). 이 가설에 따르면, 개인은 자기와 관련된 다양한 스트레스 상황에서 자기존중

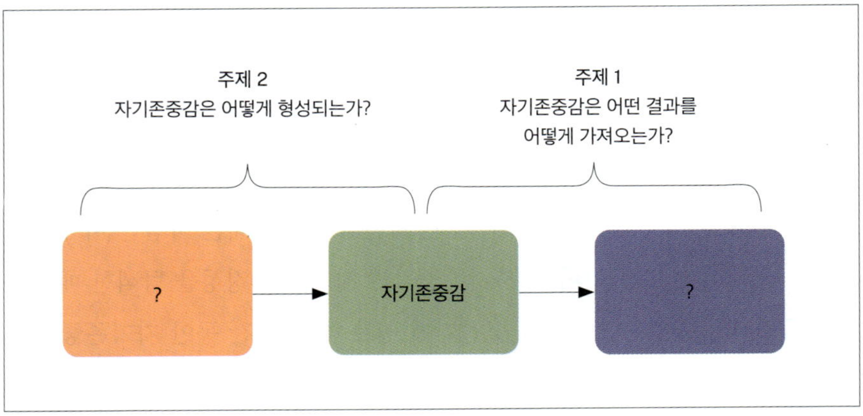

그림 10.2 자기존중감 관련 주요 연구 주제

감을 활용하여 대처한다. 예컨대 자기가 사실은 쓸모없는 인간일 수 있다는 위협적인 생각이 들었을 때 과거의 경험을 통해 습득한 자기에 대한 긍정적 인식의 도움을 얻어 위기를 극복하는 것이다. 자기존중감을 자원으로 보는 입장에서는 자기존중감이 양적 측면에서 측정 가능하며, 많이 사용할수록 감소하는 경향이 있다고 본다. 따라서 높은 자기존중감을 가진 사람은 상대적으로 더 많은 스트레스 상황에 대응할 수 있는 반면, 낮은 자기존중감을 가진 사람은 스트레스에 적절히 대처하지 못하여 다양한 문제를 경험할 수 있다.

두 번째 가설은 자기존중감의 양상에 따라 정보처리 과정이 달라진다는 가설이다. 이 가설에 따르면 자기존중감이 높은 사람과 낮은 사람은 주어지는 정보를 다른 방식으로 처리한다. 기분과 자기존중감, 자기평가의 관계를 탐색한 한 연구에 따르면, 자기존중감이 낮은 사람들은 기분이 저조할 때 자기존중감이 높은 사람들보다 자신을 더 부정적으로 평가하는 경향이 있었다(Brown & Mankowski, 1993). Brown과 동료들은 후속 연구를 통해 특질로서의 자기존중감(trait self-esteem) 혹은 전반적 자기존중감(global self-esteem)과 자기평가(self-evaluation), 일시적으로 경험되는 자기가치감(sense of self-worth)을 구분하여 세 변인의 관계를 탐색하였다. 그 결과에 따르면, 전반적 자기존중감이 높은 사람들은 자기와 관련된 정보를 처리하는 과정에서 자신에게 유리한 방식으로 처리하여 긍정적 자기가치감을 증진하는 것으로 나타났다(Brown, Dutton, & Cook, 2001).

자기존중감의 형성 과정 혹은 개인차에 대한 연구는 다양한 방향으로 진행되었다. 관련 연구들을 정리해 보면, 자기존중감에 영향을 미치는 중요한 요인 혹은 원천을 세 가지 정도로 정리해 볼 수 있다(Pelham & Swann, 1989).

첫 번째 원천은 **정서적 경험**(affective experience)이다. 자기존중감을 연구한 많은 학자들은 개인의 주관적 정서 경험이 자기존중감에 영향을 미친다는 점에 동의한다. 이들에 따르면, 언어를 습득하지 못한 유아는 사회적 상호작용의 결과에 따라 경험되는 특정한 정서에 기반한 기초적인 자기감각을 키운다. 예컨대 적절한 때에 원하는 것을 얻은 아이는 긍정 정서를 빈번하게 경험하고 자기에 대한 긍정적 느낌을 발달시킨다. 반대로 욕구를 적절히 충족하지 못한 아이는 부정 정서를 자주 경험하여 자기에 대한 부정적 느낌을 발달시킨다. 대표적인 자기존중감 연구자인 Rosenberg(1986)는 아동기뿐만 아니라 성인기에도 정서 경험에 기반한 자기감각이 자기존중감에 중요한 영향을 미칠 것이라고 제안하였다.

두 번째 원천은 **자기신념**(self-conception) 혹은 **자기관**(self-view)이다. 자기관이란 자기 자신에 대해 가지고 있는 인지적 믿음을 의미한다. 아동이 성장하면서 언어를 습득하게 되면, 자기에 대한 언어화된 지식 혹은 믿음을 발달시킨다. 예컨대 자신의 지적 능력이나 사회적 능력, 운동 능력, 신체적 매력, 리더십, 정서적 안정성, 유머 감각, 자기훈련 등의 영역에서 다른 사람과 비교했을 때 어느 정도 수준을 갖추고 있는지에 대한 믿음을 형성한다. 어떤 사람은 자신의 운동 능력이 중간 정도는 된다고 믿을 수 있고, 다른 누군가는 상위 5% 안에 들어간다고 믿을 수 있다. 이러한 믿음은 자기존중감에 영향을 미칠 수 있다.

세 번째 원천은 **해석틀 요인**(framing factor)이다. 각 개인이 지닌 자기관은 그 자체로 자기존중감에 영향을 미칠 수 있지만, 각 자기관을 어떻게 해석하는지에 따라 그 영향의 정도가 달라질 수 있다. 해석틀 요인이란 자기관의 의미를 이해하는 데 영향을 주는 요인을 의미한다. Pelham과 Swann(1989)은 핵심적인 해석틀 요인 세 가지를 제시하였다. ① 자기관을 구성하는 여러 요소의 상대적 **중요성**(importance)은 자기존중감에 영향을 미칠 수 있다. 예컨대 학업 능력에 비해 신체적 매력이 더 중요하다고 여기는 사람은 신체적 매력에 대한 믿음이 자기존중감에 상대적으로 더 큰 영향을 미친다. ② 자기관에 대한 **확신**(certainty) 또한 중요한 해석틀 요인이다. 특정 자기관에 대한 긍정적 믿음을 가지고 있더라도 그러한 믿음에 대한 확신이 부족하다면 자기존중감에 미치는 영향은 상대적으로 약할 수 있다. 어떤 믿음에 대한 확신은 그 믿음을 지지하는 경험적 증거의 양 및 안정성과 밀접한 관련이 있다. ③ **자기-이상 불일치**(self-ideal discrepancy) 또한 중요한 요인으로 고려될 수 있다. 어떤 사람의 학업 능력에 대한 자기관이 중간 정도라고 가정했을 때, 이상적 자기의 모습을 상위 1% 이내로 두고 있는 사람과 상위 25%로 두고 있는 사람은 서로 다른 자기존중감을 경험할 수 밖에 없다. 특히 실제 자기 모습과 이상적 자기 모습의 괴리가 큰 사람은 괴리가 작은 사람에 비해 자기에 대해 비판적인 태도를 보일 수 있고, 이는 자기존중감의 저하로 이어질 수 있다.

5) 자기불일치 이론

앞서 자기존중감에 영향을 미치는 인지적 요인 중 자기-이상 불일치를 언급하였다. 자기-이상 불일치가 존재한다는 것은 실제적 자기에 대한 정보뿐만 아니라 가상적 자기에 대한 정보가 존재하며, 이러한 정보가 개인의 자기인식 및 정서 경험에 영향을 줄 수 있다는 것을 시사한다. 가상적 자기의 존재를 인식한 학자들은 비교적 많지만, 과학적인 접근 방법을 이용하여 체계적으로 연구를 진행한 학자로는 컬럼비아 대학교의 심리학 교수 Edward Higgins를 들 수 있다. 그의 **자기불일치 이론**(self-discrepancy theory)에 따르면, 인간은 자기안내라 불리는 인지 구조를 가지고 있다(Higgins, 1987). **자기안내**(self-guide)는 개인이 도달해야 할 목표 혹은 기준을 의미한다. Higgins는 두 종류의 자기안내를 특별히 중요하게 고려하였다. 첫 번째 자기안내는 **이상적 자기**(ideal self)로, 보유하고 싶어 하는 속성을 담고 있다. 개인은 이상적 자기에 담긴 목표나 기준을 달성할 경우 긍정적 결과나 긍정적 정서 경험을 얻을 것이라고 기대한다. 두 번째 자기안내는 **의무적 자기**(ought self)로, 보유해야만 한다고 여기는 속성을 담고 있다. 개인은 의무적 자기에 담긴 목표나 기준을 달성하지 못하면 부정적 결과나 부정적 정서 경험을 얻게 될 것이라고 예상한다.

표 10.1 자기안내로서의 이상적 자기와 의무적 자기

	이상적 자기	의무적 자기
기준의 내용	보유하고 싶은(want) 속성	보유해야만 하는(should) 속성
기준 달성 시 예상 결과	긍정적 경험을 얻음	부정적 경험을 피함
주요 형성 배경	강화 경험	처벌 경험
실제 자기와 불일치할 때의 감정	슬픔, 실망, 불만족감	불안, 걱정, 초조함

실제 자기(actual self)와 가상적 자기 혹은 자기안내 간의 불일치는 고유한 정서를 유발한다. 예를 들어, 실제 자기와 이상적 자기의 불일치는 슬픔이나 실망, 불만족감 등을 유발한다. 이는 긍정적 결과를 얻지 못할 것에 대한 인식에 뒤따르는 부정 정서이다. 반면 실제 자기와 의무적 자기의 불일치는 두려움이나 불안, 걱정, 초조함 등을 유발한다. 이는 부정적 결과를 피하지 못할 것이라는 인식에 뒤따르는 부정 정서이다. 개인은 이러한 부정 정서를 고통스럽게 경험하기 때문에 가능하면 실제 자기와 자기안내의 불일치를 줄이려고 노력한다.

Higgins의 자기불일치 이론은 개인의 만성적인 우울이나 불안에 대한 흥미로운 견해를 제공한다. 각 개인은 모두 이상적 자기와 의무적 자기를 보유하겠지만 개인마다 더 중요하게 고려하는 자기안내가 다를 가능성이 높다. 이는 긍정적 경험에 대한 끌림 혹은 긍정적 보상을 얻고자 하는 경향성과 부정적 경험에 대한 거부적 태도 혹은 부정적 처벌을 피하고자 하는 경향성과도 밀접하다. 이보다 더 중요한 문제는 실제 자기와 자기안내 간의 불일치 정도이다. 실제 자기와 자기안내의 불일치가 그렇게 크지 않다면 적응에 도움이 되는 적절한 수준의 동기를 부여할 것이다. 하지만 실제 자기와 자기안내의 불일치가 지나치게 크다면 부정 정서를 과도하게 경험할 수 있고, 괴리를 줄이려는 지나친 노력으로 인한 부적응을 경험하게 될 수도 있다. 이런 측면에서 적당한 수준의 자기안내를 설정하고 조정하는 것은 중요한 적응 과제라 할 수 있다.

6) 인지-경험적 자기 이론

지금까지 소개한 인지적 관점의 자기 이론은 대부분 의식(conscious)에서 작동하는 것을 가정한다. 의도만 가지고 있다면 자기의 각 요소를 충분히 자각할 수 있으며, 주관적으로 보고하는 것도 가능하다고 본 것이다. 사회인지적 관점의 연구자들이 이러한 관점의 자기 연구를 지속하고 있을 때 전의식(subconscious) 수준에서 작동하는 자기를 개념화하려고 시도한 학자가 있었다.

미국 메사추세츠 대학교(University of Massachusetts)의 심리학 교수였던 Seymour Epstein(1924-2016)은 **인지-경험적 자기 이론**(cognitive-experiential self theory)을 제안하면서 두 가지 자기체계를 구체적으로 개념화하였다. 첫 번째 체계는 기존의 사회인지심리 연구자들이 집중적으로 연구했던 자기체계로 간단히 **합리적 체계**(rational system)라 명명되었다(Epstein, 1991, 2003). 합리적 체계는 분석적(analytic)이고 논리적인 특징을 가지며, 의식적으로 접근할 수 있다. 이 체계는 언어나 숫자 등의 추상적 상징으로 현실을 부호화하며, 비교적 느린 속도로 정보를 처리한다. 두 번째 체계는 Epstein이 새롭게 강조한 체계로 **경험적 체계**(experiential system)라 명명되었다(Epstein, 1990, 2003). 경험적 체계는 총체적(holistic)이고 정서적인 특징을 가지며, 전의식 수준에서 작동한다. 이 체계는 구체적인 심상이나 은유로 현실을 부호화하며, 매우 빠른 속도로 정보를 처리한다.

인간이 받아들이는 정보가 서로 다른 두 체계에 의해 처리된다는 사실은 인지심리학 등의 다른 영역에서도 확인된 바 있다(Tversky & Kahneman, 1974). 하나의 체계는 언어적이고 논리적인 체계로 느리지만 합리적이고 계산적인 방식의 처리를 담당한다. 충분한 시간적 여유를 두고 중요한 거래를 진행하고 있을 때, 우리는 일반적으로 이 체계를 이용해 손해와 이익을 정교하게 따진다. 두 번째 체계는 비언어적·정서적이고 비논리적인 체계로 과거 경험에 기반한 빠른 처리를 담당한다. 시간이 충분히 주어지지 않는 상황에서 음식을 주문해야 할 때 이 체계가 작동되곤 한다. 과거에 어떤 음식을 먹고 특정한 경험을 했거나 다른 사람이 먹는 것을 보고 특정한 경험을 예상했던 것에 기반해서 빠르게 의사결정을 내리는 것이다.

Epstein은 자기체계 또한 이러한 두 가지 정보처리 체계로 구성되어 있을 것이라고 보았으며, 기존에 잘 다루어지지 않은 경험적 체계를 좀 더 구체적으로 탐색하였다. 그에 따르면, 경험적 체계는 오랜 진화의 역사를 가지고 있다. 인간뿐만 아니라 다른 상위 동물들도 가지고 있는 이 체계는 논리적 추론이 아닌 경험에 기반한 학습을 토대로 하며, 특히 정서적 경험에 대한 기억을 중요하게 고려한다. 간단히 말해 과거에 특정한 사건에 대해 특정한 감정을 경험했다면, 유사한 다른 사건이 제시되었을 때 이전의 감정 경험을 토대로 반응한다는 것이다. 그 사건이 긍정적 정서 경험과 관련이 있으면 접근하고, 부정적 정서 경험과 관련이 있으면 회피하는 식이다.

중요한 것은 정서적으로 중요한 자극을 처리하는 과정이 의식의 영역을 벗어나 일어난다는 사실이다. Epstein에 따르면, 정서적으로 의미 있는 자극이 주어졌을 때 경험적 체계가 빠르게 활성화되며, 관련된 과거의 기억을 자동적으로 검색하여 회상한다. 이때 인출된 기억이 긍정적 경험과 관련이 있다면 유쾌하게 경험되는 모호한 감정 혹은 느낌(vibe)이 유발되고, 과거의 긍정적 결과를 다시 얻으려는 행동이 나타난다. 반대로 부정적인 경험과 관련된 기억이 인출된다면 불쾌한 느낌이 유발되고, 과거의 부정적 결과를 피하려는 행동이 나타난다.

경험적 체계가 작동하여 유발되는 느낌은 일반적인 정서와 같이 구체적이지 않으며, 단순히 쾌-불쾌 차원에서 경험되는 불분명한 전의식적 감정 경험이다. 전의식적이기 때문에 평소에는 충분히 자각되지 않을 가능성이 높지만, 적절한 훈련을 거치면 자각할 수 있다. 실제로 불교 전통의 명상에서는 자동적으로 일어나는 기초적인 감정 반응을 베다나(vedanā) 혹은 감정 톤(feeling tone)이라 명명하고 중요한 알아차림의 대상으로 간주한다.

Epstein에 따르면, 경험적 체계와 합리적 체계는 서로 영향을 주고받는다. 일반적으로 경험적 체계의 처리 속도가 더 빠르기 때문에 경험적 체계가 합리적 체계에 미치는 영향을 우선적으로 고려할 수 있다. 실제로 Epstein은 경험적 체계가 합리적 체계의 처리에 편향을 유발할 수 있다고 보았다. 예컨대 중요한 과제를 마무리해야 하는 상황에서 경험적 체계가 작동하여 과거의 과제 실패 경험에 기반한 불쾌한 느낌을 유발했다면, 개인은 과제 마무리를 회피하려는 충동을 경험할 것이다. 관련된 생각이 의식에 떠오를 정도로 분명해졌을 때, 합리적 체계가 작동하여 과제 마무리를 포기하는 것이 그럴듯한 이유를 인출한 뒤, 마치 그 선택이 합리적인 것처럼 포장할 수 있다. 이 과정은 정신분석 이론가들이 말하는 합리화 방어기제의 과정과 매우 흡사하다.

경험적 체계가 합리적 체계에 영향을 미치는 것은 분명하지만, 합리적 체계가 경험적 체계의 노예는 아니다. 오히려 경험적 체계를 감독하면서 수정하고 다듬어 나갈 수 있다(Epstein, 2003). 즉, 경험적 체계의 처리 결과로 떠오른 대안이 과연 현실적이고 합리적인지를 판단하고 최종적으로 의사결정을 내리는 체계가 바로 합리적 체계인 것이다. 예컨대 앞선 사례에서 처음에는 과제를 포기하는 것과 관련된 생각이 떠올랐다 하더라도 시간이 지날수록 과연 그러한 선택이 적절한 것인지에 대한 다른 생각들이 떠오를 수 있다.

표 10.2 경험적 체계와 합리적 체계의 비교

경험적 체계	합리적 체계
1. 총체적(holistic)	1. 분석적(analytic)
2. 정서적: 쾌-고통 지향적 (무엇이 느낌이 좋은가?)	2. 논리적: 이성 지향적 (무엇이 분별 있는 것인가?)
3. 연합적 연결	3. 원인과 결과 연결
4. 결과 지향적	4. 과정 지향적
5. 행동은 과거 경험으로부터의 느낌(vibes)에 의해 매개됨	5. 행동은 사건에 대한 의식적 평가에 의해 매개됨
6. 구체적인 심상이나 은유, 이야기(narrative)로 현실을 부호화함	6. 추상적 상징이나 언어, 숫자로 현실을 부호화함
7. 좀 더 신속한 처리: 즉각적 행동을 지향함	7. 비교적 느린 처리: 지연된 행동을 지향함
8. 변화가 느림: 반복적이거나 강렬한 경험에 의해서 변화됨	8. 비교적 빠르게 변화됨: 생각의 속도만큼 빠르게 변화됨
9. 거칠게 분화되어 있음: 넓은 일반화를 적용하여 차이를 구분하며, 범주적 사고를 사용함	9. 높은 수준으로 분화되어 있음: 차원적 사고를 사용함
10. 거칠게 통합되어 있음: 해리 혹은 분리되어 있으며, 부분적으로는 정서적 콤플렉스를 중심으로 통합되어 있음	10. 높은 수준으로 통합되어 있음
11. 수동적이고 전의식적으로 경험됨: 감정에 사로잡힌 것처럼 경험됨	11. 능동적이고 의식적으로 경험됨: 나의 생각을 통제하고 있는 것처럼 경험됨
12. 자명하게 타당함: "체험하는 것이 곧 믿는 것이다."	12. 논리나 증거를 통한 정당화가 요구됨

초반의 선택지가 경험적 체계의 산물이라면, 후반의 선택지는 합리적 체계의 산물이다.

2 정체성

자기에 대한 연구 흐름만큼 강력하지는 않지만, 정체성 또한 개인의 역할이나 위치 등을 포착하는 개념으로 꾸준히 연구되었다. 특히 자아심리학을 대표하는 연구자이면서 정체성 개념을 제안한 Erikson과 그의 이론을 계승하는 학자들에 의해 현재까지 연구가 이어지고 있다. Erikson의 정체성 이론을 구체적으로 살펴보고, 현대 성격심리학자들이 특별히 주목하고 있는 서사 정체성 이론에 대해 알아보자.

1) Erikson의 정체성 이론

자아심리학자였던 Erik Erikson은 독일의 프랑크푸르트에서 태어났다. 그의 생부모는 덴마크 출신이었고, 어머니는 유대인이었다. Erikson이 태어나기 몇 달 전 생부모가 이혼을 하였는데, 이후 그의 어머니는 유대인 소아과 의사를 만나 재혼했다. 독일에서 태어나 자랐으나 생부를 닮아 덴마크인의 외모를 가지고 있었던 Erikson은 유대인과 생김새가 달라 자신의 정체성에 대해 혼란을 느꼈다.

▲ Erik Erikson

그는 평범한 학생으로 고등학교를 졸업한 뒤 미술을 공부하기 위해 유럽의 여러 지역을 여행했다. 하지만 미술 활동과 관련해서는 큰 성과를 얻지 못하였고, 진로를 바꾸어 오스트리아 빈에 개설된 학교에서 아이들을 가르쳤다. 이 학교는 자아심리학자인 Anna Freud가 세운 학교로 교육과 연구를 병행하던 곳이었다. Erikson은 그곳에서 Anna Freud로부터 정신분석을 받으면서 정신분석가로서의 훈련을 받기 시작했다.

한동안 유럽에서 정신분석가로 활동하던 그는 1933년에 나치를 피해 미국 보스턴으로 이주했다. 당시 그곳에는 아동 정신분석가가 거의 없었기 때문에 Erikson은 중요한 기관에서 왕성하게 활동할 수 있었다. 이후 예일 대학교나 캘리포니아 대학교, 하버드 대학교 등의 주요 교육 기관에서 연구와 강의 활동을 이어 가기도 했다. 그는 특히 인간의 정상적 발달 과정을 정교하게 분석하였으며, 이 과정에서 청소년기의 중요한 발달 과제로 정체성 획득을 제안하였다.

성격심리학 영역에서 **정체성**(identity)이란 개인을 그답게 하는 무언가를 의미한다. 개인의 본질이나 특성, 역할 등이 여기에 포함된다. 자기(self)와 정체성은 매우 밀접한 관계를 맺고 있다. 학자마다 각 개념을 정의하는 방식이 달라 명확하게 정리하기는 어렵지만, 일반적으로 정체성은 사회적 관계 안에서의 위치와 관련된 내용을 담는 경향이 있으며, 자기는 정체성을 포괄하면서 정체성에 담기지 않는 자기와 관련된 내용 또한 담고 있는 더 넓은 개념으로 간주된다.

Erikson은 정체성이 전 생애에 걸쳐 발달한다고 보았다. 청소년기에 정체성에 대한 고민이 깊어지고 탐색 활동 또한 활발해지지만, 그렇다고 해서 청소년기에 정체성이 확립되거나 고정되는 것은 아니다(Erikson, 1968). 사회적 맥락 속에서 '나는 누구인가?'라는 질문은 전 생애에 걸쳐 반복되며, 특정 시기에 좀 더 두드러지게 나타날 수 있다. 중요한 것은 필요한 시기에 정체성을 파악하기 위한 탐색 활동을 하고, 탐색 결과를 정리하여 잠정적인 답을 얻어 내는 것이다.

2) 심리사회적 발달 이론

Erikson은 인간의 전 생애를 여덟 단계로 제시하고 각 시기에 정체성과 관련된 심리적 기능이 어떻게 발달하는지를 구체적으로 제시하였다. 그는 특히 시기별로 특정한 발달적 위기 혹은 기회를 얻게 되며, 그 시기를 어떻게 보냈는지에 따라 중요한 심리적 기능의 양상이 달라질 수 있다고 보았다.

표 10.3 Erikson의 심리사회적 발달 단계

시기(연령)	심리성적 단계	심리사회적 주제	관련 덕성
영아기(0-1)	구순기	신뢰 대 불신	희망
유아기(2-3)	항문기	자율성 대 수치심	의지
어린 아동기(4-5)	남근기	주도성 대 죄책감	목표
아동기(6-11)	잠복기	근면성 대 열등감	유능성
청소년기(12-20)	성기기	정체성 대 역할 혼란	성실성
초기 성인기(20-30)	-	친밀감 대 고립	사랑
성인기/중년기(30-65)	-	생산성 대 침체	배려
노년기(65-)	-	통합 대 절망	지혜

(1) 신뢰 대 불신

첫 번째 단계는 생의 초기, 즉 영아기(infancy)이다. 이 시기는 **신뢰 대 불신**(trust vs. mistrust)의 단계라 불리기도 한다. 영아는 몸을 자유롭게 사용하지 못하며, 주양육자를 통해 기본적 욕구를 충족해야 한다. 이 시기 동안 적절한 때에 적절한 만큼 욕구를 충족하면 **기본적 신뢰감**(basic trust)이 형성된다. 일차적으로는 타인이나 세상에 대한 신뢰감이지만, 이것은 곧 자신에 대한 신뢰감의 바탕이 된다. 미래에 원하는 것을 얻을 수 있다는 믿음, 즉 **희망**(hope)도 기본적 신뢰감에서 파생되는 긍정적 결과물이다. Erikson은 기본적 신뢰감이 정체감(sense of identity)의 원시적이고 미분화된 형태일 것이라고 보았다. 그에 따르면, 정체감은 개인이 독자적으로 획득할 수 있는 것이 아니며, 다른 존재 혹은 집단과의 상호작용 과정에서 획득할 수 있는 것이다. 그런 측면에서 상호 간 신뢰(mutual trustworthiness)는 정체감의 기초라 할 수 있다. 기본적 신뢰감을 형성하지 못한 사람들은 청소년기에 심한 **정체성 혼란**(identity confusion)을 경험할 수 있다. 이들은 자신과 타인이 특정한 면에서 '동일하다(identical)'고 느끼는 능력이 결여되어 있으며(Erikson, 1968), 결과적으로 관계를 통해 정체성을 확인하는 데에도 어려움을 겪게 된다.

(2) 자율성 대 수치심

두 번째 단계는 생후 1세에서 3세에 이르는 시기로 **자율성 대 수치심**(autonomy vs. shame)의 단계로 불린다. 이 시기의 유아는 자신의 몸을 어느 정도 조절할 수 있게 된다. 태어나서 처음으로 자기통제(self-control)를 경험하게 되는 것이다. 정신분석 계열의 이론에서는 특히 배변 통제가 발달적으로 중요한 사건이라 여긴다. Erikson 또한 배변 통제가 유아의 자기통제 발달의 핵심이라고 보았다. 유아는 처음으로 자신의 배변을 조절할 수 있게 되고, 양육자가 원하는 대로 배변을 할 것인지, 아니면 자신이 원하는 대로 할 것인지를 두고 선택을 하게 된다. 이 과정에서 적당한 힘겨루기가 이루어지고, 서로가 적절히 타협하여 성공적으로 '과제'를 완수하면, 유아는 **숙달감**(sense of mastery)을 경험하게 된다. 스스로 무언가를 결정하고 실행할 수 있다는 기초적 감각을 처음으로 경험하게 되는 것이다. Erikson은 유아가 적절히 자신을 통제하는 경험을 하게 되면 자부심(pride)과 자율성(autonomy), 자신감(self-assurance), 자기확신(self-certainty), 자기 자신이 되려는 의지(the will to be oneself) 등이 발달할 것이라고 보았다. 특히 자기 자신이 되려는 의지, 즉 개별적이고 독립적인 존재로서의 자신이 되고자 하는 의지는 청소년기의 정체성 발달에 필수적인 요소라고 가정하였다(Erikson, 1968). 이 시기에 적절한 자기통제를 경험하는 데 실패한 경우에는 수치심(shame)이나 자기불신(self-doubt), 의존성(dependency), 자의식(self-consciousness)을 발달시킨다. 또한 양육자와의 관계에서 지나치게 많은 규율이나 규칙이 형성될 수 있고, 부당한 처벌 등이 나타날 수 있다. 양육자는 유아의 자율성을 존중하면서 편안하게 어울려 친구처럼 지내는 능력을 발달시키지 못할 수도 있다. 이러한 힘겨루기의 불균형과 그로 인한 문제들은 청소년기에 다시 한번 갈등을 유발할 가능성이 높다. 특히 청소년은 지나치게 타인의 시선을 의식하면서 자율적으로 행동하는 것에 대해 두려움을 가질 수 있고, 부모나 선생님 혹은 다른 권위자들에게 반감이나 반항심을 갖게 될 가능성 또한 높다.

(3) 주도성 대 죄책감

세 번째 단계는 3세에서 6세에 이르는 아동기로 **주도성 대 죄책감**(initiative vs. guilt) 단계로 불린다. 이 시기의 아동은 자기의 몸을 통제하고 관리하

▲ 아동의 첫 조작 행위는 대체로 이렇다.

는 것을 넘어서 세상으로 향한다. 왕성한 호기심을 가지고 활발하게 움직이며 다양한 실험을 하는 것이다. Erikson은 이 시기의 아동이 놀이를 포함한 다양한 활동을 하면서 목표를 세우고 실행하는 능력을 발달시킨다고 보았다. 또한 자신이 아닌 다른 대상을 움직여 조종하거나 분해하는 등의 '조작 행위'를 나타내기도 한다. 통제의 범위가 자기 자신에서 주변의 대상 혹은 세상으로 확대된 것이다. 아동은 특정한 목표를 세우고 그 목표를 달성하기 위해 주변을 통제하는 것을 반복한다. 이 과정에서 양육자를 포함한 다른 대상들과 갈등을 경험하기도 하는데, 이들이 부과하는 보상 혹은 처벌은 아동의 주도성 발달에 중요한 영향을 미친다. 만일 아동이 다른 사람들과 적절히 타협하거나 협동하면서 목표 달성 과정을 반복적으로 경험한다면, 적절한 수준의 주도성과 목적의식, 호기심, 야망, 실험 정신, 협동 능력 등을 키우게 된다. 이러한 특성은 이후 청소년기에 다양한 역할을 실험적으로 탐색하려는 의지, 삶의 목적성 등의 발달로 이어진다. 반대로 주도적 활동에 대해 과도한 처벌을 받거나 제재를 당한 경우에는 죄책감, 두려움에 의한 행동 억제, 역할 제한 등의 문제가 발생할 수 있다.

(4) 근면성 대 열등감

네 번째 단계는 6세에서 12세에 이르는 시기로 **근면성 대 열등감**(industry vs. inferiority)의 단계로 불린다. 세 번째 단계에서의 과제나 활동이 '자유로운 놀이'의 형태를 띠었다면, 네 번째 단계에서의 과제는 좀 더 엄격한 기준을 따르는 체계화된 '일'의 형태를 띤다. 이 시기의 아동은 상대적으로 자유로웠던 가정을 떠나 유치원이나 초등학교 등의 기관에 들어가게 되고, 그 과정에서 점차 '사회'를 인식한다. 사회의 구성원이 되기 위해서는 일정한 지식을 알고 있어야 하고, 정해진 규칙을 따라야 하며, 사회의 다른 구성원, 특히 이미 사회에서 중요한 역할을 담당하고 있는 사람이 부여하는 '일'을 잘 배워서 실행해야 한다는 것을 깨닫게 되는 것이다. 아동은 사회의 구성원이 되기 위한 기본 지식과 기술을 학습하고, 그 성과에 따라 인정(recognition)을 받게 된다. 만일 주어진 과제를 잘 학습하여 긍정적 성과를 내었다면 주변의 지지와 인정을 받을 것이고, 그에 따라 사회가 부과하는 중요한 일을 잘 수행할 수 있다는 **근면감**(sense of industry)을 발달시킬 것이다. 반대로 주어진 일을 적절히 수행하지 못하여 충분한 인정과 지지를 받지 못했다면, 부적절감이나 열등감, 자기 자신이 쓸모없는 존재라는 느낌을 경험할 수 있다. 사회의 한 구성원으로서 어떤 일을 잘 수행할 수 있다는 감각은 기본적인 역할 수행에 대한 믿음 및 감정과 밀접하기 때문에 청소년기의 정체감에 중요한 영향을 미친다. 이 시기에는 좀 더 섬세하게 다듬어진 집단 활동을 수행하면서 타인과 공정하게 협력하는 방법을 배우고, 타인의 감정이나 행동을 예측하는 능력 또한 배우게 되는데, 이 또한 타인에 대한 기본적 믿음과 관련이 있어 청소년기의 정체감 형성에 영향을 미친다.

(5) 정체성 대 역할 혼란

다섯 번째 단계는 청소년기에 해당하는 **정체성 대 역할 혼란**(identity vs. role confusion)이다. 청소년기에 접어들면 신체적·인지적으로 더욱 성숙하면서 중요한 변화를 맞게 된다. 이 시기의 급격한 신체 변화는 자신의 성적 정체성에 좀 더 집중하도록 만들고, 추상화 능력을 포함한 인지적 발달은 좀 더 넓은 조망에서 자기 자신을 이해하고 정리하고자 하는 욕구를 유발한다. 성인기에 진입하기 전에 대략적인 삶의 방향을 정해야 한다는 주변의 압력도 자신의 정체성에 대한 탐색과 고민을 유도하는 경향이 있다. Erikson은 청소년기가 정체성을 탐색하기에 적절한 시기라고 보았지만, 모든 사람이 자연스럽게 이 과업에 몰두하지는 않는다고 생각했다. 그에 따르면, 정체성을 탐색하는 작업은 개인의 의지와 노력을 필요로 한다. 이 작업은 복잡하고 지루하며, 실패가 반복될 수도 있다. 경우에 따라서는 주변과 갈등을 겪을 수 있고, 홀로 남겨진 듯한 외로움과 고독을 경험할 수도 있다. 하지만 이러한 고통을 회피하지 않고 견디면서 탐색 활동을 지속한 청소년은 나름대로의 정체성을 발견하여 이후의 삶을 좀 더 능동적으로 살아갈 수 있게 된다.

많은 청소년은 과거의 자신과 현재의 자신, 미래의 자신을 하나의 통합된 정체성으로 구성하는 과정에서 **역할 모델**(role model)을 참조한다. 역할 모델은 자신과 유사한 점을 가지고 있으면서도 이상적이고 바람직한 삶을 살아가는 존재를 의미한다. 누군가에게는 부모가 역할 모델일 수 있고, 친구나 선배, 전문인, 가상적 인물 또한 역할 모델이 될 수 있다. 과거에는 시대의 변화가 빠르지 않았기 때문에 비슷한 시대를 훌륭하게 살아 낸 어른을 역할 모델로 삼는 경우가 많았다. 하지만 현대사회는 전반적인 구조가 매우 빠르게 변하고 있기 때문에 단순히 나이가 많다고 해서 역할 모델로 인정받기는 어렵게 되었다. 오히려 비슷한 시대를 바람직한 모습으로 살아가는 동년배나 세대 차이가 크지 않은 선배 혹은 이상화되었거나 실재하지 않는 가상적 인물이 역할 모델의 자리를 차지하는 경향이 있다.

Erikson은 정체성을 탐색하는 과정에서 참조하는 중요한 대상이 순차적으로 변할 것이라고 보았다. 비교적 이른 시기에는 부모 등의 주요 양육자를 역할 모델로 삼아 그들의 삶을 보면서 정체성을 정리하고자 시도한다. 그러다 자기 자신과 부모의 차이를 인식하면서 참조 기준을 다른 대상으로 옮긴다. 부모의 자리를 대체하는 대상으로는 친구가 가장 많이 고려된다. 실제로 많은 청소년이 친구와 상당한 시간을 들여 소통하고, 서로 비슷한 문화를 공유하면서 자기의 정체성을 찾아 간다. Erikson에 따르면, 정체성 탐색은 여기서 끝나지 않는다. 친구를 참조 기준으로 삼던 청소년은 점차 친구와 자신의 차이를 발견하고, 친구의 영향에서 벗어나 자기만의 정체성을 다시 탐색하기 시작한다.

정체성 탐색은 다양한 역할 실험으로 구성된다. 어떤 역할이 자신에게 더 적절한지를 실험을 통해 확인하는 것이다. 여기에는 성적 역할이나 직업적 역할, 종교나 신념 등의 이념적 역할 등이 포함된다. 청소년은 자기만의 정체성을 찾기 위해 이성과 교제를 하기도 하고, 직업과 연계되는 다양한 아르바이트를 해 보기도 하며, 종교 기관이나 모임에 참여하면서 자기만의 고유한 이념과 가치를 발견하려고 시도한다. 이 모든 과정은 일종의 실험이며, 실험 결과에 따라 정체성 안에 담길 내용이 달라진다. 관건은 정체성 탐색을 위한 역할 실험을 실행하는 것이며, 잠정적으로나마 특정 내용을 담아 정체성을 형성하는 것이다. 이 과정을 적절히 실행한 청소년은 자신이 누구이며, 어디로 가고 있는지에 대한 대략적인 감각을 가지고 이후의 삶을 살아갈 수 있다. 반면 정체성 탐색을 회피하거나, 잠정적 결론에 이르지 못한 청소년은 자기의심이나 역할 혼란을 경험하면서 회피 행동 혹은 자기파괴적 행동 등을 나타낼 수 있다.

(6) 친밀감 대 고립

여섯 번째 단계는 성인 초기로 **친밀감 대 고립**(intimacy vs. isolation)의 단계이다. 정체성을 어느 정도 수립한 개인은 친밀한 관계 맺기에 집중하기 시작한다. 여기에서 친밀감이란 신체적이고 성적인 친밀함뿐만 아니라 지속적인 관계의 기초인 정서적 유대를 포함하는 넓은 개념이다. 따라서 이 시기에 집중하는 친밀한 관계 맺기는 성적 관계에 국한되지 않으며, 친구나 동료 등의 좀 더 폭넓은 대인관계 또한 포함한다. 이 시기에도 소위 '일'이라 불릴 수 있는 과업이 삶의 중요한 부분을 구성한다. 다만 Erikson은 심리적 발달 측면에서 볼 때 '관계 맺기'가 좀 더 중요한 과제일 것이라고 보았다. 그에 따르면, 친밀감이란 곧 두 사람의 정체성이 만나 결합되는 것이다. 두 사람이 각자의 과거와 현재, 미래를 나누면서 정서적으로 가까워지는 것이 곧 친밀감이기 때문이다. 그런 측면에서 청소년기에 적절한 수준의 정체성을 형성하는 것은 성인기 친밀감 발달의 필요조건이라 할 수 있다. Erikson에 따르면, 정체성이 적절히 수립되지 않은 개인은 관계 맺기에 소극적일 수밖에 없으며, 관계를 맺더라도 건강한 친밀감을 형성하여 안정적인 관계를 유지하는 데 어려움을 겪을 가능성이 높다.

(7) 생산성 대 침체

일곱 번째 단계는 중년기에 해당하며, **생산성 대 침체**(generativity vs. stagnation)의 단계로 불린다. Erikson은 이 시기가 인생에서 가장 생산적일 수 있는 시기라고 보았다. 직업적 측면에서 성숙기에 접어든 개인은 사회에 도움이 되는 의미 있는 무언가를 생산할 수 있다. 또한 친밀한 관계를 발전시켜 가정을 이룬 개인은 사회에 기여할 수 있는 소중한 구성원을 낳아 양육하기도 한다. 혹은 직업과 가정을 벗어나 사회의 다른 구성원들을 직접 도움으로써 사회에 기여할 수도 있다. 어떤 방식으로든 사회에 기여할 수 있는 무언가를 생산해 내는 것이 이 시기의 중요한 과업이며, 이를 성공적으로 수행하는 개인은 사회의 중요한 구성원으로서 공동체의 유지와 발전에 기여한다는 감각을 얻을 수 있다. 직업을 가지고 있고, 심지어 가정을 이룬 상태일지라도, Erikson이 말한 생산성을 획득하지 못하는 경우도 있다. 이들은 자신의 직업이 단지 돈을 벌기 위한 수단일 뿐이며, 사회와는 별다른 관련이 없다고 여긴다. 또한 가정을 이루고 자녀를 낳아 기르지만, 단순히 해야 할 일을 하는 것처럼 반복적이고 경직된 모습으로 최소한의 역할만 수행하거나, 그마저도 거부하면서 방치하는 등의 행동을 보인다. Erikson은 이렇게 자신의 역할을 사회와 연결지어 사회 유지 및 발전에 기여하는 방향으로 행동하지 못한 채 고립된 상태에서 기계적으로 살아가는 경우를 **침체**라고 불렀다. 이들은 주변에 관심을 돌리지 못하고 자기에게 몰두하며, 자신이 원하는 것을 얻는 데에만 골몰하는 경향이 있다.

(8) 통합 대 절망

여덟 번째 단계는 노년기에 해당하는 **통합 대 절망**(integrity vs. despair) 단계이다. 생의 마지막 시기에 이르면 개인은 지나온 시간을 돌아보면서 자신의 인생을 통합하려고 시도한다. 좋은 일도 있었고, 나쁜 일도 있었겠지만, 하나의 의미 있는 이야기 안에 다양한 경험을 담아낼 수 있다면 통합감을 경험할 수 있다. 이렇게 자신의 인생을 통합하는 데 성공한 개인은 죽음에 대한 두려움이 적으며, 생의 마지막 순간까지 독립적이고 자율적인 성숙한 존재로 살아간다. 반면 자신의 생을 의미 있게 통합하지 못하고 과거에 대한 미련과 후회에 사로잡히면 다가올 죽음을 두려워하며 생이 얼마 남지 않았다는 것을 부인할 수 있다. 이 경우 실제 나이보다 어린 사람처럼 행동하는 등의 퇴행적인 모습을 보이기도 한다. Erikson은 이러한 사람들이 자신의 삶에 대해, 적어도 나이가 들어 세상을 떠날 시기가 된 자신에 대해 혐오감을 느끼며 절망하고 있는 것이라고 보았다.

Erikson의 심리사회적 발달 이론은 인간의 정체성이 어떻게 발달하는지를 구체적으로 묘사하고 있다. 특히 정체성과 관련된 문제가 청소년기에 국한된 것은 아니며, 청소년기 이전과 이후의 발달 과정에서도 매우 중요한 위치를 차지하고 있다는 점을 설득력 있게 보여 주고 있다. 간단히 정리해 보면, 청소년기 이전의 주요 과업은 기초적인 정체성 탐색 및 발견에 영향을 미치는 기본적 특성의 발달과 밀접한 관련이 있고, 청소년기에 공들여 만들어 놓은 정체성은 이후의 발달 과정에서 중요한 지도로 사용된다고 볼 수 있다. 이 지도는 이후의 경험에 따라 일부 수정될 수 있지만, 기본적인 삶의 방향을 안내하면서 관계 맺기와 일하기, 사회에 기여하기, 삶을 하나의 의미 있는 이야기로 통합하기 등의 중요한 작업을 돕는다. 반면 청소년기에 어떤 이유에서든 정체성을 탐색하고 발견하는 작업을 미루거나 회피한 사람들은 지도 없이 광활한 밀림 속에 던져진 것과 같은 삶을 살아간다. 이들은 어디로 가야 할지 갈피를 잡지 못하며, 자기 자신에게만 관심을 두고 주변 사람들을 돌보지 못한다. 생의 마지막 시기에 접어든 이들은 어딘지 모를 밀림 속에서 지나온 생을 후회하며 절망에 빠져들고 만다.

3) 서사 정체성

Erikson이 정체성 개념을 제안한 이후 많은 연구자와 교육자, 실무자 등이 이 개념에 관심을 보였다. 그들 중 현대 성격심리학계에서 왕성하게 활동하는 대표적 연구자로는 노스웨스턴 대학교(Northwestern University)의 심리학 교수 Dan McAdams를 들 수 있다. McAdams는 인간의 정체성이 어떤 '형태'를 띨 것인가에 많은 관심을 두었다. Erikson은 정체성 안에 담기는 내용이나 필요조건, 발달 과정에 미치는 영향 등에 대해서는 구체적으로 묘사했지만, 정체성의 구조나 형태에 대해서는 정교한 설명을 제시하지 않았다. 다만 자기 자신이 누구이고, 어디로 향하고 있는지에 대한 내용을 담는다고 제안하여 일종의 지식이나 개념일 것이라고 예측할 뿐이었다.

McAdams는 인간의 정체성이 단순한 개념의 형태가 아닐 것이라고 보았으며, 그 단서는 이미 Erikson의 모형 안에 포함되어 있다고 생각했다. 앞서 살펴본 Erikson의 발달 모형 마지막 단계에는 자아통합(ego-identity) 개념이 소개되어 있다. 자아통합은 지나온 생애를 모두 통합하여 하나의 일관되고 의미 있는 '이야기'로 만들어 내는 과정에서 달성할 수 있다고 제안되었다. McAdams는 인간의 정체성이 바로 '이야기'의 형태를 띨 것이라고 예상하고, 서사 정체성이라는 개념을 개발하였다.

서사 정체성(narrative identity)이란 점진적으로 발달하는 내면화된 자기(self)의 이야기를 의미한다(McAdams, 1985). 이 이야기에는 개인의 과거와 현재, 미래에 대한 비교적 일관된 내용이 담겨 있으며, 개인의 삶에 통일성과 목적성, 의미를 부여하는 기능을 가지고 있다(Singer, 2004). 자기의 다양한 모습을 통합하고 시간적 연속성을 획득한다는 측면에서 보면 기존의 정체성 개념이나 자기개념과 큰 차이가 없다고 인식될 수 있다. 하지만 서사 정체성은 '자기'에 대한 정리된 정보를 담는 것에 그치지 않고, 자기가 주인공으로 등장하는 '**삶의 이야기**(life story)'를 담는다. 여기에는 자기뿐만 아니라 다양한 인물들이 등장하며, 이 인물들과 상호작용하면서 겪는 다양한 사건들이 포함되어 있다. 각 사건에 주인공이 어떻게 반응했는지, 그 결과 어떤 일이 일어났는지, 그래서 지금은 어디에 있고 어디를 향하고 있는지 등의 내용이 구체적으로 담기는 것이다.

인간의 생을 큰 틀에서 보면 각자의 '삶의 이야기'에 좀 더 집중하는 시기가 있음을 알 수 있다. 많은 청소년이 친구와 대화를 나누면서 길고 긴 시간을 보낸다. 특히 처음 만나 서로를 알아 가는 경우 각자가 어떤 삶을 살아왔는지를 매우 구체적으로 이야기하곤 한다. 어디에서 태어나 무얼 하며 자랐고, 어떤 일을 겪었으며, 그 일들이 자기에게 어떤 영향을 미쳤는지, 지금은 누구와 지내고 앞으로는 무엇을 하고 싶은지 등에 대해 상세한 대화를 나누는 것이다.

매력적인 사람을 만나 친밀한 관계로 발전해 나갈 때에도 유사한 일이 일어난다. 이때에는 보다 더 내밀한 욕구나 감정, 깊이 묻어 둔 상처의 기억이나 비밀을 털어놓기도 한다. 서로의 '이야기'를 알게 된 두 사람은 더 가까워지기도 하고, 반대로 멀어지기도 한다.

노년기에 이르면 좀 더 다급하고 절실한 마음으로 삶의 이야기 구성과 전달에 매달린다. 남아 있는 시간이 많지 않다는 것을 잘 알고 있는 노인은 그동안의 삶을 의미 있는 방식으로 정리하여 기회가 될 때마다 다른 사람들에게 전하려고 노력한다. 이러한 이야기 구성 및 전달 작업은 노인의 일상적인 삶의 큰 부분을 차지한다.

이처럼 우리는 각자 나름의 삶의 이야기를 구성하며, 적당한 때에 그것을 다른 사람과 나누길 원한다. 단순히 "내 이름은 무엇이고 취미가 무엇이야."라고 말하는 것보다 공들여 구성한 이야기를 전달하는 것이 좀 더 본연의 자기를 잘 전달하는 것이라 여기는 것처럼 말이다. 듣는 이도 개념화된 정보를 전달받는 것보다 그 사람이 살아온 구체적인 이야기를 들음으로써 상대를 더 잘 이해한다고 여기는 경향이 있다. 그 안에는 삶의 우여곡절이 들어 있고, 그 사람의 고유한 욕구와 감정, 대응 방식, 가치관 등이 구체적으로 담겨 있기 때문이다.

4) 서사 정체성의 기본 원리

서사 정체성을 오랫동안 연구해 온 McAdams(2008)는 그동안 진행된 서사 정체성 관련 연구들을 정리하여 많은 지지를 얻고 있는 여섯 가지 원리를 제안하였다.

첫째, 인간은 자기(self)에 관해 이야기한다. 인간은 타고난 이야기꾼(storyteller)이다. 전설이나 신화, 동화, 소설, 전기, 오페라 등의 다양한 방식으로 인간은 이야기를 만들어 내고 공유한다. 이렇듯 이야기가 우리의 삶 곳곳에서 발견되는 이유는 이야기라는 형식이 갖는 장점 때문이다. 이야기는 인간이 알고 싶어 하는 정보를 매우 효과적으로 담아낸다. 고유한 욕구와 감정, 목표를 지닌 어떤 존재가 원하는 바를 이루기 위해 분투하며 겪는 다양한 사건과 그러한 사건에 대응하는 방식, 그 결과가 갖는 의미 등을 전달하기에 매우 적절한 형식을 갖추고 있는 것이다. 그래서 인간은 어려서부터 매우 다양한 이야기를 듣고, 반복적으로 이야기를 만들며 성장한다.

▲ Lucia Mathilde von Gelder(1864-1899) 이야기꾼(19 c.)

인간이 만들어 내는 이야기의 가장 중요한 주제는 바로 자기 자신이다. 자기 자신을 주인공으로 삼아 이야기를 만들어 내는 아이들을 우리는 주변에서 쉽게 발견할 수 있다. 아이들이 만드는 초기의 이야기는 단순하고 자기중심적이며, 사실보다는 이상에 기반하는 경향이 있다. 그러다 나이가 들어 자기의 실제 경험을 구체적으로 회상하여 정리할 수 있는 정도가 되면, **자서전적 기억**(autobiographical memory)을 특정한 방식으로 정리하여 자기에 관한 이야기를 구성한다. 흥미로운 점은 과거의 경험을 있는 그대로 인출하여 이야기를 구성하지 않는다는 점이다. 기억은 선택적으로 인출되며, 특정한 의도에 맞게 재구성된다. 특히 개인이 지니고 있는 목표나 동기가 기억의 선택과 이야기의 구성에 중요한 영향을 미치는 것으로 확인되고 있다(Conway & Pleydell-Pearce, 2000).

둘째, 이야기는 삶을 통합한다. 이야기는 다양한 기능을 가지고 있지만, 많은 학자들이 이야기의 주된 기능으로 '통합'을 제안한다(Habermas & Bluck, 2000; McAdams, 2001). 이야기는 산만하게 흩어져 있는 여러 정보를 모아 통합성을 부여한다. McAdams(2001)는 이야기의 통합 방식이 크게 두 가지 방향으로 이루어진다고 보았다. ① **공시적 통합**(synchronic integration)은 다양한 상황과 맥락에서 드러나는 서로 다른 자기를 횡단적으로 통합하는 것을 의미한다. 인간은 상황에 따라 서로 다른 생각과 감정, 행동 패턴을 보이곤 한다. 이러한 패턴은 서로 모순되거나 갈등하는 경우도 있어서 혼란을 줄 수 있다. 공시적 통합이란 지금 여기에서의 다양한 자기를 일관성 있게 통합하는 것을 의미한다. ② **통시적 통합**(diachronic integration)은 서로 다른 시간대의 자기를 종단적으로 통합하는 것을 의미한다. 예컨대 불우한 아동기를 보낸 한 개인이 어떻게 성실한 학생이 되고, 모든 사람이 부러워할 만한 기업가가 되었는지를 인과적으로 통합하는 것이 곧 통시적 통합이라 할 수 있다.

셋째, 인간은 다른 사람들과 자신의 이야기를 나눈다. 이야기를 나누는 과정에서 화자와 청자의 관계를 이해할 때 일반적으로 화자가 청자에게 미치는 영향을 중요하게 고려하지만, 사실 청자 또한 화자에게 다양한 방식으로 영향을 준다. 우선 화자는 청자가 자신의 이야기를 듣고 어떻게 반응할 것인지를 예상하면서 이야기를 구성한다. 즉, 청자가 적절히 호응하면서 긍정적 반응을 나타낼 수 있도록 이야기를 선별하여 구성하는 것이다. 이야기를 전달하는 방식 또한 청자를 고려하여 결정한다. 극적인 방식으로 전달하여 청자의 감정에 호소할 것인지, 아니면 담담하고 차분한 방식으로 정연하게 전달하여 청자의 이성에 호소할 것인지 등을 정하는 것이다. 청자의 특성에 맞게 구성된 이야기를 반복적으로 제시하면서 화자는 자신의 경험을 점점 더 명료하게 인식할 수 있다. 특히 자신이 속하길 원하는 사회나 공동체, 관계에서 의미 있게 받아들여지는 방식으로 이야기를 재구성함으로써 경험의 의미와 가치를 더욱 분명하게 인식하게 된다(Thorne & McLean, 2003).

심각한 가정 폭력을 당해 고통스러운 시간을 보낸 화자가 있다고 가정해 보자. 그는 우연히 기독교 공동체에 속하게 되었고 자신의 경험에 대해 이야기할 기회를 갖게 되었다. 이런 상황에서 그는 일차적으로 기독교 공동체 안에서 자연스럽게 받아들여지는 이야기의 체계를 염두에 두면서 자신의 이야기를 구성할 것이다. 예컨대 기독교 가치 체계 안에서 개인의 고통이 어떻게 이해되는지를 고려하면서 이야기를 구성하는 것이다. 그는 그렇게 만들어진 이야기를 공동체 구성원이 잘 받아들이는 방식으로 전달할 것이다. 그것이 성공적이었다면 청자들은 그의 이야기에 호응할 것이고, 그렇게 그는 자신의 경험을 특정한 의미 체계 안에서 이해할 수 있게 될 것이다.

물론 청자가 잘 받아들일 수 있는 방식으로 이야기를 전달한다 해도 이야기에 대한 반응이 예상과 다를 수 있다. 관련 연구에 따르면, 전달된 이야기에 대한 상대의 반응에 따라 개인이 간직하는 이야기의 내용 및 구성이 달라진다(Pasupathi, 2001). 연구자들은 특히 이야기에 대해 부정적 반응을 보인 경우와 무관심한 태도를 보인 경우를 비교했는데, 무관심한 태도를 보일 때 자기의 이야기에 대한 확신이 더 감소하고, 이야기가 진정한 자기를 반영하지 않는다고 인식하는 경향이 있었다(Pasupathi & Rich, 2005). 이러한 결과는 청자의 정서적 반응이 화자의 이야기 구성 및 전달, 수정 등에 매우 중요한 영향을 미친다는 점을 보여 준다. 이야기는 결국 사회적 상호작용의 산물인 것이다.

넷째, 이야기는 시간이 흐름에 따라 변한다. 개인의 자서전적 기억은 불안정하다(Schacter, 2008). 오랜 시간이 지난 사건일수록 기억의 정확성은 더 낮아진다. 삶의 이야기가 개인의 자서전적 기억에 의존한다는 점을 감안하면, 이야기의 시간적 안정성이 낮을 것이라는 점은 쉽게 예상할 수 있다. 중요한 측면은 이야기가 '어떻게' 변해가는가일 것이다. 앞서 이야기의 구성이 개인의 목표나 동기에 따라 달라질 수 있다고 언급하였다. 개인이 성장함에 따라 목표나 동기가 변할 수 있다. 이상적이고 비현실적이었던 목표가 좀 더 현실적인 목표로 변하기도 하고, 자기에게 어울리는 새로운 가치를 발견하여 전반적인 삶의 방향을 변경하기도 한다. 그에 따라 중요하게 인식하는 삶의 사건들도 변할 수 있으며, 그러한 사건들로 구성되는 이야기도 바뀌게 되는 것이다(Conway & Pleydell-Pearce, 2000). 개인의 이야기 발달을 종단적으로 추적한 연구에 따르면, 연령이 증가함에 따라 이야기의 구조적 측면이나 내용의 질적 측면에서 변화가 일어나는 것으로 확인되었다(McAdams et al., 2006). 예컨대 연령이 증가할수록 이야기가 좀 더 복잡해지고, 개인의 성장이나 통합을 시사하는 주제가 좀 더 많아지는 것으로 나타났다.

다섯째, 이야기는 문화적 텍스트이다. 삶의 이야기는 화자와 청자가 속해 있는 문화를 반영한다(McAdams, 2013). 어떤 이야기가 특정 문화권에서 구성되고 전달되는 것은 그럴 만한 가치가 있기 때문이다. 가치가 없는 이야기는 구성되지도 않고 전달되지도 않는다. 각 문화는 서로 구별되는 고유한 가치를 공유한다. 예컨대 서양 문화권에서는 개인주의를 중요한 가치로 인정하는 반면, 동양 문화권에서는 집단주의를 중요한 가치로 인정한다(Markus & Kitayama, 1991). 연구에 따르면, 서양 문화권의 성인과 동양 문화권의 성인은 자서전적 기억의 내용 측면에서 서로 다른 양상을 나타낸다. 예컨대 미국의 성인은 아동기의 중요한 개인적 사건들을 상대적으로 더 많이 기억하며, 각 사건에서 자신의 역할이나 감정 등을 구체적으로 묘사하는 경향이 있었다. 반면 중국의 성인은 좀 더 사회적이고 역사적인 사건을 주로 기억했으며, 각 사건에서 중요한 역할을 한 타인이나 사회적 상호작용에 대해 묘사하는 경향이 있었다(Wang & Conway, 2004).

한 문화권 내에서도 다양한 이야기가 존재할 수 있으며, 각 이야기는 지지도 측면에서 차이를 나타낼 수 있다. 즉, 어떤 이야기는 좀 더 많은 사람의 지지를 얻는 반면, 다른 이야기는 상대적으로 적은 사람의 지지를 얻을 수 있다. 예컨대 공동체의 성장과 발전을 중요하게 여기는 문화권에서는 결혼을 하지 않고 홀로 조용하게 지내는 삶에 관한 이야기보다 결혼을 하고 자녀를 낳아 기르는 것에 관한 이야기가 좀 더 많은 지지를 얻는다. 다수의 지지를 받는 이야기는 개인의 정체성으로 자리 잡을 가능성이 높지만, 그렇지 못한 이야기는 개인에게 확신을 주지 못한 채 부유할 가능성이 있다. 소수의 가치를 따르는 사람들이 정체성과 관련된 혼란을 겪는 것은 이러한 이유 때문일 수 있다.

여섯째, 어떤 이야기는 다른 이야기보다 좀 더 낫다. '좋다' 혹은 '나쁘다'를 판단하기 위해서는 기준이 필요하다. 이야기의 좋고 나쁨을 따지는 일차적인 기준은 문화 내에서 공유되는 가치나 윤리일 것이다. 예컨대 타인을 존중하고 보호하는 것을 중요하게 여기는 문화권에서는 타인을 착취하여 큰 부를 이루는 이야기보다 타인을 도우면서도 훌륭한 성취를 이루어 내는 이야기를 더 '좋은' 이야기라고 판단한다. 이야기의 좋고 나쁨을 구조와 기능 측면에서도 분석해 볼 수 있다. 심리적 문제를 경험하는 환자나 내담자의 이야기를 분석한 심리치료자들은 그들의 이야기가 구조적으로 와해되어 있다는 것을 반복적으로 발견하였다(Dimaggio, 2006). 즉, 심리적으로 건강한 사람들의 이야기에 비해 덜 통합되어 있었으며, 비관적이고 부정적인 방향으로 편향되어 있는 경향이 있었다. **내러티브 치료**(narrative therapy)에서는 이러한 병리적인 삶의 이야기가 개인의 다양한 부적응을 초래한다고 가정한다. 따라서 치료의 핵심은 내담자의 병리적 이야기를 좀 더 '좋은' 건강한 이야기로 변환하는 것이다(Freedman & Combs, 1996).

자폐증 아동은 서사 정체성을 발달시킬 수 있을까?

자폐증(autism) 혹은 **자폐스펙트럼장애**(autism spectrum disorder)는 일종의 신경발달장애로 사회적 의사소통이나 상호작용의 결함, 과도한 감각적 민감성, 반복적이고 제한적인 관심이나 흥미, 행동 패턴을 나타낸다. 이 장애를 가지고 있는 사람들은 공통적으로 다른 사람들과 원만하게 소통하고 관계를 맺는 데 어려움을 보이는데, 그 원인은 다른 사람의 정신적 상태를 이해하는 데 어려움을 겪기 때문인 것으로 제안되고 있다. 인간의 행동을 유발하는 다양한 정신적 상태 혹은 요소(예: 신념, 욕구, 의도, 정서 등)들을 이해하고 추론하는 능력을 간단히 **마음 이론**(theory of mind)이라 부른다(Baron-Cohen, 1997). 마음 이론이나 마음 읽기, 다른 사람의 마음을 이해하는 것 등은 모두 유사한 개념으로 간주할 수 있다(Baron-Cohen, 2000). 자폐증 환자들은 어떤 이유에서인지 마음 이론 기능에 결함이 있으며, 그 결과 사회적 상황에서 다른 사람의 마음을 예측하고 이해하는 데 큰 어려움을 보인다.

자폐증을 경험하고 있는 사람들의 마음 읽기 결함이 사회적 기능을 손상시킨다는 점은 비교적 폭넓게 연구되었으며, 이 사실을 부인하는 연구자는 많지 않다. 그러나 이들의 마음 읽기 결함이 이들의 정체성에 어떤 영향을 미치는지에 대해서는 아직 충분한 연구가 진행되지 않았다. 이들의 정체성은 마음 읽기 결함이 특별히 두드러지지 않는 사람들의 정체성과 다를 바가 없을까? 다르다면 어떤 점이 다를까?

McAdams(2008)에 따르면, 개인의 마음 읽기 능력은 서사 정체성의 발달에 중요한 영향을 미친다. 타인의 행동을 유발하는 정신적 상태에 대한 이해가 발달할수록 자기 자신에 대한 이해 또한 증진되고, 능동적 주체로서의 자기에 대한 지식 또한 발달하기 때문이다. McAdams(2008)를 포함한 서사 정체성 이론가들의 주장이 맞다면, 자폐증을 경험하는 사람들은 서사 정체성의 발달 측면에서도 결함을 지니고 있을 가능성이 있다. 적어도 마음 읽기 능력이 정상 범위에 있는 사람들과는 다른 양상으로 서사 정체성이 발달할 확률이 높다.

관련 연구에 따르면, 자폐증을 경험하는 사람들이 구성한 삶의 이야기는 대체로 내용이 빈약하고 비일관적이며, 사소해 보이는 정보가 너무 많은 특징을 드러낸다(McCabe,

Hillier, & Shapiro, 2013). 심지어 비교적 지능 수준이 높은 고기능 자폐아들도 이야기를 구성하는 삽화나 사건 간의 인과적 관계를 추론하는 데 어려움을 보였다(Losh & Capps, 2003). 이들은 각자의 삶에서 중요한 사건을 기억하는 데 별다른 어려움이 없었지만, 그러한 사건이 자신의 정체성에 미친 영향을 이해하는 데 어려움을 보였다(Westby, 2022). 이들이 자신의 경험을 하나의 일관된 이야기나 지식으로 정리하는 데 어려움을 보이는 특징은 이들의 자기개념에서도 드러났다. 즉, 이들의 자기개념은 상대적으로 모호하고 비일관적이며, 불안정한 특징을 보였다(Berna et al., 2016). 자폐증을 경험하는 사람들의 서사 정체성을 보다 직접적으로 탐색한 연구에서도 이와 유사한 결과가 보고되었다(Allé et al., 2025). 연구 결과에 따르면, 이들의 서사 정체성은 전반적으로 일관성이 낮았으며, 특히 인과적 일관성이 부족했다. 또한 이들의 이야기는 출생에서 시작해 점차 정교해지는 전개 및 결말로 이어지는 전형적인 형태에서 벗어난 경우가 많았다.

이러한 연구 결과는 자폐증을 경험하는 사람들의 자기나 정체성 특징이 자폐증을 경험하지 않는 사람들과는 '다르다'는 것을 보여 준다. 다르다는 것이 반드시 '문제'라고 말할 수는 없다. 적어도 자기개념이나 자기기억, 서사 정체성의 측면에서는 그렇다. 우리가 기억해야 할 것은 자폐증을 가지고 있지 않은 사람들에게 잘 적용되는 자기개념이나 서사 정체성 관련 이론을 자폐증을 가지고 있는 사람들에게 그대로 적용해서는 안된다는 점이다. 이들의 자기개념과 서사 정체성 혹은 이와 관련된 특성이나 현상을 연구하기 위해서는 어쩌면 새로운 관점이 필요할지도 모른다. 이들이 스스로에 대해 어떻게 느끼고 경험하는지, 그것이 이들의 행동에 어떤 영향을 미치며, 어떤 방식으로 기억되는지, 그들의 경험과 기억이 어떻게 이들의 주관적 세계나 삶을 구성하는지 등을 좀 더 타당하게 파악할 수 있는 관점이나 패러다임이 필요한 것이다.

▲ 자폐스펙트럼 장애를 지닌 아동은 타인의 마음을 이해하는 데 어려움을 겪는다.

5) 서사 정체성의 발달

이야기의 핵심은 인간의 **의도**(intention)이다. 인간의 특정한 의도와 행동, 행동의 결과, 결과가 인간에게 미친 영향 등을 반복해서 다루는 것이 곧 삶의 이야기이기 때문이다. 그런 측면에서 이야기의 발달은 의도에 대한 이해의 발달과 밀접하다. 영유아 발달을 연구한 학자들은 아이들이 대략 2세 정도가 되면 타인이 고유한 의도를 가진 존재라는 사실을 인식할 수 있다고 본다(Tomasello, 2000). 이때가 되면 아이들은 인간의 행동 이면에 어떤 의도가 있다는 것을 파악하게 되며, 의도를 실현하기 위해 능동적으로 행동하는 것이 인간의 본질이라는 점을 깨닫게 된다. 마찬가지로 자기 자신 또한 고유한 의도를 가진 존재라는 점을 인식하게 되며, 의도를 실현하는 행동을 반복함으로써 능동적 행위자로서의 자기를 발달시킨다. William James의 개념 구분을 따르자면, 'Self-as-I' 혹은 'I-ness'가 발달하는 것으로 이해할 수 있다.

좀 더 나이가 들어 3세나 4세 정도가 되면 사람들의 의도에 대한 이해가 좀 더 정교해 진다. 인간은 모두 고유한 소망(desire)이나 믿음(belief)을 가지고 있으며, 그것을 실현하기 위해 특정한 행동을 의도적으로 실행한다는 사실을 인식하게 되는 것이다. 그에 따라 타인의 행동을 소망이나 믿음 등의 관점에서 해석하는 능력이 발달하게 되는데, 이것이 초보적인 형태의 **마음 읽기**(mind reading)라 할 수 있다. 인간의 의도, 혹은 정신적 현상에 대한 이해가 발달함에 따라 자기 자신에 대한 이해도 좀 더 정교해진다. William James의 개념 구분에 따르면, 'Self-as-Me'가 활발하게 발달하는 것이다. 연구에 따르면, 대략 3세 정도의 나이가 되었을 때 자서전적 기억이 출현하고, 개념으로서의 자기 혹은 대상으로서의 자기가 형성되기 시작한다(Howe & Courage, 1997). 이때부터 아이들은 자기에게 일어난 일들을 기억하여 말할 수 있게 되고, 그러한 기억이 초보적 형태의 이야기를 구성하게 된다.

아이가 초보적 형태의 자서전적 기억을 형성하고 보고할 수 있게 되면, 부모는 아이에게 자신의 경험에 대해 이야기하도록 권하는 경향이 있다(Fivush & Kuebli, 2018). 아이는 부모의 요구에 부응하면서 자신의 이야기를 반복하다가 점차 주도적으로 이야기를 구성하여 전달하기 시작한다. 이야기 구성 및 전달 활동이 점차 빈번해지면서 이야기는 좀 더 일관적이고 풍성한 내용을 담게 된다. 초기에는 부모가 이야기의 구성에 적극적으로 관여하지만, 점차 부모의 도움 없이도 비교적 완성된 형태의 이야기를 만들게 된다.

5살 정도가 되면 단순히 자신의 경험을 나열하는 것을 넘어서 **이야기 문법**(story grammar)과 구조를 의식하면서 이야기를 구성한다(Mandler, 1982). 아이는 인지 기능이 성숙함에 따라 부모나 다른 어른들로부터 전달되는 이야기의 형식을 좀 더 상세하게 이해하기 시작한다. 예컨대 대부분의 이야기가 의도적으로 설정된 특정한 배경에서 진행되며, 고유한 욕구와 믿음을 가진 인물들이 등장한다는 것을 알게 되는 것이다. 이야기에 등장하는 인물들은 일반적으로 일련의 사건을 겪게 되는데, 사건은 시간의 흐름에 따라 특정한 방식으로 전개된다. 아이는 이야기에 시작과 중간, 결말이 있다는 것을 인식하고, 결말에서는 앞부분의 전개 과정에서 제시되었던 의문이나 문제들이 해소되어야 한다는 것을 깨닫는다. 이 단계에 이르면, 아이의 내면에는 '좋은 이야기'의 기초적 기준이 형성된다. 아이는 자신의 이야기를 이 기준에 부합하도록 구성하려 하며, 기준에 맞지 않는 이야기는 배제한다.

'좋은 이야기'의 기준은 다양하겠지만, Habermas와 Bluck(2000)은 이야기의 **일관성**(coherence)을 중요하게 고려하였다. 그들에 따르면, 아이는 나이가 들어감에 따라 단계적으로 특정한 일관성을 획득한다.

우선 5세에서 10세 사이의 기간에는 주로 **시간적 일관성**(temporal coherence)이 발달한다. 시간적 일관성은 특정한 하나의 사건을 시간의 흐름에 맞게 구성하는 것을 의미한다. 예컨대 친구와 함께 어떤 놀이를 하는 과정에서 일어난 일을 시간의 흐름에 맞게 구성하는 것은 시간적 일관성 기준에 맞게 이야기를 구성하는 것이라 볼 수 있다.

시간적 일관성은 기본적으로 '하나의 사건'에 대한 기준이다. 아이가 좀 더 성숙하면 여기에서 더 나아가 '여러 사건'의 일관성을 고려하기 시작한다. 특히 한 개인이 태어나서 죽을 때까지의 전 생애 동안 일어나는 사건들을 하나의 일관된 이야기로 구성하려는 시도를 하게 된다. Habermas와 Bluk(2000)은 이러한 시도가 **전기적 일관성**(biographical coherence)을 확보하기 위한 노력이라고 보았다. 전기적 일관성은 일반적으로 개인이 속한 문화의 영향을 많이 받는 경향이 있다. 예컨대 한 개인이 성인이 되면 부모로부터 독립하여 스스로 경제활동을 하고 적당한 시기에 결혼을 해서 새 가정을 이루어 자녀를 낳는 것이 문화 보편적으로 받아들여지는 삶의 경로라면, 그러한 전개 과정이 전기적 일관성에 담기는 것이다.

전기적 일관성이 사건들의 특정한 흐름을 고려하기는 하지만 구체적인 인과관계까지 고려하는 것은 아니다. 청소년기가 되면 어떤 사건이 다른 사건에 영향을 주어 변화를 일으키는 것까지 고려할 수 있게 되는데, 이를 **인과적 일관성**(causal coherence)이라 부른다. 예컨대 부모와의 관계에서 일어났던 어떤 사건이 자신의 생각과 감정에 영향을 미쳐 최근 특정한 행동을 일으켰다는 식의 이야기 구성이 가능해지는 것이다. 이 시기가 되면, 자신이 가지고 있는 다양한 특질과 태도, 신념, 선호 등을 특정한 사건과 연결지어 이야기할 수 있게 된다.

자신의 삶을 구성하는 여러 사건과 자신이 지닌 고유한 특성의 인과적 관계를 일관성 있게 파악할 수 있게 되면, 자신의 삶을 구성하는 여러 사건이 특정한 가치나 원리 혹은 주제를 중심으로 반복되고 있다는 사실을 깨닫기도 한다. 자신의 이야기를 이러한 주제를 중심으로 일관되게 구성하는 청소년은 **주제적 일관성**(thematic coherence)을 획득했다고 볼 수 있다. 예컨대 어린 시절부터 타인의 고통을 마주하면 안타까운 마음이 들어 돕는 행동을 반복했던 한 청소년이 그러한 행동의 긍정적 결과를 인식하고 앞으로 타인을 돕는 직업을 탐색해야겠다는 계획을 세웠다면, 그는 '이타적 행동' 혹은 '돌봄'이라는 주제를 중심으로 일관성 있게 이야기를 구성했다고 볼 수 있다.

6) 이야기의 구성

삶의 이야기는 중요한 사건들로 구성되며, 사건의 중요도는 정서 경험과 밀접하다. 강한 정서가 수반되는 사건은 중요한 사건이 되고, 그렇지 않은 사건은 상대적으로 덜 중요한 사건이 되는 것이다. 따라서 삶의 이야기는 정서적 사건들로 구성된다고 보아도 무방하다(Singer & Salovey, 2010). 정서는 수반되는 주관적 느낌을 기준으로 긍정 정서와 부정 정서로 구분되곤 한다. 삶의 이야기를 구성하는 긍정적 사건은 긍정 정서가 수반되는 사건을 의미한다. 여기에는 즐거움이나 재미, 사랑 등의 정서를 경험했던 사건들이 포함된다. 반면 부정적 사건은 부정 정서가 수반되는 사건으로, 슬픔과 두려움, 분노, 죄책감 등의 정서를 경험했던 사건들이 포함된다.

연구자들에 따르면, 인간은 긍정적 사건과 부정적 사건을 삶의 이야기로 구성할 때 서로 다른 방식을 사용하는 경향이 있다(Pals, 2006). 특히 사건을 구체적으로 묘사하는 정도나 사건의 의미를 탐색하는 정도 측면에서 두 사건은 확연하게 구분된다. 먼저 긍정적 사건은 대략적인 사건의 흐름과 당시 경험했던 정서를 중심으로 간단하게 묘사되며, 사건의 의미에 대한 인지적 탐색 등은 상대적으로 적은 경향이 있다. 반면 부정적 사건은 매우 세부적이고 구체적인 방식으로 묘사되며, 다양한 각도에서 꼼꼼하게 분석되는 경향이 있다. 이러한 차이가 나타나는 이유를 확인하기 위해 각 유형의 정서적 사건을 특정한 방식으로 처리하도록 한 뒤 그 결과를 탐색하는 연구들이 진행되었다. 연구 결과에 따르면, 긍정적 사건을 매우 꼼꼼하게 인지적으로 분석할 경우 오히려 삶의 질이 감소되는 것으로 확인되었다(Lyubomirsky, Sousa, & Dickerhoof, 2006). 삶의 긍정적 사건은 상세하게 분석하는 것보다 단순히 회상하면서 관련된 긍정 정서를 재경험하는 것이 더 나을 수 있다는 것을 시사하는 결과이다. 반면, 부정적 사건을 상세하게 인지적으로 분석하는 것은 삶의 질과 정신건강을 증진하는 것으로 확인되었다(Pennebaker, 1997). 부정적 사건을 구체적으로 묘사하면서 사건 발생의 이유와 의미를 체계적으로 분석하면, 부정적 사건이 적어도 일시적으로는 '종결되었다는 감각(sense of a closure)'을 얻을 수 있고, 이후의 부정적 사건을 예방하는 데 도움이 되는 지식이나 정보를 확보할 수 있기 때문이다.

이러한 이유 때문인지 삶의 이야기에는 부정적 사건에 대한 내용이 좀 더 많고 상세하다. 인간이 만들어 내고 공유하는 전형적 이야기의 주인공은 다양한 부정적 사건을 겪고 그 사건의 의미를 찾기 위해 골몰한다. 그 과정을 통해 변화나 성장을 이루어 내면 궁극적으로 원하는 목표를 달성하게 된다. 간단히 말해 소수의 긍정적 사건을 위해 수많은 부정적 사건을 겪어 내는 구조를 가지고 있는 셈이다.

▲ 수많은 부정적 사건을 견디는 콩쥐의 이야기

연구자들은 부정적 사건을 이야기로 구성하는 방식 측면에서 여러 사람이 공유하는 특징이 있으면서도 동시에 개인차 또한 존재한다는 점에 주목하였다. 이들은 부정적 사건을 이야기로 처리하는 방식을 좀 더 세부적으로 연구하였는데, 크게 보면 두 가지 방식으로 구분할 수 있었다.

첫 번째 방법은 무시 혹은 가치를 폄하(discount)하는 것이다(McAdams, 2008). 사람들은 종종 자신의 삶에 부정적 사건이 일어났다는 것을 무시하거나 해당 사건의 중요도 및 영향력을 폄하하는 식으로 이야기를 구성하곤 한다. 발생 빈도를 비교하면, 사건이 일어났다는 것 자체는 인정하지만 사건의 부정적 영향력을 과소평가하는 식으로 이야기를 처리하는 것이 상대적으로 더 흔하다. 예컨대 비교적 심각한 질병에 걸렸을 때 "내가 병에 걸린 것은 맞지만 그렇게 심각한 것은 아니야. 얼마 전에 내 친구의 친구는 나보다 훨씬 더 심각한 병에 걸렸는 걸. 나 정도는 별일 아니야." 등의 방식으로 정리하는 것이다. 좀 더 부적응적일 수 있는 처리 방식은 사건이 일어났다는 것 자체를 부인하거나 무시하는 것이다. 이 경우 해당 사건은 이야기로 처리되지 않는다. 이렇게 특정한 부정적 사건이 이야기로 처리되지 않는 것은 이야기로 만들어질 만하지 않거나 만들기 어렵기 때문이다. 예컨대 사회적으로 지지를 얻기 어려운 사건을 경험한 경우 그러한 사건은 '이야기될 만하지 않은' 것으로 치부되어 이야기 구성에서 배제될 수 있다. 또한 기존에 가지고 있던 이야기의 흐름이나 가정과 너무 동떨어져서 통합하기 어려운 사건(예: 외상적 경험)도 무시되거나 배제되곤 한다.

두 번째 방법은 사건을 분석하여 의미를 발견하는 것이다(Pals, 2006). 무시하거나 폄하하기 어려운 부정적 사건은 일반적으로 두 단계에 걸쳐 처리된다. 첫 단계에서는 부정적 사건을 깊이 있게 탐색한다. 구체적으로 어떤 일이 어떤 순서로 일어났으며, 그 일로 인해 어떤 감정을 느꼈고 어떤 결과가 초래되었는지 등을 자세하게 탐색하는 것이다. 두 번째 단계에서는 사건의 의미를 발견한다. 그 사건이 자신에게 왜 일어났으며, 어떤 의미를 가지고 있는지를 분석하는 것이다. 특히 사건의 '긍정적 의미'를 발견하는 것이 중요하다. 사건의 긍정적 의미를 발견하는 것은 단순히 사건의 부정적 영향력을 폄하하고 낙관적으로 생각하는 것이 아니다. 부정적 사건의 영향력을 그대로 인정하면서도 그 사건이 자신의 성숙과 성장 혹은 공동체의 유지와 발전에 기여할 수 있다는 점을 발견하고 인정하는 것이다. 이렇게 부정적 사건의 긍정적 의미를 발견하게 되면 부정적 사건이 종결되었다는 감각과 더불어 개인적 성장이나 성숙 혹은 좀 더 나은 삶의 질을 획득하게 된다(King & Hicks, 2006).

7) 성격의 3층 모형

개인의 성격을 이해함에 있어 서사 정체성의 중요성을 인식한 McAdams(1995)는 새로운 성격 모형을 제안하였다. 이 모형은 성격이 세 개의 층으로 구성되어 있다고 가정한다. 첫 번째 층은 **성향적 특질**(dispositional traits)이다. 성향적 특질은 앞서 특질 이론에서 다루었던 외향성이나 신경과민성 등의 안정적이고 전반적인 성격 차원을 의미한다. 이는 여러 상황에서 비교적 일관되게 나타나는 사고·감정·행동 특성을 반영하며, 개인 간 비교 또한 가능한 보편적인 성격 요소라 할 수 있다. 두 번째 층은 **특징적 적응**(characteristic adaptation)이다. 특징적 적응은 장소나 시간 혹은 사회적 역할에 따라 달리 나타나는 개인의 고유한 특징을 의미하며, 목표나 동기, 스트레스 대처 전략, 자기와 타인에 대한 표상, 가치, 신념, 능력이나 기술, 흥미 등을 포함한다. 세 번째 층은 **서사 정체성**(narrative identity) 혹은 삶의 이야기(life story)이다. 성향적 특질과 특징적 적응이 성격의 중요한 측면을 반영하기는 하지만, 개인의 고유한 정체성을 충분히 포착하지는 못한다. 즉, 개인이 어떤 위치에서 태어나 어떤 사건들을 겪었고, 그 사건들이 그의 삶에 어떤 영향을 미쳤으며, 그 결과 어떤 의미와 목적성을 가지고 살아가는지에 대한 정보를 파악하기 어려운 것이다. McAdams(1995)는 이러한 정보를 서사 정체성으로 포착할 수 있다고 보았다.

McAdams와 Pals(2006)는 성격의 3층 모형을 더욱 확장하여 성격을 통합적으로 이해하는 데 도움이 되는 다섯 가지 원리를 제안하였다. 이 중 세 개 원리는 앞서 소개한 성향적 특질과 특징적 적응, 서사 정체성에 대한 내용을 담고 있다. 나머지 두 개 원리는 각각 '진화 및 인간 본성(evolution and human nature)에 대한 원리'와 '문화(culture)에 대한 원리'이다. 이들은 성격을 구성하는 세 개의 중요한 층이 인간의 본성 및 문화와 영향을 주고받을 것이라고 보았다. 좀 더 구체적으로 보면, 인간의 본성은 개인의 성향적 특질에

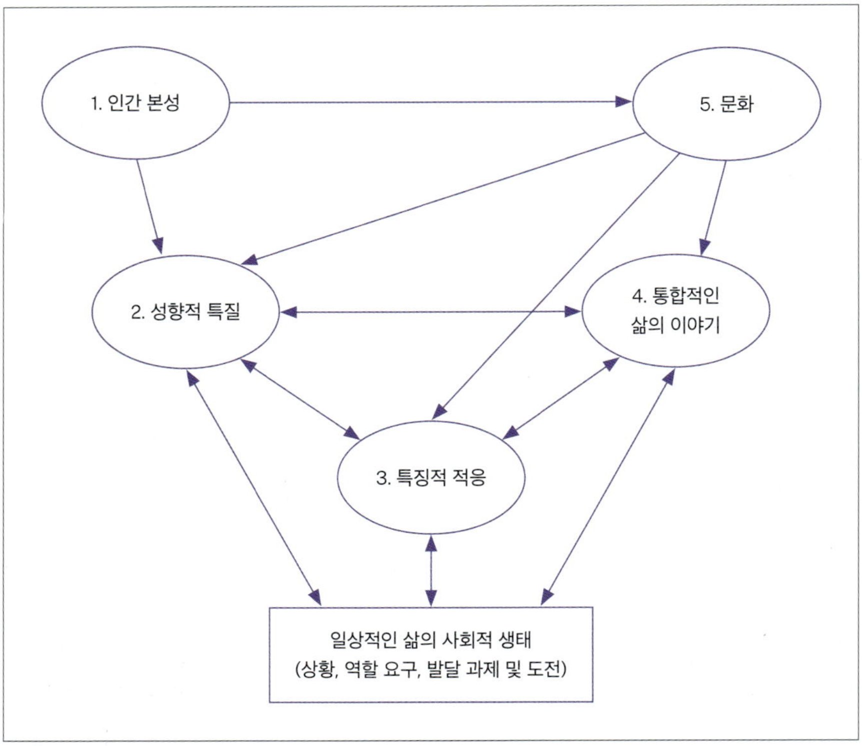

그림 10.3 성격의 다섯 가지 원리
출처: McAdams & Pals, 2006

영향을 미치며, 전반적 문화에도 영향을 미친다. 한편, 개인이 속한 사회의 문화적 특징은 성향적 특질과 특징적 적응, 서사 정체성 모두에 중요한 영향을 미칠 수 있다. 그림 10.3에는 이들이 제안한 성격의 다섯 가지 원리가 도식적으로 표현되어 있다.

요약

- James는 인식하는 주체로서의 자기를 'I', 인식되는 대상으로서의 자기를 'Me'로 구분했으며, 대상으로서의 자기를 물질적 자기와 사회적 자기, 정신적 자기로 구분했다.

- 자기도식이란 자기에 대한 정보의 처리를 조직하고 인도하는 인지적 구조를 의미한다. 어떤 자기도식을 지니고 있는지에 따라 정보의 선택, 처리 속도, 처리의 편향, 기억의 편향 양상이 달라질 수 있다.

- 자기개념은 '나는 누구인가?'라는 질문에 답하기 위해 자신의 경험을 돌아보는 반영적 활동의 산물로서의 자기를 의미한다. 여기에는 자신에 대한 추론과 아이디어, 관련된 정서적 경험 등이 모두 포함된다. 일반적으로 자기도식은 자기개념의 일부인 것으로 간주된다.

- 자기개념의 평가적 차원을 포착하는 대표적 개념으로 자기존중감을 들 수 있다. 자기존중감은 스스로를 존중하면서 가치 있는 존재로 여기는 것을 의미한다. 연구에 따르면, 자기존중감이 상대적으로 높은 사람들은 대인관계와 학교생활, 직장 생활, 정신건강, 신체건강 등의 여러 영역에서 자기존중감이 낮은 사람들보다 더 긍정적인 결과를 얻는 것으로 확인되었다.

- 자기존중감에 영향을 미치는 요인은 다양하지만, 그중에서도 실제 자기와 가상적 자기의 불일치가 중요한 영향을 미치는 것으로 확인되었다. Higgins의 자기불일치 이론에 따르면, 개인은 자신이 도달하고자 하는 목표 혹은 기준에 해당하는 자기안내를 가지고 있는데, 자기안내와 실제 자기를 끊임없이 비교하면서 불일치를 줄이기 위해 노력한다. 하지만 실제 자기와 자기안내의 큰 불일치가 과도하게 지속될 경우 만성적인 부정 정서를 경험할 수 있으며, 결과적으로 자기존중감 또한 낮아질 수 있다.

- Epstein은 자기의 전의식적 측면이 경험적 체계로 구성된다는 인지-경험적 자기 이론을 제안하였다. 그에 따르면, 인간의 자기는 언어적이고 논리적인 합리적 체계와 비언어적이고 정서적인 경험적 체계로 이루어져 있다. 합리적 체계는 의식적으로 접근 가능한 체계로 기존의 사회인지적 자기 이론에서 주로 다루는 영역에 해당한다. 반면 경험적 체계는 의식적으로 접근하기 어려운 전의식적 체계로 기존의 사회인지적 자기 이론에서는 깊이 있게 다뤄지지 않았다. 경험적 자기체계는 자기와 관련된 다양한 정보를 기존의 정서 경험에 비추어 빠르게 처리하여 대응하도록 돕는 기능을 가지고 있다.

- Erikson은 인간의 정체성이 전 생애에 걸쳐 발달한다고 보았다. 그는 인간의 생애를 8개의 단계로 나누고, 시기별로 중요한 심리사회적 과제 혹은 주제가 있으며, 각 시기의 주요 주제와 관련하여 어떤 경험을 했는지에 따라 중요한 심리적 기능과 정체성의 발달 양상이 달라진다고 제안했다.

- 영아기에 해당하는 신뢰 대 불신의 단계에서는 주양육자의 도움을 받아 기본적인 욕구를 적절히 충족하는 경험을 통해 타인에 대한 기본적 신뢰감을 형성하는 것이 중요하다. 유아기에 해당하는 자율성 대 수치심 단계에서는 자기통제 훈련을 통해 숙달감을 발달시키는데, 이는 자부심과 자신감의 기반이 된다. 이른 아동기에 해당하는 주도성 대 죄책감 단계에서는 통제의 범위가 넓어져 다른 대상을 통제하는 실험을 반복한다. 이 과정을 통해 주도적으로 어떤 일을 계획하고 실행하는 능력이 발달된다. 후기 아동기에 해당하는 근면성 대 열등감 단계에서는 사회의 규칙을 따르면서 일정한 방식으로 일을 수행하는 훈련을 반복한다. 이 과정을 성공적으로 수행하면 근면감이 발달되지만, 그렇지 못하면 열등감에 빠져들 수 있다. 청소년기에 해당하는 정체성 대 역할 혼란 단계에서는 다양한 역할을 실험하면서 끈기 있게 정체성 탐색 활동을 진행한다. 이 과정을 통해 잠

정적으로 자신의 역할을 이해하고 정리하면 기본적인 정체성을 얻게 된다. 성인 초기의 친밀감 대 고립 단계에서는 타인과 친밀한 관계를 좀 더 적극적으로 맺으며, 중년기인 생산성 대 침체 단계에서는 사회에 기여하는 생산적 활동에 적극적으로 참여한다. 노년기에 해당하는 통합 대 절망 단계에서는 지나온 생을 정리하면서 의미 있는 통합을 이루는 최종 과제를 수행한다.

- McAdams는 인간의 정체성이 이야기의 형태를 띨 것이라고 주장하면서 이를 서사 정체성이라 명명했다. 인간은 자기 자신과 타인의 정신에 대한 이해를 바탕으로 초보적인 자서전적 기억을 형성하는 즈음부터 자신의 이야기를 만들어 공유하는 행동을 보인다. 단순한 형태에서 시작된 이야기는 나이가 들어감에 따라 일종의 문법을 반영한 형태로 발전하고, 점차 좋은 이야기의 조건을 갖추어 간다. 특히 시간 흐름이나 인과적 관계, 주제의 측면에서 일관성을 획득하게 된다.
- 삶의 이야기는 정서적 사건을 담는다. 일반적으로 긍정적 사건은 비교적 간단하게 묘사되지만, 부정적 사건은 상대적으로 상세하게 묘사되는 경향이 있다. 부정적 사건이 일어난 과정과 인과관계를 구체적으로 분석하고 그 의미를 발견하려는 경향성은 인간이 구성하는 이야기의 보편적인 특징이다. 부정적 사건의 긍정적 의미를 발견하게 되면, 부정적 사건이 종결되었다는 감각을 얻을 수 있으며, 부정적 사건이 개인적인 성장이나 성숙에 도움이 되었거나, 적어도 그러한 결과에 이르는 일종의 과정으로 이해되는 경향이 있다.

연습 문제

1 자기개념과 자기도식의 정의를 기술하고, 두 개념의 관계에 대해 서술하시오.

2 자기개념을 구성하는 내용 혹은 자기에 관한 지식은 끊임없이 평가받는 것으로 확인된다. 즉, 개인의 내면에는 자기를 평가하는 일종의 기준이 존재하며, 그 기준에 비추어 자기를 반복적으로 평가한다. 이러한 평가 과정이 갖는 기능은 무엇일까?

3 자기존중감은 개인차가 있으며, 각 개인 내에서는 비교적 안정적인 경향이 있다. 자기존중감이 안정적인 이유에 대해 설명하시오.

4 자기존중감과 자기효능감의 차이점을 서술하시오.

5 자기와 정체성의 차이점에 대해 서술하시오.

6 Erikson의 심리사회적 발달 단계에서 두 번째 시기와 세 번째 시기의 주된 과제는 각각 자율성과 주도성을 발달시키는 것이다. 여기에서 자율성과 주도성의 차이는 무엇이며, 각 과제에 실패했을 때 경험될 수 있는 수치심과 죄책감은 서로 어떻게 다른지 설명하시오.

7 Erikson의 심리사회적 발달 단계 중 사회적 기준과 규정을 처음으로 인식하면서 사회의 한 구성원으로서 자기를 이해하는 단계는 무엇인가? 이 시기에 주어지는 과제를 적절히 수행하지 못할 경우 경험되는 정서는 무엇이며, 그러한 정서가 정체감에 어떤 영향을 미칠 수 있는지 서술하시오.

8 청소년기가 정체성 측면에서 중요하게 다루어지는 이유는 무엇인지 서술하시오.

9 대표적인 성격 개념인 특질이나 동기, 능력으로는 포착하기 어렵지만 서사 정체성으로는 포착할 수 있는 정보에 대해 구체적으로 서술하시오.

10 보편적인 형태를 지닌 삶의 이야기를 구성하기 위해서는 몇 가지 조건이 필요하다. 이러한 조건이 갖춰지기까지 시간이 걸리기 때문에 일정 시기가 되어서야 이야기 구성 활동이 나타나기 시작하며, 점진적으로 비교적 온전한 형태의 이야기로 발전한다. 삶의 이야기를 구성하기 위해 필요한 조건과 각 조건이 발달하는 시기에 대해 서술하시오.

11 삶의 이야기에서 일반적으로 긍정적 사건과 부정적 사건을 다르게 처리하는 이유에 대해 설명하시오.

12 비교적 건강하고 적응적인 개인이 구성하는 삶의 이야기와 상대적으로 병리적인 개인이 구성하는 삶의 이야기가 어떤 측면에서 서로 구분될 수 있는지 서술하시오.

chapter

11

성격과 정서

▲ Edvard Munch(1863-1944) 멜랑콜리(1896)

나의 의지와는 무관하게 어떤 감정이 나를 엄습할 때가 있다. 그런 상황에서 나는 보통 이를 어떻게 다스리는지 생각해 보자.

학습 목표

- 정서의 핵심적인 특징을 이해한다.
- 다양한 정서 이론을 비교하여 설명할 수 있다.
- 긍정 정서성과 부정 정서성의 특징을 이해한다.
- 정서 지능의 주요 구성 요소를 설명할 수 있다.
- 정서 표현성 및 정서 조절과 적응 문제의 관계를 설명할 수 있다.

성격의 핵심적 특징은 반복성이다. 인지적 관점의 성격심리학자들은 도식과 같은 인지적 구조를 이용한 자동적 처리가 성격의 반복적 특징을 유발한다고 보았다. 놀랍게도 이들 중에는 인지적 구조를 이용한 빠른 처리가 정서와 관련되어 있을 것이라는 통찰을 보여 준 학자들도 있었다. 이들이 보기에 자동적이고 빠른 정보처리는 언어에 기반한 사고 과정보다 심상 등에 기반한 정서적 처리와 더 밀접했다. 이들의 연구 성과는 불필요한 고대의 유산으로 여겨졌던 정서가 사실은 인간의 적응적 삶을 결정하는 매우 중요한 요소라는 점을 보여 주었다.

임상심리학자나 상담심리학자, 정신의학자와 같이 임상 현장에서 다양한 환자나 내담자를 만난 전문가들은 비교적 이른 시기부터 정서의 중요성을 강조하였다. 정신분석 이론의 개발자인 Freud는 원초아의 추동으로 인한 불안을 어떻게 다루는지가 심리적 현상을 결정한다고 보았으며, 개인심리학자인 Adler는 열등감이 인간의 핵심 정서라고 주장했다. 성격의 문제를 체계적으로 연구한 자아심리학자나 대상관계 이론가들은 피해의식으로 인한 두려움이나 수치심, 냉담한 정서, 공허감, 정서적 불안정성, 정서적 표현의 어려움 등이 다양한 성격 문제의 핵심 특징이라고 제안하기도 했다. 인본주의 심리학자인 Rogers 또한 개인이 정서적 경험을 충분히 자각하여 삶의 방향을 주도적으로 설정하는 것을 중요하게 여겼다. 인지치료자인 Beck은 정서가 자동적 사고를 발견하는 지름길이며, 정서 경험이 수반되지 않으면 개인의 신념이 성공적으로 변화되기 어렵다고 제안한 바 있다.

이처럼 개인의 성격과 성격의 문제를 탐구한 많은 학자와 임상가들은 모두 정서의 중요성을 강조하였다. 이제는 정서가 '중요하지 않다'고 말하는 심리학자는 아마도 거의 없을 것이다. 하지만 그렇다고 해서 정서에 대해 많은 것을 알게 되었다고 장담하기도 어려운 상황이다. 정서에 대한 과학적 연구의 역사가 짧은 탓도 있지만, 기본적으로 측정하기 어려운 심리적 현상이기 때문이다. 현대의 정서심리학자들은 이 문제를 해결하기 위해 많은 노력을 기울이고 있다. 동시에 다양한 간접적 측정 방법들을 이용한 연구를 진행하여 제한적이지만 유용한 개념과 이론을 끊임없이 개발하고 있다.

본 장에서는 이러한 노력의 성과를 소개하려고 한다. 정서의 기본 개념과 주요 이론을 먼저 소개하고, 중요한 정서의 유형과 특징, 기능, 발달 과정 등에 대해 살펴볼 것이다. 이후 상대적으로 연구가 활발히 진행된 '기질로서의 정서적 특징'에 대한 연구 성과와 '능력으로서의 정서적 특징'에 대한 연구 성과를 순서대로 소개할 것이다.

1 정서

성격과 정서의 관계를 이해하기 위해서는 우선 정서가 무엇인지 구체적으로 이해해야 한다. 심리학자들이 정서를 어떻게 정의했으며, 정서의 주요 특징과 기능은 무엇인지, 정서 경험을 설명하는 대표적인 이론은 무엇인지 살펴보자.

1) 정서란 무엇인가

성격의 정의만큼이나 정서의 정의 또한 다양하다. 정서의 영어 표기인 'emotion'은 접두사 'e-'와 'motion'을 결합하여 '어떤 행동을 발산하는 것'과 관련된 특징을 강조하고 있다. 하지만 인간의 정서적 경험을 포착하는 용어로 'emotion'이 사용된 것은 대략 300년 전부터이며, 그 이전에는 'passion'이나 'sentiment' 등의 다른 용어들이 사용되곤 했다. 현대의 정서심리학자들은 과거에 사용된 용어들과 'emotion'에 담긴 특징 등을 포괄하여 정서의 핵심 특징을 다음과 같이 정리하고 있다(Frijda, 1986).

첫째, 정서는 특정한 자극이나 사건에 대한 평가(appraisal, evaluation)에 의해 유발된다. 자극 없이 유발되는 정서는 없다. 외적으로 주어지는 물리적 자극이든, 아니면 내면에서 떠오르는 심리적 자극이든, 자극이 있어야 정서가 유발된다. 또한 모든 자극이 정서를 유발하는 것은 아니다. 개인에게 '중요한' 자극이어야 정서가 유발된다. 자극이 중요한 것인지를 판단하는 과정을 간단히 '평가'라고 부르곤 한다. 정리하면, 개인에게 주어지는 자극 중 중요하다고 평가되는 자극에 의해 정서가 유발된다.

둘째, 정서는 특정한 행동을 준비시킨다. 즉, 정서는 주어진 자극에 적절히 대응하도록 돕는 소수의 행동에 대한 압력을 느끼게 한다. 예컨대 두려움(fear)이라는 정서는 '도망치기'라는 행동을 준비시키는 경향이 있다. 이러한 **행동 준비성**(action readiness) 개념과 원리는 일반적으로 부정 정서에 잘 들어맞는 경향이 있지만, 긍정 정서에는 잘 들어맞지 않는 것으로 보고되기도 했다. 긍정 정서는 특정한 행동을 준비시키는 경향이 상대적으로 약하기 때문이다(Fredrickson, 2001).

셋째, 정서는 독특한 유형의 주관적 경험으로 체험되며, 신체적 변화나 표현 등을 수반하기도 한다. 예컨대 슬픔(sadness)이라는 정서는 불쾌하고 저조한 주관적 경험과 몸에 기운이 빠지거나 눈물을 흘리는 등의 신체적 변화 및 표현 등을 수반한다. 정서에 수반되는 이러한 복합적인 변화는 지속 시간이 짧은 것으로 제안되어 왔다.

정리하면, 정서는 자극에 대한 평가에 의해 비교적 짧은 시간 동안 유발되는 심리신체적 상태로 특정한 주관적 경험과 신체적 변화, 표현, 행동 준비성 등을 포함한다고 볼 수 있다. 정리된 정의를 보면 정서 개념으로 포착할 수 있는 경험의 범위가 상당히 제한적임을 알 수 있다. 예컨대 몇 주에서 몇 달에 이르는 상당히 긴 시간 동안 지속되는 저조하고 우울한 감정적 경험은 정서 개념으로 충분히 설명되지 않는다.

정서로 포착되지 않는 개인의 주관적 경험을 포착하기 위해 사용되는 개념으로는 기분과 느낌, 정동 등을 들 수 있다. **기분**(mood)이란 선행 사건이 뚜렷하지 않으면서 비교적 긴 시간 동안 지속되는 특정한 주관적 경험을 의미한다. 기분은 일반적으로 쾌-불쾌 혹은 긍정-부정 차원에서 개념화되곤 한다. 예컨대 긍정적인 방향으로 치우친 기분은 고양된 기분(euphoric mood) 혹은 긍정적 기분(positive mood)이라 부르고, 부정적인 방향으로 치우친 기분은 저조한 기분(dysphoric mood) 혹은 부정적 기분(negative mood)이라 부르는 식이다. 우리가 일상적으로 사용하는 우울(depression)은 부정적 기분을 일컫는 용어이다.

기분은 정서와 밀접하다. 정서가 특정 자극이나 사건에 의해 유발되고 상대적으로 짧은 시간 동안 지속되는 것은 사실이지만, 정서의 하위 요소들이 모두 동일한 시간 동안 지속되는 것은 아니다. 연구에 따르면, 정서의 하

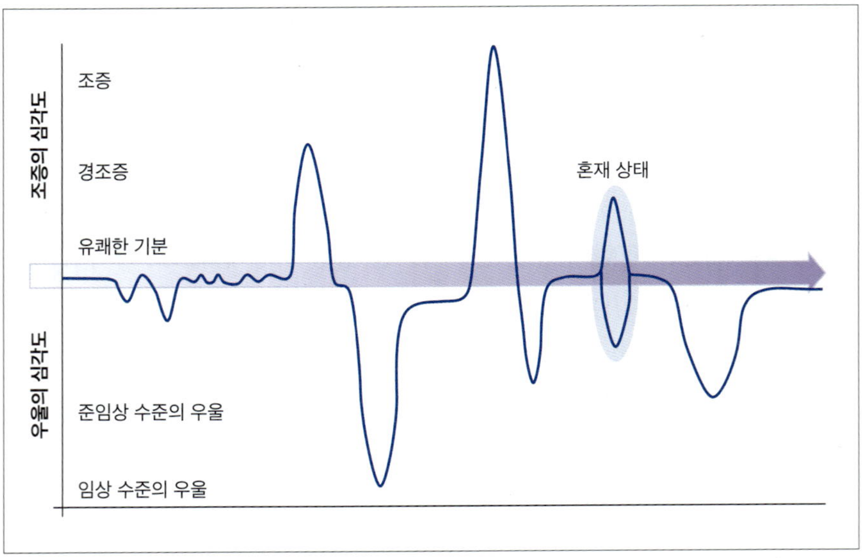

그림 11.1 양극성장애 환자의 전 생애 기분 변화

기분은 정서가(valence)와 강도(intensity)에 따라 그림과 같이 구분하기도 한다. 이 그림은 대표적인 기분장애인 양극성장애(bipolar disorder) 환자의 전 생애 기분 변화의 예를 차트로 표현한 것이다.

출처: Grande, Berk, Birmaher, & Vieta, 2016

위 요소 중 쾌-불쾌 차원에서 결정되는 주관적 경험 요소는 상대적으로 더 긴 시간 동안 지속되는 경향이 있다(Russell & Barrett, 1999). 따라서 부정 정서를 반복적으로 경험하면 불쾌한 주관적 경험이 누적되어 상대적으로 긴 시간 동안 지속될 수 있다. 마찬가지로 긍정 정서를 반복적으로 경험하면 유쾌한 주관적 경험이 오래 지속될 수도 있다.

느낌과 정동 개념은 정의하기가 매우 까다롭다. 학자에 따라서는 두 용어를 구분 없이 혼용하기도 하며, 서로 반대의 개념을 일컫는 용어로 사용하기도 하기 때문이다. 우선 **느낌**(feeling)은 내적 상태에 대한 지각의 일종이라고 보는 견해가 유력하다(Zajonc, 1980). 즉, 몸과 마음의 상태를 '의미 있는 방식'으로 지각한 것이 곧 느낌이다. 여기에는 불쾌함이나 즐거움 등의 정서적인 내용이 포함될 뿐만 아니라, 뜨거움이나 차가움, 배고픔 등의 정서와 특별히 관련이 없는 내용도 포함될 수 있다. **정동**(affect)은 일반적으로 인지(cognition)와 대비되는 개념으로 사용되었다. 즉, 마음의 현상 중 인지적인 것으로 고려하기 어려운 것들은 대부분 정동의 영역에 포함된다고 보는 것이다. 경우에 따라서는 정동을 좀 더 좁은 의미로 사용하기도 한다. 예컨대 자극에 의해 유발되는 초기의 빠른 반응으로 쾌-불쾌 차원에서 체험되는 주관적 경험을 정동으로 개념화할 수 있다. Russell(2003)은 개념들의 구분을 좀 더 명료하게 하기 위해 쾌-불쾌 차원과 고각성-저각성 차원에서 경험되는 기초적인 정동을 **핵심 정동**(core affect)으로 정의하고 정동적 현상의 기본 단위로 설정하기도 했다. 그에 따르면, 정서는 비교적 짧은 시간 동안 나타나고 유지되는 일종의 삽화(episode)로 고유한 특징을 구분할 수 있는 독특한 정동적 현상이다. 즉, 핵심 정동을 포함한 다양한 심리신체적 요소들이 특정한 패턴으로 발생하고 유지되어 고유한 이름을 붙일 수 있는 상태가 바로 정서인 것이다.

2) 정서의 기능

진화론적 관점에서 볼 때, 인간의 정서는 고유한 기능을 가지고 있다. 만일 정서에 별다른 기능이 없고 오히려 해롭기만 했다면 정서를 경험하는 개체는 모두 멸종했을 것이다. 정서의 기능에 대해서는 다양한 의견이 공존하고 있지만, 크게 보면 세 가지 정도로 구분해 볼 수 있다.

첫째, 정서는 주어진 환경의 도전에 비교적 빠르게 대처할 수 있도록 돕는다(Levenson, 1999). 유기체로서의 인간은 환경으로부터 다양한 위협과 도전을 받을 수 있다. 정서는 이러한 위협과 도전에 효과적으로 대처할 수 있도록 몸과 마음을 빠르게 준비시키는 역할을 한다. 예컨대 등산을 하다가 가까운 곳에서 뱀이 웅크리고 있는 것을 발견했다면, 강한 불쾌감이 유발되는 것과 동시에 생리적으로 각성되고, 근육이 빠르게 팽창하면서 도망치기에 적절한 상태가 되는 것이다. 우리는 이러한 정서 경험을 두려움 혹은 공포라고 부른다.

둘째, 정서는 언어적이고 논리적인 사고 체계로는 충분히 파악되지 않는 중요한 정보를 제공한다. 인간의 정보처리 체계가 두 개의 구별되는 하위 체계로 구성된다는 의견은 여러 학자에 의해 제기된 바 있다(Epstein, 1991, 2003; Kahneman, 2003; Stanovich & West, 2000). 이들에 따르면, 인간의 정보처리 체계는 비언어적이고 직관적이며 상대적으로 빠른 체계와 언어적이고 논리적이며 상대적으로 느린 체계로 구성된다. 첫 번째 하위 체계의 중요한 특징은 정서적이라는 점이다. 이 체계는 과거의 정서 경험을 토대로 어떤 사안에 대해 의사결정을 내릴 때 작동하는 경향이 있다. 인간의 언어적이고 논리적인 하위 체계는 매우 유용하지만 나름의 한계를 지니고 있다. 우리가 살아가는 환경이 논리적으로 이해할 수 있는 것들로만 구성되어 있지는 않기 때문이다. 이러한 한계를 보완하여 경험적이고 직관적인 의사결정을 내리도록 함으로써 환경에 잘 적응하도록 돕는 체계가 바로 첫 번째 하위 체계라 할 수 있으며, 그 체계의 중요한 작동 기제가 정서인 것이다.

셋째, 정서는 사회적 기능을 가지고 있다(Fischer & Manstead, 2008). 인간은 일반적으로 공동체를 이루며 살아간다. 공동체를 효과적으로 구성하고 유지하기 위해서는 사람들의 관계를 가깝게 만들거나 멀게 만드는 일을 반복해야 한다. 공동체를 운영하는 데 도움이 되는 사람들은 서로 친밀하게 만들어 협동하게 하고, 방해가 되는 사람들은 서로 적대하게 만들어 경쟁하거나 공격해야 하는 것이다. 정서는 이 두 가지 기능을 모두 가지고 있다. 예컨대 사랑이나 호감, 행복과 같은 정서는 서로를 가깝게 느끼도록 만드는 반면, 분노나 경멸, 혐오와 같은 정서는 서로를 멀게 느끼도록 만든다. 사회적 관계에서 경험되는 정서의 유형은 상대에 대한 거리감을 결정한다. 거리감은 이타적 행동이나 공격 행동과 같은 사회적 행동의 유형에 영향을 미치며, 사회적 행동은 사회적 관계의 양상을 변화시킬 수 있다.

3) 정서 이론

정서의 기본 개념이 아직 확정된 것은 아니지만, 비교적 초기부터 정서의 유형과 발생 과정 등을 포착하는 다양한 이론이 개발되었다. 주요 정서 이론을 개발 시기 순으로 살펴보자.

(1) 기본 정서 이론

정서를 설명하는 대표적 이론으로는 우선 기본 정서 이론을 들 수 있다. **기본 정서 이론**(basic emotions theory)은 Charles Darwin의 진화론적 전통에서 비롯된 역사가 긴 이론이다. 대표적 연구자로는 Paul Ekman과 Carroll Izard(1923-2017)를 들 수 있다. 이 이론에 따르면, 정서 중에는 범문화적으로 발견되는 기본 정서(basic emotions)가 존재한다. 기본 정서의 수에 대해서는 학자마다 의견을 달리하지만, 일반적으로 6개에서 12개 사이의 정서가 거론되곤 한다. 여기에는 행복(happiness), 혐오(disgust), 놀람(surprise), 슬픔(sadness), 분노(anger), 두려움(fear), 흥미(interest), 기대(anticipation), 죄책감(guilt), 수치심(shame) 등이 포함된다(Ekman, Friesen, & Ellsworth, 1972; Izard, 2009).

이 이론에 따르면, 기본 정서는 각각 고유한 특징을 가지고 있는 복합적 현상이다. 즉, 주관적 체험 요소와 생리적 요소, 표현적 요소, 행동적 요소 등이 고유한 패턴으로 나타나는 것이다. 예컨대 혐오 정서는 불쾌한 주관적 경험과 생리적 각성, 찡그리는 표정, 혐오 대상으로부터 멀어지려는 행동 경향으로 구성된 하나의 패턴이라 할 수 있다. 따라서 각 기본 정서는 하나의 묶음(package) 혹은 객체(entity)로 간주되는 경향이 있다.

기본 정서 이론의 또 다른 중요한 원리는 각 기본 정서가 나름의 적응적 기능을 가지고 있다는 점이다. 이 이론에 따르면, 기본 정서는 고유한 적응적 가치를 지니고 있기 때문에 현대 인류에게서 문화 보편적으로 발견된다. 예컨대 두려움 정서에는 위협 대상으로부터 빠르게 도망칠 수 있도록 돕는 기능이 있고, 분노는 자신에게 피해를 입힌 대상에게 보복하도록 함으로써 추

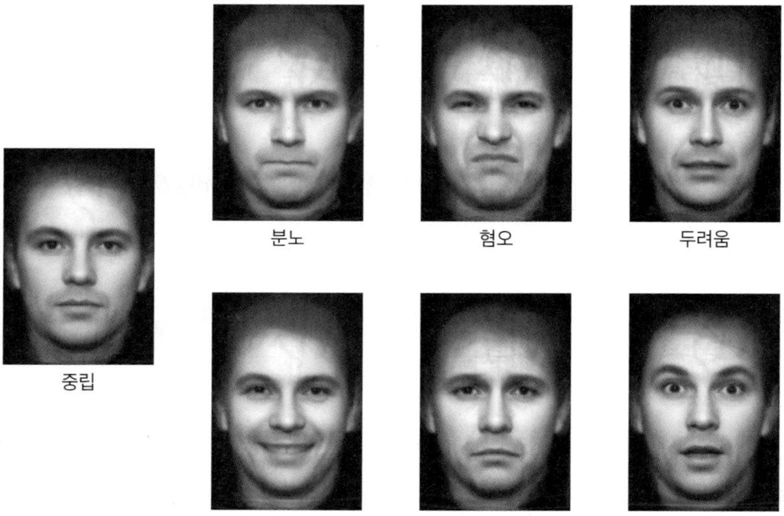

그림 11.2 기본 정서의 예시
출처: Mizgajski & Morzy, 2019

가적인 공격을 막도록 돕는다. 슬픔은 중요한 대상의 상실로 인한 큰 변화를 받아들이고 시스템을 재구성할 수 있도록 도우며, 다른 이들로부터 돌봄을 받을 수 있도록 돕기도 한다. 혐오는 질병 등의 심각한 해를 입힐 수 있는 물질이나 대상으로부터 거리를 두어 유기체를 보호하도록 돕는다. 이처럼 각 기본 정서는 인간이 환경에 보다 잘 적응할 수 있도록 돕는 고유한 기능을 가지고 있다.

기본 정서 이론은 비교적 역사가 긴 이론이며, 이론을 검증하기 위한 범문화적 연구들도 활발하게 진행되었다(Ekman & Friesen, 1971; Ekman et al., 1987). 하지만 이 이론에 반론을 제기하는 학자들도 적지 않으며, 관련 논쟁은 최근까지도 지속되고 있는 상황이다(Ortony, 2022). 기본 정서 이론에 대한 반론의 핵심은 기본 정서로 불리는 정서가 과연 다른 정서들과 구별되는 고유한 가치를 갖는지에 대한 의문이다. 이들의 주장을 정리하면 대략 세 가지 정도로 요약할 수 있다.

첫째, 현재까지도 기본 정서의 수에 대해서는 일치된 의견이 없다. 앞서 언급한 바와 같이 기본 정서의 수는 6개에서 12개에 이르기까지 다양하다. 두려움이나 분노와 같이 상대적으로 이견이 없는 기본 정서들도 있지만, 홍미나 놀람과 같이 정서로 볼 수 있는지에 대해서도 의문이 드는 것들 또한 포함되어 있는 것이다. 이러한 현상이 나타나는 이유는 기본 정서를 정하는 기준이 학자마다 다르기 때문이다. 이렇게 기본적인 기준에 대한 합의를 이루기도 어렵다는 점은 중요한 비판 사유로 고려되고 있다.

둘째, 기본 정서의 생물학적 기반에 대한 증거가 충분히 확보되지 못했다. 기본 정서가 진화적으로 특별한 위치를 차지하고 있는 정서라면 고유한 생물학적 기반이 분명하게 드러나야 한다. 하지만 연구 결과에 따르면, 각 기본 정서의 특정한 생물학적 기반은 충분히 밝혀지지 않고 있다. 기본 정서 이론이 체계화된 이래 각 기본 정서의 신경학적 기반을 탐색하기 위한 연구들은 꾸준히 진행되었다. 그동안 진행된 뇌 영상 연구들의 결과를 통합적으로 검토한 메타분석에 따르면, 일부 기본 정서의 경우 반복적으로 확인되는 신경학적 기반이 있지만(예: 두려움-편도체), 다른 기본 정서들은 연구에 따라 다른 결과가 나타났으며, 대부분 하나의 신경학적 기반이 여러 기본 정서의 경험에 관여하는 것으로 확인되었다(Lindquist, Wager, Kober, Bliss-Moreau, & Barrett, 2012; Phan, Wager, Taylor, & Liberzon, 2002; Vytal & Hamann, 2010; Wager, Kang, Johnson, Nichols, Satpute, & Barrett, 2015). 이러한 결과는 각 기본 정서에 고유한 신경학적 기반이 존재한다는 입장보다는 여러 신경학적 시스템이 복잡하게 관여하여 특정한 정서적 현상을 만들어 낸다는 입장을 지지한다.

셋째, 어떤 정서가 다른 정서보다 더 기본적이라는 주장은 문화적 편파를 반영한다(민경환, 2002). 즉, 어떤 정서를 기본 정서로 결정할 때 문화의 영향으로부터 자유로울 수 없다. 문화적으로 좀 더 기본적이고 기초적인 정서를 기본 정서로 간주하고, 그렇지 않은 정서는 기본 정서로 간주하지 않는 것이다. 실제로 호전적인 부족으로 알려진 이집트의 베두인족(Bedouin)은 슬픔을 기본 정서로 인정하지 않는다고 한다. 연구에 따르면, 이들의 문학 작품에는 중요한 대상을 상실한 것에 대한 정서적 반응이 간접적으로 묘사되어 있는 것으로 확인된다(Abu-

▲ 베두인 전사의 모습

Lughod, 1985). 즉, 이들도 슬픔과 유사한 정서를 경험하기는 하는 것이다. 하지만 이들은 일상적 상황에서 그러한 정서를 직접 표현하는 것에 대한 강한 거부감을 가지고 있어 말이나 표정 등으로 쉽게 드러내지 않는 경향이 있다.

(2) James-Lange 이론

기본 정서 이론은 정서의 기술(description)에 초점을 둔 이론이다. 즉, 정서의 개념이나 유형, 기능 등을 포착한 이론이라 할 수 있다. 심리학계에는 정서의 원인 혹은 발생 기제를 설명하기 위해 개발된 이론들도 있다. 여기에 속하는 이론 중 초기의 이론으로는 미국의 심리학자 William James가 제안한 정서 이론을 들 수 있다. 이 이론은 덴마크 심리학자인 Carl Lange (1834-1900)의 이론과 유사한 면이 있어 일반적으로 **James-Lange 이론**으로 불린다.

이 이론에 따르면, 정서는 인간이 사건이나 자극에 반응함으로써 생겨나는 신체 변화의 지각이다. 순서를 따지자면 자극에 대한 신체적 반응이 먼저이고, 신체적 반응을 지각하는 것이 곧 정서라는 의미다. 이러한 견해는 앞서 소개했던 행동 준비성으로서의 정서 개념과 반대되는 것이다. 예를 들어, 늑대를 만났을 때 두려움을 먼저 느끼고, 그 결과 생리적 각성과 함께 도망치는 반응을 보이는 것이 아니라, 늑대를 만나서 반응적으로 나타나는 생리적 각성과 활동 변화를 지각한 것이 정서 체험 자체라고 보는 것이다.

(3) Cannon-Bard 이론

하버드 대학교의 생리학자였던 Walter Cannon(1871-1945)과 그의 제자 Philip Bard(1898-1977)는 당시 가장 유력한 정서 이론이었던 James-Lange 이론에 몇 가지 문제가 있다고 판단했다. 첫째, 정서 체험이 상당히 빠른 속도로 이루어지는 반면, 자율신경계 반응은 그렇게 빠르지 않다. 예컨대 홍조 반응은 자극이 제시된 뒤에 대략 15초에서 30초 정도의 시간 지연이 있다. 둘째, 사람들은 심장 박동 등의 자율신경계 반응을 정확히 탐지하지 못하는 경향이 있다. 셋째, 어떤 자율신경계 반응(예: 열감)은 특정한 정서 체험과 무관할 수 있다. 넷째, 자율신경계 패턴은 비교적 단순해서(예: 각성-이완) 정서의 다양성을 반영하기 어렵다.

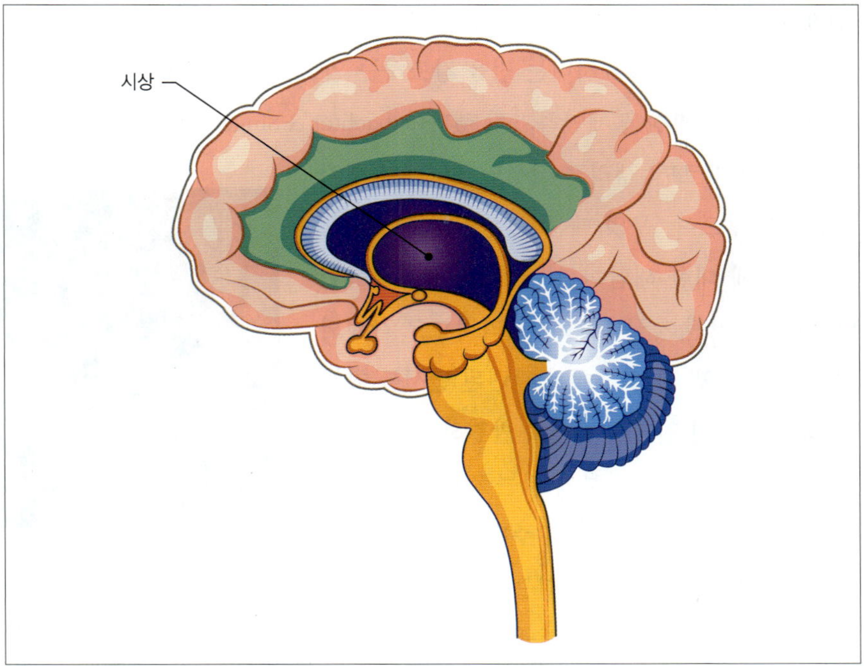

그림 11.3 시상의 위치

Cannon과 Bard는 이러한 한계를 인식하고 James-Lange 이론을 검증하는 실험을 실시하였다. 이들은 실험을 통해 신체적 변화에 대한 정보 전달 경로를 임의로 차단한 뒤에도 정서적 경험이 나타난다는 것을 확인하였으며, 이를 토대로 새로운 이론인 **Cannon-Bard 이론**을 제안했다. 이 이론에 따르면, 신체적 변화와 정서의 경험은 '동시에' 나타난다. 이 이론에서는 시상(thalamus)의 역할을 중요하게 여겼는데, 자극에 의해 시상이 활성화되면 피질과 신체의 여러 영역으로 동시에 신호를 전달하여 정서 경험과 신체적 변화가 거의 함께 일어난다고 보았다.

(4) Schachter-Singer 이론

Cannon-Bard 이론이 James-Lange 이론의 한계를 일부 해결한 것은 사실이지만, 여전히 어떻게 '다양한' 정서가 유발되는지에 대한 설명은 제공하지 못했다. Stanley Schachter(1922-1997)와 그의 제자 Jerome Singer(1934-2010)는 어떻게 인간이 그토록 다양한 정서를 체험할 수 있는지에 대한 흥미로운 이론을 제시하였다. 이들에 따르면, 정서를 체험하기 위해서는

'신체적 변화(생리적 각성)'와 '인지적 단서'가 필요하다. 이들은 정서 체험에 이 두 요소가 모두 필요하다는 점을 강조하는 의미에서 **2요인 이론**(two-factor theory)이라는 명칭을 제안하기도 했다(Schachter & Singer, 1962).

이들에 따르면, 생리적 각성만으로는 정서가 체험되지 않으며, '무엇 때문에' 생리적으로 각성되었는지에 대한 해답이 있어야 정서가 체험된다. 따라서 어떤 자극에 의해 생리적으로 각성되면, 개인은 주변 환경 등에서 관련된 단서를 찾는다. 해석 가능한 인지적 단서를 발견하면, 그 단서에 근거한 정서를 체험하게 되는 것이다. 예컨대 생리적으로 각성된 상황에서 주변을 확인한 결과 자신이 낭떠러지 근처에 있다는 것을 확인했다면, 그는 그 단서를 토대로 두려움을 체험하게 된다.

▲ 남녀를 선발해서 위험한 다리를 함께 걷게 하면, 다리를 건너지 않은 남녀에 비해 서로에게 더 큰 호감을 느낀다고 한다. 두근거림의 원인을 상대에게 두는 경향이 있기 때문이다.

(5) Lazarus의 인지적 평가 이론

Richard Lazarus(1922-2002)는 정서가 **인지적 평가**(cognitive appraisal)에 의해 유발된다고 보았다. 간단히 말하면, 자극과 정서의 관계를 인지적 평가가 매개한다고 본 것이다(Lazarus, 1991). 그에 따르면, 인간은 각자 고유한 동기와 목표 혹은 신념을 지니고 살아가며, 주어지는 사건을 그러한 요소들의 관점에서 평가하고, 그 결과 고유한 정서를 체험한다. 이러한 아이디어는 Aaron Beck을 중심으로 하는 인지치료 이론가들이 제안한 인지 매개 가설과 크게 다르지 않다.

Lazarus의 인지적 평가 이론의 독특한 측면은 '평가의 기준 및 흐름'에 있다. 그는 인간이 어떤 사건을 평가할 때 세 단계를 거친다고 보았다. 첫 단계에서는 **목표 관련성**(goal relevance)에 대한 평가를 실시한다. 즉, 어떤 사건이 자신이 가지고 있는 목표의 달성이나 실패와 관련이 있는지를 평가하는 것이다. 이 단계에서 어떤 사건이 자신의 목표와 관련이 있다고 판단하면 정서를 체험하고, 그렇지 않다면 정서를 체험하지 않는다. 두 번째 단계에서는 **목표 합치성**(goal congruence)에 대해 평가한다. 여기에서는 해당 사건이 자신의 목표 달성을 촉진하거나 도움이 된다고 여기면 긍정 정서를 체험하고,

반대로 좌절시키거나 해가 된다고 여기면 부정 정서를 체험한다. 세 번째 단계에서는 **자아관여도**(ego-involvement)를 평가한다. 해당 사건에 자신이 기여한 정도 혹은 자신이 관여된 방식 등을 평가하는 것이다. 예컨대 어떤 사건이 자신의 목표를 방해한다고 평가한 상황에서 그것이 '다른 사람 탓'이라고 여기면, 개인은 분노를 느끼게 된다. 반대로 그것이 '자신의 탓'이라고 여기면 수치심이나 무가치감을 느끼게 되는 것이다. Lazarus는 자아관여의 양상에 따라 정서의 유형이 다양하게 구별될 것이라고 보았다. 예컨대 자기의 중요한 무언가를 상실한 것으로 평가하면 슬픔을 경험하고, 자기에 대한 큰 위협이라고 평가하면 두려움과 불안을 경험하게 되는 것이다.

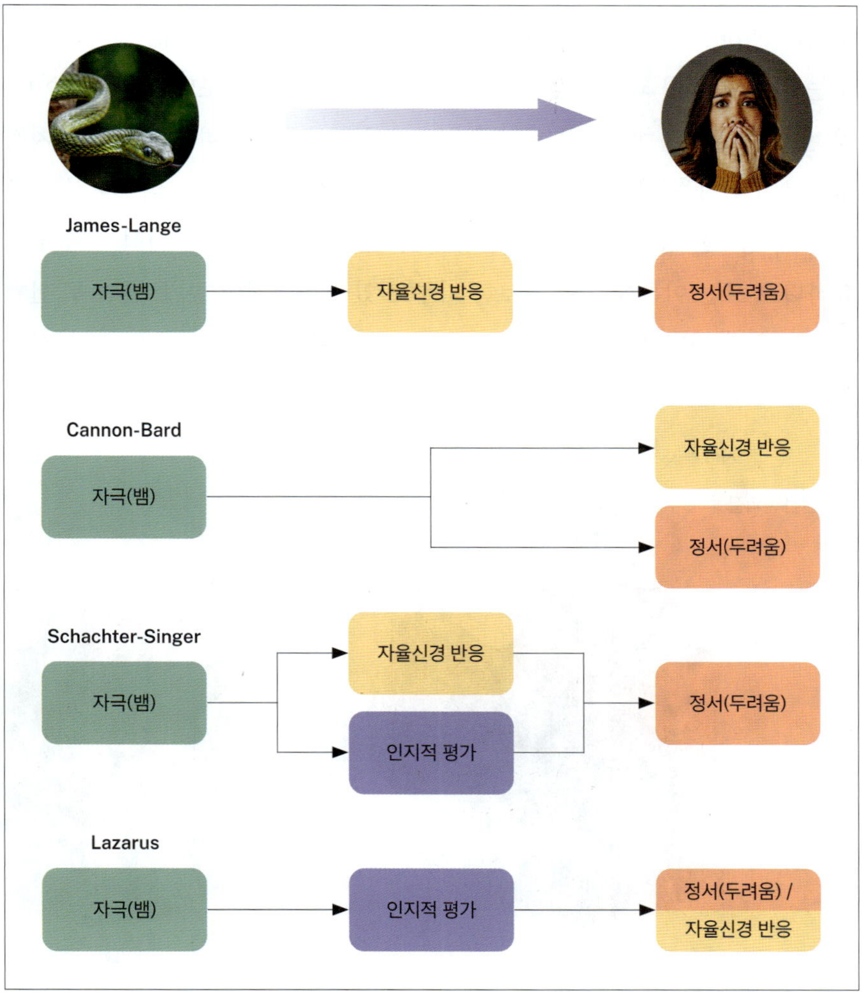

그림 11.4 정서 체험을 설명하는 대표적인 이론들

4) 정서 체험에 관여하는 신경학적 경로

지금까지 정서 체험을 설명하는 대표적인 이론들을 살펴보았다. 제안된 이론들은 모두 나름대로의 이론적·경험적 근거를 가지고 있다. 적어도 현상의 일부분은 적절히 포착하고 있을 가능성이 있는 셈이다. 신경학적 관점에서 정서를 연구한 대표적인 학자 LeDoux(1989)가 제안한 정서 체험 관련 경로 모형을 보면, 이렇게 다양한 이론들이 나름대로의 설득력을 가질 수 있는 이유를 어느 정도 파악할 수 있다. 그에 따르면, 정서 체험의 중심에는 **편도체**(amygdala)가 있으며, 편도체를 포함하는 두 가지 신경학적 경로가 정서 체험에 관여한다. 첫 번째 경로는 감각 자극이 감각 피질(sensory cortex)과 전전두 피질(prefrontal cortex)을 경유하여 편도체에 도달하는 경로이고, 두 번째 경로는 감각 자극이 피질을 경유하지 않고 직접 편도체에 도달하는 경로이다. 첫 번째 경로는 상대적으로 느리지만 자극이나 상황에 대한 구체적인 인지적 평가를 수반하는 정서 체험과 관련이 있다. 인간이 경험하는 정서의 상당 부분은 이 경로를 통해 처리될 것이다. 정서 체험에 의식적인 인지적 평가가 중요하다고 보는 이론들은 이 경로를 다루고 있을 가능성이 높다. 반면 두 번째 경로는 보다 빠르고 신속하게 대응해야 하는 경우에 사용되는 경로로 의식적

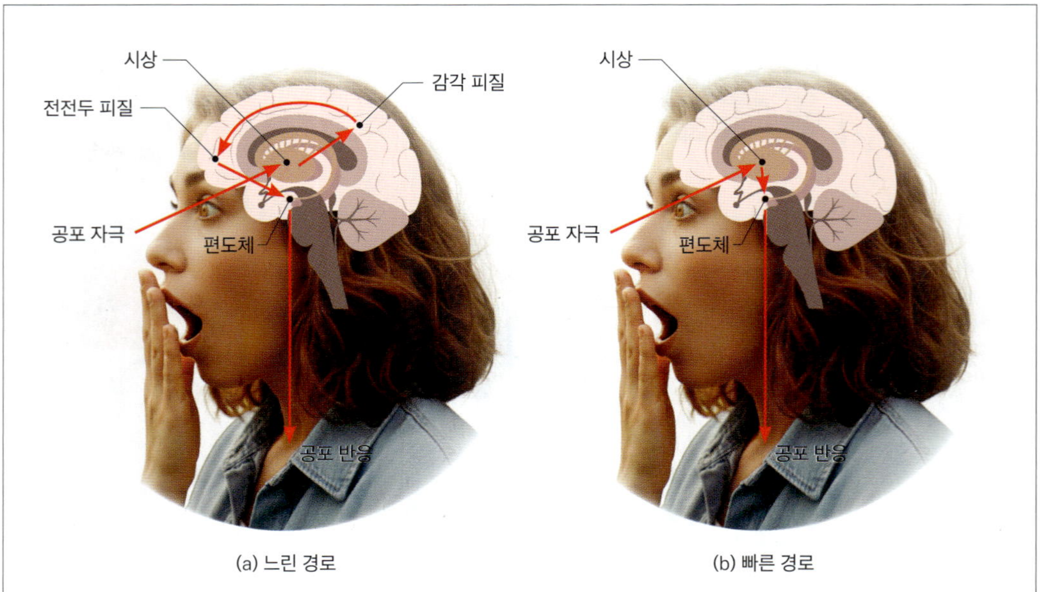

그림 11.5 정서 체험의 두 가지 신경학적 경로

인 인지적 평가가 수반되지 않을 수 있다. 따라서 인지적 평가를 핵심 요소로 고려하지 않는 정서 이론들은 두 번째 경로와 관련이 있을 가능성이 있다.

정서는 유발되는 것일까, 구성되는 것일까?

앞서 살펴본 정서 이론들은 각각 고유한 방식으로 정서 경험을 설명하지만, 대부분 공유하는 가정이 있다. 바로 특정 정서를 고유한 **객체**(entity)로 간주한다는 점이다. 즉, 하나의 개념으로 포착할 수 있는 질적으로 구분되는 현상으로 보는 관점이다. 이러한 관점에서는 두려움이나 분노, 행복감 등의 정서가 고유하게 실재한다고 가정한다. 따라서 이러한 가정을 공유하는 정서 이론은 정서 경험 자체보다는 정서가 유발되는 과정이나 기제에 집중한다.

정서를 고유한 객체 혹은 범주로 가정하는 관점이 정서심리학 영역에서 우세했던 것은 사실이지만, 모든 연구자가 이 가정에 동의하는 것은 아니다. 예컨대 미국 보스턴 대학교의 James Russell과 노스이스턴 대학교(Northeastern University)의 Lisa Barrett은 정서가 고유하게 존재하는 것이 아니라 '구성되는 것'이라고 주장한다(Russell, 2003; Russell & Barrett, 1999).

정서의 심리적 구성 이론(psychological construction theory of emotions)이라 불리는 그들의 이론에 따르면, 인간은 항상 **핵심 정동**(core affect)이라 부르는 신경생리적 상태를 경험한다. 이는 쾌-불쾌, 저각성-고각성의 두 차원으로 구성되며, 우리가 의식적으로 파악할 수 있다. 즉, 우리는 몸의 상태를 쾌-불쾌, 저각성-고각성 차원의 특정 지점으로 '언제든' 의식할 수 있다. 평상시에는 각 차원에서 극단으로 치우치지 않는 중간 지점에 핵심 정동이 위치할 것이다. 그러다 우리가 특정한 위협 상태에 있거나 매우 중요한 보상을 눈앞에 두고 있다면, 그에 따라 핵심 정동의 상태가 바뀔 수 있다. 이처럼 핵심 정동은 항상 존재하며, 인간의 신체적·심리적 상황에 따라 지속적으로 변한다.

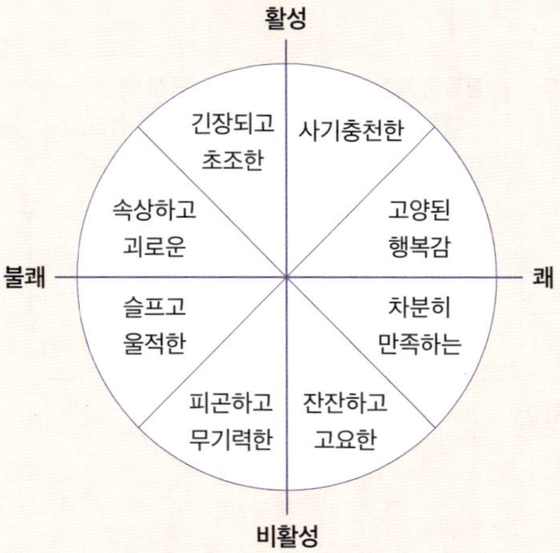

그림 11.6 두 차원에 따른 핵심 정동의 상태
출처: Russell, 2003

Russell(2003)은 인간의 다양한 정서적 경험을 핵심 정동으로 설명한다. 그에 따르면, 다른 심리학자들이 정서라 부르는 현상은 일종의 전형적인 **정서적 삽화**(emotional episode)라 할 수 있다. 즉, 핵심 정동을 포함하여 동시적으로 발생했다가 사라지는 인지적·생리적·행동적 변화를 의미 있는 개념으로 구성한 것이 곧 정서라고 본 것이다. 전통적인 기본 정서 이론에서는 이와 반대로 어떤 정서가 유발되면 그 결과 다양한 인지적·정동적·생리적·행동적 변화가 나타난다고 가정한다. 두 관점의 차이를 그림으로 표현하면 다음과 같다.

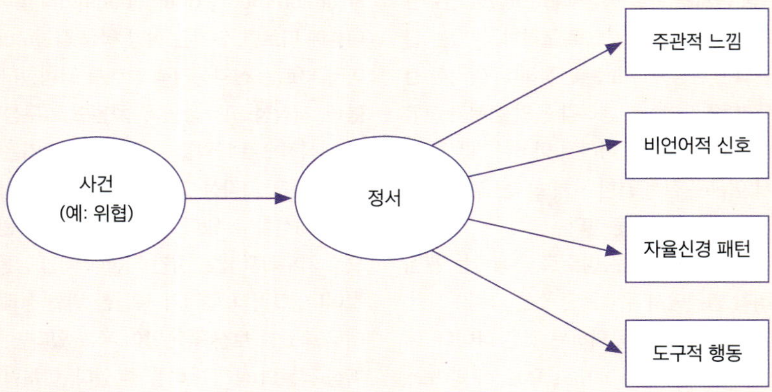

그림 11.7 정서에 대한 전통적 관점
출처: Russell, 2003

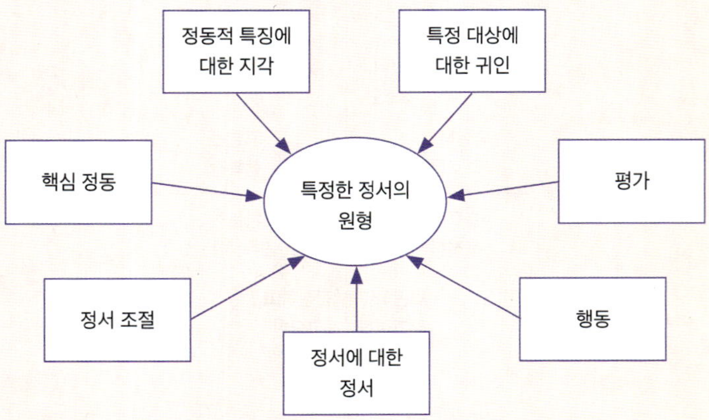

그림 11.8 정서에 대한 심리적 구성 관점
출처: Russell, 2003

이러한 관점의 차이는 어떤 의미가 있을까? 일차적으로 인간의 정서 경험이 얼마나 '핵심적인' 요소인지에 대해 새로운 인식을 심어 준다. 전통적인 정서 이론에서는 정서를 경험하는 상태와 그렇지 않은 상태를 분명하게 구분한다. 즉, 아무런 정서를 경험하지 않는 평범하고 일반적인 상태로 지내다가 특별히 어떤 중요한 자극이 주어지면 정서가 유발된다고 보는 것이다. 정서는 어찌 보면 우리의 평온한 일상에 '간헐적으로' 끼어드는 손님(혹은 불청객)이라 할 수 있다. 반면 심리적 구성 이론 관점에서 볼 때, 핵심 정동은 '항상' 존재한다. 우리는 늘 쾌-불쾌, 저각성-고각성 차원의 어느 지점에 있는 것이다. 이러한 관점에 따르면 정동은 우리의 삶을 구성하는 핵심적 요소라고 볼 수 있다. 정서적 경험과 우리의 평범한 일상은 분리되지 않는 것이다.

두 번째 의미는 우리가 정서적 경험을 이해하는 방식에 있다. 전통적 관점에서는 보편적 정서가 이미 정해져 있다고 본다. 슬픔이나 분노, 두려움, 죄책감 같은 것들이 여기에 해당한다. 이러한 관점에 따라 우리의 정서를 이해한다는 것은 우리의 경험 중 이러한 정서의 개념과 잘 들어맞는 것을 찾아 이름을 붙인다는 것을 의미한다. '아 이것은 슬픔이구나', '이것은 두려움이구나' 하는 식이다. 반면 심리적 구성 이론 관점에서 보면 사람마다 정서의 이름이 달라질 수 있다. 물론 전형적인 정서적 삽화는 분명 존재한다. 일반적으로 기본 정서에 해당하는 정서들이 여기에 포함될 것이다. 하지만 슬픔이라고 해서 다 같은 슬픔은 아니며, 각 사람의 경험 특징에 따라 이름을 달리 붙일 수 있다. 예컨대 누군가는 전형적인 쓸쓸함과 상실감을 두드러지게 경험하는 반면, 누군가는 상실감과 함께 과거의 괴로웠던 경험들이 동시에 찾아와 심연으로 빠져드는 것 같은 위협적인 느낌을 경험할 수 있다. 전자는 일반적인 슬픔 개념을 그대로 사용해도 괜찮겠지만, 후자는 슬픔이 아닌 다른 개념으로 자신의 경험을 포착하는 것이 더 적절할 수 있다. 이처럼 심리적 구성 이론에서는 각 개인마다 고유한 정서적 세계를 가지고 있으며, 그 세계를 포괄적으로 이해하기 위해서는 그 사람 나름의 정서적 어휘를 찾아나가는 것이 중요하다고 가정한다.

5) 정서의 발달

정서가 무엇이며 어떤 이론이 정서 현상을 좀 더 잘 설명하는지를 파악하는 유력한 방법은 정서의 발달 과정을 살피는 것이다. 생애 초기에 발견되는 정서적 현상을 파악하고, 나이가 들어감에 따라 일어나는 변화를 탐색하면, 다양한 정서들의 상대적 위치를 비교할 수 있을 뿐만 아니라 정서를 구성하는 각 요소가 어떤 관계를 맺고 있는지에 대한 아이디어를 얻을 수 있기 때문이다.

문제가 있다면 나이가 어릴수록 언어를 통한 접근이 어렵다는 점일 것이다. 언어를 사용하지 못하면 자신의 경험에 대해 직접 보고하기 어렵기 때문에 자기보고형 측정 도구 등의 언어적 평가 도구를 사용하지 못한다. 앞서 소개한 대로 각 정서의 특징적인 신경학적 반응 패턴 등도 아직 분명하게 밝혀진 바가 없기 때문에 해당 방법 또한 적용하기 어렵다. 따라서 우리가 사용할 수 있는 방법은 관찰뿐이다. 아이의 행동이나 표정 등을 맥락과 연결지어 살피면서 그 의미를 추론해야 하는 것이다.

이러한 방법을 적용하여 수행한 연구에 따르면, 태어난 지 두 달 이전의 아기는 매우 단순한 정서적 반응을 보인다. 학자들에 따라서는 쾌감과 불쾌감 혹은 **만족**(contentment)과 **불편**(distress)으로 구성되는 양극적 패턴을 보인다고 가정하는 입장(Bridges, 1932)과 쾌감, 불쾌감에 **흥미**(interest)를 추가한 3개의 극으로 구성된 정서적 반응을 나타낸다고 보는 입장(Lewis & Michalson, 1983)으로 나뉘고 있지만, 그 이상의 정서가 확인된다고 주장하는 경우는 드물다. 흥미를 정서로 볼 수 있는가에 대해서는 논란이 있다는 점을 감안하면, 이 시기의 아기가 나타내는 정서는 거의 핵심 정동 수준에서 벗어나지 않는다는 것을 알 수 있다.

생후 3개월 정도가 되면 소위 기본 정서에 해당하는 정서들 중 일부가 출현한다(Lewis, 2000). 이 시기의 아기는 이미 알고 있는 사람의 얼굴 등의 친숙한 자극에 노출되었을 때 **행복**(happiness)이나 **기쁨**(joy)과 같은 정서를 드러낸다. 또한 긍정적 자극이 제거되었을 때에는 **슬픔**(sadness) 정서를 나타낸다. 예컨대 엄마가 아이와 노는 것을 멈추는 등의 행동을 보이면, 슬픔 정서와 유사한 반응을 보인다. 이 시기의 아기에게서는 **혐오**(disgust) 정서 또한 발견된다. 불쾌한 맛을 내는 물질이나 대상이 입안에 있으면 불쾌감을 드러내면서 뱉어 내는 행동을 보이는 것이다.

4개월에서 7개월 정도가 되면 **분노**(anger)가 출현한다(Stenberg, Campos, & Emde, 1983). 분노는 원하는 무언가가 좌절되었을 때 유발된다. 이 정서는 단순히 특정한 자극이 제시되거나 제거되었을 때 별다른 인지적 처리 없이 유발되는 기초적 정서와는 다르다. 즉, 분노가 유발되기 위해서는 '특정한 목표에 대한 인식'과 '그 목표를 달성하는 데 방해가 되는 무언가에 대한 인식'이 필요하다. 예컨대 자신이 원하는 어떤 대상을 향해 몸을 움직여서 그것을 잡고 싶은데 누군가가 자신의 몸을 잡아 움직이지 못하게 하여 그것을 방해한다고 인식해야 분노가 유발되는 것이다. 분노 정서는 이러한 처리가 가능한 수준으로 인지적 발달이 이루어져야 출현 가능하다고 볼 수 있다.

6개월 정도의 시기에 출현하는 또 다른 정서는 **놀람**(surprise)이다. 놀람은 기대했던 무언가와는 다른 사건이 발생했을 때 유발되는 정서이다. 따라서 놀람 반응이 나타나기 위해서는 어떤 사건을 '기대'할 수 있어야 한다. 즉, 예측 능력이 필요한 것이다. 어떤 상황에서 예측했던 무언가와 다른 어떤 자극을 발견하게 되면 아기는 흥미나 놀람으로 반응하게 된다.

7개월에서 8개월 정도가 되면 **두려움**(fear) 또한 출현한다. 두려움을 느끼기 위해서는 '비교 능력'이 필요하다(Schaffer, 1974). 즉, 두려움을 유발하는 사건과 그렇지 않은 사건을 비교하여 그 차이를 인식할 수 있어야 한다. 예컨대 낯선 사람에 대한 두려움을 경험하기 위해서는 기억하고 있는 많은 얼굴들과 낯선 사람의 얼굴을 비교하여 그 차이를 인식해야 한다. 대략 7개월에서 8개월 정도면 사건들을 비교적 정교하게 비교하여 차이를 인식할 수 있는 인지적 능력이 발달한다. 물론 인지적 발달이 조금 더 빠른 아기들은 좀 더 이른 시기에도 두려움 반응을 나타낼 수 있다.

대략 8개월에서 9개월 정도가 되면, Ekman 등(1972)이 제안한 여섯 개의 기본 정서인 분노와 혐오, 두려움, 기쁨, 슬픔, 놀람이 대부분 발달한다. Lewis(2000)에 따르면, 3개월 이전의 기초적인 만족과 흥미, 불편은 아기의 인지적 능력이 발달함에 따라 각각 기쁨과 놀람, 그 외 부정적 기본 정서(슬픔, 혐오, 분노, 두려움)로 발달한다. 흥미로운 점은 상대적으로 긍정적이거나 중립적인 색깔을 띠는 정서(만족, 흥미)는 여러 하위 유형으로 세분화되지 않는 반면, 부정적인 색깔을 띠는 정서(불편)는 나이가 들수록 점점 더 정교하게 세분화된다는 점이다.

아기가 30개월 정도가 되면, 인지 기능도 더욱 발달하여 자의식(self-consciousness)이 형성된다. 그에 따라 아기는 자기 자신을 대상으로 바라보거나 다른 사람의 관점을 취하는 등의 인지적 활동을 할 수 있게 된다. 이 시기가 되면, **당혹감**(embarrassment)이나 **질투**(envy), **공감**(empathy)이 출현한다(Lewis, 2000). 공감을 정서 유형으로 간주하기는 어렵겠지만, 당혹감과 질투는 자기 자신을 의식하는 과정에서 경험되는 정서가 분명하여 대표적인 **자의식 정서**(self-conscious emotion)로 간주된다.

3살 정도가 되면, 자기 자신의 행동 등을 특정한 기준에 비추어 '평가'하는 능력도 발달하게 된다. 이 시기의 아기는 부모 등의 중요한 타인이 부과하는 기준이나 스스로 세운 기준에 비추어 자기 자신을 평가할 수 있으며, 평가 결과에 따른 다양한 정서를 경험할 수 있게 된다. 여기에는 **자부심**(pride)과 **죄책감**(guilt), **수치심**(shame) 등이 포함될 수 있다. 이 정서들 또한 자의식 정서의 일부이지만, '자기평가'가 수반된다는 측면에서 **자의식적 평가 정서**(self-conscious evaluative emotion)라 불리기도 한다(Lewis, 2000). 우선 자부심은 '자기 자신'에 대한 긍정적 평가와 함께 경험되는 정서이다. 어떤 긍정적 결과를 얻게 되었을 때 그 결과가 자기 자신의 기여로 얻어진 것이라 판단하면 스스로에 대한 긍정적 인식과 함께 자부심을 경험하는 것이다. 죄책감은 자기 자신의 '행동'이 부적절하거나 옳지 않다고 판단할 때 경험되는 정서이다. 죄책감과 수치심의 차이에 대한 논의는 아직 진행되고 있지만, 일반적으로 수치심은 좀 더 '전반적으로' 자기 자신의 부적절성이나 무가치함을 인식할 때 유발되는 것으로 가정되고 있다(Tangney & Dearing, 2003). 즉, 자기 자신에 대해 전반적으로 부정적 평가를 내릴 때 경험되는 정서가 곧 수치심이다.

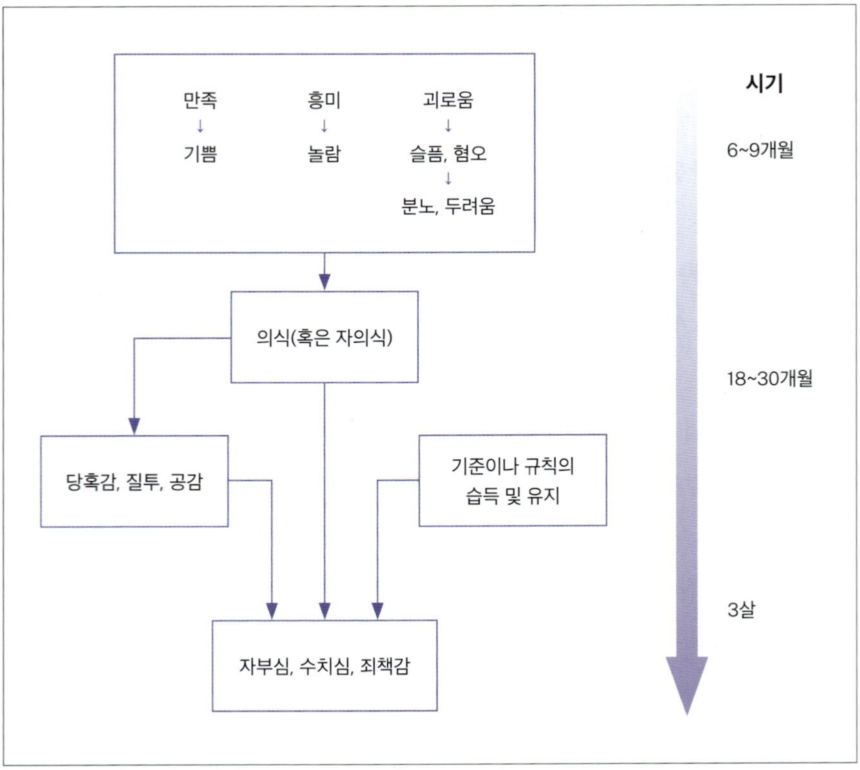

그림 11.9 정서의 발달 과정

이렇게 3살 정도가 되면 정서가 매우 세분화된 형태를 갖추게 된다. 이후 새로운 경험을 하고 새로운 의미 체계를 갖게 되면서 좀 더 다양한 정서를 경험할 수 있겠지만, 인간이 다른 동물들과 구별되게 가지고 있는 고유한 정서들은 이미 3살 정도면 어느 정도 획득된다고 볼 수 있는 것이다.

2 정서성

성격과 정서의 관계를 이해할 때에는 크게 보면 두 가지 접근을 많이 사용한다. 첫 번째 접근은 특정한 정서를 반복적으로 경험하는 경향성을 탐색하는 것이고, 두 번째 접근은 정서와 관련된 다양한 능력을 탐색하는 것이다. 전자의 연구 흐름은 부정 정서를 빈번하게 경험하는 정도(부정 정서성)와 긍정 정서를 빈번하게 경험하는 정도(긍정 정서성)에 대한 연구들로 정리될 수 있다.

1) 부정 정서성

성격적으로 부정 정서를 빈번하게 경험하는 특성을 **부정 정서성**(negative emotionality/affectivity)이라 부른다. 성격 연구 영역에서 부정 정서성은 일종의 기질로 간주되기도 한다(Rothbart & Bates, 2007). 그만큼 부정 정서를 경험하는 성격적 특성은 생애 초기부터 나타나는 생물학적이고 안정적인 특성일 가능성이 있는 것이다. 부정 정서성의 핵심적 특징은 부정적 사건을 암시하는 자극에 대한 민감성이다(Canli, 2006). 부정 정서성이 높은 사람들은 부정적 자극에 과민하게 반응하여 빈번하게 부정 정서를 경험하는 경향이 있다. 이들이 주로 나타내는 행동은 원치 않는 사건을 예방하거나 그러한 사건으로부터 피해를 최소화하는 데 도움이 되는 것들이다. 여기에는 회피 행동이나 도피 행동, 억제 행동 등이 주로 포함되지만, 경우에 따라서는 공격 행동이 포함될 수도 있다.

부정 정서가 기본적으로 적응적 기능을 가지고 있는 것은 사실이다. 그러나 성격적으로 빈번하게 부정 정서를 경험하는 것은 일종의 정서적 취약성으로 간주되기도 한다. 실제로 부정 정서성은 신경과민성이나 불안 특질과 밀접한 관련이 있는 것으로 확인되었으며(Watson & Clark, 1984), 임상적 수준의 우울이나 불안 증상과도 관계되어 있는 것으로 나타났다(Watson, Clark, & Carey, 1988). 부정 정서성이 높은 사람들은 직업 만족도나 관계 만족도 또한 낮은 것으로 확인되었으며(Levin & Stokes, 1989; Watson, Hubbard, & Wiese, 2000), 일상에서의 역할 관련 스트레스나 갈등도 더 많이 경험하는 것으로 나타났다(Stoeva, Chiu, & Greenhaus, 2002). 부정 정서성이 높은 사람들은 낮은 사람들에 비해 부정적 사건이 발생했을 때 더 강한 부정 정서 반응을 나타내고, 자존감 저하 등의 문제를 보이는 것으로 확인되기도 했다(Denissen & Penke, 2008; Tong, 2010).

부정 정서성과 신체적 건강 혹은 수명과의 관계는 이와는 다른 양상을 나타내기도 한다. 예컨대 Watson과 Pennebaker(1989)가 진행한 연구에 따르면, 부정 정서성은 심장질환이나 암, 사망률 등과는 관련이 없는 것으로 나타났다. 사별을 당한 남성들을 대상으로 진행된 한 종단 연구에서는 부정 정서성과 밀접한 신경과민성이 사망률 감소에 영향을 미친다는 결과를 보고하기도 했다(Taga, Friedman, & Martin, 2009). 이 연구에서는 참여자들이 과거 30살일 때 측정했던 신경과민성 점수를 사용하여 분석을 진행하였는데, 점수가 높을수록 사망률이 감소하는 것으로 나타났다. 이러한 결과는 부정 정서성이나 신경과민성의 신체적 건강에 대한 효과가 상황이나 기간에 따라 달리 나타날 수 있다는 것을 보여 준다. 연구자들은 높은 부정 정서성을 나타내는 사람들이 건강 문제에 좀 더 민감하게 반응하거나 배우자를 얻는 데 좀 더 노력을 기울이는 등의 행동을 나타내어 건강 상태가 상대적으로 더 양호할 수 있다고 제안했다.

2) 긍정 정서성

긍정 정서성(positive emotionality/affectivity)이란 성격적으로 긍정 정서를 빈번하게 경험하는 특성을 의미한다. 긍정 정서성의 핵심은 보상에 대한 민감성이다(Canli, 2006; Gray, 1987). 긍정 정서성이 높은 사람들은 보상과 관련된 자극에 선택적으로 주의를 기울이며, 보상 획득을 위해 접근 행동을 취하는 경향이 있다. 부정 정서성과 달리 긍정 정서성은 일관되게 접근 행동을 유발한다. 이와 관련하여 신경학적인 **행동 활성화 체계**(behavioral activation system)가 긍정 정서성의 핵심 기제일 것이라고 제안되기도 했다(Smillie, 2008). 여기서 행동 활성화 체계란 어떤 보상이나 목표를 달성하도록 관련 행동을 동기화하는 신경학적 체계를 의미한다.

긍정 정서성은 외향성과 밀접한 관련이 있는 것으로 확인되었다(Watson & Clark, 1997). 외향적인 사람들은 일반적으로 보상 추구적이고 활동적이며, 다른 사람들과 어울리면서 다양한 긍정 정서를 경험하는 경향이 있기 때문이다. 긍정 정서성은 심리적 건강이나 신체적 건강과도 밀접한 관련이 있는 것으로 보고되고 있다. 예컨대 긍정 정서성 수준이 높을수록 우울 증상 수준은 낮은 것으로 나타났으며(Watson et al., 1988), 대체로 건강하고 수명도 긴 것으로 확인되었다(Pressman & Cohen, 2005). 긍정 정서를 빈번하게 경험하는 사람들에 대한 연구를 포괄적으로 검토한 개관 연구에서는 긍정 정서성이 대인관계 영역이나 직장 영역 등 여러 삶의 영역에서의 긍정적 결과와 밀접한 관련이 있다고 보고하였다(Lyubomirsky, King, & Diener, 2005).

긍정 정서성이 다양한 적응적 특성과 관련이 있는 것으로 보고되고 있지만, 일부 연구들에서는 긍정 정서성의 역기능적 측면을 탐색하기도 했다. 예컨대 미국 청소년과 성인을 대상으로 긍정 정서성과 위험 운전(risky driving)의 관계를 조사한 한 연구에 따르면, 10대 운전자나 성인 남성 운전자의 경우 긍정 정서성이 높을수록 위험 운전을 더 많이 하는 것으로 확인되었다(Rhodes & Pivik, 2011). 긍정 정서성과 위험한 행동의 관계에 대한 연구는 개인과 사회에 악영향을 줄 수 있는 다른 행동에 대한 연구로도 확장되었다. 이러한 연구들에서는 특히 강렬한 긍정 정서를 경험할 때 성급하게 행동하는 경향성인 **긍정 정서 긴급성**(positive urgency)과 위험 행동의 관계를 탐색하였는데, 긍정 정서 긴급성은 불법적인 약물 사용이나 위험한 성 관련 행동을 예측하는 것으로 확인되었다(Zapolski, Cyders, & Smith, 2009).

Fredrickson의 확장 및 구축 이론

긍정 정서 경험이 삶의 다양한 긍정적 특성들과 밀접하다는 사실은 여러 연구들을 통해 보고되고 있다. 이러한 관계성을 설명하기 위해 제안된 이론 중 특별히 많은 주목을 받은 이론이 있어 소개하고자 한다. 이는 미국의 심리학자 Barbara Fredrickson(2001)이 제안한 **긍정 정서의 확장 및 구축 이론**(broaden-and-build theory of positive emotions)이다.

이 이론에 따르면, 긍정 정서는 크게 두 가지 중요한 기능을 갖는다. 첫 번째 기능은 **확장**이다. 긍정 정서는 우선 개인의 사고-행동 목록(thought-action repertoire)을 확장한다. 즉, 긍정 정서가 유발되면 그와 동시에 사고의 범위가 넓어지고, 실행 가능한 행동의 목록도 많아지는 것이다. 사고의 범위가 넓어지고 대안적 행동을 폭넓게 고려하게 되면, 다양한 관점에서 여러 가능성을 검토하는 것이 가능해지고, 그 결과 좀 더 적응적인 선택을 할 수 있게 된다.

긍정 정서의 확장 기능은 부정 정서의 영향을 취소하는 효과도 가지고 있다. 부정 정서는 일반적으로 심혈관계 활동을 촉진하고, 근육이나 혈관 등을 수축시키는 경향이 있다. 이러한 효과는 일시적으로 빠른 신체적 대응을 하는 데 도움이 되지만, 지나치게 오래 지속되면 신체 기능에 다양한 문제를 초래할 수 있다. 긍정 정서는 부정 정서와 반대의 작용을 한다. 즉, 심혈관계 활동을 원래의 상태로 회복시키고, 근육이나 혈관을 이완시키는 것이다. 이로써 몸은 본래의 평형 상태로 돌아오게 된다.

긍정 정서의 두 번째 기능은 **구축**이다. 긍정 정서의 확장 기능이 비교적 짧은 시간 동안 작용하는 기능이라면, 구축 기능은 상대적으로 긴 시간 동안 작용하는 기능이다. Fredrickson(2001)에 따르면, 긍정 정서를 반복적으로 경험할 경우 다양한 긍정적 자원이 구축된다. 여기에는 신체적 자원과 심리적 자원, 지적 자원, 사회적 자원 등이 포함된다. 긍정 정서의 확장 기능을 적절하게 활용하면, 신체 균형을 빠르게 회복할 수 있으므로 양호한 건강 상태를 유지할 수 있다. 또한 다양한 사고와 행동을 고려함으로써 이후 스트레스 대응에 도움이 되는 전략을 개발할 수도 있다. 확장된 행동 목록 중에는 다른 사람과 관계 맺기가 포함될 수도 있으며, 그에 따라 사회적 상호작용이 활발해져 사회적 자원 또한 풍부해질 수 있다.

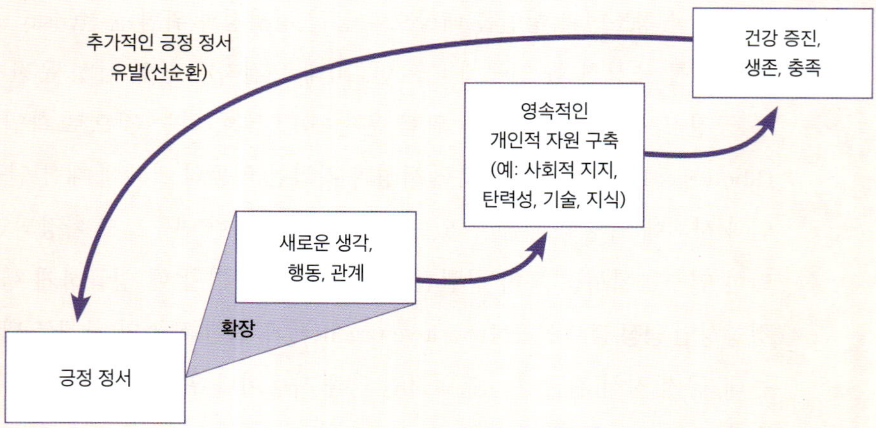

그림 11.10 긍정 정서의 확장 및 구축

Fredrickson(2001)의 이론은 여러 연구를 통해 검증되었으며, 현재 많은 지지를 얻고 있다. 그에 따라 긍정 정서를 경험하도록 돕는 구체적인 방법들이 개발되기도 했다. 여기에는 다양한 긍정심리학적 기법들(예: 감사 일기, 긍정적 의미 발견하기, 친절 베풀기)이 기본적으로 포함되며(Lee Duckworth, Steen, & Seligman, 2005), 일종의 명상 기법인 **자애 명상**(loving-kindness meditation) 또한 중요한 방법으로 고려되고 있다(Fredrickson, Cohn, Coffey, Pek, & Finkel, 2008). 자애 명상이란 불교 전통에서 수련되는 명상의 한 유형으로, 자기 자신과 타인, 세상의 모든 존재에 대해 자애심을 갖도록 돕는 수련법이다. 자애 명상은 일관되게 긍정 정서를 유발하는 것으로 확인되었다(Hofmann, Grossman, & Hinton, 2011).

3) 접근 관련 정서성과 회피 관련 정서성

정서성을 구분할 때 전통적으로 가장 많이 사용되어 온 방법은 긍정-부정 차원으로 구분하는 것이었다. 이러한 구분 방법이 매우 유익하고 직관적으로 이해하기 쉬운 것은 사실이지만, 일부 학자들은 이러한 구분이 적절하지 않다고 주장한다(Carver & Harmon-Jones, 2009). 이들에 따르면, 긍정-부정 차원을 이용한 정서성 구분법을 사용할 때 가장 문제가 되는 정서는 분노이다. 슬픔이나 두려움, 혐오 등 대부분의 부정 정서는 회피나 도피, 억제 행동과 관련이 있다. 이러한 정서들은 모두 동기적 측면에서 **행동 억제 체계**(behavioral inhibition system), 즉 원치 않는 자극을 인식했을 때 그러한 자극을 회피하는 행동을 동기화하는 신경학적 체계와 밀접하다(Gray, 1987). 독특하게도 분노나 그와 관련된 정서만이 행동 활성화(behavioral activation) 혹은 접근 행동을 포함한다.

분노의 독특한 측면은 신경학적 연구에서도 드러난다. 인간의 정서 경험과 관련된 신경학적 연구에 따르면, 일반적으로 긍정 정서와 접근 행동은 좌측 전두영역과 연결되어 있고, 부정 정서와 회피 행동은 우측 전두영역과 연결되어 있다. 하지만 분노는 독특하게도 좌측 전두영역 활성화와 관련이 있는 것으로 보고되고 있다(Harmon-Jones, 2004; Harmon-Jones, 2007). 이러한 결과는 분노의 주된 특징이 부정성보다는 접근성일 수 있다는 점을 보여 준다.

긍정성과 부정성을 분석할 때에는 두 가지 측면에서 접근할 수 있다. 하나는 자극 자체의 특성이고, 다른 하나는 주관적인 느낌의 방향성이다. 분노는 대부분 '원치 않는 자극'과 관련이 있기 때문에 부정적이라고 인식될 수 있다. 또한 주관적 느낌도 대체로 부정적이라고 인식되는 경향이 있다. 다만 분노의 주관적 느낌을 부정적으로 인식하는 정도는 사람마다 다른 것으로 나타났다(Harmon-Jones, 2004). 즉, 누군가는 다른 사람보다 분노 정서를 '덜 부정적으로' 느낀다는 것이다.

Carver와 Harmon-Jones(2009)는 이러한 연구 결과를 토대로 분노가 접근 관련 정서(approach-related affect)라고 주장하였다. 이들은 정서성을 부정 정서성과 긍정 정서성으로 구분하는 것보다 **접근 관련 정서성**(approach-related affectivity)과 **회피 관련 정서성**(avoidance-related affectivity)으로 구분하는 것이 더 적절할 수 있다고 제안하였다. 이들에 따르면, 접근 지향적인 사람은 보상에 민감하기 때문에 보상 획득에 성공하면 고양감이나 즐거움 등을 경험하고, 실패하면 분노를 경험한다. 반면 회피 지향적인 사람은 처벌에 민감하기 때문에 처벌 회피에 성공하면 안도감을 느끼고, 실패하면 두려움과 불안을 자주 경험하는 경향이 있다.

3 정서적 능력

성격 관점에서 정서를 연구하는 또 다른 흐름에서는 정서를 일종의 '능력'으로 간주한다. 정서를 인식하거나 표현하는 것, 정서를 적절히 조절하는 것, 정서를 변환하는 것 등을 모두 일종의 능력으로 개념화하는 것이다. 이러한 관점에 따르면, 정서는 인지와 같이 다양한 도구를 이용하여 측정할 수 있으며, 일정한 개입을 통해 향상시킬 수 있는 개인의 능력이다. 여기에서는 정서를 능력으로 간주하는 대표적인 이론과 연구를 살펴보겠다.

1) 정서 지능

능력으로서의 정서를 포괄적으로 정리하여 제안한 대표적인 학자로는 Peter Salovey와 John Mayer를 들 수 있다. 이들은 정서 지능이라는 개념을 통해 능력으로서의 정서를 제시하였다. 그들에 따르면, **정서 지능**(emotional intelligence)이란 자신과 타인의 정서를 검색하고, 그것들을 잘 구분하며, 정서 관련 정보를 자신의 사고와 행동을 결정하는 데 적절히 활용하는 능력이다(Salovey & Mayer, 1990). 정서 지능 개념은 여러 학자에 의해 개별적으로 연구되었는데, 이 과정에서 개념의 범위가 지나치게 넓어지면서 능력으로서의 정서와 특질로서의 정서 간 구분이 모호해져 많은 혼란을 초래하기도 했다(Mayer, Salovey, & Caruso, 2008).

Mayer와 동료들(2008)은 정서 지능을 개념화할 때 능력으로서의 정서에 초점을 두어야 한다고 강조하면서 4개의 핵심 하위 요소를 구체적으로 제시하였다.

첫 번째 요소는 자기 자신과 타인의 정서를 정확히 지각하는 것이다. 정서 관련 능력의 기본은 정서를 지각하는 것이다. 여기에는 자신이 어떤 정서를 경험하고 있는지 알아차리는 것과 타인이 어떤 정서를 경험하고 있는지 알아차리는 것이 포함된다. 전자는 자신의 몸에 일어나는 신체생리적 변화와 생각의 변화, 심상이나 동기의 변화 등을 알아차려 의미 있는 정서 개념으로 파악하는 과정을 의미한다. 타인의 정서는 주로 표정이나 행동, 맥락 등을 이용해 유추함으로써 알아차릴 수 있다.

두 번째 요소는 정서를 이용해 사고(thinking)를 촉진하는 것이다. 이 요소는 정서에 수반되는 에너지를 특정한 사고 활동이나 행동에 이용하는 것을 의미한다. 예컨대 불안을 경험하는 과정에서 유발된 에너지를 이용해 위협적 사건을 예방하는 사고 활동과 행동을 실행하는 것이다. 혹은 상황을 안정화시키는 목표에 도움이 되는 방식으로 생각하고 행동하는 데 에너지를 사용할 수도 있다. Mayer 등(2008)은 이 요소를 설명하기 위해 교통사고로 의식을 잃은 채 병원에 입원한 친구를 방문한 한 청소년의 예를 제시했다. 이들에 따르면, 사고를 당해 누워 있는 친구를 보며 경험한 불안의 에너지를 이용해서 친구의 가족들이 이 상황을 어떻게 받아들이고 있는지 등을 대화를 통해 알아보려 시도하는 것이 곧 정서 지능의 두 번째 요소라 할 수 있다.

세 번째 요소는 정서나 정서적 언어, 정서에 의해 전달되는 메시지나 신호 등을 이해하는 것이다. 간단히 말하면 정서에 담긴 정보를 이해하고, 그러한 지식을 적절히 활용하는 것을 말한다. 정서는 특정한 자극에 의해 유발되며, 고유한 특징과 패턴을 가지고 있다. 이러한 지식을 충분히 파악하고 있으면, 특정한 상황에서 사람들이 경험할 만한 정서를 예측할 수 있으며, 반대로 사람들이 경험하는 정서를 통해 상황을 예측할 수도 있다. 마찬가지로 특정한 상황에서 자신에게 일어나는 심리신체적 변화를 특정한 정서와 연결지을 수도 있고, 자신의 정서 경험을 통해 상황에 대한 직관적 정보를 얻을 수도 있다.

네 번째 요소는 특정한 목표를 달성하기 위해 정서를 관리하는 것이다. 정서를 관리한다 함은 곧 정서의 강도나 지속 시간 등을 조절하는 것을 의미한다. 중요한 면접 시험을 앞두고 있는 수험생은 불안을 경험할 것이다. 이때 시험에 방해가 되지 않도록 적절한 수준으로 불안을 조절하는 것이 곧 정서 지능의 네 번째 요소라 할 수 있다.

정서 지능 개념은 정서를 노력이나 훈련을 통해 개발할 수 있는 일종의 능력으로 파악하도록 도왔다는 점에서 큰 의의가 있다. 또한 정서를 적절히 개발하면 일상생활 적응 및 삶의 질 개선에도 도움이 될 수 있다는 인식을 형성했다는 점도 큰 기여라 할 수 있다. 하지만 몇 가지 측면에서 비판을 받기도 하였는데, 그 내용을 정리하면 다음과 같다.

첫째, 정서 지능을 측정하는 방법에 결함이 있다. 정서 지능은 처음 개념화될 당시부터 일반 지능과 마찬가지로 일종의 능력으로 간주되었다. 그럼에도 정서 지능을 측정하는 방법으로 빈번하게 사용된 것은 주로 자기보고형 도구들이었다(Davies, Lane, Devonport, & Scott, 2010; Salovey, Mayer, Goldman, Turvey, & Palfai, 1995). 예컨대 "나는 나의 정서를 효과적으로 조절한다."는 문항에 동의하는 정도로 정서 조절 능력을 평가하는 것이다. 이러한 평가 방식은 기억의 왜곡이나 의도적 조작에 매우 취약하기 때문에 '바람직한 것'으로 여겨지는 능력의 평가에는 적절하지 않을 가능성이 높다(Goldenberg, Matheson, & Mantler, 2006). 이러한 문제의식을 바탕으로 수행형 도구들이 개발되기도 했지만(Salovey, Mayer, Caruso, & Lopes, 2003), 타당도 측면에서 결함이 많은 것으로 지적되어 왔다(Maul, 2012).

둘째, 정서 지능 검사의 결과는 지능 지수(Intelligence Quotient: **IQ**)와 마찬가지로 정서 지수(Emotion Quotient: **EQ**)로 표현되곤 하는데, 해당 점수의 산출 방식이 불분명하며 점수의 타당도 또한 모호하다. 일반적으로 IQ 점수는 전체 검사에 포함되어 있는 소검사 점수를 합하여 계산한다. 마찬가지로 EQ 점수 또한 소검사 점수들을 합산하는 방식을 취하는데, 그러한 방식이 타당한지 여부가 불분명하다는 것이다. 실제로 대표적인 수행형 도구인 MSCEIT(Mayer-Salovey-Caruso Emotional Intelligent Test; Salovey et al., 2003)에 대한 구성 타당도 분석 연구들에 따르면, 해당 도구의 요인 구조는 불안정한 것으로 확인되고 있다(Fan, Jackson, Yang, Tang, & Zhang, 2010; Rossen, Kranzler, & Algina, 2008). 또한 EQ 점수의 타당도를 확인하기 위해서는 학업 성적과 같이 대표성이 있는 지표가 필요한데, 정서 지능의 경우 그러한 지표를 설정하는 것이 사실상 불가능하여 타당도 확인이 어렵다는 점 또한 한계로 지적되고 있다.

셋째, 정서적 특성을 IQ와 유사한 방식으로 점수화하는 것이 일종의 편견을 낳을 수 있다. 지능을 점수화하는 것은 여러 측면에서 유익하지만, 개인에 대한 편견을 조장할 위험이 있다. 점수가 상대적으로 높은 사람에 대해서는 긍정적 인식을, 상대적으로 낮은 사람에 대해서는 부정적 인식을 심어 줄 수 있기 때문이다. 정서 지능 점수에도 마찬가지 위험이 잠재되어 있다. 더욱이 다양성과 개성을 드러내 주는 정서적 특징에 점수를 매겨 좀 더 나은 상태와 그렇지 못한 상태를 구분하는 것은 다분히 인위적이고 부적절할 뿐만 아니라 불필요한 편견을 조장할 가능성이 있다(민경환, 2002).

2) 정서 표현성

정서는 일종의 과정으로 개념화될 수 있다. 자극이 주어지면 그에 대한 반응으로 일련의 심리신체적 현상이 나타나고, 시간의 흐름에 따라 그 양상이 달라지기 때문이다. 일반적으로 정서적 현상은 비교적 짧은 시간 동안 지속되며, 목표한 바가 달성되면 원래의 심리신체적 상태로 돌아간다. 예컨대 중요한 타인을 상실하면 슬픔이라 부를 수 있는 심리신체적 현상이 일어나는데, 여기에는 슬픈 표정이나 눈물을 흘리는 행동, 상실에 대해 다른 사람에게 말하는 행동 등이 포함된다. 대인관계 상황에서 슬픔을 표현하는 것은 종종 타인으로부터의 위로 행동을 유발한다. 이렇게 타인으로부터 위로와 지지를 받고 다양한 방식으로 자원을 공급받으면, 슬픔의 정서는 본래의 기능을 다하고 잦아들게 되는 것이다.

정서는 기본적으로 표현적이며, 표현할 때 기능이 더욱 완전해진다. 어쩌면 정서는 표현되어야만 종결되는 것인지도 모른다. 문제는 사회의 일원으로 살아가는 개인에게 정서 표현의 제약이 있다는 점이다. 현대인에게도 정서는 표현되어야 하는 것이지만, 모든 상황에서 원하는 방식대로 표현할 수 있는 것은 아니다. 사회의 일원으로 살아가기 위해서는 상황에 맞게, 적절한 방식으로 정서를 표현해야 한다. 대부분의 사람은 적응적인 정서 표현 방식을 자연스럽게 익힌다. 그들은 부모와 교사 등의 어른을 보면서 정서를 어떤 식으로 표현해야 보상을 얻고 처벌은 피할 수 있는지를 학습한다. 문제는 모든 사람이 같은 정도로 학습에 성공하지는 못한다는 점이다.

정서 표현의 측면에서 개인차가 있고, 그러한 개인차가 심리적 문제나 심리장애와 같은 적응상의 문제와 밀접할 수 있다는 점은 많은 연구자의 관심을 끌었다. 특히 어떤 이유에서든 정서 표현에 심각한 어려움을 겪는 경우 다양한 신체 증상을 경험할 수 있다는 점이 여러 연구를 통해 밝혀졌다. 이러한 연구들은 감정표현불능증이라는 심리적 증상을 특히 중요하게 고려하였다. **감정표현불능증**(alexithymia)은 정서를 언어적으로 표현하는 데 어려움을 겪는 것과 관련된 일련의 증상을 의미한다(Sifneos, 1973). 처음 감정표현불능증이 소개될 때에는 일종의 인지적-정서적 처리 능력의 결함으로 개념화되었으며, ① 자신의 느낌(feeling)을 식별하는 것(identifying)의 어려움과 ② 자신의 느낌을 기술하는 것(describing)의 어려움, ③ 외부 지향적인 사고 경향이 핵심적인 특징일 것이라고 제안되었다. 감정표현불능증을 나타내는 사람들은 자신이 경험하는 느낌이나 정서를 언어적으로 표현하는 데 어려움을 겪는다. 이들은 어떤 이유에서인지 신체적인 변화나 기억, 심상, 상황 등을 자각하고 연결하여 의미 있는 정서로 체험하는 데 결함을 나타내며, 생리적 각성 등으로 인한 신체 감각을 오해석하여 자신에게 신체적 증상이나 문제 혹은 질병 등이 발생했다고 여기는 경향이 있다. 감정표현불능증이 나타나는 원인은 아직 충분히 밝혀지지 않았지만, 선천적인 신경생물학적 결함이나 발달 초기의 외상, 불안정한 애착 등이 영향을 미칠 수 있는 것으로 제안되었다(Sifneos, 1996).

정서 표현의 기능이나 역기능은 정서의 유형별로 연구되기도 했다. 특히 부정 정서의 표현에 대한 연구가 집중적으로 진행되었는데, 결과는 혼재되어 있는 상황이다. 외상 등으로 인한 부정 정서를 글쓰기 등으로 표현하는 것이

▲ 부정 정서에 대한 표현적 글쓰기는 다양한 심리 신체적 건강과 밀접한 것으로 확인되어 왔다.

증상의 완화와 삶의 질 개선에 도움이 된다고 보는 입장이 대체로 많은 지지를 얻고 있지만(Pennebaker, 1997, 2012; Pennebaker, Kiecolt-Glaser, & Glaser, 1988), 상황에 따라서는 정서 표현을 억제하는 것이 장기적으로 더 유익하다고 제안하는 연구들도 있다(Bonanno & Kaltman, 1999). 부정 정서의 표현이 때로는 도움이 되고 때로는 그렇지 않다면, 언제 어떤 방식으로 표현하는 것이 유익한지를 살펴볼 필요가 있다.

Kennedy-Moore와 Watson(2001)은 부정 정서의 표현이 유익한 결과를 가져오는 과정을 세 가지로 요약한 바 있다. 첫째, 부정 정서의 표현은 정서적 고통에 대한 정서적 고통(distress about distress)을 줄여 준다. 부정 정서와 같은 정서적 고통은 그 자체로도 괴로운 것이지만, 그러한 부정 정서를 경험한다는 사실에 대해서도 추가적으로 고통받을 수 있다. 예컨대 심각한 외상을 경험한 사람들은 외상과 관련된 부정 정서가 재경험되는 것을 몹시 '두려워한다'. 그러한 정서가 재경험된다는 것은 자기 자신에게 큰 문제가 있다는 것을 의미한다고 여기기 때문이다. 이들은 그러한 정서가 재경험되면 통제력을 잃고 파괴적인 행동을 저지를 수 있다고 두려워하기도 한다. 이렇게 '정서적 고통에 대한 정서적 고통'이 심한 경우에는 외상과 관련된 정서적 고통을 부인하거나 억제하려고 노력하지만, 그러한 대응은 오히려 역효과를 내어 고통을 가중시키는 경향이 있다. 이러한 상황에서 적절히 외상과 관련된 부정 정서를 표현할 수 있도록 도우면, 적어도 고통에 대한 고통을 줄이는 효과를 얻을 수 있다. 따라서 어떤 개인이 부정 정서에 대해 부정적 인식을 가지고 있어 추가적인 고통을 경험하고 있다면, 정서적 표현은 도움이 될 가능성이 높다.

둘째, 부정 정서의 표현은 새로운 통찰을 촉진한다. 특히 언어를 이용한 정서적 표현은 개인의 정서를 좀 더 명료하게 인식할 수 있도록 도우며, 정서와 맥락의 관계, 특히 정서의 원인에 대한 통찰을 줄 수 있다. Kennedy-Moore와 Watson(2001)은 고통스러운 정서를 '의미 있는 이야기'의 일부로 정리하는 것이 부정 정서를 해소하는 좋은 방법이 될 수 있다고 제안했다. 예컨대 외상으로 인해 부정 정서를 경험하고 있지만, 그러한 고통이 자신을 더 성장하게 하여 원하는 바를 달성하도록 도울 것이라고 정리하는 것이다. 마치 수많은 동화의 주인공이 고난을 겪으면서 성숙해 가는 것처럼 말이다. 따라서 단순히 정서를 표현하는 것에 그치지 않고, 추가적인 인지적 작업을 통해 정서적 경험의 의미를 보완하며, 나아가 개인에게 도움이 되는 능동적 대처 행동으로 연결하면, 정서 표현의 효과는 더욱 증가할 것이다.

셋째, 부정 정서의 표현은 대인관계를 원하는 방향으로 변화시킬 수 있다. 자신의 부정 정서에 대해 타인과 대화를 나누면, 그 과정에서 자신의 정서를 더 분명하게 파악하게 되고, 그러한 정서를 경험하는 자신을 수용하는 기회를 얻을 수 있다. 경우에 따라서는 대화를 나누는 상대와의 관계에서 쌓인 오해를 풀 수 있고, 필요한 지지를 얻을 수도 있다. 물론 상대의 반응이 '대체로 호의적일 때' 이러한 유익들을 얻을 수 있다. 만일 상대가 적대적으로 반응하거나 무시하는 태도를 보인다면 오히려 역효과가 일어날 수도 있다. 따라서 가능하면 상대가 호의적으로 반응할 수 있도록 표현하는 것이 중요하다. Kennedy-Moore와 Watson(2001)에 따르면, 상대가 정서적 표현을 덜 위협적으로 느낄수록 호의적으로 반응할 가능성이 높다. 일반적으로 정서가 너무 강렬하지 않고, 빈도가 높지 않으며, 새로운 정서와 연결될 가능성(예: 슬픔에서 희망으로의 연결)이 있는 경우에 정서 표현을 덜 위협적으로 느끼는 경향이 있다.

긍정 정서 표현의 기능과 역기능에 대한 연구는 상대적으로 적은 편이다. 성격적으로 긍정 정서를 표현하는 것이 다양한 대인관계적 보상과 연결된다고 보고한 연구들이 있지만(Bonanno & Keltner, 1997; Coffey, Nelson-Coffey, Parsley, & Pluess, 2023; Harker & Keltner, 2001), 상황에 따라서는 긍정 정서 표현이 오히려 역기능적으로 작용할 수도 있는 것으로 제안되었다(Kalokerinos, Greenaway, Pedder, & Margetts, 2014). 특히 문화적으로 긍정 정서의 표현을 억제하는 것이 좀 더 바람직한 경우, 이를 무시하고 표현했을 때 대인관계적 손실을 경험할 수 있다. 예를 들어, 아동기 성폭력 피해자를 대상으로 진행된 한 연구에서는 아동기 성폭력 경험에 대해 기술하는 과정에서 긍정 정서를 표현하는 것이 다양한 역기능을 초래할 수 있다고 제안하였다(Bonanno et al., 2007). 연구자들은 아동기 성폭력 피해 경험을 기술할 때 긍정 정서를 표현하면 듣는 이가 사건의 정황을 피해자에게 불리한 방식으로 오해할 가능성이 있으며, 정서적 반응 또한 좀 더 부정적일 것으로 예상하였다. 실제로 성폭력 피해 경험을 기술할 때 긍정 정서를 표현한 참여자들의 장기적인 사회적 적응 수준은 그렇지 않은 참여자에 비해 더 낮은 것으로 확인되었다.

정리하면, 정서적 표현성과 관련된 연구들은 대체로 표현의 순기능을 지지하고 있지만, 상황을 고려하지 않은 부적절한 정서 표현은 오히려 역기능을 초래할 가능성이 있다고 제안하고 있다.

3) 정서 조절

능력으로서의 정서와 관련하여 가장 활발하게 연구가 진행되고 있는 주제로는 정서 조절을 들 수 있다. **정서 조절**(emotion regulation)이란 정서적 상태를 특정한 방향으로 조절하는 과정을 의미한다. 미국 스탠퍼드 대학교의 James Gross 연구 팀은 정서 조절을 다양한 관점에서 연구한 대표적인 집단이다. 그들에 따르면, 정서 조절의 핵심은 정서 궤적(emotional trajectory)에 영향을 주기 위해 특정한 목표를 활성화하는 것이다(Gross, 2015). 원하는 목표가 활성화되면 다양한 방식으로 정서 궤적을 변경할 수 있는데, 이 모든 과정을 정서 조절이라 개념화할 수 있다.

성격심리학이나 임상심리학 영역에서 진행된 정서 조절 연구는 대부분 부정 정서의 **하향 조절**(down-regulation)을 다루고 있다. 즉, 불안이나 분노와 같은 부정 정서에 압도되지 않으면서 정서의 강도를 적절히 약화시키는 능력에 초점을 두는 것이다. Gross 연구 팀은 부정 정서의 하향 조절뿐만 아니라 **상향 조절**(up-regulation)도 정서 조절의 일부이며, 긍정 정서의 하향 조절과 상향 조절 또한 정서 조절의 과정이라고 보았다. 아울러 자기 자신의 정서를 조절하는 과정은 **내현적 정서 조절**(intrinsic emotion regulation), 타인의 정서를 조절하는 과정은 **외현적 정서 조절**(extrinsic emotion regulation)로 구분하기도 했다. 표 11.1에는 정서 조절 하위 유형의 예가 제시되어 있다.

Gross 연구 팀이 제안하는 정서 조절의 의미를 정확히 이해하기 위해서는 이들이 정서를 어떻게 개념화하고 있는지를 파악해야 한다. 이들은 정서

표 11.1 정서 조절의 유형별 예시

구분		약화	강화
부정 정서	내현적	짜증이 났을 때 스스로 마음을 가라앉히는 것	전투 상황에서 상대에 대한 분노 정서를 끌어 올리는 것
	외현적	슬퍼하고 있는 친구를 위로하는 것	친구의 취약한 부분을 건드리면서 약을 올리는 것
긍정 정서	내현적	게임을 이긴 상황에서 기쁨을 감추는 것	재미있는 영화나 드라마를 보면서 키득거리는 것
	외현적	잠을 자야 할 시간에도 흥분해서 즐거워하는 아이의 마음을 가라앉히는 것	친구에게 재미있는 농담을 해서 즐겁게 만들어 주는 것

적 경험 과정을 크게 **정서 발생**(emotion generation)과 **정서 조절**(emotion regulation)로 구분하였다. 정서 발생 과정은 특정한 상황에 주의를 기울여 평가를 하고, 그 결과 정서적 반응이 나타나는 일련의 과정으로 개념화되었다. 이를 도식화하면 그림 11.11과 같다.

정서 조절은 정서 발생의 모든 과정에서 이루어질 수 있다. 즉, **상황**(situation) 단계에서는 상황을 선택하거나 수정함으로써 정서를 조절할 수 있고, **주의**(attention) 단계에서는 주의를 다른 곳으로 돌림으로써 정서를 조절할 수 있다. **평가**(appraisal) 단계에서는 인지적 평가를 달리할 수 있으며, **반응**(response) 단계에서는 반응을 조정(modulation)할 수 있다(그림 11.12 참조).

상황 선택(situation selection)은 특정한 정서를 경험하기에 좀 더 유리한 상황을 선택하는 것을 의미한다. 예를 들어, 좋아하는 영화를 보러 가거나 마음에 들지 않는 사람을 피하는 것이 여기에 해당한다. **상황 수정**(situation modification)은 특정한 정서를 경험하기에 좀 더 유리하도록 '이미 일어난 상

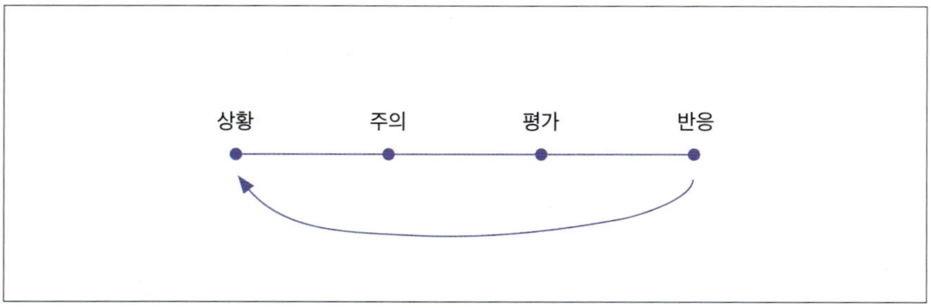

그림 11.11 정서 발생 과정

황을 바꾸는 것'을 의미한다. 예를 들어, 소음 때문에 불쾌감을 겪고 있는 상황에서 창문을 닫아 소음을 차단하는 것이 여기에 포함될 수 있다. **주의 배치**(attention deployment)는 정서적 경험에 영향을 주려는 목적을 가지고 주의를 돌리는 것을 의미한다. 예를 들어, 지루한 회의가 지속되는 상황에서 핸드폰으로 몰래 흥미로운 기사를 보는 것이 여기에 해당할 수 있다. **인지 전환**(cognitive change)은 상황에 대한 인지적 평가를 달리하여 정서적 경험을 바꾸는 것을 의미한다. 예를 들어, 자신의 몸에서 느껴지는 특정한 감각이 매우 심각한 질병에 걸렸음을 암시한다고 여겨 강한 불안을 경험하는 사람이 있다면, 그러한 감각 경험이 반드시 질병을 암시하는 것은 아니며, 일시적으로 나타날 수 있는 사소한 것이라고 '재평가'하는 것이다. **반응 조정**(response modulation)은 이미 충분히 유발된 정서 경험을 직접적으로 변경하는 것을 의미한다. 예를 들어, 알코올이나 담배, 기타 약물, 운동 등을 이용하여 정서 경험을 직접적으로 바꾸는 것이 여기에 포함될 수 있다. 깊은 호흡 등을 이용하여 전반적인 정서 경험을 가라앉히는 것 또한 반응 조정에 포함될 수 있다.

개인은 매우 다양한 정서 조절 전략을 사용하곤 한다. 연구자들은 개인의 정서 조절 전략 사용 특성이 적응에 매우 중요한 영향을 미친다는 사실을 확인해 왔다(Gross & Muñoz, 1995). 정서 조절의 어떤 측면이 적응에 중요한지에 대해서는 연구자마다 의견을 달리했다. 초기의 정서 조절 연구들은 주로 정서 조절 전략의 '유형(type)'과 심리적 문제의 관계를 탐색하는 데 주력했다. 이러한 연구들에서는 자신의 문제나 증상 등에 반복적으로 주의

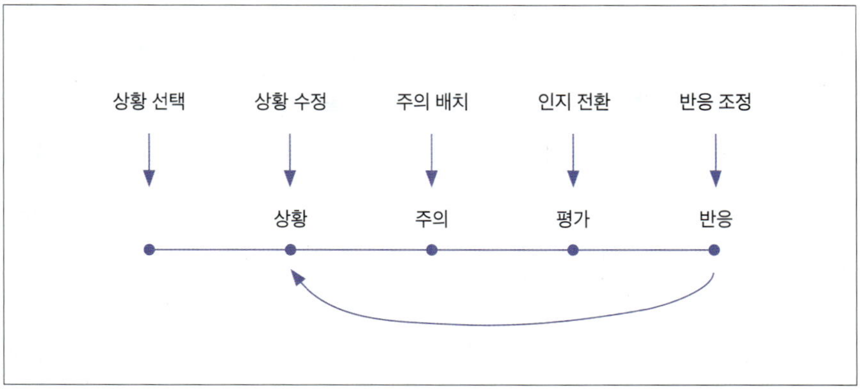

그림 11.12 정서 조절 과정

를 기울여 인지적으로 처리하는 **반추**(rumination)나 어떤 자극을 극단적으로 해석하는 **파국화**(catastrophizing), 정서 유발 자극을 예측하여 미리 피하는 **회피**(avoidance), 원치 않는 생각 등이 의식에 떠올랐을 때 의도적으로 그 과정을 멈추는 **억제**(supression)와 같은 전략들이 우울장애나 불안장애 등의 심리장애와 밀접한 관련이 있다고 제안했다(Campbell-Sills, Barlow, Brown, & Hofmann, 2006; Nolen-Hoeksema, 2000; Salters-Pedneault, Tull, & Roemer, 2004). 한편, 이전과는 다른 방식으로 자극을 해석하는 **인지적 재평가**(cognitive reappraisal)나 다양한 경험을 있는 그대로 받아들이는 **수용**(acceptance)과 같은 전략들은 보다 적응적인 기능을 가지고 있을 것이라고 예상했다(Brockman, Ciarrochi, Parker, & Kashdan, 2017; Campbell-Sills et al., 2006). 하지만 다양한 정서 조절 전략과 정신병리 현상의 관계를 다룬 연구들을 종합적으로 검토한 메타연구에 따르면, 대부분의 전략이 정신병리와 정적인 관계를 맺고 있는 것으로 확인되었다(Aldao, Nolen-Hoeksema, & Schweizer, 2010). 상대적으로 더 강한 관계를 맺고 있는 전략들이 있기는 했지만, 적응적이고 기능적이라 여겨졌던 수용이나 인지적 재평가 또한 정신병리와 정적인 상관관계를 맺고 있는 것으로 나타났다. 이러한 결과가 시사하는 바는 정서 조절 전략 자체로 기능성이나 역기능성 혹은 적응성이나 부적응성을 판단하는 것은 적절하지 않다는 점이다.

이러한 문제를 인식한 연구자들은 정서 조절 전략의 유형이 아닌 정서 조절 전략 사용의 유연성 혹은 맥락을 고려한 정서 조절 선택 능력으로 연구의 초점을 변경하였다. **정서 조절 유연성**(emotion regulation flexibility)이란 상황에 맞도록 유연하게 정서 조절 전략을 사용하는 것을 의미한다(Aldao, Sheppes, & Gross, 2015; Bonanno & Burton, 2013). 정서 조절 전략을 적절히 유연하게 사용하기 위해서는 맥락이나 상황을 민감하게 파악할 수 있어야 하며, 다양한 상황에 사용할 수 있는 조절 전략들을 보유한 상태에서 상황에 맞는 것을 선택할 수 있어야 한다. 특정한 전략을 실행한 뒤에는 전략의 효과를 관찰하면서 필요하면 수정하거나 대체할 수 있어야 한다(Bonanno & Burton, 2013). 정서 조절 유연성과 우울 및 불안 증상의 관계를 탐색한 연구에 따르면, 상황에 대한 민감성 부족이나 사용할 수 있는 정서 조절 전략의 부족, 전략 사용 관련 피드백에 대한 둔감성 등으로 인해 경직된 정서 조절 양상을 보이는 참여자들은 다른 집단에 비해 더 심한 우울 및 불안 증상을 나타내는 것으로 확인되었다(Chen & Bonanno, 2021). 상황에 대한 민감성이 낮은 집단과 정서 조절 전략이 부족한 집단, 피드백에 둔감한 집단을 서로 비교한 결과에 따르면, 세 집단 간에 우울 증상 수준은 유의하게 다르지 않았다. 한편, 불안 증상은 상황에 대한 민감성 부족 집단이 다른 두 집단에 비해 유의하게 더 높은 것으로 확인되었다. 이러한 결과는 정서 조절 유연성 부족이 우울이나 불안과 같은 심리적 문제에 영향을 미치며, 특히 상황에 대한 민감성이 낮을수록 과도한 불안 문제를 나타낼 수 있음을 시사한다.

요약

- 정서는 자극에 대한 평가에 의해 유발되는 심리신체적 상태로, 특정한 주관적 경험과 신체적 변화, 표현, 행동 준비성을 포함한다.

- 정서는 주변 환경에 대한 빠른 대응을 도우며, 의식적 처리를 거치지 않는 정보를 제공하고, 타인과의 심리적 거리를 조정한다.

- 대표적인 정서 이론으로는 기본 정서 이론과 James-Lange 이론, Cannon-Bard 이론, Schachter-Singer 이론(2요인 이론), Lazarus의 인지적 평가 이론 등을 들 수 있다.

- 생애 초기에는 쾌-불쾌 혹은 만족-불편과 같이 단순한 극으로 구성된 정서 경험을 보이지만, 인지적 기능이 발달함에 따라 기쁨과 슬픔, 분노, 놀람, 두려움 등이 출현한다. 대략 8개월에서 9개월 정도가 되면 대부분의 기본 정서가 발달하고, 이후 자의식이 형성되면서 다양한 자의식 정서 또한 발달한다. 대략 3세 정도가 되면 매우 세분화된 형태의 정서를 갖추는 것으로 확인된다.

- 부정 정서를 반복적으로 경험하는 경향성을 부정 정서성이라 하며, 긍정 정서를 반복적으로 경험하는 경향성을 긍정 정서성이라 한다. 부정 정서성은 정서적 취약성으로 간주되는 경향이 있지만, 신체적 건강이나 수명과는 특별한 관련이 없으며, 오히려 건강 관리에 도움이 된다는 연구들도 있다. 긍정 정서성은 대체로 다양한 영역에서의 긍정적 결과와 밀접한 관련이 있는 것으로 확인되지만, 위험 운전이나 물질 사용과 같은 문제 행동에도 영향을 미치는 것으로 나타난다.

- 정서 지능의 네 가지 핵심 요소는 ① 자기 자신과 타인의 정서를 정확히 지각하는 것과 ② 정서를 이용해 사고를 촉진하는 것, ③ 정서나 정서적 언어, 정서에 의해 전달되는 메시지나 신호 등을 이해하는 것, ④ 특정한 목표를 달성하기 위해 정서를 관리하는 것이다.

- 정서적 표현은 대체로 기능적이지만, 상황을 고려하지 않은 부적절한 정서 표현은 오히려 역기능을 초래할 수 있다.

- 정서 조절은 정서적 상태를 특정한 방향으로 조절하는 과정을 의미한다. 여기에는 부정 정서의 하향 조절뿐만 아니라 상향 조절 또한 포함되며, 긍정 정서의 하향 조절 및 상향 조절도 포함된다. Gross 연구팀에 따르면, 정서 조절은 상황 선택과 상황 수정, 주의 배치, 인지 전환, 반응 조정 등을 포괄한다. 정서 조절의 적응성은 전략의 유형보다 전략의 사용 방식 측면에서 더 잘 이해될 수 있다. 특히 상황에 맞게 적절히 전략을 사용하는 유연성이 중요한 것으로 확인되고 있다.

연습 문제

1 정서(emotion)와 기분(mood), 느낌(feeling), 정동(affect)의 개념을 구분하여 설명하시오.

2 기본 정서 이론과 정서의 심리적 구성 이론의 차이점을 제시하고, 두 관점의 차이가 실질적으로 갖는 의미에 대해 서술하시오.

3 인간의 정서 체험에는 두 가지 신경학적 경로가 관여하는 것으로 제안되고 있다. 두 경로는 각각 무엇이며, 대표적인 정서 체험 이론들이 어떤 경로를 주로 설명하고 있는지 비교하여 서술하시오.

4 인간의 정서 발달 과정을 보면, 초기에는 만족-불편 등의 매우 기본적인 패턴을 나타내다가 인지 기능이 발달하면서 정서가 세분화되는 모습을 보인다. 이러한 발달 과정에 좀 더 잘 부합하는 정서 이론은 무엇인지 제시하고, 그 이유를 서술하시오.

5 긍정 정서성-부정 정서성 차원은 인간의 기질 혹은 성격의 기본 차원으로 널리 받아들여져 왔다. 한편 상대적으로 약한 흐름이기는 하지만 행동 활성화-행동 억제 혹은 접근 지향-회피 지향 차원도 꾸준히 지지를 얻으며 연구되고 있다. 접근 지향-회피 지향 패러다임이 기존의 긍정 정서성-부정 정서성 패러다임의 어떤 한계를 보완하는지 구체적으로 서술하시오.

6 정서를 일종의 능력으로 간주하는 새로운 관점인 정서 지능은 많은 이들의 호응과 관심을 얻었지만, 동시에 많은 비판을 받기도 했다. 정서 지능에 대한 대표적인 비판을 제시하고, 지적된 문제를 극복할 수 있는 방안이나 대책이 있다면 제시하시오.

7 부정 정서를 표현하는 것이 유익한 결과를 가져오는 과정 혹은 기제들을 기술하고, 그러한 기제의 관점에서 보았을 때 언제 어떻게 부정 정서를 표현하는 것이 개인에게 도움이 되는지 서술하시오.

8 S는 졸업을 앞둔 대학생이다. 취업 준비를 열심히 하고는 있지만 경기 탓인지 신입 사원을 선발하는 회사가 적어 걱정이 많다. 그는 어려서부터 불확실한 것을 잘 견디지 못했다. 어떤 식으로든 미래를 예상하지 않고서는 견디기 어려웠으며, 늘 다양한 걱정을 달고 살았다. 그럼에도 지금처럼 걱정이 많고 불안한 적은 없었다. 요즘은 불안감이 너무 심해서 잠도 잘 못 자고 주변 사람들에게도 짜증스러운 모습을 자주 보인다. 그럴 때면 자신의 못난 모습을 자책하면서 더 깊은 고통 속으로 빠져들곤 한다. 그런 모습을 다른 사람에게 보이는 것도, 스스로 재확인하는 것도 싫었던 S는 요즘 사람들을 거의 만나지 않는다. 불안감이 몰려올 때면 혼자 조용히 술을 마시면서 마음을 달래곤 한다. S가 주로 사용하는 정서 조절 전략을 Gross의 정서 조절 모형 관점에서 설명하시오.

9 정서 조절 전략은 전통적으로 적응적 유형과 부적응적 유형을 구분하는 방식으로 연구되었다. 최근에는 이러한 방법의 한계가 지적되면서 유연성 혹은 융통성을 중요하게 고려하고 있다. 두 가지 접근법의 장점과 한계에 대해 비교하여 서술하시오.

chapter

12

성격과 일상생활

▲ Jean-François Millet(1814-1875) 낮잠(1866)

사랑하는 사람과 원만한 관계를 유지하면서 좋아하는 일을 원하는 만큼 하는 것은 행복한 삶의 핵심 요소이다. 현재 주변 사람들과 원만한 관계를 맺고 있는지, 주어진 과제나 일을 만족스럽게 수행하고 있는지 생각해 보자. 대인관계 영역과 일 영역에서의 성공이나 만족은 나의 성격과 어떤 관계를 맺고 있을까?

학습 목표

- 성격과 직업 선택의 관계를 설명하는 대표적 이론들을 이해한다.
- 직무 만족에 대한 대표적 이론들을 비교하여 설명할 수 있다.
- 직무 수행과 직무 몰입에 영향을 미치는 성격적 요인을 이해한다.
- Sullivan의 대인관계 이론을 이해한다.
- 대인관계 행동과 상보성에 대한 이론을 설명할 수 있다.
- 애착과 사랑, 공격성의 주요 이론을 이해한다.

우리의 삶은 다양한 영역으로 구성되어 있다. 모든 영역이 중요하지만, 심리학자들은 일과 대인관계 영역을 특히 중요하게 여긴다. 적당한 일을 찾아 생계를 꾸리고 주변 사람들과 건강한 관계를 맺으며 살아가는 것이 삶의 질을 크게 좌우하기 때문이다.

성공적으로 일하고 관계 맺는 과정은 매우 복잡하며 다양한 요인의 영향을 받는다. 그중에는 개인의 고유한 성격도 포함된다. '이 일은 내 성격에 안 맞는다'거나 '저 사람은 나와 성격이 안 맞아 힘들다'는 식의 표현을 주변에서 쉽게 들을 수 있다. 그만큼 성격과 일, 성격과 대인관계가 서로 밀접한 관계를 맺고 있다는 인식은 대중에게도 깊게 스며들어 있다.

심리학 영역에서 실시된 연구들도 대체로 이와 같은 인식을 지지하고 있다. 관련 연구 결과를 바탕으로 미리 개인의 성격을 분석하여 잘 어울리는 직종을 제안해 주는 검사들도 많이 개발되었으며, 개인에게 맞는 진로를 정교하게 탐색하는 상담 접근법 또한 활발하게 개발되고 있다. 대인관계 상황에 다양한 방식으로 적용할 수 있는 단순한 형태의 성격 검사도 많이 개발되어

서로의 성격 궁합을 맞추어 보는 일 또한 비교적 흔해졌다.

성격과 일, 성격과 대인관계가 서로 밀접하다는 것을 부인할 사람은 이제 거의 없을 것이다. 그렇다고 해서 우리가 변인들의 관계를 모두 정확하게 파악하고 있는 것은 아니다. 누군가는 각 사람의 성격에 딱 맞는 직업이 있다고 주장하는가 하면, 누군가는 성격에 따라 자신의 직업에 만족하는 정도나 적응 수준이 달라진다고 말한다. 혹은 성격이 아닌 직업 자체의 질적 우수성이 직무 만족을 결정한다고 말하기도 한다. 대인관계는 이보다 더 복잡하다. 누군가는 서로 비슷한 성격끼리 만나야 잘 지낼 수 있다고 주장하는가 하면, 누군가는 서로 반대의 성격끼리 만나야 서로의 단점을 보완할 수 있다고 말한다. 누군가와 친밀해지거나 적대 관계가 되는 것은 사실상 성격의 상성 문제가 아니라 개인의 고유한 성격의 영향이라고 주장하는 사람들도 있다.

이처럼 성격과 일, 성격과 대인관계에 대해서는 다양한 의견이 공존하고 있으며, 이는 심리학 연구 영역에서도 마찬가지로 일어나는 일이다. 이번 장에서는 이러한 연구들을 체계적으로 살펴보려 한다. 성격과 직업 선택, 직무 만족, 직무 수행의 관계를 순차적으로 알아보고, 성격과 대인관계의 양상을 애착 및 사랑과 공격성의 관점에서 들여다보기로 하겠다.

1 성격과 일

직업은 매우 중요한 삶의 영역이다. 우리는 직업을 통해 경제적 소득을 얻는다. 소득은 우리가 먹고, 자고, 여가를 즐기는 등의 다양한 활동을 유지하는 데 쓰인다. 간단히 말해, 우리가 원하는 기본적인 삶의 틀을 지켜 주는 데 사용되는 것이다. 누군가는 직업을 통해 성취감과 만족감을 누리고, 직장에서 만나는 다양한 사람들과 의미 있는 관계를 맺으면서 소속감을 경험하기도 한다. 경우에 따라서는 자기 자신의 고유한 잠재력을 발휘함으로써 자기실현에 좀 더 다가서는 행운을 누릴 수도 있다. 개인은 미처 의식하지 못할 수 있지만 사회에 기여하는 정상적인 직업을 가지고 있는 경우에는 직업 활동에 참여하는 것만으로도 사회의 운영과 발전에 기여하기도 한다.

▲ 직장에서의 괴로움은 곧 인생의 괴로움이라 할 수 있다.

이처럼 다양한 긍정적 경험의 원천이 될 수 있는 것이 직업이지만, 다양한 부정적 경험을 안겨 줄 수도 있는 것 또한 직업이다. 현대인은 하루 대부분의 시간을 직장에서 보낸다. 그런 공간에서 성취감을 느끼기는커녕 좌절감만 반복적으로 경험하고, 동료들로부터 따돌림을 당하며, 자신의 재능이나 잠재력과는 전혀 무관한 일을 괴롭게 반복하고 있다면, 그 사람의 인생은 매우 불행할 것이다.

개인의 행복을 위해서는 적절한 직업을 선택하여, 만족스럽게, 효과적으로 일하는 것이 매우 중요하다. 여기에서는 직업 선택과 직무 만족, 직무 수행으로 세부 주제를 나누어 성격과의 관계를 탐색해 보겠다.

1) 성격과 직업 선택

직업 선택은 인생의 중요한 과제이다. 적절한 직업을 선택하는 것은 적절한 사람을 만나 친밀한 관계를 키워 가는 것만큼이나 삶의 질에 큰 영향을 미치기 때문이다. 과거에도 직업 선택은 어려운 과업이었지만, 현대사회에서는 어려운 정도가 더 심해졌다. 직업 선택의 폭이 매우 넓어졌기 때문이다.

이렇게 선택의 폭이 넓어지면서 직업의 선택을 돕는 전문 인력도 늘어나기 시작했다. 이들은 개인이 좀 더 나은 직업을 선택할 수 있도록 돕는 데 주력한다. 이러한 노력은 비단 개인의 삶의 질을 높이는 것에 그치지 않고, 기업이나 사회의 원활한 운영 및 발전에도 기여한다는 측면에서 의의가 있다.

개인의 직업 선택을 전문가가 도울 수 있다는 인식이 싹틀 무렵에 발달한 대표적인 직업 선택 이론은 특질-요인 이론이다. **특질-요인 이론**(trait-factor theory)은 직업 선택에 개인의 특성과 직업적 요인 간의 조화가 중요하다고 보는 이론이다(Parsons, 1909). 이 이론에 기반한 직업 상담 과정에서는 우선 개인의 태도나 능력, 흥미, 강점, 약점 등을 통합적으로 이해하고, 개인이 희망하는 직업의 주요 요인들(예: 주요 과제, 요구 사항, 연봉 등)에 대한 정보를 제공한다. 개인의 특질과 직업 요인이 일치하면 해당 직업을 추천하지만, 그렇지 않다면 좀 더 잘 어울리는 다른 직업을 추천해 주는 방식으로 상담을 진행한다.

대표적인 직업 선택 이론가인 Holland(1996)는 여기에서 한 단계 더 나아가 개인의 흥미(interests)를 유형화하고, 각 흥미 유형에 맞는 직업을 추천해 주는 **직업 선택 이론**(vocational choice theory)을 제안하였다. 이 이론에 따르면, 직업적 성공과 만족은 개인의 고유한 흥미와 잘 맞는 직업을 선택했을 때 얻을 수 있다. Holland(1996)가 제안한 6개의 흥미 유형과 각 유형에 어울리는 직업 특징은 표 12.1에 제시하였다.

한편 개인의 직업 선택이 발달 과정에서 자연스럽게 조정된다고 보는 이론들도 있다. 예컨대 Super(1953, 1980)의 **생애주기 생애공간 이론**(life-span, life-space theory)에 따르면, 인간의 생애는 크게 다섯 단계로 구분될 수 있다. 첫 번째 단계는 **성장기**(growth stage)로 0세에서 14세에 해당하는 시기이다. 이 시기에는 신체적 성장이나 기본적인 자기개념의 발달이 이루어지며, 고유한 흥미와 능력 등을 탐색한다. 두 번째 단계는 **탐색기**(exploration stage)로 15세에서 24세에 해당하는 시기이다. 이 시기에는 다양한 취미 활동이나 일시적인 직무 경험 등을 통해 구체적 진로를 탐색한다. 개인은 이러한 활동을 통해 진로의 범위를 조금씩 좁혀 나가며, 원하는 직업을 얻기 위한 훈련을 받는다. 세 번째 단계는 **확립기**(establishment stage)로 25세에서 44세에 해당하는 시기이다. 이 시기에는 직무 수행에 필요한 기본적 기술을 습득한 뒤 반복적인 직무 경험을 통해 기술을 안정화시킨다. 네 번째 단계는 **유지기**(maintenance stage)로 45세에서 64세에 해당하는 시기이다. 이 시기에는 자신이 속한 직장 내에서 주어진 업무를 안정적으로 수행하면서 자신의 지위를 유지

표 12.1 Holland의 여섯 가지 흥미 유형

유형	어울리는 직업적 특징 예시
현실형(realistic)	공학과 같이 물리적이고 기계적인 작업 혹은 체계적인 조작 활동이나 신체적인 활동이 포함되는 업무
탐구형(investigative)	탐구 활동 및 분석 작업이 포함되는 업무
예술형(artistic)	상상력과 감수성을 발휘할 수 있는 업무
사회형(social)	직접적으로 다른 사람을 돕는 활동이 포함되는 업무
기업형(enterprising)	사업을 계획하여 실행하거나 상품을 판매하는 것과 관련된 업무
관습형(conventional)	정해진 틀 안에서 자료를 정리하고 처리하는 업무

하거나 상승시키는 데 주력한다. 다섯 번째 단계는 **은퇴기**(decline stage)로 65세 이후의 시기를 의미한다. 이 시기에는 직장에서의 생산 활동을 줄이면서 은퇴를 준비한다.

Gottfredson(1981) 또한 진로 선택을 일종의 과정으로 이해하는 것이 적절하다고 주장했다. 그녀는 특히 진로 선택의 과정이 일종의 제한과 타협의 과정이라고 보았다. 그녀의 **제한-타협 이론**(theory of circumscription and compromise)에 따르면, 개인은 인생의 각 단계에서 인간의 삶을 구성하는 특정한 요소에 주의를 기울여 자각하고, 해당 정보를 이용하여 자신에게 적합하지 않은 직업을 제거해 나간다. 그녀는 특히 구체적인 직업 선택이 이루어지기 이전의 시기를 크게 네 단계로 나누어 단계별로 어떤 직업들이 제거되는지를 보여 주었다. 첫 번째 단계는 **크기와 힘을 지향하는 단계**(orientation to size and power)로 3세에서 5세에 해당하는 시기이다. 이 시기의 아동은 대체로 단순하게 사고하며, 크기와 힘, 성별에 대해 인식하기 시작한다. 두 번째 단계는 **성 역할을 지향하는 단계**(orientation to sex roles)로 6세에서 8세에 해당하는 시기이다. 이 시기의 아동은 성별로 자기 자신을 구분하기 시작하며, 자신의 성이 다른 성보다 우월하다는 인식을 갖는다. 또한 일반적으로 자신의 성을 제외한 다른 성을 가진 사람들이 갖는 직업을 선택지에서 제거한다. 세 번째 단계는 **사회 가치를 지향하는 단계**(orientation to social valuation)로 9세에서 13세에 해당하는 시기이다. 이 시기의 청소년은 사회적 지위나 특권 등을 인식하기 시작한다. 그에 따라 자신이 원하는 사회적 지위에 어울리지 않는 직업이나 획득하기 어려운 직업을 포기한다. 네 번째 단계는 **내적이고 고유한 자기를 지향하는 단계**(orientation to the internal, unique self)로 14세 이상에 해당하는 시기이다. 이 시기의 청소년은 주변 사람들의 인식과 사회적으로 드러나는 자기의 모습에 더욱 신경을 쓰기 시작한다. 이들은 다른 사람들의 시선을 고려했을 때 받아들여질 만한 직업 중에서 자신의 가치나 흥미, 성격, 능력 등과 어울리는 직업을 탐색한다. 이 시기가 바로 타협이 시작되는 시기라고 볼 수 있다. 여기에서 **타협**(compromise)이란 가장 선호하는 직업을 갖는 것은 현실적으로 어렵기 때문에 조금 덜 마음에 드는 직업을 선택하는 과정이라 할 수 있다.

2) 성격과 직무 만족

직업 선택의 과정과 그 결과를 체계적으로 연구하고 이론화하는 이유는 직업 선택이 개인의 삶의 질을 결정할 것이라 여기기 때문이다. 성격과 직업의 관계를 다루는 또 다른 연구 흐름에서는 보다 직접적으로 성격과 직업 만족 혹은 직무 만족의 관계를 탐색한다. **직무 만족**(job satisfaction)은 조직심리학이나 경영학 영역에서 매우 활발하게 연구되고 있는 개념으로, 그 정의가 매우 다양하다. 구체적인 하위 요소에 대해서는 학자마다 의견을 달리 하지만, 자신의 직업에 대해 '긍정적인 태도나 정서 반응을 가지고 있는 상태'라는 점에서는 대체로 의견이 일치한다(Locke, 1969; Spector, 1997). 관련 연구들에 따르면, 직무 만족 수준이 높을수록 삶의 질이나 행복 수준이 높아질 뿐만 아니라, 직무 수행이나 성과 수준도 다소 향상되는 것으로 확인되었다(오인수, 김광현, Darnold, 황종오, 유태용, 박영아, 박량희, 2007; Bowling, Eschleman, & Wang, 2010; Judge, Thoresen, Bono, & Patton, 2001).

직무 만족의 긍정적 기능에 대해 부인하는 사람은 거의 없을 것이다. 다만 직무 만족의 핵심 요소가 무엇이며, 어떤 요인들이 직무 만족에 중요한 영향을 미치는지에 대해서는 다양한 의견이 공존하고 있다. 초기의 이론들은 직업과 관련하여 개인의 욕구가 만족되는 정도나 양상을 통해 직무 만족을 설명하려 시도했다. 여기에 속하는 대표적 이론으로는 Maslow의 욕구 위계 이론이나 Herzberg의 2요인 이론을 들 수 있다. Maslow의 이론은 8장에서 다루었으므로, 여기에서는 Herzberg의 2요인 이론에 대해 소개하기로 하겠다.

2요인 이론(two-factor theory) 혹은 **동기-위생 이론**(motivation-hygene theory)은 직무 만족과 직무 불만족을 서로 구분하여 영향 요인을 제안한 대표적인 동기 이론이다(Herzberg, Mausner, & Snyderman, 1959). 즉, 중립 상태에서 직무 만족 상태로 이동하는 데 관여하는 요인(동기 요인)과 직무 불만족 상태에서 중립 상태로 이동하는 데 관여하는 요인(위생 요인)을 구분하여 제시한 것이다. **동기 요인**(motivation factor)은 성장 및 자기실현 욕구와 관련이 있는 요인들로 성취감이나 발전, 직무 자체, 책임감, 성장의 가능성 등이 여기에 포함된다. 동기 요인 점수가 높을수록 직무 만족 수준은 높아지며, 반대일수록 직무 만족 수준은 낮아진다. **위생 요인**(hygene factor)은 불쾌함을 피

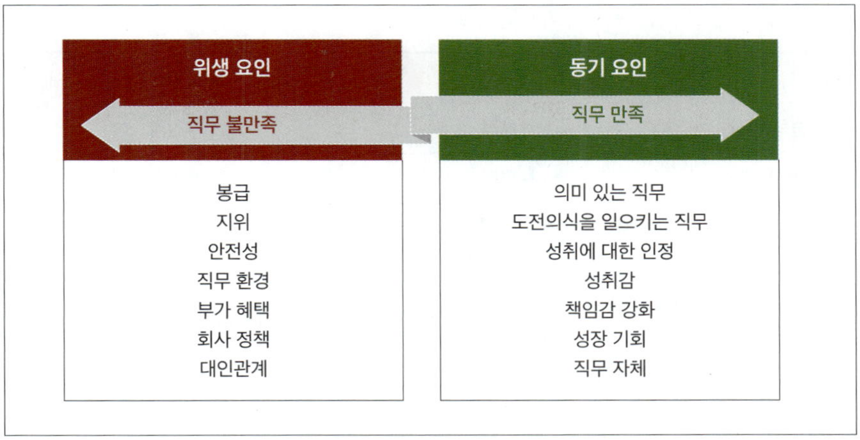

그림 12.1 동기-위생 이론

하려는 욕구와 관련이 있는 요인들로 회사의 정책이나 행정적 특성, 상사와의 관계, 동료와의 관계, 직무 환경, 봉급 등이 여기에 포함된다. 위생 요인 점수가 높을수록 직무 불만족 수준은 낮아지며, 반대일수록 직무 불만족 수준은 높아진다. Herzberg의 이론은 긍정적 경험을 추구하는 동기와 부정적 경험을 피하려는 동기를 구분하여 직무 만족과 직무 불만족 상태를 이론화했다는 측면에서 흥미롭지만, 요인의 구분이나 요인별 하위 요소 할당이 이론적·경험적으로 타당한지에 대해서는 논란의 여지가 있다.

Locke(1976)는 직무 만족을 연구할 때 개인의 욕구보다 '가치'에 초점을 두는 것이 보다 적절하다고 제안했다. 여기에서 **가치**(value)란 개인이 습득하거나 유지하고자 하는 무언가를 의미한다. 그에 따르면, 욕구는 본질상 선천적이고, 모든 사람에게서 보편적으로 나타나며, 지식과 무관하게 객관적으로 존재하고, 특정한 행동을 하도록 압박하는 특성이다. 반면 가치는 본질상 후천적으로 습득되고, 한 개인에게서 고유하게 나타나며, 의식적이거나 전의식적으로 습득된 지식에 의해 주관적으로 존재하고, 정서적 반응이나 선택을 결정하는 특성이다. 그런 측면에서 개인의 주관적 만족을 이해하기에는 욕구보다 가치가 적절하며, 특히 어떤 목표를 달성하거나 유지하려는 경향성의 관점에서 직무 만족을 이해할 필요가 있다고 주장하였다. 그에 따르면, 직무 만족은 개인이 추구하는 가치나 목표와 실제 수행의 불일치 정도에 의해 결정된다. 불일치가 클수록 직무 만족은 감소하고, 불일치가 작을수록 직무 만족은 증가하는 것이다.

표 12.2 Locke가 주장하는 욕구와 가치의 비교

	욕구	가치
습득 과정	선천적	후천적
인류 보편성	보편적	개인에게 고유함
존재 양식	후천적으로 습득된 지식과 무관하게 객관적으로 존재	후천적으로 습득된 지식에 의해 주관적으로 존재
작동 결과	(욕구를 만족시키는) 특정한 행동을 하도록 압박함	정서적 반응이나 선택을 결정

직무 만족을 설명하는 최근의 이론들은 직무의 특성 혹은 개인의 특성 중 하나에 좀 더 비중을 두어 이론을 전개하고 있다. 직무의 특성에 중점을 두어 직무 만족을 설명하는 대표적 이론으로는 직무 특성 이론을 들 수 있다. **직무 특성 이론**(job characteristic theory)은 각 직무가 가지고 있는 고유한 특성이 개인의 심리적 상태에 영향을 주어 직무 성과나 직무 만족 등에 영향을 미친다고 보는 이론이다(Hackman & Oldham, 1976). 이 이론에 따르면 모든 직무는 다섯 가지 핵심 차원을 가지고 있다. ① **기술 다양성**(skill variety)은 다양한 활동을 요구하는 정도를 의미한다. ② **기술 정체성**(skill identity)은 직업에 필요한 기술이 독립적으로 완성도 높게 설계된 정도를 의미한다. ③ **기술 중요성**(skill significance)은 다른 사람의 작업이나 생활에 실질적인 영향을 미치는 정도를 의미한다. ④ **자율성**(autonomy)은 개인에게 부여되는 독립성 혹은 재량권의 정도를 의미한다. ⑤ **피드백**(feedback)은 수행 결과나 효과성 등에 대한 정확한 정보를 얻을 수 있는 정도를 의미한다.

Hackman과 Oldham(1976)에 따르면, 핵심 직무 차원은 개인의 중요한 심리적 상태에 영향을 미친다. 즉, 기술 다양성과 기술 정체성, 기술 중요성은 개인이 직무나 과업을 의미 있는 것으로 경험하는 정도에 영향을 미치며, 자율성은 직무나 과업에 대한 책임감에 영향을 미친다. 또한 피드백은 직무 활동의 실질적 결과에 대한 지식에 영향을 미친다. 직업 특성에 의해 결정된 개인의 심리적 상태는 결과적으로 직무 만족이나 직무 성과 등을 결정한다. 이 이론에 따르면, 직무나 과업을 어떻게 설계하고 관리하느냐에 따라 개인의 직무 만족이 달라진다고 볼 수 있다.

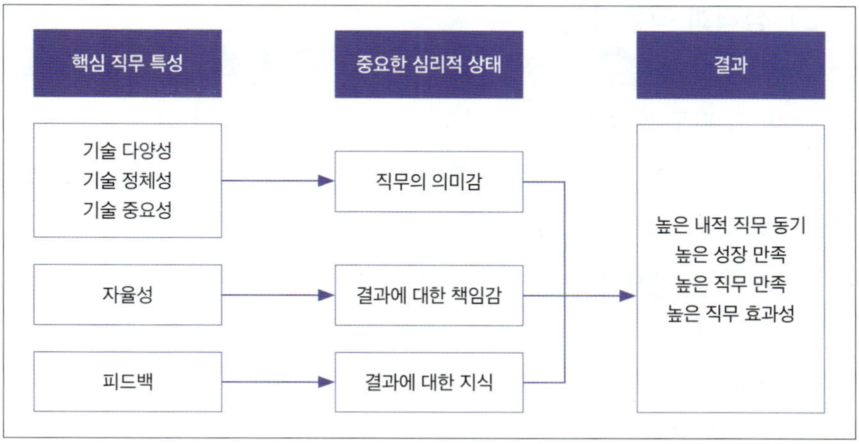

그림 12.2 직무 특성 이론

반면 개인의 특성에 의해 직무 만족이 결정된다고 보는 이론도 있다. **특질 이론** 혹은 **성향 이론**(dispositional theory)으로 불리는 이 이론에 따르면, 개인의 정서적 성향이나 특질과 같은 성격 특징이 직무 만족을 결정한다(Staw, Bell, & Clausen, 1986). 이 이론을 지지하는 연구자들은 일반적으로 종단적 연구 방법을 이용해 이론의 타당성을 확인하고 있다. 예컨대 Staw 등(1986)은 청소년기에 성격적인 정서 특징을 측정하고 대략 50년이 지난 시점의 직무 만족도를 측정하여 두 변인의 관계를 분석하였다. 연구 결과에 따르면, 청소년기의 정서적 특징은 중장년기의 직무 만족 혹은 직무 태도를 유의하게 예측하였다.

직무 만족의 성향 이론이 경험적 지지를 얻으면서 개인의 어떠한 성격 특징이 특별히 직무 만족에 큰 영향을 미치는지에 대한 탐색이 활발히 이루어졌다. 관련 연구들을 종합적으로 검토한 메타연구 결과에 따르면, 대부분의 연구에서 직무 만족과 유의한 상관관계를 나타낸 성격 차원은 신경과민성과 외향성이었다(Judge, Heller, & Mount, 2002). 즉, 신경과민성이 낮고 외향성이 높을수록 직무 만족 수준이 높은 것으로 확인되었다. 또 다른 메타연구에서는 직무 만족과 밀접한 관련이 있을 것으로 예상되는 기타 핵심 특질을 분석한 연구들을 종합적으로 검토하였는데, 그 결과 자기존중감(self-esteem)과 일반화된 자기효능감(generalized self-efficacy), 내적 통제 소재(internal locus of control), 정서적 안정성(emotional stability)이 직무 만족과 유의한 관계를 나타내는 것으로 확인되었다(Judge & Bono, 2001).

3) 성격과 직무 수행

개인의 직무 만족에 영향을 미치는 요인은 다양하지만, 현재의 직업에서 요구하는 업무를 효과적으로 수행하는지 여부 혹은 업무의 성과는 늘 중요한 후보로 간주되었다(Judge, Thoresen, Bono, & Patton, 2001). 개인의 직무 수행 정도는 기업이나 사업체 등 개인이 소속된 기관의 생산성 측면에서도 중요하게 다루어지는 요인이다. 직무 수행의 질이 좋을수록 생산의 효과성이나 효율성이 높아지고, 결국 기업의 매출이나 이익이 증가하는 결과를 가져오기 때문이다.

직무 수행(job performance)이란 일정 기간동안 개인이 수행하는 행동이 기업이나 조직 차원에서 갖는 가치를 의미한다(Motowidlo & Kell, 2003). 직무 수행 수준이 높다는 것은 곧 기업이나 조직 내에서 개인이 수행하는 행동의 가치가 높다는 것을 의미하고, 반대로 직무 수행 수준이 낮다는 것은 행동의 가치가 낮다는 것을 의미한다. 예컨대 선박 제조업체에서 엔지니어로 일하고 있는 A씨가 근무 시간 동안 나타내는 전반적 행동이 회사에 별다른 기여를 하지 못한다고 판단된다면, 그의 직무 수행 수준은 매우 낮다고 볼 수 있다.

직무 수행은 기본적으로 '행동의 특성'을 포착하는 개념으로 직무 수행의 결과로 나타나는 직무 성과(job outcomes)와 구분되곤 한다. 물론 직무 수행과 직무 성과는 일반적으로 밀접할 가능성이 높지만, 그렇지 않은 경우도 있기 때문이다. 예컨대 상급 관리자나 감독관이 보기에 어떤 사원의 직무 관련 행동이 회사가 기대하는 것과 매우 일치하지만, 놀랍게도 직무 성과는 기대한 수준에 미치지 못할 수 있다. 이런 경우 회사가 정한 직무 수행 기준에 문제가 있거나, 성과 지표에 문제가 있거나, 아니면 직무 수행과 성과의 연결을 방해하는 무언가가 존재할 가능성이 있다고 보아야 할 것이다.

성격과 직무 수행의 관계는 많은 연구자의 관심 주제였다. 특히 성격 5요인 모형과 직무 수행의 관계를 탐색한 연구들이 많았는데, 관련 연구들을 통합적으로 분석하는 메타연구가 진행되기도 했다(Barrick & Mount, 1991). 이 연구에서는 다섯 개의 직업군(전문직, 경찰, 관리직, 판매직, 기술직)을 대상으로 직무 숙달(job proficiency)과 훈련 숙달(training proficiency), 인사 자료(personnel data)로 구성되는 세 가지 직무 수행 기준과 성격 5요인 간의 관계를 탐색하였다. 여기서 직무 숙달이란 직무 영역과 관련하여 이미 보유하고 있는 지식과 기술, 생산성 수준을 의미하고, 훈련 숙달이란 훈련을 통해 개인이 습득한 직무 관련 지식과 기술, 생산성 수준을 의미한다. 인사 자료란 일반적인 인사 관련 자료로 봉급 수준이나 이직률, 지위 변동 등을 의미한다. 연구 결과에 따르면, 모든 직군에서 세 가지 직무 수행 기준과 유의미한 상관관계를 나타낸 성격 차원은 **성실성**(conscientiousness)이 유일했다. 외향성(extraversion)은 사회적 상호작용을 요구하는 직군인 판매직과 관리직에서만 직무 수행 기준들을 유의하게 예측하였으며, 경험에 대한 개방성(openness to experience)과 외향성은 모든 직군에서 훈련 숙달을 예측하는 것으로 확인되었다. 직군별로 세부 직무 수행 기준을 예측하는 다른 성격 차원들도 있었지만, 효과의 크기가 비교적 작은 것으로 나타났다.

기존 메타연구들이 주로 북미 지역 참여자들을 대상으로 했다는 점을 지적하면서 유럽에서 실시된 연구들에 대해 메타분석을 진행한 연구도 있었다(Salgado, 1997). 이 연구에 따르면, 성실성과 정서적 안정성(emotional stability)이 다양한 직업군의 여러 직무 수행 기준을 일관되게 예측하였다. 외향성이 사회적 상호작용 관련 직업군의 직무 수행을 예측한다는 결과나 개방성이 훈련 숙달을 예측한다는 결과는 Barrick과 Mount(1991)의 분석 결과와 유사했다.

성격과 직무 수행의 관계를 설명하는 대표적인 이론으로는 **특질 기반 상호작용주의자 모형**(trait-based interactionist model)을 들 수 있다(Tett & Burnett, 2003). 이 이론에서는 개인의 고유한 성격 특질이 업무 행동(work behavior)으로 발현되는 과정을 일종의 **특질 활성화**(trait activation)로 개념화했다. 직무 수행은 특질 활성화의 결과라고 볼 수 있다.

개인의 특질 활성화 과정과 일차적으로 상호작용하는 요소는 **상황적 단서**(situational cues)이다. Tett과 Burnett(2003)은 특히 세 가지 단서를 중요하게 고려하였다. ① 과업 관련 단서는 개인의 특질 반응을 자극하는 고유한 과업 특성을 의미한다. 예컨대 세부적이고 꼼꼼한 처리를 요구하는 과업은 성실성이나 완벽주의와 같은 특질 반응을 자극할 가능성이 높다. ② 사회 관련 단서는 다른 사람들과 함께 일할 때 특질 반응을 자극하는 단서를 의미한다. 예컨대 동료나 상사, 후배의 욕구나 기대 등이 여기에 포함될 수 있다.

③ 조직 관련 단서는 조직의 문화나 분위기, 구조적 특징 등과 관련된 단서를 의미한다. 과업 자체나 대인관계적 요구가 동일하다고 해도 조직의 특성이 달라지면 특질의 발현 양상도 달라질 수 있다. 유사한 대인관계적 상황에서 자동차 판매 업무를 하고 있는 A와 B가 있다고 가정해 보자. 이때 A가 속한 기업은 보상 체계가 분명하고 조직 구조나 승진 절차 등도 투명하게 공개되어 있으나, B가 속한 기업은 보상 체계가 불분명하고 조직 구조 또한 모호하다면, A와 B의 성실성 발현은 서로 다른 양상을 나타낼 가능성이 있다.

특질 활성화 과정과 상호작용하는 또 다른 요소는 **동기**(motivations)이다. Tett과 Burnett(2003)에 따르면, 특질 활성화 과정은 그 자체로 내적 보상(intrinsic rewards)을 유발한다. 또한 성공적인 특질 활성화를 통해 직무 수행 수준이 향상되면, 그에 따른 외적 보상(extrinsic rewards)이 주어지기도 한다. 이러한 보상 요소들은 다시 업무 행동에 긍정적인 영향을 미칠 수 있다.

Tett와 Burnett(2003)은 실제 업무 행동과 직무 수행을 분리하였는데, 평가(evaluation) 작업 자체가 두 변인의 관계 강도를 변화시킬 수 있다고 보았기 때문이다. 특히 평가자가 어떤 기대를 가지고 어떤 기준을 이용해서 평가를 실시하는지에 따라 실제 업무 행동 수준이 직무 수행에 그대로 반영될 수도 있고, 그렇지 않을 수도 있다고 보았다. 그림 12.3에 직무 수행에 대한 특질 기반 상호작용주의자 모형을 도식적으로 제시하였다.

직무 수행을 성격의 관점에서 이해하려는 연구 흐름은 직무 몰입 연구로 이어졌다. **직무 몰입**(job engagement)이란 맡은 역할에 자기 자신을 온전하게 쏟는 것을 의미한다(Kahn, 1990; Rich, Lepine, & Crawford, 2010). 자신의 직무에 몰입하는 사람은 일을 할 때 그곳에 온전하게 존재하는 사람이다. 그는 자신의 과업에 충분히 주의를 기울이며, 그 과정에서 경험되는 감각이나 정서 또한 충분히 인식한다. 그가 일을 하는 과정에서 경험하는 모든 것들은 서로 충분히 연결되어 있고 통합되어 있다. 만일 그가 다른 사람과 함께 일을 하고 있다면, 그 사람과 온전하게 소통하면서 인지적·정서적·신체적 에너지를 함께 투입하면서 과업에 몰두한다.

직무 몰입 상태를 보여 주는 예는 주변에서 어렵지 않게 찾아볼 수 있다. 예컨대 프로 리그에서 활동하는 축구팀은 경기 시간 동안 온전하게 경기에 몰입하는 모습을 보여 준다. 그들은 자신의 인지적·정서적·신체적 에너지를

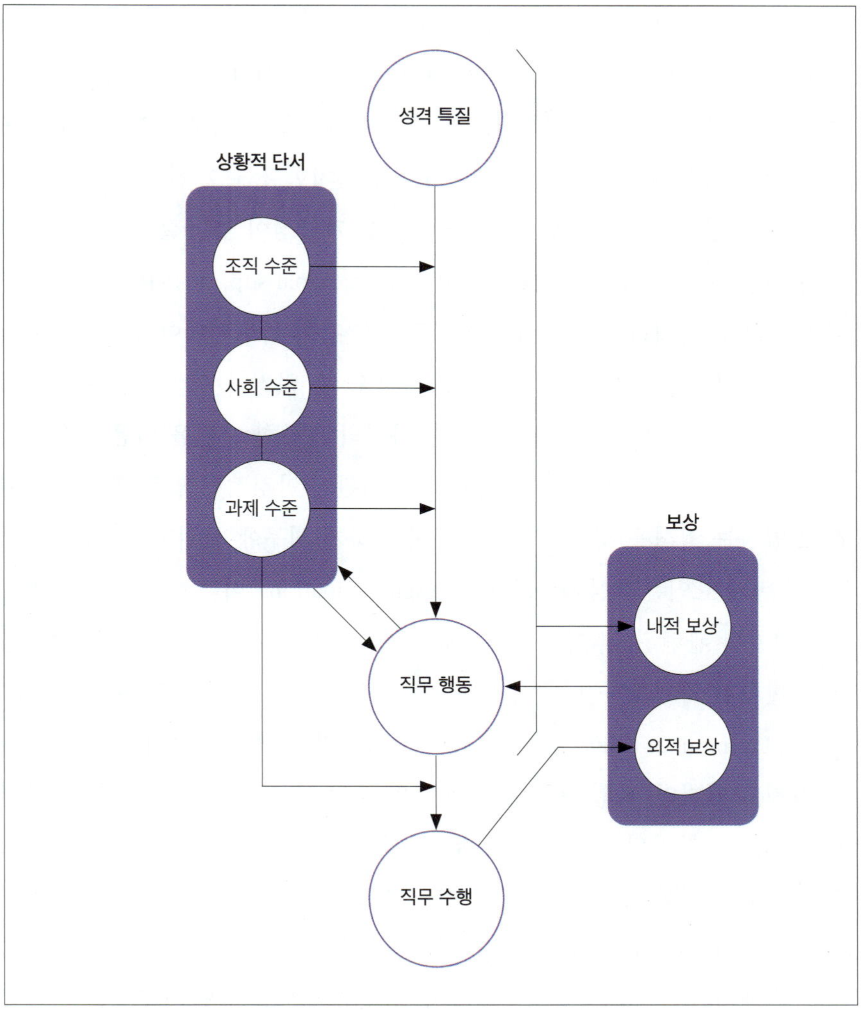

그림 12.3 직무 수행에 대한 특질 기반 상호작용주의자 모형

모두 투입하여 경기에 임하며, 그곳에 온전하게 존재하면서 팀원들과 하나가 되어 움직이는 것이다.

직무 몰입은 개인이 가지고 있는 모든 자원을 집중적으로 투자하는 상태이기 때문에 직무 수행에 긍정적인 영향을 미칠 가능성이 높다. 실제로 직무 몰입은 직무 수행과 밀접한 관계를 맺고 있는 것으로 확인되었다(Rich et al., 2010). 이 연구는 소방관 245명을 대상으로 진행되었으며, 직무 몰입과 직무 만족, 내적 동기 수준을 측정한 뒤 직무 수행과의 관계를 분석하였다. 그 결과에 따르면, 세 변인의 효과를 동시에 고려했을 때 직무 수행을 유의하게 예측하는 변인은 직무 몰입뿐이었다.

Rich 등(2010)은 개인의 직무 몰입 수준에 영향을 미치는 요인들을 제시하고 그 관계성을 검증하기도 했다. 첫 번째 요인은 **가치 적합성**(value congruence)이다. 모든 직무는 나름대로의 가치와 의미를 가지고 있다. 만일 직무의 가치가 개인이 중요하게 여기는 가치와 일치한다면, 개인은 해당 직무를 의미 있는 활동으로 여기면서 좀 더 몰입할 가능성이 높아질 것이다. 두 번째 요인은 **지각된 기관 지원**(perceived organizational support)이다. 특정 직무에 안심하고 몰입하기 위해서는 심리적 안전감이 확보되어야 한다. 만일 자신이 수행하고 있는 직무가 언제 사라질지 알 수 없거나 기대하는 보상을 획득할 수 있을지 여부가 불확실하다면, 자신의 소중한 자원을 마음껏 투자하기는 어려울 것이다. 반대로 자신이 속한 기관이 안정적인 업무 환경을 지원하고 있다는 인식을 갖게 되면, 좀 더 수월하게 직무에 몰입할 수 있을 것이다. 세 번째 요인은 **핵심 자기평가**(core self-evaluations)이다. 핵심 자기평가는 자기평가와 관련된 네 가지 핵심 개념들을 의미한다. 여기에는 자기존중감과 일반화된 자기효능감, 내적 통제 소재, 정서적 안정성이 포함된다(Judge, Locke, Durham, & Kluger, 1998). 핵심 자기평가 개념들은 각각 고유한 정의를 가지고 있지만, 요인 분석 결과 하나의 상위 구성개념을 반영하는 경향이 있는 것으로 확인되었으며, 이를 토대로 핵심 자기평가라는 새로운 개념이 도출되었다. 핵심 자기평가에서 높은 점수를 받는 사람들은 자기 자신의 능력이나 가치, 효능성 등에 대해 긍정적으로 인식하는 경향이 있다. 이들은 과업을 수행하는 상황에서도 좀 더 자신감 있게 자신의 자원을 투입하는 경향이 있어 직무 몰입도 또한 높을 것으로 제안되었다.

2 성격과 인간관계

인간은 함께 살아가는 존재이다. 태어나는 순간 이미 부모와 자녀의 관계가 만들어지며, 형제나 친척 등의 관계 또한 주어진다. 설사 생물학적 부모를 알지 못한다 할지라도 인간의 마음속에는 그들의 자리가 있으며, 생의 어느 순간이 되면 그 영향력을 발휘하기 시작한다. 나이가 들고 성장할수록 관계의 폭은 더 넓어진다. 가족에서 유치원으로, 유치원에서 학교로, 학교에서 직장으로 삶의 범위가 넓어질수록 만나고 교류하는 사람의 수도 늘어난다. 살면서 만나는 모든 사람이 중요한 것은 아니지만, 그렇다고 해서 그들이 우리의 삶에 미치는 영향을 무시할 수 있는 것 또한 아니다. 의도적으로 사람들과의 관계를 제한하면서 비교적 고독한 삶을 살 수 있지만, 그 누구도 완전하게 타인의 시선으로부터 자유로울 수는 없다. 실로 인간은 관계에 매인 존재라 할 수 있다.

인간관계를 깊이 있게 분석한 연구자와 임상가들은 인간관계가 중요한 행복의 원천이자 불행의 원천이라고 입을 모은다. 달리 말하면, 인간관계는 정서 경험의 핵심적 원천이라 할 수 있다. 대체로 긍정적이고 호혜적인 관계를 맺으면서 살아가는 사람은 대인관계에서 긍정 정서를 많이 경험할 것이고, 이는 행복한 삶의 기반이 될 것이다. 반면 대체로 부정적이고 역기능적인 관계를 맺으면서 살아가는 사람은 대인관계에서 부정 정서를 많이 경험할 것이고, 그의 삶은 불행해질 것이다.

대인관계의 양상은 반복된다. 대인관계를 회피했던 사람은 앞으로도 회피할 가능성이 높고, 다른 사람을 적대하는 사람은 앞으로도 적대할 가능성이 높은 것이다. 물론 상황에 따라 대인관계의 양상은 다르게 전개될 수 있다. 특별한 보상이나 처벌이 주어지는 경우에는 더욱 그렇다. 예컨대 본래 다른 사람과 관계 맺는 것을 귀찮아하고 불편해하는 사람이더라도 평소 벌어들이는 월급의 4배를 주겠다고 제안하면 일정 시간 동안 사람들과 어울리는 행동을 나타낼 수 있는 것이다. 하지만 이렇게 특별한 보상이나 처벌이 주어지는 경우에 나타나는 행동은 일차적 반응이 아닌 이차적 반응이라 할 수 있다. 자연스러운 반응을 한 번 억제하고 난 뒤 의도적으로 만들어 내는 행동인 셈이다. 일차적 반응을 억제해야 하는 별다른 이유가 없는 이상 관계 행동은 반복될 가능성이 높다.

1) 성격의 대인관계 이론

대인관계 양상의 반복성에 주목한 학자들 중 일부는 성격을 대인관계 패턴으로 개념화해야 한다고 주장했다. 이들은 성격을 개인내적 특성으로만 간주할 경우 성격의 중요한 대인관계 특성을 놓칠 수 있기 때문에 대인관계 패턴 자체를 연구해야 한다고 강조한다. 이들의 연구 흐름은 성격의 대인관계 이론으로 불리고 있다.

(1) Sullivan의 대인관계 이론

▲ Harry Sullivan

Harry Sullivan(1892-1949)은 미국의 정신의학자이자 정신분석가이다. 그는 개인의 심리적 문제를 정확히 이해하기 위해서는 대인관계 혹은 사회적 관계를 반드시 분석해야 한다고 보았다. 그의 관점에서 볼 때, 성격은 곧 대인관계 패턴이다. 좀 더 정확히 말하면, "성격은 한 사람의 삶을 특징짓는 반복적인 **대인관계 상황**(interpersonal situations)의 비교적 영속적인 패턴"이다(Sullivan, 1953). Sullivan의 이론을 정확히 이해하기 위해서는 '대인관계 상황'의 개념을 구체적으로 파악해야 한다. Sullivan은 단순히 한 개인의 행동, 특히 대인관계 행동만을 성격의 요소로 간주하지 않고, 한 개인의 행동을 포함하는 대인관계 상황 전체를 성격의 요소로 보았다. 즉, 두 사람이 상호작용하는 상황이나 과정 전체와 각 사람의 내면에서 일어나는 심리적 작용 전체가 성격을 구성한다고 생각했다.

Sullivan이 활동할 당시 개인의 성격을 설명하는 기존의 이론들에서는 주로 한 개인이 반복적으로 나타내는 대인관계 행동을 성격으로 간주했다. 다른 사람을 적대시하거나 의심하는 행동, 다른 사람에게 의존하는 행동, 다른 사람을 회피하는 행동 등을 성격으로 간주했던 것이다. 이러한 관점에도 대인관계적 요소가 포함되어 있기는 하지만, 전체 대인관계 상황을 놓고 보았을 때 거의 절반 이상의 장면을 놓치는 설정이다.

A와 B라는 두 사람이 있다고 가정해 보자. A는 다른 사람이 자신을 속이거나 이용하려 한다는 믿음을 가지고 있다. 어느 날 그는 이웃집에 사는 사람 B와 우연히 마주쳤는데 그의 손에 쓰레기봉투가 들려 있었다. B는 A의 표정이 너무 사나워 보여서 움찔하며 한발 물러선 채 아무 말 없이 쳐다만 보고 있었다. A는 B의 이런 행동을 보고는 '이 사람이 쓰레기를 우리 집 앞에 몰래 버리려고 했나? 왜 이렇게 당황하지?'라는 생각을 했고, 그에 따라 "지금 뭐 하

시는 거예요? 우리 집 앞에 쓰레기 버리려고 한 거예요?"라고 말했다. 그러자 B는 "뭐라구요? 아니 무슨 사람을 도둑으로 보나. 지금 종량제 봉투 사러 가는 길이라구요. 이거 담아서 공용 쓰레기장에 버리려고."라고 답했다. A는 그의 말을 믿지 않고 "나한테 들켜서 그렇게 말하는 거잖아요. 내가 안 봤으면 여기에 두고 갔을 거잖아." 하고 공격적으로 대응했다. A는 그렇게 말하는 동시에 '그러면 그렇지, 인간들은 정말 어쩜 다 이 모양이지?'하고 속으로 생각했다.

위 사례를 개념화할 때, 대부분의 성격 이론에서는 '의심하는 행동' 혹은 '적대하는 행동'에 초점을 맞출 것이다. 즉, A는 다른 사람을 의심하고 적대하는 성격을 가지고 있다는 식으로 정리하는 것이다. 인지적 관점에서는 타인이 자신을 속이거나 이용하려 한다는 믿음이 그러한 행동을 촉발했다고 설명할 것이고, 정신분석 이론에서는 복잡하게 꼬여 있는 공격성을 상대에게 투사하여 편집적 행동을 나타내는 것이라고 설명할 것이다. 특질 이론이나 기질 이론에서는 기본적으로 우호성이 낮고 분노 정서를 효과적으로 조절하지 못하는 특질로 인해 공격 행동이 빈번하게 나타나는 것이라고 설명할 수 있겠다.

Sullivan은 여기에서 한발 더 나아가 고유한 욕구와 감정, 믿음을 지닌 두 개인이 상호작용하는 양상과 그 결과 그리고 후속 과정까지 이론화하려고 시도했다. 위 사례를 예로 들면, A가 나타내는 행동(사나운 표정, 의심하는 말)이 B에게 어떤 감정(두려움, 당황, 적개심)을 유발하는지, 그로 인해 어떤 행동(반격하는 말)이 나타나고, 그 말이 A에게 어떤 영향을 주는지(재공격, 부정적 타인 신념의 강화)를 이론화할 수 있다. 또한 두 사람의 상호작용 양상 자체를 개념화하는 것도 가능하다. 예컨대 상호작용을 통해 두 사람의 욕구가 만족되고 안전감을 확보했는지, 한 사람의 욕구만 만족되고 다른 사람의 욕구는 좌절되었는지, 아니면 두 사람 모두 원하는 것을 얻지 못한 채 불편하고 불안정한 상태가 지속되고 있는지 등으로 구분하여 개념화할 수 있다.

정리하면, Sullivan의 이론에서 대인관계 상황이란 한 개인이 다른 사람과 관계를 맺고 있는 전체 상황을 의미하며, 이 상황 속에서 개인은 패턴화된 생각과 감정, 행동을 나타낸다. 그러한 행동은 상대방의 생각과 감정, 행동에 영향을 주고, 상대방의 반응은 개인의 욕구 만족 혹은 좌절, 학습 등으로 이어진다.

인간에게 있어 대인관계 상황이 중요한 이유는 원하는 바를 충족하는 대표적인 상황이기 때문이다. Sullivan은 특히 두 가지 유형의 욕구 혹은 원하는 무언가를 중요하게 고려하였다. 하나는 **만족 욕구**(need for satisfaction)이고 다른 하나는 **안전 욕구**(need for security)이다. 전자는 대체로 생물학적인 기반을 가지고 있는 기본 욕구(예: 음식이나 공기, 수면에 대한 욕구, 즐거운 경험에 대한 욕구, 친밀감에 대한 욕구)를 만족시키고자 하는 바람과 관련이 있다. 반면 후자는 불안(anxiety)이 없는 상태에 대한 욕구를 반영한다. 예컨대 주변에 위협적인 무언가가 없는 상태, 나에게 중요한 누군가가 자신을 거부하거나 미워하지 않는 상태 등이 여기에 해당한다. 독특한 구분이기는 하지만, 긍정적 경험을 주는 자극 등을 얻고자 하는 욕구와 부정적 경험을 주는 자극 등을 피하고자 하는 욕구로 이해하면 기존의 중요한 연구 성과나 발견들과 대체로 일치하는 견해라 할 수 있다.

Sullivan은 만족 욕구와 안전 욕구를 적절히 '균형 있게' 추구하는 것이 중요하다고 보았으며, 그러한 욕구가 충족되는 대표적 상황은 대인관계 상황이라고 생각했다. 대인관계 상황은 적어도 두 명의 개인이 만나서 상호작용하는 상황이다. 각 개인은 고유한 만족 욕구와 안전 욕구를 지니고 있으며, 각각의 욕구가 잘 들어맞을 때 서로 만족하는 결과를 얻을 수 있다. 만일 한 사람이 원하는 것을 상대가 제공할 수 없거나 제공하기를 원치 않는다면, 혹은 원하는 것 자체에 대해 부정적으로 반응한다면, 적어도 한 사람의 만족 욕구나 안전 욕구는 좌절되고 만다.

개인의 발달 과정은 곧 대인관계 상황에서 원하는 것을 얻기 위해 혹은 원치 않는 것을 피하기 위해 개인의 인지적·정서적·행동적 특징을 다듬어 가는 과정이라 할 수 있다. 개인은 대인관계 상황을 학습의 장으로 삼는다. 이곳에서 얻은 정보를 통해 자기 자신과 타인의 이미지나 개념을 형성하기도 하고, 자신이 바라는 자기상을 지키면서도 원하는 것을 얻을 수 있는 다양한 전략을 만들어 내기도 한다. 물론 이러한 고차원적 기능이 단번에 발달하는 것은 아니다. 영유아기의 아기는 자기와 타인을 구분하는 것부터 시작해야 한다. 여기에서 더 나아가 대상이나 상황을 좀 더 세부적으로 구분하고 분류하는 능력이나 두 가지 이상의 현상을 병렬적으로 파악하는 능력, 인과관계를 이해하는 능력, 언어적 추상화 및 논리적 사고 능력, 관점을 전환하여 상황을 파악하는 능력, 행동과 상황을 특정한 기준에 비추어 평가하는 능력, 어떤 사건의 전개 과정을 예측하는 능력 등의 인지 능력이 발달하면 좀 더 정교하게 대인관계 상황을 이해하고 대응하게 된다. 이러한 능력들을 이용해 발달시킨 심리적 구조와 행동 패턴이 곧 성격이라 할 수 있다.

(2) 대인관계 행동 유형

대인관계 상황과 성격에 대한 분석은 크게 보면 두 가지 방향에서 이루어질 수 있다(Millon & Davis, 1996). 첫 번째는 **동시발생적 분석**(contemporaneous analysis)이다. 이 방법은 대인관계 상황을 횡단적으로 분석하는 것으로, 두 사람이 만나 상호작용하는 방식이나 행동 패턴을 구체적으로 파악하고 유형화하는 것이다. 두 사람의 상호작용 자체를 해결이나 협상, 해체 등으로 구분하여 분석하는 것도 여기에 포함된다. 두 번째는 **발달적 분석**(developmental analysis)이다. 한 개인이 경험하는 대인관계 상황에는 반복적 요소가 포함되어 있다. 즉, 종단적으로 볼 때 대인관계 상황 중 일부는 반복되는 경향이 있으며, 그러한 요소는 개인의 내부에 존재하는 무언가의 영향을 받고 있다고 가정할 수 있다. 발달적 접근은 대인관계 상황을 종단적으로 분석하여 반복되는 패턴을 파악하고, 그 패턴과 개인내적 요소가 어떤 관계를 맺고 있는지 분석하는 방법이다.

성격의 대인관계 이론에서는 전통적으로 동시발생적 접근을 취하는 연구가 강세였다. 이러한 연구의 주된 목적은 대인관계 행동을 유형화하고, 모든 사람에게 적용할 수 있는 일반화된 모형을 개발하는 것이었다. 이 목적을 달성하기 위해 사용한 방법은 크게 두 가지 유형으로 구분할 수 있다(Pincus, Gurtman, & Ruiz, 1998).

첫 번째 방법은 **개인차 접근**(individual differences approach)이다. 이 방법은 대인관계 행동을 한 개인의 성격적 행동으로 간주하고 개인차를 연구하는 방법이다. 이러한 접근법을 취하여 개발된 대표적 모형으로는 Leary(1957)의 원형(circle) 모형을 들 수 있다.

Leary(1957)는 대인관계 행동을 두 개의 축을 이용해 구분하였다. 하나는 **사랑**(love) 혹은 친애(affiliation)-적대(hostility)의 축이고, 다른 하나는 **권력**(power) 혹은 지배(dominance)-복종(submissive)의 축이다. 대인관계 행동은 이 두 개의 축으로 구성된 2차원 좌표의 특정한 지점으로 묘사될 수 있다. 예컨대 억제적이고 회피적인 대인 행동은 적대와 복종으로 구성되는 사분면의 특정 지점으로 묘사된다. Leary(1957)는 원형으로 구성된 모형의 중심에 가까울수록 상대적으로 건강하고 적응적인 대인 행동을 의미하며, 중심에서 멀어질수록 부적응적인 대인 행동을 의미한다고 제안하기도 했다. 따라서 한 개인의 특징적인 대인관계 행동을 이 모형에 대입하면, 그의 대인 행동에서 드러나는 대인관계 가치(권력과 사랑)와 적응성의 정도를 모두 파악할 수 있다. 예컨대 누군가가 다른 사람에게 지나치게 매달리고, 반복적으로 도움을 청하며, 일상생활을 유지하는 과정에서 다른 사람에게 과도하게 의존하는 특징을 보인다면, 그는 친애와 복종의 사분면에 속하는 유순하고 의존적인(docile-dependent) 대인관계 행동 패턴 중 상대적으로 부적응적인 행동을 나타내고 있다고 정리할 수 있다. 그림 12.4에는 Leary(1957)의 원형 모형이 구체적으로 제시되어 있다.

Leary(1957)의 원형 모형은 후대 학자들에 의해 다양한 방향으로 변형되었지만, 핵심이 되는 두 개의 축에 대한 의견은 대체로 유사했다(Kiesler, 1983). 그만큼 개인차 관점에서 한 개인의 대인관계 행동을 구분하는 두 개의 축은 비교적 타당하게 개발된 것이라 판단할 수 있다. 하지만 이러한 모형들은 모두 한 개인의 대인관계 행동을 포착할 수 있을 뿐, 두 사람의 상호작용 양상이나 패턴을 포착하지는 못한다. 이러한 한계를 보완하기 위해 또 다른 접근법이 개발되었는데, 이를 관계쌍 접근이라 부른다.

대인관계 행동 모형을 개발하는 두 번째 방법은 **관계쌍 접근**(dyadic approach)이다. 관계쌍 접근에서는 분석의 최소 단위를 관계쌍으로 본다. 즉, 한 개인 수준에서 대인관계 행동을 분석하는 것이 아니라, 서로 관계하는 두 사람 수준에서 대인관계 행동을 분석하는 것이다. 예컨대 Schaefer(1959)는 '엄마'의 대인관계 행동 패턴을 분석하기 위해 엄마-자녀 쌍을 체계적으로 분석하였다. 그 결과 놀랍게도 Leary(1957)가 제안한 모형과 매우 유사한 모형이 개발되었다. 특히 사랑 혹은 친애-적대 축은 동일하게 확인되었다. 두 번째 축은 **자율성**(autonomy)으로 명명되어 차이를 보였다. 이 축은 엄마가 자녀에게 자율성을 부여하는 정도를 반영한다. 즉, 자율성 축에서 정적인 극단은 자녀에게 아무런 통제를 가하지 않는 것이며, 부적인 극단은 완전하게 통제하려고 시도하는 것을 의미한다. Schaefer(1961)는 동일한 방법을 이용하여 '자녀'의 대인관계 행동 패턴을 분석하여 보고하기도 했다. 연구 결과에 따르면, 일부분은 엄마의 대인관계 행동 모형과 자녀의 대인관계 행동 모형이 서로 수렴했지만, 서로 다르게 나타나는 부분도 있었다. 이는 개인차 접근만으로는 드러내기 어려운 대인관계 행동의 양상을 관계쌍 접근이 드러낼 수 있음을 시사하는 결과라고 해석할 수 있다.

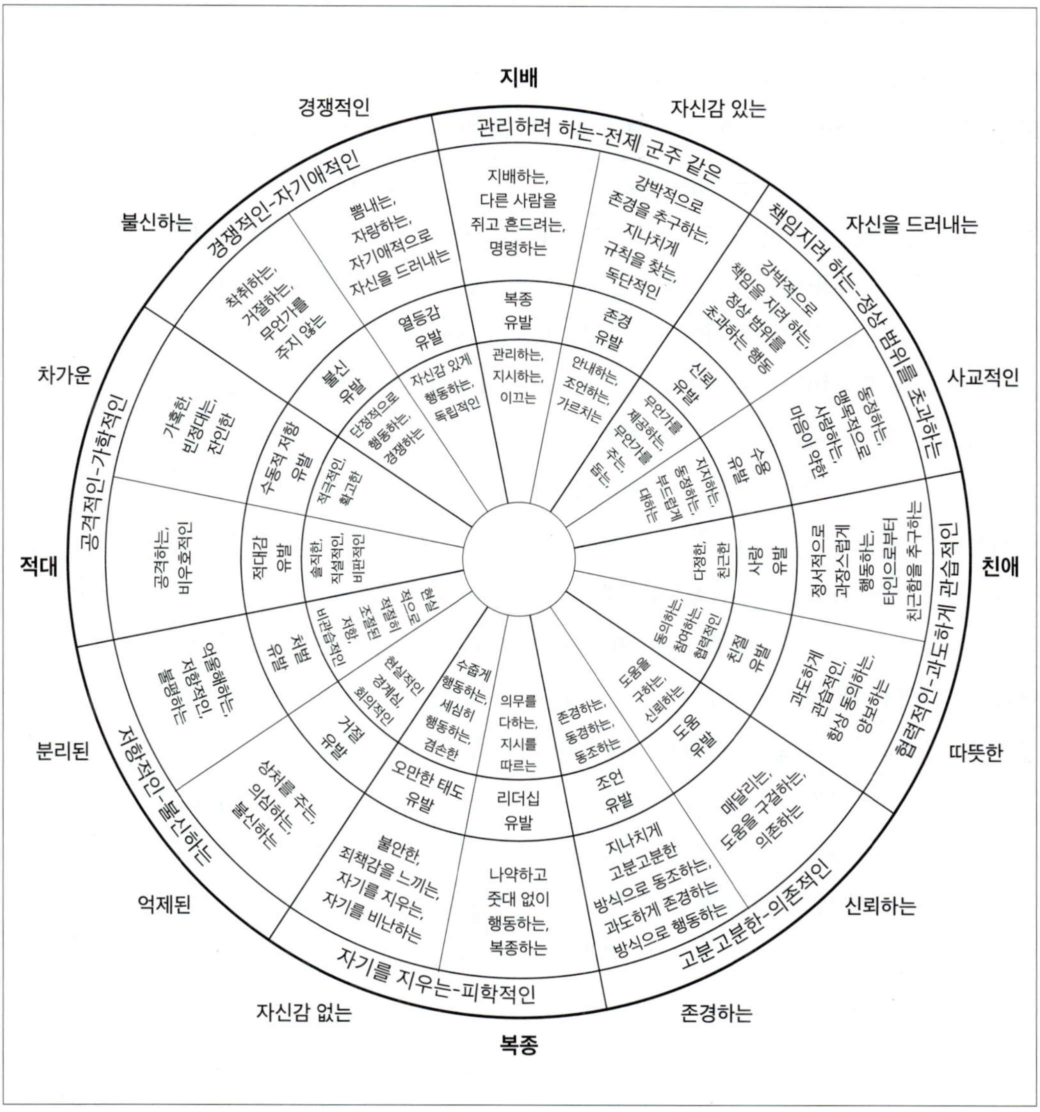

그림 12.4 Leary의 원형 모형

출처: Leary, 1957

Benjamin(1974)은 이러한 연구 성과를 토대로 세 개의 원형 판으로 구성되는 **사회적 행동의 구조적 분석**(structural analysis of social behavior: SASB) 모형을 제안하였다. 이 모형에서는 세 개의 차원을 가정한다. 첫 번째 차원은 **자율성**(autonomy)으로 두 대상이 서로 구분 없이 융합되어 있는지(enmeshed), 아니면 분화되어 있는지(differentiated)를 반영한다. 두 번째 차원은 **친애**(affiliation)로 사랑과 적대를 반영한다. 세 번째 차원은 **대인관계적 초점**(interpersonal focus)으로 타인에게 가하는 행동(transitive)과 타인에 대한 반응으로 나타내는 행동(intransitive), 자기 자신과의 관계(introject)로 구분된다. Benjamin(1974)은 대인관계적 초점으로 세 개의 평면을 구성하고, 각 평면을 자율성과 친애의 축을 가진 원형 모형으로 표현하였다(그림 12.5 참조).

SASB 모형의 흥미로운 점은 대인관계 행동 패턴을 타인에게 가하는 행동과 타인의 행동에 대한 반응으로 세분화하여 포착했다는 점이다. 이때 사용한 수직 축은 자율성이지만, 사실상 두 개의 평면을 이용하면 지배-복종 축을 설명할 수 있다. 즉, 타인에게 가하는 행동이 자율성 축에서 통제 쪽에 가깝다면 이것은 지배로 해석할 수 있으며, 타인에 대한 반응 특성이 자율성 축에서 순응 쪽에 가깝다면 이것은 복종으로 해석할 수 있는 것이다. 물론 타인을 통제하는 특성과 타인의 통제에 순응하는 특성이 공존할 수 있는지에 대해서는 논란의 여지가 있겠지만, 적어도 이론적으로는 기존의 지배-복종 축과 자율성 축이 모두 타당함을 지지하는 모형이라 할 수 있다.

SASB의 또 다른 흥미로운 점은 자기 자신과의 관계성을 모형에 포함시켰다는 점이다. 기존의 대인관계 행동 모형은 대부분 외부 대상과의 관계 행동만을 포착하여 대인관계 상황이 한 개인에게 내사되는(introject) 과정을 기술하거나 설명하기에는 한계가 있었다. 그런 측면에서 SASB는 타인에게 가하는 행동과 반응적 행동이 자기 자신에 대한 태도나 행동과 어떤 관계를 맺고 있는지 분석할 수 있는 유용한 틀을 제공했다고 볼 수 있다. 다만 자신과의 관계성 양상을 자율성(융합-분화) 축으로 파악하는 것은 개념상의 혼란을 초래할 가능성이 있어 한계로 지적될 수 있다.

(3) 대인관계 상호성

대인관계 상황의 중요한 특징은 한 사람의 행동이 다른 사람의 행동에

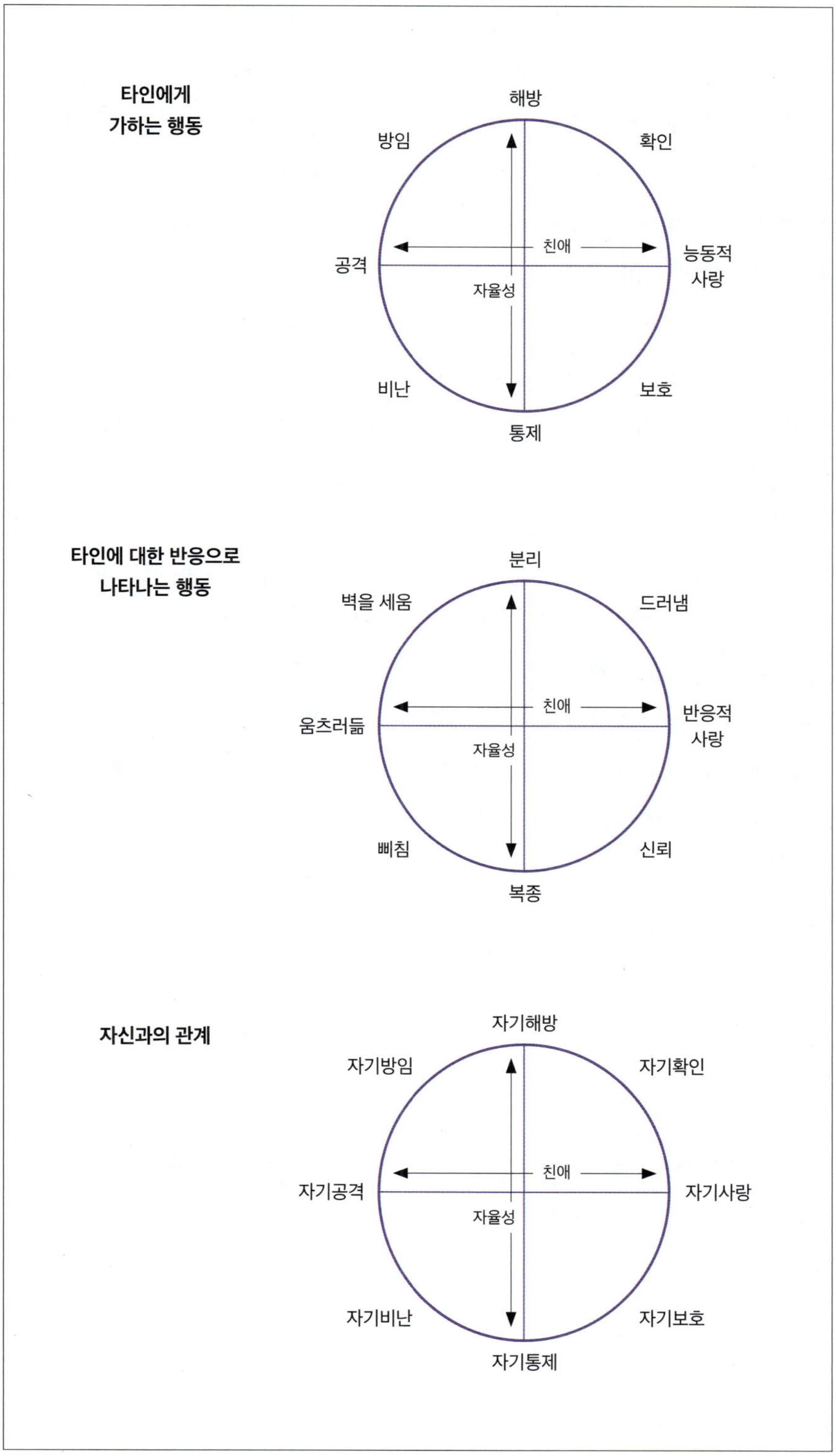

그림 12.5 사회적 행동의 구조적 분석 예시

영향을 준다는 점이다. 연구자들은 대인관계 상황에서 한 사람의 행동이 상대방의 행동 목록을 '제약한다'고 기술하기도 한다(Mitchell, 1988). 즉, 한 사람의 행동은 다른 사람으로 하여금 특정한 방식으로 행동하게 하고, 그 결과 대인관계 상황을 고유한 양상으로 통제하는 것이다. 대인관계 상황에서 개인의 행동은 자기조절(self-regulation)의 과정이면서 동시에 대인관계 상황 혹은 대인관계의 장(field)을 조절하는 과정인 셈이다.

Carson(1969)은 **대인관계적 상보성**(interpersonal complementarity) 개념을 이용해 이 과정을 설명했다. 대인관계적 상보성이란 대인관계 상황을 이루고 있는 두 사람이 서로 **안전감**(feelings of security)을 느끼는 규칙적인 패턴을 의미한다. Carson(1969)에 따르면, 개인은 다른 사람으로부터 상보적 행동을 이끌어 냄으로써 안전감을 유지한다. 여기에서 상보적 행동이란 지배-복종의 축에서는 '상반'되며, 친애-적대의 축에서는 '상응'하는 행동을 의미한다. 예컨대 그림 12.6에 제시된 바와 같이, 자기를 강화하는 행동의 상보적 행동은 자기를 약화하거나 숨기는 행동이다. 즉, 대인관계 상황에서 한 사람이 자기를 드러내면서 높이는 행동을 나타내면 상대는 자기를 숨기는 행동에 대한 압박을 받고, 그러한 압박을 받아들여 자기를 숨기는 행동을 나타내면 상보성 상태가 되는 것이다.

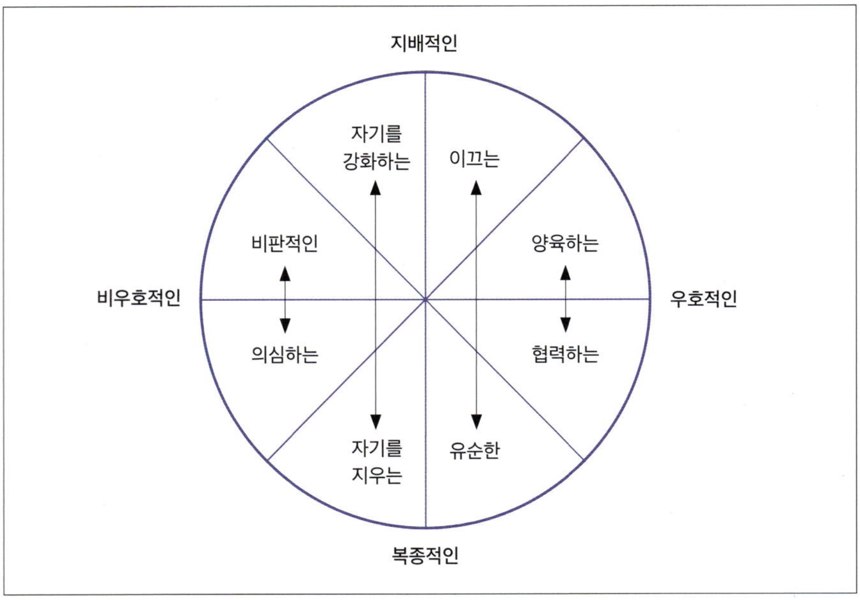

그림 12.6 상보적 행동의 예시

안전감이란 무엇인가?

Carson(1969)의 대인관계 상보성 이론에서 제시하는 상보적 행동의 쌍은 대체로 적절하게 배치된 듯한 인상을 준다. 하지만 모든 쌍이 상식적으로 수월하게 이해되는 것은 아니다. 가령 비판적(critical) 행동과 불신하는(distrustful) 행동의 관계는 다른 행동의 쌍과 달리 과연 그 관계가 안전감을 제공하는 상보적 관계로 유지될까 하는 의문이 든다. 비판적 행동이 불신하는 행동을 유발할 수는 있겠지만, 이렇게 서로 적대하는 행동을 보이는 관계에서는 보통 일정 수준의 부정 정서가 유발되기 때문이다. 이러한 상태를 과연 안전감을 느끼는 상보적 관계라 할 수 있을까?

실제로 이 문제는 여러 연구자의 관심을 끌었다(Orford, 1986). 이들이 중점적으로 다룬 두 가지 연구 문제는 다음과 같다. ① 친화적 행동과 마찬가지로 적대적 행동 또한 상보적 행동을 이끌어 내는가? ② 만일 그렇다면, 친화적 행동과 적대적 행동은 동일한 정도로 상보적 행동을 이끌어 내는가?

Tracey(1994)는 기존의 상보성 모형들을 이용해서 이 두 가지 문제를 모두 탐색하였다. 연구에 따르면, 친화적 행동과 적대적 행동 모두 상보적 행동을 유발하는 것으로 나타났지만, 적대적 행동에 비해 친화적 행동이 상보적 행동을 더 강하게 유발하는 것으로 확인되었다. 즉, 적대적 행동이 상보적 행동을 유발하는 것은 사실이지만, 유발 압력은 상대적으로 약하다는 것을 의미한다. 이러한 결과는 적대 행동이 일정 수준의 부정 정서를 유발한다는 사실과도 어느 정도 일치한다고 볼 수 있다.

놀라운 점은 그렇게 부정 정서를 유발함에도 불구하고 그 관계에서 일종의 안전감이 획득되며, 그 결과 상보적 관계가 형성된다는 사실이다. 안전감이 불안을 경험하지 않거나 적게 경험하는 상태임을 가정할 때, 이러한 관계는 '불안의 감소'와 관련이 있다고 예상하는 것이 합리적일 것이다. 즉, 적대적 유형의 상보적 행동은 어떤 방식으로든 불안을 감소시킨다고 볼 수 있다. 상대의 적대적 행동이 일정 수준의 불안을 유발할 수 있겠지만, 그러한 행동을 확인함으로써 어떤 측면에서는 불안이 감소하는 셈이다. 아마도 전자는 상대에게 적대적 행동을 취함으로써 미래에 경험할 수도 있는 불이익이나 처벌과 관련된 불안일 것이고, 후자는 자신이 타인과 세상을 전혀 이해하지 못하고 있으며 그에 따라 통제하지 못하고 있다는 것과 관련된 불안일 것이다. 정리하면, 적대적 유형의 상보적 행동은 보복과 관련된 일정 수준의 불안을 유발할 수 있지만, 자신이 타인과 세상을 정확히 이해하고 통제한다는 믿음으로 인한 불안 감소 효과가 더 크기 때문에 '안전하다'고 느끼는 상태를 획득할 수 있는 것이다.

하지만 적대적 행동으로 이루어지는 상보적 관계는 친화적 행동으로 이루어지는 상보적 관계에 비해 취약할 수밖에 없다. 자신이 세상을 정확히 이해하고 통제한다는 믿음은 결국 환상일 따름이며, 현실에서는 상대의 적대감이 점점 강화될 것이기 때문이다. 상대의 적대감이 신념의 확인으로 얻는 불안 감소의 효과를 넘어설 때 두 사람의 관계는 해체될 것이다.

◀ 비판적 행동은 불신하는 행동을 유발할 수 있다. 이런 상황에서 어떻게 안전감이 확보될 수 있을까?

물론 상대가 반드시 상보적 행동을 나타낼 것이라는 보장은 없다. 각자 고유한 욕구와 정서, 가치 등을 가지고 행동하기 때문에 경우에 따라서는 상보성과는 다른 상태에 이를 수 있다. 이러한 다양성을 설명하기 위해, Kiesler (1983)는 대인관계 상황의 결과를 반영하는 두 가지 개념을 추가적으로 제안하였다.

우선 **비상보성**(acomplementarity)은 지배-복종 축 혹은 친애-적대 축 중 하나를 만족하지만, 다른 하나는 만족하지 못하는 행동이 나타나는 상태를 말한다. 예컨대 자기강화 행동을 나타내었을 때, 협력적 행동을 보인다거나 (지배-복종 축 만족, 친애-적대 축 불만족), 혹은 비판적 행동을 보이면(지배-복종 축 불만족, 친애-적대 축 만족) 비상보성 상태라고 볼 수 있다. 이러한 상태는 상보성 상태에 비해 불안정하며, 타협이나 협상 과정을 통해 상보성 상태로 가거나 반상보성 상태로 이동하게 된다.

반상보성(anticomplementarity)은 지배-복종 축, 친애-적대 축 모두에서 상보적이지 않은 행동이 나타나는 상태를 말한다. 예컨대 자기강화 행동을 나타냈을 때, 상대를 이끄는 행동이나 양육하는 행동을 나타내면 반상보성 상태라고 볼 수 있다. 이러한 상태는 가장 불안정한 상태로 대인관계 상황의 해체에 이르게 될 가능성이 높다.

(4) 대인관계 상호작용 과정

대인관계 상황이 다양한 양상으로 나타날 수 있는 것은 사실이지만, 확률적으로 보면 상보적 특징을 드러내는 대인관계 상황이 좀 더 두드러질 가능성이 높다(정남운, 이장호, 1998). 대부분의 사람은 상보적 특징을 드러내는 대인관계 상황을 적극적으로 찾아 나서거나 만들어 내기 때문이다. 이렇게 상보적 대인관계에 집착하는 이유는 일차적으로 안전감을 추구하기 때문이지만, 그것은 곧 내면의 자기상이나 타인상을 확증하는 것과도 밀접하다.

대인관계 이론에 따르면, 인간은 대인관계 상황을 통해 자기상과 타인상을 내면화한다. 그렇게 만들어진 자기상과 타인상은 일종의 영속화 과정을 거친다. 즉, 이미 만들어진 자기상과 타인상을 강화하는 방향으로 정보처리가 이루어진다. 두 가지 과정이 여기에 관여하는데, 첫째는 정보의 왜곡이고, 둘째는 상대를 특정한 방식으로 행동하게 만드는 것이다.

Sullivan과 후대의 대인관계 이론가들은 모두 대인관계 상황에서 벌어지는 현상을 내면화하는 과정에서 **왜곡**(distortion)이 일어날 수 있다는 점을 인정하였다(Kiesler, 1986; Sullivan, 1953). 인지치료 이론에서만큼 정교하게 다루어지지는 않았지만, 자기상이나 타인상이 내면화되는 과정에서 정보를 편향되게 선택하거나 왜곡하는 일이 일어날 수 있으며, 이는 개인이 선호하는 이미지를 강화하는 결과를 초래한다는 점은 일관되게 언급되었다.

대인관계 이론가들이 좀 더 집중적으로 탐색한 과정은 상대가 특정한 방식으로 행동하도록 만드는 것이다. 사실 이러한 현상은 대인관계 이론이 정립되기 이전에도 심리학과 정신의학 영역에서 중요한 현상으로 다루어지곤 했다. 반복 강박이나 역전이, 자기충족적 예언 등이 여기에 포함된다(Freud, 1914; Jussim, 1986; Ogden, 1979; Tower, 1956). **반복 강박**(repetition compulsion)이란 특정한 사건이나 환경을 여러 번에 걸쳐 반복하고자 하는 심리적 경향성을 의미하며, **역전이**(countertransference)는 내담자-치료자 관계에서 내담자에 의해 유발되는 치료자의 무의식적 감정을 의미한다. **자기충족적 예언**(self-fulfilling prophecy)은 어떤 사람에게서 특정 행동을 기대하는 것이 의도하지 않게 그런 행동을 실제로 유발하는 현상을 일컫는다. 다양한 개념으로 포착되기는 했지만, 이러한 현상이 나타나는 핵심적 기제는 개인이 지닌 신념이나 도식, 표상 등을 확인하고 확증하는 것이다. 예컨대 '타인은 나를 이용하려고 한다'라는 신념을 가지고 있다면, 상대방으로 하여금 착취하는 행동을 유발하여 해당 신념을 확증하는 것이다.

대인관계 이론가들 또한 상보적 행동을 유발하는 과정에서 이와 유사한 현상이 나타난다고 보았다. 예컨대 대인관계 상황에서 자기강화 행동을 나타내는 개인은 '나는 강하고 특별하다'라는 내용을 중심으로 하는 자기상과 '타인은 나보다 약하고 특별하지 않다'라는 타인상을 가지고 있을 수 있다. 이러한 개인이 자기강화 행동을 함으로써 상대로 하여금 자신의 약함을 인정하면서 스스로를 낮추거나 감추는 행동을 유발하면, 그러한 행동을 보고 자기상과 타인상을 확인하는 것이다.

대인관계 이론가들은 성격의 병리 수준에 따라 대인관계 상황에서 나타나는 왜곡이나 행동 유발 압박이 달라질 것이라고 보았다. 즉, 성격의 병리 수준이 낮은 비교적 건강한 사람들은 자기상과 타인상이 비교적 현실적이고, 융통성이 있으며, 정보의 왜곡이 적고, 타인으로 하여금 특정한 방향으로 행동하도록 하는 압박도 심하지 않다. 이들은 대인관계 행동도 비교적 다양한 편이어서 상대나 상황에 맞게 적절한 행동을 선택하면서 상보적 관계를 유지할 수 있다. 반면 성격 병리가 심각한 사람들은 자기상과 타인상이 비현실적이고, 경직된 경향이 있으며, 정보의 왜곡이 심하고, 타인의 행동 목록을 제한하여 특정한 방향으로 행동하게 하는 압박도 심하다. 이들은 소수의 대인관계 행동에 집착하는 경향이 있어서 대인관계 양상이 매우 제한되며, 빈번한 해체 현상을 경험하는 경향이 있다.

2) 애착과 사랑

대인관계 행동을 유형화하는 대부분의 모형에서 빠지지 않고 일관되게 등장하는 차원은 사랑과 증오의 차원 혹은 친애와 적대의 차원이다. 만일 누군가가 대인관계 행동을 단 두 개의 유형으로 구분하라고 한다면 아마도 이 축의 양극단이 가장 유력한 대안이 될 것이다. 성격심리학 영역에서 이 축의 긍정적 극단은 애착과 사랑의 개념으로 연구되곤 한다.

(1) 애착

애착(attachment)이란 두 사람 간의 정서적 유대를 의미한다. Bowlby와 Ainsworth 등이 제안하고 연구했던 아동기 애착에 관한 내용은 5장에 제시되어 있으니 참고하기 바란다. 여기에서는 성인기의 애착에 초점을 맞추어 대표적인 연구 성과를 소개하기로 하겠다.

아동기 애착이 크게 안정형(secure type)과 불안정형(insecure type)으로 구분되는 것과 마찬가지로 성인기 애착 유형 또한 두 유형으로 구분되곤 한다. 성인기 불안정 애착 하위 유형이 아동기와 동일하게 구분되는지에 대해서는 학자마다 의견을 달리했다. 거부형(dismissing type)과 집착형(preoccupied type)으로 구분하는 경우가 있는가 하면(George, Main, & Kaplan, 1985), 회피형(avoidant type)과 불안형(anxious type)으로 구분하는 경우도 있었다(Hazan & Shaver, 1987). Bartholomew와 Horowitz(1991)는 기존의 모형들을 통합하여 성인기 애착 유형을 네 가지로 구분하는 모형을 제안한 바 있다.

표 12.3 성인 애착의 구분

		자기 모형	
		긍정적	부정적
타인 모형	긍정적	안정형	집착형
	부정적	거부형	공포형

출처: Bartholomew & Horowitz, 1991

이들은 자기상(self-image)이 긍정적인지 혹은 부정적인지 여부와 타인상(other-image)이 긍정적인지 혹은 부정적인지에 따라 애착 유형을 구분하였다.

첫 번째 유형은 **안정형**(secure type)으로, 자기상과 타인상이 모두 긍정적인 유형이다. 이 유형에 속하는 성인은 다른 사람과 친밀한 관계를 형성하는 것이나 서로 자율성을 가지고 생활하는 것에 대해 편안하게 느끼는 경향이 있다.

두 번째 유형은 **집착형**(preoccupied type)으로, 자기상은 부정적이지만 타인상이 긍정적인 유형이다. 이들은 자기상이 부정적이기 때문에 스스로 문제를 해결할 수 없다거나 상대가 자신을 거부할 수 있다는 등의 불안감에 쉽게 빠져든다. 한편 타인상은 긍정적이어서 친밀한 관계를 맺는 대상에게 집착하거나 의존하는 경향을 보일 수 있다.

세 번째 유형은 **공포형**(fearful type)으로, 자기상과 타인상이 모두 부정적인 유형이다. 이들은 자기 자신에 대한 부정적 인식이 강할 뿐만 아니라 타인상 또한 부정적이어서 다른 사람들이 자신을 비난하거나 무시하고, 적대할 것이라는 믿음을 갖는 경향이 있다. 이로 인해 타인과 친밀한 관계를 맺는 것에 대한 강한 두려움을 느끼며, 회피나 도피 행동을 빈번하게 나타내면서 사회적으로 고립되는 대인관계 패턴을 보인다.

네 번째 유형인 **거부형**(dismissing type)은 자기상은 긍정적이나 타인상이 부정적인 유형이다. 이들은 홀로 지내는 생활에 대체로 만족하는 경향이 있으며, 타인과 교류해야 할 필요성을 느끼지 못하여 친밀한 관계를 거부한다. 연인 관계로 발전한다 해도 적당한 거리를 유지하면서 자유롭게 지내는 것을 선호한다.

아동기 애착 유형이 성인기에도 안정적으로 유지되는지 여부는 많은 연구자의 관심을 끌었다. Ainsworth의 낯선 상황 실험에 참여한 아동들을 추적하여 20년 뒤의 애착 유형(안정형과 불안정형으로 구분)을 분석한 한 연구에 따르면, 참여자의 72%가 성인기에도 동일한 애착 유형을 나타냈다(Waters, Merrick, Treboux, Crowell, & Albersheim, 2000). 아동기 애착 유형과 성인기 애착 유형의 관계를 탐색한 종단 연구들을 메타분석한 한 연구에서도 애착 안정성이 생후 19년 정도는 비교적 일관되게 유지되는 경향이 있다고 보고한 바 있다(Fraley, 2002).

연구의 양이 상대적으로 적기는 하지만, 후기 성인기까지 추적하여 애착 특성을 탐색한 연구들은 애착 특성이 연령에 따라 다소 변할 수 있다고 제안하고 있다. 예컨대 628명의 종단자료를 이용해 13세에서 72세까지의 애착 특성 변화를 탐색한 한 연구에 따르면, 애착 불안과 애착 회피는 나이가 증가함에 따라 감소하는 경향이 있는 것으로 확인되었다(Chopik, Edelstein, & Grimm, 2019). 무엇이 애착 특성의 변화를 유발하는가에 대해서는 다양한 가설이 공존하고 있다. 연령에 따른 대인관계적 특성의 구조적 변화(예: 사회적 책임의 증가, 친밀한 관계에 좀 더 집중하는 경향)가 애착 특성에 영향을 미칠 것이라는 가설이 있는가 하면(Chopik et al., 2019), 살면서 경험하는 다양한 생활 사건에 의해 애착 유형이 변할 수 있다는 가설도 제시된 바 있다(Fraley, Gillath, & Deboeck, 2021). 연구 결과에 따르면, 생활 사건이 애착 유형의 일시적 변화를 유발하기는 하지만, 대부분 본래의 애착 유형으로 돌아가는 경향이 있는 것으로 확인되었다. 하지만 대인관계 특성에 큰 영향을 줄 수 있는 중요한 사건(예: 학대, 애착 대상의 사망)을 경험한 후 애착 유형의 영구적 변화가 일어나는 참여자들이 있었으며, 생활 사건에 대한 반응성 측면에서 전반적으로 개인차가 큰 것으로 확인되었다(Fraley et al., 2021).

성인기 애착 특성은 대인관계의 질에 큰 영향을 미치는 것으로 확인되어 왔다. 특히 친밀한 관계 혹은 낭만적 관계에서의 만족과 애착 특성의 관계를 탐색하는 연구들이 활발하게 진행되었다. 이러한 연구들은 대체로 불안이나 집착, 회피와 같은 불안정 애착 특성이 두드러질수록 관계에 대한 만족도가 낮다는 결과를 보고하였다(김민희, 민경환, 2007; Butzer & Campbell, 2008; Candel & Turliuc, 2019). 한편 관계를 맺고 있는 두 사람의 '애착 유형 조합'이 관계 특성에 더 중요하다고 제안하는 연구도 있었다(Kirkpatrick & Davis, 1994). 이 연구에서는 커플을 최소 분석 단위로 삼고 커플을 구성하는 두 사람의 애착 유형 조합과 연인 관계 만족도, 연인 관계 지속성의 관계를 살펴보았다. 연구 결과, 대체로 기존의 안정-불안정 애착과 만족-불만족의 관계를 지지하는 결과가 도출되었지만, 흥미롭게도 관계 만족도와 지속성이 독립적으로 작동하는 패턴 또한 발견되었다. 예를 들어, 회피적인 남성과 불안한 여성으로 구성된 커플은 관계에 대한 만족도가 비교적 낮았음에도 3년이 넘는 긴 시간 동안 관계를 유지하는 것으로 확인되었다.

(2) 사랑

아동기 애착 유형과 유사한 성인기 애착 유형이 성인들의 친밀한 관계에 중요한 것은 사실이지만, 그들의 **사랑**(love)을 설명하기에는 충분하지 않다고 보는 관점이 있다(Hazan & Shaver, 1987). 이러한 관점에 따르면, 아동기 애착은 성인의 사랑과 적어도 두 가지 측면에서 구별될 수 있다. 첫째, 아동의 애착은 대부분 일방적이지만 성인의 사랑은 양방향적이다. 즉, 성인은 서로가 양육자이면서 동시에 피양육자이기도 하다. 둘째, 성인의 사랑은 대부분 성적 관계를 동반한다. Freud는 아동들 또한 성욕이 있다고 주장했지만, 사실상 성인들 간의 성적 요소와는 질적으로나 양적으로 구별된다고 보는 것이 일반적 입장이다.

아동기 애착과 성인의 사랑 간 차이에 주목한 Hazan과 Shaver(1987)는 성인의 사랑을 포괄적으로 포착하고자 할 때 Bowlby(1979)가 제안한 행동체계들이 유용할 수 있다고 제안했다. 즉, 성인의 사랑은 애착 체계와, 돌봄체계, 재생산 체계로 이해될 수 있다고 주장했다. **애착 체계**(attachment system)란 아동이 양육자에게 형성하는 정서적 유대와 관련된 체계를 의미하며, **돌봄 체계**(caregiving system)는 양육자가 아동에게 제공하는 돌봄과 관련된 체계를 의미한다. **생식 체계**(reproductive system)는 성 행동과 관련된 체계를 의미한다.

성인의 사랑이 세 개의 체계 혹은 요소로 구성된다는 관점은 Sternberg (1986)의 사랑 이론과도 유사한 측면이 있다. 그는 **사랑의 삼각형 이론**(triangular theory of love)이라 불리는 자신의 이론을 통해 사랑이 친밀감과 열정, 헌신으로 구성된다고 제안했다. **친밀감**(intimacy)이란 사랑의 정서적 요소로 상대와 가까이 연결된 느낌을 반영한다. 친밀감은 긍정적이고 진솔한 소통과 교류를 통해 점진적으로 발달하며, 관계가 오래 지속될수록 증가 추세가 둔화되는 특징을 보인다. **열정**(passion)이란 사랑의 생리적 요소로 신체적 끌림이나 성적 결합에 대한 충동 등을 포함한다. 열정은 관계 초기에 급격하게 발달한 후 상대적으로 빠르게 습관화가 일어난다. 즉, 동일한 정도의 각성 효과를 얻기 위해서는 점차 경험의 강도나 양을 늘려야 하는 경향이 있다. **헌신**(commitment)이란 사랑의 인지적 요소로 상대를 사랑하겠다는 결심이나 그 사랑을 지속하겠다는 약속과 실질적 투신을 의미한다. 헌신은 관계 지속의 중요성이나 성공에 대한 기대 수준에 따라 그 정도가 달라진다. 일반적으로는 장기적 관계에서 시간이 흐를수록 서서히 증가하는 경향이 있으며, 관계의 종결이 시사되면 점차 감소해서 0의 상태로 회귀한다.

Sternberg(1986)는 세 가지 요소의 조합에 따라 사랑의 유형을 총 8가지로 구분할 수 있다고 보았다(그림 12.7 참조).

첫 번째 유형은 친밀감만 있는 사랑으로 **'좋아하는**(liking)' 상태를 반영한다. 열정이나 헌신이 결여된 채 상대에 대한 호감만을 가진 상태로, 이때의 호감은 일상적 관계에서 경험하는 가벼운 수준의 호감보다는 깊은 감정을 의미한다.

두 번째 유형은 열정만 있는 사랑으로 **'열병**(infatuation)' 상태를 반영한다. 열병과 같은 사랑은 친밀감과 헌신이 결여된 채 성적 흥분이나 열정에 사

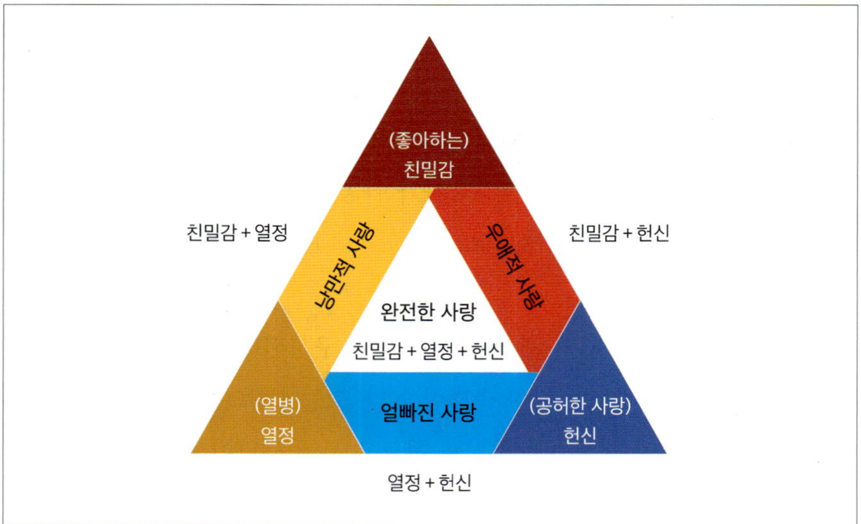

그림 12.7 Sternberg의 사랑의 삼각형

로잡힌 상태를 의미한다. 이러한 사랑은 보통 비대칭적이어서 열병에 빠진 사람과 그렇지 않은 사람 사이의 갈등을 초래할 수 있다. 전자는 후자가 자신을 충분히 사랑하지 않는다며 서운함을 느낄 수 있고, 후자는 전자가 진솔한 관심이 아닌 성적 욕구에만 집착한다고 느낄 수 있기 때문이다.

세 번째 유형은 '**공허한 사랑**(empty love)'으로 친밀감과 열정 없이 헌신만 있는 사랑을 의미한다. 오래된 부부처럼 정서적 친밀감이나 성적 끌림을 경험하지 못하는 정체된 관계에서 발견되곤 하는 사랑의 유형이다.

네 번째 유형은 '**낭만적 사랑**(romantic love)'으로 친밀감과 열정은 있지만 헌신은 없는 사랑을 의미한다. 낭만적 사랑을 하는 사람들은 서로를 정서적으로 가깝게 느끼고 성적으로도 끌리지만 관계의 지속에 대해서는 크게 신경을 쓰지 않는다. 일정한 시간 동안 만나면서 정서적으로나 신체적으로 끌려 사랑을 나누었지만, 그 시간이 끝나면 관계 또한 정리될 것이라 예상하는 경우가 여기에 해당한다.

다섯 번째 유형은 '**우애적 사랑**(companionate love)'으로 친밀감과 헌신은 있지만 열정은 없는 사랑을 의미한다. 열정은 관계가 지속될수록 식는 경향이 있다. 처음에는 열정적으로 사랑했던 사람들도 시간이 흘러 육체적 매력이 감소하면 열정이 약해진다. 친밀감과 헌신은 상대적으로 천천히 발전하여 오래 유지되는 경향이 있기 때문에, 오래 지속된 관계일수록 열정은 없지만 친밀감과 헌신은 유지되어 우정과 같은 사랑을 하는 경향이 있다.

여섯 번째 유형은 '**얼빠진 사랑**(fatuous love)'으로 친밀감은 없이 열정과 헌신만 있는 사랑을 의미한다. 이 유형은 열정에 사로잡혀 사랑에 빠진 두 사람이 아주 짧은 시간 내에 결혼을 약속하고 실행하는 영화와 같은 관계에서 발견되곤 한다. 관계의 지속에 대한 결심이나 헌신이 있다는 측면에서 열병과 구분되지만, 열정은 곧 식기 마련이라 헌신만 남은 사랑으로 변하기 쉽다. 더욱이 이때의 헌신은 오랜 시간에 걸쳐 구축된 안정적인 것이 아니기 때문에 매우 쉽게 깨어질 수 있는 위태로운 것이라 할 수 있다.

일곱 번째 유형은 '**완전한 사랑**(consummate love)'으로 친밀감과 열정, 헌신이 모두 존재하는 사랑이다. 가장 이상적인 사랑의 모습이라 할 수 있지만, 그만큼 달성하기 어렵고 유지하기도 어렵다. 일정 기간 이상 만나면서 친밀감을 쌓다가 신체적 접촉의 질적인 변화나 양적인 변화가 일어나 열정이 커지면, 두 사람은 이 관계를 얼마나 오랫동안 지속할 것인지를 고민한다. 그 결과 관계를 지속하는 것에 무게가 실리면 인지적 결심과 약속, 투신을 하는 것이다. 그렇게 장기적 관계에 들어가는 커플의 사랑이 완전한 사랑이라고 볼 수 있다. 하지만 열정은 곧 식게 마련이고, 잦은 갈등으로 인해 소통마저 줄어들면 친밀감 또한 약해진다. 만일 투신이 특별한 책임감이나 구속력을 가지고 있지 않은 약한 것이라면 그 관계는 결국 해체될 수밖에 없다.

여덟 번째 유형은 '**사랑이 아닌 것**'으로 친밀감과 열정, 헌신이 모두 존재하지 않는 경우라 할 수 있다. 피상적인 호감은 있지만 특별한 친밀감으로 이어지지 않는 일반적인 관계들이 여기에 해당한다. 혹은 피상적인 호감마저 없이 아무런 정서적 반응이 수반되지 않는 관계나, 적대적 감정이 강하여 오히려 거부하는 태도가 강한 관계도 여기에 해당한다고 볼 수 있다.

(3) 성격과 사랑

비록 언젠가는 스러질 것을 알지만 우리는 완전한 사랑을 꿈꾼다. 가능하면 친밀감과 열정, 헌신을 고루 갖춘 사랑을 오래도록 유지하길 바라는 것이다. 이러한 바람을 달성하는 방법은 여러 가지가 있겠지만, 우선적으로 고려할 수 있는 것은 적절한 상대를 찾는 것이다. **짝 선택**(mate choice)이라 불리는 이 과정에서 짝을 이루는 두 사람의 성격은 중요한 기준으로 고려되곤 한다.

▲ 새들도 신중하게 짝을 선택한다.

성격과 짝 선택의 관계에 대한 접근법은 크게 보면 두 유형으로 구분된다(Figueredo, Sefcek, & Jones, 2006). 첫 번째는 특정한 성격 특질에 대한 **절대적 선호**(absolute preference)를 탐색하는 것이다. 참여자의 성격이나 성별 등을 특별히 고려하지 않고 낭만적 관계를 맺고자 하는 상대가 지녔으면 하는 특질을 조사하는 것이 여기에 포함된다. 예컨대 '친절하고 이해심 있는(kind and understanding)' 성격이나 '지적인(intelligent)' 경향성, '흥미롭고 재미있는 성격(exciting personality)' 등은 남녀 모두에서 낭만적 파트너가 갖추었으면 하는 가장 중요한 특질로 조사된 바 있다(Buss, 1985, 1989; Buss & Barnes, 1986).

두 번째 접근법은 **상대적 선호**(relative preference)를 탐색하는 것이다. 여기에서는 선택하는 이의 성격과 파트너가 지닌 성격의 관계를 분석하는데, 크게 보면 두 가지 방향으로 선택이 이루어질 수 있다. 하나는 **정적 선별 짝짓기**(positive assortative mating)로 자기 자신의 성격과 유사한 성격을 선택하는 것이다. 이러한 선택 방식으로 상대적 선호를 설명하는 이론을 간단히 **유사성 이론**(similarity theory)이라 부른다. 다른 하나는 **부적 선별 짝짓기**(negative assortative mating, dissortative mating)로 자신의 성격과 반대의 성격을 선택하는 것이다. 이러한 선택 방식으로 상대적 선호를 설명하는 이론을 **상보성 이론**(complementarity theory)이라고 부른다.

관련 연구들에 따르면, 정적 선별 짝짓기와 부적 선별 짝짓기 경향이 모두 발견되었지만(Buss, 1984, 1985), 대체로 정적 선별 짝짓기가 좀 더 많은 지지를 얻는 것으로 확인되었다(Keller, Thiessen, & Young, 1996; Lum & Curran, 1975). Eysenck와 Wakefield(1981)는 결혼 만족과 관련이 있는 다양한 심리적 변인들을 탐색하였는데, 부부의 성격 특성이 서로 유사할수록 만족도가 높은 것으로 보고하였다. 놀라운 점은 부정적 특질을 가진 사람들조차 자기 자신과 비슷한 특질 경향을 가진 사람을 더 선호한다는 사실이다. 예컨대 마키아벨리아니즘(Machiavellianism)과 낭만적 선호의 관계를 탐색한 한 연구에 따르면, 마키아벨리아니즘 수준이 높은 여성은 마찬가지로 해당 특질 수준이 높은 남성을 선호하는 것으로 확인되었다(Novgorodoff, 1974). 이와 유사하게 불안 수준이 비교적 높은 사람들이 그러한 특질 경향을 가진 파트너를 선호한다는 사실을 보고한 연구도 있다(Touhey, 1977).

나름의 기준을 가지고 낭만적 파트너를 선택하는 것은 좋은 관계를 형성하는 데 도움이 될 수 있지만, 관계의 질이 짝 선택의 결과에 따라 모두 결정되는 것은 아니다. 일부 연구자들은 누구를 고르느냐의 문제보다 개인의 성격 자체가 관계의 질과 양상에 더 큰 영향을 미칠 수 있다고 제안한다.

이러한 연구의 흐름에서는 관계의 질과 양상을 반영하는 다양한 변인들과 성격의 관계를 포괄적으로 연구한다. 6개월 이상 동안 다른 사람과 연인관계를 맺고 있는 미국 대학생 196명을 대상으로 진행된 한 연구에서는 성격 5요인과 관계 만족도, 친밀함, 낭만적 사랑의 여섯 가지 유형 특성의 관계를 탐색하였다(White, Hendrick, & Hendrick, 2004). 낭만적 사랑의 여섯 가지

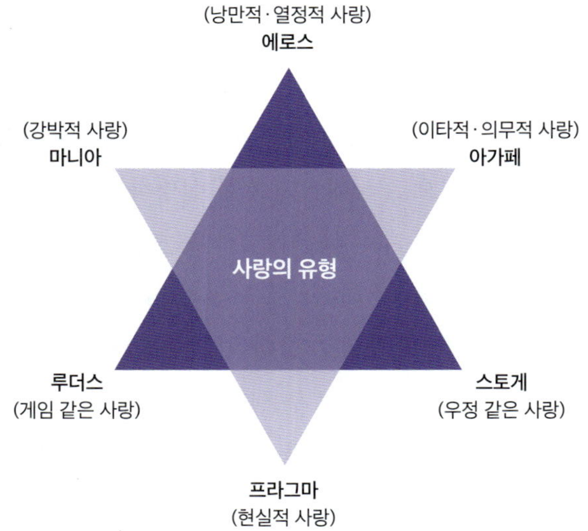

그림 12.8 낭만적 사랑의 여섯 가지 유형

Lee는 에로스와 스토게, 루더스를 일차적 사랑의 유형으로 보았으며, 각각의 조합으로 구성되는 아가페(에로스+스토게)와 프라그마(스토게+루더스), 마니아(루더스+에로스)를 이차적 사랑의 유형으로 설정했다.
출처: Lee, 1977

유형은 Lee(1977)의 구분을 따른 것으로, 열정과 욕망이 주를 이루는 에로스(Eros)와 우정이나 우애가 중심이 되는 스토게(Storge), 놀이를 하듯 재미를 중시하는 루더스(Ludus), 무조건적이고 헌신적인 보살핌과 이타적 행동이 중심을 이루는 아가페(Agape), 이성에 근거한 현실적이고 합리적인 사랑을 나타내는 프라그마(Pragma), 강렬한 소유욕과 집착을 중심으로 하는 마니아(Mania)를 포함한다(그림 12.8 참조).

연구 결과에 따르면, 전체 표본에서 경험에 대한 개방성을 제외한 모든 성격 차원이 관계의 만족도나 친밀감과 유의한 상관관계를 나타내는 것으로 확인되었다. 구체적으로 보면 신경과민성은 관계 만족도나 친밀감과 부적 상관관계를 맺고 있는 것으로 나타났으며, 관계의 강도 또한 다른 차원들에 비해 강한 것으로 확인되었다. 외향성과 우호성, 성실성은 강도가 약하기는 했으나 정적 상관관계를 맺고 있는 것으로 나타났다.

성격과 사랑의 관계는 성별에 따라 달라지는 것으로 확인되었다. 예컨대 남성의 경우 신경과민성 수준이 높을수록 루더스적 사랑은 증가하고 아가페적 사랑은 감소하는 경향이 있었으며, 여성의 경우에는 신경과민성 수준이 높을수록 마니아적이거나 아가페적인 사랑이 증가하는 것으로 확인되었다. 한편 여성의 경우 성실성과 아가페적 사랑은 별다른 관계가 없었지만, 남성은 성실성이 높을수록 아가페적 사랑도 증가하는 것으로 나타났다. 이러한 결과는 성격과 사랑의 관계 양상이 성별에 따라 다를 수 있다는 점을 잘 보여 준다.

낭만적 관계의 질이 두 사람에 의해 결정된다는 점을 감안할 때, 두 사람의 성격이 서로의 관계 인식에 미치는 영향을 탐색해 보는 것은 가치 있는 작업일 것이다. 현재 연애 중인 360쌍의 커플을 대상으로 진행된 한 연구에서는 커플을 이루고 있는 두 사람의 성격 특질이 각자의 관계 만족도 뿐만 아니라 상대의 관계 만족도에 어떤 영향을 미치는지를 탐색하였다(Robins, Caspi, & Moffitt, 2000).

이 연구에서는 특질을 측정하는 도구로 Tellegen(1982)이 개발한 다차원적 성격 질문지(multidimensional personality questionnaire)를 사용하였다. 이 도구는 성격 특질을 세 유형으로 구분하여 측정하는데, 부정 정서성(negative emotionality)과 긍정 정서성(positive emotionality), 통제(constraint)가 여기에 포함된다. 연구 결과에 따르면, 남성과 여성의 부정 정서성은 각자의 관계 만족도에 부적 영향을 미치는 것으로 확인되었다. 각 사람의 부정 정서성은 상대의 관계 만족도에도 부적 영향을 미치는 것으로 나타났지만, 관계의 강도는 상대적으로 약했다. 긍정 정서성에서도 대체로 유사한 패턴이 나타났으나, 전반적으로 관계의 강도가 약했으며, 여성의 긍정 정서성은 남성의 관계 만족도에 유의한 영향을 미치지 못하는 것으로 확인되었다. 남성의 통제 특성은 자기 자신의 관계 만족도에 유의한 영향을 미쳤지만, 여성의 경우에는 그렇지 못했다. 각 사람의 통제 특성이 상대의 만족도에 미치는 영향도 대체로 유의하지 않았다. 정리하면, 낭만적 관계에서 개인의 성격이 상대의 관계 만족도에 어느 정도 영향을 미치는 것은 사실이지만, 자기 자신의 만족도에 미치는 영향이 더 큰 것으로 확인되었다.

3) 공격성

사랑이 대표적인 대인관계 행동의 한 극단을 이룬다면, 그 반대에는 공격 행동 혹은 공격성이 있을 것이다. 인간은 사랑하는 존재이자 공격하는 존재이다. 사랑하는 행위가 행위자와 그 상대의 삶에 큰 영향을 미치는 것처럼, 공격하는 행위 또한 행위자와 상대에게 그리고 그가 속한 사회에 큰 영향을 미친다. 어쩌면 더 강력한 영향력을 발휘하는지도 모른다. 여기에서는 이토록 중요한 공격성에 대해 심리학자들이 연구한 성과를 간략히 살펴보겠다.

(1) 공격성의 정의와 유형

공격 행동(aggressive behavior) 혹은 **공격성**(aggression)의 정의에서 일관되게 나타나는 요소는 다른 사람에게 해를 가하는 것이다(Buss, 1961; Dollard, Doob, Miller, Mowrer, & Sears, 1939). 학자마다 의견을 달리하는 부분은 그러한 행동이 '의도적이었는지' 여부를 정의에 포함시켜야 하는가와 관련이 있다. 가장 전통적인 정의에 해당하는 Dollard 등(1939)의 정의에서는 **의도성**(intentionality)을 중요한 요소로 포함시킨다. 즉, 공격성이란 어떤 사람을 해치려는 의도로 행해지는 행동을 의미하는 것이다. 이러한 정의를 따를 경우, 해치려는 의도가 있었지만 실제로 해를 가하지 못한 행동도 공격 행동으로 간주한다. 예컨대 누군가를 죽이려는 의도로 총을 쏘았지만 맞추지는 못한 경우 공격 행동으로 보는 것이다. 반면 총을 수리하다가 실수로 격발되어 근처에 있는 누군가가 맞았다면, 그 행동은 공격 행동으로 간주하지 않는다.

의도성보다는 실제로 누군가가 피해를 입었는지 여부에 중점을 두는 정의에서는 다른 사람에게 유해한 자극을 가했다면 그 행위를 공격 행동으로 간주한다(Buss, 1961). 이렇게 공격 행동을 정의하는 관점에서는 의도성이 매우 주관적인 요소라는 점을 지적한다. 즉, 어떤 공격 행동이 의도적이었는지 아닌지는 행위자인 그 사람만 알 뿐 타인은 파악하기 어렵다는 것이다. 예컨대 총을 수리하다가 실수로 격발되었다고 말했지만, 사실은 수리하는 척하면서 의도적으로 격발한 것일 수 있다.

의도성을 공격 행동의 핵심적 기준으로 고려할 것인지 여부에 대해서는 많은 논쟁이 있었으며, 현재까지도 지속되고 있다. 다만 공격 행동의 재발을 막기 위해 공식적 처벌을 실시해야 하는 상황에서는 의도성에 좀 더 무게를 두는 경향이 있다. 상대를 해치려는 의도가 없었던 사람은 향후 비슷한 상황에서 또 다른 사람에게 해를 가하는 행동을 나타낼 가능성이 낮기 때문이다.

공격성은 매우 다양한 방식으로 구분되곤 한다. 분노가 수반되었는지 여부나 사회가 지향하는 가치와 일치하는지 여부, 신체적 공격인지 아니면 언어적 공격인지 여부, 직접 공격하는지 아니면 간접적으로 공격하는지 여부 등에 따라 구분하는 방법들이 여기에 포함된다. 이러한 방법들은 각각 공격의 방식, 공격이 허용되는 범위, 공격이 일어나는 과정, 공격의 목적 등에 따라 공격 행동을 구분하고 있다. 이러한 방법 중 최근까지 가장 활발하게 연구되고 있는 구분 방법은 '목적'을 기준으로 삼는 것이다.

공격성을 목적에 따라 구분하는 전통적인 방법은 적대감 표현이 주요 목적이었는지, 아니면 다른 어떤 목표(예: 돈, 사회적 인정, 자존감 유지)를 달성하기 위해 도구적으로 사용한 것인지에 따라 각각 **적대적 공격성**(hostile aggression)과 **도구적 공격성**(instrumental aggression)으로 구분하는 것이다(Feshbach, 1997). 이와 유사하지만 조금 다른 접근은 특정한 보상을 획득하려는 목적을 가졌는지, 아니면 위협적이거나 좌절스러운 자극을 제거하기 위한 목적을 가졌는지에 따라 공격 행동을 구분하는 것이다. 전자는 주도적으로 목표를 추구하는 과정에서 일어나는 공격성이라는 점을 강조하여 **주도적 공격성**(proactive aggression)이라 부르고, 후자는 위협에 대한 반응으로 나타나는 공격성이라는 점을 강조하여 **반응적 공격성**(reactive aggression)이라 부른다(Wrangham, 2018). Feshbach(1997)의 구분에서 도구적 공격성은 주도적 공격성과 거의 동일한 개념이다. 한편 분노가 수반되는 공격성이나 적대감을 표현하기 위한 공격성은 반응적 공격성의 특징을 가지고 있다고 볼 수 있다.

▲ 전쟁은 주도적 공격성의 대표적인 예라 할 수 있다.

주도적 공격성은 자신이 원하는 특정한 보상을 획득하기 위한 계획적 행동을 수반하며, 표적에 일관되게 주의를 기울이고, 상대적으로 정서적 각성 수준이 낮은 경향이 있다. 비교적 적은 노력이나 자원을 투자하여 목표를 달성할 가능성이 높다고 판단될 때 행동화되는데, 괴롭힘(bullying)이나 스토킹(stalking), 기습, 계획된 살인 등이 여기에 포함된다.

반면 반응적 공격성은 위협 자극에 대한 반응으로 나타나며, 그러한 자극을 제거하는 것이 유일한 목표라 할 수 있다.

표 12.4 주도적 공격성과 반응적 공격성의 비교

	주도적 공격성	반응적 공격성
목적	보상 획득	위협 자극 제거
행동의 계획성	계획적	충동적
주의 특성	일관되게 표적에 주의를 기울임	주의가 표적에 머물지 못하고 쉽게 전환됨
정서적 각성	상대적으로 낮음	상대적으로 높음
예시	계획된 살인, 괴롭힘, 계획된 전투	충동적 살인, 의도하지 않은 싸움

일반적으로 위협 자극과 관련된 분노 정서가 유발되며, 생리적 각성 수준이 상승하고, 이러한 생리적 변화를 조절하는 데 어려움을 겪는 경향이 있다. 주의 또한 특정한 표적에 일관되게 머물기보다 이리저리 쉽게 전환되는 특성을 보인다. 반응적 공격성의 대표적인 예로는 누군가와 대화를 나누다가 의도치 않게 서로를 자극하여 싸움이 일어나는 경우를 들 수 있다. 계획하지 않은 충동적 살인 등도 여기에 포함될 수 있다.

진화생물학자인 Wrangham(2018)에 따르면, 주도적 공격성과 반응적 공격성의 빈도는 종(species) 간에 차이가 있는 것으로 확인된다. 즉, 인간은 침팬지나 보노보(침팬지와 유사하지만 구분되는 포유류)에 비해 주도적 공격성이 더 높고, 반응적 공격성은 더 낮은 것으로 나타나고 있다. 이러한 차이는 인간에게서 집단 간 전투나 전쟁이 상대적으로 흔하게 나타나는 현상이나, 집단 내에서 서로를 자극하여 일어나는 싸움이나 다툼이 상대적으로 적게 나타나는 현상에서 잘 드러난다.

(2) 공격성의 원인

공격성의 유형론을 따르는 연구자들은 앞서 소개한 공격성의 두 유형이 질적으로 다른 특징을 가지고 있다고 가정한다. 이는 두 유형의 공격성이 서로 다른 발생 기제를 가지고 있음을 인정하는 견해다. 하지만 그동안 공격성을 설명하기 위해 개발된 대부분의 이론은 공격성의 유형을 정교하게 구분하지 않았다. 따라서 기존의 이론을 이해할 때에는 각 이론이 어떤 유형의 공격성을 설명하고 있는지 주의해서 파악해야 한다.

심리학이나 정신의학 영역에서 공격성을 설명하기 위해 제안된 초기의 이론으로는 추동 이론을 들 수 있다. 정신분석가인 Freud는 자신의 이론에서 성적 추동을 강조하였지만, 세계대전을 목도하면서 인간의 근본적인 공격 추동이 존재함을 인정하였다. 그는 이 추동이 기본적으로 '자기 자신을 파괴하려는 추동'이라 여겼다. 따라서 공격 추동이 그대로 행동화되면 자기 자신을 파괴하는 결과를 초래하고 만다. 인간은 자기보호를 위해 공격 추동을 외부로 투사할 수 밖에 없으며, 그 결과 타인에 대한 공격 행동이 나타난다고 보았다.

정신분석가이자 사회학습 이론가인 John Dollard(1900-1980)와 실험심리학자 Neal Miller(1909-2002)는 다른 동료들과 함께 **좌절-공격 가설**(frustration-aggression hypothesis)을 제안하였다(Dollard, Doob, Miller, Mowrer, & Sears, 1939). 이 가설에 따르면, 공격 추동은 욕구의 좌절에 의해 형성된다. 무언가를 원하지만 어떤 이유 때문에 그것을 얻을 수 없는 상태가 되면 공격 추동이 발생한다는 것이다. 공격 추동은 공격 행동으로 이어지고, 공격 행동을 하면 추동이 감소한다는 것이 이 가설의 골자이다. Berkowitz(1989)는 여기에서 더 나아가 좌절 자체가 반드시 공격 행동을 유발하는 것은 아니며, 좌절이 '부정 정서'를 유발할 때에만 공격 행동이 나타날 수 있다고 제안했다. 예컨대 자신이 원하는 상태를 누군가가 의도적으로, 부당한 방법을 이용해 훼손했다고 판단할 경우 분노와 같은 정서가 유발되고, 그 결과 공격 행동이 나타난다는 것이다. 이러한 관점에 따르면, 좌절-공격 가설은 기본적으로 반응적 공격성을 설명하기에 적절한 이론임을 알 수 있다.

전통적인 행동주의 관점에서는 조건 형성의 원리로 공격성을 설명한다. 즉, 공격 행동과 특정 자극이 연합되어 유사한 상황에서 특정 자극이 제시될 경우 공격 행동이 나타난다는 고전적 조건 형성(classical conditioning)의 원리나, 공격 행동에 보상이 반복적으로 주어져 공격 행동이 강화된다는 조작적 조건 현성(operant conditioning)의 원리로 공격성을 설명하는 것이다(Berkowitz, 1974; Domjan, 2005; Eron, 1987). 사회학습 이론에서는 공격성이 관찰을 통해 학습된다고 제안한다(Bandura, 1977). 즉, 타인의 행동을 보상과 처벌의 관점에서 관찰한 뒤, 보상이 기대되는 상황에서 학습한 공격 행동을 수행한다고 본다. 이렇게 특정한 목표 달성이나 보상이 기대되는 상황에서 계획적으로 공격 행동이 나타난다는 관점은 주도적 공격성과 유사한 측면이 있다.

인지적 관점에서는 공격 행동이 억제되거나 촉진되는 데 기여하는 인지적 특성을 중점적으로 연구한다. 다양한 이론들이 있지만, 공통점은 정보의 처리 과정을 단계적으로 구분하여 각 단계에서 개인과 상황의 요소들이 어떻게 관여하는지를 구체적으로 탐색한다는 점이다. 예컨대 상황적 단서에 대한 부호화와 해석, 목표나 행동의 생성 및 선택, 선택된 행동이나 행동 순서를 일정한 기준에 따라 평가하기, 행동 실연 및 다른 사람들의 반응 해석하기 등의 순으로 구분하여 각 단계에서 인지적 요소나 정서적 요소, 상황적 요소 등이 어떻게 상호작용하는지를 정교하게 분석한다(Anderson & Huesmann, 2007). 공격적인 행동을 유발하는 대표적인 인지적 변인으로는 타인의 의도에 대한 적대적 귀인 및 해석(Dodge, 2006), 공격 행동의 효과에 대한 긍정적 기대(Bentley & Li, 1996; Crick & Dodge, 1996), 자기조절 기술의 부족(Rodriguez, Mischel, & Shoda, 1989) 등이 주목을 받아 왔다. 인지적 관점에서는 인지적 평가 및 의사결정 과정의 특성에 따라 충동적 행동이 나타날 수도 있고, 의도적이고 계획적인 행동이 나타날 수도 있다고 가정한다(Anderson & Bushman, 2002). 즉, 공격성은 질적으로 다른 유형들(예: 주도적 공격성, 반응적 공격성)로 구분되는 개념이 아니라 여러 차원(예: 계획성, 충동성, 정서성)으로 이해될 수 있는 다차원적 개념이라는 것이 인지적 이론의 기본 관점이다.

(3) 성격과 공격성

공격성을 일종의 성격 특질로 보는 관점도 있다. 이 관점에서는 공격 행동이 시간적인 안정성을 나타낸다는 경험적 연구 결과에 뿌리를 두고 있다. 예컨대 600명의 참여자를 대략 22년 정도 추적한 초기 종단 연구에서는 8세에 공격 행동을 보인 참여자가 30세에도 다른 사람들에 비해 공격 행동을 더 많이 나타냄을 확인하였다(Huesmann, Eron, Lefkowitz, & Walder, 1984). 이 연구에서는 공격 행동의 시간적 안정성이 지능과 유사한 수준이라고 제안하기도 했다. 공격성의 시간적 안정성을 지지하는 자료는 다른 연구들에서도 빈번하게 보고된 바 있다(Loeber & Hay, 1997). 이러한 결과는 공격성이 성격적 특징을 가지고 있을 가능성을 시사한다.

공격 행동이 어느 정도의 시간적 안정성을 가지고 있는 것은 사실이지만, 비교적 짧은 시간 동안의 변화 양상이나 공격 행동의 질적 특징, 안정적인 정도 등의 측면에서 개인차가 존재하는 것으로 확인되어 왔다(Piquero, Carriaga, Diamond, Kazemian, & Farrington, 2012). 청소년기에 공격 행동을 보였던 아이들이 모두 성인기에 반사회적 행동(antisocial behavior)이나 범죄 행동(criminal behavior)을 나타내지는 않는다는 사실은 주변에서도 쉽게 확인할 수 있다. 이러한 문제의식을 바탕으로 성인기에 반사회적 공격 행동을 나타내는 사람들과 그렇지 않은 사람들의 차이를 탐색하기 위한 연구들이 진행되었다. 관련 연구에 따르면, 반사회적 행동은 청소년기에 집중적으로 일어나는 경향이 있는데, 이 시기에만 반사회적 행동을 나타내고 성인기에는 그러한 행동을 나타내지 않는 사람들이 다수였다(Moffitt, 1993). 한편 더 이른 아동기부터 반사회적 행동을 나타내는 사람들은 성인기에도 반사회적 행동을 보일 가능성이 더 높았다. Moffitt(1993)은 이러한 결과를 바탕으로 반사회적 행동을 **생애 지속적인 반사회적 행동**(life-course persistent antisocial behavior)과 **청소년기에 국한된 반사회적 행동**(adolescent-limited antisocial behavior)으로 구분하기도 했다(그림 12.9 참조).

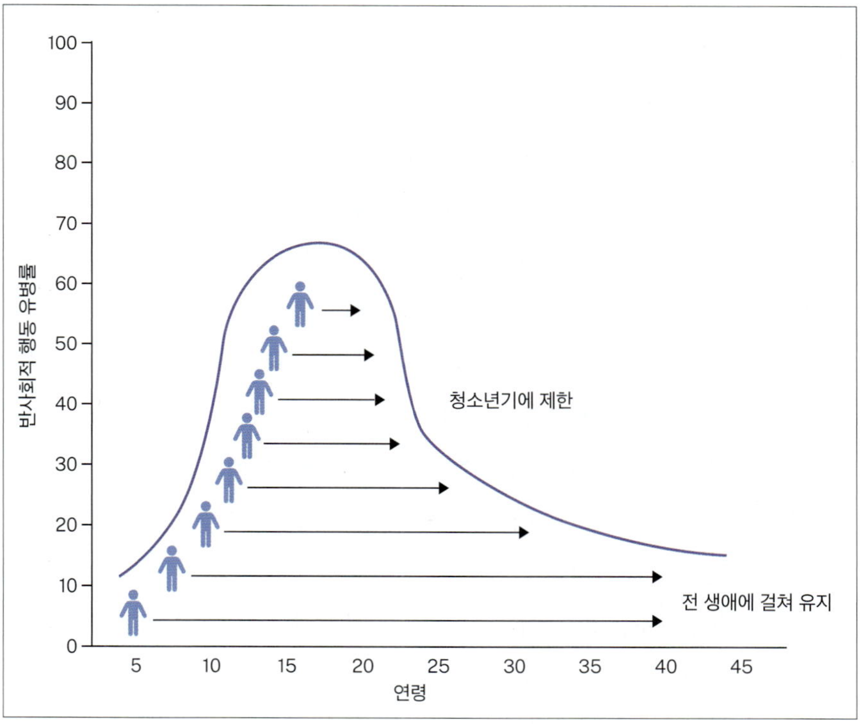

그림 12.9 연령에 따른 반사회적 행동 비율 변화
출처: Moffit, 1993

엄밀한 의미에서 공격성과 반사회적 행동은 동일한 개념이 아니다. 우리가 공격적인 행동이라 부를 수 있는 행동 중에는 반사회적이라 부르기 어려운 것들도 포함되어 있기 때문이다. 사실 '반사회적'이라는 개념은 상대적인 것이다. 한 개인이 특정한 사회에 속해 있다고 가정할 때, 그 사회를 유지하고 발전시키는 데 기여하는 행동은 친사회적 행동으로, 방해가 되는 행동은 반사회적 행동으로 간주하기 때문이다. 따라서 어떤 공격 행동이 자신이 속한 사회에 도움이 된다면, 그 행동은 친사회적이라 부를 수 있다. 대표적인 예는 자신이 속한 사회의 유지를 위해 다른 사회에 속한 사람들을 공격하는 행위이다. 따라서 성격으로서의 공격성을 이해할 때 반드시 생애 지속적인 반사회적 행동에만 초점을 맞출 필요는 없다. 하지만 생애 지속적인 반사회적 행동이 성격적인 공격성의 대표적 유형이라는 점에는 이견이 없을 것이다.

Moffitt(1993)은 생애 지속적인 반사회적 행동이 나타나는 과정을 ① 기원 혹은 시작(beginnings)과 ② 유지(maintenance) 및 정교화(elaboration)로 구분하여 제시하였다. 그에 따르면, 생애 지속적인 반사회적 행동을 나타내는 사람들은 신경심리적 취약성을 가지고 있으며, 불운한 환경 속에서 양육되는 경향이 있다. 이들은 기질적으로 까다롭고 언어 및 운동 발달이 지연되는 특징을 나타내며, 다양한 인지적 결손을 초래하는 신경심리적 취약성을 지니고 성장한다. 이러한 특징은 양육에 상당한 부담을 주는데, 불행히도 이들의 부모는 이러한 취약성에 적절히 대응하지 못하고 역기능적 방식(예: 처벌, 방임)으로 반응하여 악순환을 초래하는 것으로 제안되었다. 그 결과 아동은 반사회적 행동을 비교적 이른 시기부터 나타내기 시작한다.

생애 지속적인 반사회적 행동의 '유지 및 정교화'는 세 가지 기제로 설명되었다. 첫 번째는 **누적 연속성**(cumulative continuity)이다. 누적 연속성은 생애 초기 특성의 결과가 누적되어 현재의 개인차를 유발하는 과정을 의미한다. 예를 들어, 아동기의 잦은 분노 폭발은 청소년기의 학업 부진으로 이어지고, 이후 청년기와 중년기의 직업적 실패로 이어질 수 있다. 두 번째는 **동시대 연속성**(contemporary continuity)이다. 동시대 연속성은 어린 시절에 문제가 되었던 특징(예: 낮은 자기통제력, 짜증)이 그대로 유지되면서 현재의 행동에 영향을 미치는 과정을 의미한다. 세 번째는 **변화를 위한 선택의 제한**(narrowing options for change)이다. 생애 지속적인 반사회적 행동을 보이는 개인은 생애 초기부터 시작된 반사회적 행동의 누적된 효과와 동시대적 효과의 지배를 받기 때문에, 변화를 위한 보다 긍정적인 선택이나 대안적인 친사회적 행동을 학습할 기회가 거의 주어지지 않는다. 어린 시절의 반사회적 행동은 이들이 선택할 수 있는 삶의 폭을 현저하게 좁히며, 그 결과 성인기에도 반사회적 행동을 저지르며 살게 된다는 것이다.

소위 범죄 행동으로 불리는 반사회적 행동이 성격적으로 드러나는 경우를 체계적으로 연구하는 것은 매우 의미 있는 일이다. 성격적인 공격성의 원인이나 기제에 대한 이해를 보다 깊게 할 수 있고, 범죄 행동을 예방함으로써 사회 안전에도 기여할 수 있기 때문이다. 하지만 명백한 반사회적 행동만을 연구하게 되면, '반사회적'이라는 기준을 피해 가는 공격성을 충분히 탐색하지 않는 실수를 범할 수 있다. 이를 방지하기 위해 일부 학자들은 공격성을 좀 더 포괄적으로 탐색할 수 있는 방법을 사용하기도 한다.

대표적인 공격성 연구자인 Berkowitz(1998)는 공격성에 대한 요인 분석을 실시한 연구들을 포괄적으로 검토하여 공격적 성격을 지닌 사람들의 핵심 특징을 네 가지로 요약하였다.

첫 번째 특징은 **위협과 도발에 대한 민감성**이다. 공격적인 사람들은 타인의 말이나 행동에 담긴 의도를 적대적인 것으로 편향되게 해석하여 공격적으로 반응하는 경향이 있다. 이들은 공격적인 단서에 주의를 기울이고, 모호한 상황을 적대적으로 해석하며, 상대적으로 비공격적인 대안을 발견하는 데 어려움을 겪고, 공격적 행동에 대한 긍정적 기대를 가지며, 공격 행동을 수월하게 실행할 수 있다고 믿는 것으로 나타난다. 이러한 특징은 반응적 공격성과 밀접할 가능성이 있는 것으로 고려되고 있다.

두 번째 특징은 **보편적인 적대적 태도**이다. 공격적인 사람들이 적대적인 방식으로 정보를 처리하는 것은 그들이 가지고 있는 적대적 신념 때문이다. 적대적 신념은 적대적 정보처리를 유발하고, 적대적 정보처리는 적대적 신념을 강화한다. 대표적인 적대적 신념으로는 자신이 타인에 의해 박해를 받고 있다는 신념, 세상이 야비하다는 신념 등을 들 수 있다.

세 번째 특징은 **강렬한 분노를 경험하는 경향성**이다. 공격 성향이 높은 사람은 강렬한 분노를 경험하는 경향을 보인다. 이는 적대적 신념이나 적대적 정보처리와도 일치하는 견해이며, 좌절-공격 가설을 발전시켜 개발된 Berkowitz(1989)의 부정 정서 혹은 분노 매개 가설(좌절-분노-공격)과도 유사한 견해라 할 수 있다. 주도적-반응적 공격성 구분에서는 반응적 공격성을 좀 더 잘 설명하는 것으로 보인다.

네 번째 특징은 **공격성을 표출하는 성향**이다. 적대적 신념을 가지고 있어서 적대적 정보처리를 하고, 그 결과 분노를 경험한다고 해서 모두 공격 행동을 보이는 것은 아니다. 인간에게는 최후의 안전장치가 있는데, 바로 행동 억제 시스템이다. 즉, 어떤 행동이 가장 유력한 후보로 선정되었다 해도 그 행동을 실제로 표출할 것인지를 여러 기준을 이용해 판단하고, 필요하다면 억제하는 시스템을 가지고 있는 것이다. 실제로 분노를 경험하는 사람들 중 상당수는 공격 행동을 표출하지 않고 억제한다(Spielberger, 1991). 반면 공격 성향이 높은 사람들은 분노가 유발되었을 때 언어적 형태나 신체적 형태 등으로 공격성을 표출하는 경향이 있다.

성격으로서의 공격성을 포괄적으로 탐색하는 또 다른 방법은 기존에 잘 개발된 포괄적인 성격 측정 도구와 공격 행동의 관계를 분석하는 것이다. 예컨대 성격 5요인과 공격성의 관계를 분석하여 공격성과 밀접한 성격의 차원을 선별하는 것이다. 관련 연구들을 전체적으로 검토한 메타연구에 따르면, 우호성과 성실성, 신경과민성이 공격적 행동이나 반사회적 행동과 일관되게 유의한 관계를 맺는 것으로 확인되었다(Jones, Miller, & Lynam, 2011). 하위 차원별로 보면, 우호성 차원에서는 솔직함(straightforwardness)과 이타성(altruism), 순응성(compliance)이 가장 강한 부적 상관관계를 나타내었으며, 성실성에서는 신중함(deliberation)이 가장 강한 부적 상관관계를 보였다. 신경과민성에서는 적대감(angry hostility)이 정적 상관관계를, 외향성에서는 따뜻함(warmth)이 부적 상관관계를 나타내는 것으로 확인되었다. 이러한 결과들은 성격적으로 타인에 대해 적대적인 감정을 빈번하게 경험하고, 그에 따라 타인의 의견에 저항하거나 자신의 의도를 숨기는 행동을 보이며, 타인을 돕는 행동이나 친절하게 대하는 등의 긍정적 상호작용을 상대적으로 적게 나타내는 사람들이 공격적인 성격을 가진 사람들일 수 있음을 반영한다.

요약

- 개인의 진로 선택을 개인의 특성과 직업 특성의 조화 관점에서 분석한 대표적 이론은 Parsons의 특질-요인 이론과 Holland의 직업 선택 이론이다. 이러한 이론들은 개인의 흥미나 욕구 등이 각 직업의 고유한 특징과 잘 어울리도록 선택하는 것이 적절하다고 제안한다. 한편 직업 선택의 과정을 일종의 발달 과정으로 묘사한 이론들도 있다. 여기에는 Super의 생애주기 생애공간 이론과 Gottfredson의 제한-타협 이론 등이 포함된다.

- 직무 만족을 설명하는 초기의 이론들은 개인의 욕구가 직무 활동을 통해 적절히 만족되거나, 목표 혹은 가치와 실제 수행의 불일치가 적을수록 직무 만족이 높을 것이라고 보았다. 이러한 이론은 개인의 특성과 직무의 특성 간 조화가 중요하다는 관점을 지지한다. 한편 기술 다양성이나 기술 정체성, 기술 중요성, 자율성, 피드백과 같은 직무 특성 자체가 직무 만족에 영향을 미칠 것이라는 이론과 개인의 고유한 특질이나 성향이 직무와 무관하게 직무 만족을 결정할 것이라는 이론도 경험적인 지지를 얻고 있다.

- 직무 수행이란 일정 기간 동안 개인이 수행하는 행동이 기업이나 조직 차원에서 갖는 가치를 의미한다. 직무 성과는 직무 행동을 통해 산출한 실질적 결과물로 직무 수행과 구분되곤 한다. 성격 5요인 중에서는 성실성이 일관되게 직무 수행과 밀접한 관련이 있는 것으로 확인되고 있다. 맡은 직업적 역할에 자기 자신을 온전하게 쏟는 직무 몰입은 직무 수행과 밀접한 관련이 있는 것으로 제안되었다. 직무 몰입은 가치 적합성이 높을수록, 지각된 기관 지원이 긍정적일수록, 핵심 자기평가가 긍정적일수록 높은 것으로 나타난다.

- Sullivan은 성격이 반복적인 대인관계 상황의 영속적 패턴이라고 주장했다. 대인관계 상황이란 한 개인이 다른 사람과 관계를 맺고 있는 전체 상황을 의미한다. 개인은 대인관계 상황 속에서 패턴화된 생각과 감정, 행동을 나타내며, 그러한 행동은 상대방의 생각과 감정, 행동에 영향을 미친다. 상대방의 반응은 다시 개인의 욕구 만족이나 좌절, 학습 등을 유발한다.

- Sullivan의 대인관계 이론 관점에서 대인관계 행동을 연구한 후대 연구자들은 다양한 유형론을 제안하였다. 이들은 공통적으로 사랑 혹은 친애-적대 축과 권력 혹은 지배-복종 축으로 구성된 2차원 좌표상에서 다양한 대인관계 행동을 유형화했다.

- Carson은 대인관계적 상보성 개념을 이용해 대인관계 양상을 포착하였다. 대인관계적 상보성이란 대인관계 상황을 이루고 있는 두 사람이 서로 안전감을 느끼는 규칙적 패턴을 의미한다. 개인은 다른 사람으로부터 상보적 행동을 이끌어 냄으로써 안전감을 유지하는데, 여기서 상보적 행동이란 지배-복종 축에서는 상반되며, 친애-적대 축에서는 상응하는 행동을 의미한다.

- 애착이란 두 사람 간의 정서적 유대를 의미한다. Bartholomew와 Horowitz는 자기상과 타인상의 긍정성-부정성에 따라 성인의 애착 유형을 크게 안정형과 집착형, 공포형, 거부형으로 구분하였다.

- Sternberg는 사랑이 친밀감과 열정, 헌신으로 구성된다는 사랑의 삼각형 이론을 제안하였다. 그에 따르면, 사랑의 세 가지 요소가 각각 존재하는지 여부에 따라 8가지 사랑의 유형을 구분할 수 있다. 여기에는 좋아하는 상태, 열병, 공허한 사랑, 낭만적 사랑, 우애적 사랑, 얼빠진 사랑, 완전한 사랑, 사랑이 아닌 것이 포함된다.

- 성격은 친밀한 관계를 맺고자 하는 상대를 선택하는 과정에 영향을 미친다. 전통적으로 자신과 유사한 성격을 선택한다는 유사성 이론과 반대의 성격을 선택한다는 상보성 이론이 모두 제안되었지만, 상대적

으로 유사성 이론이 더 많은 지지를 얻고 있는 것으로 확인되었다.

- 성격은 대인관계에서의 만족도나 친밀감에 영향을 미치며, 사랑의 유형에도 영향을 미치는 것으로 확인되었다. 특히 성격과 사랑의 유형 간 관계는 성별에 따라 양상이 달라지는 것으로 나타났다.

- 공격 행동 혹은 공격성은 타인에게 해를 가하는 행위를 의미한다. 의도성을 중요하게 고려할 것인지 여부는 이론마다 의견이 다른 것으로 확인되고 있다. 공격성의 하위 유형은 다양한 방식으로 구분되지만, 특정한 목표를 얻기 위해 주도적으로 공격 행위를 보이는 주도적 공격성과 위협에 대한 반응으로 공격 행위를 보이는 반응적 공격성이 많은 지지를 얻고 있다.

- 공격성의 원인은 이론마다 다양하게 제안되고 있으며, 주도적 공격성과 반응적 공격성의 기제가 다를 것이라고 보는 견해가 보편적이다.

- Berkowitz에 따르면, 성격적으로 공격성을 보이는 사람들은 위협과 도발에 대한 민감성이 높고, 보편적으로 적대적 태도를 보이는 경향이 있다. 또한 반복적으로 강렬한 분노를 경험하며, 공격 행동을 억제하지 않고 표출하는 경향이 강한 것으로 확인된다.

연습 문제

1 직업 및 진로 선택 과정을 포착하는 이론은 다양하지만 전통적인 특질-요인 이론이 현재까지도 큰 영향력을 발휘하고 있다. 즉, 직업을 선택할 때에는 개인의 특징과 직업의 특징 간 조화가 중요하다는 관점이 여전히 적용되고 있는 것이다. 실제로 많은 대학에서는 개인의 흥미를 고려하여 적절한 직업을 추천해 주는 방식의 진로 상담이 이루어지고 있다. 하지만 실제로 개인이 선택하는 직업은 흥미-직업 특성과는 동떨어진 경우를 많이 볼 수 있다. 이러한 괴리가 발생하는 이유를 서술하고, 대안적인 이론에서 중요하게 고려해야 할 측면은 무엇인지 제시하시오.

2 직무 만족에 대한 연구 결과들을 보면, 흥미롭게도 개인의 특징(예: 가치)과 직업의 조화뿐만 아니라 개인의 특징 자체나 직업의 특징 자체가 직무 만족에 영향을 미친다는 사실을 알 수 있다. 이러한 경험적 결과가 실질적으로 시사하는 바는 무엇인지 서술하시오.

3 직무 수행의 다양한 지표와 일관된 관계를 맺고 있는 성격 차원은 성실성으로 확인되고 있다. 성실성은 직업의 유형과 무관하게 긍정적인 직무 수행을 예측하였다. 긍정적인 직무 수행은 일반적으로 긍정적인 직업 성과나 기여, 직무 몰입, 직무 만족 등과 관련이 있는 것으로 확인되고 있다. 이러한 결과가 직업 선택 혹은 진로 결정 이론에 시사하는 바는 무엇인지 서술하시오.

4 핵심 자기평가 수준은 직무 몰입에 영향을 미치는 것으로 알려져 있다. 핵심 자기평가의 개념을 기술하고, 이 변인이 직무 몰입에 영향을 미친다는 사실이 기업 등 고용인 입장에서 갖는 함의는 무엇인지 서술하시오.

5 Sullivan이 제안한 대인관계 상황이 성격의 한 요소로 고려될 수 있는 이유를 설명하시오.

6 동시발생적 접근을 이용하여 대인관계 상황을 연구할 때 사용되는 대표적인 두 유형의 분석 단위 혹은 연구 방법에 대해 설명하시오.

7 대인관계 상보성과 비상보성, 반상보성을 비교하여 설명하시오.

8 대인관계 상황에서 타인으로 하여금 특정한 방식으로 행동하도록 압박하는 현상이 반복적으로 확인되는 이유를 설명하시오.

9 아동기의 애착과 성인기의 사랑이 서로 어떤 측면에서 구별되는지 서술하시오.

10 Sternberg가 제안한 사랑의 3요소는 각각 생리적 요소와 정서적 요소, 인지적 요소로 구분된다. 이 중 생리적 요소와 정서적 요소는 침팬지와 같은 다른 포유류 동물에게서도 어렵지 않게 발견된다. 인간에게서 발견되는 독특한 요소는 헌신이라 불리는 인지적 요소 혹은 의지적 요소라 할 수 있다. 상대를 사랑하겠다는 결심, 선언, 약속이 인간의 사랑에서 발견되는 이유와 그 함의는 무엇일까?

11 공격성의 조건에 '의도'를 포함하는 것이 적절한지, 아니면 제거해도 무방한지에 대한 의견을 제시하고 그 근거 또한 제시하시오.

12 공격적인 성격을 지닌 사람들의 공통적인 특징을 나열하고, 이들이 나타내는 특징이 주도적 공격성-반응적 공격성 유형 중 어느 쪽을 좀 더 잘 설명하는지 제시하시오. 또한 그러한 현상이 나타나는 이유 혹은 함의를 서술하시오.

chapter

13

성격과 웰빙

▲ Pierre-Auguste Renoir(1841-1919) 부지발에서의 춤(1883)

사람들은 저마다의 방식으로 건강한 삶을 꾸려 나간다. 내가 생각하는 건강한 삶이란 무엇인지, 그리고 이를 영위하기 위해 나는 어떠한 노력을 하고 있는지 내 성격과 연관지어 생각해 보자.

학습 목표

- 신체적 건강에 영향을 미치는 대표적인 성격 특성을 이해한다.
- 성격이 신체적 건강에 영향을 미치는 기제를 설명할 수 있다.
- 성격장애의 기본 개념과 대표적인 유형에 대해 설명할 수 있다.
- Peterson과 Seligman의 성격강점 분류 체계를 이해한다.

우리는 모두 좋은 삶을 원한다. 사람마다 '좋은 삶'의 정의가 다르겠지만, 적어도 몸과 마음을 건강하게 유지하면서 자신이 원하는 사람들과 원하는 일을 하며 사는 것은 대부분이 동의하는 조건일 것이다. 성격이 일과 대인관계에 중요한 영향을 미친다는 사실은 12장에서 구체적으로 제시하였다. 이번 장에서는 성격과 건강의 관계를 중점적으로 살펴보려 한다.

몸과 마음의 건강을 서로 구분할 수 있는지 여부는 매우 중요한 연구 주제이다. 다양한 의견이 있을 수 있겠지만, 현대 신경과학 연구의 성과를 종합적으로 검토하면, 우리가 마음이라 부르는 현상은 몸, 특히 뇌의 작용과 밀접하다는 사실을 인정할 수밖에 없다. 몸과 마음은 긴밀히 연결되어 있으며, 서로 분리하기 어렵다. 다만 우리가 현재 가지고 있는 지식과 기술로는 우리가 중요하게 여기는 심리적 현상과 신체적 변화의 관계를 완벽하게 이해하기 어렵다는 것이 문제라 할 수 있다. 우리의 몸, 특히 뇌의 모든 것을 파악하는 시점이 언제일지는 모르지만, 그 시기가 오기 전까지는 건강을 신체적 건강과 정신적 건강으로 구별하여 연구해 볼 수 있을 것이다.

성격과 신체적 건강의 관계에 대한 연구는 특정 질병에 대한 취약성 연구에서 시작되었다. 예컨대 일부 임상가들은 심혈관계 질환을 가지고 있는 사람들 중 상당수가 쉽게 화를 낸다는 사실을 발견하고 관련된 연구를 진행하였다. 실제로 성격은 특정 질병과 상관관계가 있는 것으로 나타났고, 이는 성격과 신체적 질병의 관계에 대한 연구 흐름을 촉발하는 계기가 되었다. 이후 질병 발생 및 유지와 관련이 있는 성격뿐만 아니라 신체적 건강과 수명에 긍정적으로 기여하는 성격 연구 또한 진행됨으로써 성격과 신체적 특성의 관계를 포괄적으로 이해할 수 있게 되었다.

성격과 심리적 건강의 관계에 대한 연구는 치료 이론으로서의 심리학 혹은 정신의학과 그 역사를 함께했다고 보아도 무방할 정도로 중요한 연구라 할 수 있다. 예컨대 정신분석 계열의 대표적 이론인 자아심리학과 대상관계 이론은 개인의 성격에 대한 이론 혹은 성격장애에 대한 이론이라 부를 수 있을 정도로 성격을 중요하게 다룬다. 현대 이상심리학에서도 성격장애는 매우 중요한 하위 영역으로 다루어진다. 특히 최근에는 기존의 심리장애 분류 체계의 한계를 극복하기 위해 차원적 정신병리 모형이 개발됨에 따라 성격적 병리 특성의 중요성이 다시 한번 부각되고 있다.

심리학 연구에서 인간의 심리적 상태를 이해할 때 빈번하게 사용된 틀은 건강-질병 패러다임이었다. 하지만 인간의 마음이 꾸준히 발달하고 성숙한다는 관점을 지닌 연구자들은 건강-질병 패러다임의 한계를 반복적으로 지적해 왔다. 이들은 인간의 심리적 상태를 웰빙(well-being)의 관점에서 파악해야 한다고 주장한다. 즉, 단순히 질병이 없는 상태가 아니라, '잘 살고 있는' 상태인지 여부를 판단하고 적절히 개입해야 한다고 보는 것이다. 웰빙의 관점에서 성격을 탐색한 연구자들은 성격과 행복의 관계, 성격의 긍정적 측면, 성격적 강점 등에 초점을 두었다.

이번 장에서는 성격과 신체적 건강, 심리적 건강, 웰빙의 관계를 다룬 연구들을 체계적으로 검토해 보기로 하겠다.

1 성격과 신체적 건강

성격과 신체적 특징의 관계를 다루는 과학적 연구는 특정 신체 질환에 대한 취약성 연구에서 시작되었다. 이러한 연구들의 주요 성과를 먼저 살펴보고, 성격이 신체적 건강이나 질병에 영향을 미치는 구체적인 과정에 대해 알아보자.

1) 성격과 신체적 질병

성격이 신체적 질환의 발병이나 경과에 영향을 미친다는 의견은 비교적 오래전부터 존재했다. Smith와 MacKenzie(2006)는 그동안 진행된 성격과 질병의 관계에 대한 연구를 정리하여 신체적 질병에 영향을 미치는 대표적인 성격 특성 세 가지를 제시하였다. 여기에는 심혈관계 질환에 영향을 미치는 성격 특성과 만성적인 부정 정서 경험, 낙관주의와 비관주의가 포함된다.

(1) 심혈관계 질환에 영향을 미치는 성격 특성

신체적 질병에 영향을 미치는 행동 패턴 혹은 성격 특성에 대한 연구가 가장 활발하게 진행된 영역은 아마도 심혈관계 질환(cardiovascular disease) 혹은 관상동맥성 심장질환(coronary heart disease)일 것이다. 미국의 심장질환 연구자인 Friedman과 Rosenman(1959)은 심장질환을 경험하는 사람들의 독특한 행동 특성에 대해 보고한 바 있다. 그들이 환자들의 행동에 관심을 갖게 된 계기는 병원의 대기실 소파 커버를 갈아 주던 사람의 흥미로운 이야기에서 비롯되었다. 그는 대기실 소파들이 독특한 형태로 닳아 있다고 말했다. 다른 곳의 소파들과 달리 유난히 앞쪽 가장자리와 팔걸이 부분만 닳아 있다는 것이었다. 이는 심장질환 치료를 받기 위해 오는 환자들이 소파 깊숙이 앉지 않고 앞부분에 걸터앉으면서 빈번하게 팔걸이를 잡고 일어났다 앉았다를 반복했기 때문이었다. Friedman과 Rosenman은 이 이야기를 듣고 심장질환 환자들이 다른 환자들에 비해 유난히 더 초조한 성향을 가지고 있는 것은 아닐까 하는 의문을 갖게 되었다.

그들은 질문에 대한 답을 얻기 위해 심장질환 환자들의 성격에 대한 다양한 연구를 진행했다. 예를 들어, 이들은 3,000명의 중년 남성을 대상으로 인터뷰와 검사를 실시하고 이후 그들의 심혈관 건강 상태를 추적 조사한 결과를 발표한 바 있다(Friedman & Rosenman, 1974). 연구 결과에 따르면, '성급하고 성취 지향적이며, 인내심이 부족하고 적대적인 성격'을 지닌 사람들이 이러한 특성을 적게 보이는 사람들에 비해 2배 정도 더 심장 발작을 많이 경험했다.

Friedman과 Rosenman은 이러한 성격 특성을 **A형 행동 패턴**(type A behavior pattern) 혹은 **A형 성격**(type A personality)이라 불렀다. A형 성격 개념이 제안된 이래 많은 연구자들이 이 가설을 검증하기 위한 분석을 실시했다. 초기에는 이 행동 유형과 심장질환 간의 연관성을 지지하는 연구들이 보고되었으나(Blumenthal, Williams Jr, Kong, Schanberg, & Thompson, 1978), 특별한 연관성이 없다는 결과를 보고하는 연구들도 적지 않았다(Ragland & Brand, 1988).

연구자들은 이러한 결과를 고려하여 A형 성격의 특징 중 심장질환과 특별히 밀접한 요소를 탐색하였고, 그 결과 **적개심**(hostility)이 심장질환과 가장

그림 13.1 A형 성격의 대표적인 특징 예시

밀접한 요소임을 확인하게 되었다(Dembroski, MacDougall, Costa Jr, & Grandits, 1989; Diamond, 1982). 이후 적개심과 심혈관계 질환의 관계에 대한 연구들이 꾸준히 이루어졌으며, 대부분의 연구에서 지지를 받았다(Chida & Steptoe, 2009). 예를 들어, 적개심 수준이 높은 성인은 그렇지 않은 성인에 비해 10년 후 관상동맥 석회화 수준이 더 높은 것으로 나타났다(Iribarren, Sidney, Bild, Liu, Markovitz, Roseman, & Matthews, 2000). 관상동맥 석회화 수준이 높으면 혈관이 좁아지거나 막히는 죽상경화증(atherosclerosis)이 나타날 수 있다. 적개심은 고혈압과도 관련이 있는 것으로 확인되었다(Yan, Liu, Matthews, Daviglus, Ferguson, & Kiefe, 2003).

적개심이 심혈관계 질환을 유발하는 과정에 대한 대표적인 설명은 스트레스 반응 특성에 주목한다. 즉, 적개심을 빈번하게 경험하는 사람은 스트레스 유발 자극이 주어졌을 때 심장 박동이 더 빠르게 뛰고, 그런 상태가 오래 지속되는 경향이 있으며, 혈압이 더 높아지고, 스트레스 호르몬 반응 또한 더 오래 나타나는 경향이 있다는 것이다. 이러한 특징은 심혈관계 질환에 부정적 영향을 미칠 가능성이 높다(Williams, Barefoot, & Shekelle, 1985).

(2) 만성적인 부정 정서 경험

부정 정서는 나름의 기능을 가지고 있기 때문에 상황에 맞게 경험하고 활용하면 적응에 도움이 된다. 하지만 불필요하게 만성적으로 부정 정서를 경험하게 되는 경우도 있는데, 연구자들은 이러한 정서 경험 특성이 신체적 질병에 부정적 영향을 미칠 수 있다고 제안한다.

부정 정서를 경험하는 성격적 특성은 신경과민성(neuroticism) 혹은 **부정 정서성**(negative affectivity/emotionality) 등으로 개념화되어 왔다. 이러한 개념들이 공유하는 핵심적 특징은 부정 정서를 빈번하게 경험하는 것이다. 신체적 질병과 성격의 관계를 탐색한 연구자들은 부정 정서를 빈번하게 경험하는 특성이 심각한 신체적 문제를 유발하거나 악화시킬 수 있다고 제안한다. 실제로 분노와 불안, 우울과 같은 부정 정서 경험은 심혈관계 질환의 발병과 관련이 있으며(Suls & Bunde, 2005), 죽상경화증이나 뇌졸중(stroke), 당뇨병(diabetes)과도 관련이 있는 것으로 확인되었다(Golden, Williams, Ford, Yeh, Paton Sanford, Nieto, & Brancati, 2004; Haas et al., 2005; May et al., 2002).

이뿐만 아니라 고혈압이 있는 사람들 중 부정 정서를 더 빈번하게 경험하는 사람은 뇌졸중의 위험이 더 높았으며, 심혈관계 질환으로 사망할 가능성 또한 더 높은 것으로 나타났다(Simonsick, Wallace, Blazer, & Berkman, 1995). 관상동맥성 심장질환을 가지고 있는 사람들을 대상으로 진행된 연구에서도 정서적 고통이 심할수록 심장 발작이 더 빈번하고 생존 가능성도 더 낮은 것으로 확인되었다(Lespérance, Frasure-Smith, Talajic, & Bourassa, 2002; Strik, Denollet, Lousberg, & Honig, 2003).

만성적인 부정 정서 경험이 신체 질환에 미치는 영향에 대한 설명은 A형 성격에 대한 설명과 유사하다. 즉, 만성적으로 부정 정서를 경험하면 과도한 스트레스 반응이 나타나고, 그로 인한 생리적 변화가 신체적 질병에 부정적 영향을 미칠 수 있다고 제안한다. 실제로 만성적인 불안이나 우울 증상은 심혈관계의 자율신경 반응 변화에 영향을 미치는 것으로 확인되었으며(Berntson, Sarter, & Cacioppo, 1998), 면역 기능을 억제하고(Kiecolt-Glaser, McGuire, Robles, & Glaser, 2002), 염증 반응을 증가시키는 것으로 나타나기도 했다(Suarez, Krishnan, & Lewis, 2003).

(3) 낙관주의와 비관주의

A형 행동이나 부정 정서성에 비해 상대적으로 연구의 양은 적지만 비교적 일관되게 관심을 받고 있는 성격 특성으로 낙관주의와 비관주의를 들 수 있다. **낙관주의**(optimism)는 미래에 긍정적 경험을 하게 될 것이라 기대하는 경향성을 의미하며, **비관주의**(pessimism)는 미래에 부정적 경험을 하게 될 것이라 기대하는 경향성을 의미한다(Carver & Scheier, 2001). 개념상 낙관주의와 비관주의는 서로 반대되는 특성을 포착하고 있다. 그에 따라 두 개념이 한 특질의 상반되는 극을 반영하는 것은 아닌지에 대한 의문이 있었지만, 관련 연구에서는 두 개념이 부적 상관관계를 맺고는 있으나 서로 구별되는 차원임을 확인하였다(Kubzansky, Kubzansky, & Maselko, 2004).

관상동맥 수술 환자를 대상으로 진행된 연구에 따르면, 낙관주의가 강할수록 합병증이 감소하는 것으로 나타났다(Scheier, Matthews, Owens, Magovern, Lefebvre, Abbott, & Carver, 1989). 혈관성형술을 받는 환자들을 대상으로 진행된 연구에서도 유사한 결과가 확인되었다(Helgeson & Fritz, 1999). 낙관주의는 동맥경화증의 악화를 막는 보호 요인으로 작용하며(Matthews, Räikkönen, Sutton-Tyrrell, & Kuller, 2004), 대체로 긴 수명과 관련이 있는 것으로 확인되기도 했다(Maruta, Colligan, Malinchoc, & Offord, 2000).

반면 비관주의는 유방암 진단을 받은 환자들의 생존률을 낮추는 것으로 나타났으며(Schulz, Bookwala, Knapp, Scheier, & Williamson, 1999), 비관주의의 한 형태인 **무망감**(hopelessness)은 고혈압의 악화와 관련이 있을 뿐만 아니라(Everson, Kaplan, Goldberg, & Salonen, 2000), 심혈관계 질환이나 암으로 사망할 가능성을 높이는 것으로 확인되었다(Everson, Goldberg, Kaplan, Cohen, Pukkala, Tuomilehto, & Salonen, 1996). 무망감 수준이 높은 사람들은 수명 또한 비교적 짧은 것으로 나타났다(Stern, Dhanda, & Hazuda, 2001).

낙관주의와 비관주의가 신체적 질병에 영향을 미치는 과정이나 기제는 크게 보면 세 가지 가설로 정리할 수 있다. 첫 번째는 스트레스 반응 가설이다. 이 가설은 낙관주의 혹은 비관주의가 스트레스 반응 양상에 변화를 주어 결과적으로 신체적 질병을 약화시키거나 악화시킨다는 내용을 골자로 한다. 실제로 낙관주의가 높고 비관주의가 낮을수록 면역 기능이 더 좋은 것으로 확인되었으며(Segerstrom, Taylor, Kemeny, & Fahey, 1998), 활동 시 혈압이 더 낮은 것으로 나타났다(Räikkönen, Matthews, Flory, Owens, & Gump, 1999). 두 번째는 건강 행동 가설이다. 이 가설에서는 낙관주의와 비관주의가 건강에 도움이 되거나 해가 되는 행동을 유발하여 결과적으로 신체적 질병에 영향을 미친다고 제안한다. 연구 결과에 따르면, 비관적인 사람들은 낙관적인 사람들에 비해 신체적 질병을 치료하고 돌보는 행동을 더 적게 나타내는 것으로 확인되었다(Lin & Peterson, 1990). 세 번째는 사회적 지지 가설이다. 즉, 낙관주의나 비관주의가 주변 사람들로부터의 도움 행동에 영향을 미쳐 신체적 질병의 양상을 변화시킨다는 가설이다. 실제로 낙관적인 사람들은 주변 사람들로부터 좀 더 많은 지지와 지원을 받는 것으로 나타났다(Brissette, Scheier, & Carver, 2002).

2) 성격이 신체적 건강이나 질병에 영향을 미치는 과정

성격이 신체적 건강이나 질병에 영향을 미친다는 점이 분명해지면서 그 과정이나 기제에 대한 관심도 증가했다. 앞서 성격과 신체적 질병의 관계를 소개할 때 간단히 제시한 바와 같이, 성격이 신체적 건강이나 질병에 영향을 미치는 경로는 대략 세 가지 정도로 정리되고 있다(Kern & Friedman, 2011). 첫 번째 경로는 스트레스 대처 및 생리적 반응 특성이 성격과 신체적 건강의 관계를 매개하는 경로이고, 두 번째 경로는 건강 행동이 매개 요인으로 작동하는 경로이다. 세 번째 경로는 상황 선택 및 삶의 양식을 매개 요인으로 상정한다.

(1) 성격-스트레스 대처-심리생리적 특성-신체적 건강의 경로

인간은 늘 새로운 스트레스원에 직면하며, 그에 따른 스트레스 반응을 경험한다. 스트레스 반응은 스트레스 대처(coping) 행동으로 이어지고, 그 행동이 적절했다면 스트레스는 감소한다. 반대로 대처가 적절하지 않다면 스트레스가 유지되거나 악화될 수 있다. 예를 들어, 대학에 진학하여 새로운 사람을 만나 대화를 나누던 중 상대가 자신을 무시하는 듯한 발언을 했다고 가정해 보자. '무시하는 행동'은 스트레스원이 될 수 있다. 상대가 실제로 무시하는 마음을 가지고 있었는지 여부는 중요하지 않다. 그렇게 '해석했다면' 그것은 충분히 스트레스원으로 작용할 수 있다. 그렇게 스트레스 반응이 유발되었으나 딱히 그 자리에서 상대와 맞서 싸우거나 도망치지는 않았고, 근육의 긴장과 몸의 열감을 느끼면서 그 상황을 마무리 지었다. 상대는 떠났으나 몸은 아직 스트레스 상태일 때 스트레스 대처 방식이 드러난다. 누군가는 지난 상황을 복기하면서 인지적으로 재해석하여 '상대의 말이 무시하는 의도를 담고 있지는 않았을 것'이라 정리하는 반면, 다른 누군가는 혼자 조용한 곳으로 가서 담배를 피우며 몸을 달랠 것이다. 혹은 친한 친구를 만나서 자신을 무시하는 듯 행동한 그 사람을 안주로 삼아 술을 마시며 대처할 수도 있다. 어쩌면 별다른 대응을 하지 않고 그저 참으면서 밀린 과제를 하기 위해 도서관으로 발길을 돌릴지도 모르겠다. 이처럼 스트레스에 대처하는 방식은 사람마다 다양하다. 대처

▲ 우리는 일상적으로 다양한 스트레스원에 노출된다.

의 효과나 지속성, 부작용 등도 모두 제각각이다.

성격과 스트레스의 관계에 대한 연구에 따르면, 성격은 일차적으로 '스트레스 경험 특성'에 영향을 미치는 것으로 나타난다(Carver & Connor-Smith, 2010). 예를 들어, 대표적인 스트레스원으로 알려진 상실 경험에 대한 스트레스 반응은 사람마다 다른 것으로 확인되었다(Wortman & Boerner, 2007). 이 연구에서는 가족 구성원의 사망에 대한 반응을 조사하였는데, 그 결과 사람마다 반응 양상이 매우 다양한 것으로 나타났다. 어떤 사람은 자신을 지지해 줄 수 있는 다른 사람을 찾아가 빠르게 자신의 정서를 해소하고 정리했지만, 다른 사람은 수년간 고통받으며 회복하지 못했다. 놀랍게도 가족의 죽음에 대해 별다른 정서적 고통을 받지 않는 사람도 있었다.

Connor-Smith와 Flachsbart(2007)는 성격이 '스트레스 대처 방식'에도 영향을 줄 것이라고 보았다. 이들은 성격 5요인과 대처 유형의 관계를 탐색한 연구를 포괄적으로 검토하였는데, 그 결과 신경과민성 수준이 높을수록 적극적으로 스트레스에 대처하기보다 부인하거나 회피하는 등의 행동을 더 많이 나타내는 것으로 확인되었다. 한편 성실성 수준이 높으면 문제해결적 대처나 인지적 재해석을 더 많이 사용하는 것으로 나타났다. 이와 더불어, Korotkov(2008)는 스트레스 수준에 따라 성격과 스트레스 대처 행동, 특히 건강에 도움이 되는 행동의 관계를 탐색하기도 했다. 그 결과에 따르면, 스트레스 수준이 낮을 때에는 특별히 성격과 건강 행동의 관계가 유의하지 않았지만, 스트레스 수준이 높을 때에는 정서적으로 안정되고 내향적이며, 성실한 사람일수록 건강에 도움이 되는 대처 행동을 더 많이 하는 것으로 확인되었다.

이러한 연구들은 성격이 스트레스 경험과 스트레스 대처 방식에 영향을 줄 수 있다는 사실을 비교적 분명하게 보여 주고 있다. 성격적인 특성으로 인해 스트레스를 빈번하게 경험하고, 부적절한 방식으로 대처하는 경향 또한 두드러지면, 스트레스가 만성화될 가능성도 높아진다. 만성적 스트레스는 감염에 대한 저항성을 낮추며(Cohen, Frank, Doyle, Skoner, Rabin, & Gwaltney, 1998), 암 발병 가능성을 높이고(Dai et al., 2020), 알츠하이머병(Alzheimer's disease)의 발병 가능성 또한 높일 수 있는 것으로 제안되고 있다(Machado et al., 2014).

스트레스란 무엇인가?

스트레스(stress)는 헝가리 의학자인 Hans Selye(1907-1982)에 의해 구체적으로 정리된 개념이다. 그에 따르면, 스트레스는 **스트레스원**(stressor)으로 개념화되는 다양한 도전적 자극에 대한 몸의 반응을 의미한다.

스트레스원은 매우 다양하며 몇 가지 범주로 구분해 볼 수 있다. 우선 신체의 항상성에 변화를 초래하는 물리적·화학적 변화를 들 수 있다. 여기에는 지나치게 강한 소음이나 빛, 열에 직면하는 것, 니코틴, 알코올, 기타 약물 등에 노출되는 것이 포함된다. 두 번째 범주는 일상생활 속에서 빈번하게 나타날 수 있는 다양한 스트레스원이다. 여기에는 열쇠를 잃어버리는 것이나 작은 접촉 사고가 나는 것과 같이 일상적인 사건에서부터 직장에서 경험하는 다양한 도전들, 대인관계에서 직면하는 다양한 문제들이 포함될 수 있다. 세 번째 범주는 전 생애를 통틀어 몇 차례 정도 일어나는 중요하면서도 강한 스트레스원이다. 여기에는 실직이나 이혼, 중요한 사람과의 사별 등이 포함된다.

스트레스원에 직면하게 되면 우리의 뇌는 사건에 적절히 대응할 수 있도록 몸을 준비시킨다. 여기에 관여하는 부위는 다양하지만, 특히 **시상하부**(hypothalamus)가 중요할 것으로 보고 있다. 시상하부는 대뇌의 중심부에 있는 시상(thalamus) 아래에 위치하는 작은 크기의 구조물로 다양한 생명 활동을 관장하는데, 그중에는 스트레스 반응도 포함된다. 시상하부를 포함하는 스트레스 반응 시스템은 일반적으로 빠른 대응을 위한 시스템과 상대적으로 느린 대응을 위한 시스템으로 구분한다. 각 경로는 **SAM 축**(Sympathetic-Adrenal-Medullary axis)과 **HPA 축**(Hypothalamic-Pituitary-Adrenal axis)으로 불리기도 한다.

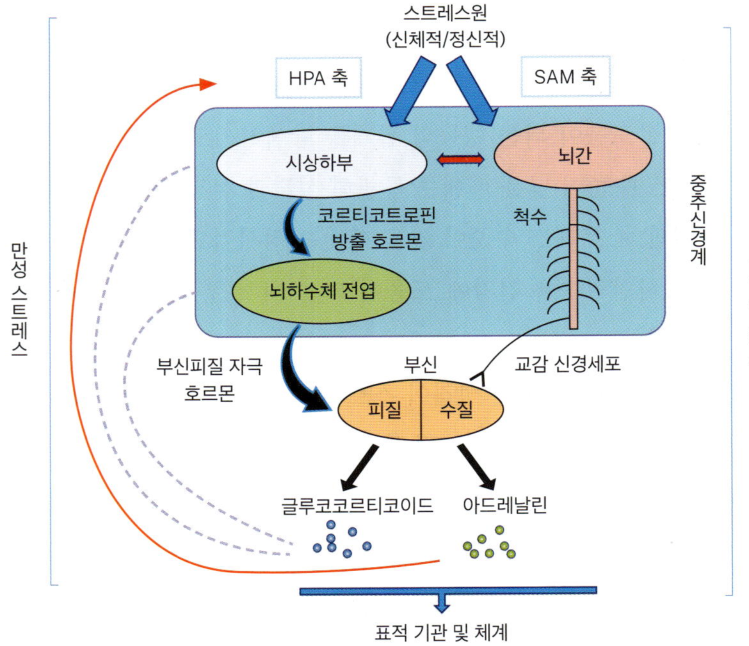

그림 13.2 SAM 축과 HPA 축

출처: Baritaki et al., 2019

SAM 축은 시상하부에서 척수에 연결된 신경으로 정보를 빠르게 전달하여 교감신경계를 활성화시키고, 동시에 부신수질(adrenal medulla)에 정보를 전달하여 빠른 대응에 필요한 신체적 활성화를 유발한다. 이 경로는 위험 자극에 대한 투쟁-도피 반응(fight-or-flight response)을 빠르게 작동시키는 데 관여한다. 한편 HPA 축은 시상하부에서 뇌하수체(pituitary), 부신피질(adrenal cortex)로 연결되는 경로이다. 이 경로는 상대적으로 느리게 진행되며, 추가적인 스트레스 대응에 필요한 전반적인 준비에 관여한다. 특히 부신피질은 글루코코르티코이드(glucocorticoid)의 일종인 **코르티솔**(cortisol)이라는 호르몬을 분비하는데, 이 호르몬은 혈당을 증가시켜 근육이 사용할 수 있는 에너지를 만들어 낸다. 이러한 변화는 몸이 좀 더 효율적으로 스트레스 자극에 대응할 수 있도록 돕는다.

Selye에 따르면, 스트레스원의 종류와 상관없이 대부분의 스트레스는 동일한 생리적 변화를 수반한다. 그는 이러한 생리적 반응을 **일반 적응 증후군**(General Adaptation Syndrome: GAS)이라 불렀다. GAS는 크게 세 단계로 구성된다. 첫 번째 단계는 **경고**(alarm) 단계이다. 이 단계 동안 신체는 교감신경계를 활성화시키고 코르티솔과 같은 호르몬을 분비시킴으로써 위협에 대응하기 위한 준비를 시작한다. 두 번째 단계는 **저항**(resistance) 단계 혹은 적응(adaptation) 단계이다. 이 단계는 스트레스원에 대처하는 동안 높아진 각성 수준에 적응하는 단계로, 스트레스원의 효과를 줄이기 위해 다양한 변화가 일어난다. 이때 스트레스원에 대응하는 과정은 극대화되고 불필요한 과정(예: 소화 과정)은 최소화된다. 두 번째 단계가 오래 지속되면 세 번째 단계인 **소진**(exhaustion) 단계가 시작된다. 소진 단계에 이르면 면역 체계의 기능이 약화되어 감염의 가능성이 높아진다. 면역 체계는 바이러스와 같은 이물질로부터 신체를 보호하는 반응 체계를 의미하는데, 스트레스원에 대응하기 위해 분비되는 글루코코르티코이드가 면역 기능을 억제하는 것으로 알려져 있다(Parrillo & Fauci, 1979). 소진 단계에서는 심혈관계 질환 또한 나타날 수 있다. 스트레스원에 대응하기 위해 교감신경계의 활성화가 오래 지속되면서 혈압이 상승한 채로 유지되어 혈관벽이 손상되기 때문이다. 이처럼 스트레스원에 오랜 기간 노출될 경우 다양한 신체 질환을 경험하게 될 수 있다.

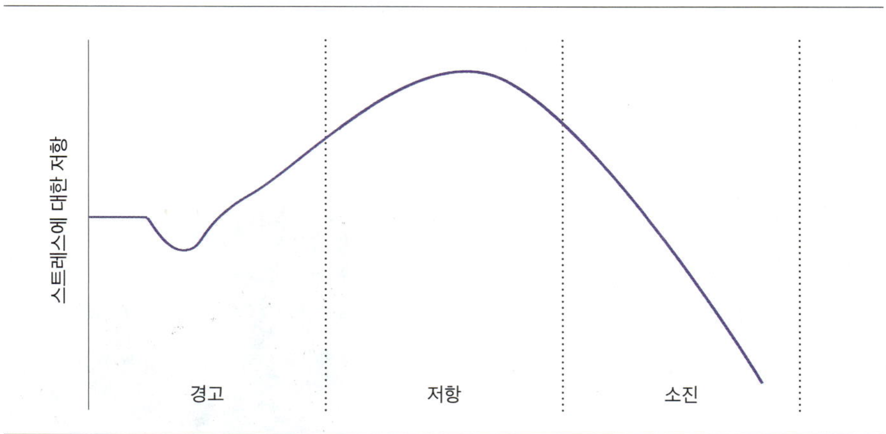

그림 13.3 일반 적응 증후군

(2) 성격-건강 행동-신체적 건강의 경로

성격과 신체적 건강의 관계를 설명하는 또 다른 경로에서는 건강에 이롭거나 해로운 행동에 주목한다. 예를 들어, 흡연이나 음주, 피임 도구를 사용하지 않는 무방비적 성관계(unprotected sex), 난폭 운전과 같이 신체적 건강에 해로울 수 있는 행동이나 적절한 음식 섭취와 체중 조절, 신체 활동 및 운동, 충분한 수면, 정기적인 건강검진과 같이 신체적 건강에 이로운 행동에 주목하는 것이다.

연구에 따르면, 이러한 행동들은 성격과 매우 밀접한 것으로 확인되고 있다. 예컨대 성격 5요인과 네 가지 건강 행동의 관계를 살핀 연구에서는 신경과민성과 외향성, 성실성, 우호성 차원이 건강 행동과 관련이 있다고 보고한 바 있다(Booth-Kewley & Vickers Jr, 1994). 이 연구에서는 건강 유지 행동(예: 적절한 음식 섭취, 건강식품 복용 등)과 사고 통제(예: 사고 예방 활동, 응급처치 기술 습득 등), 교통 관련 위험 행동(예: 과속 운전, 교통신호 무시 등), 물질 사용 관련 위험 행동(예: 흡연, 음주 등)을 측정한 뒤 성격의 다섯 차원과의 관계를 탐색했다. 그 결과, 신경과민성이 높을수록 건강 유지 행동이나 사고 통제 활동을 적게 하고, 교통 관련 위험 행동을 더 많이 하는 것으로 나타났다. 외향성 수준은 건강 유지 행동이나 사고 통제 활동과 정적 상관관계를 보였다. 개방성이 높은 경우에는 물질 사용 관련 위험 행동을 더 많이 나타내었으며, 우호성이 높을수록 건강 유지 행동과 사고 통제 행동을 더 많이 보이고, 교통 관련 위험 행동은 적게 나타내는 것으로 확인되었다. 성실성도 우호성과 유사한 패턴을 보였는데, 특히 건강 유지 행동 및 사고 통제 행동과의 관계가 비교적 더 강한 것으로 나타났다.

건강 행동과 실제 신체적 건강 및 질병과의 관계는 상대적으로 비일관적이었다. 흡연은 비교적 분명하게 신체적 질병이나 사망과 관련되는 것으로 확인되었지만(Mokdad, Marks, Stroup, & Gerberding, 2004), 다른 행동들은 신체적 건강과의 연관성이 일관되지 않은 것으로 나타난 것이다. 예를 들어, 신체적 활동이나 운동이 대체로 신체적 건강 유지에 도움이 되는 것은 사실이지만, 운동 방

▲ 흡연과 음주는 건강을 해치는 위험 행동의 대표적인 예이다.

식에 따라 혈관의 미세한 상처와 염증 반응을 유발할 수 있으며, 결과적으로 죽상경화증과 같은 혈관계 질환을 일으킬 가능성도 있는 것으로 보고되었다(Kokkinos, 2012). 전반적으로 볼 때, 흡연과 같은 특수한 예를 제외하면 특정한 행동(예: 햄버거를 먹는 것, 달리는 것)과 신체적 건강의 관계는 비일관적일 가능성이 높으나, 습관적으로 나타나는 행동 패턴(예: 편식을 오랫동안 지속하는 것, 수개월 이상 거의 매일 10분 정도 천천히 달리는 것)은 신체적 건강과 비교적 밀접한 관계를 맺고 있는 것으로 제안되고 있다(Kern & Friedman, 2011).

(3) 성격-상황 선택/삶의 양식-신체적 건강의 경로

인간은 성격적으로 특정한 상황이나 환경을 선택하곤 한다. 예컨대 성실한 사람은 안정적인 환경을 선호하고, 외향적인 사람은 다른 사람들과 상호작용이 활발한 환경을 선호하는 것이다. 성격적으로 선호하는 특정한 상황이나 환경은 신체적 건강을 촉진하거나 악화시킬 수 있다. 마찬가지로 선호하는 특정한 삶의 방식 또한 신체적 건강에 영향을 미칠 수 있다.

신체적 건강을 촉진하는 대표적 상황이나 환경으로는 직업 환경과 사회적 관계를 들 수 있다. 연구에 따르면, 성실한 사람은 직업과 결혼 관계를 안정적으로 유지하는 경향이 있으며, 그에 따라 건강 상태도 좀 더 양호한 것으로 확인되었다(Roberts & Bogg, 2004). 반면, 부정 정서를 빈번하게 경험하는 우울한 사람은 다른 사람들과의 관계를 피하면서 고립되는 경향이 있으며, 외로움을 많이 느끼고, 건강에 도움이 되는 행동을 적게 하는 것으로 나타났다(Kemeny, 2007).

신체적 건강에 영향을 미치는 삶의 방식으로는 긍정 정서를 경험하는 활동에 참여하는 정도를 중요하게 고려한다. 긍정 정서는 부정 정서의 효과를 상쇄하고 신체적 건강에 도움이 되는 다양한 변화를 유발하는 것으로 나타났기 때문이다(Fredrickson, 2000). 관련 연구에 따르면, 외향적인 사람은 신경과민적인 사람에 비해 긍정 정서를 경험할 수 있는 활동에 더 많이 참여하는 것으로 확인되었다(Magnus, Diener, Fujita, & Pavot, 1993). 긍정 정서는 면역기능을 개선하고, 건강에 도움이 되는 행동을 더 많이 하도록 하며, 주변 사람들로부터의 지원이나 지지를 유발함으로써 전반적인 건강에 도움이 되는 것으로 확인되었다(Salovey, Rothman, Detweiler, & Steward, 2000).

2 성격과 심리적 건강

성격과 심리적 건강은 매우 밀접한 관계를 맺고 있다. 특히 심리적 건강에 해를 끼치는 행동을 반복하는 성격 특성이 많은 주목을 받았다. 이러한 특성을 포착하는 성격장애의 개념과 유형에 대해 살펴보고, 다양한 성격장애를 통합적으로 이해하는 방법에 대해 알아보자.

1) 성격장애

심리적 건강(psychological health)이나 심리장애(psychological disorder) 혹은 정신장애(mental disorder)를 개념화하는 것은 매우 어려운 일이다. 현대 이상심리학(abnormal psychology)이나 정신병리학(psychopathology)에서는 전문가들의 의견과 과학적 연구 결과들을 종합적으로 고려하여 이 문제를 다루고 있지만, 시기마다 세부적인 내용이 변경되고 있어 미래에는 현재와 다른 방식으로 개념화될 가능성도 배제하기 어렵다.

심리적 건강이나 심리장애를 다루는 여러 영역에서 활발하게 사용되고 있는 심리장애 진단 체계인 **정신질환의 진단 및 통계 편람**(Diagnostic and Statistical Manual of Mental Disorders: **DSM**)에서는 적어도 네 가지 기준을 적용하여 **이상 행동**(abnormal behavior)을 판별한다. 첫 번째 기준은 **주관적 고통**이다. 어떤 행동이나 증상 등으로 인해 심한 정서적 고통을 경험하고 있다면 이상 행동으로 간주하는 것이다. 두 번째 기준은 **기능의 손상**이다. 인간은 각자의 삶을 원만하게 꾸리면서 적응하는 데 필요한 다양한 기능을 가지고 있다. 이러한 기능이 손상되어 일상적인 생활 유지에 어려움을 겪는다면 이상 행동으로 간주한다. 세 번째 기준은 **통계적 기준**이다. 인간은 대부분의 심리적 특징을 공유한다. 따라서 특정한 행동을 측정하여 분포도를 그릴 수 있는데, 분포도 상에서 개인의 행동이 어디에 위치하는지에 따라 이상 행동 여부를 판단할 수 있다. 예컨대 어떤 사람의 지능 점수를 산출했을 때, 동년배 집단의 분포도 상에서 어디에 위치하는지를 따져 그의 지능이 정상 범위에 있는지 혹은 비정상 범위에 있는지를 파악할 수 있다. 네 번째 기준은 **사회문화적 기준**

이다. 각 사회마다 정상적 행동과 비정상적 행동에 대한 문화적 기준을 가지고 있다. 이 기준을 고려했을 때 정상 범위에서 벗어난 행동을 이상 행동이라고 판단할 수 있다.

심리장애 혹은 **정신장애**는 이상 행동의 집합이다(권석만, 2023). 예컨대 우울장애(depressive disorder)는 비정상적으로 우울한 기분과 의욕 감소, 수면 문제, 섭식 문제, 죄책감, 자살 사고 및 자살 행동 등의 이상 행동 혹은 증상으로 구성된 집합체이다. DSM에는 이렇게 다양한 이상 행동들의 집합체로 구성된 심리장애를 진단할 수 있는 구체적인 기준이 제시되어 있다. 가장 최근 버전인 DSM-5-TR(text revision)에는 대략 20여 개 범주에 400여 개의 심리장애가 수록되어 있다(American Psychiatric Association, 2022).

DSM에 수록된 심리장애 중에는 성격장애도 포함되어 있다. **성격장애**(personality disorder)란 개인의 성격이 심각한 수준의 주관적 고통이나 기능 손상을 초래하는 경우를 말한다. 즉, 성격적으로 드러나는 사고·정서·행동 패턴 등이 이상 행동으로 간주될 수 있을 정도로 문제가 될 때 성격장애로 간주하는 것이다. DSM-5-TR에서 정하는 성격장애의 기본 기준은 다음과 같다.

DSM-5-TR 성격장애 일반 진단 기준

1. 개인이 속한 문화에서 기대되는 바로부터 현저하게 편향된 내적 경험과 행동의 지속적인 패턴. 이러한 형태는 다음 중 2가지 이상에서 나타난다.
   ① 인지(즉, 자신, 타인, 사건을 인식하고 해석하는 방식)
   ② 감정 성향(즉, 감정 반응의 범위, 강도, 가변성, 적절성)
   ③ 대인관계 기능
   ④ 충동 조절
2. 지속적인 패턴이 개인적·사회적 상황에 광범위하게 경직되고 만연되어 나타난다.
3. 지속적인 패턴이 사회적, 직업적 또는 다른 중요한 기능 영역에서 임상적으로 현저한 고통이나 손상을 초래한다.
4. 패턴은 안정적이고 오랜 기간 있어 왔으며, 최소한 청소년기 혹은 성인기 초기부터 시작된다.
5. 지속적인 패턴이 다른 정신질환의 발현이나 결과로 더 잘 설명되지 않는다.
6. 지속적인 패턴이 물질(예: 남용 약물, 치료 약물)의 생리적 효과나 다른 의학적 상태(예: 두부 외상)로 인한 것이 아니다.

표 13.1 DSM-5-TR에 포함되어 있는 성격장애

A군 성격장애	B군 성격장애	C군 성격장애
편집성 성격장애	반사회성 성격장애	회피성 성격장애
조현성 성격장애	경계성 성격장애	의존성 성격장애
조현형 성격장애	연극성 성격장애	강박성 성격장애
	자기애성 성격장애	

성격장애 범주에 어떤 성격장애들이 포함될 수 있는지에 대해서는 많은 논란이 있었다(Skodol, 2012). 현재의 진단 체계에는 총 10개의 성격장애들이 포함되어 있으며, 유사한 특징을 공유하는 성격장애들을 묶어 세 개의 군집(cluster)으로 구분하고 있다(표 13.1 참조).

(1) A군 성격장애

A군 성격장애(cluster A personality disorder)는 특이하고 기이한 행동 특성을 나타내는 성격장애로, 편집성 성격장애와 조현성 성격장애, 조현형 성격장애가 여기에 속한다.

① **편집성 성격장애**(paranoid personality disorder)는 타인에 대한 강한 불신과 의심을 반복적으로 경험하면서 적대적 태도를 나타내는 성격장애이다. DSM-5-TR의 진단 기준에 따르면, 타인의 동기를 악의에 찬 것으로 해석하는 등 광범위한 불신과 의심이 성인기 초기에 시작되어 여러 상황에서 나타나야 한다. 아울러 다음 7가지 기준 중 4개 이상을 만족해야 편집성 성격장애로 진단될 수 있다.

> **DSM-5-TR 편집성 성격장애 진단 기준**
>
> 1. 충분한 근거 없이, 다른 사람이 자신을 착취하고 해를 끼치고 속인다고 의심함
> 2. 친구들이나 동료들의 충정이나 신뢰에 대한 근거 없는 의심에 사로잡혀 있음
> 3. 어떠한 정보가 자신에게 나쁘게 이용될 것이라는 잘못된 두려움 때문에 다른 사람에게 비밀을 털어놓기를 꺼림

4. 그리 악의 없는 말이나 사건에 대해 자신을 비하하거나 위협하려는 숨은 의미가 있는 것으로 해석함
5. 지속적으로 원한을 품음(즉, 모욕, 상처 혹은 경멸을 용서하지 못함)
6. 다른 사람에게는 명백하지 않은 자신의 성격이나 평판을 공격으로 인지하고 즉각 화를 내고 반격함
7. 정당한 이유 없이 배우자나 성행위 파트너의 정조를 반복적으로 의심함

편집성 성격장애로 진단되는 사람들은 타인이 악의를 품고 있다고 믿는다. 겉으로는 아닌 척할지 몰라도 속으로는 자신을 속이고 착취할 것이라고 여기며, 타인의 말과 행동 속에서 이를 지지하는 단서를 찾아내곤 한다. 이러한 단서들은 대부분 지엽적이고 달리 해석될 여지가 많지만, 이들은 타인의 악의를 드러내는 명백한 증거라고 여기면서 자신의 뜻을 굽히지 않는다. 이들은 타인이 자신을 속이거나 착취하는 등 함부로 대하고 공격한다고 여기기 때문에 억울함과 분노, 적개심을 빈번하게 경험한다. 이러한 정서 경험은 공격이나 보복 행동을 자극하며, 불평이나 불만, 논쟁, 말다툼, 고소, 소송 등의 다양한 행동을 유발한다. 이로 인해 주변 사람들과 반복적으로 갈등을 겪으며, 심지어 가족이나 친구와 같이 가까운 사람들과도 적대적 관계를 맺는 경향이 있다.

② **조현성 성격장애**(schizoid personality disorder)는 타인과의 친밀한 관계 형성에 관심이 없고 감정 표현이 부족하여 고립된 생활을 이어 가는 성격장애를 말한다. DSM-5-TR의 진단 기준에 따르면, 사회적 관계에서 고립되어 있고 대인관계 상황에서 감정 표현이 제한되어 있는 특성이 성인기 초기부터 생활 전반에서 나타나야 하며, 다음 7개 기준 중 4개 이상을 만족해야 조현성 성격장애로 진단할 수 있다.

DSM-5-TR 조현성 성격장애 진단 기준

1. 가족의 일원이 되는 것을 포함해서 친밀한 관계를 바라지 않고 즐기지도 않음
2. 항상 혼자서 하는 행위를 선택함

3. 다른 사람과의 성적 경험에 대한 관심이 거의 없음
4. 거의 모든 분야에서 즐거움을 취하려 하지 않음
5. 일차 친족 이외의 친한 친구가 없음
6. 다른 사람의 칭찬이나 비난에 무관심함
7. 감정적 냉정, 냉담 혹은 평평한 감정 성향을 보임

조현성 성격장애는 연구가 매우 부족한 성격장애 중 하나이다. 얼마나 많은 사람이 이 성격장애를 가지고 있는지에 대해서도 충분한 연구가 진행되지 않았으며, 치료를 받기 위해 전문 기관을 찾는 경우도 매우 드문 편이어서 이들의 심리적 특성에 대해서도 많은 정보가 축적되지 않은 상황이다. 따라서 이들의 성격적 특성에 대해서는 조심스럽게 추정할 필요가 있다. 이들은 자신의 생각을 드러내지 않는 경향이 있기 때문에 사고 측면에서의 특성은 파악하기 어렵다. 다만 정서 표현이 거의 없고 주변 자극에 대한 정서적 반응도 제한된 것으로 보아 정서 기능에 결함이 있을 것으로 예상될 뿐이다. 학자들에 따라서는 본래 정서 기능이 둔화되어 있다고 주장하거나 너무 예민해서 의도적으로 차단한 것이라고 주장하기도 하지만, 어느 쪽이 더 타당한지는 분명하게 확인되지 않았다(Akhtar, 1987; Triebwasser, Chemerinski, Roussos, & Siever, 2012). 대인관계적 측면에서 가장 두드러지는 특징은 타인과 관계 맺는 것에 별다른 관심이 없어 보이며, 특별히 타인의 반응이나 평가 등을 중요하게 고려하지도 않는다는 점이다. 이들은 주로 혼자 시간을 보내며, 그렇게 지내는 것에 대해 불편하게 여기지 않는 듯한 인상을 준다. 따라서 생계를 유지할 수 있는 단독 수행 업무를 갖게 되면 이들은 별다른 어려움 없이 지내기도 한다. 하지만 타인과 교류하면서 수행하는 업무에서는 큰 어려움을 겪을 가능성이 높다.

③ **조현형 성격장애**(schizotypal personality disorder)는 기이한 생각이나 정서 반응, 행동 등을 나타내어 부적응을 경험하는 성격장애이다. DSM-5-TR의 진단 기준에 따르면, 친밀한 대인관계에 대한 심한 불안감을 경험하고, 인

간관계를 맺는 능력이 제한되며, 인지적 왜곡이나 지각적 왜곡, 기이한 행동 등으로 인해 생활 전반에서 적응 손상이 나타나야 조현형 성격장애로 진단될 수 있다. 아울러 다음 9개의 기준 중 5개 이상을 만족해야 한다.

DSM-5-TR 조현형 성격장애 진단 기준

1. 관계사고(관계망상은 제외)
2. 행동에 영향을 미치고, 소문화권의 기준에도 맞지 않는 유별난 믿음이나 마술적인 사고 (예: 미신, 천리안에 대한 믿음, 텔레파시, 아동과 청소년에서 '육감', 기이한 공상이나 몰두)
3. 신체적 착각을 포함한 일반적이지 않은 지각 경험
4. 이상한 사고와 언어(예: 모호하고, 우회적·은유적·과장적으로 수식된 또는 상동적인)
5. 의심 또는 편집적 사고
6. 부적절하고 제한된 정동
7. 이상하거나, 기이하거나, 독특한 행동 또는 외모
8. 일차 친족 이외에 친한 친구나 측근이 없음
9. 익숙함으로도 줄어들지 않고 자신에 대한 부정적인 판단보다는 편집적 공포와 연관되는 경향이 있는 과도한 사회 불안

조현형 성격장애는 조현성 성격장애와 유사하게 사회적으로 고립되어 있는 특징을 보이지만 그 원인이나 과정은 서로 구별된다. 조현성 성격장애를 가지고 있는 사람들은 대인관계를 맺는 것에 대한 특별한 요구나 관심이 없어 고립되지만, 조현형 성격장애를 가지고 있는 사람들은 생각이나 언어적 표현이 특이하고, 정서와 행동이 부적절하기 때문에 고립되는 경향이 있다. 이들은 다른 사람들과 구분되는 기이하고 특이한 사고 경향을 보이며, 정서 반응 또한 상황에 맞지 않는 부적절한 양상을 띤다. 이들은 옷차림이나 행동도 특이하여 다른 사람들과 쉽게 구별되곤 한다. 이렇게 특이하고 기이한 언행이나 정서 반응은 다른 사람들에게 불편감을 주기 때문에 원만하게 관계를 맺지 못하고 고립되는 경향이 있다. 스트레스가 심해지면 사고나 정서, 행동 측면에서의 왜곡이나 기이함이 더 심각해질 수 있으며, 경우에 따라서는 **조현병**(schizophrenia), 즉, 환각과 망상, 와해된 언어나 행동 등을 특징적으로 나타내는 심리장애로 발전하기도 한다.

표 13.2 A군 성격장애의 특징

유형	특징
편집성 성격장애	다른 사람의 동기나 의도를 악의적으로 해석하고 의심함
조현성 성격장애	사회적으로 고립되어 있고 정서 표현이 제한됨
조현형 성격장애	인지, 정서, 행동 측면에서 독특하고 기이함

(2) B군 성격장애

B군 성격장애(cluster B personality disorder)는 극적이고 예측하기 어려운 행동 특성을 나타내는 성격장애로, 반사회성 성격장애와 경계성 성격장애, 연극성 성격장애, 자기애성 성격장애가 여기에 포함된다.

① 반사회성 성격장애(antisocial personality disorder)는 사회 규범이나 법을 지키지 않고 무책임하거나 폭력적인 행동을 반복하여 부적응을 경험하는 성격장애를 의미한다. DSM-5-TR의 진단 기준에 따르면, 타인의 권리를 무시하거나 침해하는 행동 양식이 생활 전반에 나타나며, 이러한 특성이 15세부터 시작되어야 한다. 아울러 다음 7개의 기준 중 3개 이상을 만족해야 한다.

DSM-5-TR 반사회성 성격장애 진단 기준

1. 체포의 사유가 되는 행동을 반복하는 것으로 나타나는 법적 행위에 관련된 사회적 규범을 준수하지 않음
2. 반복적인 거짓말, 가명 사용, 자신의 이익이나 쾌락을 위해 다른 사람을 속이는 것으로 나타나는 사기성
3. 충동적이거나 미리 계획을 세우지 못함
4. 반복되는 몸싸움이나 폭력으로 나타나는 성마름과 공격성
5. 자신이나 다른 사람의 안전을 무시하는 무모성
6. 반복적으로 일관된 업무 태도를 유지하지 못하고 재정적 의무를 준수하지 못하는 것으로 나타나는 지속되는 무책임성
7. 다른 사람에게 상처를 입히거나, 학대하거나, 훔치는 것을 아무렇지도 않게 여기거나 이를 합리화하는 것으로 나타나는 반성의 결여

DSM-5-TR에서는 반사회성 성격장애를 진단할 때 필요한 두 가지 조건을 추가로 제시하고 있다. 즉, 나이가 최소 18세 이상이어야 하며, 15세 이전에 품행장애(conduct disorder)가 시작된 증거가 있어야 한다.

DSM-5-TR에서 정의하는 반사회성 성격장애는 주로 행동적 특징에 주목한다. 이들은 충동적이고 공격적인 방식으로 행동하는 경향이 있으며, 다른 사람에게 해를 입히거나 규범을 어기는 것을 서슴지 않는다. 반복적으로 범죄를 저지르기 때문에 구속되는 일이 잦으며, 일회적으로 범죄를 저질러 처벌을 받은 사람들과 달리 처벌을 받은 후에도 유사한 행동을 반복하는 경향이 있다. 정서적 측면에서 두드러지는 특징은 두려움과 죄책감의 결여라 할 수 있다. 이들은 자기 자신이나 주변 사람들에게 일어날 수 있는 부정적인 결과를 두려워하지 않으며, 타인이나 사회에 고통을 주고 해를 입히는 것에 대한 죄책감을 거의 경험하지 않는 경향이 있다.

② **경계성 성격장애**(borderline personality disorder)는 불안정한 대인관계와 왜곡된 자기상, 강렬하고 불안정한 정서 반응을 특징적으로 나타내는 성격장애이다. DSM-5-TR의 진단 기준에 따르면, 대인관계, 자아상 및 정서의 불안정성과 더불어 심한 충동성이 생활 전반에서 나타나며, 다음 9가지 기준 중 5개 이상을 만족할 때 경계성 성격장애로 진단된다.

DSM-5-TR 경계성 성격장애 진단 기준

1. 실제 혹은 상상 속에서 버림받지 않기 위해 필사적으로 노력함
2. 이상화와 평가절하의 극단 사이를 오락가락하는 것을 특징으로 하는 불안정하고 열정적인 대인관계 패턴
3. 정체성 장해: 현저하게 지속되는 불안정한 자아상 또는 자기감
4. 자신이 손상될 가능성이 있는 최소한 2가지 이상 영역에서의 충동성(예: 소비, 성행위, 물질 남용, 난폭 운전, 폭식)
5. 반복적인 자살 행동, 자살 제스처, 자살 위협 혹은 자해 행동
6. 현저한 기분의 반응성으로 인한 감정의 불안정성(예: 격정적인 불쾌감 삽화, 성마름 또는 불안이 보통 수 시간 동안 지속되며 아주 드물게는 수일간 지속됨)
7. 만성적인 공허감

8. 부적절하고 격렬하게 화를 내거나 화를 조절하지 못함(예: 자주 성질을 부리거나, 늘 화를 내거나, 몸싸움을 반복함)
9. 일시적으로 스트레스와 관련된 편집성 사고 혹은 심각한 해리 증상들

경계성 성격장애의 핵심은 불안정성이다. 이들은 인지, 정서, 행동, 대인관계 등 여러 영역에서 현저한 불안정성을 드러낸다. 성격 전반에서 나타나는 불안정성은 곧 통합과 조절의 어려움을 반영한다. 이들이 지닌 자기 자신에 대한 생각이나 타인에 대한 생각은 긍정적인 것과 부정적인 것 혹은 여러 분리된 요소들이 적절히 통합되지 못한 채 번갈아 가며 의식을 장악하는 듯한 모습을 보인다. 이로 인해 자기 자신이 누군인지에 대해 일관된 감각을 지니기 어려우며, 대인관계에서도 극단적으로 돌변하는 모습을 보여 안정적으로 관계를 유지하는 데 큰 어려움을 겪는다. 이들은 정서나 충동, 위험한 행동 등을 적절히 억제하고 조절하는 데에도 상당한 곤란을 겪는다.

스트레스가 심한 경우에는 이러한 증상들이 더욱 악화되는데, 경우에 따라서는 편집적 사고와 같은 왜곡이 심한 증상을 나타내기도 하며, 일시적으로 의식의 붕괴를 막기 위한 해리 증상을 나타낼 수도 있다. **해리**(dissociation)란 기존의 연속적인 의식에서 벗어나 새로운 의식 혹은 마음의 상태로 전환하는 것을 말한다. 심각한 사고 이후 일시적으로 기억을 잃고 이전과는 다른 인격으로 살아가는 것은 해리성 기억상실의 대표적인 예이다. 좀 더 일상적인 예로는 익숙했던 상황이나 환경이 낯설게 느껴지는 비현실감(derealization)이나 자기에게서 분리되는 듯한 이인증(depersonalization)을 들 수 있다. 경계성 성격장애 환자들은 스트레스가 심할 때 해리 증상을 나타낼 수 있으며, 회복된 후 스트레스 상황을 정확히 기억하는 데 어려움을 겪을 수 있다.

③ **연극성 성격장애**(histrionic personality disorder)는 타인의 애정과 관심을 끌려는 과도한 노력을 특징적으로 나타내는 성격장애이다. DSM-5-TR의 진단 기준에 따르면, 지나친 감정 표현과 관심 끌기 행동이 생활 전반에 나타

나야 하며, 다음 8가지 기준 중 5개 이상을 만족해야 연극성 성격장애로 진단될 수 있다.

DSM-5-TR 연극성 성격장애 진단 기준

1. 자신이 관심의 중심에 있지 않는 상황을 불편해함
2. 다른 사람들과의 상호작용이 종종 부적절한 성적 유혹이나 도발적인 행동으로 특징지어짐
3. 감정 표현이 피상적이고 빠르게 변함
4. 지속적으로 신체적 외모를 이용하여 자신에게 관심을 유도함
5. 지나치게 인상적이면서 세밀함이 결여된 언어 스타일
6. 자기극화, 연극성 그리고 과장된 감정의 표현
7. 피암시적임(즉, 다른 사람이나 상황에 쉽게 영향을 받음)
8. 관계를 실제보다 더 가까운 것으로 간주함

연극성 성격장애를 지닌 사람들은 정보를 처리할 때 꼼꼼하게 세부적인 사항들을 놓치지 않고 처리하기보다 전반적 인상에 주목하여 빠르게 처리하는 경향이 있다. 이로 인해 이들의 대화 양식은 전반적으로 모호하고 인상적인 경향을 띠며, 감정 또한 빠르게 변하고 피상적인 특징을 나타낸다. 이들은 기본적으로 표현적인 사람들이다. 타인의 애정과 관심을 끄는 것을 원하기 때문에 언어나 감정 표현, 옷차림, 행동 등의 다양한 측면에서 눈에 띄는 편이다. 이들의 관심 끌기 행동은 처음 만나는 관계에서 대체로 성공적이지만, 실제보다 과장된 방식으로 호감을 표현하여 오해를 일으키는 등의 문제가 심화되면 다양한 관계 갈등이 나타날 수 있다. 표현적인 행동이나 관심 끌기 행동의 부적절성은 장애의 심각도에 따라 달라진다. 증상이 악화될수록 행동의 부적절성이 심해지며, 이로 인해 주변 사람들로부터 오히려 거부당하는 일도 일어날 수 있다.

④ 자기애성 성격장애(narcissistic personality disorder)는 자신에 대한 과장된 평가와 특권 의식을 특징적으로 나타내면서 타인을 착취하거나 오만하게

행동하는 등의 문제를 보이는 성격장애를 말한다. DSM-5-TR의 진단 기준에 따르면, 공상이나 행동에서의 웅대성, 칭찬에 대한 욕구, 공감의 결여가 생활 전반에서 나타나며, 다음 9가지 기준 중 5개 이상을 만족할 때 자기애성 성격장애로 진단될 수 있다.

DSM-5-TR 자기애성 성격장애 진단 기준

1. 자기중요성에 과대한 느낌을 가짐(예: 성취와 능력을 과장, 상응하는 성과 없이도 우수한 것으로 인식될 것을 기대)
2. 무한한 성공, 권력, 명석함, 아름다움 혹은 이상적인 사랑에 대한 환상에 몰두
3. 자신은 '특별'하고 특이해서 또 다른 특별하거나 높은 지위의 사람(또는 기관)만이 자신을 이해할 수 있고 또는 관련해야 한다는 믿음
4. 과도한 감탄을 요구함
5. 특권 의식이 있음(즉, 특별히 호의적인 대우를 받기를, 자신의 기대에 대해 자동적으로 순응하기를 불합리하게 기대함)
6. 대인관계에서 착취적임(즉, 자신의 목적을 달성하기 위해서 타인을 이용함)
7. 공감의 결여: 타인의 느낌이나 요구를 인식하거나 확인하려 하지 않음
8. 다른 사람을 자주 부러워하거나 다른 사람이 자신을 시기하고 있다는 믿음
9. 오만하고 건방진 행동이나 태도

자기애성 성격장애를 지닌 사람들은 과장된 자기평가를 특징적으로 나타낸다. 이들은 자신이 특별하다고 믿으며, 그 사실을 다른 사람들로부터 확인받으려 하고, 특별한 대우를 요구하는 경향이 있다. DSM-5-TR의 진단 기준에서는 이들의 정서적 특징에 대해 자세히 다루지 않고 있다. 다만 타인과 자신을 비교하면서 질투감을 느낄 수 있다는 점을 지적하고 있다. 과장된 자기평가만큼이나 두드러지는 중요한 특징은 타인에 대한 인격적인 관심과 배려 혹은 공감 능력의 결여라 할 수 있다. 이들은 타인의 기본적 욕구나 감정에 별다른 관심이 없다. 특히 타인의 고통에 둔감한 편이어서 자신의 가치를 확인하는 목적으로 타인을 이용하거나 착취하는 행동을 보이는 경향이 있다. 거만하고 방자한 행동도 흔하게 나타내기 때문에 주변 사람들로부터 부정적 평가나 반응을 경험할 가능성이 높다.

표 13.3 B군 성격장애의 특징

유형	특징
반사회성 성격장애	사회 규범이나 법을 지키지 않고 타인의 권리를 침해하는 행동
경계성 성격장애	자기상, 감정, 대인관계 측면에서의 불안정성과 충동성
연극성 성격장애	지나친 감정 표현과 과도한 관심 끌기 행동
자기애성 성격장애	자신에 대한 과장된 평가와 특권 의식. 착취적이거나 오만한 행동

(3) C군 성격장애

C군 성격장애(cluster C personality disorder)는 지속적인 불안과 두려움을 특징적으로 나타내는 성격장애로, 회피성 성격장애와 의존성 성격장애, 강박성 성격장애가 여기에 속한다.

① **회피성 성격장애**(avoidant personality disorder)는 다른 사람과의 만남에 대한 두려움 때문에 사회적 관계를 반복적으로 회피하는 것을 특징으로 하는 성격장애이다. DSM-5-TR의 진단 기준에 따르면, 사회적 억제, 부적절감, 타인으로부터의 부정적 평가에 대한 과민성을 생활 전반에서 나타내고, 다음 7가지 기준 중 4개 이상을 충족할 때 회피성 성격장애로 진단할 수 있다.

DSM-5-TR 회피성 성격장애 진단 기준

1. 비난, 거부, 거절에 대한 두려움에 의미 있는 대인 접촉과 관련된 직업적 활동을 회피함
2. 확실한 호감이 가지 않는 한 사람들과 관계하는 것을 꺼림
3. 수치심을 느끼거나 조롱당할 것에 대한 두려움 때문에 친밀한 관계를 제한함
4. 사회적 상황에서 비난받거나 거절당하는 것에 대해 집착함
5. 부적절감으로 인해 새로운 대인관계 상황을 제한함
6. 자신을 사회적으로 서툴고, 개인적으로 매력적이지 않으며, 다른 사람들보다 열등하다고 바라봄
7. 당황스러움이 드러날까 염려하여 어떤 새로운 일에 관여하거나 개인적인 위험을 감수하는 것을 유별나게 꺼림

회피성 성격장애는 대인관계를 피한다는 점에서 조현성 성격장애와 유사하다. 실제로 이 두 장애의 관계에 대해서는 그동안 많은 논쟁이 있었다. 두 성격장애가 서로 구분되지 않는다는 의견과 서로 구별된다는 의견이 모두 제안되었으나, 두 성격장애를 측정하는 도구들의 상관관계가 약하거나 부적인 관계를 맺고 있다는 점과 진단 기준이 명확하게 구분된다는 점 때문에 두 번째 의견에 조금 더 힘이 실리고 있다(Lampe & Malhi, 2018).

회피성 성격장애를 지닌 사람들의 경우 친밀한 관계에 대한 욕구와 관심이 있으나 부정적 평가에 대한 두려움 때문에 회피한다는 점도 조현성 성격장애와는 구별되는 특성이다. 이들의 핵심적 특징인 회피 행동은 자기상과 타인상의 관점에서 잘 이해될 수 있다. 이들은 스스로 부적절하고 열등하다 여기는 등 자기상이나 자기개념이 부정적인 경향이 있다. 한편 타인은 자신의 부족한 측면을 밝혀내어 무시하거나 비판할 것이라는 가혹한 타인상을 가지고 있어 대인관계 상황에서 반복적으로 부적절감이나 열등감, 부정적 평가에 대한 두려움을 경험하게 되는 것이다. 이들은 이러한 정서 경험을 피하기 위해 사회적 상황을 회피하지만, 자신에게 명백히 호의적인 태도를 가지고 있다고 믿는 사람과는 깊은 관계를 맺기도 한다.

② 의존성 성격장애(dependent personality disorder)는 독립적인 생활을 하지 못하고 다른 사람에게 과도하게 의존하는 것을 특징으로 하는 성격장애이다. DSM-5-TR의 진단 기준에 따르면, 보호받고 싶은 과도한 욕구로 인해 타인에게 매달리고 복종하는 행동을 나타내며, 의존 대상과 분리되는 것에 대한 두려움을 경험해야 하고, 다음 8개의 기준 중 5개 이상을 만족해야 의존성 성격장애로 진단할 수 있다.

DSM-5-TR 의존성 성격장애 진단 기준

1. 다른 사람으로부터의 과도히 많은 충고나 확신 없이는 일상의 판단을 하는 데 어려움을 겪음
2. 자신의 생활 중 대부분의 주요 영역에서 다른 사람이 책임져 줄 것을 요구함
3. 지지와 인정을 잃는 것에 대한 공포 때문에 다른 사람과의 의견 불일치를 표현하는 데 어려움이 있음

4. 계획을 시작하기 어렵거나 스스로 일을 하기가 힘듦(동기나 에너지의 결핍이라기보다는 판단이나 능력에 있어 자신감의 결여 때문임)
5. 다른 사람의 돌봄과 지지를 지속하기 위해 불쾌한 일이라도 자원해서 함
6. 혼자서는 자신을 돌볼 수 없다는 심한 공포 때문에 혼자 있을 때 불편함과 절망감을 느낌
7. 하나의 친밀한 관계가 끝나면, 자신을 돌봐 주고 지지해 줄 근원으로 다른 관계를 시급히 찾음
8. 자신을 돌보기 위해 혼자 남는 데 대한 공포에 비현실적으로 집착함

의존성 성격장애를 지닌 사람들은 자신의 능력에 대한 부정적 신념을 가지고 있다. 이들은 일상적이고 사소한 일부터 인생의 중요한 결정까지 대부분의 영역에서 다른 사람의 도움을 필요로 한다. 회피성 성격장애를 지닌 사람들과 달리 타인에 대해서는 대체로 긍정적인 인식을 가지고 있으며, 특히 자기 대신 자신의 일을 처리해 줄 수 있는 능력과 동기를 가지고 있다고 믿는다. 이들은 다른 사람으로부터 도움 행동을 촉발하는 경향이 있으며, 관계 초기에는 이렇게 도움을 받고 고마움을 표하면서 비교적 두드러지는 갈등 없이 지낸다. 하지만 관계가 오래 지속되고 도움을 요구하는 빈도가 늘어 가면 도움을 주던 상대도 점차 지치게 되며, 분노와 짜증 혹은 폭력적인 행동을 나타내기도 한다. 의존성 성격장애를 지닌 사람들은 의존하던 상대와 분리되는 것을 매우 두려워하기 때문에 상대가 이렇게 공격적인 반응을 보일 때에도 저항하거나 맞서 싸우는 등의 행동은 보이지 못한다. 오히려 복종하고 순응하면서 관계를 유지하려 시도하는 경향이 있다. 그러다 결국 관계가 끊어지면 빠르게 다른 의존 대상을 찾는다는 측면에서 의존 대상을 도구적으로 이용하는 면도 발견할 수 있다.

③ **강박성 성격장애**(obsessive-compulsive personality disorder)는 과도한 완벽주의와 세부 사항에 대한 집착, 지나친 성취 지향성과 인색함 등을 특징으로 하는 성격장애이다. DSM-5-TR의 진단 기준에 따르면, 정리정돈, 완벽주의, 마음의 통제와 대인관계의 통제에 집착하는 행동 특성이 생활 전반에

서 나타나야 하며, 다음 8개의 기준 중 4개 이상을 만족해야 강박성 성격장애로 진단할 수 있다.

DSM-5-TR 강박성 성격장애 진단 기준

1. 내용의 세부, 규칙, 목록, 순서, 조직 혹은 스케줄에 몰두하여 활동의 주요 요점을 놓침
2. 과제의 완수를 방해하는 완벽함(예: 자신의 지나치게 엄격한 기준을 충족하지 못해 프로젝트를 완수할 수 없음)
3. 여가 활동과 친구 교제를 마다하고 일과 성과에 지나치게 열중함(경제적으로 필요한 것이 명백히 아님)
4. 도덕, 윤리 또는 가치관에 대해 지나치게 양심적이고, 꼼꼼하며, 융통성이 없음(문화적 혹은 종교적 정체성으로 설명되지 않음)
5. 감상적 가치조차 없는데도 낡고 쓸모없는 물건을 버리지 못함
6. 자신의 일하는 방법에 정확하게 복종적이지 않으면 일을 위임하거나 함께 일하지 않으려 함
7. 자신과 다른 사람 모두에게 돈을 쓰는 데 인색함. 돈을 미래의 재난에 대비하는 것으로 인식함.
8. 경직성과 고집스러움을 보임

강박성 성격장애를 지닌 사람들의 핵심적 특징은 통제에 대한 강한 동기와 경직성이다. 이들은 자신의 삶을 구성하는 모든 것을 통제하고 싶어 한다. 이들의 강한 통제 욕구는 과도한 완벽주의나 세부 사항에 대한 집착, 다른 사람과의 협력 과정에서 자신의 기준을 경직된 방식으로 적용하는 등의 문제로 드러날 수 있다. 이들은 자신의 에너지 대부분을 일에 투자한다. 업무를 위한 피상적인 관계는 비교적 잘 유지할 수 있지만, 친밀한 관계에서는 융통성이 없고 고지식하며, 인색한 특징으로 인해 많은 갈등을 경험하는 경향이 있다. DSM-5-TR 진단 기준에서 잘 드러나는 바와 같이, 이들의 정서적 특징에 대해서는 알려진 바가 많지 않다. 다만 이들은 자연스럽게 정서를 경험하고 인식하거나, 적절히 조절하고 표현하는 데 어려움을 겪는 것으로 보고되고 있다(Steenkamp, Suvak, Dickstein, Shea, & Litz, 2015).

표 13.4 C군 성격장애의 특징

유형	특징
회피성 성격장애	타인의 부정적 평가에 대한 두려움과 대인관계 회피 행동
의존성 성격장애	독립적으로 생활하지 못하고 타인에게 과도하게 의존하는 행동
강박성 성격장애	과도한 완벽주의와 통제 행동

2) 성격장애의 통합적 이해

성격장애를 설명하는 모형은 크게 두 가지로 구분할 수 있다. 하나는 범주적 모형이고, 다른 하나는 차원적 모형이다(Trull & Durrett, 2005). **범주적 모형**(categorical model)이란 어떤 개념이 질적으로 분명하게 구분되는 범주들로 구성되어 있다고 가정하는 모형이다. 반면 **차원적 모형**(dimensional model)은 어떤 개념이 양적으로 구분되는 차원으로 구성된다고 가정한다. DSM-5-TR은 성격장애를 포함한 심리장애가 범주적 모형을 따르는 것으로 가정하고 구성된 진단 체계이다. 즉, 어떤 사람이 DSM-5-TR에 기술된 특정 성격장애의 조건을 만족하면 다른 사람과는 질적으로 다른 질병 상태에 있다고 가정하는 것이다.

성격장애에 대한 범주적 모형은 DSM 체계를 포함한 많은 진단 체계에서 활용되었다. 다른 의학 영역에서의 진단 체계와 유사하여 사람들이 쉽게 이해할 뿐만 아니라 정보의 소통 및 연구 진행이 매우 용이하기 때문이다. 하지만 범주형 진단 체계를 이용한 연구들이 누적되면서 이 체계가 지닌 근본적 결함이 드러나게 되었다(Trull & Durrett, 2005).

첫째, 하나의 진단으로 구분된 사람들의 증상 양상이 매우 달랐다. 예컨대 경계성 성격장애로 진단된 10명의 환자가 있다고 가정했을 때 이들이 나타내는 증상이 모두 동일하지 않았다는 것이다. 이는 DSM-5-TR 진단 체계의 기본 구조에 내재된 한계로 인해 일어난 문제라 할 수 있다. 앞서 살펴본 바와 같이 DSM-5-TR의 경계성 성격장애 진단 기준은 총 9개이며, 이 중 5개만 만족하면 해당 성격장애로 진단할 수 있다. 즉, 경계성 성격장애로 진단될 수 있는 기준 조합은 모두 126가지나 된다. 동일하게 경계성 성격장애로 진단된

두 사람이 있다고 가정할 때, 두 사람의 증상이 동질적일 가능성은 매우 낮은 것이다.

둘째, 공병 현상이 매우 심했다. **공병**(comorbidity)이란 두 개 이상의 장애가 공존하는 현상을 말한다. 즉, 한 사람이 나타내는 성격 문제를 DSM-5-TR로 진단했을 때 두 개 이상의 성격장애로 진단되는 일이 빈번하게 일어난 것이다. 이렇게 두 개 이상의 성격장애가 동시에 진단되면 질병의 원인에 대한 이해에 혼란을 주며, 그에 따라 치료 과정에도 부정적인 영향을 미치게 된다. 범주적 모형에 근거하여 심리장애를 진단하고자 시도했던 많은 연구자들은 이러한 공병 현상을 줄이기 위해 진단 기준을 여러 차례 수정하고 다듬었지만, 현재까지도 이 문제는 거의 해결되지 않고 있다.

성격장애에 대한 범주적 모형의 한계가 점점 더 분명해짐에 따라 차원적 모형을 적용하려는 시도가 늘어나고 있다. 차원적 모형을 이용한 접근에서는 성격장애를 특정한 기준을 이용해 진단하지 않는다. 이 모형은 기본적으로 모든 성격 특성이 양적인 차이만을 가질 뿐이라고 가정하기 때문에, 연속적인 점수를 이용해 각 특성의 강도나 심각도 등을 제시한다. 이러한 관점에서는 정상과 비정상의 경계도 분명하게 제시하지 않는다. 상대적으로 건강한 사람과 심리적 문제를 경험하는 사람은 질적으로 다른 상태에 있는 것이 아니라, 단순히 어떤 특성이 더 두드러지게 나타난다는 차이점이 있을 뿐이다.

성격장애를 차원적 모형으로 개념화하려는 시도는 다양했지만, 대체로 성격 5요인 모형과 일치하는 결과를 보고하고 있다(Trull & Currett, 2005). 즉, 일반적인 성격을 이해하는 데 사용되는 차원과 성격장애를 이해하는 데 사용되는 차원이 거의 유사한 것으로 나타나고 있다. 이는 차원적 모형의 기본 가정과도 일치하는 결과라 할 수 있다.

첫 번째 차원은 신경과민성이나 부정 정서성, 정서 조절 곤란(emotional dysregulation) 등으로 표현되는 차원이며, 반복적인 부정 정서 경험과 정서 조절의 어려움을 주된 특징으로 한다. 두 번째 차원은 외향성이나 긍정 정서성 등으로 표현되는 차원이며, 긍정 정서를 반복적으로 경험하는 경향성을 주로 포착한다. 세 번째 차원은 우호성이나 적대적 행동(antagonistic behavior), 반사회적 행동(dissocial behavior) 등으로 표현되는 차원이며, 대인관계에서 주로 취하는 태도를 포착한다. 네 번째 차원은 성실성이나 강박(compulsivity), 통제(constraint) 등으로 표현되는 차원으로 자기조절이나 자기통제, 절제되고 계획된 방식으로 행동하는 경향성을 포착한다. 다섯 번째 차원은 개방성, 인지적/지각적 장해(cognitive-perceptual disturbance) 등으로 표현되는 차원이다. 이 차원은 상대적으로 덜 일치된 결과를 보이고 있지만, 사고나 감정, 행동 등에서의 독특함이나 특이함 혹은 창의적 특성을 포착한다.

성격장애의 차원적 모형을 지지하는 연구자들은 현재 진단 체계에서 다루어지고 있는 성격장애를 차원적 모형에서의 특별한 위치로 설명할 수 있다고 주장한다. 예컨대 Widiger와 Mullins-Sweatt(2009)는 대표적인 성격장애의 특성들을 성격 5요인 차원의 극단으로 개념화할 수 있다고 제안하였다. 이들에 따르면, 성격장애는 어떤 성격 특성이 '극단적이고 경직된 양상'으로 발현되는 것이다. 예를 들어, ① 신경과민성이 과도하게 높으면 우울감이나 정서 조절 곤란, 불안, 스트레스에 대한 취약성, 분노 등이 특징적으로 나타날 수 있는데, 이러한 증상은 경계성 성격장애의 특성과 유사한 면이 있다. ② 외향성이 과도하게 높은 상태는 사람들과 어울리려는 과도한 시도와 강렬한 애착, 과도하게 긍정적이고 낙관적인 태도가 두드러진다는 측면에서 연극성 성격장애의 특성과 가깝다. 외향성이 과도하게 낮은 상태 혹은 내향성이 지나치게 높은 상태는 대인관계 회피와 사회적 고립이 두드러져 회피성 성격장애나 조현성 성격장애와 유사한 면이 있다. ③ 개방성이 지나치게 높은 상태는 인지나 정서, 행동 측면에서 독특함이나 기이함이 과도한 수준에 이른 것으로 이해될 수 있으며, 이는 조현형 성격장애의 주된 특징과 가깝다. ④ 우호성이 과도하게 높은 상태는 자기 자신의 피해를 감수하면서 타인에게 순응하는 특징을 보이기 때문에 의존성 성격장애와 유사하다. 반면 우호성이 매우 낮은 상태는 적대적이고 공격적이며, 타인을 조종하거나 착취하고, 오만한 태도를 보인다는 측면에서 반사회성 성격장애나 자기애성 성격장애와 유사한 면이 있다. 타인의 의도에 대해 의심하고 불신하며 적대적인 태도를 보인다는 측면에서 보면 편집성 성격장애의 특징도 보이는 것을 알 수 있다. ⑤ 성실성이 과도하게 높은 상태는 과도하게 성취 지향적이고 완벽주의적인 특징을 보인다는 측면에서 강박성 성격장애와 유사한 면이 있다.

표 13.3 성격 5요인의 극단적 특성 예시

요인	높음	낮음
신경과민성	우울, 정서 조절 곤란, 정체성 문제, 적대감, 불안, 스트레스 취약성	경박한 매력, 두려움이 없는
외향성	무모한 자극 추구, 강렬한 애착	고립, 무쾌감증
개방성	인지-지각적 일탈, 조절되지 않는 몰두	편협한, 감정표현불능
우호성	굴종적인, 자기폄하	공격성, 의심, 조종, 오만함
성실성	완벽주의, 일중독	종잡을 수 없는, 무책임한

출처: Widiger & Mullins-Sweatt, 2009

3 성격과 삶의 질

신체적 건강이나 심리적 건강을 넘어서 좀 더 행복하게 사는 삶에 대한 학술적 관심이 늘어남에 따라, 성격과 삶의 질의 관계를 탐색하는 연구가 이전보다 활발하게 진행되었다. 우선 삶의 질을 대표하는 개념인 행복과 성격의 관계에 대해 살펴보고, 긍정적 성격 특질로 개념화되는 성격강점에 대한 연구 성과를 알아보자.

1) 성격과 행복

초기 임상심리학과 정신의학 영역에서 연구자들이 성격에 관심을 갖게 된 것은 성격이 다양한 부적응에 중요한 영향을 미친다는 사실을 확인했기 때문이다. 이들은 자연스럽게 성격의 문제 혹은 성격장애를 중점적으로 연구하였고, 그 결과 우리가 성격에 대해 파악하고 있는 많은 심리학적 지식은 부정적인 면이나 역기능적인 면에 치우치게 되었다. 이러한 현상은 비단 성격 연구에만 국한된 것은 아니어서 심리학의 역사는 **부정심리학**(negative psychology)의 역사라는 자조적인 표현이 공공연히 받아들여지곤 했다. 미국의 심리학자 Martin Seligman은 이러한 문제를 적극적으로 드러내면서 인간

심리의 긍정적 측면에 대한 관심과 연구를 촉구하였으며, 이러한 움직임은 **긍정심리학**(positive psychology)의 태동과 발전으로 이어졌다.

성격심리학 영역에서도 긍정심리학적 관점의 연구가 활발히 진행되었다. 매우 다양한 연구들이 진행되었지만, 집중적으로 진행된 연구 주제를 선별하자면 두 가지 정도를 들 수 있다. 첫 번째는 인간의 **행복**(happiness)과 성격의 관계를 다룬 연구들이고, 두 번째는 인간의 긍정적인 성격 특성을 다룬 연구들이다.

이 연구들을 살펴보기에 앞서 행복의 정의에 대해 들여다보자. 행복이란 무엇일까? 우리는 일상적으로 '행복'이란 표현을 사용한다. 이는 사람마다 나름의 행복 개념을 지니고 있음을 반영한다. 어떤 사람에게는 긍정 정서를 경험하면서 자신의 삶에 만족하는 것이 행복일 수 있고, 다른 누군가에게는 의미 있고 가치 있는 삶을 살아가는 것 자체가 행복일 수 있을 것이다. 이 외에도 많은 정의가 있을 수 있겠지만, 현대 긍정심리학 영역에서는 이 두 가지 관점에 주목한다. 전자는 **주관적 웰빙**(subjective well-being)으로 대표되는 정의이며, 크게 긍정 정서의 경험(positive affect)과 삶의 만족(life satisfaction)의 두 요소로 구성된다(Diener, 1984). 이 정의는 가장 많이 사용되는 정의이지만 행복의 기본 전제로 긍정 정서를 가정한다는 점에서 비판을 받기도 한다. 즉, 긍정 정서를 경험하지는 않지만 나름의 가치와 기준에 따라 고통을 견디며 살아가는 상태를 행복한 상태로 정의하기 어려운 것이다. 이러한 한계를 지적하며 제안된 또 다른 개념은 가치와 의미에 중점을 두는 **심리적 웰빙**(psychological well-being)이다(Ryff & Keyes, 1995). 심리적 웰빙은 총 6개의 서로 구별되는 차원으로 구성된다. 여기에는 자율성(autonomy)과 일상적 활동 및 환경 통제와 관련된 숙달감(environmental mastery), 개인적 성장(personal growth), 다른 사람과의 긍정적 관계(positive relations with others), 삶의 목적(purpose in life), 자기수용(self-acceptance)이 포함된다. 제시된 바와 같이 심리적 웰빙의 하위 차원에는 긍정 정서 경험이 포함되어 있지 않다. 그보다는 삶의 다양한 영역에서 일정한 기준에 따라 삶을 잘 꾸려 나가며 나름의 가치와 기준에 따라 성장하는 것 자체를 행복으로 정의한다.

주관적 웰빙과 심리적 웰빙이 서로 다른 방식으로 행복을 정의하지만, 경험적 연구 결과들은 두 변인이 서로 밀접한 관계를 맺고 있음을 보여 준다

(Chen, Jing, Hayes, & Lee, 2013). 다만 두 변인의 시간에 대한 안정성이나 서로 영향을 미치는 정도 측면에서는 차이가 있는 것으로 확인되고 있다. 예컨대 20년 정도의 기간에 걸쳐 주관적 웰빙과 심리적 웰빙의 관계를 종단적으로 탐색한 한 연구에 따르면, 연령 변화에 대한 안정성은 주관적 웰빙에 비해 심리적 웰빙이 좀 더 높은 것으로 확인되었다. 또한 심리적 웰빙은 주관적 웰빙을 안정적으로 예측한 반면, 주관적 웰빙의 심리적 웰빙에 대한 예측력은 다소 비일관적인 것으로 나타났다(Joshanloo, 2019).

행복을 어떤 방식으로 정의하든, 성격과 행복의 관계를 다룬 연구들은 상당히 일치하는 결과를 보여 주고 있다(Grant, Langan-Fox, & Anglim, 2009). 관련 연구들에 따르면, 행복과 가장 일관된 연관성을 보이는 성격 차원은 외향성과 신경과민성, 성실성이었다(구재선, 서은국, 2011; Anglim, Horwood, Smillie, Marrero, & Wood, 2020; Gutiérrez, Jiménez, Hernández, & Pcn, 2005; Hayes & Joseph, 2003). 즉, 외향성이 높을수록, 신경과민성이 낮을수록, 성실성이 높을수록 행복 수준은 높아지는 것으로 확인되었다.

외향성이나 신경과민성, 성실성이 어떻게 행복 수준에 영향을 미치는지에 대해서는 꾸준히 연구가 진행되고 있다. 외향성의 경우 **사회적 연결성**(social connectedness)을 매개 변인으로 하여 주관적 웰빙에 영향을 미칠 것으로 제안되었다. 예컨대 미국 대학생 295명과 성소수자 148명을 대상으로 진행된 한 연구에 따르면, 외향성이 높을수록 주변 사람들과 자신을 서로 가깝게 느끼는 정도나 소속감이 강하며, 그에 따라 주관적 웰빙 수준도 높아지는 것으로 나타났다(Lee, Dean, & Jung, 2008).

신경과민성 혹은 정서적 안정성(emotional stability)과 주관적 웰빙의 관계는 정서 조절과 관련된 변인들이 매개하는 것으로 확인되고 있다. 예컨대 정서적 안정성이 높을수록 정서 조절 전략으로서 인지적 재평가를 더 많이 사용하고, 결과적으로 삶에 대한 만족도와 긍정 정서 수준이 더 높은 것으로 확인되었으며(Kobylińska, Zajenkowski, Lewczuk, Jankowski, & Marchlewska, 2022), 자신의 경험을 있는 그대로 관찰하는 마음챙김(mindfulness) 또한 신경과민성과 주관적 웰빙의 관계를 매개하는 것으로 나타났다(Wenzel, Von Versen, Hirschmüller, & Kubiak, 2015). 마음챙김은 적응적인 정서 조절의 핵심 기제인 것으로 확인되고 있다(Chambers, Gullone, & Allen, 2009).

비교적 최근에 주목을 받기 시작한 성실성에 대해서는 아직 많은 연구가 진행되지 못한 상황이다. 관련 연구들에 따르면, 성실성이 높을수록 부정 정서 경험으로부터 더 빠르게 회복되는 경향이 있었으며(Javaras et al., 2012), 수입 규모나 재산 등으로 측정되는 객관적 성공 지표와 안정적인 정적 관계를 맺는 것으로 확인되었다(Duckworth, Weir, Tsukayama, & Kwok, 2012). 또한 성실한 사람들은 질병에 덜 걸리는 경향이 있었으며(Chapman, Duberstein, & Lyness, 2007), 스트레스에 상대적으로 잘 대처하는 것으로 나타났다(Connor-Smith & Flachsbart, 2007). 이러한 특징들은 성실성과 주관적 웰빙의 관계를 매개할 가능성이 있는 변인들이다.

2) 성격강점

긍정심리학과 관련하여 성격심리학 영역에서 진행되고 있는 대표적인 두 번째 연구 주제는 인간의 긍정적 성격 혹은 성격강점이다. **성격강점**(character strength)은 인간이 지닌 긍정적 특질(positive trait)이라 정의할 수 있다. 긍정적 특질이란 시간적 측면에서 비교적 안정적으로 유지되는 특성 중 긍정적이라 표현할 수 있는 것들을 일컫는다. 여기에는 끈기나 낙관성, 겸손 등과 같이 긍정적인 성품 혹은 긍정적인 행동 양식 등으로 받아들여지는 특질이 포함된다.

사실 '긍정적' 특질을 구분하는 것은 쉬운 일이 아니다. 문화적으로 바람직하며 '선하다'거나 '옳다'고 인정되는 특질을 특정 문화권 내에서 선별할 수 있지만, 그렇게 선별된 특질이 다른 문화권에서도 동일하게 '긍정적'인 것으로 인정될 것이라 보장할 수는 없기 때문이다. 혹은 같은 지역이나 문화권 내에서도 시기에 따라 긍정적 특질에 대한 인식이 달라질 수 있다. 또한 어떤 상황에서는 긍정적으로 인식되는 것이 다른 상황에서는 부정적으로 인식될 수 있어 문제는 더 복잡해진다.

성격강점 연구자들은 이러한 한계를 인식하면서도 가능한 선에서 대표적인 성격강점을 선별하여 연구할 필요가 있다고 주장한다. 특히 긍정심리학의 핵심 인물이었던 Christopher Peterson과 Martin Seligman은 비교적 보편적으로 인정받을 수 있는 성격강점 혹은 긍정적 성품의 분류 체계를 개발

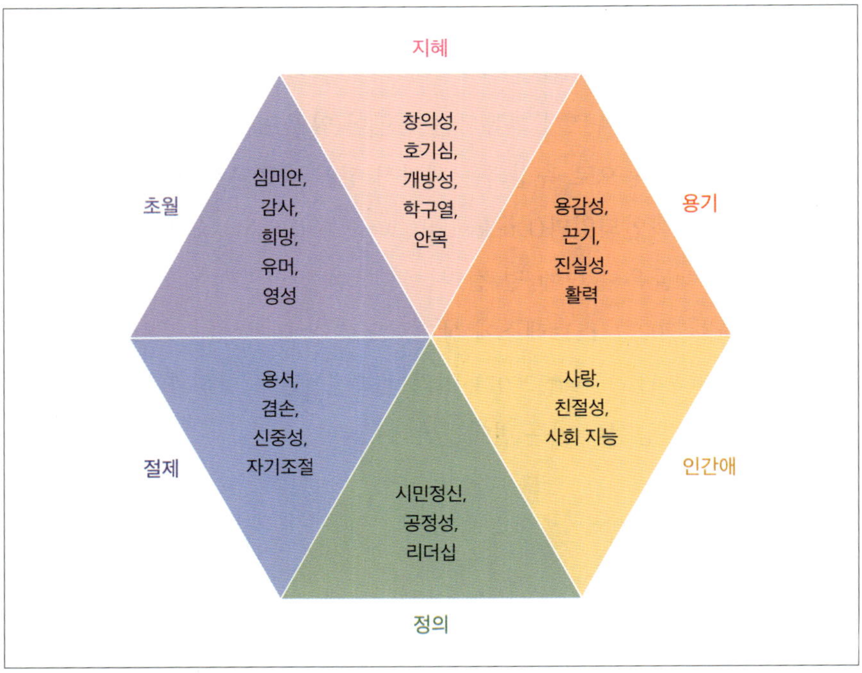

그림 13.4 Peterson과 Seligman이 제안한 24개의 성격강점

하는 데 상당한 노력을 기울였으며, 그 성과를 정리하여 대표적인 24개의 강점을 제시하였다(Peterson & Seligman, 2004).

이들이 개발한 **성격강점과 덕성에 대한 VIA 분류 체계**(Values-in-Action Classification of Character Strengths and Virtues)에는 6개의 덕목과 24개의 성격강점이 포함되어 있다. 6개의 덕목은 지혜 및 지식, 용기, 인간애, 정의, 절제, 초월이며, 각 덕목마다 관련 있는 성격강점들이 분류되어 있다.

(1) 지혜 및 지식 관련 강점

지혜 및 지식(wisdom and knowledge)과 관련된 성격강점은 보다 나은 삶을 위해 지식을 습득하고 활용하는 것과 관련된 인지적 강점들이다. 여기에는 창의성과 호기심, 개방성, 학구열, 안목이 포함된다.

▲ 다양한 지식을 습득하고 적절히 활용하는 능력은 대표적인 성격강점이다.

창의성(creativity)은 독창적이면서도 의미 있는 무언가를 생산할 수 있는 개인의 특성을 의미한다. 창의성에 대한 전통적 정의에서는 **독창성**(originality)과 **효과성**

(effectiveness)을 핵심적인 두 요소로 꼽는다(Runco & Jaeger, 2012). 여기에서 독창성은 평범하지 않고 새로우며, 고유한 특징을 의미한다. 만일 누군가의 생각이나 행동이 평범하고 흔하게 발견할 수 있는 것이라면, 그러한 생각과 행동은 '창의적'이라 불리기 어렵다. 효과성의 개념은 다소 복잡하다. 기본 개념상으로는 의도했던 무언가를 생산해 내는 능력을 의미하는데, '의도했던 무언가'에 대한 의견이 다양할 수 있기 때문이다. 일반적으로는 자기 자신이나 타인 혹은 사회에 유용한 것을 생산해 내는 것, 상황에 적절한 무언가를 생산해 내는 것, 가치 있는 무언가를 생산해 내는 것 등이 여기에 포함되곤 한다(Runco & Jaeger, 2012). 정리하면, 새롭고 고유한 방식으로 개인이나 사회에 도움이 되거나 가치 있는 무언가를 만들어 내는 것을 창의성이라 할 수 있다. 여기에는 일상적인 집안일을 효율적으로 처리하는 새로운 아이디어를 발견하는 것부터, 인류의 공존과 번영에 크게 기여할 수 있는 과학적 발견을 하는 것까지 매우 다양한 생각과 활동이 포함될 수 있다. 다만 성격강점으로서의 창의성은 일회적인 것으로 그치지 않고 성격적으로 발현되어야 한다. 즉, 생활의 다양한 영역에서 창의적인 방식으로 생각하고 행동할 때 우리는 그 사람의 성격강점이 창의성일 것이라 추측할 수 있다.

호기심(curiosity)은 새로운 지식이나 정보를 얻고자 하는 욕구나 추동을 경험하는 상태로 탐색 활동을 유발하는 경향이 있다. 성격강점으로서의 호기심은 일종의 특질 호기심(trait curiosity)으로, 평소 다양한 상황에서 호기심을 경험하는 성향이라고 볼 수 있다. 대표적인 호기심 연구자인 Berlyne(1954)은 호기심을 두 개의 차원으로 설명했다. 첫 번째 차원은 **지각-지식**(perceptual-epistemic) 차원으로 지각적으로 새로운 자극을 추구하는지, 아니면 상황의 불확실성을 줄이고 지식을 습득하도록 돕는 정보 자극을 추구하는지에 따라 호기심을 구분한다. 전자는 **지각 호기심**(perceptual curiosity)이라 부르고, 후자는 **지식 호기심**(epistemic curiosity)이라 부른다. 두 번째 차원은 **특정-다양**(specific-diverse) 차원으로 특정한 정보에 대한 욕구를 가지고 있는지, 아니면 다양한 정보에 대한 전반적 욕구를 가지고 있는지에 따라 호기심을 구분한다. 전자는 **특정한 호기심**(specific curiosity), 후자는 **다양한 호기심**(diverse curiosity)으로 명명되었다(그림 13.5 참조).

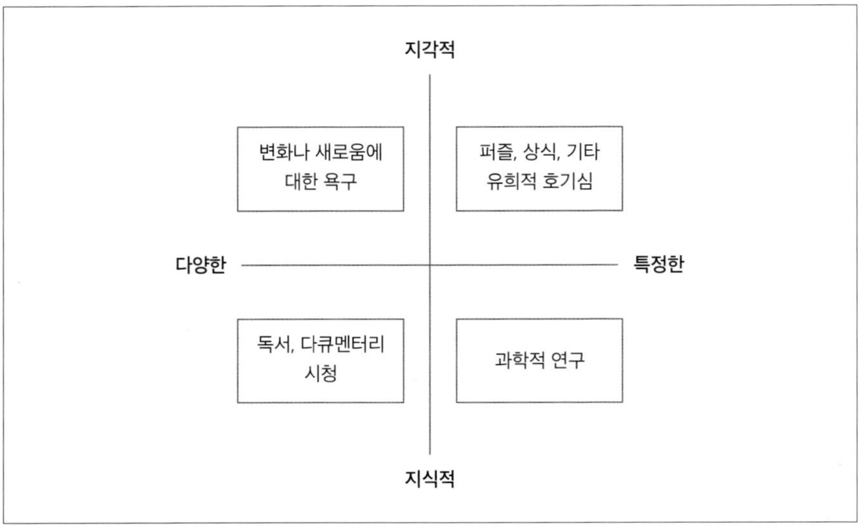

그림 13.5 호기심의 두 차원

개방성(open-mindedness)은 자신이 가지고 있는 신념이나 지식 등에 반대되는 증거를 적극적으로 탐색하며, 발견된 정보가 적절하다면 기꺼이 수용하려는 열린 자세를 의미한다. 인간은 자신이 채택한 특정한 견해나 의견 혹은 믿음 등을 지지하는 증거를 편향된 방식으로 처리하여 받아들이고, 반대되는 증거는 무시하거나 왜곡하는 경향을 가지고 있다(Haselton, Nettle, & Andrews, 2015). 하지만 이러한 경향성만을 가지고 있다면 인간이 지니는 지식은 왜곡되고 편협한 상태로만 머물게 될 것이며, 결국 환경에 대한 정확한 지식을 갖지 못한 채 적응상의 어려움을 겪게 될 것이다. 이러한 문제를 예방하기 위해 인간은 기존의 지식을 비판적으로 검토하면서 다른 견해나 의견을 받아들이는 경향성 또한 지니고 있다. 개방성은 이러한 경향성을 포착하는 개념 중 하나라 할 수 있다.

학구열(love of learning)은 새로운 지식이나 기술 등을 배우고자 하는 갈망과 그러한 배움을 통해 긍정 정서를 경험하는 성향을 의미한다. 이 개념은 일상적으로 쉽게 접할 수 있는데, 특히 학령기의 자녀를 둔 부모나 학교에서 교육을 담당하는 교사들이 자녀나 학생의 '공부에 대한 열의'를 지칭할 때 빈번하게 사용하는 것을 볼 수 있다. 예컨대 "A는 다른 학생들에 비해 학구열이 부족해요."와 같은 식으로 사용되는 것이다. 하지만 놀랍게도 심리학 영역에서는 이 개념이 활발하게 연구되고 있지 않은 실정이다. 여러 가지 이유가 있겠지만, 가장 유력한 이유는 학구열이 하나의 개념이라기보다 여러 가지 개념이 복합적으로 작용하여 나타나는 현상에 가깝기 때문일 것이다(McFarlane, 2003). 학구열은 호기심, 특히 지식 호기심과 개념상 구분이 어려우며, 학습 자체에서 즐거움과 만족감을 얻는 내재적 동기(intrinsic motivation)와도 관련이 있다. 또한 공부하는 동안 그 활동에 몰입하면서 긍정 정서를 경험하는 과정이기도 하며, 공부라는 활동에 대한 기본적인 관심과 흥미(interest)를 반영할 수도 있다. 이처럼 학구열은 여러 과정이 복합적으로 얽혀 있는 현상이므로 하나의 성격강점으로 평가하여 해석할 때에는 많은 주의가 필요하다.

안목(perspective)이란 어떤 사안이나 상황 등을 좀 더 넓은 관점에서 파악하는 능력을 의미한다. 성격강점으로 안목을 지닌 사람들은 어떤 사안을 이해하고 다룰 때 그 사안의 세부적인 사항을 꼼꼼히 살피는 동시에 좀 더 넓은 관점에서 사안의 위치나 의미 등을 파악할 수 있으며, 이를 통해 새로운 관점을 제공하거나 균형 잡힌 의견을 제시하곤 한다. 본래 **지혜**(wisdom)라는 개념으로 많이 연구되었지만, 연구자마다 지혜의 정의와 이론을 다양하게 제시하고 있어 혼란을 주는 면이 있었다. Peterson과 Seligman(2004)은 '다양한 관점을 취하는 능력'을 지혜의 핵심이라 가정하고 안목이라는 개념을 채택하여 제시하였다.

(2) 용기 관련 강점

용기(courage)는 목표를 추구하는 과정에서 어떤 난관에 직면했을 때 이를 극복하면서 목표를 성취하려는 투지를 의미한다. 용기와 관련된 강점으로는 용감성과 끈기, 진실성, 활력이 제안되었다.

▲ 어려움에 직면했을 때 이를 극복하면서 목표를 추구하는 것은 인간의 중요한 성격강점이다.

용감성(bravery)은 위협적인 상황에서 두려움을 이겨 내고 그 상황을 극복하기 위해 필요한 행동을 능동적으로 수행하는 능력을 의미한다. 용감성을 정확히 이해하고자 할 때에는 세 가지 요소를 기억하면 된다. 첫째, 위협과 위험 혹은 손상을 분명하게 예측해야 한다. 둘째, 그러한 예측에 따라 두려움을 경험해야 한다. 셋째, 두려움에 의해 회피적 반응 경향이 유발되고 있을지라도 능동적으로 그 상황을 극복하기 위한 행동을 실행해야 한다. 이렇게 자발적으로 극복 행동을 한다는 것은 그 행동의 결과에 대해 감수하겠다는 의지를 가지고 있음을 반영한다. 이 세 가지 요소를 기억해 두면, '용감성이 아닌 것'을 쉽게 파악할 수 있다. 즉, 위험한 상황에서 용감한 행동으로 보이는 행동을 나타내었다 해도, 위험을 인식하지 못했거나, 두려움을 전혀 느끼지 않았거나, 다른 누군가가 강요해서 한 행동이라면 용감한 행동이라고 보기 어려운 것이다.

끈기(persistence) 혹은 **인내**(perseverance)는 어려움 속에서도 목표 지향적 행동을 자발적으로 지속하는 능력을 의미한다. 특히 어떤 일이나 프로젝트를 시작하면 장애물이나 난관이 있더라도 포기하지 않고 끝까지 마무리 짓는 행동 패턴이 성격적으로 드러날 때 성격강점으로서의 끈기와 인내를 가지고 있다고 판단할 수 있다. 난관이나 장애물을 능동적으로 극복하려 한다는 점에서는 용감성과 유사하지만, 난관이나 장애물이 반드시 위협적이거나 위험을 암시할 필요가 없다는 점에서 차이가 있다. 오히려 지루함이나 좌절감, 포기하고 싶은 욕구, 다른 흥미로운 활동으로 주의를 돌리고 싶은 충동 등이 끈기를 시험하는 요인인 경우가 많다.

진실성(integrity)은 자신의 의도나 생각, 감정, 욕구 등의 내적 상태를 사적으로든 공적으로든 정확하게 드러냄으로써 자신에게 솔직해지려는 경향성을 의미한다. 이와 유사한 개념으로는 정직성(honesty)과 진정성(authenticity) 등을 들 수 있다. 일부 연구자들은 이 세 개념을 구분하기도 하지만, 현재까지 일치된 의견은 제안되지 못하고 있으며, 특별한 기준 없이 교차 사용되는 경향이 있다. 진실성의 가치는 크게 두 가지 측면에서 이해할 수 있다. 첫째, 진실성은 타인과의 상호작용에서 서로 신뢰하는 관계를 맺는 데 크게 기여한다. 상대가 자신에게 무언가를 숨기고 있거나 속이려 한다는 것을 파악하면 그 관계는 위태로워질 수밖에 없다. 반대로 상대가 자신에게 솔직하다는 것을 믿을 수 있게 되면 그 관계는 더욱 튼튼해진다. 둘째, 진실성은 일치되고 통합된 방식으로 살아가는 데 기여한다. 자신의 생각과 감정, 욕구 등에 솔직해지고, 그러한 내면의 특징과 일치된 방식으로 행동하는 것은 성격의 통합과 성숙에 큰 도움이 될 수 있다. 이와 관련된 원리는 인본주의 심리학자인 Carl Rogers의 이론에서도 소개된 바 있다.

활력(vitality) 혹은 **열의**(zest)는 삶을 구성하는 다양한 영역에서 열정을 가지고 활기차게 활동하는 것을 의미한다. 활력 수준이 높은 사람은 자신의 삶을 구성하는 요소들을 흥미롭고 재미있는 것으로 바라보면서 매사에 활기를 띠고 접근하며, 적극적으로 주어진 일을 수행하면서 목표하는 바를 강하게 추진한다. Lavrusheva(2020)는 활력과 관련된 연구들을 종합적으로 검토한 뒤 활력의 핵심적 특징을 다섯 가지로 요약하였다. 첫째, 활력은 주관적으로 경험된다. 즉, 주관적으로 경험되는 에너지 수준이나 생동감, 생기 등이 활력을 구성한다. 둘째, 활력은 긍정적이다. 일반적으로 활력은 열정이나 행복감, 들뜬 기분 등의 긍정 정서와 함께 경험되는 경향이 있다. 셋째, 활력은 주변 환경의 영향에 따라 어느 정도 기복이 있지만, 초기 상태로 회복되곤 한다. 즉, 부정적인 스트레스 사건에 의해 활력이 일시적으로 저하되더라도, 일정 시간이 지나면 처음의 활력 상태로 회복되는 경향이 있다. 넷째, 활력은 일종의 에너지로 개인이 어떤 활동을 하는 데 활용될 수 있다. 예컨대 스트레스 사건에 적절히 대응하는 데 활력이 사용될 수 있다. 다섯째, 활력은 생리적 에너지와 심리적 에너지를 모두 수반한다. 개인의 생리적 상태나 심리적 상태에 의해 활력 수준이 달라질 수 있는 것이다.

(3) 인간애 관련 강점

인간애(humanity)와 관련된 성격강점은 타인을 돌보고 이해하며 그들과 친밀하고 호혜적인 관계를 형성하도록 돕는다. 여기에는 사랑과 친절성, 사회 지능 등이 포함될 수 있다.

사랑(love)은 다른 사람과 애정을 형성하고 유지하는 능력을 의미한다. 능력 혹은 강점으로서의 사랑은 '사랑하는 능력'과 '사랑받는 능력'으로 구분해 볼 수도 있다. 다른 사람과 원만하게 애정을 형성하기 위해서는 우선 타인에게 적절한 호감을 경험하고, 그 경험을 건강한 방식으로 표현할 수 있어야 한다. 이것이 곧 사랑하는 능력이다. 사랑은 타인과 이루는 것이기에 관계가 지속되려면 상대 또한 호감과 애정을 가지고 있어야 할 것이다. 혹은 적당한 시간 내에 그런 감정이 일어나야 하겠다. 인간에게는 상대로 하여금 자신에게 호감을 느끼도록 하는 기술이

▲ 인간애는 타인을 따뜻하게 이해하고 돕고자 하는 마음이다.

있다. 그러한 기술을 활용하여 상대가 자신에 대한 호감을 갖도록 만들고, 상대가 호감을 표현했을 때 적절히 받아들이면서 반응하는 것이 곧 사랑받는 능력이다.

친절성(kindness)은 다른 사람을 배려하고 호의를 베풀며, 보살피고 돕는 것을 의미한다. 어떤 다른 이익을 취하기 위해 일시적으로 타인을 돕는 행동과 달리, 성격강점으로서의 친절성은 삶의 다양한 영역에서 전 생애에 걸쳐 드러난다. 이렇게 성격적으로 친절한 행동 패턴이 나타나기 위해서는 인간의 본질에 대해 정확히 이해하고 공감하는 능력을 갖추어야 한다(Malti, 2021). 인간은 모두 소중하면서 동시에 취약하다. 다양한 위협과 위험에 노출되어 있으며, 쉽게 상처 입고 좌절한다. 이러한 근본적 상황에 대해 이해하고 깊이 공감하면, 자연스럽게 타인에 대한 안타까움과 연민이 생겨나고, 그에 따라 타인의 고통을 줄이고자 하는 도움 행동 또한 나타나는 것이다.

사회 지능(social intelligence)은 다른 사람의 동기나 감정 등을 자각하고, 행동과의 관계성을 이해하며, 사회적 상황을 정확히 파악하여 적절히 대응하는 능력을 의미한다. 초기에는 단순히 사람들을 이해하고 다루는 능력으로 간단히 정의되었지만(Thorndike, 1920), 이후 다른 사람의 감정이나 성격 등을 이해하고, 사회적 상황에 대한 지식을 보유하며, 적절한 사회 기술을 이용해 사람들과 어울리는 능력으로 보다 정교화되었다(Vernon, 1933). 사회 지능은 친절성과 달리 타인에 대한 이타적 행동이나 돌봄 행동을 반드시 포함하지 않는다. 일반적으로 타인의 고통스러운 감정을 자각하고 이해하면 돕고자 하는 의지와 행동이 유발되지만, 그렇지 않을 수도 있기 때문이다. 사회 지능이 높은 사람들은 타인에 대한 도움 행동이 주어진 사회적 상황에 적절하다면 수행하겠지만, 그렇지 않다면 수행하지 않을 수도 있다.

(4) 정의 관련 강점

정의(justice)와 관련된 성격강점은 공동체의 평등성과 공평성을 실현하는 데 필요한 강점을 의미한다. 여기에는 시민정신과 공정성, 리더십이 포함된다.

시민정신(citizenship)은 자신이 속한 집단의 이익을 추구하는 책임 의식으로, 자신에게 주어진 역할과 임무를 인식하고 이행하려는 태도를 의미한다. 개인의 이익보다 집단의 이익을 추구하는 경향성이라는 점에서 비교적 명료

▲ 정의의 여신 테미스는 왼손에 공정함을 상징하는 천칭을, 오른손에 처벌을 상징하는 검을 들고 있다.

한 정의를 가지고 있지만, 집단의 이익이 무엇이며 어떻게 달성될 수 있는가에 대한 의견은 이론이나 사조에 따라 매우 다양하기 때문에 합의된 정의를 마련하는 것이 쉽지 않다(Turner, 1990). 성격강점으로서의 시민정신은 자신이 속한 집단에 충성하고, 맡은 역할을 이행함으로써 집단의 한 구성원으로 잘 어울려 지내는 전반적인 경향성을 의미한다.

공정성(fairness)은 모든 사람을 동등하게 대하는 태도를 의미한다. 보상이나 처벌 측면에서의 공정한 대우는 신뢰로운 관계의 유지 및 원만한 공동체 운영에 필수적인 요소이다. 그에 따라 사람들은 기본적으로 일정 수준의 **불공정 혐오**(inequity aversion)를 가지고 있으며, 보상 등이 불공정하다고 인식할 경우 저항하거나(자신의 보상이 다른 사람보다 작은 경우) 자신의 것을 일부 포기하는(자신의 보상이 다른 사람보다 큰 경우) 등의 행동을 나타낼 수 있다(Brosnan & de Waal, 2014). 특히 신뢰할 수 있는 관계의 유지 및 안정을 위해 자신의 이익과 타인의 이익을 유사한 수준으로 유지하려는 경향이 성격적으로 드러날 수 있는데, 이것이 곧 성격강점으로서의 공정성이다. 공정성이 높은 사람들은 자신이 속한 집단이나 공동체의 안녕을 위해 모든 구성원을 공정하게 대하는 것을 중요하게 여긴다. 이들은 편견이나 선입견 때문에 혹은 개인적인 추가 이득을 위해 차별하는 것을 꺼리며, 가능한 한 모든 사람을 동등하게 대하려 노력한다.

리더십(leadership)이란 집단 활동을 조직하고 관리하면서 효과적으로 이끌어 가는 능력을 의미한다. 리더십은 집단의 부흥이나 쇠락에 중요한 영향을 미치며, 그에 따라 집단 구성원의 삶의 질에도 영향을 미치게 된다. 공동체를 멸망의 길로 이끌었던 역사적 인물들을 우리는 잘 알고 있으며, 그 결과가 얼마나 파괴적이었는지 또한 분명하게 파악하고 있다. 그에 따라 리더십은 오래전부터 중요한 주제로 연구되어 왔으며, 관련된 이론도 다양한 편이다. Hogan과 Kaiser(2005)는 '구성원들이 바라는' 좋은 리더의 대표적 특징 네 가지를 정리하여 제시한 바 있다. 첫째, 좋은 리더는 진실하고 신뢰할 수 있으며, 착취하지 않아야 한다. 리더는 조직을 통제할 수 있는 권력을 가지고 있다. 따라서 이러한 권력을 남용하지 않고, 구성원들에게 진솔한 태도를 보이는 것이 중요한 덕목으로 꼽힐 수 있다. 둘째, 적절한 때에 적절한 의사결정을 내릴 수 있어야 한다. 이것은 사실 매우 다양한 요인들이 개입되는 복잡한 능력이다. 상황을 정확히 파악하는 분석력이 있어야 하며, 다양한 관점에서 사안을 평가하는 안목도 필요하다. 특정한 방향으로 치우치지 않는 공정한 태도 또한 요구된다. 셋째, 좋은 리더는 유능해야 한다. 특히 조직의 안정과 번영에 도움이 되는 지식과 기술을 적절히 갖추고 있어야 한다. 넷째, 좋은 리더는 비전을 가지고 있어야 한다. 조직에 목적과 의미, 방향성을 부여할 수 있는 비전을 제시하고 지킬 수 있어야 하는 것이다.

(5) 절제 관련 강점

절제(temperance)와 관련된 성격강점은 지나침이나 극단적 행동에 빠지지 않도록 돕는 강점들이다. 여기에는 용서와 겸손, 신중성, 자기조절이 포함된다.

용서(forgiveness)는 공격받은 피해자가 가해자에게 보복하고자 하는 욕구를 내려놓는 것을 의미한다. 대표적인 용서 연구자인 McCullough(2001)는 용서의 핵심을 가해자에 대한 동기의 친사회적(prosocial) 변화라고 보았다. 공격을 당하면 보복하고 싶은 마음이 드는 것이 자연스러운 과정이다. 즉, 공격자에 대해 피해자가 갖는 기본적 동기는 공격 혹은 보복과 관련이 있으며, 이는 공동체 관점에서 반사회적이라 할 수 있다. 용서는 이러한 동기를 친사회적인 방향으로 전환하는 것이다. 즉, 보복하려는 동기를 약화시키고, 나아가 가해자에게 도움이 되는 방향으로 행동하고자 하는 동기를 갖는 것이 곧 용서라 할 수 있다.

겸손(humility, modesty)은 자신의 장점이나 성취에 대해 절제된 방식으로 평가하는 태도를 의미한다. Tangney(2000)는 겸손을 다룬 기존 문헌을 통합적으로 검토한 뒤, 다음과 같은 특징이 겸손의 핵심 요소일 것이라고 제안했다. ① 자신의 능력이나 성취에 대해 정확하게 평가한다. ② 자신의 실수나 불완전한 부분, 지식의 빈틈, 한계 등을 인정할 수 있다. ③ 새로운 생각이나 상반되는 정보 혹은 충고에 대해 개방적 태도를 보인다. ④ 자신의 능력이나 성취를 넓은 관점에서 파악할 수 있다. ⑤ 자신이 거대한 우주의 한 부분에 불과함을 인식하면서 '자기를 잊거나' 자기에게 초점을 덜 두는 경향이 있다. ⑥ 사람이나 사물이 세상에 다양한 방식으로 기여할 수 있음을 인식하고, 세상의 모든 것이 소중함을 이해하고 감사한다. 정리하면, 겸손은 자신의 능력이나 성취, 지식 등을 넓은 관점에서 균형 있게 파악하여, 정확한 가치와 한계 등을 인식하고 인정하는 태도라 할 수 있다.

신중성(prudence)은 조심스럽게 선택하는 능력을 의미한다. 신중성이 높은 사람들은 불필요한 위험에 처하는 빈도가 낮으며, 나중에 후회할 말이나 행동을 적게 한다. 따라서 추진하고 있는 과제를 그르치는 일이 적으며, 목표하는 바를 성공적으로 달성할 가능성 또한 높다. 한편 '조심스럽게 선택하는 행동'으로 신중성을 정의할 경우에는 부정 정서 경험과 밀접한 것으로 보고되기도 했다(Breaban, Van de Kuilen, & Noussair, 2016). 즉, 의사결정 상황에서 부정 정서를 많이 경험할수록 조심스럽게 선택하는 경향이 나타날 수 있는 것이다. 성격적으로 나타나는 신중성이 강점으로 고려될 수 있기 위해서는 부정 정서로 인한 조심스러운 선택 행동과 구분되는 특징을 체계적으로 분석하는 연구가 진행되어야 할 것으로 보인다.

자기조절(self-regulation)은 목표에 도달하기 위해 자신의 생각과 감정, 충동, 행동 등을 조절하고 통제하는 능력을 의미한다. 원하는 결과를 얻기 위해 자신의 반응을 적절히 조절하기 위해서는 기존에 학습된 습관적 반응이나 자연스럽게 유발되는 일차적 반응을 억제하고 다른 생각이나 정서, 행동으로 변경할 수 있어야 한다. 대표적인 자기조절 연구자인 Baumeister와 Vohs(2003)는 자기조절의 과정을 세 가지 요소로 구분하여 제시한 바 있다. ① 목표 혹은 원하는 상태를 수립한다. ② 목표를 달성하기에 적절한 행동을 실행한다. ③ 목표를 향해 나아가는 과정을 추적 관찰한다. 성격강점으로서의 자기조절 능력은 자기 자신과 상황을 고려하여 적절한 목표를 세우고, 목표를 달성하는 데 방해가 되는 반응을 적절히 억제하면서 도움이 되는 생각과 정서, 행동 등을 생성한 뒤, 그 작용 과정을 관찰하여 후속 조치를 취하는 능력이라 할 수 있다.

▲ 자기조절 성격강점을 갖춘 사람은 목표를 달성하기 위해 유혹에 흔들리지 않도록 스스로를 통제할 수 있다.

(6) 초월 관련 강점

초월(transcendence)과 관련된 성격강점은 자신과 세계를 의미 있는 방식으로 연결해 주는 강점이다. 여기에는 심미안과 감사, 희망, 유머, 영성이 포함된다.

심미안(appreciation of beauty and excellence)은 아름다움과 탁월함을 인식하고 감상하는 능력을 의미한다. 아름다움이나 탁월함의 기준은 사람마다 다르다. 따라서 아름다움과 탁월함 자체에 대한 합의된 정의를 내리기는 어렵다. 반면 아름다움과 탁월함을 인식하고 감상하는 경험과 그 결과 혹은 후속 효과에 대해서는 비교적 일관된 견해가 제시되고 있다(Martínez-Martí, Hernández-Lloreda, & Avia, 2016). 즉, 아름다움과 탁월함을 인식하고 감상하는 경험은 조화롭고 완전하게 느껴지는 감각 혹은 신성한 것으로 경험되는 것과 관련이 있으며, 다양한 긍정 정서와 친사회적 동기를 유발하고, 전반적인 삶의 질을 개선하는 것으로 확인되고 있다.

▲ 자연의 숭고한 아름다움을 느끼는 것은 성격강점으로서의 심미안과 관련이 깊다.

감사(gratitude)는 자신에게 베풀어진 타인 혹은 다른 존재의 수고와 배려를 인식하고 고마움을 느끼는 능력을 말한다. 감사의 전통적 개념은 타인으로부터 가치 있고 이타적인 어떤 도움을 인식했을 때 경험되는 긍정 정서라 할 수 있다. 이러한 정서를 경험한 개인은 일반적으로 상대의 호의에 대한 칭찬 등의 긍정적 행동으로 반응한다. 이러한 일련의 과정을 성격적으로 드러낼 때 감사 강점을 지니고 있다고 판단할 수 있겠다. 한편 감사에 대한 기존 연구들을 통합적으로 검토한 연구에 따르면, 사람들은 단순히 '아침에 잘 일어났다'는 사실에 감사하기도 하고, 자신이 특정한 일을 '무사히 마무리 지었다'는 사실에 감사하기도 한다(Wood, Froh, & Geraghty, 2010). 이러한 결과를 토대로, 삶의 긍정적인 것들을 알아차리고 고마움을 느끼는 성격적 태도 혹은 삶의 지향(life orientation)이 곧 성격강점으로서의 감사라고 제안되기도 했다.

희망(hope)은 자신의 목표가 달성될 수 있을 것이라 기대하는 것을 의미한다. 예컨대 심각한 질병에 걸린 환자가 질병을 극복하고 회복되는 것을 목표로 가지고 있다면, 미래에 그 목표가 달성될 수 있을 것이라 기대하는 것이 곧 희망이다. 희망은 성격적으로 나타날 수도 있다. 희망 수준이 높은 사람들은 자신이 목표하고 있는 바를 달성하는 방법을 찾을 수 있을 것이라 믿으며, 또한 그러한 방법을 사용하려는 동기를 갖는 경향이 있다(Snyder, Rand, & Sigmon, 2002).

유머(humor)는 일종의 놀이로서 농담을 즐기고 다른 이들을 즐겁게 하는 능력을 의미한다. 유머의 시작은 인생에 만연한 모순이나 역설, 불합리, 불일치 등을 인식하는 것이다. 이러한 인식에 대해 반응하는 방식은 사람마다 다양하다. 어떤 사람은 냉소적이고 비관적인 태도로 심각하게 반응하고, 또 다른 사람은 무기력하고 포기하는 태도로 반응한다. 성격강점으로서 유머를 지닌 사람들은 장난기 있는 태도로 반응하면서 일종의 재미있는 놀이를 만드는 데 그러한 인식을 사용하곤 한다. 이들은 말이나 행동 혹은 다른 매체들을 이용해서 자신이 만든 농담을 전달하며, 그 결과 주변 사람들에게 즐거움을 안겨 준다.

영성(spirituality)은 인간이 이해할 수 있는 것을 초월하는 인생의 목적이나 의미가 있다고 믿으며, 그러한 의미나 역할을 발견하여 실행하려는 노력을 의미한다. 다른 성격강점들과 달리 영성의 개념은 많은 논란을 불러일으켰다(Koenig, 2008). 전통적으로 영성은 종교인들 중에서도 특별히 자신의 종교에 깊이 헌신하고 수행하는 사람들의 특징을 일컬을 때 사용되곤 했다. 이후 영성의 개념이 확대되면서 종교를 가지고 있지 않은 사람들 중에서도 초월적이고 신성한 존재를 믿고 탐구하는 사람들을 영적인 사람들로 지칭하게 되었으며, 이후 그 개념이 더 확대되어서 삶의 의미나 목적에 대해 인식하고 자신과 우주의 연결을 인식하는 사람들이라면 모두 영적인 사람이라 지칭하게 된 것이다. 이러한 개념의 확장은 영성의 대중화에 기여하긴 했지만, 독립적으로 연구되는 삶의 목적성이나 의미감 등과 구별되지 않는다는 문제를 유발하기도 했다.

3) 성격강점 모형의 평가

Peterson과 Seligman(2004)이 제안한 6개의 덕목과 24개 강점은 인간의 긍정적 성격 특성에 대한 관심을 불러일으켰다는 점에서 큰 의의가 있다. 하지만 몇 가지 측면에서 비판이 제기되기도 했다.

첫째, 덕목과 강점의 정의가 불명확하고 불일치한다는 점이 문제로 지적되었다(Bright, Winn, & Kanov, 2014). 모든 강점에 해당되는 비판은 아니지만, 영성과 같이 모호하고 불분명한 강점들이 존재하는 것은 사실이며, 비교적 구체적인 강점도 이론마다 서로 다른 정의를 내리는 경향이 있어 혼란을 초래하는 것 또한 사실이다. 이는 측정의 문제로도 이어지는데, 동일한 개념이지만 서로 다른 정의를 따르는 도구들이 빈번하게 사용되는 것을 발견할 수 있다. 이렇게 서로 다른 도구를 사용하게 되면 연구 결과를 통합하는 과정에서 혼란을 초래할 수 있어 지식 체계의 발전에 큰 장애물이 된다.

둘째, 24개 강점의 요인 구조가 매우 불안정하여 실제를 반영하는 것인지에 대한 의문이 제기되고 있다. Peterson과 Seligman(2004)은 총 6개의 덕목에 24개의 강점이 분류될 것이라고 제안하면서 측정 도구 또한 개발하여 배포했다. 하지만 해당 도구의 요인 구조를 분석한 연구들은 이론적으로 제안된 6개 요인 구조가 아닌 5개 요인 구조를 보고하였으며, 각 요인에 포함되는 강점도 연구마다 상이한 것으로 나타났다(McGrath, 2014). 이러한 결과는 Peterson과 Seligman(2004)이 제안한 덕목과 강점의 관계가 적절하지 않았음을 시사하는 것으로 해석될 수 있다.

셋째, 상황과 맥락의 중요성을 간과했다는 점에서 비판받고 있다(Van Zyl, Gaffaney, Van der Vaart, Dik, & Donaldson, 2024). 앞서 소개된 대로, 성격강점은 다양한 상황에서 나타나는 특성으로 개념화되고 있다. 즉, 상황에 따라 다르게 발현되는 특성이 아니며, 상황에 따라 다르게 기능하는 특성도 아닌 것이다. 하지만 대부분의 현대 심리학 이론에서는 어떤 특질이나 행동이든 상황과 맥락에 따라 그 기능과 가치가 달라질 수 있다고 제안한다. 예컨대 유머와 같은 행동 특성 혹은 성격 특질은 친구들과 어울려 노는 상황이나 예기치 못한 사고로 갑작스럽게 사망한 누군가의 장례식에 간 상황과 같이 서로 다른 특징을 갖는 상황에서 그 기능과 가치가 달라질 수 있다고 보는 것이다. 하지만 긍정심리학적 관점에서는 강점이 상황에 따라 기능적일 수도, 역기능적일 수도 있다는 가설을 지지하지 않는다. 오히려 상황의 다양성을 고려하여 긍정적으로 발현되는 특질로 강점을 개념화하는 방법을 택한다. 이러한 방법은 상황에 따른 역기능성 문제를 해결할 수 있지만, 개념의 지나친 확장으로 인한 중첩 등의 추가적 문제를 유발할 수 있다.

Peterson과 Seligman(2004)의 강점 분류 체계가 이러한 한계를 갖는 것은 사실이지만 삶에 긍정적인 영향을 미치는 성격 특성을 집중적으로 탐색하고 포괄적으로 제안했다는 점에서는 중요한 기여를 했다고 볼 수 있다. 특히 기존의 성격 이론에서는 체계적으로 다루지 않았던 감사나 영성, 용감성, 유머 등에 관심을 기울이도록 유도함으로써 성격 연구의 범위를 확장시켰다는 점에서 의의가 있다. 다양한 강점을 측정할 수 있는 실질적인 도구를 제공하여 연구자 및 일반인이 간편하게 강점을 측정할 수 있도록 했다는 점도 큰 기여라 할 수 있다. 국내에서는 Peterson과 Seligman(2004)의 체계를 기반으로 재구성한 성격 강점 검사(Character Strength Test)가 널리 사용되고 있다(권석만, 김지영, 하승수, 2012; 권석만, 유성진, 임영진, 김지영, 2010).

성격 5요인과 성격강점

새로운 개념이 제안되었을 때 기존 개념과의 관계를 분석하는 것은 전체 지식 체계에서 해당 개념의 위치를 파악하는 데 도움이 된다. 성격심리학 영역에서는 주로 성격 5요인과의 관계를 분석하는 것으로 이 작업을 진행한다. 안타깝게도 성격강점과 성격 5요인의 관계를 분석한 연구는 매우 적은 편이다. 오스트레일리아 대학생 123명으로 대상으로 진행된 한 연구에 따르면, 성격강점은 하나 이상의 성격 차원과 유의한 관계를 맺고 있는 것으로 확인되었다(Macdonald, Bore, & Munro, 2008). 성격 차원별로 보면, 외향성은 대략 13개의 성격강점을 유의하게 예측하는 것으로 나타났으며, 성실성은 10개, 개방성은 8개, 우호성은 6개 정도의 성격강점을 예측하는 것으로 확인되었다. 신경과민성은 두 개 정도의 성격강점을 유의하게 예측하였는데, 희망과 용기였다. 각 분산을 어느 정도로 설명했는지는 다음 표에 구체적으로 제시되어 있다. 표에 기록된 값은 각 강점의 분산 중 몇 %를 설명했는지를 나타낸다. 예컨대 성실성은 '끈기' 분산의 대략 59%를 설명한 것으로 확인되었다.

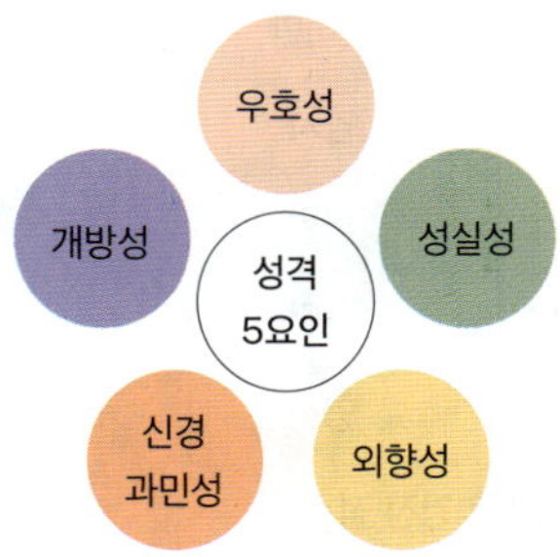

그림 13.6 성격 5요인

표 13.6 성격 5요인과 성격강점의 관계

성격강점		각 요인의 설명량(비율)				
덕목	강점	우호성	성실성	외향성	신경과민성	개방성
지혜 및 지식	창의성	34.2**	-	-	-	-
	호기심	-	5.06*	19.06**	-	11.28**
	개방성	-	22.83**	2.8*	-	4.58*
	학구열	-	9.22**	-	-	25.67**
	안목	-	21.82**	-	-	13.5**
용기	용감성	-	-	-	16.59**	5.84**
	끈기	-	58.67**	-	-	-
	진실성	-	17.28**	-	-	-
	활력	-	25.99**	17.76**	-	-
인간애	사랑	-	-	24.97**	-	-
	친절성	20.67**	-	3.79*	-	-
	사회 지능	-	-	32.9**	-	6.46**
정의	시민정신	-	-	34.7**	-	-
	공정성	30.46**	-	-	-	-
	리더십	-	-	19.75**	-	-
절제	용서	44.89**	-	-	-	-
	겸손	22.85**	-	17.79**	-	-
	신중성	-	18.8**	11.21**	-	-
	자기조절	-	29.02**	-	-	-
초월	심미안	-	-	-	-	27.6**
	감사	-	11.24**	6.55*	-	-
	희망	-	-	3.21*	35.51**	-
	유머	-	-	34.73**	-	4.22**
	영성	5.72*	-	-	-	-
전체 성격강점 점수		-	29.56**	7.13**	-	12.08**

주: **p<.001, *p≤.01.
출처: Macdonald, Bore, & Munro, 2008

제시된 결과는 성격강점과 성격 5요인의 관계가 상당히 복잡하다는 것을 보여 준다. 본래 Peterson과 Seligman(2004)은 하나의 강점이 성격 5요인 중 하나의 요인에 의해 설명될 것이라고 제안했다(예: 끈기는 성실성에 의해 설명됨). 일부 강점은 이러한 가정을 지지했지만, 예상보다 많은 수의 강점이 두 개 이상의 성격 요인에 의해 설명되는 것으로 나타났다. 이러한 결과는 성격강점이 기대했던 것보다 많은 성격 차원의 특성에 의해 영향을 받을 수 있다는 것을 보여 준다. 이는 하나의 성격강점으로 개념화된 특징이 사실은 서로 구분되는 여러 하위 특징의 조합일 가능성도 내포한다. 예컨대 호기심은 외향성과 경험에 대한 개방성, 성실성에 의해 설명되는 것으로 나타났는데, 외향성의 흥분 추구나 개방성의 미적 감수성은 지각 호기심과 관련될 수 있고, 성실성의 성취 추구는 지식 호기심과 관련될 수 있다. 이 경우 어떤 자극에 호기심을 갖더라도 그 대상이나 목적이 다르기 때문에 사실상 질적으로 구분된다 할 수 있으며, 신경심리적 특징 또한 구분될 가능성이 있다.

성격강점과 성격 5요인의 관계를 분석하는 연구가 대체로 지지부진한 이유는 아마도 이러한 복잡성 때문일 듯하다. 이 문제를 해결한다면 성격강점 개념에 대한 연구가 좀 더 활발하게 이루어질 수 있을지도 모른다. 문제 해결을 위한 중요한 첫걸음은 각 성격강점을 좀 더 구체적이고 명료한 방식으로 정의하는 것이라 생각된다.

요약

- 신체적 건강에 영향을 미치는 대표적인 성격 특성으로는 A형 성격과 부정 정서성, 비관주의/낙관주의를 들 수 있다. A형 성격은 성급하고 성취 지향적이며, 인내심이 부족하고 적대적인 성격을 의미한다. 이는 특히 다양한 심혈관계 질환과 밀접한 관련을 맺고 있는 것으로 확인된다. 부정 정서성은 부정 정서를 빈번하게 경험하는 특성으로 심혈관계 질환이나 면역 기능 저하, 염증 반응 등을 유발할 수 있는 것으로 제안된다. 비관주의와 낙관주의는 이미 가지고 있는 질병의 예후에 중요한 영향을 미치는 것으로 확인된다.

- 성격 특성이 신체적 건강에 영향을 미치는 대표적인 경로는 스트레스 반응 및 대처 특성이 매개하는 경로이다. 성격 특성은 스트레스 반응 자체에 영향을 미칠 수 있다. 또한 스트레스에 대처하는 방식에 따라 스트레스의 지속성이 달라질 수 있고, 건강에 해로운 행동을 나타낼 수도 있다. 빈번하게 스트레스를 경험하고 회복하지 못하여 나타나는 만성적 스트레스가 다양한 신체 질환을 유발할 수 있다.

- 성격이 건강 행동을 유발하여 신체적 건강 상태에 기여한다는 가설도 고려되고 있다. 성격 특성은 건강 유지 행동이나 사고 통제 활동, 교통 관련 위험 행동 등과 차별적 관계를 맺고 있는 것으로 나타난다. 예컨대 성실성과 우호성이 높은 사람들은 건강 유지 행동이나 사고 통제 활동을 더 많이 나타내고, 교통 관련 위험 행동은 적게 나타내는 경향이 있다.

- 성격이 특정한 상황이나 삶의 양식을 선택하도록 하여 신체적 건강에 기여한다는 가설을 지지하는 연구 결과들도 있다. 예컨대 성실한 사람들은 직업과 결혼 관계를 안정적으로 유지하며, 그 결과 건강 상태도 좀 더 양호한 경향이 있다. 또한 긍정 정서성이 높은 사람들은 긍정 정서를 더 많이 경험하는 삶의 양식을 택하며, 그 결과 경험되는 긍정 정서는 신체적 건강에 도움이 되는 것으로 확인되고 있다.

- 성격장애란 개인의 성격이 심각한 수준의 주관적 고통이나 기능 손상을 초래하는 경우를 말한다. 대표적 진단 체계인 DSM-5-TR에서는 10개의 성격장애를 3개의 군집으로 구분하여 제시하고 있다.

- A군 성격장애는 특이하고 기이한 행동 특성을 나타내는 성격장애로, 편집성 성격장애와 조현성 성격장애, 조현형 성격장애가 이에 속한다. B군 성격장애는 극적이고 예측하기 어려운 행동 특성을 나타내는 성격장애로, 반사회성 성격장애와 경계성 성격장애, 연극성 성격장애, 자기애성 성격장애가 이에 포함된다. C군 성격장애는 지속적인 불안과 두려움을 특징적으로 나타내는 성격장애로, 회피성 성격장애와 의존성 성격장애, 강박성 성격장애가 이에 속한다.

- 성격과 행복의 관계를 분석한 연구들을 종합하면, 외향성과 신경과민성, 성실성이 행복과 밀접한 관계를 맺고 있는 것으로 확인된다. 즉, 외향성과 성실성이 높을수록, 신경과민성은 낮을수록 행복 수준이 높아지는 경향이 있다. 이러한 관계성은 사회적 연결성의 강화나 적응적인 정서 조절 전략 사용, 경제적 안정성, 신체적 건강 등의 기제를 통해 설명되고 있다.

- Peterson과 Seligman은 개인의 성격강점을 분류하는 통합적 체계를 제안하였다. 이들이 제안한 체계에는 6개의 덕목과 24개 강점이 포함되어 있다. 6개의 덕목은 각각 지혜와 지식, 용기, 인간애, 정의, 절제, 초월이며, 각 덕목마다 관련 있는 성격강점들이 분류되어 있다.

- 지혜 및 지식 덕목에는 창의성과 호기심, 개방성, 학구열, 안목이 포함되고, 용기 덕목에는 용감성과 끈기, 진실성, 활력이 포함된다. 인간애 덕목에는 사랑과 친절성, 사회 지능이 포함되며, 정의 덕목에는 시민정신과 공정성, 리더십이 포함된다. 절제 덕목에는 용서와 겸손, 신중성, 자기조절이, 초월 덕목에는 심미안과 감사, 희망, 유머, 영성이 포함된다.

연습 문제

1 적개심을 포함한 다양한 부정 정서를 반복적으로 경험하는 특성은 심혈관계 질환을 비롯한 신체 질환에 부정적인 영향을 미치는 것으로 확인되고 있다. 부정 정서를 만성적으로 경험하는 것이 어떻게 신체 질환을 유발할 수 있는지 서술하시오.

2 성격 5요인 중 건강에 도움이 되는 행동 패턴은 더 많이 나타내고, 건강에 해가 되는 행동 패턴은 더 적게 나타내는 성격 차원으로는 우호성과 성실성을 들 수 있다. 우호성과 성실성이 이러한 패턴을 나타내는 이유에 대해 가능한 설명을 제시하시오.

3 K는 초등학교 3학년 남아이다. 어려서부터 동물이나 또래 친구를 심하게 괴롭혀 지적당하는 일이 많았지만 자신의 행동에 대해 별다른 죄책감을 느끼지 않았으며, 어른들이 보지 않는 틈을 타 비슷한 행동을 반복하곤 했다. 최근에도 또래 아이의 눈을 다치게 하는 일이 있어 부모가 학교에 불려 갔으며, 처벌을 받은 뒤에도 행동 문제가 전혀 개선되지 않았다. 오히려 친구들의 돈을 빼앗거나 선생님들에게 폭언하는 등의 행동이 더 심해질 뿐이었다. K의 이런 행동은 학교를 포함한 거의 모든 상황에서 반복되었으며, 이로 인해 심한 대인관계 갈등과 부적응을 경험하고 있다. DSM 진단 기준의 관점에서 보았을 때 K의 문제가 성격장애에 해당하는지 제시하고, 그 이유를 서술하시오.

4 조현형 성격장애와 조현성 성격장애의 유사점과 차이점에 대해 서술하시오.

5 경계성 성격장애의 주요 증상을 인지, 정서, 대인관계, 충동 조절 측면에서 기술하시오.

6 연극성 성격장애 환자들이 경험할 수 있는 대인관계적 문제에 대해 서술하시오.

7 자기에 대한 애정은 일반적으로 적응적 기능을 가지고 있는 것으로 제안된다. 하지만 자기애성 성격장애 환자들이 나타내는 자기애는 병리적인 것으로 간주된다. 건강한 자기애와 병리적인 자기애가 어떻게 다른지 서술하시오.

8 회피성 성격장애와 의존성 성격장애 환자는 모두 자기에 대한 부정적 인식을 가지고 있는 것으로 확인된다. 두 성격장애의 중요한 차이점은 무엇인지 서술하시오.

9 DSM-5-TR 진단 체계에 포함되어 있는 성격장애는 성격 5요인의 극단적 특징으로 묘사될 수 있다. 단, 일부 성격장애는 하나의 차원만으로도 충분히 설명되는가 하면(예: 경계성 성격장애, 연극성 성격장애, 조현형 성격장애, 의존성 성격장애), 하나의 차원이 여러 가지 성격장애와 관련이 있기도 하고(예: 우호성의 부족-반사회성 성격장애, 자기애성 성격장애, 편집성 성격장애), 하나의 성격장애가 여러 차원의 극단적 특징을 가지고 있기도 하다(예: 반사회성 성격장애-낮은 신경과민성, 낮은 우호성, 낮은 성실성). 이러한 관계성이 갖는 함의는 무엇이며, 불일치 혹은 복잡성을 줄이기 위해 어떤 방법을 사용할 수 있는지 서술하시오.

10 Peterson과 Seligman은 24개 강점을 6개 덕목으로 유목화하였다. 이들은 기존 문헌을 참고하여 이론적으로 분류 작업을 진행했으며, 분류 체계를 완성한 후에 사후적으로 요인 분석을 진행하였다. 요인 분석 결과는 이론적으로 구성한 위계와 일치하지 않았다. 즉, 24개 강점은 이들이 예상한 대로 분류되지 않았다. 이와 같은 결과는 다양한 방향으로 해석될 수 있지만, 기본적으로 이들의 분류가 적절하지 않을 수 있음을 반영한다. 본래의 체계 안에서 이동해야 할 강점이 있거나, 새롭게 추가해야 할 미덕이 있다면 제시하고 그 이유를 서술하시오.

chapter

14

성격의 발견과 이해

◀ Charles Waltensperger(1871-1931) 등불(20 c.)

학문을 한다는 것은 세상의 어두운 부분을 밝히고, 보이지 않던 것을 선명하게 드러내는 과정과 같다. 성격에 대해 새롭게 알게 된 점을 떠올려 보고, 앞으로 더 알아보고 싶은 주제가 있는지 생각해 보자.

학습 목표

- 성격을 이해하려는 대표적인 이유를 나열할 수 있다.
- 성격의 네 가지 분석 단위를 이용해 자신의 성격을 분석할 수 있다.
- 적응 문제에 대응하는 절차를 이해한다.

미국의 소설가 John Steinbeck(1902-1968)은 노동자의 가난한 삶을 사실적으로 묘사하는 작품들을 저술하였다. 그는 인간을 '사실적으로 정확하게 이해하는 것'이 매우 중요하다고 여겼다. 또한 한 사람을 깊이 있게 이해하는 과정이 미움이나 증오로 귀결되는 일은 드물며, 대부분 사랑으로 귀결된다고 생각했다. 인간학으로서의 성격심리학을 강조했던 성격심리학자 Murray는 개인의 성격을 이해하는 것이 곧 그 사람을 이해하는 것과 같다고 주장했다. Murray와 Steinbeck의 생각이 옳다면, 개인의 성격을 이해하는 과정은 곧 사랑의 과정이라고도 볼 수 있다. 다른 이의 성격을 이해하는 과정은 곧 그를 사랑하는 과정이고, 나의 성격을 이해하는 과정은 곧 나 자신을 사랑하는 과정인 셈이다. 꼭 그런 것은 아니지만, 자기 자신에 대한 강한 미움과 적개심을 가지고 있다면, 어쩌면 그것은 자기 자신을 충분히 이해하지 못했기 때문일 수 있다. 자신의 기본적인 성향과 특징, 상대적인 강점과 약점, 환경으로부터 주어지는 사건들이 자신에게 미친 영향 등을 충분히 파악하여 통합하지 못한 탓일 수 있는 것이다.

그런 면에서 자신의 성격을 가능한 한 정확하게, 있는 그대로 이해하는 것은 중요하다. 많은 사람이 자신의 성격을 잘 파악하고 있다고 생각하지만, 수많은 정신분석가들이 말한 바와 같이 인간의 정신 혹은 성격의 상당 부분은 의식의 범위 바깥에 있다. 즉, 우리에게는 맹점(blind spot)이 있는 것이다. 다행스럽게도 우리가 의도를 가지고 꾸준히 주의를 기울여 탐색하면, 전에는 보지 못했던 것들을 볼 수 있다. 필자는 그런 측면에서 '성격의 발견'이라는 표현을 좋아한다. 성격을 이해하는 과정은 우리가 미처 파악하지 못하고 있던 성격의 영역에 빛을 비추어 발견하는 과정이며, 발견하여 알게 된 것들을 통합하는 과정이라고 생각하기 때문이다.

성격은 평가하고 비난하면서 수정해야 할 대상이 아니라, 발견하고 이해해야 할 대상이다. 우리는 간단한 도구나 몇 가지 개념을 이용해서 성격을 평가하려 하고, 그 결과를 가지고 성격을 모두 이해했다고 여기는 경향이 있다. 그리고 마음에 들지 않는 부분은 재빠르게 수정하려고 한다. 성격을 이해하려는 의도와 시도, 좀 더 나은 방향으로 자신을 바꾸려는 행동이 그 자체로 문제가 되는 것은 아니다. 다만 좀 더 천천히, 시간을 들여서 가능한 한 포괄적이고 정확한 방식으로 그 작업을 진행하길 바랄 따름이다. 어쩌면 이해의 과정이 좀 더 정교해질수록 전에는 이해되지 않던 것들이 이해될 수 있고, 그에 따라 가혹한 비난의 시선을 거둘 수 있게 될지도 모른다. 혹은 성격을 바꾸거나 수정할 필요를 더 이상 느끼지 않게 될 수도 있다.

이번 장에서는 성격을 이해하고자 할 때 사용할 수 있는 구체적인 방법론에 대해 살펴보려고 한다. 여기에 소개될 내용은 기본적으로 과학적 연구 결과에 기반을 둔 것이지만, 전체적인 분석 절차나 틀은 연구를 통해 검증된 것이 아니다. 다만 본 교재에서 다룬 다양한 내용을 실제 삶에 적용하는 과정에서 어려움을 겪는 독자를 위해 한가지 대안을 제시한 것이라고 보면 좋을 것 같다.

성격 이해의 절차는 다양하게 세분화할 수 있지만, 간명하게 파악할 수 있도록 세 단계로 구성해 보려 한다. 1단계는 성격 이해의 필요성과 이유를 확인하고 적절한 이론 혹은 방법을 선택하는 것이다. 2단계에서는 선택한 방법을 이용해 성격을 분석한다. 마지막 3단계에서는 분석된 성격이 현재의 적응 수준과 어떤 관계를 맺고 있는지 평가하고, 평가 결과에 따라 대응 방안을 수립한다.

1 1단계: 성격 이해의 필요성과 이론의 선택

성격 이해의 첫 단계는 성격 이해의 필요성을 구체적으로 파악하고 적절한 이론을 선정하는 것이다. 사람들이 성격을 이해하고자 하는 대표적인 이유를 살펴보고, 목적의 유형에 따라 어떤 이론을 선택하는 것이 도움이 되는지 알아보자.

1) 성격을 이해할 필요가 있는가

모든 사람이 동일한 정도로 성격 이해의 필요성을 느끼는 것은 아니다. 사실 상당히 많은 수의 사람이 자신의 성격에 특별히 관심을 기울이지 않은 채 살아간다. 굳이 자신의 성격을 분석하지 않아도 살아가는 데 별다른 지장이 없기 때문이다. 혹은 과거에는 성격을 이해할 필요가 있었지만, 현재는 그렇지 않을 수도 있다. 어떤 경우이든 성격 이해의 필요성을 크게 느끼지 않는다면 당연하게도 성격 분석을 진행할 이유가 없다.

반면 성격 이해의 필요성을 느끼는 사람들도 있다. 이들이 성격을 이해하고자 하는 이유는 크게 보면 두 가지로 구분된다. 하나는 자신이 중요하게 생각하는 어떤 문제가 성격과 관련이 있다고 판단하는 경우이다. 이러한 이유를 가지고 있는 사람들은 자신이 경험하고 있는 문제를 해결하거나 고통을 완화하기 위해 성격을 이해하고자 한다. 두 번째 이유는 삶의 질을 더욱 증진하는 데 도움이 된다고 판단하는 것이다. 이들은 현재의 삶에서 심각한 문제를 경험하고 있지는 않지만, 성격을 이해하면 자신의 삶이 더 풍성해질 것이라 기대하는 경향이 있다. 이 두 가지 이유는 서로 배타적인 것이 아니며, 한 사람에게서 두 가지 이유가 모두 발견될 수도 있다.

▲ 사람마다 성격이 다르듯, 성격을 이해하는 방식과 이해의 필요성 또한 차이를 보일 수 있다.

(1) 문제 해결을 위한 성격의 이해

우선 문제를 해결하거나 고통을 감소시키기 위해 성격을 이해하고자 하는 사람들은 기본적으로 적응상의 어려움을 겪었거나, 현재도 겪고 있을 가능성이 높다. **적응**(adaptation)이란 유기체가 주어진 환경의 요구에 적절히 반응하면서 큰 어려움 없이 살아가는 상태라 할 수 있다. 개인의 적응 수준을 판단하는 대표적인 방법은 ① 개인의 기능 손상 정도를 평가하거나 ② 주관적인 불편감 수준을 평가하는 것이다.

개인의 기능이라 함은 일상생활을 유지하는 데 필요한 기본적인 기능을 의미한다. 여기에는 가장 기초적인 자기관리 기능(예: 위생 관리, 영양 관리)이나 직업적·학업적 기능, 대인관계 기능 등이 포함된다. 이러한 기능이 손상된 정도를 파악하여 적응 수준을 평가할 수 있다. 만일 어떤 이유에서든 이러한 기능이 심각한 수준으로 손상되어 일상생활 유지에 어려움을 겪고 있다면, 적응에 문제가 있다고 판단할 수 있다.

기능 손상이 현저하지는 않으나 주관적으로 큰 고통을 받고 있다면, 이 또한 적응상의 어려움을 겪는 것으로 간주할 수 있다. 주관적 고통은 그 자체로도 문제가 되지만, 시간차를 두고 기능 손상을 초래하기도 한다(Rothon, Head, Clark, Klineberg, Cattell, & Stansfeld, 2009). 따라서 현재 일상생활이 어느 정도 유지되고 있다 하더라도 지나치게 큰 정서적 고통을 경험하고 있다면, 적응에 문제가 있는 것으로 판단할 수 있다.

적응에 어려움을 겪고 있다는 것은 곧 삶을 구성하고 있는 환경과 유기체의 조화가 좋지 않다는 것을 의미한다. 이런 상황에서 유기체로서의 인간이 선택할 수 있는 대안은 두 가지이다. 하나는 환경을 바꾸는 것이고, 다른 하나는 자신을 바꾸는 것이다. 환경을 바꾸고자 할 때에도 두 가지 선택지가 있다. 하나는 지금의 환경에서 벗어나 다른 환경으로 떠나는 것이고(예: 이사, 이민, 이직), 다른 하나는 지금의 환경에 머물면서 환경의 세부 요소를 바꾸는 것이다(예: 친구의 행동 바꾸기, 새로운 조직 문화 구성하기). 환경에 문제가 있으며, 그 문제를 바꿀 수 있다고 생각하는 사람은 환경을 바꾸려고 시도할 것이다. 반면 환경에는 별다른 문제가 없고 자신이 문제라고 생각하는 사람은 자기 자신을 바꾸려고 시도할 것이다. 이런 경우 자신의 성격을 구체적으로 파악하고자 하는 동기가 형성될 수 있다.

(2) 삶의 질을 높이기 위한 성격의 이해

삶에 별다른 문제가 없더라도 성격 이해의 필요성을 인식할 수 있다. 여기에 해당되는 사람들은 적응상의 어려움을 특별히 경험하지 않으며, 자신을 둘러싼 환경이나 자기 자신에게 심각한 문제가 있다고 여기지도 않는다. 이들은 대체로 자신의 삶에 만족하는 사람들이다. 그런 그들에게도 성격을 이해하고자 하는 동기가 생길 수 있는데, 현재보다 더 나은 삶을 사는 데 성격 이해가 필요하다고 판단하는 경우라 할 수 있다.

삶의 질을 높이기 위해 성격을 이해하고자 하는 사람들은 그 이유도 다양하다. 대표적인 이유로 우선 즐거움이나 재미, 호기심의 충족을 들 수 있다. 즉, 자신이 다른 사람들과 어떤 점이 유사하고 다른지를 확인하면서 '새로운 것을 아는 즐거움'을 누리고자 하는 것이다. 이러한 이유를 가진 사람들은 간단한 오락거리로 성격 이해를 활용한다. 그러니 성격 이해에 사용되는 검사가 얼마나 신뢰할 수 있고 타당한지는 그렇게 중요하지 않다. 사용하기에 간단하고 흥미를 유발한다면 그것으로 충분한 것이다.

▲ 혈액형별로 성격 유형이 다르다고 보는 '혈액형 성격설'이 한때 크게 유행하였다.

두 번째 이유는 다른 사람들과 좀 더 잘 어울리기 위해 자신의 성격을 파악하는 것이다. 성격 이해는 성공적인 대인관계의 필수 요소이다. 자기 자신과 타인의 성격을 잘 이해하면, 어떤 점을 조심해야 하고 어떤 점을 활용해야 하는지를 알 수 있기 때문이다. 혹은 어떤 관계를 유지하고, 어떤 관계를 정리해야 하는지도 파악할 수 있다. 이처럼 성격의 이해는 적절하게 대인관계를 형성하고 관리하는 데 큰 도움이 되기 때문에 결과적으로 삶의 질을 높이는 중요한 수단이 되기도 한다.

세 번째 이유는 중요한 의사결정을 적절하게 내리기 위해 성격을 파악하는 것이다. 인간의 생애를 넓게 보면 몇 번의 중요한 의사결정이 있음을 알 수 있다. 예컨대 대학 진학이나 취업, 결혼 등이 여기에 해당한다. 이러한 의사결정을 내릴 때에는 일반적으로 다양한 기준을 고려하기 마련인데, 어떤 사람들은 자신의 성격을 중요한 기준으로 사용한다.

네 번째 이유는 성장과 성숙을 위해 성격을 파악하고자 하는 것이다. 성장과 성숙을 정의하는 것은 매우 어려운 일이지만 보편적으로 인정되는 기준을 추리는 것은 가능하다. 예컨대 융통성과 조화, 균형, 통합, 개성화, 초월, 이타적 행동 등은 성장과 성숙을 개념화할 때 빈번하게 사용되는 개념들이다. 만일 이러한 상태를 추구하는 사람이 있다면, 자신의 성격을 좀 더 깊이 있게 이해하고자 할 것이다. 성격의 어떤 부분이 경직되어 있는지, 어떤 부분이 과도하게 발달하고 어떤 부분이 미성숙한 상태로 남아 있는지 등을 파악하고자 하는 것이다.

2) 나는 왜 성격을 이해하려 하는가

성격 이해의 첫 번째 단계에서는 지금 나의 성격을 이해할 필요가 있는지, 필요하다면 어떤 이유 때문인지를 파악한다. 성격 이해의 필요성이 크지 않다면, 적어도 지금은 성격 분석을 진행할 이유가 없다. 하지만 성격을 이해해야 할 특별한 이유가 있다면, 그 이유를 구체적으로 정리하는 것이 중요하다. 이유가 무엇인지에 따라 적용하는 이론이나 방법이 달라질 수 있기 때문이다.

▲ 쉽게 화를 내는 경향도 성격 문제로 접근해 볼 수 있다.

다양한 성격 이론을 살펴보면서 어느 정도는 파악했겠지만, 각 이론은 나름의 장단점을 가지고 있다. 좀 더 정확히 말하면, 성격 이해의 목적이나 활용 측면에서 각각 고유한 강점을 지니고 있다. 예컨대 심각한 수준의 성격 문제나 성격장애를 이해하고 적절히 다루는 데에는 정신분석 계열의 이론이나 인지치료 계열의 이론이 큰 강점을 지니고 있다. 이 이론들은 애초에 그러한 문제를 해결하기 위해 개발되고 연구되었기 때문이다. 반면 정상적이고 보편적인 성격의 개인차를 포괄적으로 파악하는 데에는 특질 이론이 특화되어 있다.

따라서 성격을 이해하고자 하는 이유를 구체적으로 정하면 중점적으로 활용할 수 있는 이론의 범위를 축소할 수 있다. 물론 그렇다고 해서 하나의 이론만을 적용해서 성격을 이해해야 하는 것은 아니며, 다른 이론들을 보완적으로 활용하는 작업이 필요할 수도 있다. 다만 인간에 대한 기본 철학이나 가정이 상반되는 이론은 함께 사용하지 않는 것이 일반적이다. 예컨대 대체로 결정론적 관점을 공유하는 정신분석 계열의 이론은 목적론적 관점을 공유하는 인본주의적 관점의 이론과 함께 사용하지 않는 경향이 있다.

앞서 성격 이해의 다양한 원인을 살펴보았지만, 여기에서는 간단히 세 가지 이유로 묶어서 제시하려고 한다. 각 이유에 따라 적용하기에 적절한 이론도 함께 소개하겠다. 다른 방식으로 묶는 것도 얼마든지 가능하니 제시되는 분류에 얽매이지는 않길 바란다.

(1) 성격적 문제에 대해 깊이 있게 이해하기

어떤 이유에서든 자신의 성격에 문제가 있다고 생각했다면, 정말 자신의 성격에 문제가 있는 것인지, 있다면 어떤 문제가 있는지를 파악하는 데 도움이 되는 이론을 활용하는 것이 좋다. 성격심리학에서 성격의 문제를 포괄적이면서도 깊이 있게 다룬 이론으로는 자아심리학과 대상관계 이론, 자기심리학 등을 들 수 있다. 이러한 이론들만큼은 아니지만 인지치료 이론에서도 성격의 문제를 일부 다루고 있다(Beck, Davis, & Freeman, 2015).

성격적 문제에 대한 평가와 개입은 사실 전문가의 영역이다. 개인이 간단하게 자신의 문제를 파악하고 개선할 수 있는 도구나 서적이 개발되어 있기는 하지만, 정확하게 평가하고 효과적으로 개입하기 위해서는 전문가의 도움이 필요하다. 일반적으로는 간단한 도구(예: DSM-5-TR)를 이용해 자신의 성격적 문제의 정도를 대략적으로 평가하고, 그 결과 문제가 있는 수준으로 파악되었다면 전문가의 도움을 받을 수 있는 곳을 방문하는 과정을 거친다.

성격적 문제가 있는 것 같기는 하지만 전문가의 도움이 필요한 수준이 아니라면 개인적으로 성격을 이해하고자 하는 의도를 가질 수 있다. 그러한 의도를 가진 경우에 활용할 수 있는 간단한 틀을 제시하려고 한다. 이 틀은 현대 정신분석적 치료계에서 큰 영향력을 가지고 있는 미국의 분석가 Nancy McWilliams가 자신의 저서 『정신분석적 사례이해(Psychoanalytic case formulation)』에서 소개한 틀을 이용한 것이다(McWilliams, 1999). 이 책은 본래 내담자를 정신분석적 관점에서 통합적으로 이해할 때 사용하도록 개발된 것이지만, 개인의 성격을 포괄적으로 이해하는 데에도 훌륭하게 적용될 수 있다. 특히 생물학적 요소나 인지적 요소도 함께 다루고 있어 통합적 이해에 큰 도움이 된다.

표 14.1 정신분석적 성격 이해의 틀

성격 요인	평가 항목 예시
변화 불가능한 요인	• 기질은 어떠했는가? (예: 까다로운 기질) • 성격에 영향을 미칠 만한 유전적·선천적·의학적 요인 혹은 뇌 손상은 없는가? (예: 신체적 질병) • 변화시킬 수 없는 신체적 특성이 있는가? (예: 기형적인 외모) • 변화시킬 수 없는 외부적 상황이 있는가? (예: 가족 관계)
발달적 문제	• 성격의 정상적 발달에 영향을 줄 만한 사건이나 관계가 있는가? • 어린 시절 애착 유형은 무엇이고, 현재의 애착 특성은 어떠한가?
방어기제	• 주로 사용하는 방어기제는 무엇인가? 얼마나 다양하며, 현실 왜곡은 어느 정도인가? • 방어기제는 효과적인가?
감정 특성	• 반복적으로 경험하는 감정은 무엇인가? • 특정한 감정이 특정한 대상에게서 반복적으로 경험되는가? (전이)
동일시 특성	• 누구와 자신을 동일시하는가? (닮으려 하는 중요한 타인은 누구인가?) • 어떤 양상으로 동일시하는가? (그 사람의 모든 것을 닮으려 하는가, 아니면 일부만 닮으려 하는가?)
관계 양상	• 반복되는 관계 양상은 무엇이며, 그러한 반복이 갖는 의미는 무엇인가?
자존감 및 자기 특성	• 자존감은 어떤 상태인가? • 자존감을 유지하기 위해 어떤 방법을 사용하는가?
병리유발적 신념	• 어떤 핵심적 신념을 가지고 있는가? • 이 신념은 어떤 문제와 관련이 있는가?

이 틀에서는 한 개인의 심리적 특성 혹은 성격 요인을 8개의 주제로 나누어 평가한다. 자세한 내용은 표 14.1과 같다.

정신분석적 관점에서 성격의 문제는 대인관계 양상을 비롯한 행동 측면에서의 부적응으로 드러난다. 반복적으로 다른 사람을 의심해서 다툼이 반복되거나, 지나치게 회피적인 행동을 보여 고립되거나, 오만하고 거만하게 행동하면서 다른 사람을 착취하여 갈등을 경험하는 식이다. 혹은 다른 사람에게 지나치게 의존하거나 다른 사람을 통제하려고 시도하다가 갈등을 경험할 수도 있다. 어떤 유형이든 이와 유사한 문제를 겪고 있다면 제시된 8개의 요인들을 포괄적으로 검토하면서 그 이유를 탐색해 볼 수 있다.

8개의 요인이 복잡해 보인다면 두 개의 기준을 이용해 분류해 볼 수 있다. 하나는 현재의 성격을 구성하고 있는 **가변적 요인**이고, 다른 하나는 주로 이미 일어난 과거와 관련된 **불변적 요인**이다. 가변적 요인들은 다시 자아 및 자기 관련 요인과 대상관계적 요인으로 구분할 수 있다. 자아 및 자기 관련 요인으로는 방어기제, 감정 특성, 자존감 및 자기 특성, 병리유발적 신념을 들 수 있고, 대상관계적 요인으로는 동일시 특성과 관계 양상을 들 수 있다. 불변적 요인에는 변화가 불가능한 생물학적 요인과 이미 일어난 발달적 문제가 포함될 수 있다.

제시된 요인들은 서로 복잡하게 얽혀 있어 단번에 그 관계를 파악하기 어려울 것이다. 따라서 단계적으로 접근할 필요가 있는데, 일차적으로는 각 요소를 개별적으로 빠짐없이 탐색한다. 예컨대 1번 항목(변화 불가능한 요인)의 중요한 요소를 모두 나열해 보고, 같은 방법으로 8번까지 중요한 요소들을 모두 탐색한다. 이 작업이 마무리되면, 시간순으로 자신의 삶을 돌아보면서 각 요소가 어떻게 나타나서 작용했는지를 구체적으로 기술해 본다. 다음에 제시된 사례는 제안된 방법대로 자신의 성격을 돌아본 한 학생의 분석 내용을 각색한 것이다.

> "나는 비교적 까다로운 기질을 가지고 태어났다. 자극에 예민해서 쉽게 짜증을 냈고, 우는 일도 많았다. 경제적 형편은 어려운 편이어서 부모님이 모두 바쁘게 일을 하셨고, 그분들 역시 짜증과 화가 많으셨다. 별다른 신체적 질병이나 문제없이 대체로 건강한 편이어서 부모님은 나의 끼니를 챙기는 것 이외에는 그냥 내버려 두셨던 것 같다. 나는 혼자서 많은 시간을 보냈다. 두려움과 외로움이 몰려올 때면 혼자 상상을 하면서 시간을 보냈고, 상상 속에서 내가 원하는 세계를 그리며 만족했던 것 같다(방어기제로서 공상의 활용). 상상 속의 멋지고 여유로우며 사랑이 넘치는 부모님이 나의 이상이었고, 나이가 들어도 그것은 변하지 않았다(동일시 특성). 그렇게 홀로 지내는 시간이 길어지면서 나는 현실의 다른 사람이 필요 없다고 느끼기 시작했다. 현실의 사람들은 내가 이상적으로 그리는 모습에 비하면 더 세속적이고, 탐욕스러우며, 모순적이고, 화를 잘 내며, 다른 사람의 마음을 섬세하게 이해하지 못했다(타인에 대한 감정은 대체로 부정적, 약간은 혐오적임. 예전에 부모에게 느꼈던 감정과 유사한 면이 있음). 그런 사람들과 어울리는 것은 정말 피곤한 일이었다. 차라리 혼자 조용히 책을 읽으면서 상상의 날개를 펼치는 것이 좋았다. 그렇게 나는 점점 더 혼자 시간을 보내게 되었다(회피적이고 고립된 대인관계

양상). 그런 내가 '비정상적'이라는 생각을 해 보지 않은 것은 아니다. 무언가 결핍된, 부적절한 사람이 아닌가, 여기에 있으면 안 되는 사람이 아닌가 하는 생각을 진지하게 하기도 했다(핵심 감정으로서의 부적절감). 하지만 그런 생각이나 느낌은 다른 사람들과 함께 있을 때 심했으며, 혼자 있을 때에는 심하지 않았다. 그래서 나는 더욱 사람들을 멀리했고, 모든 수단을 동원해서 혼자 있는 시간을 확보했다(자존감 유지 수단으로서의 회피). 나는 지금도 다른 사람들이 섬세하지 못하고 무례하다고 생각한다(신념). 그런 사람들과 시간을 보낼 바에는 차라리 혼자 조용히 책을 읽거나 음악을 듣는 것이 낫다."

이와 같은 방식으로 하나의 이야기를 구성하듯 자신의 성격을 분석해 볼 수 있다. 그 과정에서 확인된 정신분석적 개념들을 적절히 정리해 두면, 나중에 필요할 때 그 개념과 관련된 이론을 적용해서 자신의 성격을 좀 더 정교하게 이해하고, 또 가능한 선에서 개선해 볼 수도 있을 것이다. 하지만 어디까지나 이 과정은 '의식적으로 접근 가능한' 내용에 기반하고 있다는 점을 기억해야 한다. 어쩌면 더 중요한 내용은 의식의 범위를 벗어나 있을 수 있다. 만일 자신의 성격 중 많은 부분이 충분히 이해되지 않는다면, 무의식적 내용을 체계적으로 함께 탐색해 줄 전문가의 도움을 받는 것이 가장 좋은 선택일 것이다.

(2) 다른 사람과의 차이를 파악하기

자신의 성격에 별다른 문제가 없다고 생각하는 사람들은 간단히 자신과 타인의 차이를 파악하고 이를 적절히 활용하여 대인관계의 질을 높이는 데 더 관심이 있을 것이다. 이 경우에는 개인차 파악을 목적으로 개발된 이론을 사용하는 것이 적절하다. 특히 이상 성격이 아닌 정상 성격의 개인차를 포착하는 이론이 유용할 것이다. 성격심리학에서 이러한 특성을 두드러지게 가지고 있는 이론은 특질 이론이다.

▲ 사람들은 서로 비슷하면서도 저마다 다른 면모를 갖고 있다.

특질 이론을 이용해 성격을 파악하는 대표적인 방법은 자기보고형 질문지를 이용하는 것이다. 가장 많이 사용되는 성격 5요인 이론이나 HEXACO

는 모두 온라인으로 무료 검사를 제공한다. 성격 5요인 이론을 측정하는 도구는 매우 다양하기 때문에 상황을 고려해서 적절한 도구를 사용하면 된다. 예컨대 Big Five Test 사이트(https://bigfive-test.com)에서는 120문항으로 구성된 성격 5요인 검사 도구를 무료로 제공하고 있다. 이 외에 단축형으로 개발된 도구들도 많이 있으니 필요에 따라 선별하여 사용하면 된다. HEXACO의 경우에도 공식 홈페이지(https://hexaco.org)에서 한국어 버전 검사를 무료로 제공하고 있다.

자기보고형 질문지를 이용한 특질 검사의 장점은 규준을 가지고 있는 경우가 많다는 점이다. 심리 검사에서 **규준**(norm)이란 점수의 해석에 필요한 기준이 되는 자료를 의미한다. 일반적으로 규준은 비교하고자 하는 전체 집단에서 대표성을 갖춘 표본을 추출하여 그들의 점수 분포로 구성한다. 따라서 규준을 이용하면 자신의 점수가 전체 집단과 비교했을 때 어디에 위치하는지를 알 수 있다. 예컨대 검사의 규준이 평균은 10점, 표준편차는 2점 정도의 정규분포를 따른다고 할 때, 나의 점수가 14점이라면 평균적인 사람들보다 상당히 높은 점수를 받았다고 해석할 수 있다. 규준을 마련한 특질 검사들은 모두 같은 방식으로 수검자의 점수 위치를 알려 준다. 평균 범위 안에 있는지, 아니면 평균보다 낮은 점수인지 혹은 더 높은 점수인지 등을 알려 주는 것이다. 해당 정보를 통해 특정한 특질의 강도를 구체적으로 파악할 수 있다.

성격 5요인 검사나 HEXACO 검사는 5개에서 6개 정도의 상위 특질 점수를 제공한다. 일차적으로는 이 5개에서 6개의 점수를 이용해 자신의 대략적인 성격을 파악할 수 있다. 하지만 같은 상위 특질 점수를 받았다고 해서 완벽하게 동일한 특질 프로파일을 가졌다고 말할 수는 없다. 각 상위 특질은 여러 개의 하위 특질로 구성되어 있으며, 하위 특질의 프로파일이 달라도 상위 특질 점수는 같을 수 있기 때문이다. 예컨대 NEO-PI-R에서는 상위 특질마다 6개의 하위 특질이 포함되어 있기 때문에, 매우 다양한 하위 특질 프로파일이 같은 상위 특질 점수를 도출할 수 있다. 따라서 하위 특질을 포함하는 특질 검사를 사용한 경우에는 반드시 하위 특질 점수를 꼼꼼하게 분석해 보아야 한다.

각 특질의 점수를 통해 자신의 고유한 특질 패턴을 파악했다면, 그러한 특질 패턴이 어떤 행동으로 드러나는지 분석해 보는 것이 좋다. 사용한 검사에서 제공하는 공식적 해석도 고려할 수 있지만, 그러한 해석은 어디까지나 일반적인 사례에 기초한 것임을 기억해야 한다. 세부적인 면에서 개인마다 서로 다른 양상으로 특질이 발현될 수 있다. 따라서 자신의 삶을 구체적으로 돌아보면서 검사를 통해 파악한 특질 패턴이 무엇과 연결되는지를 자세하게 분석해 보는 과정이 필요하다. 다음에 제시된 사례는 성격 5요인 중 신경과민성에 대한 한 학생의 분석 결과를 각색한 것이다.

> "나의 신경과민성 점수는 정상 범위 내에서 비교적 높은 수준으로 나타났다. 하지만 하위 특질 프로파일을 보면 특질별로 차이가 크다는 것을 알 수 있다. 구체적으로 보면, 불안은 중간 정도에서 낮은 수준이지만, 적대감/분노가 매우 높은 수준이었다. 우울과 자의식, 취약함은 중간 정도에 해당했고, 충동성이 매우 높은 것으로 확인되었다. 간단히 말해 적대감과 충동성이 매우 강한 편인 것으로 나타났다. 기억해 보면, 이러한 나의 특질 특성은 어려서부터 두드러졌던 것 같다. 무언가를 하고 싶거나 갖고 싶은 것이 생기면 참기 어려웠고, 뒷일을 생각하지 않고 일단 저지르는 경우가 많았다. 그래서 부모님에게 혼도 많이 났고, 형제나 친구들과 다투는 일도 빈번했다. 주변 사람들은 '그렇게 혼이 나고 다른 사람들과 많이 다퉜으면 이제 조심할 법도 한데 넌 왜 변하는 게 없느냐'고 말하면서 고개를 젓기도 했다. 실제로 나는 어른들에게 혼이 나거나 다른 형제, 친구들과 다투는 것이 크게 겁나지 않았다. 다른 사람의 비난이나 평가를 의식할 이유도 딱히 찾기 어려웠다. 나는 그저 내가 원하는 것을 갖길 원했고, 그걸 방해하는 것이 있으면 화를 참지 못했을 뿐이다. 좀 더 정확히 말하면, 화를 참아야 할 이유를 발견하지 못했다."

제시된 사례는 신경과민성을 떠올릴 때 일반적으로 그려지는 특성과는 상당히 다른 모습을 보여 주고 있다. '불안하고 짜증을 잘 내며 우울하다'는 전형적인 모습과는 반대의 모습을 보이는 것이다. 이처럼 하위 특질의 패턴에 따라 상위 특질 점수의 해석이 달라질 수 있으므로 하위 특질을 꼼꼼하게 고려해서 자신의 성격을 분석하는 것이 적절하다.

(3) 내가 현재 어디에 있고, 어디를 향해 가야 하는지 파악하기

전 생애적 관점에서 자신의 성격과 삶을 이해하여 중요한 의사결정이나 방향 설정에 활용하고 싶은 사람들도 성격을 이해하려는 동기를 가질 수 있다. 이들은 기본 동기에서부터 목적론적 인간관을 가지고 있다는 것을 알 수 있다. 이들에게 있어 삶은 과거에 의해 결정되는 것이 아니며, 능동적으로 개척해 나가는 것이다. 중요한 의사결정을 스스로 하면서 자기만의 고유한 삶을 꾸려 나가려는 사람들인 것이다.

▲ 중요한 선택의 기로에 놓여 있을 때, 성격에 대한 이해가 판단 기준이 되어 줄 수 있다.

이들이 성격을 이해할 때 거부감 없이 자연스럽게 받아들이는 이론은 목적론적 인간관을 공유하는 이론들이다. 개인심리학이나 분석심리학, 인본주의 이론, 성장론적 인간관을 공유하는 동기 이론들이 여기에 포함될 수 있다. 이론마다 강조점이 다르고 성격을 분석하는 방법도 다르지만, 공통점은 현재 자신이 추구하는 삶을 구체적으로 탐색하면서 현재의 방향성이 적절한지를 스스로 검토해 보도록 한다는 점이다. 개인심리학에서는 현재 추구하는 삶이 열등감을 적응적으로 극복하는 데 도움이 되는지, 활기차게 사회에 참여하면서 살아가고 있는지 등을 검토하고, 분석심리학에서는 특정한 방향을 과도하게 지향한 나머지 반대의 성향이 미발달한 채로 남아 심한 불균형 상태에 있지는 않은지 검토하는 것이다. 인본주의 심리학이나 동기 이론에서는 본연의 잠재력이나 특성, 흥미 등이 적절히 반영된 방향으로 살아가고 있는지, 아니면 주변의 압박이나 요구에 의해 다른 방향의 삶을 억지스럽게 살고 있는지 검토하도록 한다.

어떤 이론이든 공통적으로 융통성과 조화, 균형, 통합, 개성화, 초월, 이타적 행동 등이 자연스럽게 삶에서 확인되고 있는지를 분석하고, 그렇지 않다면 어떤 방향으로 삶을 전환하거나 재구성해야 좀 더 나은 삶을 살아갈 수 있는지를 고민해 보도록 한다. 다음 사례는 분석심리학을 이용해 자신의 성격을 분석한 한 학생의 보고 내용을 각색한 것이다.

"나는 예의 바르게 행동하는 것을 매우 중요하게 여긴다. 가풍이 그런 것도 있지만, 나 스스로도 규칙과 규율을 잘 지키고 웃어른을 공경하는 것이 인간의 도리라고 생각한다. 이 생각을 품은 지는 오래되었다. 어려서부터 자연스럽게 몸과 마음에 새겨져 언제부터라고 잘라 말하기도 어렵다. 그 생각은 곧 나라고 여겨질 정도이다. 그런 생각대로 행동한 결과 보상도 많이 얻었다. '요즘 애들 같지 않게 정말 착하네'라는 칭찬을 듣는 일은 나에겐 일상이었다. 어른들은 나를 정말 좋아했고, 나도 그분들과 어울려 지내는 것이 좋았다. 또래의 아이들은 너무 생각이 짧고, 충동적이고, 이기적이고, 제멋대로여서 싫었다. 그런 나의 감정은 아이들에게도 전달된 듯했다. 아이들도 나의 태도가 재수 없다며 나를 멀리했다. 한동안은 그렇게 지내는 것에 별다른 문제가 없었다. 어딜 가나 어른은 있었고, 그들이 나의 보호막이 되어 주었기 때문이다. 그런데 대학에 들어오고부터 상황이 조금 달라졌다. 교수님을 비롯한 '어른'들은 생각만큼 내 주변에 오래 머물지 않았고, 동료나 나이 차가 많지 않은 선후배들과 보내는 시간이 크게 늘어난 것이다. 선배들과라도 친하게 지내기 위해서 예의 바르고 깍듯하게 행동했지만, 그들은 그런 나의 행동이 너무 거리를 두는 것 같다며 좋아하지 않았다. 선배들은 오히려 다소 무례하고 생각 없이 행동하는 다른 친구를 더 편하게 여기며 좋아했다. 나는 너무 당황스러웠고, 그 친구가 미워졌다. 그가 하는 행동 하나하나가 마음에 들지 않았고, 혐오감마저 느꼈다. 어떤 때에는 그 친구가 그냥 사라졌으면 하는 마음도 들었다. 분석심리학적 관점에서 보면, 나의 자아는 '예의 바른' 모습을 과도하게 지향했던 것 같다. 그에 따라 그 반대의 특성인 '예의 차리지 않고 허울 없이 행동하는' 면은 그림자에 담겨 있었는지도 모르겠다. 내가 그 친구를 미워했던 것은 일종의 그림자 투사인 것이다."

사례에는 분석 내용만 제시되어 있지만, 분석 결과에 기반해 앞으로 어떤 방향으로 살아갈 것인가를 정리하는 것이 목적론적 성격 분석의 핵심이라 할 수 있다. 분석심리학에서는 그림자에 담긴 성격적 특성을 의식화하고 행동화하는 과정을 조심스럽게 진행해야 한다고 강조하고 있다. 따라서 단순히 '예의를 고려하지 않고 행동하기'를 해결책으로 선정하기보다, 관련 전문서적을 참고하여 조심스럽게 행동 계획을 세우거나, 전문가의 도움을 받아

현실적이면서도 안전한 계획을 세워 보는 것이 적절할 것이다. 마찬가지로 다른 이론을 적용할 때에도 가능하면 원 이론에 정확히 부합하는 방법을 따르는 것이 좋다.

2 2단계: 성격의 분석

성격 이해의 필요성과 적절한 이론의 선정이 끝났다면 본격적으로 성격을 분석한다. 이 과정은 이론마다 구체적인 절차가 다르기 때문에 일괄적으로 설명하기에는 한계가 있다. 다만 보편적으로 활용될 수 있는 통합적 틀의 예를 제시하는 것은 가능할 것 같다. 여기에서는 현대 성격심리학에서 중요하게 고려되고 있는 핵심적인 분석 단위를 활용한 성격 분석의 방법을 제시해 보기로 하겠다.

1) 성격 분석의 단위

Roberts와 Yoon(2022)은 성격심리학 연구들을 포괄적으로 검토한 뒤 대표적인 성격 분석의 단위 네 가지를 제시한 바 있다. 여기에는 **특질**(trait)과 **동기**(motivation), **능력**(skill, ability), **서사 정체성**(narrative identity)이 포함된다. 이 분석 단위들은 서로 배타적이지 않으며, 연구자에 따라서는 서로 포함하는 관계로 보기도 한다. 예컨대 특질 이론가 Cattell은 능력을 특질의 한 유형으로 간주하였다. 여기에서는 생물학적 기반을 갖는 자극에 대한 반응 경향성만을 특질로 고려하고자 한다. 즉, 성격 5요인이나 HEXACO의 성격 차원을 특질로 보고, 특정한 과제를 수행하는 데 필요한 기술이나 역량(예: 인지적 능력/지능, 정서적 능력, 사회 기술) 등은 능력으로 간주하겠다. 성격 분석에서 동기 요소는 두드러지는 욕구나 목표 혹은 가치로 표현될 수 있다. 동기 요소는 일반적으로 특질과 밀접한 관련이 있지만, 특질에 의해 모두 결정되는 것은 아니며, 대략적인 방향성이 결정되더라도 세부적인 사항은 후천적 경험이나 선택 등에 의해 달라질 수 있다. 마지막으로 서사 정체성은 특질과 동기, 능력 등이 통합되는 전체적인 그림을 구성하며, 다른 세 가지 요소가 포착하지 못하는 중요한 사건이나 상황, 선택 등을 파악하는 데 도움을 줄 수 있다.

네 가지 분석 단위를 활용하여 성격을 분석하는 공식적 절차나 방법은 개발되지 않았다. 여기에서는 구체적인 지침을 제시하기보다 편의에 중점을 두어 간단한 흐름을 제시해 보려 한다. 흐름은 크게 두 단계로 구성된다. 첫 단계는 **횡단적 분석**으로 자신의 현재 성격을 포괄적으로 분석해 보는 것이다. 여기에서 중점적으로 활용되는 분석 단위는 특질과 동기, 능력이다. 두 번째 단계는 **종단적 분석**으로 과거부터 지금에 이르기까지의 자신을 분석해 보는 것이다. 여기에서는 서사 정체성에 초점을 두어 분석을 진행하며, 최종적으로 횡단적 분석의 내용과 통합한다.

2) 횡단적 분석

횡단적 분석에서는 현재 지니고 있는 성격 특성을 세 가지 분석 단위를 활용하여 살펴본다. 특질 분석에서는 성격 5요인 등의 대표 모형을 이용해 성격 프로파일을 분석해 보고, 동기 분석에서는 주요 목표를 탐색한다. 마지막으로, 능력 분석에서는 인지적·정서적·사회적 능력을 구체적으로 파악한다.

(1) 특질 분석

우선 특질은 성격 5요인 측정 도구나 HEXACO를 이용해 평가할 수 있다. 이러한 도구들이 부담스럽다면 4장에서 제시한 Five Factor Form(Rojas & Widiger, 2014)을 이용해서 간단히 자신의 특질을 평가하기 바란다. 이 도구는 특질의 부적응적 수준까지 포괄적으로 파악할 수 있도록 고안되어 자신의 특질 발현이 부적응적인 범위에 이르렀는지를 파악할 수 있다는 장점이 있다. 가능하다면 스스로 채점한 것과 가까운 지인(예: 부모, 형제, 친한 친구)이 채점한 것을 비교해 보는 것도 좋은 방법이 될 수 있다. 혹은 성격 평가 방법을 공식적으로 훈련받은 전문가의 도움을 받아 인터뷰 형식으로 평가를 진행해 볼 수 있을 것이다.

특질을 분석하면서 파악해야 하는 정보는 특별히 강하거나 약한 특질이 무엇이며, 그러한 특질이 정상 범위 내에 있는지, 아니면 부적응을 초래하는 수준인지를 파악하는 것이다. 그리고 해당 특질이 어떤 행동으로 드러나는지 구체적으로 분석하는 것이 중요하다. 또한 중요한 행동 패턴임에도 특질 분석 결과와 일치하지 않는 것이 있다면 그것도 별도로 정리해 둔다. 이러한 행동 패턴은 기존의 특질 차원으로 포착되지 않는 것이거나, 다른 성격 요인의 영향을 더 많이 받는 것일 수 있기 때문이다.

(2) 동기 분석

아쉽게도 개인의 동기를 포괄적으로 평가할 수 있는 합의된 측정 도구나 모형은 아직 개발되지 않았다. 여기에서는 상대적으로 수월하게 활용할 수 있는 Emmons(1991)의 개인적 추구 이론 및 측정 방법을 활용하려고 한다.

▲ 나의 목표를 구체적으로 작성해 봄으로써 내 안의 동기를 살펴볼 수 있다.

우선 자신이 평소 달성하고자 노력하는 목표를 15개 정도 기술한다. 여기에서의 목표는 무언가를 얻으려 하는 것일 수도 있고, 무언가를 피하려고 하는 것일 수도 있다. 다음에는 Emmons(2005)가 제시한 개인적 목표의 예가 기술되어 있다.

- 현재의 친구들을 통해서 새로운 친구들을 만나기
- 간식 먹지 않기
- 상황이 어떻든 감사하기
- 다른 사람을 행복하게 만들기
- 다른 사람에게 지적인 모습으로 보이기
- 다른 사람을 즐겁게 만들기 위해 애쓰지 말고 나답게 살기

어떤 것이든 자신이 중요하게 여기고 추구하는 목표를 구체적으로 기술하는 것이 중요하다. 이러한 목표들이 자신의 반복적 행동을 잘 설명한다면 목록이 적절히 구성되었다고 볼 수 있다.

목록이 충분히 포괄적인지 확인하고자 한다면 Emmons(1991)가 제안한

개인적 추구 상위 목록을 이용하면 된다. 그는 개인의 15개 목표가 성취나 친화, 친밀감, 권력, 개인적 성장, 건강, 자율성의 7개 범주에 대부분 포함될 것이라고 보았다. 실제로 1991년에 시행된 연구에서는 참여자들의 개인적 목표가 성취와 친화, 친밀감, 권력의 네 개 범주에 대부분 포함되었다(Emmons, 1991).

성취(achievement)에 포함되는 목표는 개인적인 성공이나 발전과 관련된 목표들이다. 특히 사회적 지위나 명성, 인정, 경쟁에서 우위를 점하는 것과 관련된 목표들이 성취와 관련되어 있다고 볼 수 있다. **친화**(affiliation)는 다른 사람들과 두루 잘 어울리고자 하는 목표와 관련이 있다. 특별히 깊은 관계를 맺고자 하는 것은 아니지만, 큰 갈등 없이 원만하게 다양한 사람들과 어울려 지내는 것과 관련된 목표들이 여기에 해당한다. 반면 **친밀감**(intimacy)과 관련된 목표는 소수의 사람들이라 하더라도 깊이 있고 친밀한 관계를 맺고자 하는 것을 의미한다. 서로에 대해 깊이 이해하고 자주 소통하며, 강한 정서적 유대를 형성하려는 목표들이 곧 친밀감과 관련된 것들이라 할 수 있다. **권력**(power)은 다른 사람을 지배하고 통제하려는 목표와 관련이 있다. 이것은 단순히 독재를 의미하는 것이 아니고, 다른 사람들을 적절히 관리하고 통제하면서 자신이 원하는 것이나 자신이 속한 집단이 지향하는 것을 이루고자 하는 목표를 의미한다.

네 가지 목표 범주 이외에 개인적 성장과 건강, 자율성 관련 목표들도 확인될 수 있다. **개인적 성장**(personal growth)은 기본적으로 심리적 성장과 관련이 있다. 단순히 더 많은 것을 성취하고 더 많은 것을 가지려고 하는 것보다는 삶의 중요한 의미를 발견하여 그 의미를 실현하고자 하는 목표를 의미한다. 이러한 관점에서 성장이란 곧 지속적으로 의미를 추구하고 발견하는 과정, 발견된 의미를 실현하려는 노력에 따른 변화라 할 수 있다. **건강**(health)은 전반적으로 건강한 상태를 만들고 유지하려는 목표를 의미한다. 규칙적으로 운동을 하거나 균형 잡힌 식사를 하는 것, 몸에 해로운 활동을 가급적 피하는 것 등이 여기에 해당한다. 다만 자신의 외모를 가꾸기 위한 운동은 건강에 초점이 맞춰져 있기보다 성취나 친화 혹은 권력을 달성하기 위한 도구일 수도 있다. 따라서 자신이 운동을 하고자 하는 이유를 구체적으로 탐색하여 적절한 범주에 할당해야 한다. 마지막으로 **자율성**(autonomy)은 다른 사람의 지시나 지도, 간섭 없이 스스로 판단하고 결정하면서 살고자 하는 목표와 관련이 있다. 이러한 목표는 '다른 사람을 신경 쓰지 않고 내가 생각하는 바를 실현하고자 한다'와 같은 형태를 띠곤 한다.

흥미롭게도 Emmons(1991)가 제시하고 있는 7개 범주의 상당 부분은 Schwartz(1994)의 가치 구분과 일치한다. 8장에서 제시한 바와 같이 Schwartz(1994)는 인간의 보편적인 가치를 탐색하여 원형 모형으로 제시한 바 있다. 그에 따르면, 인간의 중요한 가치는 개인 초점적-사회 초점적 차원과 자기보호-성장 차원으로 구분되는 4분면의 특정한 위치에 배치될 수 있다. 여기에는 성취와 권력, 자기주도(자율성), 안전(건강도 포함)이 포함되어 있다. 친화나 친밀감, 개인적 성장은 정확히 일치하는 범주가 없지만, 동조나 전통, 자비심, 보편주의가 관련된 목표를 포괄할 수 있을 것으로 보인다. 마지막으로 쾌락주의와 자극 추구는 Emmons(1991)의 범주 목록에서 다뤄지지 않은 영역이다. 하지만 어떤 사람들은 '재미있게 사는 것'이라든지, '늘 새로운 경험을 하는 것'과 같은 목표를 가지고 있을 수 있다. 이는 각각 쾌락주의와 자극 추구 범주에 잘 부합하는 목표들이다. 따라서 기본적으로는 Emmons(1991)의 범주를 활용하되, 적절히 들어맞지 않는다고 생각되는 목표는 Schwartz(1994)의 가치 범주를 활용하여 정리할 수 있을 것이다. 이러한 방법으로 자신의 목표를 범주화하면 대략적인 상위 목표 혹은 가치 지향성이 파악될 것이다.

이렇게 파악된 상위 목표, 가치 지향성은 기본적인 특질과도 상당 부분 일치할 가능성이 있다. 예컨대 외향성이 높거나 우호성이 높은 사람들은 친화나 친밀감, 동조나 전통, 자비심 등의 대인관계 관련 목표들을 가지고 있을 가능성이 상대적으로 높을 것이다. 이러한 관계성이 실제로 드러난다면 특질과 목표 혹은 가치의 관계를 통합적으로 이해하는 계기가 될 것이다. 반대로 특질과 무관한 목표를 추구하는 것으로 확인될 수도 있다. 이런 경우에는 어떤 다른 요인이 자신의 목표 설정에 영향을 미쳤는지 고민해 볼 수 있다.

파악된 목표를 이용해 성격을 분석하는 또 다른 방법은 목표를 추구하는 과정에서의 패턴을 분석하는 것이다. 목표를 설정하면 그것을 달성하고자 하는 것이 인간의 본성이다. 하지만 모든 사람이 목표를 효과적으로 달성하는 것은 아니다. 따라서 목표를 달성하는 과정과 관련된 추가적인 분석을 진행

표 14.2 목표 분석의 예시

목표	상위 범주	추구 이유	달성 정도	사용한 방법 및 효과	들이는 노력과 부작용
체중 45kg 만들기	친화	친구들로부터 따돌림 당하지 않기 위해서	매우 낮음 (현재 60kg)	근력 운동 (효과가 좋지 않음)	하루에 2시간 이상 운동. 공부에 사용할 시간이 줄어들어 부모님과 갈등이 있음.

할 수 있다. 여기에서 중점적으로 진행할 작업은 ① 목표의 달성 정도를 평가하는 것과 ② 목표 달성을 위해 어떤 방법을 사용하고 있고, 그 방법은 얼마나 효과적인지를 평가하는 것, ③ 목표를 달성하기 위해 들이는 노력의 정도와 그 부작용을 확인하는 것 등이다. 이 작업은 간단히 표를 이용해서 진행할 수 있다. 표 14.2에는 목표 추구 과정을 분석하는 데 활용할 수 있는 분석틀의 한 예가 제시되어 있다.

제시된 분석틀과 유사한 방식으로 자신의 목표를 분석하면 자신이 왜 그런 목표를 추구하고 있는지뿐만 아니라, 자신의 목표 추구가 현재의 삶에 어떤 영향을 미치고 있는지 또한 체계적으로 분석할 수 있다. 여기에서 얻은 분석 결과는 개인의 적응적 특성을 평가할 때 유용하게 사용될 수 있다.

(3) 능력 분석

개인의 능력이나 역량을 성격으로 볼 것인가에 대해서는 의견이 갈릴 수 있다. 하지만 통합적으로 개인의 안정적 특성을 파악하고자 할 때 능력을 분석해야 한다는 의견에 동의하지 않을 연구자나 임상가는 없을 것이다. 그만큼 개인의 능력은 중요하다. 앞서 분석했던 특질은 기본적으로 능력보다 성향과 밀접한 관계를 맺는다. 반면 목표에는 두 요소가 모두 관여한다. 목표의 대략적 지향성은 성향과 관련이 있겠지만, 목표의 달성 과정이나 그 결과는 능력과 밀접한 관계를 맺고 있는 것이다. 사실 좀 더 현명하게 목표를 설정하고 추구하기 위해서는 자신의 능력을 잘 파악하여 적절히 활용하거나 개발해야 한다.

▲ 지능 검사를 통해 수리 능력을 포함한 다양한 인지적 능력을 평가할 수 있다.

개인의 능력을 포괄적으로 평가하고자 할 때 사용하는 일반적 틀은 인지적 역량과 정서적 역량, 사회적 역량으로 구분하는 것이다. **인지적 역량**을 포착하는 대표적인 개념은 **지능**(intelligence)이다. 지능이 무엇인지에 대해서는 따로 책을 쓸 수 있을 만큼 다양한 이론과 연구들이 누적되어 있다. 여기에서 그 내용을 모두 다루는 것은 한계가 있으므로, 현재 가장 많은 지지를 얻고 있는 검사 도구인 David Wechsler의 지능 검사에서 채택하고 있는 개념을 이용하기로 하겠다. Wechsler(1944)는 목표 지향적으로 행동하고, 합리적으로 생각하며, 효과적으로 환경을 다루는 전반적 능력이 곧 지능이라고 보았다. 이러한 능력에는 다양한 요소들이 관여하겠지만, 기본적으로 인지적 기능이 중요한 것으로 간주되고 있다. 여기에는 언어적 정보를 이해하고 습득하여 적절히 활용하는 능력이나 시공간 정보처리 및 조작 능력, 추상화 능력, 추론 능력, 기억 능력, 산술적 정보처리 능력 등이 포함된다.

이러한 능력을 포괄적으로 파악하는 좋은 방법은 지능 검사를 받아 보는 것이다. 가능하다면 신뢰도와 타당도가 충분히 확보되어 있으면서 포괄적으로 지능을 평가할 수 있는 검사를 받아 보는 것이 좋을 것이다. 현재 널리 활용되고 있는 지능 검사는 타당한 방법으로 규준을 마련해 두고 있기 때문에 검사를 받으면 자신의 지능 수준이 전체 집단 분포 중 어느 위치에 해당하는지 파악할 수 있다. 이뿐만 아니라 각 세부 능력 수준을 동일한 방식으로 파악하는 것도 가능하다. 이러한 정보는 자신에게 적절한 목표를 설정하고 적절한 달성 방법을 탐색하는 데 유용하게 활용될 수 있다.

설정한 목표를 달성하는 데 인지적 역량만 필요한 것은 아니다. 실제로 아주 높은 수준의 인지적 기능을 소유하고 있다 해도 특정 영역에서는 어려움을 겪을 수 있다. 예컨대 타인의 감정을 이해하고 적절히 반영해 주면서 돌보는 역량이 부족하다면, 인지적 기능이 아무리 우수해도 대인관계 영역에서는 어려움을 겪을 수 있다. 혹은 자신의 감정을 적절히 조절하지 못하여 반복적으로 분노 발작을 일으킨다면, 마찬가지로 다른 사람들과 많은 갈등을 경험하게 될 것이다. 이런 측면에서 정서적 역량 또한 인지적 역량 못지않게 중요할 수 있다.

개인의 **정서적 역량**은 자기 자신 혹은 타인의 정서를 적절히 자각 혹은 포착하여 상황에 맞게 표현하거나 공감하는 능력, 자신의 중요한 목표에 일치하도록 정서를 조절하는 능력 등을 포함한다. 이러한 능력을 어떻게 측정할 것인지를 두고 많은 논쟁이 있었으며, 현재까지도 관련 논의가 진행되고 있는 상황이다. 따라서 정서적 역량을 포괄적으로 평가할 수 있는 대표성 있는 도구는 아직 개발되지 못했다고 보는 것이 적절하다. 물론 현재 시중에 판매되고 있는 정서 지능 측정 도구는 대부분 일련의 타당한 검사 개발 과정을 거쳐 만들어진 것이므로 얼마든지 활용할 수 있다. 다만 이러한 도구는 다른 지능 검사만큼의 경험적 지지를 얻고 있지 못하다는 점을 기억하면서 조심스럽게 활용해야 한다.

▲ 정서 자각 능력은 현재 자신의 정서 상태를 그림이나 정서 어휘 등을 이용해 적절히 묘사할 수 있는지 확인함으로써 간단히 평가할 수 있다.

공식적인 검사를 통해 자신의 정서적 능력 수준을 파악하는 것도 중요하지만, 자신의 삶을 돌아보면서 실제적인 정서적 삶의 모습을 관찰해 보는 것 또한 중요하다. 즉, 다음과 같은 질문에 스스로 답해 보는 것이다.

1. 나는 나의 정서를 잘 알아차리는가? (예: 불안할 때, 화가 날 때, 부끄러울 때 잘 알아차리는가? 그러한 정서가 일어날 때 내 몸과 마음에서 어떤 변화가 나타나는지 아는가?)
2. 나는 다른 사람의 정서를 정확하게 알아차리는가? (예: 다른 사람이 어떤 정서를 경험하고 있다고 예상한 뒤 그 사실을 확인했을 때, 그 사람이 그 정서를 실제로 경험했다고 인정하는가?)
3. 나는 나의 정서에 적절하게 이름을 붙일 수 있는가? (예: '내가 지금 죄책감을 느끼고 있구나'와 같은 식으로 적절한 명칭을 붙일 수 있는가?)
4. 나는 나의 정서를 상황에 맞게 표현할 수 있는가? (예: 표현하기에 적절하지 않은 상황이라 판단할 때 억제할 수 있고, 표현하는 것이 적절하다고 생각될 때 언어 등을 이용해 표현할 수 있는가?)
5. 나는 나의 정서를 목표한 바와 일치하도록 조절할 수 있는가? (예: 과도하게 흥분했을 때 천천히 호흡하는 등의 방법으로 흥분을 가라앉힐 수 있는가? 부정 정서가 유발되었을 때 이를 다룰 수 있는 다양한 방법을 가지고 있는가? 이러한 방법을 상황에 맞게 사용할 수 있는가?)

좀 더 간단하게 자신의 정서적 역량을 확인하는 방법은 자신의 정서가 중요한 목표를 달성하는 데 방해가 된다고 생각하는지, 아니면 도움이 된다고 생각하는지 돌아보는 것이다. 만일 자신의 정서가 삶에 도움이 되는 경우가 많다고 생각된다면, 정서적 능력이 상당히 양호한 수준이라고 판단할 수 있다. 반면 전혀 도움이 되지 않거나 오히려 방해가 된다고 생각한다면 정서적 능력을 좀 더 구체적으로 분석해 볼 필요가 있다고 판단할 수 있을 것이다.

마지막으로 **사회적 역량**은 대인관계를 적절히 맺고 유지하면서 원하는 바를 얻는 능력이라 할 수 있다. 당연하게도 여기에는 인지적 능력과 정서적 능력이 모두 필요하다. 다만 다른 사람의 행동을 추론하는 능력이나 다양한 사회적 상황에 대한 지식, 대인관계 역동에 대한 이해와 통제 능력, 타인과 적절히 소통하면서 설득하거나 타협하는 능력 등과 같이 기존의 인지적 능력이나 정서적 능력에서 기본적으로 다루지 않는 능력들 또한 요구된다는 것이 일반적인 견해이다. 이러한 능력을 포착하는 대표적 개념은 **사회 지능**(social intelligence)이다.

▲ 다른 사람들과 원만하게 어울리기 위해서는 상대의 마음을 이해하는 능력과 사회적 상황에 대한 지식, 의사소통 기술 등이 필요하다.

Vernon(1933)에 따르면, 사회 지능은 다른 사람의 성격이나 행동 등을 이해하고, 사회적 상황에 대한 지식을 보유하며, 적절한 사회 기술을 이용해 사람들과 어울리는 능력이다. 이 관점에 따르면, 사회 지능은 ① 타인의 성격이나 행동을 이해하는 능력, ② 사회적 상황에 대한 지식과 그것을 활용하는 능력, ③ 사회 기술이라는 세 가지 기능을 중요하게 고려한다. 사회 지능은 정서 지능과 마찬가지로 고유한 검사 도구로 측정할 수 있다. 이러한 도구를 활용해서 자신의 사회 지능을 평가해 보는 것도 좋은 방법이다. 하지만 사회 지능을 측정하기 위해 개발된 검사 도구는 상대적으로 매우 적은 편이다. 더욱이 국내에는 널리 활용되는 사회 지능 검사가 부재한 상황이라 이 방법을 활용하기는 쉽지 않을 것이다. 만일 잘 개발된 측정 도구를 사용하기 어려운 상황이라면, 앞서 정서 지능을 분석할 때 사용했던 질문법을 활용해 자신의 사회 지능 수준을 대략적으로 파악해 볼 수 있다.

1. 나는 타인의 성격을 비교적 정확히 파악하는가? 나는 다른 사람의 행동을 비교적 정확히 예측하는가? 나는 다른 사람이 어떤 행동을 할 때 왜 그런 행동을 나타내는지 그 원인을 비교적 정확하게 아는가? (예: 그 사람의 동기, 생각, 감정 등)
2. 나는 다양한 사회적 상황의 암묵적 규칙이나 상호작용 방식을 잘 이해하고 있는가? (예: 다른 사람을 축하하는 상황에서 해야 하는 말이나 행동에 대한 지식, 다른 사람을 위로해야 하는 상황에서 하면 안 되는 말이나 행동에 대한 지식 등) 나는 현재 내가 처한 상황이 어떤 사회적 상황인지 잘 파악하는가?
3. 나는 다른 사람들과 원활하게 소통하는가? (예: 일상적인 대화를 편안하게 나누는가? 대화로 문제를 해결할 수 있는가? 적절히 설득하거나 협상할 수 있는가?) 다른 사람에게 큰 피해를 끼치지 않으면서 내가 원하는 것을 관계를 통해 얻을 수 있는가?

사회 지능이 비교적 높은 사람들은 대인관계 상황에서 별다른 어려움을 겪지 않으며 대인관계로부터 다양한 유익을 얻는다. 그 결과 일반적으로 대인관계 상황에 접근적인 경향이 있다. 반면 사회 지능이 상대적으로 낮은 사람들은 세 가지 요인 중 하나 이상에서의 문제로 인해 대인관계에서 어려움을 겪으며, 대인관계로부터 원하는 것을 얻기보다 과도한 불안이나 불만족 등의 부정적 감정을 경험하는 경향이 있다. 그 결과 대인관계 상황에 대해 양가적이거나 부정적인 태도를 형성하기 쉽다. 사회 지능이 평균 정도인 경우에는 모든 대인관계 상황에서 만족스러운 결과를 얻지는 못하지만 대체로 큰 어려움은 없으며, 필요에 따라 대인관계 상황에 적당히 접근하는 패턴을 나타낸다. 이러한 특징을 염두에 두면서 자신이 어디에 해당하는지 대략 파악해 볼 수도 있다.

3) 종단적 분석

종단적 분석에서는 태어난 후 현재까지 어떤 경험을 했는지 분석한다. 어린 시절에 가정 내에서 어떤 상호작용을 하고 어떤 일을 겪었는지, 학교나 직장 등에서는 어떤 사람을 만나 어떻게 지냈는지 등을 구체적으로 분석한다. 이 과정은 서사 정체성 분석으로 정리할 수 있다. 마지막으로 정리된 종단적 자료를 횡단적 자료와 적절히 통합한다.

(1) 서사 정체성 분석

개인의 성격을 종단적으로 분석해 볼 수 있는 좋은 방법은 **삶의 이야기**(life story)를 구성해 보는 것이다. 태어난 이후 현재까지의 삶을 하나의 일관성 있는 이야기로 구성하는 과정에서 성격의 발달 과정과 여기에 영향을 미친 다양한 사건 및 사람을 발견할 수 있기 때문이다.

삶의 이야기 혹은 서사 정체성을 분석하는 방법은 매우 다양하다. 별다른 지침 없이 자유롭게 자서전이나 소설을 구성하는 방식으로 이야기를 만들도록 할 수도 있고, 몇 가지 지침을 제공하고 그 틀 안에서 이야기를 구성하도록 할 수도 있다. 어떤 방법이든 자신이 편한 방식을 택해도 큰 문제는 없다. 여기에서는 서사 정체성을 연구하는 대표적 집단인 미국 노스웨스턴 대학교의 McAdams 연구 팀이 개발한 반구조화된 면담의 틀을 일부 수정하여 제시하려고 한다(McAdams, 2007).

첫 단계에서는 **인생의 장**(life chapters)을 설정한다. 지금까지 살아온 인생을 한 권의 책이나 소설이라 생각하고 장을 구성하는 것이다. 몇 개의 장으로 구성할지는 자유롭게 정할 수 있다. 일반적으로는 2개에서 7개 정도의 장을 구성하는 경향이 있는데, 나이가 적을수록 장의 수는 줄어드는 것이 일반적이다. 적당한 장을 설정했다면, 가볍게 각 장에 이름을 붙여 본다.

두 번째 단계에서는 인생의 **핵심적 장면**(key scenes)을 설정한다. 우리의 인생은 대체로 비슷해 보이지만 어느 정도의 굴곡이 있다. 핵심적 장면이란 특별히 강조되는 굴곡이라 할 수 있다. 여기에는 가장 긍정적인 경험이 펼쳐지는 **최고의 순간**(high point)이나 가장 고통스러운 경험에 짓눌렸던 **최저의 순간**(low point), 인생의 방향성이 크게 바뀌었던 **전환점**(turning point)이 포함된다. 각 순간이 언제 일어났으며, 어떤 일이 일어났는지, 어떤 사람이 그 순간에 중요한 역할을 했으며, 그 순간이 자신의 인생에 어떤 의미를 갖는지를 구체적으로 묘사하는 것이 중요하다. 여기에 더해 아동기와 관련하여 특별히 긍정적인 기억이나 부정적인 기억, 그 외에 특별히 기억에 남는 중요한 사건이나 체험을 별도로 정리해 둔다. 이 내용들은 앞서 구분한 각 장의 적절한 위치에 기술될 것이다.

세 번째 단계에서는 인생의 다양한 **도전**이나 **역경**(challenge)을 정리해 본다. 핵심은 자신의 삶에 큰 영향을 미친 중요한 역경을 정리해 보는 것이다. 여기에는 자신이나 가족의 중요한 건강 문제, 상실 경험, 중요한 목표 달성의 실패, 잘못된 의사결정 등이 포함될 수 있다. 그러한 역경이 어떻게 발생했으며, 자신은 역경에 어떻게 대처했는지, 또한 그 결과는 어땠는지 등을 구체적으로 묘사해 본다. 특히 그러한 경험이 개인적 신념(자기개념, 타인에 대한 신념, 종교적 신념, 정치적 신념 등)에 어떤 영향을 미쳤는지를 파악해 본다.

네 번째 단계에서는 **미래에 대한 이야기** 혹은 **미래 각본**(future script)을 정리해 본다. 지나온 삶을 구성하는 장 다음에 어떤 내용이 오길 원하는지를 정리해 보는 것이다. 즉, 미래의 꿈이나 희망, 계획, 달성하고자 하는 프로젝트 등을 구체적으로 기술해 본다. 그러한 미래를 그리는 이유와 달성 방법을 가능한 선에서 구체화해 보는 것도 도움이 될 것이다.

마지막 다섯 번째 단계에서는 준비된 내용들을 정리해서 하나의 이야기로 구성한다. 자신이 설정한 장의 구분에 맞게 각 내용을 적절히 배치하고, 일관성 있게 다듬어 정리하는 것이다. 이 과정을 진행하다 보면 중요함에도 불구하고 미처 파악하지 못했던 내용을 발견할 수 있다. 또한 반복되는 패턴이나 주제를 발견할 수도 있을 것이다. 이러한 내용들은 모두 성격을 이해하는 데 도움이 되는 중요한 정보이다.

(2) 횡단적 분석과의 통합

삶의 이야기를 어느 정도 구성했다면 횡단적 분석 결과와 통합한다. 즉, 자신의 특질이나 동기, 능력 분석에서 얻은 정보를 이야기의 적절한 곳에 배치해 넣는 것이다. 어쩌면 이미 그러한 방식으로 삶의 이야기를 구성했을 수도 있다. 먼저 실시한 횡단적 분석의 결과를 머릿속에 담아 두었다가 이야기를 구성하는 과정에서 자연스럽게 인출하여 사용했을 수 있는 것이다. 이미 그렇게 이야기를 구성했다면 통합 작업은 이미 이루어졌다고 볼 수 있다.

만일 통합 작업이 자연스럽게 이루어지지 않았다면, 횡단적 분석 결과와 삶의 이야기를 비교하면서 통합 작업을 진행한다. 특히 타고난 기질이나 특질이 인생의 중요한 순간에 어떤 식으로 발현되었는지, 전반적인 삶의 목표를 설정하는 데 중요한 사건이나 경험들이 어떻게 관여하였는지 정리한다. 또한 인생의 역경을 극복할 때 자신의 능력이 어떻게 활용되었고, 그 결과가 어땠는지도 분석한다.

횡단적 분석 결과를 종단적 분석과 통합하다 보면 각 특징의 변화 과정에 대한 이해를 높일 수 있다. 가령 어린 시절의 특질이 그대로 유지되었는지, 아니면 변했는지, 그러한 변화에 영향을 미친 요인은 무엇인지를 알 수 있다. 목표의 변화 과정이나 능력의 발달 과정도 유사한 방식으로 파악할 수 있으며, 그렇게 파악된 정보는 미래에 대한 계획에 유용하게 사용될 수 있다.

횡단적 분석과 종단적 분석 통합의 또 다른 장점은 심리적 요소들에만 분석을 제한하지 않고 신체적 요소나 관계적 요소, 사회문화적 요소, 종교적 요소, 자연적 요소 등을 통합적으로 분석할 수 있다는 점이다. 폭넓은 관점에서 성격을 이해하게 되면 이미 아는 개념이나 이론만으로 편협하게 성격을 분석하여 발생하는 오류나 오해를 줄일 수 있다.

3 3단계: 성격의 평가와 대응

2단계 분석이 종료되면 기본적인 성격 분석은 마무리되었다고 볼 수 있다. 간단히 자신의 성격이 다른 사람과 어떻게 다른지를 파악하고자 했거나 삶의 질을 더욱 높이기 위해 성격을 분석하고자 했다면, 보통 2단계에서 성격의 이해 과정은 종료된다. 반면 적응에 어려움이 있어 성격을 분석하고자 했다면 3단계 과정을 마저 진행한다.

1) 적응 수준과 성격의 관계

적응 수준은 유기체와 환경의 조화에 의해 결정된다. 적응에 어려움이 있다는 것은 이 둘 간의 조화에 문제가 있다는 것을 의미한다. 자신의 성격에 문제가 있다고 판단했다면, 일차적으로 환경보다는 자신에게 문제가 있다는 충분한 증거가 확보되었기 때문일 것이다. 여기에서 우리가 주의해야 할 점은 '유기체'의 문제라는 것이 반드시 성격의 문제를 의미하지는 않는다는 점이다. 유기체는 다양한 요소로 구성되어 있다. 성격은 그러한 요소들 중 하나일 뿐이다. 따라서 성격 문제를 집중적으로 다루기 전에 다른 문제 요소들은 없는지 확인하는 작업이 필요하다.

우선 신체적 건강에 별다른 문제가 없는지 확인해 본다. 우리의 마음은 몸과 매우 밀접하다. 몸에 문제가 있으면, 마음에도 문제가 생기기 마련이다. 장기적으로 혹은 단기적으로 적응 능력에 해를 입힐 수 있는 신체적 문제가 있는지 검토해 보고, 만일 그런 문제가 있다면 그 영향력을 분석해 보는 것이 중요하다. 또한 가능하다면 적절한 치료를 통해 건강을 회복시키는 작업을 가장 먼저 진행한다.

두 번째로 확인할 문제는 전반적인 기분의 문제다. 다양한 심리장애와 성격의 관계를 분석한 연구에서 우울과 같은 기분 문제가 성격의 부적응성을 악화시킬 수 있다는 결과를 보고하고 있다(Klein, Durbin, & Shankman, 2009). 따라서 성격의 문제에 대응하기에 앞서 우울 등의 기분 문제가 있다면, 그 문제를 먼저 전문적으로 다루어 주는 것이 좋다. 필요하다면 치료 기관의 도움을 받는 것도 고려해 보아야 할 것이다.

2) 적응 수준에 따른 대응

엄격한 구분이 있는 것은 아니지만, 편의에 따라 적응의 어려움을 크게 두 단계로 나누어 볼 수 있다. **준임상 단계**(subclinical stage)는 적응에 어려움이 있기는 하지만 전문적 치료가 요구되는 상황은 아닌 경우를 의미한다. 이 단계에 속하는 사람들은 일정 수준의 정서적 고통이나 기능 손상을 경험하고 있으나 어느 정도 일상을 유지할 수 있다. 예컨대 학생이라면 학교생활을 적당히 유지하면서 해야 하는 일들을 처리할 수 있다. 하지만 이 상태가 오래 지속되거나 문제가 더 악화되면 다음 단계로 내려갈 수 있다. **임상 단계**(clinical stage)는 적응상의 어려움이 심하여 전문적 개입이 요구되는 상황을 의미한다. 이 단계에 이르렀다면 정서적 고통이나 기능 손상이 심해 일상생활에 큰 지장이 있을 것이다. 예컨대 학생의 경우 출석이나 시험 등의 기본적 과제를 처리하는 데 어려움이 있으며, 대인관계 측면에서 심각한 수준의 어려움

▲ 정신건강기관에 방문하면 체계적인 평가와 치료를 받을 수 있다.

을 겪을 수 있다. 이 경우에는 지체하지 말고 가까운 정신건강 관련 기관에 방문하여 적절한 평가와 치료를 받는 것이 좋다.

다음에 소개될 내용은 기본적으로 준임상 단계에 있는 개인에게 적용될 수 있는 것들이다. 준임상 수준의 적응 문제가 있는 경우의 대응 방안은 크게 보면 세 가지로 구분할 수 있다. 첫 번째는 환경에 개입하는 것이고, 두 번째는 고정된 환경 내에서 성격을 크게 수정하지 않고 지낼 수 있는 방법을 모색하는 것이다. 마지막 세 번째는 성격의 변화를 시도하는 것이다.

(1) 환경 바꾸기

성격 이해의 필요성을 가늠하는 단계에서 이미 환경의 변화 불가능성 및 '문제 없음' 판단 과정을 이미 거쳤다는 점을 기억한다면, 환경 바꾸기 대응이 다시 출현한 것에 의문을 품을 것이다. 이 단계는 환경의 변화 가능성에 대해 최종적으로 점검하는 단계라고 보면 된다. 어쩌면 성격을 분석하는 과정에서 환경의 변화 가능성에 대한 판단이 달라졌을 수도 있다. 예컨대 성격을 분석하기 전에는 가족을 떠나는 것이 불가능하다고 여겼지만, 성격을 분석한 후에는 가족을 떠나는 것이 불가능한 것은 아니며, 오히려 나에게 도움이 된다고 판단하게 될 수도 있는 것이다. 따라서 최종적으로 나를 둘러싼 다양한 환경(예: 물리적 환경, 직업적 환경, 사회적 환경 등) 중 바꿀 수 있는 것이 있는지 마지막으로 검토하는 과정을 갖는다.

가능하다면 환경을 바꾸는 것이 가장 빠르면서도 효과적인 방법이다. 예컨대 다소 회피적이면서 강박적인 성격을 가지고 있는 사람은 대인관계가 많이 요구되는 변화무쌍한 직업 환경보다는 대인관계가 최소한으로 요구되고 변화가 적은 직업 환경에서 지낼 때 부적응성이 감소할 수 있다. 어쩌면 그러한 환경에서 더 많은 보상을 얻게 되어 삶의 질이 높아질 수도 있다. 따라서 최종적으로 자신의 환경을 검토하면서 과연 내가 처한 환경이 나에게 적절한지를 따져 보고 바꿀 수 있는 것들은 바꾸는 과정을 밟는다.

환경을 바꿀 때에는 현실성을 고려하는 것이 매우 중요하다. 단순히 지금의 환경을 벗어난다고 해서 모든 문제가 해결되지는 않는다. 더 나은 환경을 어떻게 조성할 것인지를 구체적이면서도 현실적으로 계획해야 한다. 가령 원가족을 떠나려고 한다면, 어디에서 지내고 어떤 방법으로 경제적 문제를 해결할 것인지 등을 구체적으로 준비해야 하는 것이다. 준비 과정이 철저할수록 더 적절한 환경에서 적응적으로 지낼 가능성은 높아진다. 반대로 준비 과정이 허술하면 적절한 환경을 발견하거나 조성하는 데 실패할 가능성이 높으며, 이러한 결과는 환경 바꾸기 전략에 대한 불신을 초래할 위험이 있다.

(2) 회복 틈새 만들기

충분한 고민을 한 뒤에도 환경을 바꿀 수 없다는 판단을 했을 때에는 현재의 환경으로부터 어떤 요구를 받고 있으며, 그 요구에 대응하기 위해 얼마나 성격을 변형하고 있는지를 파악해야 한다. 여기서 성격의 변형이란 필요에 의해 본래의 성격과는 다른 방식으로 행동하는 것을 의미한다. 예컨대 본래 내향형이지만 활발한 대인관계 상호작용이 요구되는 직장에서 일하고 있어 평소보다 적극적이고 외향적인 방식으로 행동하는 것이 성격의 변형이라 할 수 있다.

성격의 변형은 기본적으로 적응적이다. 우리가 살아가는 환경이 항상 우리의 본성과 잘 맞아떨어질 수는 없으며, 운 좋게 잘 맞아떨어지더라도 그 상태가 영원히 유지되기는 어렵기 때문이다. 처한 환경에서 요구하는 바에 따라 적절히 연기하듯 새로운 패턴으로 행동하는 것은 그런 면에서 삶의 필수 요소라 할 수 있다. 분석심리학자인 Jung도 이 점을 간파했으며, 페르소나(persona)라는 개념을 개발하기도 했다. 간단히 말해, 우리는 본래의 성격을 숨기고 일시적으로 가면을 쓰고 행동할 수 있는데, 이러한 상태를 성격의 변형이라고 개념화할 수 있다.

주어진 환경에서 요구하는 것이 본연의 성격으로 자연스럽게 처리가 가능하다면 성격의 변형은 적을 것이다. 이런 경우에는 부적응을 경험할 가능성도 상대적으로 낮다. 반면 환경의 요구가 본연의 성격으로 처리하기 어려운 것들이라면 변형이 심해질 것이다. 변형이 심하고 그러한 상태를 유지하는 시간이 길어질수록 부적응을 경험할 가능성이 높아진다.

준임상 수준의 부적응을 경험하고 있다면 어느 정도의 성격 변형을 요구

받고 있을 가능성이 높다. 이러한 상황에서 환경을 바꾸지 않은 채 선택할 수 있는 대안은 두 가지이다. 하나는 자신의 성격을 바꾸는 것이고, 다른 하나는 주기적으로 변형을 풀어 주는 시간을 갖는 것이다. 성격을 바꾸는 작업은 마지막에 다루기로 하고, 여기에서는 '변형을 풀어 주는' 방법에 대해 살펴보기로 하겠다.

개인적 프로젝트 이론의 개발자이기도 한 성격심리학자 Little(2016)은 과도한 성격 변형의 부작용을 완화하기 위해 회복 틈새를 활용할 수 있다고 제안하였다. 여기서 **회복 틈새**(restorative niches)란 성격 변형을 멈추고 본연의 성격대로 존재하는 시간을 의미한다. 예컨대 본래 내향적인 성격을 가진 사람이 대인관계 상호작용을 많이 해야 하는 직업을 가지고 있다면, 주기적으로 혼자 있는 시간을 만들어서 내향형 본연의 모습으로 존재하는 것이 여기에 해당한다.

개념은 간단하지만 실천은 쉽지 않다. 가령 내향적인 사람이 외향적인 직업 공간 내에서 어떻게 회복 틈새를 가질 수 있다는 말인가? Little은 자신의 성격이 매우 내향적임을 밝히면서 자신이 종종 활용하는 회복 틈새를 소개하였다(Little, 2016). 그가 자신이 통제하기 어려운 외부 공간에서 자주 활용하는 회복 틈새는 화장실이었다. 적어도 화장실에 머무는 동안에는 누구도 건드릴 수 없기 때문이다. 그렇다고 해서 모든 내향인이 화장실을 회복 틈새 공간으로 활용해야 한다는 말은 아니다. 각자 머무는 환경에서 지혜를 발휘하여 회복 틈새를 개발해야 한다는 점에 주목하면 좋을 것 같다.

(3) 성격의 변화

회복 틈새를 활용해도 큰 도움이 되지 않는 경우에는 최종적으로 성격의 변화를 시도한다. 성격의 변화를 시도할 때 주의해야 할 점은 바꿀 수 있는 부분과 그렇지 않은 부분을 구분하는 것이다. 의도적으로 바꾸는 것이 거의 불가능한 부분을 바꾸려는 시도는 실패할 수밖에 없다. 반면 어느 정도 가변적인 부분은 적절한 노력을 통해 바꾸는 것이 가능하다. 우리가 할 수 있는 것은 가변적인 부분을 발견해서 바꿔 보는 것이다.

앞서 살펴본 바와 같이 타고난 기질적 특성은 생물학적 기반이 분명하며, 비교적 오랜 시간 동안 강화되는 경향이 있기 때문에 일반적으로 바꾸기 어려운 부분으로 인정된다. 학자마다 무엇을 기질 혹은 생물학적 기반을 갖는 성격 특성으로 볼 것인지에 대해서는 의견이 다르지만, 일반적으로 자극에 대한 기초적 반응 경향성은 대부분 변화가 어려운 요소로 간주되는 경향이 있다. 예컨대 긍정적 자극에 접근하려는 경향성이나 부정적 자극을 회피하려는 경향성은 의도적 변화가 어려운 특성으로 본다. 앞서 구분한 분석 단위 중에서는 특질이 비교적 변화되지 않는 특성으로 간주될 수 있을 것이다.

동기적 특성, 특히 목표는 상대적으로 변화 가능한 특성이라 할 수 있다. 물론 상위 가치 수준에 이르면 특질과 밀접한 관련이 있지만, 세부적인 목표 수준에서는 상대적으로 변화 가능한 요소들을 많이 발견할 수 있다. 예컨대 외향적인 특질을 가지고 있는 사람은 대인관계적 목표나 가치를 추구할 가능성이 높지만, 세부 내용은 사람마다 다를 수 있다. 어떤 사람은 자신이 아는 '모든' 사람과 친해지려는 목표를 가질 수 있는가 하면, 다른 사람은 삶의 중요한 영역들을 충분히 돌보고 남는 에너지 한계 내에서만 다른 사람들과 친해지려는 목표를 가질 수도 있는 것이다. 이처럼 세부적 목표는 필요에 따라 변경할 수 있다. 따라서 성격 변화를 시도하고자 한다면, 일차적으로 목표의 조정, 변경, 포기 등을 고려해 보는 것이 좋다.

능력에 대한 견해도 학자마다 다르지만, 영역별로 가변성 측면에서 차이가 있다고 보는 것이 일반적이다. 지적인 역량은 일부 세부 영역(예: 언어적 지식 습득 및 활용)을 제외하면 비교적 안정적인 경향이 있다. 반면 정서적 역량은 훈련과 학습을 통해 변화될 수 있는 것으로 제안되고 있다. 실제로 일부 심리치료 이론에서는 정서 자각 및 이해, 정서 표현, 정서 조절, 정서 변화 능력을 함양하는 데 초점을 맞추기도 한다(Greenberg, 2004). 전문적 심리치료가 아니더라도 정서적 능력을 함양하는 데 도움이 되도록 구성된 다양한 저서와 프로그램을 활용해 볼 수 있을 것이다. 사회적 역량 또한 상대적으로 훈련 가능하지만, 기본적인 마음 이론이나 마음 읽기 능력은 선천적으로 결정되는 면이 있어 변화 가능성이 낮을 수 있다. 반면 사회적 상황에 대한 지식이나 사회 기술은 적절한 훈련을 통해 개선할 수 있다. 가능하다면 사회 기술을 훈련할 수 있는 대인관계 프로그램에 단기적으로 참여해 보거나, 대인관계 향상을 위한 개인 상담을 받아 본다면 좀 더 효과적으로 사회적 역량을 개선할 수 있을 것이다.

4 정리

성격을 이해하고 적절히 대응하는 과정을 세 단계로 나누어 살펴보았다. 다시 말하지만 여기에서 제시한 내용은 기존의 성격 이해 방법들을 개인적으로 간단히 적용해 볼 수 있도록 재구성한 것이다. 만일 좀 더 체계적이고 깊은 성격 이해를 원한다면 각 성격 이론을 전문적으로 공부하고 실제 사례에 적용해 온 전문가의 도움을 받는 것이 좋을 것이다. 특히 성격의 문제를 깊이 이해하고자 할 때에는 혼자 분석하는 것보다 전문가와 함께 협력하여 분석하는 것이 보다 좋은 결과를 도출할 것이다.

성격은 발견하고 이해할 대상이다. 어쩌면 이 작업만으로도 많은 시간이 소요될 수 있고, 그렇게 많은 노력을 기울여도 충분히 이해하지 못할지도 모른다. 다행스러운 점은 우리가 우리 자신의 성격에 대해 조금이라도 더 알면 알수록 보다 현명한 선택을 내릴 가능성이 높아진다는 것이다. 현명한 선택은 삶의 궤적을 좀 더 나은 방향으로 바꿔 놓을 수 있으며, 그렇게 반복하다 보면 자연스럽게 성격도 변할 수 있다. 어쩌면 가장 자연스러운 성격의 변화는 가랑비에 옷이 젖듯 그렇게 이루어지는 것일지도 모른다. 모쪼록 서두르지 말고, 나 자신도 몰랐던 나의 모습을 발견하는 즐거움을 누리며, 순간순간 현명한 선택을 하기 바란다.

요약

- 개인의 성격을 분석하는 첫 단계는 성격 이해의 필요성을 파악하고 적절한 이론을 선정하는 것이다. 개인이 성격을 이해하려는 이유는 크게 삶의 고통을 줄이려는 이유와 삶의 질을 증진하려는 이유로 구분할 수 있다.

- 삶의 질을 증진하려는 목적으로 성격을 이해하고자 하는 사람들은 단순히 즐거움이나 재미, 호기심의 충족을 원하거나 다른 사람들과 좀 더 잘 어울리려는 목표를 가지는 경향이 있다. 혹은 삶의 중요한 의사결정에 참고하기 위해, 심리적 성장과 성숙을 이루기 위해 성격을 이해하려는 의도를 갖는다.

- 성격 이해의 목적에 따라 잘 들어맞는 성격 이론이 달라질 수 있다. 예컨대 적응 문제의 해결이 목적이라면 정신분석 계열의 이론이나 인지치료 이론이 적절할 수 있고, 정상적 성격의 개인차를 이해하고 싶다면 특질 이론을 활용하는 것이 유용할 수 있다. 삶의 방향 설정이나 성장, 성숙을 목적으로 한다면 목적론적 인간관을 공유하는 이론을 이용하는 것이 효과적일 것이다.

- 성격을 포괄적으로 분석하고자 할 때 사용할 수 있는 대표적인 분석 단위로는 특질과 동기, 능력, 서사 정체성을 들 수 있다. 여기서 특질은 자극에 대한 기본적 반응 경향성을 의미한다. 동기는 특정한 행동을 유발하는 직접적 원인으로 욕구나 목표, 가치 등으로 개념화되곤 한다. 능력은 특정한 과제를 수행하는 데 필요한 기술이나 역량을 의미하며, 크게 인지적 능력과 정서적 능력, 사회적 능력 등으로 구분할 수 있다. 서사 정체성은 이야기의 형태로 드러나는 개인의 정체성을 의미한다.

- 성격을 분석한 결과 개인의 적응 문제와 관련이 있다고 판단된다면 일련의 절차를 거쳐 대응할 수 있다. 여기에는 환경 바꾸기와 회복 틈새 만들기, 성격의 변화가 포함된다. 환경 바꾸기는 자신의 성격과 좀 더 조화로운 환경으로 이동하거나 새로운 환경을 조성하는 것을 의미한다. 회복 틈새는 환경의 요구에 대응하기 위해 과도한 성격 변형을 유지하는 경우에 본연의 성격으로 돌아올 수 있는 시간과 공간을 마련하는 것을 의미한다. 성격의 변화를 시도할 때에는 바꾸기 어려운 부분과 바꿀 수 있는 부분을 구분하는 것이 중요하다. 일반적으로 동기적 요소나 능력의 일부 요소는 가변적인 것으로 확인되고 있어 변화의 초점이 될 수 있다.

연습 문제

1 자신의 성격을 분석하는 것은 그 자체로도 어려운 일이지만 정확성을 갖추는 것은 그 이상으로 어렵다. 분석한 결과의 정확성을 확인하기 위해 어떤 방법을 사용할 수 있을까?

2 성격을 분석하는 작업은 나를 이해하는 데 도움이 되지만, 한편으로는 편견을 조장할 수도 있다. 편견에 빠지지 않으면서 성격을 분석하고 그 결과를 사용하려면 어떤 점에 주의해야 할까?

3 나의 성격을 완벽하게 분석할 수 있을까? 불가능하다면 그 이유는 무엇이며, 그러한 한계가 분명한 상황에서 성격을 분석하는 것이 어떤 의미가 있을까?

참고 문헌

구재선, 서은국(2011). 한국인, 누가 언제 행복한가?. **한국심리학회지: 사회 및 성격, 25**(2), 143-166.

권석만(2023). **현대 이상심리학**. 학지사.

권석만, 김지영, 하승수(2012). **성격강점검사(Character Strength Test)-청소년용-지침서**. 학지사심리검사연구소.

권석만, 유성진, 임영진, 김지영(2010). **성격강점검사(Character Strength Test)-대학생 및 청년용-지침서**. 학지사심리검사연구소.

김민희, 민경환(2007). 중년기 부부의 애착과 결혼만족: 애착유형과 결혼만족의 매개요인을 중심으로. **한국노년학, 27**(1), 213-233.

김영환, 문수백, 홍상황(2006). **심리검사의 이론과 실제**. 학지사.

김중술(1996). **다면적 인성검사**. 학지사

민경환(2002). **성격심리학**. 법문사.

안창규, 채준호(1997). NEO-PI-R의 한국표준화를 위한 연구. **한국심리학회지:상담 및 심리치료, 9**(1), 443-473.

오인수, 김광현, Darnold, T. C., 황종오, 유태용, 박영아, 박량희(2007). 직무만족, 조직몰입, 성과, 이직의도 간의 관련성: 문헌고찰 및 메타분석. **인사·조직연구, 15**(4), 43-86.

유태용, 이기범, Aston, M. C. (2004). 한국판 HEXACO 성격검사의 구성 타당화 연구. **한국심리학회지: 사회 및 성격, 18**(3), 61-75.

이부영(1998). **분석심리학**. 일조각.

이부영(1999). **그림자**. 한길사.

정남운, 이장호(1998). 대인관계적 상보성과 상담성과. **한국심리학회지: 상담 및 심리치료, 10**(1), 95-119.

최정윤(2016). **심리검사의 이해**. 학지사.

Abdurahman, S., Vu, H., Zou, W., Ungar, L., & Bhatia, S. (2024). A deep learning approach to personality assessment: Generalizing across items and expanding the reach of survey-based research. *Journal of Personality and Social Psychology, 126*(2), 312-331.

Abernathy, C., & Hamm, R. M. (1995). *Surgical intuition: What it is and how to get it*. Hanley & Belfus.

Abidin, R. R. (1992). The determinants of parenting behavior. *Journal of Clinical Child Psychology, 21*(4), 407-412.

Abu-Lughod, L. (1985). Honor and the Sentiments of Loss in a Bedouin Society. *American Ethnologist, 12*(2), 245-261.

Ainsworth, M. D. S., Blehar, M. C., Waters, E., & Wall, S. N. (1978). *Patterns of attachment*. Erlbaum.

Akhtar, S. (1987). Schizoid personality disorder: A synthesis of developmental, dynamic, and descriptive features. *American Journal of Psychotherapy, 41*(4), 499-518.

Aldao, A., Nolen-Hoeksema, S., & Schweizer, S. (2010). Emotion-regulation strategies across psychopathology: A meta-analytic review. *Clinical Psychology Review, 30*(2), 217-237.

Aldao, A., Sheppes, G., & Gross, J. J. (2015). Emotion regulation flexibility. *Cognitive Therapy and Research, 39*, 263-278.

Allé, M. C., Schneider, P., Rigoulot, L., Gandolphe, M. C., Danion, J. M., Coutelle, R., & Berna, F. (2025). Narrative Identity Alterations in Autism Spectrum Disorder: A Life Story Approach. *Scientific Reports, 15*, 16990.

Allport, G. W. (1937). *Personality: A psychological interpretation*. Holt.

Allport, G. W. (1961). *Pattern and growth in personality*. Holt, Reinhart & Winston.

Allport, G. W., & Odbert, H. S. (1936). Trait-names: A psycho-lexical study. *Psychological Monographs, 47*(1), I-171.

Aluja, A., Garcıa, O., & Garcıa, L. F. (2003). Relationships among extraversion, openness to experience, and sensation seeking. *Personality and Individual Differences, 35*(3), 671-680.

American Psychiatric Association. (2022). *Diagnostic and statistical manual of mental disorders* (5th ed., text revision). Author.

Anderson, C. A., & Bushman, B. J. (2002). Human aggression. *Annual Review of Psychology, 53*(1), 27-51.

Anderson, C. A., & Huesmann, L. R. (2007). Human aggression: A social-cognitive view. In M. A. Hogg & J. Cooper (Eds.), *The Sage handbook of social psychology* (pp. 259-287). Sage Publications.

Anglim, J., Horwood, S., Smillie, L. D., Marrero, R. J., & Wood, J. K. (2020). Predicting psychological and subjective well-being from personality: A meta-analysis. *Psychological Bulletin, 146*(4), 279-323.

Aronson, J., Fried, C. B., & Good, C. (2002). Reducing the effects of stereotype threat on African American college students by shaping theories of intelligence. *Journal of Experimental Social Psychology, 38*(2), 113-125.

Asendorpf, J. B., & Van Aken, M. A. (2003). Personality-relationship transaction in adolescence: Core versus surface personality characteristics. *Journal of Personality, 71*(4), 629-666.

Ashton, M. C., & Lee, K. (2007). Empirical, theoretical, and practical advantages of the HEXACO model of personality structure. *Personality and Social Psychology Review, 11*(2), 150-166.

Ashton, M. C., & Lee, K. (2009). The HEXACO-60: A short measure of the major dimensions of personality. *Journal of Personality Assessment, 91*(4), 340-345.

Ashton, M. C., Lee, K., & De Vries, R. E. (2014). The HEXACO honesty-humility, agreeableness, and emotionality factors: A review of research and theory. *Personality and Social Psychology Review, 18*(2), 139-152.

Bakeman, R., & Brownlee, J. R. (1982). Social Rules Governing Object Conflicts in Toddlers and Preschoolers. In K. H. Rubin, & H. S. Ross (eds.), *Peer Relationships and Social Skills in Childhood* (pp. 99-111). Springer.

Balaban, E. (2006). Cognitive developmental biology: History, process and fortune's wheel. *Cognition, 101*(2), 298-332.

Bandura, A. (1977). Self-efficacy: Toward a unifying theory of behavioral change. *Psychological Review, 84*(2), 191-215.

Bandura, A. (1977). *Social learning theory*. Prentice-Hall.

Bandura, A. (1986). *Social foundations of thought and action: A social cognitive theory*. Prentice-Hall.

Baritaki, S., de Bree, E., Chatzaki, E., & Pothoulakis, C. (2019). Chronic stress, inflammation, and colon cancer: A CRH system-driven molecular crosstalk. *Journal of Clinical Medicine, 8*(10), 1669.

Barlow, D. H., & Nock, M. K. (2009). Why can't we be more idiographic in our research?. *Perspectives on Psychological Science, 4*(1), 19-21.

Barlow, D. H., Sauer-Zavala, S., Carl, J. R., Bullis, J. R., & Ellard, K. K. (2014). The nature, diagnosis, and treatment of neuroticism: Back to the future. *Clinical Psychological Science, 2*(3), 344-365.

Baron-Cohen, S. (1997). *Mindblindness: An essay on autism and theory of mind.* MIT press.

Baron-Cohen, S. (2000). Theory of mind and autism: A review. *International Review of Research in Mental Retardation, 23*, 169-184.

Barrick, M. R., & Mount, M. K. (1991). The big five personality dimensions and job performance: A meta-analysis. *Personnel Psychology, 44*(1), 1-26.

Bartholomew, K., & Horowitz, L. M. (1991). Attachment styles among young adults: A test of a four-category model. *Journal of Personality and Social Psychology, 61*(2), 226-244.

Bauer, J. J., McAdams, D. P., & Sakaeda, A. R. (2005). Interpreting the good life: Growth memories in the lives of mature, happy people. *Journal of Personality and Social Psychology, 88*(1), 203-217.

Baumeister, R. F., & Vohs, K. D. (2003). Self-regulation and executive function of the self. In M. R. Leary & J. P. Tangney (Eds.), *Handbook of self and identity* (pp. 197-217). The Guilford Press.

Beck, A. T., & Freeman, A. M. (1990). *Cognitive therapy of personality disorders.* The Guilford Press.

Beck, A. T., Davis, D. D., & Freeman, A. (2015). *Cognitive therapy of personality disorders.* The Guilford Press.

Bellak, L., & Hurvich, M. (1969). A systematic study of ego functions. *The Journal of Nervous and Mental Disease, 148*(6), 569-585.

Belsky, J. (1984). The determinants of parenting: A process model. *Child Development, 55*(1), 83-96.

Belsky, J., & Barends, N. (2002). Personality and parenting. In M. H. Bornstein (Ed.), *Handbook of parenting Vol. 3: Being and becoming a parent* (pp.415-438). Lawrence Erlbaum Associates Inc.

Benassi, V. A., Sweeney, P. D., & Dufour, C. L. (1988). Is there a relation between locus of control orientation and depression?. *Journal of Abnormal Psychology, 97*(3), 357-367.

Benjamin, L. S. (1974). Structural analysis of social behavior. *Psychological Review, 81*(5), 392-425.

Bentley, K. M., & Li, A. K. F. (1996). Bully and victim problems in elementary schools and students' beliefs about aggression. *Canadian Journal of School Psychology, 11*, 153-165.

Bergner, R. M. (2020). What is personality? Two myths and a definition. *New Ideas in Psychology, 57*, 100759.

Berkowitz, L. (1974). Some determinants of impulsive aggression: Role of mediated associations with reinforcements for aggression. *Psychological Review, 81*(2), 165-176.

Berkowitz, L. (1989). Frustration-aggression hypothesis: Examination and reformulation. *Psychological Bulletin, 106*(1), 59-73.

Berkowitz, L. (1998). Aggressive personalities. In D. F. Barone, M. Hersen, & V. B. Van Hasselt

(Eds.), *Advanced personality* (pp. 263-285). Plenum Press.

Berlyne, D. E. (1954). A theory of human curiosity. *British Journal of Psychology, 45*(3), 180-191.

Berna, F., Göritz, A. S., Schröder, J., Coutelle, R., Danion, J. M., Cuervo-Lombard, C. V., & Moritz, S. (2016). Self-disorders in individuals with autistic traits: Contribution of reduced autobiographical reasoning capacities. *Journal of Autism and Developmental Disorders, 46*, 2587-2598.

Berntson, G. G., Sarter, M., & Cacioppo, J. T. (1998). Anxiety and cardiovascular reactivity: The basal forebrain cholinergic link. *Behavioural Brain Research, 94*(2), 225-248.

Bieri, J. (1955). Cognitive complexity-simplicity and predictive behavior. *The Journal of Abnormal and Social Psychology, 51*(2), 263-268.

Bleidorn, W., & Hopwood, C. J. (2019). Using machine learning to advance personality assessment and theory. *Personality and Social Psychology Review, 23*(2), 190-203.

Block, J. (1993). Studying personality the long way. In D. C. Funder, R. D. Parke, C. Tomlinson-Keasey, & K. Widaman (Eds.), *Studying lives through time: Personality and development* (pp. 9-41). American Psychological Association.

Blumenthal, J. A., Williams Jr, R. B., Kong, Y. I. H. O. N. G., Schanberg, S. M., & Thompson, L. W. (1978). Type A behavior pattern and coronary atherosclerosis. *Circulation, 58*(4), 634-639.

Bogg, T., & Roberts, B. W. (2004). Conscientiousness and Health-Related Behaviors: A Meta-Analysis of the Leading Behavioral Contributors to Mortality. *Psychological Bulletin, 130*(6), 887-919.

Bonanno, G. A., & Burton, C. L. (2013). Regulatory flexibility: An individual differences perspective on coping and emotion regulation. *Perspectives on Psychological Science, 8*(6), 591-612.

Bonanno, G. A., & Kaltman, S. (1999). Toward an integrative perspective on bereavement. *Psychological Bulletin, 125*(6), 760-776.

Bonanno, G. A., & Keltner, D. (1997). Facial expressions of emotion and the course of conjugal bereavement. *Journal of Abnormal Psychology, 106*(1), 126-137.

Bonanno, G. A., Colak, D. M., Keltner, D., Shiota, M. N., Papa, A., Noll, J. G., ... & Trickett, P. K. (2007). Context matters: The benefits and costs of expressing positive emotion among survivors of childhood sexual abuse. *Emotion, 7*(4), 824-837.

Booth-Kewley, S., & Vickers Jr, R. R. (1994). Associations between major domains of personality and health behavior. *Journal of Personality, 62*(3), 281-298.

Bowlby, J. (1969). *Attachment and loss*. Random House.

Bowlby, J. (1979). *The making and breaking of affectional bonds*. Tavistock.

Bowling, N. A., Eschleman, K. J., & Wang, Q. (2010). A meta-analytic examination of the relationship between job satisfaction and subjective well-being. *Journal of Occupational and Organizational Psychology, 83*(4), 915-934.

Boyle, G. J. (1995). Myers-Briggs Type Indicator (MBTI): Some psychometric limitations. *Australian Psychologist, 30*(1), 71-74.

Breaban, A., Van de Kuilen, G., & Noussair, C. N. (2016). Prudence, emotional state, personality, and cognitive ability. *Frontiers in Psychology, 7*, 1688.

Bridges, K. M. B. (1932). Emotional development in early infancy. *Child Development, 3*(4), 324-341.

Bright, D. S., Winn, B. A., & Kanov, J. (2014). Reconsidering virtue: Differences of perspective in virtue ethics and the positive social sciences. *Journal of Business Ethics, 119*, 445-460.

Brissette, I., Scheier, M. F., & Carver, C. S. (2002). The role of optimism in social network development, coping, and psychological adjustment during a life transition. *Journal of Personality and Social Psychology, 82*(1), 102-111.

Brockman, R., Ciarrochi, J., Parker, P., & Kashdan, T. (2017). Emotion regulation strategies in daily life: Mindfulness, cognitive reappraisal and emotion suppression. *Cognitive Behaviour Therapy, 46*(2), 91-113.

Brosnan, S. F., & de Waal, F. B. (2014). Evolution of responses to (un) fairness. *Science, 346*(6207), 1251776.

Brown, J. D., & Mankowski, T. A. (1993). Self-esteem, mood, and self-evaluation: Changes in mood and the way you see you. *Journal of Personality and Social Psychology, 64*(3), 421-430.

Brown, J. D., Dutton, K. A., & Cook, K. E. (2001). From the top down: Self-esteem and self-evaluation. *Cognition and Emotion, 15*(5), 615-631.

Brown, M. A., McIntyre, L. L., Crnic, K. A., Baker, B. L., & Blacher, J. (2011). Preschool children with and without developmental delay: Risk, parenting, and child demandingness. *Journal of Mental Health Research in Intellectual Disabilities, 4*(3), 206-226.

Buck, J. N. (1948). The H-T-P test. *Journal of Clinical Psychology, 4*(2), 151-159.

Bullock, W. A., & Gilliland, K. (1993). Eysenck's arousal theory of introversion €xtraversion: A converging measures investigation. *Journal of Personality and Social Psychology, 64*(1), 113-123.

Buss, A. H. (1961). *The psychology of aggression*. Wiley.

Buss, A. H., & Plomin, R. (1984). *Temperament: Early developing personality traits*. Erlbaum.

Buss, D. M. (1984). Marital assortment for personality dispositions: Assessment with three different data sources. *Behavior Genetics, 14*, 111-123.

Buss, D. M. (1985). Human mate selection: Opposites are sometimes said to attract, but in fact we are likely to marry someone who is similar to us in almost every variable. *American Scientist, 73*(1), 47-51.

Buss, D. M. (1989). Sex differences in human mate preferences: Evolutionary hypotheses tested in 37 cultures. *Behavioral and Brain Sciences, 12*(1), 1-14.

Buss, D. M., & Barnes, M. (1986). Preferences in human mate selection. *Journal of Personality and Social Psychology, 50*(3), 559-570.

Butzer, B., & Campbell, L. (2008). Adult attachment, sexual satisfaction, and relationship satisfaction: A study of married couples. *Personal Relationships, 15*(1), 141-154.

Callender, J. C., & Osburn, H. G. (1977). A method for maximizing split-half reliability coefficients. *Educational and Psychological Measurement, 37*, 819-825.

Cameron, J., & Pierce, W. D. (1994). Reinforcement, reward, and intrinsic motivation: A meta-analysis. *Review of Educational Research, 64*(3), 363-423.

Campbell, D. T., & Fiske, D. W. (1959). Convergent and discriminant validation by the multitrait-multimethod matrix. *Psychological Bulletin, 56*, 81-105.

Campbell-Sills, L., Barlow, D. H., Brown, T. A., & Hofmann, S. G. (2006). Effects of suppression and acceptance on emotional responses of individuals with anxiety and mood disorders. *Behaviour Research and Therapy, 44*(9), 1251-1263.

Candel, O. S., & Turliuc, M. N. (2019). Insecure attachment and relationship satisfaction: A meta-analysis of actor and partner associations. *Personality and Individual Differences, 147*, 190-199.

Canli, T. (2006). Genomic imaging of extraversion. In T. Canli (Ed.). *Biology of individual differences* (pp. 93-115). The Guilford Press.

Cantor, N., & Kihlstrom, J. F. (1987). *Personality and social intelligence*. Prentice-Hall.

Cantor, N., Norem, J., Langston, C., Zirkel, S., Fleeson, W., & Cook-Flannagan, C. (1991). Life tasks and daily life experience. *Journal of Personality, 59*(3), 425-451.

Cantor, N., Norem, J. K., Niedenthal, P. M., Langston, C. A., & Brower, A. M. (1987). Life tasks, self-concept ideals, and cognitive strategies in a life transition. *Journal of Personality and Social Psychology, 53*(6), 1178-1191.

Carmines, E. G., & Zeller, R. A. (1979). *Reliability and validity assessment*. Sage Publications Inc.

Carson, R. C. (1969). *Interaction concepts of personality*. Aldine.

Carver, C. S., & Connor-Smith, J. (2010). Personality and coping. *Annual Review of Psychology, 61*(1), 679-704.

Carver, C. S., & Harmon-Jones, E. (2009). Anger is an approach-related affect: Evidence and implications. *Psychological Bulletin, 135*(2), 183-204.

Carver, C. S., & Scheier, M. F. (2001). Optimism, pessimism, and self-regulation. In E. C. Chang (Ed.), *Optimism & pessimism: Implications for theory, research, and practice* (pp. 31-51). American Psychological Association.

Cast, A. D., & Burke, P. J. (2002). A theory of self-esteem. *Social Forces, 80*(3), 1041-1068.

Cattell, R. B. (1950). *An introduction to personality study*. Hutchinson's University Library.

Cattell, R. B. (1960). The multiple abstract variance analysis equations and solutions: For nature-nurture research on continuous variables. *Psychological Review, 67*(6), 353-372.

Cattell, R. B. (1965). *The scientific analysis of personality*. Penguin.

Cattell, R. B., & Mead, A. D. (1949). *The Sixteen Personality Factor questionnaire (16PF)*. Institute for Personality and Ability Testing.

Chambers, R., Gullone, E., & Allen, N. B. (2009). Mindful emotion regulation: An integrative review. *Clinical Psychology Review, 29*(6), 560-572.

Chapman, B. P., Duberstein, P. R., & Lyness, J. M. (2007). The distressed personality type: Replicability and general health associations. *European Journal of Personality, 21*(7), 911-929.

Chen, F. F., Jing, Y., Hayes, A., & Lee, J. M. (2013). Two concepts or two approaches? A bifactor analysis of psychological and subjective well-being. *Journal of Happiness Studies, 14*, 1033-1068.

Chen, S., & Bonanno, G. A. (2021). Components of emotion regulation flexibility: Linking latent profiles to depressive and anxious symptoms. *Clinical Psychological Science, 9*(2), 236-251.

Chida, Y., & Steptoe, A. (2009). The association of anger and hostility with future coronary heart disease: A meta-analytic review of prospective evidence. *Journal of the American college of cardiology, 53*(11), 936-946.

Chopik, W. J., Edelstein, R. S., & Grimm, K. J. (2019). Longitudinal changes in attachment orientation over a 59-year period. *Journal of Personality and Social Psychology, 116*(4), 598-611.

Christie, R., & Geis, F. L. (2013). *Studies in machiavellianism.* Academic Press.

Coffey, J. K., Nelson-Coffey, S. K., Parsley, H., & Pluess, M. (2023). Positive emotion expression at age 11 is associated with multiple well-being outcomes 39 years later. *Current Psychology, 42*(25), 21954-21966.

Cohen, J. (1988). *Statistical power analysis for the behavioral sciences* (2nd ed.). Erlbaum.

Cohen, S., Frank, E., Doyle, W. J., Skoner, D. P., Rabin, B. S., & Gwaltney, J. M. (1998). Types of stressors that increase susceptibility to the common cold in healthy adults. *Health Psychology, 17*(3), 214-223.

Collins, W. A., Welsh, D. P., & Furman, W. (2009). Adolescent romantic relationships. *Annual Review of Psychology, 60*, 631-652.

Conner, T. S., Tennen, H., Fleeson, W., & Barrett, L. F. (2009). Experience sampling methods: A modern idiographic approach to personality research. *Social and Personality Psychology Compass, 3*(3), 292-313.

Connor-Smith, J. K., & Flachsbart, C. (2007). Relations between personality and coping: A meta-analysis. *Journal of Personality and Social Psychology, 93*(6), 1080-1107.

Conway, M. A., & Pleydell-Pearce, C. W. (2000). The construction of autobiographical memories in the self-memory system. *Psychological Review, 107*(2), 261-288.

Costa Jr, P. T., & McCrae, R. R. (1992). The five-factor model of personality and its relevance to personality disorders. *Journal of Personality Disorders, 6*(4), 343-359.

Costa, P. T., & McCrae, R. R. (1978). Objective personality assessment. In M. Storandt, I. C. Siegler, & M. F. Elias (Eds.), *The clinical psychology of aging* (pp. 119-143). Springer US.

Costa, P. T., & McCrae, R. R. (1985). *The NEO personality inventory manual.* Psychological Assessment Resources.

Costa, P. T., & McCrae, R. R. (1992). *Revised NEO personality inventory and five-factor inventory professional manual.* Psychological Assessment Resources.

Costa, P. T., & McCrae, R. R. (1994). Set like plaster? Evidence for the stability of adult personality. In T. F. Heatherton, & J. L. Weinberger, (Eds.), *Can personality change?* (pp. 21-40). American Psychological Association.

Costa, P.T., Jr., & T. A. Widiger. (2002). *Personality disorders and the fivefactor model of personality* (2nd ed.). American Psychological Association.

Crick, N. R., & Dodge, K. A. (1996). Social information-processing mechanisms in reactive and proactive aggression. *Child Development, 67*, 993-1002.

Crick, N. R., Casas, J. F., & Mosher, M. (1997). Relational and overt aggression in preschool. *Developmental Psychology, 33*(4), 579-588.

Cronbach, L. J. (1951). Coefficient alpha and the internal structure of tests. *Psychometrika, 16*, 297-334.

Cronbach, L. J., & Meehl, P. E. (1955). Construct validity in psychological tests. *Psychological Bulletin, 52*, 281-302.

Crowne, D. P. (2007). *Personality Theory.* Oxford University Press.

Dai, S., Mo, Y., Wang, Y., Xiang, B., Liao, Q., Zhou, M., ... & Zeng, Z. (2020). Chronic stress promotes cancer development. *Frontiers in Oncology, 10*, 1492.

Davies, K. A., Lane, A. M., Devonport, T. J., & Scott, J. A. (2010). Validity and reliability of a brief emotional intelligence scale (BEIS-10). *Journal of Individual Differences, 31*(4), 198-208.

Deci, E. L. (1971). Effects of externally mediated rewards on intrinsic motivation. *Journal of*

Personality and Social Psychology, 18(1), 105-115.

Deci, E. L., & Ryan, R. M. (1985). *Intrinsic motivation and self-determination in human behavior*. Plenum.

Dembroski, T. M., MacDougall, J. M., Costa Jr, P. T., & Grandits, G. A. (1989). Components of hostility as predictors of sudden death and myocardial infarction in the Multiple Risk Factor Intervention Trial. *Psychosomatic Medicine, 51*(5), 514-522.

Denham, S. A., McKinley, M., Couchoud, E. A., & Holt, R. (1990). Emotional and behavioral predictors of preschool peer ratings. *Child Development, 61*(4), 1145-1152.

Denissen, J. J., & Penke, L. (2008). Motivational individual reaction norms underlying the Five-Factor model of personality: First steps towards a theory-based conceptual framework. *Journal of Research in Personality, 42*(5), 1285-1302.

DeVito, A. J. (1985). Review of the Myers-Briggs Type Indicator. *Ninth Mental Measurements Yearbook, 1*, 1030-1032.

Diamond, E. L. (1982). The role of anger and hostility in essential hypertension and coronary heart disease. *Psychological Bulletin, 92*(2), 410-433.

Diener, E. (1984). Subjective well-being. *Psychological Bulletin, 95*(3), 542-575.

Digman, J. M., & Takemoto-Chock, N. K. (1981). Factors in the natural language of personality: Re-analysis, comparison, and interpretation of six major studies. *Multivariate Behavioral Research, 16*(2), 149-170.

Dimaggio, G. (2006). Disorganized narratives in clinical practice. *Journal of Constructivist Psychology, 19*(2), 103-108.

Dodge, K. A. (2006). Translational science in action: Hostile attributional style and the development of aggressive behavior problems. *Development and Psychopathology, 18*(3), 791-814.

Dollard, J., & Miller, N. E. (1950). *Personality and psychotherapy: An analysis in terms of learning, thinking, and culture*. McGraw-Hill.

Dollard, J., Doob, L. W., Miller, N. E., Mowrer, O. H., & Sears, R. R. (1939). *Frustration and aggression*. Yale University Press.

Domjan, M. (2005). Pavlovian conditioning: A functional perspective. *Annual Review of Psychology, 56*(1), 179-206.

Duckworth, A. L., Weir, D., Tsukayama, E., & Kwok, D. (2012). Who does well in life? Conscientious adults excel in both objective and subjective success. *Frontiers in Psychology, 3*, 356.

Dunn, J., & Plomin, R. (1990). *Separate lives: Why siblings are so different*. Basic Books.

Dweck, C. S. (1986). Motivational processes affecting learning. *American Psychologist, 41*(10), 1040-1048.

Dweck, C. S. (2006). *Mindset: The new psychology of success*. Random house.

Dweck, C. S. (2008). Can personality be changed? The role of beliefs in personality and change. *Current Directions in Psychological Science, 17*(6), 391-394.

Dweck, C. S. (2017). From needs to goals and representations: Foundations for a unified theory of motivation, personality, and development. *Psychological Review, 124*(6), 689-719.

Ekman, P., & Friesen, W. V. (1971). Constants across cultures in the face and emotion. *Journal of Personality and Social Psychology, 17*(2), 124-129.

Ekman, P., Friesen, W. V., & Ellsworth, P. (1972). *Emotion in the human face: Guidelines for re-*

search and an integration of findings. Pergamon Press Inc.

Ekman, P., Friesen, W. V., O'sullivan, M., Chan, A., Diacoyanni-Tarlatzis, I., Heider, K., ... & Tzavaras, A. (1987). Universals and cultural differences in the judgments of facial expressions of emotion. *Journal of Personality and Ssocial Psychology, 53*(4), 712-717.

Ekstrom, P. D., & Federico, C. M. (2019). Personality and political preferences over time: Evidence from a multiwave longitudinal study. *Journal of Personality, 87*(2), 398-412.

Elkind, D. (1981). *Children and adolescents*. Oxford University Press.

Emmons, R. A. (1986). Personal strivings: An approach to personality and subjective well-being. *Journal of Personality and Social psychology, 51*(5), 1058-1068.

Emmons, R. A. (1989). The personal striving approach to personality. In L. A. Pervin (Ed.). *Goal concepts in personality and social psychology* (pp. 87-126). Psychology Press.

Emmons, R. A. (1991). Personal strivings, daily life events, and psychological and physical well-being. *Journal of Personality, 59*(3), 453-472.

Emmons, R. A. (2005). Striving for the sacred: Personal goals, life meaning, and religion. *Journal of Social Issues, 61*(4), 731-745.

Epstein, S. (1991). Cognitive-experiential self-theory: An integrative theory of personality. In R. C. Curtis (Ed.), *The relational self: Theoretical convergences in psychoanalysis and social psychology* (pp. 111-137). The Guilford Press.

Epstein, S. (2003). Cognitive-experiential self-theory of personality. In T. Millon & M. J. Lerner (Eds.), *Comprehensive handbook of psychology* (pp. 159-184). Wiley.

Epstein, S. (2010). Demystifying intuition: What it is, what it does, and how it does it. *Psychological Inquiry, 21*(4), 295-312.

Erikson, E. H. (1968). *Identity: Youth and crisis*. Norton & Company.

Eron, L. D. (1987). The development of aggressive behavior from the perspective of a developing behaviorism. *American Psychologist, 42*(5), 435-442.

Evans, D. E., & Rothbart, M. K. (2007). Developing a model for adult temperament. *Journal of Research in Personality, 41*(4), 868-888.

Evans, D. E., & Rothbart, M. K. (2008). Temperamental sensitivity: Two constructs or one?. *Personality and Individual Differences, 44*(1), 108-118.

Everson, S. A., Goldberg, D. E., Kaplan, G. A., Cohen, R. D., Pukkala, E., Tuomilehto, J., & Salonen, J. T. (1996). Hopelessness and risk of mortality and incidence of myocardial infarction and cancer. *Psychosomatic Medicine, 58*(2), 113-121.

Everson, S. A., Kaplan, G. A., Goldberg, D. E., & Salonen, J. T. (2000). Hypertension incidence is predicted by high levels of hopelessness in Finnish men. *Hypertension, 35*(2), 561-567.

Exner Jr, J. E. (1993). *The Rorschach: A comprehensive system: Basic foundations, Vol. 1*. John Wiley & Sons.

Eysenck, H. J. (1952). The effects of psychotherapy: An evaluation. *Journal of Consulting Psychology, 16*(5), 319-324.

Eysenck, H. J. (1967). *The biological basis of personality*. Thomas.

Eysenck, H. J. (1970). *The structure of human personality*. Methuen.

Eysenck, H. J. (1983). Psychophysiology and Personality: Extraversion, Neuroticism and Psychoticism, In A. Gale, & J. A. Edwards (Eds.), *Physiological Correlates of Human Behaviour, Vol. 3, Individual Differences and Psychopathology* (pp. 13-30). Academic Press.

Eysenck, H. J. (1990). Biological dimensions of personality. In L. A. Pervin (Ed.), *Handbook of personality: Theory and research* (pp.244-276). The Guilford Press.

Eysenck, H. J., & Wakefield Jr, J. A. (1981). Psychological factors as predictors of marital satisfaction. *Advances in Behaviour Research and Therapy, 3*(4), 151-192.

Fairbairn, W. R. D. (1952). *Psychoanalytic studies of the personality*. Routledge.

Fan, H., Jackson, T., Yang, X., Tang, W., & Zhang, J. (2010). The factor structure of the Mayer-Salovey-Caruso Emotional Intelligence Test V 2.0 (MSCEIT): A meta-analytic structural equation modeling approach. *Personality and Individual Differences, 48*(7), 781-785.

Feist, J., Feist, G., & Roberts, T. (2013). *Theories of personality*. McGraw-Hill.

Feshbach, S. (1997). The Psychology of Aggression: Insights and Issues. In S. Feshbach, & J. Zagrodzka (eds.), *Aggression: Biological, developmental, and social perspectives* (pp. 213-235). Springer US.

Figueredo, A. J., Sefcek, J. A., & Jones, D. N. (2006). The ideal romantic partner personality. *Personality and Individual Differences, 41*(3), 431-441.

Fink, G. (2016). In retrospect: Eighty years of stress. *Nature, 539*(7628), 175-176.

Fischer, A. H., & Manstead, A. S. R. (2008). Social functions of emotions. In M. Lewis, J. M. Haviland-Jones, & L. Feldman Barret (Eds.), *Handbook of emotions* (3rd ed., pp. 456-468). The Guilford Press.

Fiske, D. W. (1949). Consistency of the factorial structures of personality ratings from different sources. *The Journal of Abnormal and Social Psychology, 44*(3), 329-344.

Fivush, R. (2011). The development of autobiographical memory. *Annual Review of Psychology, 62*, 559-582.

Fivush, R., & Kuebli, J. (2018). Making everyday events emotional: The construal of emotion in parent-child conversations about the past. In N. L. Stein, P. A. Ornstein, B. Tversky, & C. Brainerd (Eds.), *Memory for everyday and emotional events* (pp. 239-266). Routledge.

Fraley, R. C. (2019). Attachment in adulthood: Recent developments, emerging debates, and future directions. *Annual Review of Psychology, 70*, 401-422.

Fraley, R. C. (2002). Attachment stability from infancy to adulthood: Meta-analysis and dynamic modeling of developmental mechanisms. *Personality and Social Psychology Review, 6*(2), 123-151.

Fraley, R. C., Gillath, O., & Deboeck, P. R. (2021). Do life events lead to enduring changes in adult attachment styles? A naturalistic longitudinal investigation. *Journal of Personality and Social Psychology, 120*(6), 1567-1606.

Fredrickson, B. L. (2000). Cultivating positive emotions to optimize health and well-being. *Prevention & Treatment, 3*(1), 1a.

Fredrickson, B. L. (2001). The role of positive emotions in positive psychology: The broaden-and-build theory of positive emotions. *American Psychologist, 56*(3), 218-226.

Fredrickson, B. L., Cohn, M. A., Coffey, K. A., Pek, J., & Finkel, S. M. (2008). Open hearts build lives: Positive emotions, induced through loving-kindness meditation, build consequential personal resources. *Journal of Personality and Social Psychology, 95*(5), 1045-1062.

Freedman, J., & Combs, G. (1996). *Narrative therapy*. WW Norton & Company.

Freud, A. (1946). *The ego and the mechanisms fo defense*. International Universities Press.

Freud, S. (1914). *Remembering, repeating and working through*. Standard edition, volume 12, pp. 145-156. Norton.

Freud, S. (1923). *Das Ich and das Es*. Internationaler Psychoanalytisher Velag.

Frick, P. J. (1994). Family dysfunction and the disruptive behavior disorders: A review of recent empirical findings. In T. H. Ollendick & R. J. Prinz (Eds.), *Advances in clinical child psychology* (Vol. 17, pp. 203-226). Plenum.

Friedman, M., & Rosenman, R. H. (1959). Association of specific overt behavior pattern with blood and cardiovascular findings: Blood cholesterol level, blood clotting time, incidence of arcus senilis, and clinical coronary artery disease. *JAMA, 169*(12), 1286-1296.

Friedman, M., & Rosenman, R. H. (1974). *Type A behavior and your heart*. Knopf.

Frijda, N. H. (1986). *The emotions*. Cambridge University Press.

Funder, D. C. (2010). *The personality puzzle*. Norton & Company.

Furman, W., & Buhrmester, D. (1985). Children's perceptions of the qualities of sibling relationships. *Child Development, 56*(2), 448-461.

Furman, W., & Lanthier, R. P. (1996). Personality and sibling relationships. In G. H. Brody (Ed.), *Sibling relationships: Their causes and consequences* (pp. 127-146). Ablex Publishing.

Gale, A. (1983). Electroencephalographic studies of extraversion-introversion: A case study in the psychophysiology of individual differences. *Personality and Individual Differences, 4*(4), 371-380.

Gecas, V. (1982). The self-concept. *Annual Review of Sociology, 8*, 1-33.

George, C., Main, M., & Kaplan, N. (1985). *Adult Attachment Interview (AAI)* [Database record]. APA PsycTests.

Gerber, A. S., Huber, G. A., Doherty, D., & Dowling, C. M. (2011). The big five personality traits in the political arena. *Annual Review of Political Science, 14*(1), 265-287.

Gerber, A. S., Huber, G. A., Doherty, D., Dowling, C. M., & Ha, S. E. (2010). Personality and political attitudes: Relationships across issue domains and political contexts. *American Political Science Review, 104*(1), 111-133.

Goldberg, L. R. (1981). Language and individual differences: The search for universals in personality lexicons. In L. Wheeler (Ed.), *Review of personality and social psychology* (pp. 141-165). Sage.

Goldberg, L. R. (1990). An alternative "description of personality": The big-five factor structure. *Journal of Personality and Social Psychology, 59*(6), 1216-1229.

Golden, S. H., Williams, J. E., Ford, D. E., Yeh, H. C., Paton Sanford, C., Nieto, F. J., & Brancati, F. L. (2004). Depressive symptoms and the risk of type 2 diabetes: The Atherosclerosis Risk in Communities study. *Diabetes Care, 27*(2), 429-435.

Goldenberg, I., Matheson, K., & Mantler, J. (2006). The assessment of emotional intelligence: A comparison of performance-based and self-report methodologies. *Journal of Personality Assessment, 86*(1), 33-45.

Goldsmith, H. H., & Alansky, J. A. (1987). Maternal and infant temperamental predictors of attachment: A meta-analytic review. *Journal of Consulting and Clinical Psychology, 55*, 805-816.

Goodenough, F. L. (1926). *Measurement of intelligence by drawings*. World Book Company.

Gottesman I. I. (1963). Genetic aspects of intelligent behaviour. In Ellis N. (Ed.), *The handbook of mental deficiency: Psychological theory and research* (pp. 346-347). McGraw-Hill.

Gottfredson, L. S. (1981). Circumscription and compromise: A developmental theory of occupational aspirations. *Journal of Counseling Psychology, 28*(6), 545-579.

Gottman, J. M. (1997). *The heart of parenting: How to raise an emotionally intelligent child*. Si-

mon and Schuster.
Graham, E. K., Weston, S. J., Gerstorf, D., Yoneda, T. B., Booth, T. O. M., Beam, C. R., ... & Mroczek, D. K. (2020). Trajectories of big five personality traits: A coordinated analysis of 16 longitudinal samples. *European Journal of Personality, 34*(3), 301-321.
Graham, E. K., Weston, S. J., Turiano, N. A., Aschwanden, D., Booth, T., Harrison, F., ... & Mroczek, D. K. (2020). Is healthy neuroticism associated with health behaviors? A coordinated integrative data analysis. *Collabra: Psychology, 6*(1), 32.
Grande, I., Berk, M., Birmaher, B., & Vieta, E. (2016). Bipolar disorder. *The Lancet, 387*(10027), 1561-1572.
Grant, S., Langan-Fox, J., & Anglim, J. (2009). The big five traits as predictors of subjective and psychological well-being. *Psychological Reports, 105*(1), 205-231.
Gray, J. A. (1987). *The psychology of fear and stress*. Cambridge University Press.
Greenberg, L. S. (2004). Emotion-focused therapy. Clinical Psychology & Psychotherapy: An *International Journal of Theory & Practice, 11*(1), 3-16.
Gross, J. J. (2015). Emotion regulation: Current status and future prospects. *Psychological Inquiry, 26*(1), 1-26.
Gross, J. J., & Levenson, R. W. (1993). Emotional suppression: Physiology, self-report, and expressive behavior. *Journal of Personality and Social Psychology, 64*(6), 970-986.
Gross, J. J., & Muñoz, R. F. (1995). Emotion regulation and mental health. *Clinical Psychology: Science and Practice, 2*(2), 151-164.
Gutiérrez, J. L. G., Jiménez, B. M., Hernández, E. G., & Pcn, C. (2005). Personality and subjective well-being: Big five correlates and demographic variables. *Personality and Individual Differences, 38*(7), 1561-1569.
Haan, N. (1969). A tripartite model of ego functioning values and clinical and research applications. *The Journal of Nervous and Mental Disease, 148*(1), 14-30.
Haas, D. C., Davidson, K. W., Schwartz, D. J., Rieckmann, N., Roman, M. J., Pickering, T. G., ... & Schwartz, J. E. (2005). Depressive symptoms are independently predictive of carotid atherosclerosis. *The American Journal of Cardiology, 95*(4), 547-550.
Habermas, T., & Bluck, S. (2000). Getting a life: The emergence of the life story in adolescence. *Psychological Bulletin, 126*(5), 748-769.
Hackman, J. R., & Oldham, G. R. (1976). Motivation through the design work: Test of the theory. *Organizational Behavior and Human Performance, 16*, 250-279.
Hallgren, K. A. (2012). Computing inter-rater reliability for observational data: An overview and tutorial. *Tutorials in Quantitative Methods for Psychology, 8*, 23-34.
Hamilton, W. D. (1964). The genetical evolution of social behaviour: I, II. *Journal of Theoretical Biology, 7*(1), 1-52.
Hammer, E. F. (1958). The House-Tree-Person projective drawing technique: Content interpretation. In E. Hammer (Ed.). *The clinical application of projective drawings* (pp.165-204). Charles C Thomas Publisher.
Hampson, S. E. (2012). Personality processes: Mechanisms by which personality traits "get outside the skin". *Annual Review of Psychology, 63*, 315-339.
Hare, R. D., & Neumann, C. S. (2008). Psychopathy as a clinical and empirical construct. *Annual Review of Clinical Psychology, 4*, 217-246.
Harker, L., & Keltner, D. (2001). Expressions of positive emotion in women's college yearbook

pictures and their relationship to personality and life outcomes across adulthood. *Journal of Personality and Social Psychology, 80*(1), 112-124.

Harmon-Jones, E. (2004). Contributions from research on anger and cognitive dissonance to understanding the motivational functions of asymmetrical frontal brain activity. *Biological Psychology, 67*(1-2), 51-76.

Harmon-Jones, E. (2007). Trait anger predicts relative left frontal cortical activation to anger-inducing stimuli. *International Journal of Psychophysiology, 66*(2), 154-160.

Haselton, M. G., Nettle, D., & Andrews, P. W. (2015). The evolution of cognitive bias. In D. M Buss (Ed.), *The handbook of evolutionary psychology* (pp. 724-746). John Wiley & Sons.

Haslam, N., Holland, E., & Kuppens, P. (2012). Categories versus dimensions in personality and psychopathology: A quantitative review of taxometric research. *Psychological Medicine, 42*(5), 903-920.

Haslam, N., McGrath, M. J., Viechtbauer, W., & Kuppens, P. (2020). Dimensions over categories: A meta-analysis of taxometric research. *Psychological Medicine, 50*(9), 1418-1432.

Hathaway, S. R., & McKinley, J. C. (1943). *The Minnesota multiphasic personality inventory* (Rev. ed., 2nd printing). University of Minnesota Press.

Hay, D. F., Payne, A., & Chadwick, A. (2004). Peer relations in childhood. *Journal of Child Psychology and Psychiatry, 45*(1), 84-108.

Hayes, N., & Joseph, S. (2003). Big 5 correlates of three measures of subjective well-being. *Personality and Individual differences, 34*(4), 723-727.

Haynes, S. N., Richard, D., & Kubany, E. S. (1995). Content validity in psychological assessment: A functional approach to concepts and methods. *Psychological Assessment, 7*(3), 238-247.

Hazan, C., & Shaver, P. (1987). Romantic love conceptualized as an attachment process. *Journal of Personality and Social Psychology, 52*, 511-524.

Helgeson, V. S., & Fritz, H. L. (1999). Cognitive adaptation as a predictor of new coronary events after percutaneous transluminal coronary angioplasty. *Psychosomatic Medicine, 61*(4), 488-495.

Henson, R. K. (2001). Understanding internal consistency reliability estimates: A conceptual primer on coefficient alpha. *Measurement and Evaluation in Counseling and Development, 34*(3), 177-189.

Herzberg, F., Mausner, B., & Snyderman, B. B. (1959). *The motivation to work*. John Wiley & Sons.

Higgins, E. T. (1987). Self-discrepancy: A theory relating self and affect. *Psychological Review, 94*(3), 319-340.

Hinshaw, S. P. (2008). Developmental psychopathology as a scientific discipline: Relevance to behavioral and emotional disorders of childhood and adolescence. In T. P. Beauchaine & S. P. Hinshaw (Eds.), *Child and adolescent psychopathology* (pp. 3-26). Wiley.

Hofer, S. M., Horn, J. L., & Eber, H. W. (1997). A robust five-factor structure of the 16PF: Strong evidence from independent rotation and confirmatory factorial invariance procedures. *Personality and Individual Differences, 23*(2), 247-269.

Hofmann, S. G., Grossman, P., & Hinton, D. E. (2011). Loving-kindness and compassion meditation: Potential for psychological interventions. *Clinical Psychology Review, 31*(7), 1126-1132.

Hogan, R., & Kaiser, R. B. (2005). What we know about leadership. *Review of General Psychology, 9*(2), 169-180.

Holland, J. L. (1996). Exploring careers with a typology: What we have learned and some new directions. *American Psychologist, 51*(4), 397-406.

Howe, M. L., & Courage, M. L. (1997). The emergence and early development of autobiographical memory. *Psychological Review, 104*(3), 499-523.

Hrdy, S. B. (2009). *Mothers and others*. Harvard University Press.

Huesmann, L. R., Eron, L. D., Lefkowitz, M. M., & Walder, L. O. (1984). Stability of aggression over time and generations. *Developmental Psychology, 20*(6), 1120-1134.

Hurtz, G. M., & Donovan, J. J. (2000). Personality and job performance: The Big Five revisited. *Journal of Applied Psychology, 85*(6), 869-879.

Iribarren, C., Sidney, S., Bild, D. E., Liu, K., Markovitz, J. H., Roseman, J. M., & Matthews, K. (2000). Association of hostility with coronary artery calcification in young adults: The CARDIA study. *JAMA, 283*(19), 2546-2551.

Izard, C. E. (2009). Emotion theory and research: Highlights, unanswered questions, and emerging issues. *Annual Review of Psychology, 60*(1), 1-25.

Jackson, J. J., Bogg, T., Walton, K. E., Wood, D., Harms, P. D., Lodi-Smith, J., Edmonds, G. W., & Roberts, B. W. (2009). Not all conscientiousness scales change alike: A multimethod, multisample study of age differences in the facets of conscientiousness. *Journal of Personality and Social Psychology, 96*(2), 446-459.

Javaras, K. N., Schaefer, S. M., Van Reekum, C. M., Lapate, R. C., Greischar, L. L., Bachhuber, D. R., ... & Davidson, R. J. (2012). Conscientiousness predicts greater recovery from negative emotion. *Emotion, 12*(5), 875-881.

Jonason, P. K. (2014). Personality and politics. *Personality and Individual Differences, 71*, 181-184.

Jones, S. E., Miller, J. D., & Lynam, D. R. (2011). Personality, antisocial behavior, and aggression: A meta-analytic review. *Journal of Criminal Justice, 39*(4), 329-337.

Joshanloo, M. (2019). Investigating the relationships between subjective well-being and psychological well-being over two decades. *Emotion, 19*(1), 183-187.

Judge, T. A., & Bono, J. E. (2001). Relationship of core self-evaluations traits—self-esteem, generalized self-efficacy, locus of control, and emotional stability—with job satisfaction and job performance: A meta-analysis. *Journal of Applied Psychology, 86*(1), 80-92.

Judge, T. A., Heller, D., & Mount, M. K. (2002). Five-factor model of personality and job satisfaction: A meta-analysis. *Journal of Applied Psychology, 87*(3), 530-541.

Judge, T. A., Locke, E. A., Durham, C. C., & Kluger, A. N. (1998). Dispositional effects on job and life satisfaction: The role of core evaluations. *Journal of Applied Psychology, 83*(1), 17-34.

Judge, T. A., Thoresen, C. J., Bono, J. E., & Patton, G. K. (2001). The job satisfaction-job performance relationship: A qualitative and quantitative review. *Psychological Bulletin, 127*(3), 376-407.

Jussim, L. (1986). Self-fulfilling prophecies: A theoretical and integrative review. *Psychological Review, 93*(4), 429-445.

Jylhä, P., & Isometsä, E. (2006). The relationship of neuroticism and extraversion to symptoms of anxiety and depression in the general population. *Depression and Anxiety, 23*(5), 281-

289.

Kagan, J. (1982). *Psychological research on the human infant: An evaluative summary*. W. T. Grant Foundation.

Kahn, W. A. (1990). Psychological conditions of personal engagement and disengagement at work. *Academy of Management Journal, 33*(4), 692-724.

Kahneman, D. (2003). Maps of bounded rationality: Psychology for behavioral economics. *American Economic Review, 93*(5), 1449-1475.

Kalokerinos, E. K., Greenaway, K. H., Pedder, D. J., & Margetts, E. A. (2014). Don't grin when you win: The social costs of positive emotion expression in performance situations. *Emotion, 14*(1), 180-186.

Keller, M. C., Thiessen, D., & Young, R. K. (1996). Mate assortment in dating and married couples. *Personality and Individual Differences, 21*(2), 217-221.

Kelly, G. A. (1955). *The Psychology of Personal Constructs*. Norton.

Kemeny, M. E. (2007). Psychoneuroimmunology. In H. S. Friedman & R. C. Silver (Eds.), *Foundations of health psychology* (pp. 92-116). Oxford University Press.

Kennedy-Moore, E., & Watson, J. C. (2001). How and when does emotional expression help?. *Review of General Psychology, 5*(3), 187-212.

Kern, M. L., & Friedman, H. S. (2011). Personality and pathways of influence on physical health. *Social and Personality Psychology Compass, 5*(1), 76-87.

Kiecolt-Glaser, J. K., McGuire, L., Robles, T. F., & Glaser, R. (2002). Emotions, morbidity, and mortality: New perspectives from psychoneuroimmunology. *Annual Review of Psychology, 53*, 83-107.

Kiesler, D. J. (1983). The 1982 interpersonal circle: A taxonomy for complementarity in human transactions. *Psychological Review, 90*(3), 185-214.

Kiesler, D. J. (1986). The 1982 interpersonal circle: An analysis of DSM-III personality disorders. In T. Millon & G. L. Klerman (Eds.), *Contemporary directions in psychopathology: Toward the DSM-IV* (pp. 571-597). The Guilford Press.

Kiff, C. J., Lengua, L. J., & Zalewski, M. (2011). Nature and nurturing: Parenting in the context of child temperament. *Clinical Child and Family Psychology Review, 14*, 251-301.

King, L. A., & Hicks, J. A. (2006). Narrating the self in the past and the future: Implications for maturity. *Research in Human Development, 3*(2-3), 121-138.

Kirkpatrick, L. A., & Davis, K. E. (1994). Attachment style, gender, and relationship stability: A longitudinal analysis. *Journal of Personality and Social Psychology, 66*(3), 502-512.

Klein, D. N., Durbin, C. E., & Shankman, S. A. (2009). Personality and mood disorders. In I. H. Gotlib & C. L. Hammen (Eds.), *Handbook of depression* (pp.93-112). The Guilford Press.

Kobylińska, D., Zajenkowski, M., Lewczuk, K., Jankowski, K. S., & Marchlewska, M. (2022). The mediational role of emotion regulation in the relationship between personality and subjective well-being. *Current Psychology, 41*, 4098-4111.

Koenig, H. G. (2008). Concerns about measuring "spirituality" in research. *The Journal of Nervous and Mental Disease, 196*(5), 349-355.

Kokkinos, P. (2012). Physical activity, health benefits, and mortality risk. *International Scholarly Research Notices, 2012*(1), 718789.

Koriat, A., Goldsmith, M., & Pansky, A. (2000). Toward a psychology of memory accuracy. *Annual Review of Psychology, 51*, 481-537.

Korotkov, D. (2008). Does personality moderate the relationship between stress and health behavior? Expanding the nomological network of the five-factor model. *Journal of Research in Personality, 42*(6), 1418-1426.

Kramer, R. (1995). The Birth of Client-Centered Therapy: Carl Rogers, Otto Rank, and" The Beyond". *Journal of Humanistic Psychology, 35*(4), 54-110.

Krug, S. E., & Johns, E. F. (1986). A large scale cross-validation of second-order personality structure defined by the 16PF. *Psychological Reports, 59*(2), 683-693.

Kubzansky, L. D., Kubzansky, P. E., & Maselko, J. (2004). Optimism and pessimism in the context of health: Bipolar opposites or separate constructs?. *Personality and Social Psychology Bulletin, 30*(8), 943-956.

Lahey, B. B. (2009). Public health significance of neuroticism. *American Psychologist, 64*(4), 241-256..

Lampe, L., & Malhi, G. S. (2018). Avoidant personality disorder: Current insights. *Psychology Research and Behavior Management, 11*, 55-66.

Lanthier, R. P. (2007). Personality traits and sibling relationships in emerging adults. *Psychological Reports, 100*(2), 672-674.

Lavrusheva, O. (2020). The concept of vitality. Review of the vitality-related research domain. *New Ideas in Psychology, 56*, 100752.

Lazarus, R. S. (1991). Progress on a cognitive-motivational-relational theory of emotion. *American Psychologist, 46*(8), 819-834.

Leary, T. (1957). *Interpersonal diagnosis of personality*. Ronald Press.

LeDoux, J. E. (1989). Cognitive-emotional interactions in the brain. *Cognition & Emotion, 3*(4), 267-289.

LeDoux, J. E. (2000). Emotion circuits in the brain. *Annual Review of Neuroscience, 23*, 155-184.

Lee Duckworth, A., Steen, T. A., & Seligman, M. E. (2005). Positive psychology in clinical practice. *Annual Review of Clinical Psychology, 1*, 629-651.

Lee, J. A. (1977). A typology of styles of loving. *Personality and Social Psychology Bulletin, 3*(2), 173-182.

Lee, K., & Ashton, M. C. (2004). Psychometric properties of the HEXACO personality inventory. *Multivariate Behavioral Research, 39*(2), 329-358.

Lee, K., & Ashton, M. C. (2005). Psychopathy, Machiavellianism, and narcissism in the Five-Factor Model and the HEXACO model of personality structure. *Personality and Individual Differences, 38*(7), 1571-1582.

Lee, K., & Ashton, M. C. (2014). The dark triad, the big five, and the HEXACO model. *Personality and Individual Differences, 67*, 2-5.

Lee, K., & Ashton, M. C. (2018). Psychometric properties of the HEXACO-100. *Assessment, 25*(5), 543-556.

Lee, R. M., Dean, B. L., & Jung, K. R. (2008). Social connectedness, extraversion, and subjective well-being: Testing a mediation model. *Personality and Individual Differences, 45*(5), 414-419.

Lespérance, F., Frasure-Smith, N., Talajic, M., & Bourassa, M. G. (2002). Five-year risk of cardiac mortality in relation to initial severity and one-year changes in depression symptoms after myocardial infarction. *Circulation, 105*(9), 1049-1053.

Levenson, R. W. (1999). The intrapersonal functions of emotion. *Cognition & Emotion, 13*(5),

481-504.

Levin, I., & Stokes, J. P. (1989). Dispositional approach to job satisfaction: Role of negative affectivity. *Journal of Applied Psychology, 74*(5), 752-758.

Lewis, M. (2000). The emergence of human emotions. In M. Lewis & J. Haviland (Eds.), *Handbook of emotions* (pp. 265-280). The Guilford Press.

Lewis, M., & Michalson, L. (1983). *Children's emotions and moods: Developmental theory and measurement*. Plenum Press.

Li, T., & Fung, H. H. (2013). Age differences in trust: An investigation across 38 countries. *Journals of Gerontology Series B: Psychological Sciences and Social Sciences, 68*(3), 347-355.

Lin, E. H., & Peterson, C. (1990). Pessimistic explanatory style and response to illness. *Behaviour Research and Therapy, 28*(3), 243-248.

Linden, D. E. (2006). How psychotherapy changes the brain-the contribution of functional neuroimaging. *Molecular Psychiatry, 11*(6), 528-538.

Lindquist, K. A., Wager, T. D., Kober, H., Bliss-Moreau, E., & Barrett, L. F. (2012). The brain basis of emotion: A meta-analytic review. *Behavioral and Brain Sciences, 35*(3), 121-143.

Little, B. R. (1983). Personal projects: A rationale and method for investigation. *Environment and Behavior, 15*(3), 273-309.

Little, B. R. (1989). Personal projects analysis: Trivial pursuits, magnificent obsessions, and the search for coherence. In D. M. Buss & N. Cantor (Eds.). *Personality psychology: Recent trends and emerging directions* (pp. 15-31). Springer US.

Little, B. R. (2015). The integrative challenge in personality science: Personal projects as units of analysis. *Journal of Research in Personality, 56*, 93-101.

Little, B. r. (2016) Me, myself, and us. PublicAffairs.

Locke, E. A. (1969). What is job satisfaction?. *Organizational Behavior and Human Performance, 4*(4), 309-336.

Locke, E. A. (1976). The nature and causes of job satisfaction. In M. D. Dunnette (Ed.), *Handbook of industrial and organizational psychology* (pp. 1297-1349). Rand McNally.

Loeber, R., & Hay, D. (1997). Key issues in the development of aggression and violence from childhood to early adulthood. *Annual Review of Psychology, 48*, 371-410.

Loison, L. (2019). Canalization and genetic assimilation: Reassessing the radicality of the Waddingtonian concept of inheritance of acquired characters. *Seminars in Cell & Developmental Biology, 88*, 4-13.

Losh, M., & Capps, L. (2003). Narrative ability in high-functioning children with autism or Asperger's syndrome. *Journal of Autism and Developmental Disorders, 33*, 239-251.

Lucas, R. E., Le, K., & Dyrenforth, P. S. (2008). Explaining the extraversion/positive affect relation: Sociability cannot account for extraverts' greater happiness. *Journal of Personality, 76*(3), 385-414.

Lum, K., & Curran, J. P. (1975). Personality similarity and interpersonal attraction in the computer dating situation. *The Journal of Social Psychology, 95*(2), 233-239.

Lyubomirsky, S., King, L., & Diener, E. (2005). The benefits of frequent positive affect: Does happiness lead to success?. *Psychological Bulletin, 131*(6), 803-855.

Lyubomirsky, S., Sousa, L., & Dickerhoof, R. (2006). The costs and benefits of writing, talking, and thinking about life's triumphs and defeats. *Journal of Personality and Social Psychol-*

ogy, 90(4), 692-708.

Maccoby, E. (2000). Parenting and its effects on children: On reading and misreading behavior genetics. *Annual Reviews of Psychology, 51*, 1-27.

Macdonald, C., Bore, M., & Munro, D. (2008). Values in action scale and the Big 5: An empirical indication of structure. *Journal of Research in Personality, 42*(4), 787-799.

Machado, A., Herrera, A. J., de Pablos, R. M., Espinosa-Oliva, A. M., Sarmiento, M., Ayala, A., ... & Cano, J. (2014). Chronic stress as a risk factor for Alzheimer's disease. *Reviews in the Neurosciences, 25*(6), 785-804.

Magnus, K., Diener, E., Fujita, F., & Pavot, W. (1993). Extraversion and neuroticism as predictors of objective life events: A longitudinal analysis. *Journal of Personality and Social Psychology, 65*(5), 1046-1053.

Mahler, M. S. (1975). *The Psychological Birth of the Human Infant: Symbiosis and Individuation*. Routledge.

Main, M., & Solomon, J. (1986). Discovery of an insecure-disorganized/disoriented attachment pattern. In T. B. Brazelton & M. W. Yogman (Eds.), *Affective development in infancy* (pp. 95-124). Ablex Publishing.

Malti, T. (2021). Kindness: A perspective from developmental psychology. *European Journal of Developmental Psychology, 18*(5), 629-657.

Mancke, F., Schmitt, R., Winter, D., Niedtfeld, I., Herpertz, S. C., & Schmahl, C. (2018). Assessing the marks of change: How psychotherapy alters the brain structure in women with borderline personality disorder. *Journal of Psychiatry and Neuroscience, 43*(3), 171-181.

Mandler, J. M. (1982). Some uses and abuses of a story grammar. *Discourse Processes, 5*(3-4), 305-318.

Marcia, J. E. (1980). Identity in adolescence. In J. Adelson (Ed.), *Handbook of adolescent psychology* (pp. 159-187). Wiley & Sons.

Markus H.R., Kitayama S. (1991). Culture and the self: Implications for cognition, emotion, and motivation. *Psychological Review, 98*, 224-253.

Markus, H. (1977). Self-schemata and processing information about the self. *Journal of Personality and Social Psychology, 35*(2), 63-78.

Markus, H., & Wurf, E. (1987). The dynamic self-concept: A social psychological perspective. *Annual Review of Psychology, 38*, 299-337.

Martin, L. R., & Friedman, H. S. (2000). Comparing personality scales across time: An illustrative study of validity and consistency in life-span archival data. *Journal of Personality, 68*(1), 85-110.

Martínez-Martí, M. L., Hernández-Lloreda, M. J., & Avia, M. D. (2016). Appreciation of beauty and excellence: Relationship with personality, prosociality and well-being. *Journal of Happiness Studies, 17*, 2613-2634.

Maruta, T., Colligan, R. C., Malinchoc, M., & Offord, K. P. (2000). Optimists vs pessimists: Survival rate among medical patients over a 30-year period. *Mayo Clinic Proceedings, 75*(2), 140-143.

Maslow, A. H. (1954). *Motivation and personality*. Harper & Row.

Matarazzo, J. D. (1990). Psychological assessment versus psychological testing: Validation from Binet to the school, clinic, and courtroom. *American Psychologist, 45*(9), 999-1017.

Matthews, K. A., Räikkönen, K., Sutton-Tyrrell, K., & Kuller, L. H. (2004). Optimistic attitudes protect against progression of carotid atherosclerosis in healthy middle-aged women. *Psychosomatic Medicine, 66*(5), 640-644.

Maul, A. (2012). The validity of the Mayer-Salovey-Caruso Emotional Intelligence Test (MSCEIT) as a measure of emotional intelligence. *Emotion Review, 4*(4), 394-402.

May, M., McCarron, P., Stansfeld, S., Ben-Shlomo, Y., Gallacher, J., Yarnell, J., ... & Ebrahim, S. (2002). Does psychological distress predict the risk of ischemic stroke and transient ischemic attack? *The Caerphilly Study. Stroke, 33*(1), 7-12.

Mayer, J. D., Salovey, P., & Caruso, D. R. (2008). Emotional intelligence: New ability or eclectic traits?. *American Psychologist, 63*(6), 503-517.

Mayo, C. W., & Crockett, W. H. (1964). Cognitive complexity and primacy-recency effects in impression formation. *The Journal of Abnormal and Social Psychology, 68*(3), 335-338.

McAdams, D. P. (1995). What do we know when we know a person?. *Journal of Personality, 63*(3), 365-396.

McAdams, D. P. (2001). The psychology of life stories. *Review of General Psychology, 5*(2), 100-122.

McAdams, D. P. (2007). *The life story interview*. The Foley Center for the Study of Lives: Northwestern University.

McAdams, D. P. (2008). Personal narratives and the life story. In O. P. John, R. W. Robins, & L. A. Pervin (Eds.), *Handbook of personality: Theory and research* (3rd ed., pp. 242-262). The Guilford Press.

McAdams, D. P. (2013). *The redemptive self: Stories Americans live by-revised and expanded edition*. Oxford University Press.

McAdams, D. P., & Olson, B. D. (2010). Personality development: Continuity and change over the life course. *Annual Review of Psychology, 61*, 517-542.

McAdams, D. P., & Pals, J. L. (2006). A new Big Five: Fundamental principles for an integrative science of personality. *American Psychologist, 61*(3), 204-217.

McAdams, D. P., Bauer, J. J., Sakaeda, A. R., Anyidoho, N. A., Machado, M. A., Magrino-Failla, K., ... & Pals, J. L. (2006). Continuity and change in the life story: A longitudinal study of autobiographical memories in emerging adulthood. *Journal of Personality, 74*(5), 1371-1400.

McAdmas, D. P. (2007). *The life story interview-II*. The Foley Center for the Study of Lives.

McCabe, A., Hillier, A., & Shapiro, C. (2013). Brief report: Structure of personal narratives of adults with autism spectrum disorder. *Journal of Autism and Developmental Disorders, 43*, 733-738.

McCrae, R. R. (1991). The five-factor model and its assessment in clinical settings. *Journal of Personality Assessment, 57*(3), 399-414.

McCrae, R. R., & Costa, P. T. (1996). Toward a new generation of personality theories: Theoretical contexts for the five-factor model. In J. S. Wiggins (Ed.), *The five-factor model of personality* (pp. 51-87). The Guilford Press.

McCrae, R. R., & Costa, P. T. (1997). Personality trait structure as a human universal. *American Pychologist, 52*(5), 509-516.

McCrae, R. R., & Costa, P. T. (2008). The five-factor theory of personality. In O. P. John, R. W. Robins, & L. A. Pervin (Eds.), *Handbook of personality: Theory and research* (3rd ed., pp. 159-181). The Guilford Press.

McCrae, R. R., Costa, P. T., & Martin, T. A. (2005). The NEO-PI-3: A more readable revised NEO

personality inventory. *Journal of Personality Assessment, 84*(3), 261-270.
McCrae, R. R., Costa, P. T., Del Pilar, G. H., Rolland, J. P., & Parker, W. D. (1998). Cross-cultural assessment of the five-factor model: The Revised NEO Personality Inventory. *Journal of Cross-Cultural Psychology, 29*(1), 171-188.
McCullough, M. E. (2001). Forgiveness: Who does it and how do they do it?. *Current Directions in Psychological Science, 10*(6), 194-197.
McFarlane, T. A. (2003). *Defining and measuring the love of learning*. (Unpublished doctoral dissertation). University of Colorado at Denver.
McGrath, R. E. (2014). Scale-and item-level factor analyses of the VIA inventory of strengths. *Assessment, 21*(1), 4-14.
McWilliams, N. (1994). *Psychoanalytic diagnosis*. The Guilford Press.
McWilliams, N. (1999). *Psychoanalytic case formulation*. The Guilford Press.
Meehl, P. E. (1992). Factors and taxa, traits and types, differences of degree and differences in kind. *Journal of Personality, 60*(1), 117-174.
Meyer, G. J., Finn, S. E., Eyde, L. D., Kay, G. G., Moreland, K. L., Dies, R. R., ... & Reed, G. M. (2001). Psychological testing and psychological assessment: A review of evidence and issues. *American Psychologist, 56*(2), 128-165.
Miller, J. D., Lynam, D. R., Hyatt, C. S., & Campbell, W. K. (2017). Controversies in narcissism. *Annual Review of Clinical Psychology, 13*, 291-315.
Millon, T., & Davis, R. O. (1996). *Disorders of personality: DSM-IV and beyond (2nd ed.)*. John Wiley & Sons.
Mischel, W. (1973). Toward a cognitive social learning reconceptualization of personality. *Psychological Review, 80*(4), 252-283.
Mischel, W. (1976). *Introduction to personality(2nd ed.)*. Holt, Rienhart and Winston.
Mischel, W., & Moore, B. (1973). Effects of attention to symbolically presented rewards on self-control. *Journal of Personality and Social Psychology, 28*(2), 172-179.
Mischel, W., & Shoda, Y. (1995). A cognitive-affective system theory of personality: Reconceptualizing situations, dispositions, dynamics, and invariance in personality structure. *Psychological Review, 102*(2), 246-268.
Mischel, W., Ebbesen, E. B., & Raskoff Zeiss, A. (1972). Cognitive and attentional mechanisms in delay of gratification. *Journal of Personality and Social Psychology, 21*(2), 204-218.
Mischel, W., Shoda, Y., & Ayduk, O. (2007). *Introduction to personality: Toward an integrative science of the person*. John Wiley & Sons.
Mischel, W., Shoda, Y., & Peake, P. K. (1988). The nature of adolescent competencies predicted by preschool delay of gratification. *Journal of Personality and Social Psychology, 54*(4), 687-696.
Mischel, W., Shoda, Y., & Rodriguez, M. L. (1989). Delay of gratification in children. *Science, 244*(4907), 933-938.
Mitchell, S. A. (1988). The intrapsychic and the interpersonal: Different theories, different domains, or historical artifacts?. *Psychoanalytic Inquiry, 8*(4), 472-496.
Mizgajski, J., & Morzy, M. (2019). Affective recommender systems in online news industry: How emotions influence reading choices. *User Modeling and User-Adapted Interaction, 29*(2), 345-379.
Moffitt, T. E. (1993). Adolescence-limited and life-course-persistent antisocial behavior: A

developmental taxonomy. *Psychological Review, 100*(4), 674-701.

Mokdad, A. H., Marks, J. S., Stroup, D. F., & Gerberding, J. L. (2004). Actual causes of death in the United States, 2000. *JAMA, 291*(10), 1238-1245.

Motowidlo, S. J., & Kell, H. J. (2003). Job performance. In W. C. Borman, D. R. Ilgen, & R. J. Klimoski (Eds.), *Handbook of psychology: Vol. 12. Industrial and organizational psychology* (pp. 39-53). Wiley.

Mroczek, D. K., & Almeida, D. M. (2004). The effect of daily stress, personality, and age on daily negative affect. *Journal of Personality, 72*(2), 355-378.

Murray, H. A. (1938). *Explorations in personality*. Oxford University Press.

Murray, H. A. (1943). Thematic Apperception Test. Harvard University Press.

Myers, I. B. (1962). *The Myers-Briggs Type Indicator*. Consulting Psychologists Press.

Nolen-Hoeksema, S. (2000). The role of rumination in depressive disorders and mixed anxiety/depressive symptoms. *Journal of Abnormal Psychology, 109*(3), 504-511.

Norman, W. T. (1963). Toward an adequate taxonomy of personality attributes: Replicated factors structure in peer nomination personality ratings. *Journal of Abnormal and Social Psychology, 66*(6), 574-583.

Novgorodoff, B. D. (1974). Boy meets girl: Machiavellianism and romantic attraction. *Proceedings of the Division of Personality and Society Psychology, 1*(1), 307-309.

Ogden, T. (1983). The concept of internal object relations. *The International Journal of Psycho-Analysis, 64*, 227-241.

Ogden, T. H. (1979). On projective identification. *International Journal of Psychoanalysis, 60*(3), 357-373.

Orford, J. (1986). The rules of interpersonal complementarity: Does hostility beget hostility and dominance, submission?. *Psychological Review, 93*(3), 365-377.

Orth, U., & Robins, R. W. (2022). Is high self-esteem beneficial? Revisiting a classic question. *American Psychologist, 77*(1), 5-17.

Ortony, A. (2022). Are all "basic emotions" emotions? A problem for the (basic) emotions construct. *Perspectives on Psychological Science, 17*(1), 41-61.

Osborne, D., & Sibley, C. G. (2020). Does openness to experience predict changes in conservatism? A nine-wave longitudinal investigation into the personality roots to ideology. *Journal of Research in Personality, 87*, 103979.

Padilla-Walker, L. M., Harper, J. M., & Jensen, A. C. (2010). Self-regulation as a mediator between sibling relationship quality and early adolescents' positive and negative outcomes. *Journal of Family Psychology, 24*(4), 419-428.

Pals, J. L. (2006). Narrative identity processing of difficult life experiences: Pathways of personality development and positive self-transformation in adulthood. *Journal of Personality, 74*(4), 1079-1110.

Paradise, A. W., & Kernis, M. H. (2002). Self-esteem and psychological well-being: Implications of fragile self-esteem. *Journal of Social and Clinical Psychology, 21*(4), 345-361.

Parrillo, J. E., & Fauci, A. S. (1979). Mechanisms of glucocorticoid action on immune processes. *Annual Review of Pharmacology and Toxicology, 19*(1), 179-201.

Parsons, F. (1909). *Choosing a vocation*. Houghtom Mifflin.

Pasupathi, M. (2001). The social construction of the personal past and its implications for adult development. *Psychological Bulletin, 127*(5), 651-672.

Pasupathi, M., & Rich, B. (2005). Inattentive listening undermines self-verification in personal storytelling. *Journal of Personality, 73*(4), 1051-1086.

Pelham, B. W., & Swann, W. B. (1989). From self-conceptions to self-worth: On the sources and structure of global self-esteem. *Journal of Personality and Social Psychology, 57*(4), 672-680.

Pennebaker, J. W. (1997). Writing about emotional experiences as a therapeutic process. *Psychological Science, 8*(3), 162-166.

Pennebaker, J. W. (2012). *Opening up: The healing power of expressing emotions*. The Guilford Press.

Pennebaker, J. W., Kiecolt-Glaser, J. K., & Glaser, R. (1988). Disclosure of traumas and immune function: Health implications for psychotherapy. *Journal of Consulting and Clinical Psychology, 56*(2), 239-245.

Perry, J. C., Banon, E., & Ianni, F. (1999). Effectiveness of psychotherapy for personality disorders. *American Journal of Psychiatry, 156*(9), 1312-1321.

Pervin, L. A., & Cervone, D. (2010). *Personality: Theory and research*. John Wiley & Sons.

Peterson, C., & Seligman, M. E. P. (2004). *Character strengths and virtues: A handbook and classification*. Oxford University Press.

Phan, K. L., Wager, T., Taylor, S. F., & Liberzon, I. (2002). Functional neuroanatomy of emotion: A meta-analysis of emotion activation studies in PET and fMRI. *Neuroimage, 16*(2), 331-348.

Pincus, A. L., Gurtman, M. B., & Ruiz, M. A. (1998). Structural analysis of social behavior (SASB): Circumplex analyses and structural relations with the interpersonal circle and the five-factor model of personality. *Journal of Personality and Social Psychology, 74*(6), 1629-1645.

Piquero, A. R., Carriaga, M. L., Diamond, B., Kazemian, L., & Farrington, D. P. (2012). Stability in aggression revisited. *Aggression and Violent Behavior, 17*(4), 365-372.

Plomin, R. (2011). Commentary: Why are children in the same family so different? Non-shared environment three decades later. *International Journal of Epidemiology, 40*(3), 582-592.

Plomin, R., & Daniels, D. (1987). Why are children in the same family so different from one another?. *Behavioral and Brain Sciences, 10*(1), 1-16.

Plomin, R., Asbury, K., & Dunn, J. (2001). Why are children in the same family so different? Nonshared environment a decade later. *The Canadian Journal of Psychiatry, 46*(3), 225-233.

Pratto, F., Sidanius, J., Stallworth, L. M., & Malle, B. F. (1994). Social dominance orientation: A personality variable predicting social and political attitudes. *Journal of Personality and Social Psychology, 67*(4), 741-763.

Pressman, S. D., & Cohen, S. (2005). Does positive affect influence health?. *Psychological Bulletin, 131*(6), 925-971.

Ragland, D. R., & Brand, R. J. (1988). Type A behavior and mortality from coronary heart disease. *New England Journal of Medicine, 318*(2), 65-69.

Räikkönen, K., Matthews, K. A., Flory, J. D., Owens, J. F., & Gump, B. B. (1999). Effects of optimism, pessimism, and trait anxiety on ambulatory blood pressure and mood during everyday life. *Journal of Personality and Social Psychology, 76*(1), 104-113.

Rapaport, D. (1960). The structure of psychoanalytic theory. *Psychological Issues, 2*(2), 1-158.

Rhodes, N., & Pivik, K. (2011). Age and gender differences in risky driving: The roles of positive affect and risk perception. *Accident Analysis & Prevention, 43*(3), 923-931.

Rich, B. L., Lepine, J. A., & Crawford, E. R. (2010). Job engagement: Antecedents and effects on job performance. *Academy of Management Journal, 53*(3), 617-635.

Roberts, B. W. (2018). A revised sociogenomic model of personality traits. *Journal of Personality, 86*(1), 23-35.

Roberts, B. W., & Bogg, T. (2004). A longitudinal study of the relationships between conscientiousness and the social-environmental factors and substance-use behaviors that influence health. *Journal of Personality, 72*(2), 325-354.

Roberts, B. W., & Jackson, J. J. (2008). Sociogenomic personality psychology. *Journal of Personality, 76*(6), 1523-1544.

Roberts, B. W., & Yoon, H. J. (2022). Personality psychology. *Annual Review of Psychology, 73*(1), 489-516.

Roberts, B. W., Walton, K. E., & Viechtbauer, W. (2006). Patterns of mean-level change in personality traits across the life course: A meta-analysis of longitudinal studies. *Psychological Bulletin, 132*(1), 1-25.

Robins, R. W., Caspi, A., & Moffitt, T. E. (2000). Two personalities, one relationship: Both partners' personality traits shape the quality of their relationship. *Journal of Personality and Social Psychology, 79*(2), 251-259.

Robinson, G. E. (2004). Beyond nature and nurture. *Science, 304*(5669), 397-399.

Rodriguez, M. L., Mischel, W., & Shoda, Y. (1989). Cognitive person variables in the delay of gratification of older children at risk. *Journal of Personality and Social Psychology, 57*(2), 358-367.

Rogers, C. R. (1957). The necessary and sufficient conditions of therapeutic personality change. *Journal of Consulting Psychology, 21*(2), 95-103.

Rogers, C. R. (1961). *On becoming a person*. Houghton Mifflin Harcourt.

Rohde, A. R. (1946). Explorations in personality by the sentence completion method. *Journal of Applied Psychology, 30*(2), 169-181.

Rojas, S. L., & Widiger, T. A. (2014). The convergent and discriminant validity of the Five Factor Form. *Assessment, 21*(2), 143-157.

Rosenberg, M. (1986). Self-concept from middle childhood through adolescence. In J. Suls & A. G. Greenwald (Eds.)., *Psychological perspectives on the self(Vol. 3)*. Erlbaum.

Rossen, E., Kranzler, J. H., & Algina, J. (2008). Confirmatory factor analysis of the Mayer-Salovey-Caruso emotional intelligence test V 2.0 (MSCEIT). *Personality and Individual Differences, 44*(5), 1258-1269.

Rothbart, M. K. (1989). Temperament in childhood: A framework. In G. A. Kohnstamm, J. E. Bates, & M. K. Rothbart (Eds.), *Temperament in childhood* (pp. 59-73). John Wiley & Sons Ltd.

Rothbart, M. K., & Bates, J. E. (2007). Temperament. In W. Damon, R. M Lerner (Series Eds.), & N. Eisenberg (Vol. Ed.), *Handbook of child psychology: Social, emotional, and personality development* (pp. 99-166). John Wiley & Sons, Inc.

Rothbart, M. K., Ahadi, S. A., & Evans, D. E. (2000). Temperament and personality: Origins and outcomes. *Journal of Personality and Social Psychology, 78*(1), 122-135.

Rothon, C., Head, J., Clark, C., Klineberg, E., Cattell, V., & Stansfeld, S. (2009). The impact of psychological distress on the educational achievement of adolescents at the end of compulsory education. *Social Psychiatry and Psychiatric Epidemiology, 44,* 421-427.

Rotter, J. B. (1954). *Social learning and clinical psychology*. Prentice-Hall, Inc.

Rotter, J. B. (1966). Generalized expectancies for internal versus external control of reinforcement. *Psychological Monographs: General and Applied, 80*(1), 1-28.

Runco, M. A., & Jaeger, G. J. (2012). The standard definition of creativity. *Creativity Research Journal, 24*(1), 92-96.

Ruscio, J., Haslam, N., & Ruscio, A. M. (2013). *Introduction to the taxometric method: A practical guide*. Routledge.

Russell, J. A. (2003). Core affect and the psychological construction of emotion. *Psychological Review, 110*(1), 145-172.

Russell, J. A., & Barrett, L. F. (1999). Core affect, prototypical emotional episodes, and other things called emotion: Dissecting the elephant. *Journal of Personality and Social Psychology, 76*(5), 805-819.

Ryan, R. M., & Deci, E. L. (2000). Self-determination theory and the facilitation of intrinsic motivation, social development, and well-being. *American Psychologist, 55*(1), 68-78

Ryff, C. D., & Keyes, C. L. M. (1995). The structure of psychological well-being revisited. *Journal of Personality and Social Psychology, 69*(4), 719-727.

Salgado, J. F. (1997). The Five Factor Model of personality and job performance in the European Community. *Journal of Applied Psychology, 82*(1), 30-43.

Salovey, P., & Mayer, J. D. (1990). Emotional intelligence. *Imagination, Cognition and Personality, 9*(3), 185-211.

Salovey, P., Mayer, J. D., Caruso, D., & Lopes, P. N. (2003). Measuring emotional intelligence as a set of abilities with the Mayer-Salovey-Caruso Emotional Intelligence Test. In S. J. Lopez & C. R. Snyder (Eds.), *Positive psychological assessment: A handbook of models and measures* (pp. 251-265). American Psychological Association.

Salovey, P., Mayer, J. D., Goldman, S. L., Turvey, C., & Palfai, T. P. (1995). Emotional attention, clarity, and repair: Exploring emotional intelligence using the Trait Meta-Mood Scale. In J. W. Pennebaker (Ed.), *Emotion, disclosure, & health* (pp. 125-154). American Psychological Association.

Salovey, P., Rothman, A. J., Detweiler, J. B., & Steward, W. T. (2000). Emotional states and physical health. *American Psychologist, 55*(1), 110-121.

Salters-Pedneault, K., Tull, M. T., & Roemer, L. (2004). The role of avoidance of emotional material in the anxiety disorders. *Applied and Preventive Psychology, 11*(2), 95-114.

Samuel, D. B., & Gore, W. L. (2012). Maladaptive variants of conscientiousness and agreeableness. *Journal of Personality, 80*(6), 1669-1696.

Samuel, D. B., & Widiger, T. A. (2008). A meta-analytic review of the relationships between the five-factor model and DSM-IV-TR personality disorders: A facet level analysis. *Clinical Psychology Review, 28*(8), 1326-1342.

Samuel, D. B., & Widiger, T. A. (2011). Conscientiousness and obsessive-compulsive personality disorder. *Personality Disorders: Theory, Research, and Treatment, 2*(3), 161-174.

Samuel, D. B., Riddell, A. D., Lynam, D. R., Miller, J. D., & Widiger, T. A. (2012). A five-factor measure of obsessive-compulsive personality traits. *Journal of Personality Assessment, 94*(5), 456-465.

Sanders, R. A. (2013). Adolescent psychosocial, social, and cognitive development. *Pediatrics in Review, 34*(8), 354-358.

Saulsman, L. M., & Page, A. C. (2004). The five-factor model and personality disorder empirical literature: A meta-analytic review. *Clinical Psychology Review, 23*(8), 1055-1085.

Schachter, S., & Singer, J. (1962). Cognitive, social, and physiological determinants of emotional state. *Psychological Review, 69*(5), 379-399.

Schacter, D. L. (2008). *Searching for memory: The brain, the mind, and the past.* Basic books.

Schaefer, E. S. (1959). A circumplex model for maternal behavior. *The Journal of Abnormal and Social Psychology, 59*(2), 226-235.

Schaefer, E. S. (1961). Converging conceptual models for maternal behavior and for child behavior. *Acta Psychologica, 19*, 397-401.

Schaffer, H. R. (1974). Cognitive components of the infant's response to strangeness. In M. Lewis & L. A. Rosenbaum (Eds.), *The origin of behaviour: Vol. 2. The origins of fear* (pp. 11-24). Wiley.

Scheier, M. F., Matthews, K. A., Owens, J. F., Magovern, G. J., Lefebvre, R. C., Abbott, R. A., & Carver, C. S. (1989). Dispositional optimism and recovery from coronary artery bypass surgery: The beneficial effects on physical and psychological well-being. *Journal of Personality and Social Psychology, 57*(6), 1024-1040.

Schulz, R., Bookwala, J., Knapp, J. E., Scheier, M. F., & Williamson, G. M. (1999). Pessimism, age, and cancer mortality. In R. M. Suinn & G. R. VandenBos (Eds.), *Cancer patients and their families: Readings on disease course, coping, and psychological interventions* (pp. 361-371). American Psychological Association.

Schwartz, S. H. (1994). Are there universal aspects in the structure and contents of human values?. *Journal of Social Issues, 50*(4), 19-45.

Schwartz, S. H. (2012). An overview of the Schwartz theory of basic values. *Online readings in Psychology and Culture, 2*(1), 11.

Schwartz, S. H., & Bilsky, W. (1987). Toward a universal psychological structure of human values. *Journal of Personality and Social Psychology, 53*(3), 550-562.

Segerstrom, S. C., Taylor, S. E., Kemeny, M. E., & Fahey, J. L. (1998). Optimism is associated with mood, coping, and immune change in response to stress. *Journal of Personality and Social Psychology, 74*(6), 1646-1655.

Shapiro, D. (1965). *Neurotic styles.* Basic Books.

Sifneos, P. E. (1973). The prevalence of 'alexithymic' characteristics in psychosomatic patients. *Psychotherapy and Psychosomatics, 22*(2-6), 255-262.

Sifneos, P. E. (1996). Alexithymia: past and present. *The American Journal of Psychiatry, 153*(Suppl), 137-142.

Simonsick, E. M., Wallace, R. B., Blazer, D. G., & Berkman, L. F. (1995). Depressive symptomatology and hypertension-associated morbidity and mortality in older adults. *Psychosomatic Medicine, 57*(5), 427-435.

Singer, J. A. (2004). Narrative identity and meaning making across the adult lifespan: An introduction. *Journal of Personality, 72*(3), 437-459.

Singer, J. A., & Salovey, P. (2010). *Remembered self: Emotion and memory in personality.* Simon and Schuster.

Skodol, A. E. (2012). Personality disorders in DSM-5. *Annual Review of Clinical Psychology, 8,*

317-344.

Smillie, L. D. (2008). What is reinforcement sensitivity? Neuroscience paradigms for approach-avoidance process theories of personality. *European Journal of Personality, 22*(5), 359-384.

Smith, J., & Baltes, P. B. (1999). Trends and profiles of psychological functioning in very old age. In P. B. Baltes & K. U. Mayer (Eds.), *The Berlin Aging Study: Aging from 70 to 100* (pp. 197-226). Cambridge University Press.

Smith, T. W., & MacKenzie, J. (2006). Personality and risk of physical illness. *Annual Review of Clinical Psychology, 2*, 435-467.

Snyder, C. R., Rand, K. L., & Sigmon, D. R. (2002). Hope theory. In C. R. Snyder & S. J. Lopez (Eds.), *Handbook of positive psychology* (pp. 257-276). Oxford University Press.

Sowislo, J. F., & Orth, U. (2013). Does low self-esteem predict depression and anxiety? A meta-analysis of longitudinal studies. *Psychological Bulletin, 139*(1), 213-240.

Sparrow, E. P., Swirsky, L. T., Kudus, F., & Spaniol, J. (2021). Aging and altruism: A meta-analysis. *Psychology and Aging, 36*(1), 49-56.

Spear, L. P. (2013). Adolescent neurodevelopment. *Journal of Adolescent Health, 52*(2), S7-S13.

Spector, P. E. (1997). *Job satisfaction: Application, assessment, causes, and consequences.* Sage publications.

Spence, K. W. (1936). The nature of discrimination learning in animals. *Psychological Review, 43*(5), 427-449.

Spence, K. W. (1937). The differential response in animals to stimuli varying within a single dimension. *Psychological Review, 44*(5), 430-444.

Spielberger, C. D. (1991). *State-Trait Anger Expression Inventory*. Psychological Assessment Resources.

Stanovich, K. E., & West, R. F. (2000). Advancing the rationality debate. Behavioral and Brain *Sciences, 23*(5), 701-717.

Staw, B. M., Bell, N. E., & Clausen, J. A. (1986). The dispositional approach to job attitudes: A lifetime longitudinal test. *Administrative Science Quarterly, 31*(1), 56-77.

Steele, C. M. (1999). The psychology of self-affirmation: Sustaining the integrity of the self. In R. F. Baumeister (Ed.), *The self in social psychology* (pp. 372-390). Psychology Press.

Steenkamp, M. M., Suvak, M. K., Dickstein, B. D., Shea, M. T., & Litz, B. T. (2015). Emotional functioning in obsessive-compulsive personality disorder: Comparison to borderline personality disorder and healthy controls. *Journal of Personality Disorders, 29*(6), 794-808.

Stein, K. F., & Nyquist, L. (2001). Disturbances in the Self: A source of eating disorders. *Eating Disorders Review, 12*(1), 1-4.

Stenberg, C. R., Campos, J. J., & Emde, R. N. (1983). The facial expression of anger in seven-month-old infants. *Child Development, 54*(1), 178-184.

Stern, S. L., Dhanda, R., & Hazuda, H. P. (2001). Hopelessness predicts mortality in older Mexican and European Americans. *Psychosomatic Medicine, 63*(3), 344-351.

Sternberg, R. J. (1986). A triangular theory of love. *Psychological Review, 93*(2), 119-135.

Stoeva, A. Z., Chiu, R. K., & Greenhaus, J. H. (2002). Negative affectivity, role stress, and work-family conflict. *Journal of Vocational Behavior, 60*(1), 1-16.

Strauss, M. E., & Smith, G. T. (2009). Construct validity: Advances in theory and methodology.

Annual Review of Clinical Psychology, 5, 1-25.

Strickhouser, J. E., Zell, E., & Krizan, Z. (2017). Does personality predict health and well-being? A metasynthesis. *Health Psychology, 36*(8), 797-810.

Strik, J. J., Denollet, J., Lousberg, R., & Honig, A. (2003). Comparing symptoms of depression and anxiety as predictors of cardiac events and increased health care consumption after myocardial infarction. *Journal of the American College of Cardiology, 42*(10), 1801-1807.

Suarez, E. C., Krishnan, R. R., & Lewis, J. G. (2003). The relation of severity of depressive symptoms to monocyte-associated proinflammatory cytokines and chemokines in apparently healthy men. *Psychosomatic Medicine, 65*(3), 362-368.

Sullivan, H. S. (1953). *The interpersonal theory of psychiatry*. Norton.

Suls, J., & Bunde, J. (2005). Anger, anxiety, and depression as risk factors for cardiovascular disease: The problems and implications of overlapping affective dispositions. *Psychological Bulletin, 131*(2), 260-300.

Super, D. E. (1953). A theory of vocational development. *American Psychologist, 8*(5), 185-190.

Super, D. E. (1980). A life-span, life-space approach to career development. *Journal of Vocational Behavior, 16*(3), 282-298.

Taga, K. A., Friedman, H. S., & Martin, L. R. (2009). Early personality traits as predictors of mortality risk following conjugal bereavement. *Journal of Personality, 77*(3), 669-690.

Tamir, M. (2005). Don't worry, be happy? Neuroticism, trait-consistent affect regulation, and performance. *Journal of Personality and Social Psychology, 89*(3), 449-461.

Tangney, J. P. (2000). Humility: Theoretical perspectives, empirical findings and directions for future research. *Journal of Social and Clinical Psychology, 19*(1), 70-82.

Tangney, J. P., & Dearing, R. L. (2003). *Shame and guilt*. The Guilford press.

Tangney, J. P., Stuewig, J., & Mashek, D. J. (2007). Moral emotions and moral behavior. *Annual Review of Psychology, 58*, 345-372.

Tellegen, A. (1982). *Brief manual for the Multidimensional Personality Questionnaire*. University of Minnesota press.

Tett, R. P., & Burnett, D. D. (2003). A personality trait-based interactionist model of job performance. *Journal of Applied Psychology, 88*(3), 500-517.

Thomas, A., & Chess, S. (1977). *Temperament and development*. Brunner/Mazel.

Thorndike, E. L. (1920). Intelligence and its use. *Harper's Magazine, 140*, 227-235.

Thorne, A., & McLean, K.C. (2003). Telling traumatic events in adolescence: A study of master narrative positioning. In R. Fivush & C. Haden (Eds.), *Autobiographical memory and the construction of a narrative self: Developmental and cultural perspectives* (pp. 169-185). Erlbaum.

Tomasello, M. (2000). Culture and cognitive development. Current Directions in Psychological *Science, 9*(2), 37-40.

Tong, E. M. (2010). Personality influences in appraisal-emotion relationships: The role of neuroticism. *Journal of Personality, 78*(2), 393-417.

Touhey, J. C. (1977). Personality correlates of attraction in response to attitude similarity. *European Journal of Social Psychology, 7*(1), 117-119.

Tower, L. E. (1956). Countertransference. *Journal of the American Psychoanalytic Association, 4*(2), 224-255.

Tracey, T. J. (1994). An examination of the complementarity of interpersonal behavior. *Journal of Personality and Social Psychology, 67*(5), 864-878.

Triebwasser, J., Chemerinski, E., Roussos, P., & Siever, L. J. (2012). Schizoid personality disorder. *Journal of Personality Disorders, 26*(6), 919-926.

Trivers, R. L. (1971). The evolution of reciprocal altruism. *The Quarterly Review of Biology, 46*(1), 35-57.

Trull, T. J., & Durrett, C. A. (2005). Categorical and dimensional models of personality disorder. *Annual Review of Clinical Psychology, 1*, 355-380.

Trzesniewski, K. H., Donnellan, M. B., & Robins, R. W. (2003). Stability of self-esteem across the life span. *Journal of Personality and Social Psychology, 84*(1), 205-220.

Tupes, E. C., & Christal, R. C. (1958). Stability of personality trait rating factors obtained under diverse conditions. *USAF Wright Air Development Center Technical Note, 58-61*, 16.

Turner, B. S. (1990). Outline of a Theory of Citizenship. *Sociology, 24*(2), 189-217.

Tversky, A., & Kahneman, D. (1974). Judgment under Uncertainty: Heuristics and Biases. *Science, 185*(4157), 1124-1131.

Vaillant, G. E. (1992). *Ego mechanisms of defense: A guide for clinicans and researchers*. American Psychiatric Press.

Van Zyl, L. E., Gaffaney, J., van der Vaart, L., Dik, B. J., & Donaldson, S. I. (2024). The critiques and criticisms of positive psychology: A systematic review. *The Journal of Positive Psychology, 19*(2), 206-235.

Vernon, P. E. (1933). Some characteristics of the good judge of personality. *Journal of Social Psychology, 4*, 42-57.

Vukasović, T., & Bratko, D. (2015). Heritability of personality: A meta-analysis of behavior genetic studies. *Psychological Bulletin, 141*(4), 769-785.

Vytal, K., & Hamann, S. (2010). Neuroimaging support for discrete neural correlates of basic emotions: A voxel-based meta-analysis. *Journal of Cognitive Neuroscience, 22*(12), 2864-2885.

Waddington, C. H. (1966). *Principles of Development and Differentiation*. Macmillan Company.

Wager, T. D., Kang, J., Johnson, T. D., Nichols, T. E., Satpute, A. B., & Barrett, L. F. (2015). A Bayesian model of category-specific emotional brain responses. *PLoS Computational Biology, 11*(4), e1004066.

Waller, N. G., & Meehl, P. E. (1998). *Multivariate taxometric procedures: Distinguishing types from continua*. Sage Publications.

Wang, Q., & Conway, M. A. (2004). The stories we keep: Autobiographical memory in American and Chinese middle-aged adults. *Journal of Personality, 72*(5), 911-938.

Waters, E., Merrick, S., Treboux, D., Crowell, J., & Albersheim, L. (2000). Attachment security in infancy and early adulthood: A twenty-year longitudinal study. *Child Development, 71*(3), 684-689.

Watson, D., & Casillas, A. (2003). Neuroticism: Adaptive and maladaptive features. In E. C. Chang & L. J. Sanna (Eds.), *Virtue, vice, and personality: The complexity of behavior* (pp. 145-161). American Psychological Association.

Watson, D., & Clark, L. A. (1984). Negative affectivity: The disposition to experience aversive emotional states. *Psychological Bulletin, 96*(3), 465-490.

Watson, D., & Clark, L. A. (1997). Extraversion and its positive emotional core. In R. Hogan, J. Johnson, & S. Briggs (Eds.), *Handbook of personality psychology* (pp. 767-793). Academic

Press.

Watson, D., & Pennebaker, J. W. (1989). Health complaints, stress, and distress: Exploring the central role of negative affectivity. *Psychological Review, 96*(2), 234-254.

Watson, D., Clark, L. A., & Carey, G. (1988). Positive and negative affectivity and their relation to anxiety and depressive disorders. *Journal of Abnormal Psychology, 97*(3), 346-353.

Watson, D., Hubbard, B., & Wiese, D. (2000). General traits of personality and affectivity as predictors of satisfaction in intimate relationships: Evidence from self-and partner-ratings. *Journal of Personality, 68*(3), 413-449.

Watson, D., Stasik, S. M., Ellickson-Larew, S., & Stanton, K. (2015). Extraversion and psychopathology: A facet-level analysis. *Journal of Abnormal Psychology, 124*(2), 432-446

Watson, J. B. (1924). *Behaviorism*. Norton & Company Inc.

Wechsler, D. (1944). *The measurement of adult intelligence*. Williams & Wilkins.

Weiner, I. B., & Greene, R. L. (2008). *Handbook of personality assessment*. John Wiley & Sons.

Wells, L. E., & Marwell, G. (1976). *Self-esteem: Its conceptualization and measurement*. Sage publications.

Wenzel, M., Von Versen, C., Hirschmüller, S., & Kubiak, T. (2015). Curb your neuroticism-Mindfulness mediates the link between neuroticism and subjective well-being. *Personality and Individual Differences, 80*, 68-75.

Wenzlaff, R. M., & Wegner, D. M. (2000). Thought suppression. *Annual Review of Psychology, 51*, 59-91.

Westby, C. (2022). Nature and effects of autobiographical memory issues in persons with autism spectrum disorders. *Neuropsychiatric Disease and Treatment, 18*, 2279-2293.

White, J. K., Hendrick, S. S., & Hendrick, C. (2004). Big five personality variables and relationship constructs. *Personality and Individual Differences, 37*(7), 1519-1530.

Whiteside, S. P., Lynam, D. R., Miller, J. D., & Reynolds, S. K. (2005). Validation of the UPPS impulsive behaviour scale: A four-factor model of impulsivity. *European Journal of Personality, 19*(7), 559-574.

Widiger, T. A., & Mullins-Sweatt, S. N. (2009). Five-factor model of personality disorder: A proposal for DSM-V. *Annual Review of Clinical Psychology, 5*, 197-220.

Widiger, T. A., & Trull, T. J. (1992). Personality and psychopathology: An application of the five-factor model. *Journal of Personality, 60*(2), 363-393.

Williams, R B., Barefoot, J. C., & Shekelle, R. B. (1985). The health consequences of hostility. In M. A. Chesney & R. H. Rosenman (Eds.), *Anger and hostility in cardiovascular and behavioral disorders* (pp. 173-185). Hemisphere.

Wilmot, M. P., & Ones, D. S. (2022). Agreeableness and its consequences: A quantitative review of meta-analytic findings. *Personality and Social Psychology Review, 26*(3), 242-280.

Wilson, D. S., Near, D., & Miller, R. R. (1996). Machiavellianism: A synthesis of the evolutionary and psychological literatures. *Psychological Bulletin, 119*(2), 285-299.

Wood, A. M., Froh, J. J., & Geraghty, A. W. (2010). Gratitude and well-being: A review and theoretical integration. *Clinical Psychology Review, 30*(7), 890-905.

Wortman, C. B., & Boerner, K. (2007). Beyond the myths of coping with loss: Prevailing assumptions versus scientific evidence. In H. S. Friedman & R. C. Silver (Eds.), *Foundations of health psychology* (pp. 285-324). Oxford University Press.

Wrangham, R. W. (2018). Two types of aggression in human evolution. *Proceedings of the Na-*

tional Academy of Sciences, 115(2), 245-253.

Wrosch, C., Heckhausen, J., & Lachman, M. E. (2006). Goal management across adulthood and old age: The adaptive value of primary and secondary control. In D. K. Mroczek & T. D. Little (Eds.), *Handbook of personality development* (pp. 399-421). Lawrence Erlbaum Associates Publishers.

Yan, L. L., Liu, K., Matthews, K. A., Daviglus, M. L., Ferguson, T. F., & Kiefe, C. I. (2003). Psychosocial factors and risk of hypertension: The Coronary Artery Risk Development in Young Adults (CARDIA) study. *JAMA, 290*(16), 2138-2148.

Youyou, W., Kosinski, M., & Stillwell, D. (2015). Computer-based personality judgments are more accurate than those made by humans. *Proceedings of the National Academy of Sciences, 112*(4), 1036-1040.

Zajonc, R. B. (1980). Feeling and thinking: Preferences need no inferences. *American Psychologist, 35*(2), 151-175.

Zapolski, T. C., Cyders, M. A., & Smith, G. T. (2009). Positive urgency predicts illegal drug use and risky sexual behavior. *Psychology of Addictive Behaviors, 23*(2), 348-354.

찾아보기

ㅈ

ㅊ